5.3. Anmeldungen zum Firmenbuch 208
5.4. Steuerliche Pflichten 210
6. Haftung des Geschäftsführers 212
6.1. Allgemeine Grundlagen 212
6.2. Haftung gegenüber der Gesellschaft . 214
6.3. Haftung gegenüber den Gesellschaftern 215
6.4. Haftung gegenüber Gesellschaftsgläubigern und Dritten 215
6.5. Haftung gegenüber Behörden 217
6.6. Deliktische Haftung des Geschäftsführers 217
6.7. Abgabenrechtliche Haftung 218
6.8. Die Haftung des gewerberechtlichen Geschäftsführers 221
7. Die steuerrechtliche Stellung des Geschäftsführers 227
7.1. Grundlagen 227
7.2. Echter Dienstvertrag 229
7.3. Wesentliche Beteiligung 230
7.4. Keine oder nicht wesentliche Beteiligung 231
8. Sozialversicherungsrechtliche Behandlung von GmbH-Geschäftsführern 232
8.1. Grundlagen 232
8.2. Keine oder nicht wesentliche Beteiligung 233
8.3. Sozialversicherungsverhältnis bei wesentlicher Beteiligung 234
9. Tabellen: Die steuerrechtliche und sozialversicherungsrechtliche
Qualifikation der Geschäftsführerbezüge 234
10. Ausgewählte Aspekte für die Gestaltung von Geschäftsführerverträgen 241
10.1. Grundlagen 241
10.2. Konzept für einen „optimalen" Geschäftsführervertrag 241
10.3. Pensionsrückstellung für Gesellschafter-Geschäftsführer 245
10.4. Die vertragliche Regelung von Wettbewerbsverboten 246
10.5. Übersicht: Unterscheidungskriterien der einzelnen Vertragsverhältnisse 248

XI. Der Aufsichtsrat der GmbH 252
1. Allgemeines 252
2. Aufsichtsratspflichtige Gesellschaften mit beschränkter Haftung 253
3. Gesellschaftsvertraglich fakultativer Aufsichtsrat 254
4. Die rechtlichen Beziehungen zu den übrigen Organen einer GmbH 254
5. Aufgaben des Aufsichtsrates 257
6. Die Mitglieder des Aufsichtsrates 259
6.1. Anzahl 259
6.2. Voraussetzungen für Aufsichtsratsmitglieder 259
7. Bestellung der Aufsichtsratsmitglieder 260
7.1. Allgemeines 260
7.2. Wahl durch die Generalversammlung 261
7.3. Erklärung eines von der Minderheit vorgeschlagenen Mitgliedes zum
Aufsichtsratsmitglied 261
7.4. Entsendungsrecht 261
7.5. Bestellung von Aufsichtsratsmitgliedern durch das Gericht 262
7.6. Entsendung von Belegschaftsvertretern 262
7.7. Sonderregelung für den ersten Aufsichtsrat 264
8. Besondere Pflichten des Aufsichtsrates 265
8.1. Krisensituation der Gesellschaft 265
8.2. Einberufung einer Generalversammlung 265
8.3. Zustimmungspflichtige Geschäfte 265

8.4. Einhaltung des Wettbewerbsverbotes 267
8.5. Besorgung dienstrechtlicher Angelegenheiten gegenüber den
Geschäftsführern 267
9. Die Organisation und innere Ordnung des Aufsichtsrates 268
9.1. Rechtsgrundlagen 268
9.2. Geschäftsordnung 268
9.3. Aufsichtsratsvorsitzender 268
9.4. Protokolle 270
9.5. Ausschüsse 271
9.6. Teilnahmeberechtigter Personenkreis 271
9.7. Anzahl der Aufsichtsratssitzungen 272
9.8. Abstimmung im Aufsichtsrat 272

XII. Der Beirat – Entlastung oder Belastung für die Geschäftsführung? 273
1. Grundlagen 273
2. Arbeitnehmermitbestimmung? 274
3. Aufgaben des Beirats 275
4. Geschäftsordnung 275
5. Haftung 276

**XIII. Ausgewählte Praxisprobleme im Stadium des laufenden Geschäftsbetriebs
einer GmbH** 277
1. Der Prokurist als Unterstützung der Geschäftsleitung 278
1.1. Vollmachtsverhältnisse in der Unternehmenspraxis 278
1.2. Grundlagen der Prokura 281
1.3. Prokuraformen 287
1.4. Umfang der Prokura 289
1.5. Immobiliarklausel 293
1.6. Beschränkungen der Prokura 294
1.7. Erlöschen der Prokura 295
2. Ausgewählte Buchungsfälle 297
2.1. Einführung 297
2.2. Geschäftsführung 297
2.3. Gesellschafterdarlehen und Nachschüsse 298
2.4. Kraftfahrzeug 298
2.5. Geschäftsanbahnungsspesen 299
2.6. Abschlussbuchungen 300
3. Das Ausscheiden eines Gesellschafters 300
3.1. Grundlagen 300
3.2. Ermittlung des Veräußerungspreises 305
3.3. Enthaftung des ausscheidenden Gesellschafters 305
3.4. Mitarbeiterbeteiligung 306
4. Die GmbH in der wirtschaftlichen Krise – ausgewählte Praxisfragen unter
besonderer Berücksichtigung der Fortbestehensprognose 309
4.1. Sorgfaltsmaßstab der Geschäftsführung 309
4.2. Zahlungsunfähigkeit 310
4.3. Zahlungsstockung 311
4.4. Überschuldung 311
4.5. Fortbestehensprognose 318
5. Die Offenlegung des Jahresabschlusses 328
5.1. Grundlagen 328
5.2. Muster 331

Vorwort

Das im Jahre 2003 erschienene Sonderheft der Steuer- und Wirtschafts-Kartei *Die GmbH in der Praxis* hat dermaßen guten Anklang gefunden, dass der Verlag an mich herangetreten ist, ein Nachfolgewerk zu verfassen. Ich möchte mich an dieser Stelle auch für die freundliche Aufnahme des Werkes und so manches damit verbundene Lob herzlich bedanken.

Leicht verständliche Publikationen für die *praktische Arbeit* in einer und – aus Sicht der Beratungskollegen/-innen – für eine GmbH sind angesichts des ungebrochenen GmbH-*Booms* immer ein Thema. Wichtig ist hiefür ein Leitfaden aus der Praxis für die Praxis. Damit sind auch die Zielsetzungen der gegenständlichen SWK-Spezial in den Grundzügen umfasst: die wichtigsten Stationen einer GmbH – von der Gründungsphase bis zu ihrem Ende – darzustellen und auch konkrete Lösungen anzubieten. Anwenderfreundliche Checklisten, Übersichten und vor allem die vielen auf Datenträger beigeschlossenen (Vertrags-)Muster dienen dazu, dieses Ziel optimal zu erreichen.

Ich habe mich entschlossen, von einer Zweitauflage des im Jahre 2003 erschienen Sonderheftes abzusehen und – unter Beibehaltung bewährter Strukturen – das Konzept noch mehr auf die Bedürfnisse der Angehörigen der rechts- und wirtschaftsberatenden Berufe auszurichten. Der inhaltliche Bogen umfasst aus diesem Grunde viele *klassische* Problemstellungen, die von der heutigen Beratergeneration gewöhnlich als Herausforderung und manchmal – vielleicht – als Belastung empfunden werden.

Angesichts des Facettenreichtums österreichischer Gesellschaften mit beschränkter Haftung scheitert jeder Versuch, alle maßgeblichen Aspekte in wissenschaftlicher Tiefe zu behandeln. Dies würde sich auch mit dem Ziel einer praktischen Anwendung nicht immer verbinden lassen. Da wo es mir erforderlich erschien, verweise ich auch auf das Standardwerk *Gesellschafts- und Unternehmensformen in Österreich*[3], das sich auf 444 Seiten ausführlich dieser Rechtsform widmet. Für die praktische Arbeit, insb. im Hinblick auf die Verfassung von Verträgen, die im Leben einer GmbH sowie ihrer Organe üblicherweise vorkommen, sei das Werk *GmbH-Praxis I – Vertragsmuster und Eingaben* empfohlen; angesichts von mehr als 1.100 Mustern – alle auf Datenträger – dürfte jeder Kollege das für ihn und seine Mandanten *Richtige* finden.

Die Schreibarbeiten sowie die Gestaltung der vielen Tabellen und Schaubilder hat Angelika Höck besorgt. Meine Kanzleipartnerin Katja Schauer hat mir im Zuge der Durchsicht des steuerlichen Teils viele wertvolle Anregungen gegeben. Ich danke vielmals für Eure unverzichtbare Hilfe. Beim Linde Verlag Wien und seinem von mir sehr geschätzten Führungsteam bedanke ich mich für das Vertrauen.

Ich wünsche Ihnen, dass das gegenständliche Werk die tägliche Arbeit in bzw. mit einer Gesellschaft mit beschränkter Haftung wesentlich erleichtert. Für Anregungen und Verbesserungsvorschläge bin ich stets dankbar.

Innsbruck, September 2007
Christian Fritz

Christian *Fritz* ist Unternehmensberater, Wirtschaftsmediator, allgemein beeideter und gerichtlich zertifizierter Sachverständiger sowie Fachbuchautor in Innsbruck.

Inhaltsübersicht

I.   Was ist eine GmbH und wie funktioniert sie? 11
  1. Grundlagen 11
  2. Das Trennungsprinzip als Organisationsmerkmal einer GmbH 13
  3. Gesellschaftszweck 14
     3.1. Zulässige und unzulässige Tätigkeiten 14
     3.2. Wann kommt eine GmbH nicht in Frage? 15

II. Die Qual der (Rechtsform-) Wahl – ausgewählte praktische Aspekte für die
     Entscheidungsfindung.. 17
  1. Anforderungsprofil für die „richtige" Rechtsform 17
  2. Praxisvorschläge für den Entscheidungsprozess 18

III. Entscheidungen vor der Gesellschaftsgründung 22
  1. Gibt es einen USP? 22
  2. Wer sind die Mitgesellschafter? 23
  3. Welche Rechtsformalternativen gibt es? 23
  4. Die Beteiligungsverhältnisse 24
     4.1. Einführung 24
     4.2. Beteiligung von zwei Gesellschaftern 24
     4.3. Gründung durch einen Gesellschafter 28
     4.4. Beteiligung von drei Personen 28
     4.5. Vier Gesellschafter 29

IV. Die verschiedenen Formen einer Gesellschaft mit beschränkter Haftung 31
  1. Einführung 31
  2. GmbH mit personalistischer Struktur 31
  3. Familiengesellschaft 31
  4. Kapitalistische GmbH 32
  5. Einpersonen-Gesellschaft 32
  6. Komplementär-GmbH 33
  7. Gemeinnütziger Unternehmensgegenstand 33
     7.1. Grundlagen 33
     7.2. Eignung der GmbH für Gemeinnützigkeit? 33
     7.3. Gemeinnützige Leistungen der Gesellschaft 34
     7.4. Wesentliche Satzungserfordernisse 34

V.   Die Lebensphasen einer GmbH: Von der Vorgründungsgesellschaft bis zur
     Auflösung... 37
  1. Vorbemerkung 37
  2. Vorgründungsgesellschaft 39
  3. Vorgesellschaft 41
     3.1. Grundlagen 41
     3.2. Das Prinzip der Handelndenhaftung 42
     3.3. Gestaltungsoptionen für die Haftungsübernahme 44
     3.4. Sonstige Bestimmungen 44
  4. Die im Außenverhältnis tätige GmbH – das werbende Stadium 45
     4.1. Grundlagen 45
     4.2. Die Rückzahlung von Stammeinlagen nach Eintragung der
          Gesellschaft 46
  5. Die Auflösung einer GmbH – oder: Wie werde ich die Geister, die ich rief,
     auch wieder los? 51

5.1. Gedanken aus der Praxis eines Beraters 51

5.2. Die Beendigung einer GmbH durch planmäßige Auflösung und
Liquidation 52

VI. Die Kapitalaufbringung anlässlich der Gesellschaftsgründung 54

1. Das Stammkapital 54

1.1. Wichtige Grundlagen für die Beratungspraxis 54

1.2. Aufbringung des (Mindest-) Stammkapitals 57

2. Die Stammeinlagen 58

2.1. Wichtige Grundlagen für die Beratungspraxis 58

2.2. Die Geschäftsführerhaftung für die Aufbringung und Bewertung der
Stammeinlagen 58

3. Gründungsformen und ihre Rechtsfolgen 59

3.1. Gestaltungsoptionen in der Beratungspraxis 59

3.2. Bargründung 60

3.3. Sachgründung 61

3.4. Gemischte Sacheinlage 67

3.5. Sachübernahme 67

VII. Die Gründung der GmbH 68

1. Der optimale Gründungsfahrplan für die Beratungspraxis 68

2. Abschluss des Gesellschaftsvertrages 73

3. Bevollmächtigung bei der Gründung 73

4. Anmeldung der GmbH zur Eintragung in das Firmenbuch 73

4.1. Grundlagen 73

4.2. Inhalt und Beilagen der Firmenbuchanmeldung 74

4.3. Haftung bei Anmeldung 77

5. Änderungen vor Eintragung in das Firmenbuch 78

5.1. Abänderung des Gesellschaftsvertrages 78

5.2. Gesellschafterwechsel 78

5.3. Verpflichtung zur Abtretung eines Geschäftsanteils 79

6. Prüfung und Eintragung der GmbH 79

VIII. Der Gesellschaftsvertrag 80

1. Einführung 80

2. Gestaltungsfreiheit des Gesellschaftsvertrages 81

3. Checkliste „Satzungsbestimmungen" 82

4. Erläuterungen zu den obligatorischen Satzungsbestandteilen 89

4.1. Firma 89

4.2. Sitz der Gesellschaft 112

4.3. Gegenstand des Unternehmens 114

5. Erläuterungen zu den fakultativen Satzungsbestandteilen 115

5.1. Übertragung des Mitgliedschaftsrechtes 115

5.2. Teilung eines Geschäftsanteiles 117

5.3. Vinkulierung 117

5.4. Vorkaufs- und Aufgriffsrecht 119

5.5. Anbietungsrecht 121

5.6. Mitverkaufsrecht 121

5.7. Call-Option 122

5.8. Put-Option 122

6. Erbfolge 122

7. Kündigungsrecht der Gesellschafter 124

8. Streitbeilegungsregelungen 125
    8.1. Einführung 125
    8.2. Das Mediationsverfahren 126
    8.3. Schiedsgericht 130
    8.4. Gerichtsstandsvereinbarung 131

IX. Die Generalversammlung 132
  1. Grundlagen 132
  2. Systematische Organisation und Ablauf einer Generalversammlung in
     der Beratungspraxis 134
  3. Gesellschafterbeschlüsse 138
    3.1. Allgemeine Hinweise für die Beratungspraxis 138
    3.2. Einberufung bei Verlust des halben Stammkapitals 140
    3.3. Ausübung des Stimmrechts 141
  4. Checkliste: Generalversammlung 153
  5. Praxisbeispiele und Mustertexte 154
    5.1. Fallbeispiel Ablauf einer körperlichen Generalversammlung 154
    5.2. Fallbeispiel Beschlussfassung im Umlaufverfahren (§ 34 GmbHG) 157
  6. Wie bekomme ich als GmbH-Gesellschafter die erwünschten Informationen? 159
  7. Die Zusammenarbeit zwischen der Generalversammlung und der
     Geschäftsführung: Warum gibt es vielfach Frustration und Reibungsverluste? ... 163
    7.1. Einführung 163
    7.2. Streitvermeidung oder doch nicht? 165
    7.3. Warum gibt es häufig Streit zwischen den Gesellschaftern? –
        Konfliktprophylaktische Maßnahmen 167

X. Geschäftsführung 169
  1. Überblick über ausgewählte „Stationen" der Geschäftsführerfunktion 170
  2. Bestellung der Geschäftsführer 173
    2.1. Allgemeines 173
    2.2. Bestellung durch Gesellschafterbeschluss 174
    2.3. Gesellschaftsvertragliche Bestellung 184
    2.4. Sonderrecht auf Geschäftsführung 184
    2.5. Bestellung eines Notgeschäftsführers 185
  3. Beendigung der Organfunktion 187
    3.1. Allgemeines 187
    3.2. Abberufung durch Gesellschafterbeschluss 189
    3.3. Beschränkung auf wichtige Gründe 190
    3.4. Abberufung durch gerichtliche Entscheidung 190
    3.5. Rücktritt des Geschäftsführers 191
    3.6. Entlastung 194
    3.7. Beendigung des Anstellungsvertrages 195
  4. Aufgabenbereiche der Geschäftsführer 197
    4.1. Allgemeines 197
    4.2. Gesetzliche Pflichten 198
    4.3. Die Vertretung 202
    4.4. Selbstkontrahieren des Geschäftsführers 204
    4.5. Missbrauch der Vertretungsmacht 205
  5. Die Geschäftsführung 206
    5.1. Grundlagen 206
    5.2. Rechnungslegung 207

XIV. Die ertragsteuerliche Behandlung einer GmbH 338
  1. Einführung 338
  2. Die Grundlagen der Ertragsbesteuerung einer GmbH 339
  3. Nicht abzugsfähige Aufwendungen bei der GmbH 340
    3.1. Grundlagen 340
    3.2. Verdeckte Gewinnausschüttungen 342
  4. Die Gewinnverwendung bei der GmbH 369
  5. Körperschaftsteuer 370
  6. Die Gesellschaft mit beschränkter Haftung & Co KG 373
    6.1. Grundlagen 373
    6.2. Ertragsteuerliche Behandlung 374
  7. Die ertragsteuerliche Behandlung von GmbH-Gesellschaftern 375
    7.1. Behandlung von Ausschüttungen 375
    7.2. Leistungsvergütungen 376

XV. Auflösung und Liquidation einer GmbH 377
  1. Grundlagen 377
    1.1. Begriffe und Rechtsfolgen 377
    1.2. Das „Verfahren" 378
  2. Auflösungsgründe 382
    2.1. Auflösung durch Satzungsregelung 382
    2.2. Auflösungsbeschluss der Generalversammlung 384
    2.3. Kündigung durch einen Gesellschafter 384
    2.4. Auflösung durch Eröffnung des Konkurses 385
    2.5. Auflösung durch Beschluss des Firmenbuchgerichtes 385
    2.6. Amtswegige Auflösung 386
  3. Liquidationsverfahren 387
    3.1. Grundlagen 387
    3.2. Fortsetzung der Gesellschaft 389
    3.3. Gläubigerschutz und Vermögensaufteilung 389
    3.4. Liquidatoren 390
  4. Die Löschung der Gesellschaft 395
  5. Nachtragsliquidation 397
  6. Steuerrechtliche Behandlung der Auflösung und Liquidation einer GmbH 400
    6.1. Allgemeines 400
    6.2. Liquidationsgewinn 401
    6.3. Besteuerung der Auflösung 402

XVI. Die Umgründung einer GmbH – ein erster Überblick 404
  1. Grundlagen 404
  2. Verschmelzung (Art. I UmgrStG) 405
  3. Umwandlung (Artikel II) 406
  4. Spaltung (Artikel VI) 408
    4.1. Grundlagen 408
    4.2. Handelsspaltung 408
    4.3. Steuerspaltung 409

Stichwortverzeichnis 411

Verzeichnis der auf der CD enthaltenen Muster 423

Abkürzungsverzeichnis

1. Euro-JuBeG	1. Euro-Justiz-Begleitgesetz
a.a.O.	am angeführten Ort
ABGB	Allgemeines bürgerliches Gesetzbuch
abl.	ablehnend
ABl. EG	Amtsblatt der Europäischen Gemeinschaften
Abs.	Absatz
a.F.	alte Fassung
AG	Aktiengesellschaft
AktG	Aktiengesetz
ALöschG	Amtslöschungsgesetz
AnfO	Anfechtungsordnung
AngG	Angestelltengesetz
AnwBl	Anwaltsblatt
AO	Ausgleichsordnung
AR	Aufsichtsrat
ArbIG	Arbeitsinspektionsgesetz
ArbVG	Arbeitsverfassungsgesetz
ARDInd	„ARD-Index" arbeitsrechtlicher Entscheidungen
ARG	Arbeitsruhegesetz
Art.	Artikel
ASchG	Arbeitnehmerschutzgesetz
ASGG	Arbeits- und Sozialgerichtsgesetz
ASoK	Arbeits- und SozialrechtsKartei
ASVG	Allgemeines Sozialversicherungsgesetz
ATS	österr. Schilling
AÜG	Arbeitskräfteüberlassungsgesetz
AuslBG	Ausländerbeschäftigungsgesetz
AußStrG	Außerstreitgesetz
AVG	Allgemeines Verwaltungsverfahrensgesetz
AWG	Abfallwirtschaftsgesetz
AZG	Arbeitszeitgesetz
BAO	Bundesabgabenordnung
BayObLG	Bayerisches Oberstes Landesgericht
BergG	Berggesetz
Bd.	Band
BGBl.	Bundesgesetzblatt
BGH	Bundesgerichtshof
BGHZ	Entscheidungen des (deutschen) Bundesgerichtshofes
BlgNR.	Beilage(-n) zu den stenographischen Protokollen des Nationalrates
BMF	Bundesministerium für Finanzen
BMLF	Bundesministerium für Land- und Forstwirtschaft
BörseG	Börsegesetz
BPG	Betriebspensionsgesetz
BSpG	Bausparkassengesetz

B-VG	Bundes-Verfassungsgesetz
B-VGNov	Bundes-Verfassungsgesetznovelle
BWG	Bankwesengesetz
d.h.	das heißt
DB	Durchführungsbestimmung, -en
ders.	derselbe
DHG	Dienstnehmerhaftpflichtgesetz
dHGB	Deutsches Handelsgesetzbuch
DRdA	„Das Recht der Arbeit"
DSG	Datenschutzgesetz
dt.	deutsche
€	Euro
EG	Europäische Gemeinschaft
EGV	Vertrag zur Gründung der Europäischen Gemeinschaften
EKEG	Eigenkapitalersatzgesetz
EO	Exekutionsordnung
EStG	Einkommensteuergesetz
EU	Europäische Union
EU-GesRÄG	EU-Gesellschaftsrechtsänderungsgesetz
EuGH	Europäischer Gerichtshof
EvBl	Evidenzblatt
EWG	Europäische Wirtschaftsgemeinschaft
EWIV	Europäische wirtschaftliche Interessenvereinigung
EWR	Europäischer Wirtschaftsraum
f.(ff.)	(fort)folgende
FBG	Firmenbuchgesetz
FinStrG	Finanzstrafgesetz
FLAG	Familienlastenausgleichsgesetz
FinStrG	Finanzstrafgesetz
FJ	Finanzjournal
FMA	Finanzmarktaufsicht
FS	Festschrift
GBG	Allgemeines Grundbuchsgesetz
GebG	Gebührengesetz
gem.	gemäß
Ges	Gesellschaft
GeS	Zeitschrift für Gesellschafts- und Steuerrecht
GesAusG	Gesellschafter-Ausschlussgesetz
GesBR	Gesellschaft bürgerlichen Rechts
GesRZ	„Der Gesellschafter"
GewO	Gewerbeordnung
GF	Geschäftsführer
GmbH & Co KG	Gesellschaft mit beschränkter Haftung und Co Kommanditgesellschaft
GmbH	Gesellschaft mit beschränkter Haftung
GmbHG	GmbH-Gesetz

GmbHR	(Deutsche) GmbH Rundschau	ÖBl.	„Österreichische Blätter für ge-
GP	Gesetzgebungsperiode		werblichen Rechtsschutz und
GSVG	Gewerbliches Sozialversiche-		Urheberrecht"
	rungsgesetz	OECD	Organization for Economic Co-
GU	Gemeinschaftsunternehmen		operation and Development
h.A.	herrschende Ansicht	OG	offene Gesellschaft
HaRÄG	Handelsrechts-Änderungsgesetz	OGH	Oberster Gerichtshof
HaRefG	(Deutsches) Handelsrechtsre-	OHG	offene Handelsgesellschaft
	formgesetz	ÖJZ	„Österreichische Juristen-Zei-
HGB	Handelsgesetzbuch		tung"
h.L.	herrschende Lehre	OLG	Oberlandesgericht
Hrsg.	Herausgeber	ÖStZ	Österreichische Steuerzeitung
HS	Handelsrechtliche Entscheidun-	ÖstZB	„Die finanzrechtlichen Erkennt-
	gen		nisse des VwGH und des VfGH"
HSchG	Hochschulgesetz	ÖZW	Österreichische Zeitung für Wirt-
HypBG	Hypothekenbankgesetz		schaftsrecht
IAS	International Accounting Stan-	PKG	Pensionskassengesetz
	dards	Pkt.	Punkt
i.d.F.	in der Fassung	PrAG	Preisauszeichnungsgesetz
i.d.R.	in der Regel	PSG	Privatstiftungsgesetz
i.e.S.	im engeren Sinne	PuG	Publizitätsrichtlinie-Gesetz
IESG	Insolvenz-Entgeltsicherungsge-	RAO	Rechtsanwaltsordnung
	setz	RdA	Recht der Arbeit
inkl.	inklusive	RdW	Recht der Wirtschaft
IPRG	Bundesgesetz über das Internati-	RL	Richtlinie
	onale Privatrecht	RLG	Rechnungslegungsgesetz
i.S.d.	im Sinne des	Rs.	Rechtssache
i.V.m.	in Verbindung mit	Rspr.	Rechtsprechung
JAP	„Juristische Ausbildung und Pra-	RV	Regierungsvorlage
	xisvorbereitung"	RWZ	Österreichische Zeitung für
JBl.	„Juristische Blätter"		Rechnungswesen
JN	Jurisdiktionsnorm	Rz.	Randziffer
Kap.	Kapitel	RZ	Richterzeitung
KapBG	Kapitalberichtigungsgesetz	SAG	Sonderabfallgesetz
KartG	Kartellgesetz	SBV	Sonderbetriebsvermögen
KEG	Kraftloserklärungsgesetz	SchiedsRÄG	Schiedsrechts-Änderungsge-
KG	Kommanditgesellschaft		setz 2005
KMG	Kapitalmarktgesetz	SigG	Signaturgesetz
KMU	Kleine und mittlere Unternehmen	Slg.	Sammlung
KO	Konkursordnung	sog.	so genannte
KommStG	Kommunalsteuergesetz	SpaltG	Spaltungsgesetz
KöSt	Körperschaftsteuer	SPG	Sicherheitspolizeigesetz
KSchG	Konsumentenschutzgesetz	SpG	Sparkassengesetz
KStG	Körperschaftsteuergesetz	StGB	Strafgesetzbuch
L	loi (franz., Gesetz)	StGG	Staatsgrundgesetz
lit.	litera	StPO	Strafprozessordnung
LSK	Leitsatzkartei der österreichi-	SWI	Steuer und Wirtschaft International
	schen Juristenzeitung	SZ	Entscheidungen des österreichi-
m.E.	meines Erachtens		schen Obersten Gerichtshofes in
MRG	Mietrechtsgesetz		Zivilsachen
m.w.N.	mit weiteren Nachweisen	u.a.	unter anderem
n.F.	neue Fassung	ÜbG	Übernahmegesetz
NJW	„Neue Juristische Wochenschrift"	ÜbV	Übernahmeverordnung
NotO	Notariatsordnung	UGB	Unternehmensgesetzbuch
Nr.	Nummer	UIG	Umweltinformationsgesetz
NZ	Notariatszeitung	UmgrStG	Umgründungssteuergesetz
NZwG	Notariatszwangsgesetz	URG	Unternehmensreorganisations-
ÖBA	Österreichisches Bankarchiv		gesetz

UrlG	Urlaubsgesetz	WEG	Wohnungseigentumsgesetz
USt	Umsatzsteuergesetz	WGG	Wohnungsgemeinnützigkeitsgesetz
u.U.	unter Umständen		
UVP-G	Umweltverträglichkeitsprüfungsgesetz	WR	Wiener Richter
		WRG	Wasserrechtsgesetz
UWG	Bundesgesetz gegen den unlauteren Wettbewerb	WTBG	Wirtschaftstreuhänder-Berufsgesetz
v.a.	vor allem	WuW	„Wirtschaft und Wettbewerb"
VAG	Versicherungsaufsichtsgesetz	Z	Ziffer
VbVG	Verbandsverantwortlichkeitsgesetz	z.B.	zum Beispiel
		ZHR	Zeitschrift für das gesamte Handelsrecht
VereinsR	Vereinsrecht		
VerG	Vereinsgesetz	ZGR	Zeitschrift für Unternehmens- und Gesellschaftsrecht
VfGH	Verfassungsgerichtshof		
VfSlg	„Sammlung der Erkenntnisse und wichtigsten Beschlüsse des Verfassungsgerichtshofes"	ZfRV	Zeitschrift für Rechtsvergleichung, Internationales Privatrecht und Europarecht
vgl.	vergleiche	ZIK	Zeitung für Insolvenzrecht und Kreditschutz
VO	Verordnung		
VR	„Die Versicherungsrundschau", Fachzeitschrift für Sozial- und Vertragsversicherung	ZPO	Zivilprozessordnung
		ZT	Ziviltechniker
		z.T.	zum Teil
VStG	Verwaltungsstrafgesetz	ZTG	Ziviltechnikergesetz
VwGH	Verwaltungsgerichtshof	zust.	zustimmend
VwSlg	„Erkenntnisse und Beschlüsse des Verwaltungsgerichtshofes"	ZVR	„Zeitschrift für Verkehrsrecht"

I. Was ist eine GmbH und wie funktioniert sie?

Inhaltsverzeichnis   **Rz.**

1. Grundlagen 1
2. Das Trennungsprinzip als Organisationsmerkmal einer GmbH 7
3. Gesellschaftszweck 13
    3.1. Zulässige und unzulässige Tätigkeiten 13
    3.2. Wann kommt eine GmbH nicht in Frage? 14

1. Grundlagen

Begriff. Die Gesellschaft mit beschränkter Haftung ist **1**

- eine aus einem oder mehreren Gesellschafter(-n) bestehende
- juristische Person und
- Kapitalgesellschaft
- mit eigener Rechtspersönlichkeit,
- deren Gesellschafter mit Einlagen
- auf das in Anteile („Stammeinlagen") zerlegte Stammkapital beteiligt sind,
- ohne den Gläubigern der Gesellschaft für deren Verbindlichkeiten persönlich zu haften.

Rechtsfähigkeit. Als juristische Person kommen der GmbH selbständige Rechte **2** und Pflichten als Außengesellschaft zu. Sie kann Eigentum und andere dingliche Rechte an Grundstücken erwerben. Eine GmbH ist rechts- und parteifähig und somit auch insolvenzfähig; vor Gericht ist die Gesellschaft aktiv und passiv prozessfähig (§ 61 Abs. 1 GmbHG). In das Gesellschaftsvermögen kann nur mit einem gegen die Gesellschaft gerichteten Titel vollstreckt werden. Die Gesellschaft ist *Unternehmer kraft Rechtsform* (§ 2 UGB i.V.m. § 61 Abs. 3 GmbHG) und unterliegt damit den für Unternehmen geltenden handelsrechtlichen Bestimmungen, unabhängig davon, ob ihr Zweck auf die Ausübung eines gewerblichen Geschäftsbetriebes ausgerichtet ist oder nicht.

Rechtsgrundlage ist in erster Linie das Gesetz vom 6. März 1906 über Gesell- **3** schaften mit beschränkter Haftung, RGBl. 1906/58, zuletzt geändert durch BGBl. I 2006/103.[1]

Da dieses über 100-jährige Gesetz im Hinblick auf die praktischen Bedürfnisse der heutigen Zeit teilweise nur ein unzulängliches Gerüst des GmbH-Rechts enthält, bedarf es in mehrfacher Hinsicht der Ergänzung und Rechtsfortbildung. Hierbei geht es im Wesentlichen um die Herausarbeitung der für die GmbH geltenden, aber dem allgemeinen Verbandsrecht zugehörigen Rechtsgrundsätze. In einigen Fällen stellt sich das Recht der GmbH als analoge Anwendung von Vorschriften aus dem Recht der Personengesellschaften und der Aktiengesellschaft dar.

Wirtschaftliche Bedeutung. In Österreich ist die GmbH – mit Ausnahme des **4** nicht-protokollierten Einzelunternehmens – die am meisten verbreitete und bevorzugte Rechtsform für Klein- und Mittelbetriebe. Etwa 60 % aller im Firmenbuch eingetragenen Rechtsträger betreffen die GmbH als Unternehmensform. Die Gesellschaft mit beschränkter Haftung nimmt eine Zwischenstellung zwischen echten

---

[1] Durch das Publizitätsrichtliniegesetz BGBl. I 2006/103 wurden auch Bestimmungen des GmbHG angepasst.

Personengesellschaften und Kapitalgesellschaften ein.[2] Trotz ihrer körperschaftlichen Organisation lässt sie eine personalistische Gestaltung zu und zeichnet sich durch ihre Anpassungsfähigkeit an individuelle wirtschaftliche und organisatorische Bedürfnisse der jeweils beteiligten Personen aus. Diese personalistische Struktur hat wesentliche Auswirkungen auf die Verfassung der GmbH. Aus der variablen organisatorischen Gestaltung dieser Rechtsform ergeben sich vielfältige Anwendungsmöglichkeiten.

5

Übersicht: Anwendungsmerkmale sowie rechtliche und praktische Gesichtpunkte der GmbH

- Körperschaft
- Kapitalgesellschaft
- Außengesellschaft
- Errichtung zu jedem gesetzlich zulässigen Zweck
- unabhängig vom Gegenstand der Gesellschaft immer Unternehmer kraft Rechtsform (§ 2 UGB)
- Gesellschaft mit eigener Rechtspersönlichkeit (§ 61 GmbHG); diese führt zu einer Verselbständigung der Rechtsform gegenüber ihren Mitgliedern
- die Gesellschafter sind mit ihren Einlagen am – in individuelle Geschäftsanteile zerlegten – Stammkapital beteiligt
- Mindestkapital € 35.000,00, wobei bei rechtsbegründend wirksamer Firmenbucheintragung mindestens € 17.500,00 bar einzubezahlen sind
- die Gesellschaft haftet mit ihrem Vermögen den Gläubigern unbeschränkt
- die Gesellschafter haften im Regelfall nur für die Bezahlung ihrer Einlagen und
- allfälliger Nachschüsse ausschließlich der Gesellschaft gegenüber
- die GmbH ist personalistisch strukturiert und daher für Kleinunternehmen und Familiengesellschaften leicht administrierbar
- Errichtung als Einpersonen-Gesellschaft möglich
- Drittorganschaft
- jederzeitige Abberufung der Geschäftsführung auf Grund eines Gesellschafterbeschlusses möglich
- Anpassungsfähigkeit an individuelle wirtschaftliche und organisatorische Bedürfnisse der beteiligten Personen

6

Mitgliedschaft. Die Stellung eines Gesellschafters zur Gesellschaft und seinen Mitgesellschaftern ist durch den individuellen Geschäftsanteil verkörpert. Die mit dem Geschäftsanteil verbundenen Rechte und Pflichten können bzw. sollen in den meisten Fällen über die gesetzlichen Bestimmungen hinaus dispositiv gestaltet werden. Die Hauptpflicht des Gesellschafters besteht in der Erfüllung seiner gesellschaftsvertraglichen Einlagenverpflichtung und allenfalls in seiner Nachschusspflicht.

Übersicht: Gesellschafterrechte und -pflichten

- Vermögenspflichten
    - vollständige Einzahlung der Stammeinlage

---

[2]   Vgl. *Kostner/Umfahrer,* GmbH-Handbuch für die Praxis[5], Rz. 4.

- – entgeltliche Übernahme des Geschäftsanteiles eines anderen Gesellschafters, wenn dessen ausstehende Stammeinlagen uneinbringlich sind;
- – Leistung von Nachschüssen, wenn diese im Gesellschaftsvertrag ausdrücklich vereinbart wurden
- Vermögensrechte
  - – Beteiligung am Gewinn und Liquidationserlös
  - – Rückzahlung der Stammeinlage im Fall einer Kapitalherabsetzung
  - – Bezugsrecht bei einer Kapitalerhöhung
  - – Vergütung von Nebenleistungen
  - – Ausübung individueller Vorzugs- und Sonderrechte (die allerdings im Gesellschaftsvertrag einer separaten Vereinbarung bedürfen)
- Herrschaftsrechte
  - – Teilnahme und Stimmrecht bei Gesellschafterbeschlüssen
  - – Kontrollrecht
  - – Recht auf Bestellung und Überwachung der Geschäftsführung
  - – Individuelle Sonderrechte
- Mitgliedschaftsrechte
  - – Recht auf Sitz und Stimme in der Generalversammlung
  - – Anfechtung von Gesellschafterbeschlüssen
  - – Ausübung von Minderheitsrechten

2. Das Trennungsprinzip als Organisationsmerkmal einer GmbH

Verschiedene Rechtssubjekte. Die GmbH ist als juristische Person gegenüber ihren Gesellschaftern verselbständigt. Das Gesellschaftsvermögen ist daher vom Vermögen der Gesellschafter zu trennen (§ 61 Abs. 1 GmbH). Das Vermögen der Gesellschaft ist mit jenem der Gesellschafter nicht identisch. Das (feste) Stammkapital bleibt durch einen Gesellschafterwechsel unberührt und kann nur durch einen Generalversammlungsbeschluss geändert werden. Eine *Vermischung* von Gesellschaftsvermögen mit dem Privatvermögen der Gesellschafter hat einen Haftungsdurchgriff zur Folge. Vorbehaltlich einer sonstigen erwerbswirtschaftlichen Tätigkeit sind GmbH-Gesellschafter keine Unternehmer. 7

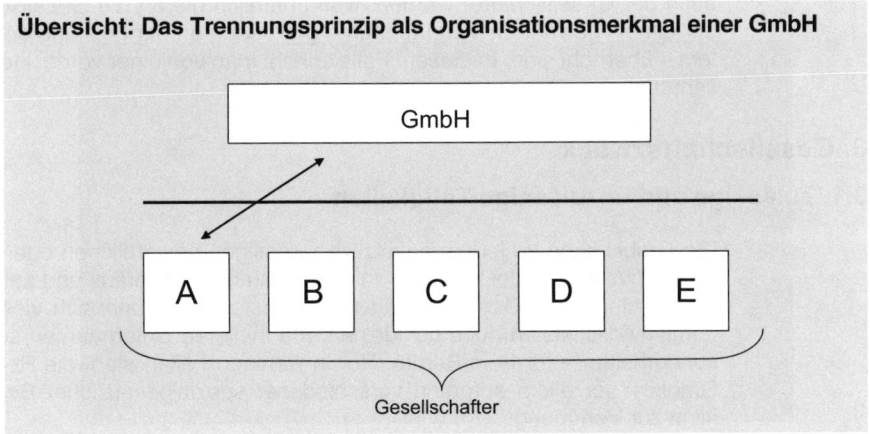

Übersicht: Das Trennungsprinzip als Organisationsmerkmal einer GmbH

GmbH

A B C D E

Gesellschafter

8   **Steuerrechtliche Behandlung.** Von der steuerlichen Subjektfähigkeit der GmbH ist die steuerliche Behandlung der aus der Beteiligung der Gesellschafter resultierenden Vorgänge zu unterscheiden. Gesellschafter und GmbH sind zwei verschiedene Steuersubjekte, die jeweils selbständig zur Ermittlung ihrer Einkünfte verpflichtet sind. Mit der Anknüpfung an die Rechtsformgrundsätze einer GmbH folgt das Körperschaftsteuerrecht dem zivilrechtlichen Trennungsprinzip. Zwischen der Gesellschaft und ihren Gesellschaftern können alle Arten von Rechtsbeziehungen und Rechtsverhältnissen vereinbart werden, ohne dass in steuerlicher Hinsicht eine gemeinsame Behandlung erfolgt.

9   Als **Folge des Trennungsprinzips** werden die zivilrechtlichen Rechtsbeziehungen in gesellschaftsrechtlicher und schuldrechtlicher Hinsicht zwischen einer GmbH und ihren Gesellschaftern steuerlich grundsätzlich anerkannt. Die konsequente Trennung der Sphäre der GmbH von jener ihrer Gesellschafter hat die Grundlage in der Maßgeblichkeit der (zivilrechtlichen) Rechtsform für das Steuerrecht. Leistungsbeziehungen zwischen der Gesellschaft und Gesellschaftern wirken sich aufgrund dieses Trennungsprinzips grundsätzlich wie zwischen fremden Personen aus, sodass sich aus der Verrechnung eine Gewinnrealisierung ergibt.

10   **Wertkontrolle.** Dem Steuerrecht kommt im Sinne einer leistungsgerechten Besteuerung die Funktion einer *Wertkontrolle* zu. Leistungsbeziehungen zwischen GmbH und Gesellschafter sind oft durch das Fehlen von unterschiedlichen Interessen, die *gewöhnliche* Geschäfte der GmbH mit gesellschaftsfremden Dritten prägen, gekennzeichnet. Wenn diese Wertkontrolle nun ergibt, dass derartige Vermögensbewegungen entgegen ihrem *zivilrechtlichen Kleid* in Wirklichkeit (zumindest teilweise) aus dem Gesellschaftsverhältnis begründet erfolgten, so greift das Steuerrecht zusätzlich korrigierend ein.

11   Im **Innenverhältnis** der GmbH, also in der Beziehung zu und unter den Gesellschaftern, der Rechtsstellung der Organe sowie der Organisation von Willensbildungsprozessen usw. kennt das Gesetz nur wenige zwingende Regeln. Die daraus resultierende Möglichkeit, den Gesellschaftsvertrag weitestgehend individuell zu gestalten, erfordert klare Zielsetzungen unter Wahrung einer gesamtheitlichen unternehmerischen Betrachtungsweise.

12   **Unangemessenheit der Leistungen.** Der steuerliche Vorteil der Anerkennung der Rechtsbeziehungen zwischen der GmbH und ihren Gesellschaftern kann sich aber in sein Gegenteil verkehren und zum Nachteil sowohl der Gesellschaft als auch der Gesellschafter werden, wenn nämlich die an die Gesellschafter seitens der GmbH gewährten Vergütungen – gemessen an der Leistung des Gesellschafters – überhöht sind. In diesem Falle spricht man von einer verdeckten Gewinnausschüttung.

3. Gesellschaftszweck

3.1. Zulässige und unzulässige Tätigkeiten

13   Die GmbH kann zu jedem gesetzlich zulässigen gewerblichen oder nicht gewerblichen Zweck errichtet werden (§ 1 Abs. 1 GmbHG). Hieraus und aus der variablen organisatorischen Gestaltung dieser Rechtsform ergeben sich vielfältige Anwendungsmöglichkeiten auch bei kleinen und mittleren Unternehmen sowie – mit Besonderheiten – für freie Berufe. Nur in wenigen Fällen steht die Rechtsform einer GmbH – vor allem aufgrund verschiedener spezialgesetzlicher Bestimmungen – nicht zur Verfügung.

Übersicht: Anwendungsausschluss

Folgende Tätigkeiten dürfen nicht in der Rechtsform einer Gesellschaft mit beschränkter Haftung ausgeübt werden:

- Betrieb von Versicherungsgeschäften (§ 1 Abs. 2 GmbHG, § 3 VAG)[3]
- Tätigkeit als politischer Verein (§ 1 Abs. 2 GmbHG)
- Tabaktrafiken (vgl. §§ 23 Abs. 1, 27 Abs. 2 und 36 Abs. 4 TabMG 1996)
- Rauchfangkehrer (vgl. § 121 Abs. 1 GewO)
- Apotheken (vgl. § 12 Abs. 3 ApG)[4]
- Notare (vgl. § 22 NO)
- Ärzte (vgl. §§ 27, 49 Abs. 2 und 52 ÄrzteG1998)
- Betrieb eines Hypothekenbankgeschäftes (§ 2 HypBG)
- Tätigkeit als Beteiligungsgesellschaft (§ 3 Abs. 2 BFG)
- Börsegeschäfte (§ 3 BörseG)
- Bausparkassen (§ 5 Abs. 1 Z 1 BSpG)
- Pensionskassen (§ 6 PKG)

3.2. Wann kommt eine GmbH nicht in Frage?

Der Umstand, dass die GmbH von allen im Firmenbuch eingetragenen Rechtsträ- **14** gern mit Abstand die beliebteste Rechtsform ist, bedeutet nicht, dass ihre Anwendung immer zweckmäßig ist. Gerade bei einem geringeren Geschäftsumfang oder bei Ausübung einer gemeinschaftlichen nebenberuflichen Erwerbstätigkeit von mindestens zwei Personen empfiehlt sich die Errichtung einer GesBR, Offenen Gesellschaft oder KG. Im Falle der Erweiterung des Geschäftsumfanges steht den Gründern jederzeit die Möglichkeit offen, das Unternehmen dieser Personengesellschaft (Einzelrechtsnachfolge) oder ihre Mitunternehmeranteile (Gesamtrechtsnachfolge) als Sacheinlage nach Art. III UmgrStG in eine neu zu gründende GmbH einzubringen.

Übersicht: Kriterienprüfung für die Zweckmäßigkeit einer GmbH		
	Anwendungsausschluss	
	zwingend	fakultativ
Gelegenheitsgesellschaften über eine kurze Dauer		•
Erzielung außerbetrieblicher Einkunftsquellen		•
Die erforderliche Leistung des Stammkapitals in bar ist durch die Gesellschafter nicht möglich	•	

---

[3]   Die Vermittlung von Versicherungsgeschäften ist hingegen zulässig.
[4]   HS 11.328 = SZ 50/96.

Die Gesellschafter wollen untereinander eine „Probezeit" vereinbaren		●
Rechtliche Unzulässigkeit einer GmbH (Notare, Apotheken, Tabaktrafiken usw.)	●	
Übernahme hoher Bürgschaften durch die Gesellschafter		●
Voraussichtlicher Jahresumsatz unter € 150.000,00		●
Keine Beschränkung der Privatentnahmen	●	
Hoher Eigenverbrauch der Gesellschafter		●
Verrechnungsmöglichkeit mit anderen Einkunftsquellen der Gesellschafter	●	
Bilanzierung von Sonderbetriebsvermögen	●	
Aufzeichnungen in Form einer Einnahmen-Ausgaben-Rechnung (Gewinnermittlung gem. § 4 Abs. 3 EStG)	●	
Ertragsteuerliche Wirksamkeit von Gewinnrealisierungen bei einem im Anlagevermögen ausgewiesenen unbebauten Grundstück	●	

Rz. 15 bis 20 frei.

II. Die Qual der (Rechtsform-) Wahl – ausgewählte praktische Aspekte für die Entscheidungsfindung

Inhaltsverzeichnis

		Rz.
1.	Anforderungsprofil für die „richtige" Rechtsform	21
2.	Praxisvorschläge für den Entscheidungsprozess	23

1. Anforderungsprofil für die „richtige" Rechtsform

Für die Auswahl der geeignetsten Unternehmensform sind zahlreiche Gesichts- **21** punkte in rechtlicher, persönlicher und betriebswirtschaftlicher Hinsicht zu berücksichtigen. Bei den persönlichen Gründen ist zu prüfen, ob die Gesellschafter die Leitung der Gesellschaft selbst übernehmen oder sie Dritten überlassen wollen. Es ist auch zu überlegen, ob der Kreis der Gesellschafter ausgeweitet werden soll (etwa durch die Beteiligung von Mitarbeitern oder strategischer Partner, oder ob die Gesellschafter auch in Zukunft unter sich bleiben wollen, wie dies bei einer Familiengesellschaft vielfach der Fall ist.

Anhand der folgenden Tabelle Auswahlkriterien der Rechtsformwahl wird die Kom- **22** plexität der Entscheidungsfindung dargestellt. Die *ideale Rechtsform*, die für die Gründer und – in der Folge – Gesellschafter nur mit Vorteilen verbunden ist, kann es nicht geben. Rechtsformwahl bedeutet ein Abwägen zwischen mehreren Alternativen und in letzter Konsequenz auch einmal einen *tragfähigen Kompromiss* einzugehen.

Übersicht: Auswahlkriterien der Rechtsformwahl

zivilrechtliche Aspekte	steuerliche Gesichtspunkte	Sozialversicherungsgestaltung	betriebswirtschaftliche Aspekte
• Haftungs- und Risikobeschränkung • Übertragbarkeit von Geschäftsanteilen • Teilnahme an Geschäftsführung und Vertretung • Stimmrechtsbindung • Mitwirkung bei Entscheidungen • Kontrollrechte • gewerberechtliche Gestaltungsmöglichkeiten • arbeitsrechtliche Aspekte	• Minimierung der Steuerbelastung durch Rechtsformwahl und durch optimale Einkommensverteilung der Vergütung von Arbeit und Kapital • Optimierung der Familienbesteuerung	• Minimierung der gesetzlichen Sozialversicherung, sowohl im persönlichen als auch im gesellschaftlichen Bereich • Pensionsgestaltung • Bemessungsgrundlage • Versicherungszeiten • Wahl zwischen einer Versicherungspflicht nach dem GSVG oder ASVG	• Ertragsoptimierung • Steuerung des Unternehmens durch die Geschäftsführung • Kontrolle durch Eigentümer • Kapitaleinsatz • Finanzierung der Gesellschaft • Publizität, Offenlegung und Auskunftspflicht

• Umfang des Geschäfts-betriebes • Anzahl der Gesellschafter		• Kosten und Leistungs-vergleich der Krankenkassen	• Kosten der Rechtsformer-richtung und laufender Aufwand

2. Praxisvorschläge für den Entscheidungsprozess

23   **Die Vorgehensweise.** Die nachfolgende Tabelle dient dazu, dass sich (potenzielle) Unternehmer, Gesellschafter sowie Angehörige der rechts- und wirtschaftsberatenden Berufe über die maßgeblichen Bedürfnisse im Klaren sind und für sich (oder Dritte) Schwerpunkte festlegen können.

24   **Die Ergebnisse der Kriterienprüfung** ermöglichen den mit der konkreten Umsetzung der Gesellschaft bzw. Unternehmensgründung befassten Beratern die Erstellung eines *individuellen* Gesellschaftskonzeptes. Zwischen einzelnen Gesellschaftern können die Faktoren für die Entscheidungsfindung natürlich unterschiedlich gewichtet sein; in einem solchen Fall ist vor Abschluss der GmbH-Satzung die Festlegung eines gemeinsamen Vertragszieles erforderlich.

• **Beispiel:**[5]
Vertragsziel ist die Errichtung eines Rechtsträgers, mit dem die beiden beteiligten Familienstämme ihre langfristigen wirtschaftlichen Interessen unter Beachtung der Familienleitbilder durch die Entwicklung einer starken Marke verfolgen. Innerhalb des jeweiligen Gesellschafterstammes sollen die Geschäftsanteile weitgehend beliebig an Familienmitglieder übertragen werden können.[6] Die Beteiligung dritter Personen ist aus Sicht der Gründer zum Zeitpunkt des Vertragsabschlusses nicht vorrangig.

25

ÜBERSICHT: Checkliste für die Rechtsformwahl						
Pos.	Kriterien	sehr wichtig ++	wichtig +	weiß nicht + / –	weniger bedeu-tend –	nicht entscheidungs-relevant – –
1	Beteiligung der Rechtsnachfolger	☐	☐	☐	☐	☐
2	Eigenkapitalbe-schaffung	☐	☐	☐	☐	☐
3	Fremdkapitalbe-schaffung	☐	☐	☐	☐	☐
4	Eignung für Mitar-beiterbeteili-gungsmodell	☐	☐	☐	☐	☐

---

[5]   Das Beispiel entstammt einem Beratungsfall des Verfassers und wurde für die Darstellung in diesem Werk geringfügig adaptiert. Die Grenze zu einer *Familienverfassung* ist naturgemäß fließend.

[6]   Vgl. hiezu praktische Formulierungsvorschläge in *Fritz*, GmbH-Praxis I – Vertragsmuster und Eingaben, 233 (Muster 2.05).

Pos.	Kriterien	sehr wichtig ++	wichtig +	weiß nicht + / −	weniger bedeu- tend −	nicht entscheidungs- relevant − −
5	unbeschränkte Entnahmemög- lichkeiten	☐	☐	☐	☐	☐
6	Gestaltungsfrei- heit des Gesell- schaftsvertrages	☐	☐	☐	☐	☐
7	persönliche Haf- tungsbeschrän- kung	☐	☐	☐	☐	☐
8	Geschäftsfüh- rungsbefugnisse	☐	☐	☐	☐	☐
9	Vertretungs- macht nach au- ßen	☐	☐	☐	☐	☐
10	Stellung als ge- werberechtlicher Geschäftsführer	☐	☐	☐	☐	☐
11	Mitarbeit von Familienange- hörigen	☐	☐	☐	☐	☐
12	Mitsprache- und Kontrollrechte	☐	☐	☐	☐	☐
13	Sicherung des Unternehmens- bestandes	☐	☐	☐	☐	☐
14	möglichst geringe Ertragsteuerbe- lastung	☐	☐	☐	☐	☐
15	leichte Übertrag- barkeit der Ge- schäftsanteile	☐	☐	☐	☐	☐
16	Versorgung der nicht mitarbeiten- den Familienan- gehörigen	☐	☐	☐	☐	☐
17	Errichtungs- kosten, laufende Verwaltung	☐	☐	☐	☐	☐
18	gewerberechtli- che Gestaltung	☐	☐	☐	☐	☐

Pos.	Kriterien	sehr wichtig ++	wichtig +	weiß nicht + / −	weniger bedeutend −	nicht entscheidungs- relevant −−
19	Eignung für Be- triebsnachfolge	☐	☐	☐	☐	☐

Weil in Rz.22 von *Kompromiss* gesprochen wurde: Wenn die individuellen Ergebnisse der o.a. persönlichen Checklisten in wesentlichen Bereichen sehr unterschiedlich sind, dann ist die Rechtsformwahl nicht nur ein Abwägen von Sachargumenten, sondern auch ein Mittelweg zwischen den unterschiedlichen individuellen Bedürfnissen. Denken Sie bitte an die vordergründig *banale* Frage, ob bei einer aus zwei Personen bestehenden Gesellschaft (*Pattstellung*) eher die Möglichkeit der Durchsetzung von Entscheidungen zu präferieren ist oder die Wahrung von Minderheitsrechten. Vgl. hiezu auch Rz 42 ff.

26

Anhand der nachfolgenden Tabellen können Sie sich – oder ihren Mandanten – die wesentlichen Unterschiede zwischen einer GmbH und einer Personengesellschaft in Form einer praxisgerechten Zusammenfassung vor Augen halten.

Übersicht: Rechtsformvergleich Personengesellschaft versus Gesellschaft mit beschränkter Haftung	
Personengesellschaft	**Gesellschaft mit beschränkter Haftung**
Vorteile	
• keine oder geringe Kosten der Rechtsform – einfaches Gründungsprocedere • niedriger Tarif bei geringeren Gewinnen • große Akzeptanz bei Geschäftspartnern • voller Einfluss der geschäftsführungs- und vertretungsbefugten Gesellschafter • keine Entnahmebeschränkung	• gewinnunabhängiger Körperschaftsteuertarif von 25 %, wenn keine Ausschüttung der Gewinnanteile an die Gesellschafter erfolgt • persönliche Haftungsbeschränkung für den Gesellschafter, es bestehen jedoch Ausnahmen (z.B. persönliche Bürgschaftsübernahme für Bankkredite, mögliche Geschäftsführerhaftung im Insolvenzverfahren, Haftung für die Einzahlung des Stammkapitals) • günstige Gestaltungsmöglichkeiten im Gewerbe- und Pensionsrecht • bei einer Beteiligung bis zu 25 % besteht die Möglichkeit des Abschlusses eines Dienstverhältnisses • Wahl zwischen ASVG- oder GSVG-Pflichtversicherung

Personengesellschaft	Gesellschaft mit beschränkter Haftung
	• Gesellschaftsanteile sind leichter zu übertragen, damit kann in einem Familienunternehmen die Betriebsübergabe unkomplizierter abgewickelt werden • Zulässigkeit von Pensionszusagen an Gesellschafter-Geschäftsführer
Nachteile	
• persönliche Haftung • eingeschränkte steuerliche Gestaltungsmöglichkeiten • keine sozialversicherungsrechtlichen Gestaltungsmöglichkeiten • keine oder nur eingeschränkte Nachfolgeregelungen	• durch das *Trennungsprinzip* etwas kompliziertere Rechtsform, Formgebundenheit • höhere Gründungskosten • Mehraufwand bei der Erstellung des Jahresabschlusses wegen verpflichtendem Anhang und allfälligem Lagebericht • mangelnder Verlustausgleich zwischen laufenden Verlusten der Gesellschaft und persönlichen Einkünften der Gesellschafter • verdeckte Gewinnausschüttung • volle Fremdverrechnung von Entnahmen bzw. des Eigenverbrauches

Rz. 27 bis 30 frei.

III. Entscheidungen vor der Gesellschaftsgründung

Inhaltsverzeichnis | **Rz.**

1. Gibt es einen USP?... 31
2. Wer sind die Mitgesellschafter? 34
3. Welche Rechtsformalternativen gibt es?.................................... 35
4. Die Beteiligungsverhältnisse 38
   4.1. Einführung... 38
   4.2. Beteiligung von zwei Gesellschaftern 39
       4.2.1. Unterschiedliche Geschäftsanteile.......................... 39
       4.2.2. Pattstellung.. 42
   4.3. Gründung durch einen Gesellschafter 49
   4.4. Beteiligung von drei Personen 52
   4.5. Vier Gesellschafter... 54

1. Gibt es einen USP?

31

Begriffsinhalt. Unique Selling Proposition – kurz USP – ist eigentlich ein Begriff aus dem Marketing und bedeutet *einzigartiger Verkaufsvorteil*; werden Dienstleistungen erbracht, so strebt man regelmäßig einen *einzigartigen Wettbewerbsvorteil* an.

Unique Selling Proposition bedeutet also, einen einzigartigen Verkaufs- oder Dienstleistungsvorteil anzustreben. Es geht darum, „greifbare" Unterscheidungskriterien zu vergleichbaren (Konkurrenz-) Unternehmen herauszuarbeiten und gegenüber dem Konsumenten bzw. potentiellen Auftraggebern in entsprechender Form zu kommunizieren.

Bereits vor der Gründung des Unternehmens sollten sich die Gründer und ihre externen Berater Gedanken darüber machen, wie das Unternehmen am Markt platziert werden soll; diese Überlegungen haben zunächst mit der Wahl der *optimalen* Rechtsform nichts zu tun.

32

Positionierung am Markt. Konkret – und an dieser Stelle aus Platzgründen sehr vereinfacht dargestellt – geht es um folgende Fragen:

● Welche Leistungen werden angeboten?

● Wer sind meine Konkurrenten? Welches Kundensegment (Zielgruppe) wird von ihnen bearbeitet?

● Wo ist die Konkurrenz *besser* als wir?

● Wo sind wir (voraussichtlich) besser als die Konkurrenz?

● Was sind unsere Argumente, damit ein interessierter bzw. potenzieller Kunde unsere Leistungen tatsächlich in Anspruch nimmt?

● Wollen wir – und wenn ja in welchem Zeitpunkt – eine eigene Marke entwickeln?

● Soll es bereits anlässlich der Aufnahme der Geschäftstätigkeit ein Leitbild geben?

● Was sind die langfristigen unternehmerischen Ziele?

Man kann wohl nur schwerlich sagen, dass die ins Auge gefasste Eröffnung der *23. Pizzeria* in Sölden zu neuen gastronomischen Entwicklungen beitragen wird. Das unternehmerische Vorhaben hat trotzdem seine Berechtigung, wenn die Marktsituation – mit durchaus einfachen Mitteln – zumindest in den Grundsätzen untersucht wurde. Eine Steigerung der Bettenanzahl in der betreffenden Region lässt ohne weiteres den Schluss zu, dass auch zusätzliche A-la-carte-Verpflegungsmöglichkeiten nachgefragt werden.

„Wer schreibt, der bleibt". Von allergrößter Bedeutung ist, dass die Antworten zu **33** den o. a. Fragestellungen schriftlich festgehalten werden; sie gehören im Ergebnis in jeden *Businessplan*.

2. Wer sind die Mitgesellschafter?

In der Beratungspraxis wird viel zu wenig der *Zusammensetzung* der Unternehmens- **34** gründer Augenmerk geschenkt. Damit Sie mich richtig verstehen und zugleich die Grenzen für Angehörige der rechts- und wirtschaftsberatenden Berufe *abgesteckt* sind: So wie sich die Tochter nicht von der Mutter bei der Auswahl ihres (Ehe-)Part- ners *dreinreden* lässt (auch wenn sich Jahre später herausstellt, dass die Bedenken zutreffend waren), so ist es ebenso wenig Aufgabe von externen Beratern, eine vorab getroffene unternehmerische Partnerwahl in Frage zu stellen. Die wechselseitigen Präferenzen können mit der in Rz. 25 vorgeschlagenen Checkliste abgestimmt wer- den. Je strukturierter die in Rz. 32 aufgeworfenen Fragen im Zusammenhang mit der Festlegung einer Unique Selling von den Unternehmensgründern (gemeinsam) aus- gearbeitet werden, umso eher erhält man bis zu einem gewissen Grad ein *Gefühl* da- für, wie weit die Unternehmensgründer zusammen passen.

Nicht zu vergessen sind jene Fälle, wo die Gesellschafter sich ihre Miteigentümer gar nicht aussuchen können. Zu denken ist etwa an die Übertragung von Ge- schäftsanteilen oder Unternehmen durch Rechtsgeschäft von Todes wegen (z. B. verstorbener Vater an seine Kinder, von denen einige schon bisher im Unterneh- men tätig waren und andere nicht). In solchen Fällen ist es unerlässlich, zwischen bloßer Beteiligung und operativer Mitwirkung zu unterscheiden.

3. Welche Rechtsformalternativen gibt es?

Klar muss sein, dass eine GmbH nicht in jedem Fall ein *Allheilmittel* sein kann. Ei- **35** ner neu zu schaffenden Unternehmensstruktur sollte man die Chance geben zu wachsen: Das gilt für den Geschäftsumfang genauso wie für die Rechtsform. Durch das HäRÄG gibt es – im nunmehrigen UGB – keine Unterscheidung mehr zwischen *vollkaufmännischem* und *minderkaufmännischem* Geschäftsbetrieb. Un- ter der Voraussetzung, dass zumindest zwei Unternehmensgründer vorhanden sind, kommt – wenn man die atypische stille Gesellschaft als Mitunternehmerschaft an dieser Stelle ausklammert – eine Offene Gesellschaft oder eine Kommanditge- sellschaft in Frage. Welche Ausprägungsform einer Personengesellschaft gewählt wird, hängt vor allem ab

● von der Anzahl der Gesellschafter,

● vom Umfang der beabsichtigten operativen Mitwirkung bei der Verwirklichung der Unternehmensziele,

● von den sozialversicherungsrechtlichen Erfordernissen,

● von der Bereitschaft zur Übernahme einer (unbeschränkten, verschuldensun- abhängigen und allenfalls solidarischen) Erfolgshaftung durch die Gründer.

Vorteile einer Personengesellschaft. Ein wesentliches Argument, eine Offene **36** Gesellschaft oder Kommanditgesellschaft einer (sofortigen) GmbH-Gründung vor- zuziehen, liegt vor allem in den Schwierigkeiten der Gründer, das für die Errichtung einer GmbH erforderliche Stammkapital in Höhe von zumindest € 35.000,00 aufzu- bringen und zumindest zur Hälfte bar einzuzahlen. Die rechtsformspezifische Min- dest-Körperschaftsteuer wird häufig – eigentlich mehr von den Beratern als von den tatsächlich Betroffenen – als Nachteil gesehen. Werden die Buchführungsgrenzen des § 189 UGB nicht erreicht, so kann eine unternehmerisch tätige Offene Gesellschaft oder Kommanditgesellschaft den Gewinn durch eine Einnahmen-Ausgaben-Rechnung (§ 4 Abs. 3 EStG) ermitteln.

Eine im Firmenbuch eingetragene Personengesellschaft ist zwar auch nur bedingt zum *Probieren* geeignet, ob

- die festgelegten unternehmerischen Ziele überhaupt erreicht werden (können) und
- die Gesellschafter auch tatsächlich zusammenpassen.

Unbestritten ist jedoch, dass Strukturänderungen zwischen den Gründungsgesellschaftern leichter zu administrieren sind, weil die notarielle Form für die Übertragung von Geschäftsanteilen nicht erforderlich ist. Ganz abgesehen davon lässt sich eine Personengesellschaft wesentlich leichter – und kostengünstiger – auch wiederum liquidieren.

37   **Rechtsformwechsel.** Die Personengesellschaft kann nach (zeitlicher) Wahl der Unternehmensgründer durch Einbringung der Mitunternehmeranteile mit den Wirkungen einer Gesamtrechtsnachfolge in eine Gesellschaft mit beschränkter Haftung aufgelöst werden.

4. Die Beteiligungsverhältnisse

4.1. Einführung

38   Die Lehre und Rspr. beschäftigten sich in erster Linie mit den Folgen eines bestimmten Beteiligungsausmaßes; diese sind etwa in steuerlicher Hinsicht durch das Überschreiten einer Beteiligungsquote von 25 % besonders augenscheinlich. Wenig systematische Literaturmeinungen gibt es zur Frage, welche Beteiligungsverhältnisse unter welchen (bestimmten) Voraussetzungen in Frage kommen. Die folgenden Ausführungen wollen diese Lücke an Hand von Beispielen aus der Praxis schließen.

4.2. Beteiligung von zwei Gesellschaftern

4.2.1. Unterschiedliche Geschäftsanteile

39   *Einer muss die Mehrheit haben, einer muss entscheiden können.* Immer wieder höre ich diesen Satz – sowohl von Unternehmern als auch von (älteren) Beraterkollegen. Ich will hier die Berechtigung dieser Überlegungen gar nicht in Zweifel ziehen. Nur: Wer von den zwei Gesellschaftern soll die Mehrheit haben …?

Wenn *Anton A.* mit 51 % an einer GmbH beteiligt ist und *Bernhard B.* Geschäftsanteile von (prozentuell) 49 v. H. übernimmt, so sind die u.U. dramatischen Folgen für den Minderheitsgesellschafter wesentlich höher als die nur zwei Prozentpunkte Beteiligungsdifferenz vermuten lassen. Die Frage der aliquoten Beteiligung an einer Gewinnausschüttung, einem Auseinandersetzungsguthaben und einem allfälligen Liquidationserlös wird nicht von entscheidender Bedeutung sein. Ob *Bernhard B.* für seine „faktische" Hälftebeteiligung bei einem ausschüttungsfähigen Bilanzgewinn von € 100.000,-- (nach KESt) € 51.000 oder € 49.000 erhält, ist – vorbehaltlich einer gewissen persönlichen Großzügigkeit – sekundär.

Viel wichtiger ist, dass die Mehrheit von 51 % der entscheidende Faktor bei der Ausübung der Mehrheitsverhältnisse ist („50 % und eine Stimme"). Diese Mehrheit von 51 % führt dazu, dass *Anton A.* die strategische Ausrichtung der Gesellschaft bestimmt und – über seine Stimmausübung in der Generalversammlung – auch zulässigerweise in die Geschäftsführung eingreifen kann. Diese Tatsache erlangt dann an Bedeutung, wenn Bernhard B. (Minderheitsgesellschafter-)Geschäftsführer ist. Der Umstand, dass Satzungsänderungen, alle Kapital- und Umgründungsmaßnahmen durch die gesetzliche vorgesehene ¾-Mehrheit der Mitwirkung von Bernhard B. bedürfen, wird aus seiner Sicht nur ein geringer Trost sein …

Gestaltungsvorschläge. Wie kann nun in der Praxis *Bernhard B.* durch gesell- **40** schaftsvertragliche Maßnahmen aus seinem *Minderheitsdilemma* befreit werden?

- Bestimmte, etwa der Zustimmung der Generalversammlung vorbehaltene nicht betriebsgewöhnliche Geschäfte, bedürfen einer höheren Mehrheit (60%, ²/₃- oder ¾-Mehrheit).

- Eine verpflichtende – zumindest teilweise – Gewinnausschüttung ist sicherzustellen.

  Beispiel für eine Satzungsregelung: *Soferne die Gesellschafter nicht einstimmig etwas Gegenteiliges beschließen, ist der ausschüttungsfähige Gewinn an die Gesellschafter im Verhältnis ihrer Beteiligung zum Verbleib bei ihnen auszuzahlen.*

- Weisungsfreistellung des Geschäftsführers Bernhard B. im Rahmen des betriebsgewöhnlichen Geschäftsbetriebes.

- Bestellung zum Geschäftsführer im Gesellschaftsvertrag und Widerruf der Bestellung auf wichtige Gründe (§ 15 Abs. 3 GmbHG).

  Durch Vereinbarung dieser (wichtigen) Gründe besteht nur ein „vordergündiger" Abberufungsschutz. Besteht nämlich Uneinigkeit zwischen Anton A. und Bernhard B., ob ein wichtiger Grund für den Widerruf der Bestellung vorliegt, so entscheidet wiederum die Mehrheit der in der Generalversammlung abgegebenen Stimmen – also Anton A. Der möglicherweise zu Unrecht oder gar willkürlich abberufene Gesellschafter-Geschäftsführer Bernhard B. wird Widerspruch zu Protokoll erklären und kann diese rechtswidrige Abberufung bei Gericht anfechten. Während des Anfechtungsprozesses kann Bernhard B. jedoch nicht als Geschäftsführer tätig sein – mit allen damit verbundenen Folgen …

- Einräumung eines Sonderrechts auf Geschäftsführung:

  Mit dieser Satzungsregelung kann Bernhard B. zwar keine Weisungen der Generalversammlung an ihn verhindern, aber zumindest seine operative Mitwirkung und damit seine finanziellen Ansprüche absichern.

- Zeitlich befristete Geschäftsführerbestellung.

  – Mit oder ohne Verzicht auf einen Widerruf der Bestellung.

- Einräumung eines Sonderrechts auf Kündigung der Gesellschaft und Übernahmepflicht der Geschäftsanteile durch Anton A.

- Vereinbarung einer befristeten Gesellschaftsdauer.

Alle o. a. Maßnahmen dienen dazu, die Position eines Minderheitsgesellschafters zu stärken; sie sind insb. bei einer 51:49-Beteiligung geboten.

Quo vadis Beherrschung? Was aber, wenn der ins Auge gefasste Mehrheitsge- **41** sellschafter sich alle Optionen seiner Machtausübung offen halten möchte? Nun, ich kann hiezu keine allgemein gültigen Empfehlungen abgeben. Es kommt zumindest darauf an, wie sehr *Bernhard B.* auf die Minderheitsbeteiligung (wirtschaftlich) angewiesen ist. Nicht zuletzt hat jeder für sich zu entscheiden, in welchem Ausmaß er eine mögliche Beherrschung als zumutbar empfindet.

4.2.2. Pattstellung

42   **Kritik.** Gegen ein Beteiligungsverhältnis von 50:50 wird üblicherweise eingewendet, dass bei divergierenden Interessen zwischen den Gesellschaftern eine Entscheidung u. U. entweder zeitverzögert oder gar nicht zu Stande kommt; dieses Argument ist unbestritten richtig.

43   **Folgen.** Die Gesellschafter sind darauf angewiesen, für lange Zeit im Wesentlichen

- die gleichen Vorstellungen zu haben oder
- auch einmal dem Mitgesellschafter mit seiner Meinung den Vortritt zu lassen (Bilanz der Zugeständnisse).

Diese Grundsätze gelten insb., wenn beide Gesellschafter gleichzeitig auch Geschäftsführer sind.

44   **Maßgeblichkeit der eingeräumten Rechte.** Bei diesem Beteiligungsverhältnis ist es von Bedeutung, dass beiden Gesellschaftern die gleichen Rechte zukommen, also

- beide zu Geschäftsführern bestellt werden oder
- beiden ein Sonderrecht auf Geschäftsführung gesellschaftsvertraglich eingeräumt wird.

Wird etwa anlässlich der Gesellschaftsgründung nur *Anton A.* zum Geschäftsführer der Gesellschaft bestellt, so hat *Bernhard B.* ohne gesellschaftsvertragliche Regelung eines Sonderrechts auf Geschäftsführung ohne Zustimmung von Anton A. keine Möglichkeit, diese Organfunktion auszuüben. Für eine gerichtliche Bestellung, einstweilige Verfügung und ähnliche (Zwangs-)Maßnahmen fehlen die gesetzlichen Voraussetzungen.

45   **Lösungsvorschläge.** Wie ist nun vorzugehen, wenn zwei Gesellschafter nicht mehr miteinander können?

Sind beide *nur* kapitalbeteiligt, so ist die Sachlage weitgehend unkritisch. Zu berücksichtigen ist zunächst, dass eine GmbH auch dann handlungsfähig ist, wenn sich die Generalversammlung auf ihre im Gesetz geregelten Entscheidungsfindungsbefugnisse beschränkt. Die *Entscheidungsmacht* bezieht sich im Wesentlichen auf die zulässige Weisungsbefugnis gegenüber der Geschäftsführung. Viele Streitigkeiten könnten vermieden werden, wenn die vertretungsbefugten Organe im Hinblick auf die betriebsgewöhnlichen Geschäfte weisungsfrei sind und sich demnach die Generalversammlung nicht in deren Tätigkeitsbereich überall einmischt.

Die wenigen erforderlichen Generalversammlungen können – allenfalls durch Begleitung von Angehörigen der rechts- und wirtschaftsberatenden Berufe – professionell abgewickelt werden. (Nordkorea und die USA mögen sich auch nicht und man sitzt bei Tisch!) Kommen keine (strategischen) Entscheidungen in der Generalversammlung zustande, so entscheidet – nach der gesetzlichen Regel – die Geschäftsführung. Einzige Voraussetzung ist, dass die Mitglieder der Geschäftsführung gegenüber den Gesellschaftern neutral sind und tatsächlich die Interessen des Unternehmens verfolgen. Wenig sinnvoll ist es freilich, wenn zwei Fremdgeschäftsführer einen *Stellvertreterkrieg* im Geschäftsleitungsorgan austragen.

46   **Gesellschafter-Geschäftsführer.** Zu Schwierigkeiten kann es kommen, wenn beide Gesellschafter auch gleichzeitig Geschäftsführer sind; in einem solchen Fall werden die Animositäten üblicherweise in das „Tagesgeschäft" hineingetragen, in den meisten Fällen zum Nachteil der gemeinsamen Gesellschaft. Von wenigen offenkundigen Fällen abgesehen, wird auch die Ausschlussklage oder eine Abberufungsklage scheitern. Vielfach sind die Konfliktursachen jahrelang verfeindeter Parteien gar nicht mehr zu lokalisieren.

47 Wenn auch **alternative Streitbeilegungsformen**, an deren Mitwirkung die Streitparteien unter dem Gebot der Treuepflicht verpflichtet sind,[7] und die Einsicht (bzw. Möglichkeit) fehlt, sich gemeinsam aus der Geschäftsführung zurückzuziehen und nur noch der Wunsch besteht, den jeweils anderen Gesellschafter „los" zu werden, so bleibt m. E. nur mehr das versteigerungsähnliche Bietverfahren.

48 **Versteigerungsähnliches Bietverfahren.** Im Falle eines nicht mehr zu überbrückenden Konflikts bietet ein Gesellschafter dem anderen an, seinen Geschäftsanteil zu einem bestimmten Preis zu übernehmen. Der andere Gesellschafter hat seinerseits die Möglichkeit, durch einen höheren Preis den anderen Gesellschafter *herauszukaufen*. Nach dieser Anbotslegung ist wieder der ursprüngliche Gesellschafter mit der Legung eines Anbots an der Reihe, usw.

Die Durchführung des „Verfahrens" ist im folgenden Beispiel dargestellt:

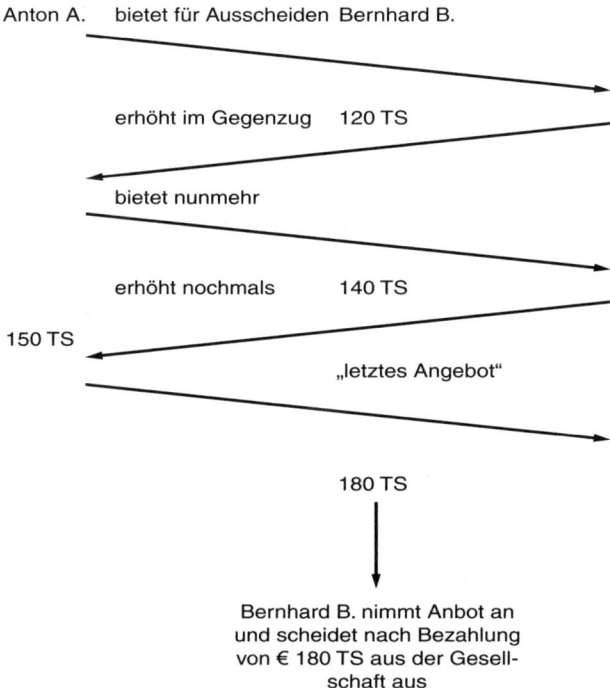

Anton A.   bietet für Ausscheiden Bernhard B.

erhöht im Gegenzug   120 TS

bietet nunmehr

erhöht nochmals   140 TS

150 TS

„letztes Angebot"

180 TS

Bernhard B. nimmt Anbot an und scheidet nach Bezahlung von € 180 TS aus der Gesellschaft aus

Wenn angesichts des durchaus *archaischen Charakters* diese Methode als wenig juristisch werthaltig angesehen wird, so mag das durchaus stimmen. Das versteigerungsähnliche Bietverfahren führt aber dazu, dass das Gesellschaftsverhältnis endgültig bereinigt wird; und wenn eine *win-win-solution* als Maßgröße angestrebt wird, so gibt es bei diesem Verfahren zwei „Gewinner". Der verbleibende Gesellschafter ist seinen ungeliebten Mitgesellschafter los und dem ausscheidenden Gesellschafter gebührt ein Auseinandersetzungsguthaben, das in dieser Höhe – da auch durch emotionale Faktoren beeinflusst – sonst nicht erzielbar gewesen wäre.

---

[7]   Vgl. hiezu Rz. 352 ff. zur Mediation.

4.3. Gründung durch einen Gesellschafter

49

Wird eine GmbH durch eine einzige Person in Form einer Errichtungserklärung gegründet, bestehen alle die in den vorherigen Kapiteln dargestellten Probleme naturgemäß nicht. Vielfach wird gewünscht, dass der einzige (faktische) Gesellschafter-Geschäftsführer die Vorteile eines steuerlichen Dienstverhältnisses nützen kann. Da hiefür eine Beteiligungsquote von 25 % nicht überschritten werden darf, wird eine GmbH mit folgenden Beteiligungsverhältnissen errichtet:

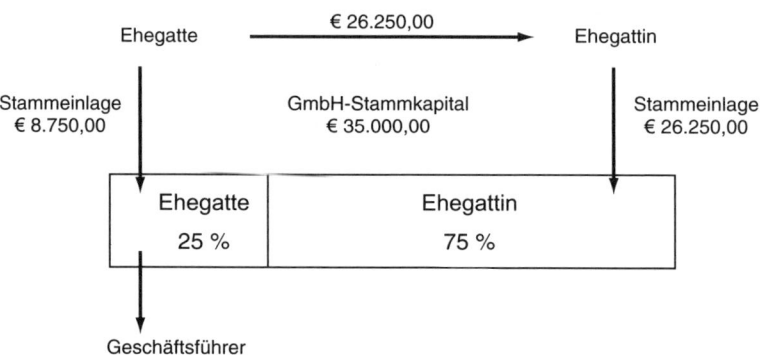

50

Praxistipp. Bei dieser zulässigen und in der Gesellschaftspraxis weit verbreiteten Gestaltungsvariante ist darauf zu achten, dass jeder Gesellschafter den auf ihn entfallenden Teil der zu leistenden Stammeinlagen auf ein Gesellschaftskonto einzahlt, da andernfalls die Zurechnung des wirtschaftlichen Eigentums auf den tatsächlichen Machthaber erfolgen kann. Maßgeblich sind aber auch die sonstigen Grundsätze von Verträgen zwischen nahen Angehörigen. Die Abtretung eines Geschäftsanteils an den Ehegatten ist in steuerlicher Hinsicht nicht anzuerkennen, wenn die Möglichkeit offen gelassen wird, den Abtretungspreis auf unbestimmte Zeit nicht einzufordern.[8]

51

Kritik. Während bei Gesellschafter-Geschäftsführerinnen diese Gestaltung im Hinblick auf die im ASVG unbestritten vorteilhaferen Mutterschutz- und Karenzschutzbestimmungen argumentiert werden kann, ist in allen anderen Fällen diese *indirekte* Lösung zu hinterfragen.

Der arbeitsrechtliche Schutz und die steuerlichen Begünstigungen müssen – wenn die SV-Dienstgeber- und Dienstnehmeranteile zusammengefasst werden – mit höheren Beiträgen *erkämpft* werden. Ganz abgesehen davon ist es zweifelhaft, ob die Bürgschaftsübernahme des Gesellschafter-Geschäftsführers gegenüber der Bank – wie sie (leider) mit einer unternehmerischen Betätigung rechtsformunabhängig zusammenhängt – wirklich zu einer sozialversicherungsrechtlichen, steuerrechtlichen und arbeitsrechtlichen Unselbständigkeit passt.

4.4. Beteiligung von drei Personen

52

Unter der Voraussetzung, dass nicht von vornherein eine Blockbildung vereinbart ist, bedarf eine *Dreier*-Gesellschaft im Regelfall keiner besonderen Mehrheitsverhältnisse.

---

[8]   VwGH 7.2.1989, 88/14/0043.

● **Beispiel**

Beteiligungsverhältnisse anlässlich Gesellschaftsgründung

Den Eheleuten A. und Herrn B. kommen jeweils 50 v.H. Herrschaftsrechte zu

Herr A.	Frau A.	Herr B.
25 %	25 %	50 %

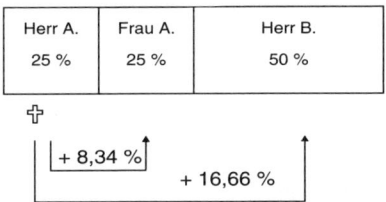

✚

+ 8,34 %

+ 16,66 %

Sieht die Satzung im Falle des Ablebens eines Gesellschafters – hier Herr A. – ein Aufgriffsrecht der übrigen Gesellschafter im Verhältnis ihrer Beteiligung vor, so kommt es zu folgender (aus Sicht von Frau A.) unerwünschter Verschiebung der Beteiligungsverhältnisse.

Frau A.	Herr B.
33,34 %	66,66 %

Diese Rechtsfolge der Anteilsverschiebung kann durch eine „Stammesregelung" im Gesellschaftsvertrag vermieden werden (vgl. Muster 1.3. der beigeschlossenen CD: Gesellschaftsvertrag einer Familiengesellschaft mit Bindung der Geschäftsanteile an die Familie).

53 Sollen drei (Arbeits-)Gesellschaftern die gleichen Mitgliedschaftsrechte und -pflichten zukommen und wird ein steuerlich anzuerkennendes Dienstverhältnis gewünscht, so sind die jeweiligen Ehegatten oder andere nahestehende Dritte „zwischenzuschalten".

| Familienstamm A 33,33 % | | Familienstamm B 33,33 % | | Familienstamm C 33,33 % | |

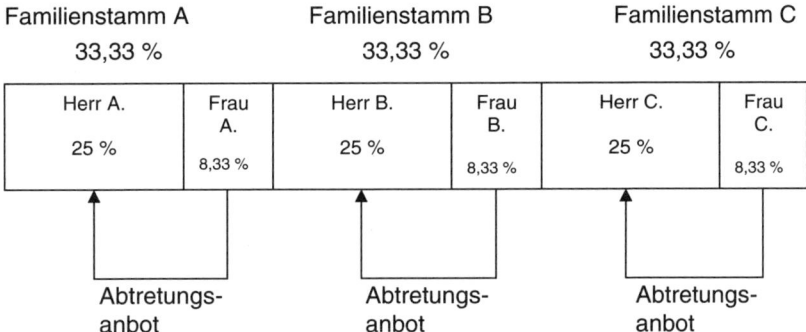

Herr A. 25 %	Frau A. 8,33 %	Herr B. 25 %	Frau B. 8,33 %	Herr C. 25 %	Frau C. 8,33 %

Abtretungs-anbot   Abtretungs-anbot   Abtretungs-anbot

4.5. Vier Gesellschafter

54 Bei einer Beteiligung von vier Gesellschaftern sind bereits so viele Gestaltungsformen und Mehrheitskoalitionen denkbar, dass sie an dieser Stelle nicht mehr dargestellt werden können. Hingewiesen sei lediglich auf den Fall, wo vier Gesellschafter mit jeweils 25 % an der GmbH beteiligt sind und alle im gesellschaftlichen Unternehmen mitwirken. Hier stellt sich zunächst die Frage, wie – im Sinne einer Gleichbehandlung – die Geschäftsführungsbefugnis geregelt wird.

55

Anzahl der Geschäftsführer. Ist der Geschäftsbetrieb umfangreich genug oder besteht das Unternehmen aus mehreren Betriebsstätten und kann für jeden Geschäftsführer auch wirklich ein eigener Verantwortungsbereich bestimmt werden, so kann jeder Gesellschafter durch Satzungsregelung auch zum Geschäftsführer bestellt werden; die Art der Vertretung kann individuell vereinbart werden. In allen anderen Fällen empfiehlt es sich, ein bis zwei Gesellschafter auch zu Geschäftsführern zu bestellen und den übrigen Gesellschaftern ein gesellschaftsvertragliches Sonderrecht auf Geschäftsführung einzuräumen.

56

Verhältnismäßiges Aufgriffsrecht. Sofern nicht nur einem bestimmten Gesellschafter ein Vorkaufs- bzw. Vorerwerbsrecht eingeräumt wird, steht im Falle des Ausscheidens eines Gesellschafters den übrigen ein Aufgriffsrecht im Verhältnis ihrer Beteiligung zu.

● **Beispiel:**
Beteiligungsverhältnisse anlässlich Gründung

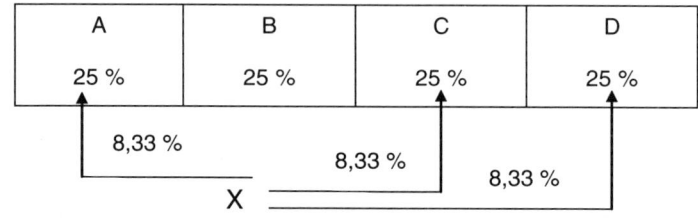

Beteiligungsverhältnisse nach Ausscheiden von B und Aufgriff durch alle Mitgesellschafter

A	B	C
33 1/3 %	33 1/3 %	33 1/3 %

Rz. 57 bis 60 frei.

IV. Die verschiedenen Formen einer Gesellschaft mit beschränkter Haftung

Inhaltsverzeichnis   **Rz.**

		Rz.
1.	Einführung	61
2.	GmbH mit personalistischer Struktur	62
3.	Familiengesellschaft	63
4.	Kapitalistische GmbH	64
5.	Einpersonen-Gesellschaft	65
6.	Komplementär-GmbH	67
7.	Gemeinnütziger Unternehmensgegenstand	68
	7.1. Grundlagen	68
	7.2. Eignung der GmbH für Gemeinnützigkeit?	69
	7.3. Gemeinnützige Leistungen der Gesellschaft	72
	7.4. Wesentliche Satzungserfordernisse	75

1. Einführung

In der Beratungspraxis wird häufig einem gesellschaftsvertraglichen *Einheitsbrei* **61** der Vorzug gegeben und zwischen den möglichen Ausgangssituationen viel zuwenig akzentuiert.[9] Wir sollten bedenken, dass schon der historische Gesetzgeber den Gesellschaftern – in Abhängigkeit von der jeweiligen Rechtsform – vergleichsweise „starre" Rollen zugewiesen hat. Bei der an sich kapitalistisch strukturierten GmbH sind dies die Generalversammlung als *Entscheidungs*organ und die Geschäftsführung als *Ausführungs*organ. Im Hinblick auf die strategische Ausrichtung der unternehmerischen Tätigkeit sind bei einer GmbH nachfolgend beschriebene Ausprägungsformen möglich.

2. GmbH mit personalistischer Struktur

Die personalistische Gesellschaft mit beschränkter Haftung entspricht dem Regel- **62** fall der österreichischen Beratungs- und Gestaltungspraxis von Kapitalgesellschaften. Über 90 (!) Prozent der österreichischen GmbHs bestehen aus nicht mehr als vier Gesellschaftern. Bei diesem Gesellschaftstyp kommt daher den (meisten) Gesellschaftern üblicherweise eine wichtige Rolle bei Erfüllung des Unternehmenszweckes zu; in welcher Rechtsstellung (Geschäftsführer, Prokurist, ASVG-versicherungspflichtiger Mitarbeiter usw.) die Mitwirkung erfolgt, ist vielfach unbeachtlich. Nachdem das Gesetz gerade personalistische Gesellschaftsstrukturen nicht regelt, sind vertragliche Vereinbarungen im Hinblick auf die innergesellschaftliche Organisation der Gesellschaft unerlässlich.

3. Familiengesellschaft

Eine Familien-GmbH ist dadurch gekennzeichnet, dass ausschließlich Familienmit- **63** glieder kapitalbeteiligt sind und zur Gänze bzw. überwiegend die Geschäftsführung und Vertretung innehaben. Bei der strategischen Festlegung des Unternehmenszweckes kommt der Versorgung der beteiligten Familiengesellschafter bzw. Fami-

---

[9] Auf Grundlage völlig unterschiedlicher Ausgangslagen finden sich in *Fritz*, GmbH-Praxis I – Vertragsmuster und Eingaben (189 ff.) 13 verschiedene vollständige Gesellschaftsverträge für die Bedürfnisse der (Beratungs-)Praxis.

lienstämme eine wesentliche Bedeutung zu. Der Gesellschaftsvertrag hat Schutz-
klauseln gegen die unerwünschte Abtretung von Geschäftsanteilen an
familienfremde Personen zu enthalten und ist in so gut wie allen Fällen *personalistisch* strukturiert. Nachdem vielfach das *Gesellschaftsleben* vom Familienleben
nicht ausreichend getrennt wird, sind *emotionale Belastungen* bei *schwierigen Verhältnissen* entsprechend groß. Eine Trennung zwischen Beziehungs- und Sachebene ist in einer Familiengesellschaft üblicherweise nicht möglich. Meiner Einschätzung nach wird diesem Aspekt in der Beratungspraxis viel zu wenig
Augenmerk geschenkt. Es wird im Regelfall wenig erfolgversprechend sein, einen
Entscheidungsfindungsprozess oder gar Konflikt zu versachlichen, wenn in emoti-
onaler Hinsicht die Nerven blank liegen.

4. Kapitalistische GmbH

64

Die Gesellschaft mit kapitalistischen Strukturen ist in Österreich eher selten anzutreffen.[10] Im Vordergrund steht die Kapitalbeteiligung der Gesellschafter, welche
physische oder juristische Personen sowie Personengemeinschaften sein können,
es können auch mehrere Gebietskörperschaften als Betreiber eines öffentlichen
Unternehmens eine GmbH bilden. Dieser Gesellschaftstypus zeichnet sich durch
die Bestellung von Fremdgeschäftsführern aus (Drittorganschaft). Üblicherweise
besteht eine klare Trennung zwischen Beziehungs- und Sachebene. Der größere
Gesellschafterkreis ist üblicherweise nur durch den Anteilsbesitz mit dem Unternehmen verbunden.

5. Einpersonen-Gesellschaft

65

Ist der Alleingesellschafter gleichzeitig Geschäftsführer, sind allfällige gesetzliche
Beschränkungen im Hinblick auf das Selbstkontrahieren – also der Abschluss sog.
Insichgeschäfte – zu beachten. Im Übrigen sind die Anforderungen an die Vertrags-
gestaltung eher gering. Die Gründung der Gesellschaft erfolgt mit einer sog. Errich-
tungserklärung. Im Ergebnis führt der Alleingesellschafter die Gesellschaft wie ein
Einzelunternehmer, ohne jedoch einer unbeschränkten Erfolgshaftung und einem
Spitzensteuersatz von 50 % zu unterliegen.

Die Einpersonen-GmbH ist in Österreich eine vergleichsweise junge Ausprägungsform. Erst durch das EU-GesRÄG 1996[11] wurde die Errichtung einer GmbH durch
eine einzige Person ermöglicht. Vor diesem Zeitpunkt musste man sich des überaus unpraktischen Systems des Gründungshelfers bedienen. Trotz ihrer kurzen
Geschichte ist die Einpersonen-GmbH in Österreich überaus beliebt: Etwa 28,6 %
aller österreichischen GmbHs haben nur einen einzigen Gesellschafter

66

Eine **Einpersonen-Gesellschaft mit Fremdgeschäftsführung** wird als Gestal-
tungsalternative häufig gewählt, wenn sich ein bisheriger Einzelunternehmer aus
pensionsrechtlichen Überlegungen aus dem aktiven Erwerbsleben zurückziehen
will (muss), ohne jedoch die zivilrechtliche Verfügbarkeit über sein Vermögen zu
verlieren.

---

[10] Nur etwa 1,2 % (!) aller österreichischen GmbHs bestehen aus mehr als 10 Gesellschaftern; westös-
terreichische Liftgesellschaften mit über 100 Gesellschaftern zählen in der österreichischen Unter-
nehmenslandschaft zu absoluten Exoten. Bemerkenswert ist jedoch, dass die Organisationsregeln
des GmbHG für solche kapitalistische Strukturen viel eher geeignet sind als für den überwiegenden
Anwendungsfall, den der Kleinstgesellschaften.

[11] BGBl. 1996/304.

---

6. Komplementär-GmbH

Ohne eine GmbH lässt sich die *Grundtypenvermischung* einer GmbH & Co KG **67** nicht erreichen. Die Komplementär-GmbH dient zwar erwerbswirtschaftlichen Zwecken, ist aber selbst nicht Trägerin eines Unternehmens; das ist die KG. Einziger Gesellschaftszweck ist vielfach die Führung der Geschäfte einer Kommanditgesellschaft. Bei dieser Gestaltungsform wird sohin eine unbeschränkte Erfolgshaftung für eine physische Person vermieden. Eine Komplementär-GmbH ist eine „ganz normale" GmbH. Nachdem üblicherweise keine Beteiligung am Vermögen der Kommanditgesellschaft vereinbart wird, ist das Ausmaß der Beteiligung am Gesellschaftskapital der Komplementär-GmbH wichtig für die *Machtbefugnisse* (insb. im Hinblick auf Stimmenmehrheiten usw.)

7. Gemeinnütziger Unternehmensgegenstand

7.1. Grundlagen

Die strikte Trennung zwischen Kapitalbeteiligung und (operativer) Geschäftsfüh- **68** rung macht die GmbH auch für die Verfolgung eines gemeinnützigen Gesellschaftszweckes attraktiv. Eine Gewinnerzielung steht nicht im Vordergrund. Für die Befreiung von der Körperschaftsteuer ist ein *Gemeinnützigkeitsbescheid* (§ 44 Abs. 2 BAO) durch das örtlich zuständige Betriebsstättenfinanzamt erforderlich. In der Satzung einer gemeinnützigen GmbH ist insbesondere die Vermögensverwendung im Falle der Auflösung der Gesellschaft zu regeln.

Das österreichische Gesellschaftsrecht unterscheidet grundsätzlich zwischen einem materiellen und ideellen Gesellschaftszweck. Gemeinnützigkeit i.S.d. § 35 Abs. 1 BAO (*„Gemeinnützig sind solche Zwecke, durch deren Erfüllung die Allgemeinheit gefördert wird"*) ist ein ideeller Zweck. Die Offene Gesellschaft, Kommanditgesellschaft, GmbH und Aktiengesellschaft können zu jedem zulässigen (also einem materiellen und ideellen) Zweck errichtet werden. Genossenschaften müssen der Förderung des Erwerbs der Mitglieder und damit einem materiellen Zweck dienen; Vereine nach dem VerG stehen nur ideellen Zwecken zur Verfügung.

7.2. Eignung der GmbH für Gemeinnützigkeit?

Nachdem eine GmbH für jeden zulässigen Zweck errichtet werden kann (§ 1 Abs. 1 **69** GmbHG), ist auch die Vereinbarung ideeller Zwecke im Unternehmensgegenstand sowie die Ausübung einer gemeinnützigen Tätigkeit grundsätzlich zulässig.[12]

Eine Einschränkung besteht allerdings, wenn der GmbH viele Gesellschafter ange- **70** hören: Geschäftsanteile einer GmbH können nur mit einem Notariatsakt erworben und übertragen werden (§§ 4 Abs. 3, 52 Abs. 4 und 76 Abs. 3 GmbHG). Dieses formale Kriterium *verteuert* einerseits den Beitritt neuer Gesellschafter im Verhältnis zu anderen Gesellschaftsformen. Andererseits ist eine Übertragung von Geschäftsanteilen unter der Voraussetzung, dass die Beteiligungsverhältnisse zwischen den bisherigen Gesellschaftern gleich bleiben und demnach alle Gesellschafter mitzuwirken haben, verfahrensmäßig kompliziert und kommt in der Praxis wohl selten in Frage.

Das GmbHG kennt den Begriff der Gemeinnützigkeit nicht. Es enthält demnach weder besondere Begünstigungen noch besondere Belastungen für gemeinnützige

---

[12]   OGH 2.6.2003, 5 Ob 34/03s; OGH 4.6.1969, 5 Ob 79/69 = NZ 1970, 74.

Gesellschaften mit beschränkter Haftung. Im Gegensatz zum Steuerrecht unterliegen sie in gesellschaftsrechtlicher Hinsicht denselben Regeln wie auf materielle Zwecke ausgerichtete GmbHs.

71

Der **gemeinnützige Unternehmensgegenstand**

● hat die Aufbringung der materiellen und ideellen Mittel festzulegen,

● ist weit genug zu fassen, um die Geschäftsführung nicht zu behindern,

● sollte eng genug vereinbart werden, um die Gesellschafter vor Unerwartetem zu schützen und hat

● den abgabenrechtlichen Erfordernissen für die Zuerkennung der Gemeinnützigkeit zu entsprechen.

Die in § 35 Abs. 2 BAO enthaltene konkrete Aufzählung gemeinnütziger Zwecke ist demonstrativ.[13]

7.3. Gemeinnützige Leistungen der Gesellschaft

72

An Dritte. Gemeinnützige Leistungen der Gesellschaft im Verhältnis zu Dritten sind – vorbehaltlich einer mittelbaren Zurechnung an einen GmbH-Gesellschafter – zulässig. Das Gebot der Kapitalerhaltung wird nicht verletzt, da das System der verbotenen Einlagenrückgewähr nur im Verhältnis zwischen der Gesellschaft und ihren Gesellschaftern bestehen kann.

73

An Gesellschafter. Gemeinnützige Leistungen der Gesellschaft an Gesellschafter (z.B. die begünstigte oder kostenlose Erbringung von Dienstleistungen [Abgabe von Gütern] widersprechen dem Verbot der Einlagenrückgewähr; Zweck dieser Leistungen ist es ja regelmäßig gerade, keinen marktüblichen Preis zu berechnen.

74

Eine **verdeckte Einlagenrückgewähr** liegt dann vor, wenn ein Geschäft mit einem Gesellschafter abgeschlossen oder durchgeführt wird,

● das mit einem Dritten zu diesen Bedingungen nicht abgeschlossen worden wäre oder

● wenn ein ordentlicher Geschäftsführer das entsprechende Rechtsgeschäft nicht vorgenommen hätte.

Unter diesem Aspekt ist in jedem Einzelfall zu untersuchen, ob die Gesellschaft diese Vorteile auch jedem Dritten gewährt hätte.[14] Liegt dieses Fremdüblichkeitskriterium nicht vor, so ist die Vorteilsgewährung als verdeckte Gewinnausschüttung zu qualifizieren. Im Falle einer solchen Rechtsfolge kommt erschwerend dazu, dass die gemeinnützige GmbH sämtliche abgabenrechtliche Begünstigungen verliert.

7.4. Wesentliche Satzungserfordernisse

75

Satzungszweck und die Art der Verwirklichung sind so genau zu vereinbaren, dass auf Grund des Gesellschaftsvertrages die Voraussetzungen für eine Abgabenbegünstigung geprüft werden können.[15]

---

[13] VwGH 22.12.2005, 2003/15/0127 = GesRZ 2006, 102; VwGH 26.3.2003, 98/13/0068.
[14] VwGH 31.5.2005, 2000/15/0059, 0060 = ÖStZB 2006, 202.
[15] VwGH 27.1.1998, 97/14/0008.

Übersicht: Abgabenrechtliche Anforderungen an den GmbH-Vertrag

- Ausdrückliche Regelung des begünstigten (gemeinnützigen) Zwecks
- Sonderfall wissenschaftliche Zweckverfolgung
  - Möglichkeiten der Spendenbegünstigung beachten
  - Vertragliche Regelung des ausschließlich wissenschaftlichen Zwecks
  - Vereinbarung einer Auflösungsbestimmung
  - Vermögensverwendung nur für wissenschaftliche Zwecke; eine Vermögensverwendung für gemeinnützige Zwecke ist nicht ausreichend
- Ausschluss des Gewinnstrebens
- Trennung der Mittel für die Zweckerreichung in
  - ideelle Mittel: ureigenste Zweckverfolgung
  - materielle Mittel: Mittelbeschaffung
- Verbot der Gewinnausschüttung
- Vermögensbindung
  - für den laufenden Betrieb
  - bei Auflösung bzw. Wegfall des begünstigten Zwecks
- Beschränkung der Ansprüche ausscheidender Gesellschafter auf den Betrag der geleisteten Stammeinlage
- Im Falle der Auflösung der GmbH erhalten die Gesellschafter maximal den Betrag ihrer geleisteten Stammeinlagen
- Vereinbarung von Abtretungsverboten und/oder Vorkaufsrechten zur Wahrung der Kontinuität der Gesellschafter[16]

Ausschließlichkeit der Förderung. Die *Förderung einzelner Wirtschaftssubjekte* **76** ist in erster Linie eine Förderung dieser Wirtschaftstreibenden und dient nur mittelbar der Förderung der Allgemeinheit; die Voraussetzungen für eine abgabenrechtliche Begünstigung liegen demnach nicht vor.[17]

Übersicht: Voraussetzungen für die Ausschließlichkeit der Förderung bei einer gemeinnützigen GmbH

- keine übermäßigen Geschäftsführervergütungen
  - eine verdeckte Gewinnausschüttung führt zum Verlust der Steuerbegünstigungen
- Keine Ausschüttungen an die Gesellschafter
  - eine gegenteilige Regelung würde ein Gewinnstreben bedeuten
- Verwendung des Vermögens für gemeinnützige Zwecke bei Auflösung und Änderung des Zwecks

---

[16] Es ist dies kein rein steuerliches Kriterium, aber in der Praxis dringend zu empfehlen.
[17] VwGH 27.1.1998, 97/14/0008.

- kein Liquidationsgewinn für die Gesellschafter
- Beschränkung auf die eingezahlte Stammeinlage im Falle des Ausscheidens eines Gesellschafters

77 Ist der Gesellschaftsvertrag einer gemeinnützigen GmbH insofern *unvollständig*, als die Gewinnlosigkeit, der Ausschluss der Gewinnverteilung und die ausdrückliche Bindung der Vermögensverwendung nicht geregelt ist, kann die Zuerkennung abgabenrechtlicher Begünstigungen auch nicht durch einen Generalversammlungsbeschluss ersetzt werden, demzufolge der Jahresgewinn nicht ausgeschüttet, sondern auf neue Rechnung vorgetragen wird.[18]

Auch wenn der GmbH-Gesellschaftsvertrag *den formalen* Kriterien für die Zuerkennung einer Steuerbefreiung entspricht, ist eine solche zu versagen, wenn die in der Satzung angeführten Leistungen nicht tatsächlich selbst erbracht werden.[19] Dieses Kriterium ist im Falle einer GmbH, die nicht nur gemeinnützige Zwecke verfolgt, von besonderer Bedeutung.[20]

---

[18] VwGH 27.1.1998, 97/14/0008.
[19] UFS 8.10.2003, RV/0257-G/02.
[20] Beispiele aus der Judikatur: vgl. *Fritz*, Gesellschafts- und Unternehmensformen in Österreich[3], Rz. 1774.

V. Die Lebensphasen einer GmbH: Von der Vorgründungsgesellschaft bis zur Auflösung

Inhaltsverzeichnis   **Rz.**

1. Vorbemerkung.. 78
2. Vorgründungsgesellschaft.. 79
3. Vorgesellschaft.. 86
   3.1. Grundlagen 86
   3.2. Das Prinzip der Handelndenhaftung 91
   3.3. Gestaltungsoptionen für die Haftungsübernahme 100
   3.4. Sonstige Bestimmungen 104
4. Die im Außenverhältnis tätige GmbH – das werbende Stadium ... 107
   4.1. Grundlagen 107
   4.2. Die Rückzahlung der Stammeinlagen nach Eintragung der Gesellschaft 111
      4.2.1. Die Problemstellung an Hand eines Praxisfalles 111
      4.2.2. Lösungsversuche 116
         4.2.2.1. Darlehen der Gesellschaft 116
         4.2.2.2. A-Konto-Zahlung Geschäftsführerbezüge 120
         4.2.2.3. Ausweis auf einem Verrechnungskonto 121
5. Die Auflösung einer GmbH – oder: Wie werde ich die Geister, die ich rief, auch wieder los? 123
   5.1. Gedanken aus der Praxis eines Beraters 123
   5.2. Die Beendigung einer GmbH durch planmäßige Auflösung und Liquidation 129

1. Vorbemerkung

Wie eine physische Person hat auch eine Gesellschaft mit beschränkter Haftung **78** verschiedene Lebensphasen. Jeder dieser Abschnitte ist mit einer Vielzahl von Rechten und Pflichten verbunden. In der Beratungspraxis wird sehr viel Augenmerk der *erwachsen* gewordenen GmbH – die sich im werbenden Stadium befindet – gewidmet. So wie ein Mensch in seiner Persönlichkeit entscheidend von seiner Kindheit und dem stürmischen Drang der Pubertät geprägt wird, so ist es auch mit der Rechtspersönlichkeit der GmbH: Alles, was in den Kindheitsjahren – also der Gründungsphase – schief geht, kann im Erwachsenenstadium zum Teil nur mit beträchtlichem Aufwand *repariert* werden.

Das folgende Kapitel stellt die mit jeder Lebensphase einer GmbH verbundenen rechtlichen Besonderheiten ausführlich dar und vermittelt eine Vielzahl von Praxistipps für die richtige Ausgestaltung aller maßgeblichen Rechtsverhältnisse.

Übersicht: Der Lebenszyklus einer Gesellschaft mit beschränkter Haftung

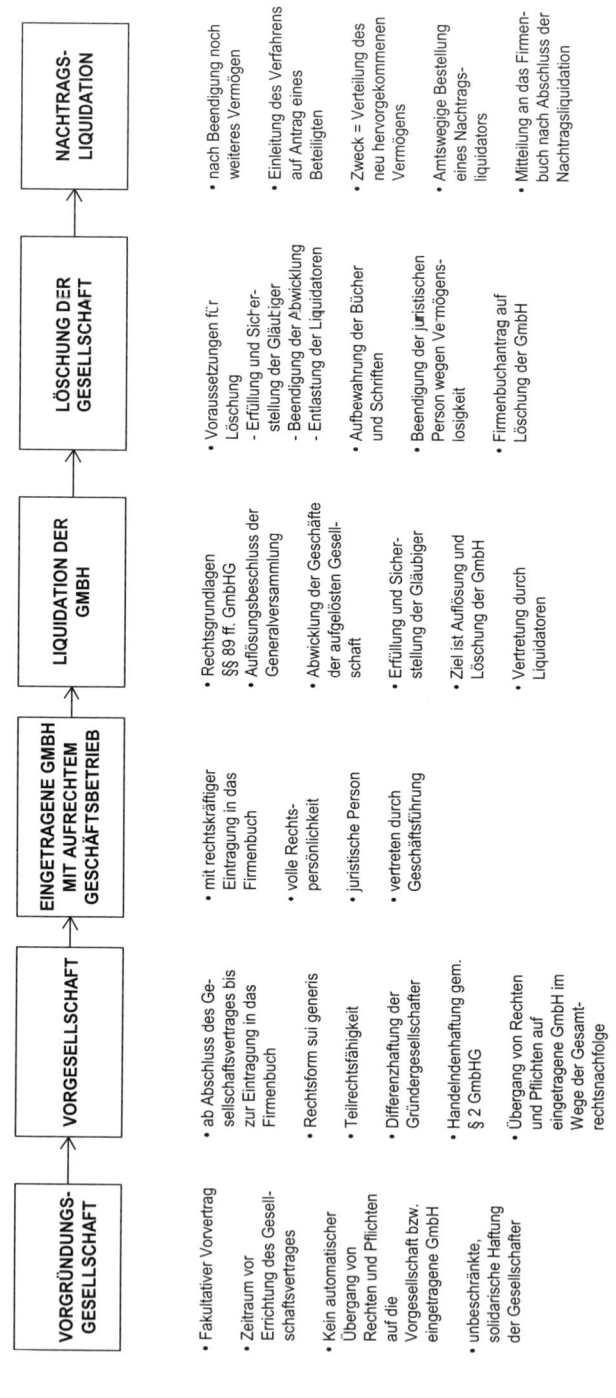

VORGRÜNDUNGS-GESELLSCHAFT → **VORGESELLSCHAFT** → **EINGETRAGENE GMBH MIT AUFRECHTEM GESCHÄFTSBETRIEB** → **LIQUIDATION DER GMBH** → **LÖSCHUNG DER GESELLSCHAFT** → **NACHTRAGS-LIQUIDATION**

VORGRÜNDUNGSGESELLSCHAFT
- Fakultativer Vorvertrag
- Zeitraum vor Errichtung des Gesellschaftsvertrages
- Kein automatischer Übergang von Rechten und Pflichten auf die Vorgesellschaft bzw. eingetragene GmbH
- unbeschränkte, solidarische Haftung der Gesellschafter

VORGESELLSCHAFT
- ab Abschluss des Gesellschaftsvertrages bis zur Eintragung in das Firmenbuch
- Rechtsform sui generis
- Teilrechtsfähigkeit
- Differenzhaftung der Gründergesellschafter
- Handelndenhaftung gem. § 2 GmbHG
- Übergang von Rechten und Pflichten auf eingetragene GmbH im Wege der Gesamtrechtsnachfolge

EINGETRAGENE GMBH MIT AUFRECHTEM GESCHÄFTSBETRIEB
- mit rechtskräftiger Eintragung in das Firmenbuch
- volle Rechtspersönlichkeit
- juristische Person
- vertreten durch Geschäftsführung

LIQUIDATION DER GMBH
- Rechtsgrundlagen §§ 89 ff. GmbHG
- Auflösungsbeschluss der Generalversammlung
- Abwicklung der Geschäfte der aufgelösten Gesellschaft
- Erfüllung und Sicherstellung der Gläubiger
- Ziel ist Auflösung und Löschung der GmbH
- Vertretung durch Liquidatoren

LÖSCHUNG DER GESELLSCHAFT
- Voraussetzungen für Löschung
  - Erfüllung und Sicherstellung der Gläubiger
  - Beendigung der Abwicklung
  - Entlastung der Liquidatoren
- Aufbewahrung der Bücher und Schriften
- Beendigung der juristischen Person wegen Vermögenslosigkeit
- Firmenbuchantrag auf Löschung der GmbH

NACHTRAGSLIQUIDATION
- nach Beendigung noch weiteres Vermögen
- Einleitung des Verfahrens auf Antrag eines Beteiligten
- Zweck = Verteilung des neu hervorgekommenen Vermögens
- Amtswegige Bestellung eines Nachtragsliquidators
- Mitteilung an das Firmenbuch nach Abschluss der Nachtragsliquidation

2. Vorgründungsgesellschaft

Begriff. Zweck der Vorgründungsgesellschaft ist, durch gemeinsames Zusammen- **79**
wirken der künftigen Gesellschafter eine GmbH zu errichten. Als Vorgründungsgesellschaft bezeichnet man den Zeitraum bis zur Errichtung der Gesellschaft durch
Abschluss des Gesellschaftsvertrages. Die Gesellschafter verpflichten sich, auf
Grundlage eines Vorvertrages (§ 936 ABGB), künftig eine GmbH zu gründen. Aus
diesem Grund besteht bereits ein vorvertragliches Vertrauensverhältnis, das die Gesellschafter zur Rücksichtnahme aufeinander verpflichtet und im Fall der Verletzung
Grundlage von Schadenersatzansprüchen aus culpa in contrahendo sein kann.

Übersicht: Grundlagen einer Vorgründungsgesellschaft
- fakultativer Vorvertrag
- Zeitraum vor Errichtung des Gesellschaftsvertrages
- kein automatischer Übergang von Rechten und Pflichten auf die Vorgesellschaft bzw. eingetragene GmbH
- unbeschränkte solidarische Haftung der Gesellschafter

Vorvertrag. Sieht der Gründungsvorvertrag die Verpflichtung zum Abschluss eines **80**
Gesellschaftsvertrages vor, bedarf er ebenfalls der Notariatsaktsform, da für Vor-
verträge die für den Hauptvertrag geltenden Formvorschriften[21] einzuhalten sind
(§ 4 Abs. 3 GmbHG). Aus dem Vorvertrag entsteht als Leistungsgegenstand die
Verpflichtung zum Abschluss des Hauptvertrages (also des Gesellschaftsvertrages). Aus dem Vorvertrag kann noch nicht auf die Erfüllung jener Verpflichtung geklagt werden, die Gegenstand des Hauptvertrages sein soll.[22] Einklagbar ist lediglich der Abschluss eines Gesellschaftsvertrages.

Voraussetzungen. Zur Gültigkeit des Vorvertrages ist erforderlich, dass dieser be- **81**
reits alle wesentlichen Punkte des Hauptvertrages enthält und der Zeitpunkt des
Vertragsabschlusses bestimmt wird. Auf den Abschluss des Gesellschaftsvertrages muss innerhalb eines Jahres nach dem festgelegten Zeitpunkt geklagt werden,
da ansonsten das Recht erloschen ist. Für den Vorvertrag gilt die *clausula rebus sic
stantibus* (Wegfall der Geschäftsgrundlage).

Rechtsform. Die Vorgründungsgesellschaft ist als Gesellschaft nach bürgerlichem **82**
Recht (§§ 1175 ABGB) zu qualifizieren,[23] sie ist eine Gelegenheitsgesellschaft mit
begrenztem Zweck und kann als reine Innengesellschaft nicht Trägerin eines Unternehmens sein.

Auflösung. Mit der Errichtung des Gesellschaftsvertrages wird die Vorgründungs- **83**
gesellschaft infolge Erreichung ihres Zweckes aufgelöst. Zu beachten ist, dass zwischen der Vorgründungsgesellschaft und der Vor-GmbH keine Kontinuität besteht.
Da das GmbH-Recht für die Vorgründungsgesellschaft nicht gilt, gehen ihre Rechte
und Verbindlichkeiten mit der Gründung der GmbH nicht automatisch auf die Vorgesellschaft oder die später eingetragene GmbH über. Es ist sohin ein *besonderes
Rechtsgeschäft* erforderlich, wenn die Rechte und Pflichten der Vorgründungsgesellschaft in die GmbH eingebracht werden.

Haftung der Gesellschafter. Solange die künftigen Gesellschafter, die im Vor- **84**
gründungsstadium geschäftsführungsberechtigt sind, (empfehlenswerterweise)

---

[21] Vgl. hiezu OGH 9.4.1992, 6 Ob 640/91 = RdW 1993, 98 = wbl 1992, 374 = ecolex 1992, 634 = AnwBl
      1993, 281, OGH 23.2.1989, 6 Ob 525/89 = SZ 62/28 = GesRZ 1989, 225 = RdW 1989, 191.
[22] Vgl. *Gellis/Feil*, Kommentar zum GmbH-Gesetz[6], Rz. 17 zu § 6 unter Hinweis auf EvBl 1974/247.
[23] OGH 21.4.1998, 2 Ob 2254/96a = ecolex 1998, 636 = RdW 1998, 403 = GesRZ 1998, 156.

nicht nach außen auftreten, besteht kein Haftungsrisiko. Die Handelndenhaftung des § 2 Abs. 1 GmbHG kommt im Stadium der Vorgründungsgesellschaft, für welche noch kein GmbH-Recht gilt, nicht in Betracht.[24] Werden bereits namens der Vorgründungsgesellschaft Geschäfte mit Dritten geschlossen, haften die Gesellschafter für die Verbindlichkeiten persönlich, unbeschränkt und solidarisch.[25] Leistungen, welche die Gründer im Vorgründungsstadium erbringen, können deshalb nicht als Einlagen für die GmbH angerechnet werden.

- **Beispiele für haftungsrelevante Rechtsgeschäfte im Vorgründungsstadium**
  - Abschluss von Mietverträgen über Geschäftsräumlichkeiten für die entstehende GmbH
  - Errichtung eines Bankkontos
  - Abschluss von Leasingverträgen für betriebsnotwendige Kraftfahrzeuge
  - Abschluss von Dauerbezugsverträgen wegen Versorgungsunternehmen wie Strom, Telefon und Internet für die Geschäftsräumlichkeiten der entstehenden GmbH
  - Ankauf bzw. Anmietung einer Telefonanlage für die entstehende GmbH
  - Ankauf von Büroausstattung für die entstehende GmbH

85

Übergang von Rechtsverhältnissen. Wird von den Mitgliedern einer Vorgründungsgesellschaft ein gegenseitiger Vertrag geschlossen und soll die GmbH damit auch Pflichten übernehmen, so bedarf es dazu einer ausdrücklichen vertraglichen Übernahme der Pflichten durch die GmbH.[26]

- **Beispiel**

  Am 15.6.2007 vereinbaren A, B, C, D die Errichtung einer GmbH.

  18.6.2007: Gesellschafter C überlegt es sich nach Rücksprache mit seiner Gattin nochmals; er wird keine Geschäftsanteile übernehmen.

  2.7.2007: A schließt einen Mietvertrag über Büroräumlichkeiten ab; ausdrücklich wird mit dem Vermieter vereinbart, dass die Rechte und Pflichten auf die GmbH überbunden werden.

  10.7.2007: B soll zum ersten Geschäftsführer der Gesellschaft bestellt werden; er eröffnet ein Bankkonto, auf welches die erforderlichen Stammeinlagen zugezählt werden sollen.

  19.7.2007: A, B und D errichten die GmbH durch einen Notariatsakt.

  8.8.2007: Die Gesellschaft wird im Firmenbuch eingetragen.

  11.8.2007: Die Gesellschafter beschließen im Umlaufverfahren, dass die GmbH in den am 2.7.2007 von der Vorgründungsgesellschaft abgeschlossenen Mietvertrag eintritt.

  Entstandene GmbH = Träger von Rechten und Pflichten = Mietvertrag

  VORGRÜNDUNGSGESELLSCHAFT

  VOR-GMBH

  ENTSTANDENE GMBH

---

[24] OGH 21.4.1998, 2 Ob 2254/96a = ecolex 1998, 636 = RdW 1998, 403 = GesRZ 1998, 156 = ÖJZ 1998, 742.

[25] OGH 24.2.2000, 8 Ob S 49/00i; OGH 21.4.1998, 2 Ob 2254/96a = EvBl 1998/168; OGH 22.10.1987, 6 Ob 659/853 = RdW 1988, 43 = wbl 1988, 25 = SZ 60/221; OGH 5.5.1981, 5 Ob 570/81 = GesRZ 1981, 178 = SZ 54/69.

[26] OGH 29.6.1999, 1 Ob 70/99x = ecolex 1999, 779 = ÖJZ 1999, 895.

3. Vorgesellschaft

3.1. Grundlagen

Begriff. Als Vorgesellschaft wird die GmbH im Gründungsstadium bezeichnet, **86** nämlich im Zeitraum nach ihrer Errichtung durch notariellen Gesellschaftsvertrag bis zu ihrer Eintragung in das Firmenbuch.

Übersicht: Merkmale einer Vorgesellschaft

- Ab Abschluss des Gesellschaftsvertrages bis zur Eintragung in das Firmenbuch
- Rechtsform sui generis
- Teilrechtsfähigkeit
- Differenzhaftung der Gründergesellschafter
- Handelndenhaftung (§ 2 GmbHG)
- Übergang von Rechten und Pflichten auf eingetragene GmbH im Wege der Gesamtrechtsnachfolge

Rechtliche Einordnung. Die GmbH entsteht als selbständige juristische Person **87** durch Eintragung in das Firmenbuch. Die Eintragung ist ein konstitutiver Rechtsakt, mit dem die GmbH volle Rechtspersönlichkeit erlangt. Da im Rahmen der Vorgesellschaft zwar die GmbH als solche durch den Gesellschaftsvertrag errichtet, aber noch nicht eingetragen ist, gilt sie nach h.M. als Rechtsgemeinschaft *sui generis*. Sie unterliegt dem GmbH-Recht, soweit dies nicht die Eintragung voraussetzt oder nicht spezielle Gründungsvorschriften eingreifen. Anzuwenden ist sohin ein Sonderrecht, das aus den im Gesetz oder im Gesellschaftsvertrag gegebenen Gründungsvorschriften und dem Recht der rechtsfähigen GmbH besteht.[27]

Der **Zweck der Vorgesellschaft** besteht darin, als notwendige Vorstufe zur juris- **88** tischen Person deren Entstehung zu fördern und das bereits eingebrachte Vermögen zu verwalten und zu erhalten.

Rechtsfähigkeit. Der Vorgesellschaft kommt Teilrechtsfähigkeit zu. Aus diesem **89** Grunde ist die Vorgesellschaft firmenfähig, kann Eigentümer sowie Träger von Rechten und Pflichten sein, ist konto- und grundbuchsfähig, passiv partei- sowie konkursfähig. In Folge der Kontinuität der Vorgesellschaft mit der eingetragenen GmbH gehen sämtliche Aktiva und Passiva der Vorgesellschaft, auch soweit sie aus nicht durch die Satzung gedeckten Geschäften stammen, auf die Gesellschaft mit ihrer Eintragung über. Die eingetragene GmbH setzt sohin die Vorgesellschaft im Wege der Gesamtrechtsnachfolge fort.[28]

Haftung. Die Vorgesellschaft haftet als Vertragspartnerin für Erklärungen, die zu **90** Geschäftsführern bestellte Personen in ihrem Namen abgegeben haben. Eine Haftung besteht auch nach allgemeinen Rechtsscheingrundsätzen, wenn unbefugtes Erklärungsverhalten der Geschäftsführung von den Gesellschaftern geduldet wird.[29]

---

[27] *Reich-Rohrwig*, Das österreichische GmbH-Recht I², Rz. 1/519.
[28] *Reich-Rohrwig*, Das österreichische GmbH-Recht I², Rz. 1/533, 129.
[29] OGH 24.11.1998, 1 Ob 188/98y = ecolex 1999, 633 = GesRZ 1999, 122 = RdW 1999, 344 = RWZ 1999, 234.

Übersicht: Haftungsgrundsätze der Vor-GmbH

- Wer als Geschäftsführer oder als sog. *faktischer Geschäftsführer* selbst am Abschluss beteiligt ist, haftet als Handelnder.

- Die bloße Veranlassung, Förderung oder Billigung von Geschäftsabschlüssen durch nicht-geschäftsführende Vorgesellschafter lässt diese nicht als Handelnde haften.

- Bevollmächtigte der Gesellschaft, denen die Geschäftsführer Vertretungsmacht erteilt haben, fallen ebenfalls nicht unter diese Haftung.

- Es haften allerdings diejenigen bestellten oder faktischen Geschäftsführer der Vor-GmbH, die sich ein rechtsgeschäftliches Handeln ihrer Bevollmächtigten zurechnen lassen müssen.

- Ist die Gesellschaft vor Eintragung im Firmenbuch werbend tätig geworden und bleibt das Gesellschaftsvermögen im Eintragungszeitpunkt hinter dem Stammkapital zurück, sind die Gründer (oder ihre Rechtsnachfolger) verpflichtet, die Differenz entsprechend der Höhe ihrer Kapitalbeteiligungen auszugleichen (Differenz- oder Vorbelastungshaftung gem. § 70 GmbHG).

- Die Differenzhaftung greift grundsätzlich auch vor der Eintragung im Firmenbuch ein. Bei einem endgültigen Scheitern der Gesellschaftsgründung reduziert sich die Differenzhaftung auf die Abdeckung der das Stammkapital übersteigenden Verluste.

- Die Ansprüche auf Leistung der Einlage und auf Verlustausgleich stehen der Vorgesellschaft zu (Innenhaftung). Eine unmittelbare Haftung der Gründer gegenüber den Gläubigern der Gesellschaft besteht nicht.

- Die Haftung nach § 2 Abs. 1 zweiter Satz GmbHG setzt ein Handeln für die künftige (im Firmenbuch eingetragene) GmbH voraus; ein Handeln für die Vorgesellschaft genügt nicht. Die Haftung endet, wenn die GmbH die in ihrem Namen abgegebene Erklärung genehmigt.

- Die Haftung der Vorgesellschaft und ihrer Vorgesellschafter endet mit der Eintragung im Firmenbuch. Zu diesem Zeitpunkt gehen Aktiva und Verbindlichkeiten der Vor-GmbH im Wege der Universalsukzession auf die entstandene GmbH über.

3.2. Das Prinzip der Handelndenhaftung

91 **Gesamtschuldner.** Für Handlungen im Namen der Gesellschaft vor ihrer Eintragung im Firmenbuch haften die Handelnden persönlich zur ungeteilten Hand als Gesamtschuldner (§ 2 Abs. 1 zweiter Satz GmbHG). Es ist in diesem Zusammenhang unerheblich, ob der Dritte wusste oder wissen musste, dass die GmbH noch nicht eingetragen war. Die Handelndenhaftung endet mit der Eintragung der GmbH.

Die Handelndenhaftung soll dem jeweils betroffenen Gläubiger einen Ausgleich dafür geben, dass die Kapitalgrundlage der ihm zunächst haftenden Vorgesellschaft noch nicht im gleichen Maße wie bei der eingetragenen GmbH gerichtlich kontrolliert, bekannt gemacht und durch zwingende Schutzvorschriften abgesichert ist. Sie übt im Ergebnis eine Sicherungs- und Garantiefunktion für den Fall aus, dass die GmbH nicht zur Entstehung gelangt. Aufgrund der Anerkennung der Prozess–, Partei- und Rechtsfähigkeit der Vor-Gesellschaft hat die Handelnden-Haftung an Bedeutung verloren. Die Gläubiger sollen nach der Eintragung weder schlechter noch besser gestellt werden als jene vor der Eintragung.

Begriff. Ein Handelnder ist eine Person, die für die in Gründung befindliche Gesell- **92** schaft als Geschäftsführer tätig wird, und zwar auch dann, wenn sie sich durch einen Bevollmächtigten vertreten lässt. Inhalt und Umfang der Haftung bestimmen sich ausschließlich nach dem Geschäft mit dem Dritten: Der Handelnde haftet nach den gleichen Maßstäben wie die Vorgesellschaft und die spätere eingetragene Gesellschaft. Durch eine im Gründungsstadium beschlossene Änderung des Firmenwortlautes werden Inhalt und Umfang der Handelndenhaftung nicht berührt.

Tritt jemand als Geschäftsführer einer GmbH auf, deren Gründung nicht einmal beabsichtigt war, haftet er persönlich als Vertragspartner auf Erfüllung. Ein Eigengeschäft des Handelnden ist auch dann anzunehmen, wenn er seinem Vertragspartner gegenüber nicht offenlegt, dass er für eine in Gründung befindliche GmbH handelt.

Haftungsvoraussetzungen. Voraussetzung dieser sog. *Handelndenhaftung* ist **93** der Umstand, dass der für die Vor-GmbH Handelnde wirksam zum Geschäftsführer bestellt ist oder ohne wirksame Bestellung als Geschäftsführer die Angelegenheiten der Gesellschaft faktisch wahrnimmt.[30] Keine Voraussetzung ist ein alleiniges Handeln durch den (faktischen) Geschäftsführer selbst. Es genügt vielmehr, dass er einen Bevollmächtigten mit der Wahrnehmung von Geschäften der Gesellschaft beauftragt hat. Bei einem Handeln im eigenen Namen ist § 2 GmbHG nicht anwendbar.[31]

Der (zukünftige) Geschäftsführer einer GmbH, der einem anderen die Verfügungsmöglichkeit über das Gesellschaftskonto überlässt, muss für dessen Handeln nach § 1313a ABGB so einstehen, als ob er selbst unmittelbar tätig geworden wäre. Die nach außen von der Geschäftsführung bevollmächtigte Person haftet nicht; dies gilt auch für den Prokuristen. Wurde ein Prokurist von der Generalversammlung bestellt, scheidet eine Haftung des Geschäftsführers für Handlungen des Prokuristen für die Vor-GmbH aus, da er den Prokuristen nicht bevollmächtigt hat.

Sachlicher Anwendungsbereich. Die Haftung nach § 2 Abs. 1 GmbHG besteht **94** nur im Falle der Vor-Gesellschaft. Nicht anzuwenden ist die Vorschrift auf das Vorgründungsstadium. Überdies findet sie keine Anwendung auf Fälle der Satzungsänderung, insbesondere der Kapitalerhöhung.

Geschützter Personenkreis. Zum geschützten Personenkreis gehören aus- **95** schließlich Dritte. Gesellschafter selbst sind grundsätzlich nicht geschützt. Dies ist lediglich für jene Fälle strittig, in denen Gesellschafter wie Dritte Forderungen gegen die Vor-GmbH erlangen.

Haftungsumfang. Bei der Handelndenhaftung handelt es sich nach h.M. um eine **96** unbeschränkte Haftung.[32] Sie ist jedoch gegenüber der Primär-Haftung der Vorgesellschaft bzw. der später eingetragenen GmbH akzessorisch.

Regressmöglichkeiten. Sofern der Handelnde pflichtgemäß gehandelt hat, ste- **97** hen ihm Regressansprüche gegen die Gesellschaft zu.

---

[30] Vgl. im Hinblick auf die Handelndenhaftung für Ansprüche aus einem Arbeitsvertrag: OGH 10.12.1998, 8 ObS 162/98a = DRdA 1999, 291 = GesRZ 1999, 48 = RdW 1999, 74 = wbl 1999, 126 = ZIK 1999, 106.
[31] OGH 15.12.1998, 4 Ob 289/98y = ecolex 1999, 238.
[32] Vgl. OGH 25.10.1994, 1 Ob 616/94 = ecolex 1995, 102; OGH 10.12.1998, 8 ObS 162/98 a = RdW 1999, 206 = wbl 1999, 82 = ZIK 1999, 106.

98   **Erlöschen der Haftung.** Die Haftung gemäß § 2 Abs. 1 GmbHG erlischt ohne Rücksicht darauf, ob es sich um eine Sach- oder um eine Bargründung handelt, mit der Eintragung der Gesellschaft in das Firmenbuch. Ab diesem Zeitpunkt besteht keine Notwendigkeit mehr, die Altgläubiger aus der Zeit vor der Eintragung besser als die Neugläubiger der eingetragenen GmbH zu behandeln.

99   **Unterbilanzhaftung.** Von der Haftung nach § 2 Abs. 1 GmbHG ist die sog. *Unterbilanzhaftung* (auch als Differenzhaftung oder Vorbelastungshaftung bezeichnet) zu unterscheiden. Hierbei geht es um eine vermögensmäßige Unterdeckung der Gesellschaft im Zeitpunkt der Eintragung in das Firmenbuch. Für eine solche Differenz zwischen dem Stammkapital und dem Wert des Gesellschaftsvermögens zum Zeitpunkt der Eintragung haften die Gesellschafter solidarisch.

3.3. Gestaltungsoptionen für die Haftungsübernahme

100   **Schuldübernahme.** Die im Gründungsstadium entstandene persönliche Haftung eines Handelnden kann unter bestimmten Voraussetzungen auf die neu entstandene Gesellschaft übertragen werden. Rechtsgeschäfte, die im Namen der GmbH vor ihrer Entstehung abgeschlossen wurden und die im Gesellschaftsvertrag Deckung finden (z.B. Gründungskosten im vorgesehenen Höchstbetrag) werden für die Gesellschaft nach ihrer Eintragung im Firmenbuch verbindlich, ohne dass es einer zusätzlichen Erklärung der GmbH bedarf.

101   **Schuldübernahme mit Gläubigerzustimmung.** Mit Zustimmung des Gläubigers tritt im Wege einer privativen Schuldübernahme die entstandene GmbH als neue Schuldnerin anstelle des Handelnden (den bisher die persönliche Haftung getroffen hat) in das bestehende Schuldverhältnis ein.

102   **Übersicht: Schuldübernahme ohne Gläubigerzustimmung**
   - Eine Schuldübernahme ohne Zustimmung des Gläubigers erfolgt, wenn dies
   - binnen 3 Monaten nach der Eintragung der Gesellschaft zwischen dieser und dem bisherigen Schuldner vereinbart und
   - dem Gläubiger von der GmbH oder dem Schuldner mitgeteilt wird.

103   **Vermögensübergang.** Mit der konkludenten oder sogar stillschweigenden Zustimmung des Gläubigers zur Schuldübernahme kommt es durch die Firmenbucheintragung der GmbH zu einem „nahtlosen" Übergang des Vermögens und der Verbindlichkeiten der Vorgesellschaft auf die eingetragene GmbH. Verpflichtungen aus einer Vereinbarung über die Einbringung von Sacheinlagen können von der GmbH nicht übernommen werden, ohne dass diese Verpflichtung zur Leistung von Sacheinlagen im Gesellschaftsvertrag begründet wurde (§ 2 Abs. 3 GmbHG). Aus diesem Grund hat die GmbH nach Eintragung jene Verpflichtungen, die aus der Erbringung von Sacheinlagen erwachsen sind, zwingend zu übernehmen.

3.4. Sonstige Bestimmungen

104   **Firmenzusatz „in Gründung".** In der Zeit zwischen dem Abschluss des Gesellschaftsvertrages und der Eintragung der GmbH kann diese mit einem auf das Gründungsstadium hinweisenden Zusatz im Geschäftsverkehr auftreten. Bestehen Zweifel, ob ein Geschäftsführer im Namen der Vorgesellschaft oder im Namen der zukünftigen GmbH rechtsgeschäftlich tätig wird, ist grundsätzlich ein Handeln namens der Vorgesellschaft anzunehmen.

Unechte Vorgesellschaft. Wird die Eintragung der Gesellschaft nicht ernsthaft be- **105** trieben, bestehende Eintragungshindernisse nicht beseitigt oder die Eintragung der GmbH in das Firmenbuch rechtskräftig abgelehnt, handelt es sich um eine unechte Vorgesellschaft.[33] Je nach Umfang ihres Unternehmens ist sie entweder als Offene Gesellschaft oder als GesBR anzusehen, woraus die persönlichen Gesellschafterhaftungen abgeleitet werden. Wird die Vorgesellschaft nicht fortgeführt, ist sie zu liquidieren.

Haftung bei fehlender Firmenbucheintragung. Zu einer persönlichen Haftung **106** der Gesellschafter kann es auch kommen, wenn die Firmenbucheintragung der GmbH unterbleibt, etwa weil die Anmeldung der Gesellschaft zur Eintragung in das Firmenbuch entweder überhaupt nicht oder nur mangelhaft bei Gericht eingereicht wird. Steht fest, dass es endgültig zu keiner Firmenbucheintragung der GmbH kommt, wird die Vorgesellschaft, die ihren Betrieb fortführt, zur sog. *unechten Vorgesellschaft* und ist je nach Umfang ihres Unternehmens entweder als Offene Gesellschaft oder als GesBR anzusehen, woraus die persönlichen Gesellschafterhaftungen abgeleitet werden. Eine persönliche Haftung von im Gründungsstadium ausgeschiedenen Gesellschaftern besteht nicht.

4. Die im Außenverhältnis tätige GmbH – das werbende Stadium

4.1. Grundlagen

Unsere GmbH ist durch Eintragung im Firmenbuch entstanden; sie ist nunmehr **107** (endgültig) Trägerin von Rechten und Pflichten. Der Vergleich mit einem volljährig gewordenen Erwachsenen ist gerechtfertigt. So wie zum Zeitpunkt des 19. Geburtstages eines Menschen die weitere persönliche Entwicklung zwar erahnt werden kann, so steht sie keinesfalls im Vorhinein fest. Gar manch Überraschendes wird passieren. Genauso ist es auch bei einer GmbH: Eine Vielzahl von Geschäftsfällen ist abzuwickeln und rechtliche sowie wirtschaftliche Aufgabenstellungen sind zu lösen. Darunter fallen insbesondere:

- Rechtsbeziehungen zwischen der GmbH und ihren Gesellschaftern, insbesondere auch der überaus komplexe Bereich der verdeckten Ausschüttungen,

- die Aufstellung des Jahresabschlusses

- die professionelle Abwicklung von Generalversammlungen

- die Abtretung von Geschäftsanteilen und Enthaftung des ausscheidenden Gesellschafters

- Änderungen in der Geschäftsführung

- Streit zwischen den Gesellschaftern

- Beteiligung von Mitarbeitern

- die „Krise" einer GmbH.

Die Rechtsverhältnisse nach der Eintragung. Mit der Eintragung wird aus der **108** Vor-Gesellschaft eine juristische Person und ein *Unternehmer* (§ 2 UGB). Die Ge-

---

[33] Vgl. OGH 24.4.1992, 1 Ob 12/92 = ecolex 1992, 636.

sellschaft verliert nicht ihre Identität. Sämtliche Rechte und Pflichten der Vorgesellschaft sind nunmehr Rechte und Pflichten der GmbH, ohne dass es noch einer besonderen Übertragung von Rechten oder der Übernahme von Verbindlichkeiten bedarf. Etwaige Prozesse der Vorgesellschaft laufen als Prozess der GmbH weiter; es ist nur die Parteienbezeichnung zu berichtigen, sofern sie bisher den Zusatz „in Gründung" getragen hat. Stand die Vorgesellschaft als Grundstückseigentümerin im Grundbuch, so ist auch hier lediglich die Bezeichnung zu berichtigen.

109 Jede persönliche **Außenhaftung** für Verbindlichkeiten der Vorgesellschaft endet. Nunmehr besteht – wie es das GmbHG formuliert – die GmbH als solche und für deren Verbindlichkeiten haftet nur das Gesellschaftsvermögen (§ 61 Abs. 2 GmbHG). Für eine persönliche Außenhaftung ist darüber hinaus grundsätzlich kein Platz. Das gilt sowohl für die Haftung der Gesellschafter als auch für die Haftung der Handelnden (§ 2 Abs. 1 GmbHG).

110 Die **Haftung der Gesellschafter** setzt sich als *Vorbelastungs- oder Unterbilanzhaftung* im Innenverhältnis fort, die Handelndenhaftung erlischt, wenn sich der Normzweck des § 2 GmbHG mit der Eintragung erledigt. Die Haftung der eingetragenen GmbH und der Wegfall der Haftung der Handelnden und der Gründer setzt allerdings Identität der eingetragenen GmbH mit der betreffenden Vor-GmbH voraus.

4.2. Die Rückzahlung von Stammeinlagen nach Eintragung der Gesellschaft

4.2.1. Die Problemstellung an Hand eines Praxisfalles

111 In der juristischen Lehre verpönt, in der (Beratungs-)Praxis jedoch leider ein *Thema* ist die von den Gründungsgesellschaftern vorausgeplante Rückzahlung ihrer Stammeinlagen. Ich möchte dies an Hand eines – gleichermaßen häufig anzutreffenden wie unerfreulichen – Praxisbeispieles darstellen:

Zwei junge Unternehmensgründer (Anton A. und Bernhard B.) interpretieren den Rechtsformzusatz mit beschränkter Haftung extensiv in dem Sinne, dass

- ihnen einerseits im Zuge der unternehmerischen Tätigkeit *nichts passieren* kann und andererseits

- sie dem Trennungsprinzip zwischen der GmbH als juristischer Person und den an ihr beteiligten Gesellschaftern keine Beachtung schenken.

Nichts passieren ist relativ: Unbestritten ist, dass ein Gesellschafter einer GmbH vom Prinzip einer verschuldensunabhängigen unbeschränkten – und allenfalls solidarischen Haftung – nicht umfasst ist. Bei erfolgloser unternehmerischer Tätigkeit verlieren die Gesellschafter endgültig das von ihnen in Form von Stammeinlagen eingesetzte Kapital. Davon abgesehen können sie – wie an Hand der nachfolgenden Übersicht demonstriert wird – noch weitere Nachteile im Zuge ihrer Beteiligung „erleiden". Quelle dieser unerwünschten Folgen sind immer unüberlegte Handlungen und Fehler im Zuge der Gesellschaftsgründung.

Übersicht: Vermeidung unerwünschter finanzieller Folgen – „Persilschein" für GmbH-Gesellschafter
- Volleinzahlung aller Stammeinlagen
- Keine gesellschaftsvertragliche Vereinbarung zur Erbringung von Nachschüssen

- Nicht gegen Einleitung eines Reorganisationsverfahrens stimmen
- Änderungen des Gesellschaftervertrages entweder einstimmig oder mit Zustimmung des betreffenden Gesellschafters beschließen
- Kein kridaträchtiges Verhalten in der Generalversammlung
- Keine Unterkapitalisierung
- Keine Einlagenrückgewähr
- Kein Handeln in der Vor(gründungs)gesellschaft
- Keine Bürgschaftsübernahme für GmbH-Verbindlichkeiten

Ganz bewusst habe ich – frei von tiefergehenden juristischen Fachbegriffen – diese Übersicht als *Persilschein* für GmbH-Gesellschafter bezeichnet. Nur wenn alle Voraussetzungen kumulativ gegeben sind, lassen sich unerwünschte Folgen vermeiden (*damit wirklich nichts passieren kann*). Es lässt sich im Regelfall bei einer Unternehmensgründung – und erst recht nicht in der Rechtsform einer GmbH – vermeiden, dass einzelne oder alle Gesellschafter von der Hausbank verpflichtet werden, für (Bank)Verbindlichkeiten der GmbH persönlich gerade zu stehen. Bei erfolgreicher wirtschaftlicher Tätigkeit ist dieser Umstand weitestgehend unbedenklich; es sollte aber klar sein, dass trotz an sich *beschränkter Haftung* in diesem Fall eine Erfolgshaftung in Höhe des jeweils noch aushaftenden Obligos besteht.

Kommen wir also zurück zu unseren beiden Unternehmensgründern: Sie sind jung, voller Ideen und … haben wenig Geld. Die Aufbringung des (natürlich) zur Hälfte einbezahlten Mindeststammkapitals erfolgt überwiegend durch *Ausleihungen* bei Freunden und stellt sich wie folgt dar:

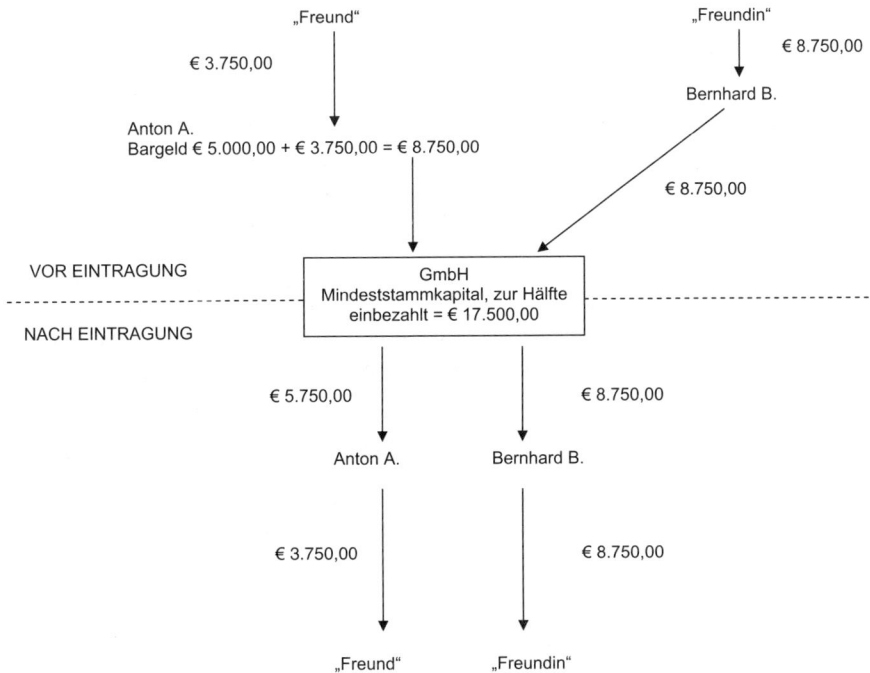

112

Die **Eröffnungsbilanz** zum Zeitpunkt der Eintragung der Gesellschaft im Firmenbuch zeigt – in betriebswirtschaftlicher Hinsicht – folgendes Bild:[34]

Eröffnungsbilanz

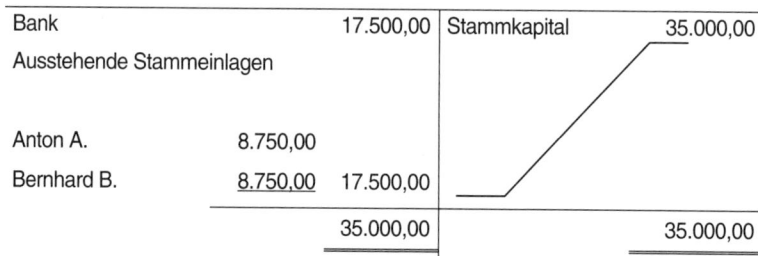

Bank	17.500,00	Stammkapital	35.000,00
Ausstehende Stammeinlagen			
Anton A.	8.750,00		
Bernhard B.	8.750,00 17.500,00		
	35.000,00		35.000,00

Nach der Rückzahlung von € 5.750,– an Anton A. und € 8.750,– an Bernhard B. stellt sich die wirtschaftliche Situation wie folgt dar:

„Zwischenbilanz"

Bank	3.000,00	Stammkapital	35.000,00
?	14.500,00		
Ausstehende Stammeinlagen	17.500,00		
	35.000,00		35.000,00

113

In **betriebswirtschaftlicher Hinsicht** liegt ein sog. *Aktivtausch* vor. Die Bilanzsumme bleibt unverändert, das Bankguthaben hat sich vermindert und – im Gegensatz dazu – hat sich *irgendeine* Position des Umlaufvermögens erhöht bzw. wurde neu gebildet.

114

In **rechtlicher Hinsicht** ist die Situation wesentlich *schicksalhafter*, weil

- im Vorhinein geplante (Teil-)Rückzahlungen der Stammeinlagen dazu führen, dass die Bareinzahlungen der Gesellschafter auf ein Bankkonto der Gesellschaft als nicht vollwertig qualifiziert werden und demnach nochmals zu leisten wären;

- eine *Vorabausschüttung* künftiger Gewinne eine verbotene Einlagenrückgewähr darstellt; und

- Vergütungen für einen Leistungsaustausch zwischen der GmbH und ihren Gesellschaftern nicht argumentiert werden können, weil (noch) gar keine Leistung der Gesellschafter erfolgt ist.

115

Unter Beachtung des **Trennungsprinzips** liegt – und damit sind wir wieder in der betriebswirtschaftlichen *Sphäre* – eine Forderung der GmbH gegenüber ihren Gesellschaftern vor. Für die *rechtliche Qualifikation* dieser Forderung bestehen einige Möglichkeiten, die allerdings allesamt mit einer Vielzahl von Konsequenzen verbunden sind:[35]

---

[34] Nach dem Gliederungsschema des § 224 UGB sind noch nicht einbezahlte Stammeinlagen als Minusposition auf der Passivseite auszuweisen.

[35] Bildlich gesprochen präsentieren sich diese Gestaltungsoptionen so wie die Frage: *Was ist besser: Pest oder Cholera?*

4.2.2. Lösungsversuche

4.2.2.1. Darlehen der Gesellschaft

Würdigung. Gegen diese Lösung spricht zunächst, dass damit **116**

- die fehlende *Vollwertigkeit* der Stammeinlage nicht geheilt werden kann und

- die Gewährung von Darlehen an Gesellschafter als erstes oder eines der ersten Rechtsgeschäfte der nach außen eben erst entstandenen juristischen Person mit großer Wahrscheinlichkeit nicht zum *Gegenstand der Gesellschaft* gehören.

Für die Qualifikation als Gesellschaftsdarlehen spricht, dass durch dieses Rechtsgeschäft keine weiteren offensichtlichen Verletzungen zwingender gesetzlicher Bestimmungen zur Erhaltung des Gesellschaftsvermögens verletzt werden.

Fremdvergleich. Die Darlehensgewährung setzt *Fremdüblichkeit* voraus. Dieses **117** Kriterium erfordert

- eine Vergebührung des Darlehens mit einer Rechtsgeschäftsgebühr i.H.v. 0,8 % der Darlehensvaluta

  Diese Vergebührung unterbleibt üblicherweise, so dass ein wesentliches formales Merkmal für eine Darlehensgewährung fehlt. Umgekehrt kann durch eine ordnungsgemäße Vergebührung des Darlehens der Parteiwille unstrittig bewiesen werden und zwar auch dann, wenn die Bedingungen zwischen der GmbH als Darlehensgeber und einem (oder mehreren) Gesellschafter(n) nicht in allen maßgeblichen Faktoren als fremdüblich zu qualifizieren sind.

- ein Gesamtbild der Verhältnisse zwischen Darlehensgeber und Darlehensnehmer, wie es bei einander fremd gegenüberstehenden Vertragspartnern vereinbart worden wäre

Weitere Kriterien. Fremdüblichkeit der Darlehensgewährung bedeutet jedenfalls **118** auch

- den Abschluss eines schriftlichen Vertrages

- eine mit dem Obligo in einem vernünftigen Verhältnis stehende Rückzahlungsdauer

- feststehende Termine für die Zinsfälligkeiten

- eine angemessene Verzinsung

- Vereinbarung von Sicherheiten zu Gunsten der Gesellschaft (z. B. durch Einräumung von Pfandrechten)

- Regelmäßige Rückzahlungen des Darlehensnehmers und – bei Terminverlust – ernsthafte Betreibungsmaßnahmen durch die GmbH[36]

Verdeckte Ausschüttung. Die Gewährung eines Darlehens durch die Gesell- **119** schaft kann als solche eine verdeckte Ausschüttung sein. Eine solche steuerliche Folge wird dann vorliegen, wenn

---

[36] Man stelle sich die praktische Relevanz dieses zu Recht bestehenden Erfordernisses im vorliegenden Fall unserer beiden weitgehend mittellosen Gründungsgesellschafter vor: Anton A. betreibt namens der GmbH die Darlehensforderung der Gesellschaft gegenüber seinem Geschäftsführerkollegen Bernhard B. …

- die Darlehensrückzahlung nur vorgetäuscht wird bzw. von vorneherein nicht gewollt ist[37]

- die Abstattung des Darlehens bereits bei Zuzählung praktisch unmöglich ist (z. B. wie im beispielgegenständlichen Fall wegen mangelnder Bonität des Gesellschafters)[38]

- die Gesellschaft aufgrund bestimmter Umstände mit einem Ausfall der Forderung rechnen muss oder

- nicht einmal die Mindestvoraussetzungen eines Darlehensvertrages vorliegen[39]

Auch ein Verzicht auf die einem Gesellschafter-Geschäftsführer zustehenden Vergütungen bei gleichzeitiger Behebung von Geldern ist als verdeckte Ausschüttung zu qualifizieren, wenn eine schriftliche Vereinbarung fehlt.[40]

4.2.2.2. A-Konto-Zahlung Geschäftsführerbezüge

120

Gegen diese Lösung spricht zunächst, dass damit die fehlende *Vollwertigkeit* der Stammeinlage nicht geheilt werden kann und keine fremdübliche Gestaltung vorliegt (niemand würde einem fremd gegenüberstehenden Angestellten an einem der ersten Arbeitstage bereits einen Gehaltsvorschuss für mehrere Monate gewähren).

Als Vorteil dieser Lösung kann argumentiert werden, dass die Einlagenrückgewähr bei tatsächlicher Verrechnung mit den Geschäftsführerbezügen der Folgemonate am Ende der Geschäftsperiode bei einer *Außenbetrachtung* nicht mehr erkennbar ist, insb. wenn es zwischen der Gesellschaft und den Gesellschaftern keine Rechtsbeziehungen gibt, die zu einem Ausweis als Aktiv- oder Passivpost in der Bilanz führen.

4.2.2.3. Ausweis auf einem Verrechnungskonto

121

Bei dieser Gestaltungsvariante fallen auf Grundlage des Fallbeispieles folgende Buchungsvorgänge an:

- Verrechnungskonto Anton A. / Bank € 3.750,–

- Verrechnungskonto Bernhard B. / Bank € 8.750,–

Die laufenden Geschäftsführerbezüge wirken sich in der Folge auf die Liquidität der Gesellschaft nicht mehr oder nur in vermindertem Umfang aus.

- Geschäftsführervergütung / Verrechnungskonto Anton A.

Konsequenterweise müsste auch die Verrechnungsforderung der Gesellschaft kontokorrentmäßig verzinst werden:

- Verrechnungskonto Anton A. / Sonstige Zinserträge

122

Würdigung. Der Vorteil dieser Gestaltungsvariante liegt abermals darin, dass zum Bilanzstichtag Verbindlichkeiten der Gesellschafter gegenüber ihrer Gesellschaft endgültig abgedeckt sind. Dem steht auch bei dieser Lösung der Nachteil gegenüber, dass die fehlende Vollwertigkeit der Stammeinlage nicht geheilt werden kann.

---

[37] VwGH 5.10.1993, 93/14/0115.
[38] VwGH 22.10.1991, 91/14/0020.
[39] VwGH 26.9.1985, 85/14/0079.
[40] VwGH 24.11.1993, 92/15/0113.

5. Die Auflösung einer GmbH – oder: Wie werde ich die Geister, die ich rief, auch wieder los?

5.1. Gedanken aus der Praxis eines Beraters

Einleitung. Nicht umsonst wurde die etwas provokante Bezeichnung für dieses Ka- **123** pitel gewählt. In gar nicht so wenigen Fällen ist eine GmbH tatsächlich mehr *Fluch* als *Segen*. Streitigkeiten mit Mitgesellschaftern oder innerhalb der Geschäftsführung, veritable wirtschaftliche Krisen bis hin zur Insolvenz, völlig verfehlte Unternehmensziele ... das ist der *Stoff* für wahre GmbH-*Alpträume*.

Vollbeendigung. Um eine GmbH loszuwerden gibt es sowohl erstrebenswerte als **124** auch weniger erstrebenswerte *Gestaltungsoptionen*. Die **Auflösung** und **Liquidation** ist jener im Gesetz geregelte Fall, mit welchem eine GmbH planmäßig beendet werden kann. Das erforderliche Liquidations- und Löschungsverfahren ist detailliert geregelt, logisch konzipiert, aber – aus Gründen des Gläubigerschutzes – relativ langwierig und damit auch durchaus kostenintensiv. Ganz abgesehen davon kann auch im Zuge der Abwicklung (einem anderen Begriff für *Liquidation)* die Insolvenz (regelmäßig wohl in Form eines Konkurses) stehen. Aus meiner persönlichen Sicht stellt die planmäßige Liquidation einer nicht überschuldeten GmbH mit anschließender Vollbeendigung (= Löschung im Firmenbuch) fast schon eine Art *Qualitätsmerkmal* dar.

Umgründung. Eine im Hinblick auf die jeweilige Unternehmensstrategie durchaus **125** anzustrebende Form des GmbH-*Unterganges* können Umgründungsmaßnahmen im Sinne der Art. I und II UmgrStG. sein.[41] Umgründung bedeutet, dass ein bestehender Rechtsträger durch planmäßige Übertragung des Vermögens auf einen anderen Rechtsträger buchstäblich *untergeht* und hernach im Firmenbuch gelöscht wird. Von der Liquidation unterscheidet sich eine Umgründung dadurch, dass zwar in beiden Fällen am *Ende* die Gesellschaft im Firmenbuch gelöscht wird, im Falle einer Umgründung die Betriebsstruktur mit geänderten Eigentumsverhältnissen – und allenfalls in anderer Größe und Geschäftsumfang – weiterbesteht.

Die **Umwandlung** einer GmbH in eine Aktiengesellschaft ist logisch aufgebaut und **126** gar nicht so schwierig, wie man es auf den ersten Blick vielleicht meinen würde; aus Platzgründen lässt sich diese wesentliche Strukturmaßnahme im Leben einer GmbH in diesem Werk leider nicht darstellen.[42]

Der **Konkurs** einer Gesellschaft mit beschränkter Haftung führt ebenfalls zu deren **127** Beendigung.[43] Es mag sich zwar um eine vordergründig *billige* Variante handeln, damit eine GmbH vom *Markt verschwindet*. Konkurse sind in unserer Marktwirtschaft prinzipiell etwas *Normales* und werden vom Gesetzgeber zu Recht zunehmend *entkriminalisiert*. Dass es immer wieder Rechtsmissbräuche zu Lasten Dritter gibt, ist leider unbestritten. Ziel sämtlicher Beratungsmaßnahmen in einer Unternehmenskrise sollte sein, dass es bei einem unternehmerischen Scheitern der GmbH auch wirklich bei einer *beschränkten Haftung* bleibt.

Auflösung durch Verwaltungsbehörde. Die zwangsweise Auflösung einer GmbH **128** durch Verfügung der Verwaltungsbehörde (§ 86 Abs. 1 GmbHG) ist nun wirklich nicht anzustreben; sie kommt in der Unternehmenspraxis selten vor und wird in diesem Leitfaden nicht behandelt.

---

[41] Zu den Grundlagen einer Umgründung – soweit davon eine GmbH betroffen ist – vgl. Rz. 1041 ff.
[42] Vgl. zu den theoretischen Grundlagen einer formwechselnden Umwandlung samt Mustern für die Beratungspraxis: *Fritz,* GmbH-Praxis I – Vertragsmuster und Eingaben, 1503 ff.
[43] Zum Ablauf eines Konkursverfahrens vgl. im Detail *Fritz,* Wie führe ich eine GmbH richtig? 490 ff.

5.2. Die Beendigung einer GmbH durch planmäßige Auflösung und Liquidation

129

Die **Auflösung** bezeichnet jenes Stadium, in welchem die Gesellschaft bei unveränderter rechtlicher Existenz zur Vorbereitung der Beendigung von der werbenden Tätigkeit in die Liquidation wechselt.

Die Auflösung und Liquidation ist jener im Gesetz geregelte Fall, mit welchem eine GmbH planmäßig beendet werden kann. Das erforderliche Liquidations- und Löschungsverfahren ist detailliert geregelt, logisch konzipiert, aber – aus Gründen des Gläubigerschutzes – relativ langwierig und damit auch durchaus kostenintensiv. Ganz abgesehen davon kann auch im Zuge der Abwicklung (einem anderen Begriff für Liquidation) die Insolvenz (regelmäßig wohl in Form eines Konkurses) stehen.

130

Begriff. Auflösung bedeutet, dass an die Stelle des ursprünglichen Gesellschaftszwecks der Abwicklungszweck tritt. Es bleibt die Rechtssubjektivität der Gesellschaft unberührt. Dagegen ist die Gesellschaft erst beendet, wenn kein Gesellschaftsvermögen mehr vorhanden ist und die GmbH im Firmenbuch gelöscht ist.

131

Unterscheidungskriterien. Nachdem die Auflösung grundsätzlich noch nicht zur Beendigung der Gesellschaft führt, ist zu unterscheiden zwischen:

- einer GmbH, die auflösungsreif, aber noch nicht aufgelöst ist,
- einer GmbH, die aufgelöst ist und
- einer GmbH, die vollbeendigt ist.

132

Die *auflösungsreife* GmbH ist eine noch werbende Gesellschaft, weil der Auflösungstatbestand noch nicht vollständig erfüllt ist, z.B. der Auflösungsbeschluss oder die Rechtskraft eines Auflösungsbeschlusses des Handelsgerichts noch fehlt.

Es handelt sich also um Fälle, bei denen der materielle Auflösungstatbestand schon vorhanden ist, aber noch ein formeller Schlussakt fehlt. Im Innenverhältnis kann die Auflösungsreife schon Auswirkungen auf die Rechte und Pflichten der Gesellschafter haben, auch wenn die Gesellschaft noch nicht aufgelöst ist. Die aufgelöste GmbH hat ein Liquidationsverfahren durchzuführen und besteht als Gesellschaft noch fort. Sie ist so lange nicht voll beendet, als nicht das Liquidationsverfahren vollständig abgeschlossen ist.

133

Rechtsfolgen. Die wesentliche Folge der Auflösung besteht darin, dass die Gesellschaft nach Maßgabe der gesetzlichen Bestimmungen zu liquidieren ist. Sämtliche bisher erteilten Prokuren erlöschen mit der Auflösung der GmbH.

134

Die **Liquidation** umfasst die geordnete Abwicklung der Geschäfte der aufgelösten Gesellschaft mit dem Ziel der gesamtheitlichen Auflösung in wirtschaftlicher Hinsicht sowie die Löschung. Bei einer Fusion oder übertragenden Umwandlung oder Verstaatlichung unterbleibt die Liquidation, weil es sich in diesen Fällen jeweils um eine Gesamtrechtsnachfolge handelt und die Bestimmungen des Gläubigerschutzes abweichend geregelt sind. Neue Prokuristen dürfen im Stadium der Liquidation nicht mehr bestellt werden. Während der Liquidation bleiben die Generalversammlung und ein allenfalls bestellter Aufsichtsrat bestehen.

> **Übersicht: Liquidation der GmbH**
> - Rechtsgrundlagen: §§ 89 ff. GmbHG
> - Ziel ist die Auflösung und Löschung der GmbH
> - Auflösungsbeschluss der Generalversammlung

- Abwicklung der Geschäfte der aufgelösten Gesellschaft
- Erfüllung und Sicherstellung der Gesellschafter
- Vertretung durch Liquidatoren

Die **Beendigung** bezeichnet jenen Akt, mit welchem die Gesellschaft durch Eintra- **135** gung der Löschung im Firmenbuch zu existieren aufhört. Erst mit Löschung im Firmenbuch ist die Gesellschaft aufgelöst. Sie kann aber „*weiterbestehen* ", sofern noch Vermögen vorhanden ist, und daher auch noch allfällige Ansprüche gerichtlich (z.B. Schadenersatzforderungen gegen Lieferanten) geltend machen.

Übersicht: Löschung einer GmbH
- Voraussetzungen
  - Erfüllung und Sicherstellung der Gläubiger
  - Beendigung der Abwicklung
  - Entlastung der Liquidatoren
- Aufbewahrung der Bücher und Schriften
- Beendigung der juristischen Person wegen Vermögenslosigkeit
- Firmenbuchantrag auf Löschung der GmbH

Rz. 136 bis 140 frei.

VI. Die Kapitalaufbringung anlässlich der Gesellschaftsgründung

Inhaltsverzeichnis

		Rz.
1.	Das Stammkapital	141
	1.1. Wichtige Grundlagen für die Beratungspraxis	141
	1.2 Aufbringung des (Mindest-) Stammkapitals	151
2.	Die Stammeinlagen	152
	2.1. Wichtige Grundlagen für die Beratungspraxis	152
	2.2. Die Geschäftsführerhaftung für die Aufbringung und Bewertung der Stammeinlagen	156
3.	Gründungsformen und ihre Rechtsfolgen	159
	3.1. Gestaltungsoptionen in der Beratungspraxis	159
	3.2. Bargründung	160
	3.3. Sachgründung	168
	3.3.1. Zulässigkeitsvoraussetzungen	168
	3.3.2. Verdeckte Sacheinlagen	181
	3.3.3. Die Differenzhaftung der Gründer bei Leistung von Sacheinlagen	186
	3.3.4. Die Einbringung eines Betriebes als Sacheinlage	191
	3.3.4.1. Grundlagen	191
	3.3.4.2. Steuerrechtliche Folgen der Einbringung	193
	3.4. Gemischte Sacheinlage	196
	3.5. Sachübernahme	197

1. Das Stammkapital

1.1. Wichtige Grundlagen für die Beratungspraxis

141 **Bedeutung.** Das Stammkapital dient der Aufbringung und Erhaltung des Gesellschaftsvermögens. Nachdem in der GmbH die persönliche (Erfolgs-)Haftung der Gesellschafter für Verbindlichkeiten der Gesellschaften ausgeschlossen ist, hat das Stammkapital eine Ersatzfunktion für eben diese persönliche Haftung.[44] Das Stammkapital gewährleistet anlässlich der Gründung der Gesellschaft ein *Mindestanfangsvermögen.*

142 **Mindestkapital.** Das zwingend erforderliche – und auf einen in Eurowährung bestimmten Nennbetrag lautende – Stammkapital von mindestens € 35.000,00 (§ 6 Abs. 1 GmbHG) kann nicht als Garantie für ein ausreichendes Eigenkapital verstanden werden; es ist im Ergebnis nur eine *Seriositätsschwelle* für die Rechtsform der GmbH. Die Vereinbarung eines *unrunden* Stammkapitalbetrages (z.B. € 39.847,36) ist zulässig.

143 **Eigenkapital.** Es besteht keine gesetzliche Regelung, wonach das Eigenkapital der GmbH in einem angemessenen Verhältnis zum tatsächlichen bzw. anlässlich der Gründung der Gesellschaft angestrebten Geschäftsumfang stehen muss. Das Gesetz untersagt die Gründung einer GmbH mit weniger als € 35.000,00; es verbietet jedoch nicht, dass eine GmbH mit dem Unternehmensgegenstand *Bauunternehmen* mit unzureichenden € 40.000,00 in das Firmenbuch eingetragen wird. Die Eigenkapitalausstattung der Gesellschaft steht – unter der Voraussetzung, dass das gesetzlich vorgeschriebene Mindestkapital erreicht wird – im Ermessen der Gesellschafter.

---

[44] Vgl. in diesem Sinne OGH 13.7.1995, 6 Ob 570/94 = NZ 1996, 240 = JBl 1996, 528 = SZ 68/129 = ecolex 1997, 99.

Übersicht: GmbH-Finanzierung
- Eigenkapital
  - Stammkapital
  - Agio
  - Zuschüsse
  - Nachschüsse
- Fremdkapital
  - von Nichtgesellschaftern: unproblematisch
  - von Gesellschaftern:
- Fremdüblichkeit
- Eigenkapital ersetzende Gesellschafterleistungen

Unterkapitalisierung. Obgleich das GmbH-Gesetz keine Bestimmung enthält, wonach **144** die Gesellschaft mit einem angemessenen Eigenkapital ausgestattet sein muss, ist es aus Gründen des Gläubigerinteresses geboten, die Gesellschaft mit einem angemessenen Eigenkapital auszustatten, sodass etwaige Ansprüche von Gläubigern erfüllt werden können. Als Unterkapitalisierung gilt, wenn die Gesellschafter ihre Gesellschaft nicht mit jenem Eigenkapital ausstatten, das dem Umfang und dem Zweck des Geschäftes entspricht. Den Gesellschaftern ist demgemäß anzuraten, die Gesellschaft mit jenem Eigenkapital auszustatten, das diese zur Teilnahme am Wirtschaftsleben zu ordnungsgemäßen Bedingungen befähigt. Zumindest ein Teil der uneinheitlichen Lehre und Rechtsprechung geht bei einer qualifizierten Unterkapitalisierung von einer Durchgriffshaftung gegenüber den Gesellschaftern aus.[45]

Übersicht: Begriff „Unterkapitalisierung"
Eine qualifizierte Unterkapitalisierung ist dann anzunehmen, wenn
- eine eindeutige, für die Gesellschaft erkennbare,
- unzureichende Eigenkapitalausstattung der Gesellschaft vorliegt,
- deren Misserfolg zu Lasten der Gläubiger
- bei normalem Geschäftsverlauf mit hoher,
- das gewöhnliche Geschäftsrisiko mit deutlich übersteigender
- Wahrscheinlichkeit erwarten lässt.

Eigenkapital ersetzende Gesellschafterdarlehen sind bei der Feststellung mate- **145** rieller Unterkapitalisierung grundsätzlich zu berücksichtigen.[46]

Einlagenrückgewähr. Die geleisteten Stammeinlagen dürfen weder bei der Grün- **146** dung noch bei der bestehenden GmbH nicht an die Gesellschafter zurückbezahlt werden. Die Gesellschafter haben nur Anspruch auf den sich nach dem Jahresabschluss als Überschuss der Aktiven über die Passiven ergebenden Bilanzgewinn, soweit dieser nicht aus dem Gesellschaftsvertrag oder durch einen Beschluss der Gesellschafter von der Verteilung ausgeschlossen ist.

Die **Sicherstellung** der vollständigen und richtigen Aufbringung des im Gesell- **147** schaftsvertrag vereinbarten Stammkapitals und die Verhinderung des Rückflusses des aufgebrachten Stammkapitals an die Gesellschafter ist die Rechtfertigung für

---

[45] Vgl. *Roth*, ZGR 1993, 204 ff.; *Reich-Rohrwig*, Das österreichische GmbH-Recht I², Rz. 2/464 ff., 363 ff.
[46] OGH 15.12.1994, 8 Ob 629/92 = ÖJZ 1995/144.

den Ausschluss der persönlichen Haftung der GmbH-Gründer, die sich dieser Unternehmensform zur Verwirklichung ihrer wirtschaftlichen Ziele bedienen.

148 **Zulässige Verwendung.** Das Stammkapital steht nach Gründung der Gesellschaft für den ordnungsgemäßen Geschäftsbetrieb (Zahlung laufender Ausgaben usw.) zur Verfügung. Das Stammkapital ist als *fixe* Kapitalziffer im Rechnungswesen der GmbH auszuweisen;[47] d.h. freilich nicht, dass immer so viel Barmittel auch tatsächlich verfügbar sind.

149 **Unzulässige Verwendung.** Aus Gründen des Gläubigerschutzes sowie der strengen Kapitalaufbringungs- und Kapitalerhaltungsvorschriften ist die Rückzahlung des Stammkapitals an die Gesellschafter nach Gründung nicht gestattet. In diesem Fall kommt es nicht zu einer Befreiung der Verpflichtung des Gesellschafters zur Entrichtung der Stammeinlage.

150 **Aufbringung.** Das Stammkapital muss nicht von allen Gesellschaftern in gleicher Weise aufgebracht werden, einzelne Gesellschafter können die Stammeinlage in barem Geld *(Bareinlagen),* andere durch Einbringung von Vermögensgegenständen *(Sacheinlagen)* oder auch gemischt *(gemischte Einlage)* aufbringen. Der Betrag der Stammeinlage kann für die einzelnen Gesellschafter verschieden bestimmt werden. Kein Gesellschafter darf bei Errichtung der Gesellschaft mehrere Stammeinlagen übernehmen.

---

[47] Vgl. OGH 13.6.1990, 6 Ob 14/90 = EvBl 1990/157 = wbl 1990, 384 = ecolex 1990, 552 = SZ 63/102.

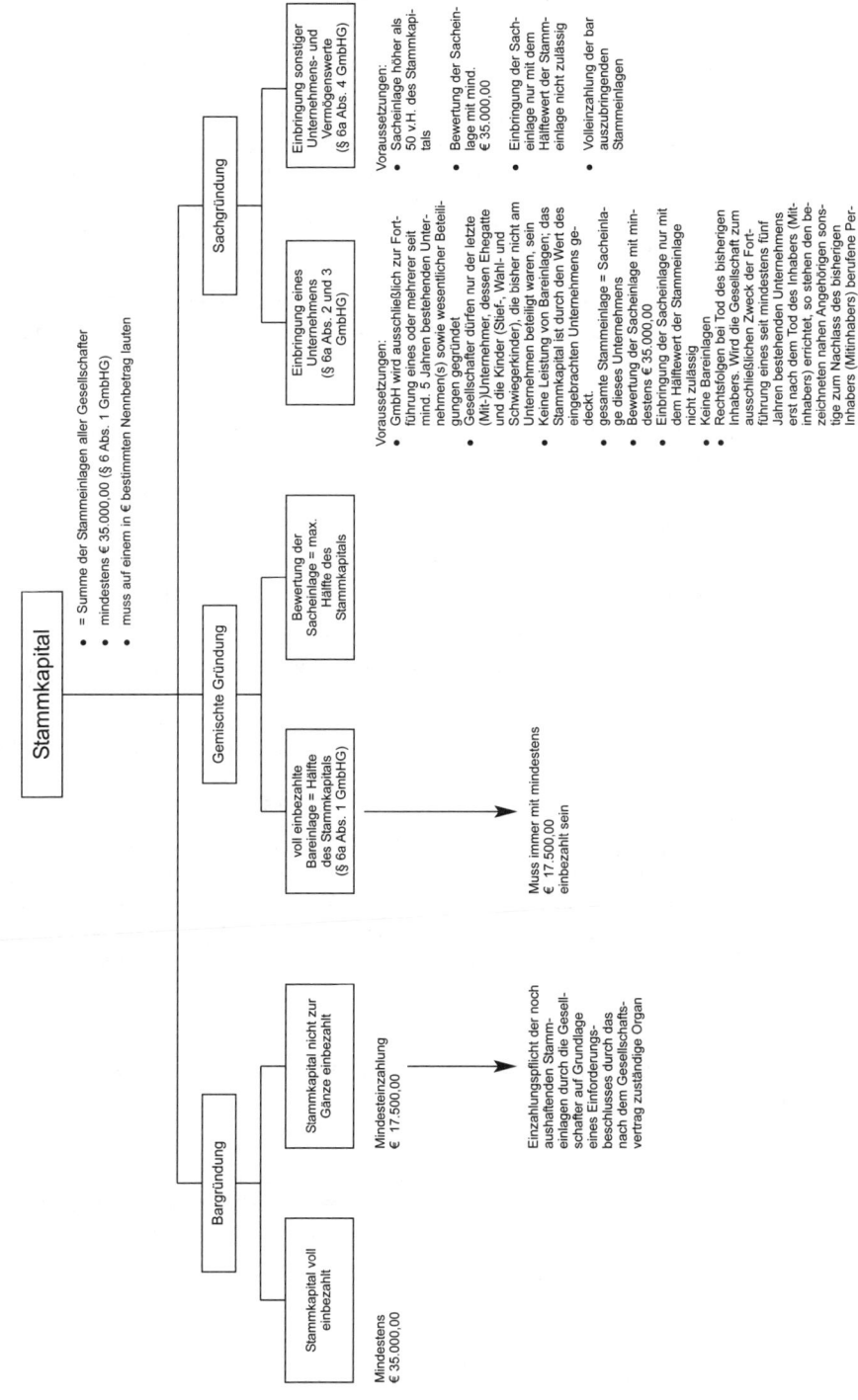

Stammkapital
- = Summe der Stammeinlagen aller Gesellschafter
- mindestens € 35.000,00 (§ 6 Abs. 1 GmbHG)
- muss auf einem in € bestimmten Nennbetrag lauten

Bargründung

Stammkapital voll einbezahlt

Mindestens € 35.000,00

Stammkapital nicht zur Gänze einbezahlt

Mindesteinzahlung € 17.500,00

Einzahlungspflicht der noch aushaftenden Stammeinlagen durch die Gesellschafter auf Grundlage eines Einforderungsbeschlusses durch das nach dem Gesellschaftsvertrag zuständige Organ

Gemischte Gründung

voll einbezahlte Bareinlage = Hälfte des Stammkapitals (§ 6a Abs. 1 GmbHG)

Bewertung der Sacheinlage = max. Hälfte des Stammkapitals

Muss immer mit mindestens € 17.500,00 einbezahlt sein

Sachgründung

Einbringung eines Unternehmens (§ 6a Abs. 2 und 3 GmbHG)

Voraussetzungen:
- GmbH wird ausschließlich zur Fortführung eines oder mehrerer seit mind. 5 Jahren bestehenden Unternehmen(s) sowie wesentlicher Beteiligungen gegründet
- Gesellschafter dürfen nur der letzte (Mit-)Unternehmer, dessen Ehegatte und die Kinder (Stief-, Wahl- und Schwiegerkinder), die bisher nicht am Unternehmen beteiligt waren, sein
- Keine Leistung von Bareinlagen; das Stammkapital ist durch den Wert des eingebrachten Unternehmens gedeckt.
- gesamte Stammeinlage = Sacheinlage des Unternehmens
- Bewertung der Sacheinlage mit mindestens € 35.000,00
- Einbringung der Sacheinlage nur mit dem Hälftewert der Stammeinlage nicht zulässig
- Keine Bareinlagen
- Rechtsfolgen bei Tod des bisherigen Inhabers. Wird die Gesellschaft zum ausschließlichen Zweck der Fortführung eines seit mindestens fünf Jahren bestehenden Unternehmens erst nach dem Tod des Inhabers (Mitinhabers) errichtet, so stehen den bezeichneten nahen Angehörigen sonstige zum Nachlass des bisherigen Inhabers (Mitinhabers) berufene Personen gleich.

Einbringung sonstiger Unternehmens- und Vermögenswerte (§ 6a Abs. 4 GmbHG)

Voraussetzungen:
- Sacheinlage höher als 50 v.H. des Stammkapitals
- Bewertung der Sacheinlage mit mind. € 35.000,00
- Einbringung der Sacheinlage nur mit dem Hälftewert der Stammeinlage nicht zulässig
- Volleinzahlung der bar auszubringenden Stammeinlagen

2. Die Stammeinlagen

2.1.Wichtige Grundlagen für die Beratungspraxis

152   **Begriff.** Das Stammkapital gliedert sich in Stammeinlagen. Unter einer Stammeinlage wird der Betrag der von jedem Gesellschafter auf Grundlage einer gesellschaftsvertraglichen Vereinbarung auf das Stammkapital zu leistenden Einlage verstanden. Die Stammeinlage muss mindestens € 70,00 betragen (§ 6 Abs. 1 GmbHG). Die Mindestleistung auf die Stammeinlagen wird mit Abschluss des Gesellschaftsvertrages fällig.[48] Die Stammeinlage spiegelt i.d.R. die prozentuelle Beteiligung des Gesellschafters an der GmbH wider und bildet die Grundlage für die Ausübung des Stimmrechtes: je € 10,00 gewähren eine Stimme (§ 39 Abs. 2 GmbHG).

153   Bei **Anmeldung der Gesellschaft** ist wenigstens ein Viertel auf jede Stammeinlage einzuzahlen. Der Gesellschaft hat jedoch zwingend ein Vermögen aus eingezahlten Bareinlagen oder erbrachten Sacheinlagen von mindestens € 17.500,00 zur Verfügung zu stehen.[49]

154   **Volleinzahlung.** In folgenden Ausnahmefällen sind die bar zu leistenden Einlagen zur Gänze einzuzahlen:

- Wenn die Gesellschafter auf der Grundlage des § 6a Abs. 2 bis 4 GmbHG Sacheinlagen einbringen, die wertmäßig die Hälfte des Stammkapitals übersteigen (§ 10 Abs. 1 vierter Satz GmbHG).

- Wenn auf eine Stammeinlage weniger als € 70,00 bar zu leisten ist,

- Wenn die gesamte Mindestbareinlage von € 17.500,00 durch Leistung im oben beschriebenen Umfang nicht erreicht wird, so sind auf die Stammeinlagen Einzahlungen in größerem Umfang vorzunehmen. In diesem Fall ist der Differenzbetrag auf die Gesellschafter im Verhältnis der übernommenen Stammeinlagen möglichst gleichmäßig zu verteilen. Eine davon abweichende Verteilung ist nicht unzulässig, doch muss in diesem Fall die Einzahlung auf jede einzelne Stammeinlage mindestens ein Viertel ihres Nennbetrages ausmachen.

155   **Geschäftsanteil.** Die Stammeinlage ist vom Geschäftsanteil zu unterscheiden. Als Geschäftsanteil wird die Summe aller gesellschaftsrechtlichen Mitgliedschafts- und Vermögensrechte, die mit einer Stammeinlage verbunden sind, bezeichnet. Diese Mitgliedschafts- und Vermögensrechte richten sich mangels abweichender Vereinbarung im Gesellschaftsvertrag nach der Höhe der übernommenen Stammeinlage.

2.2. Die Geschäftsführerhaftung für die Aufbringung und Bewertung der Stammeinlagen

156   Für die Richtigkeit der §-10-Abs.-3-GmbHG-Erklärung im Falle der Bargründung haften alle Geschäftsführer persönlich zur ungeteilten Hand. Im Falle einer unrichtigen Erklärung haben daher alle Geschäftsführer eine allfällige Wertdifferenz selbst bar einzubezahlen. Praktische Bedeutung hat diese Haftung nur im Hinblick auf die Sacheinlage.

---

[48] Vgl. OGH 13.7.1995, 6 Ob 570/94 = NZ 1996, 240 = JBl 1996, 528 = SZ 68/129 = ecolex 1997, 99.
[49] Vgl. *Gellis/Feil*, Kommentar zum GmbH-Gesetz[6], § 4 Rz. 11.

Den Geschäftsführer trifft eine inhaltliche Prüfungsverpflichtung. Bei Unrichtigkeit **157** der Bewertung der Sacheinlage entsteht eine Solidarhaftung der Geschäftsführer und eines allenfalls bestellten Aufsichtsrates gegenüber der GmbH für die Wertdifferenz.[50]

> **Übersicht: Haftungsprophylaktisches Handeln**
> - Richtigkeit der Angabe über das Vorhandensein und die Höhe der von den Gesellschaftern einbezahlten Stammeinlage
> - inhaltliche Prüfung und richtige Bewertung der Sacheinlage im Falle einer Gründungsprüfung
> - detaillierte Darstellung und richtige Bewertung der Sacheinlage ohne Gründungsprüfung
> - Vornahme der Mitteilung über die Unternehmensveräußerung an den Vermieter im Sinne des § 12a MRG bei Unternehmensfortführung
> - Anzeige des Überganges der Gewerbeberechtigung an die Gewerbebehörde innerhalb von zwei Monaten im Fall der Unternehmensfortführung

Im Falle der **Unternehmensfortführung** haften die Geschäftsführer hingegen **158** nicht für die Richtigkeit der Sacheinlagenbewertung. Lediglich im Falle der Kenntnis des Geschäftsführers von der Überbewertung wird eine Haftung eines Geschäftsführers angenommen, wobei das Vorliegen der Kenntnis von der Überbewertung von der Gesellschaft nachzuweisen ist.

3. Gründungsformen und ihre Rechtsfolgen

3.1. Gestaltungsoptionen in der Beratungspraxis

159

	BARGRÜNDUNG		GEMISCHTE GRÜNDUNG	SACHGRÜNDUNG	
	Stammkapital voll einbezahlt	Stammkapital nicht zur Gänze einbezahlt		Einbringung eines Unternehmens (§ 6a Abs. 2 GmbHG)	Einbringung sonstiger Unternehmen und Vermögenswerte (§ 6a Abs. 4 GmbHG)
Genaue Bezeichnung der Sacheinlage	entfällt	entfällt	ja	ja	
Gegenüberstellung mit dem gesellschaftsvertraglich vereinbarten Betrag der Stammeinlage, auf welche die Sacheinlage angerechnet wird	entfällt	entfällt	ja	ja	
Erklärung der Geschäftsführung gegenüber dem Firmenbuchgericht	„.... dass die einbezahlten Stammeinlagen zur Gänze und uneingeschränkt der Gesellschaft zur Verfügung stehen."			„.... dass die Sacheinlage der Gesellschaft unbeschränkt und frei zur Verfügung steht."	
Gründungsprüfung	nein	nein		nein	ja (nach aktienrechtlichen Grundsätzen)
Erstellung eines Gründungsberichtes durch die Gesellschafter	nein	nein		ja	
Erstellung eines Prüfungsberichtes durch die Geschäftsführung und Erklärung über die Bewertung der Sacheinlage	nein	nein		ja	
Prüfung des Gründungsherganges durch die Geschäftsführung	nein	nein		Ja	
Geschäftsführerhaftung wegen Unterdeckung im Falle eines Konkurses	ja	ja	ja	ja	
Prüfung durch die Geschäftsführung, ob die Angaben der Gründungsgesellschafter über die übernommene Sacheinlage sowie deren Wert richtig sind			ja	ja	
Differenzhaftung bei Sacheinlagen	entfällt	entfällt	ja	ja	ja

---

[50] OGH 9.3.2006, 6 Ob 39/06 p = ecolex 2006, 240 = RWZ 2006, 42, 739 = SWK 2006, 651.

3.2. Bargründung

160 **Verfahren.** Bis spätestens zur Anmeldung der Gesellschaft zur Eintragung in das Firmenbuch ist der im Gesellschaftsvertrag vereinbarte in bar einzubezahlende Anteil der Stammeinlage auf ein Konto der Gesellschaft zu entrichten. Das Konto der Gesellschaft ist bei einer im Inland befindlichen Bank oder der österreichischen Postsparkasse auf ein Gesellschaftskonto einzubezahlen, das üblicherweise den Zusatz *in Gründung* trägt. Mit Barbezahlung bzw. Überweisung der Stammeinlage auf das Gesellschafterkonto in der vereinbarten Höhe tritt für den einlagepflichtigen Gesellschafter schuldbefreiende Wirkung ein.

161 **Ausstehende Stammeinlage.** Wenn nicht die ganze Bareinlage eingezahlt wird, bleibt eine Forderung der GmbH gegen den Gesellschafter bestehen. Im Falle der Säumigkeit ist § 65 Abs. 2 GmbHG anzuwenden. Auch die Kaduzierung des Anteils ist denkbar. Werden Beträge eingefordert und nicht rechtzeitig gezahlt, so hat der Gesellschafter Verzugszinsen zu entrichten.

162 **Voraussetzungen für die Schuldbefreiung.** Die Bareinlage eines Gesellschafters ist durch Zahlung zu erbringen. Unerheblich ist dabei, wer die Mindestbareinzahlung auf die einzelnen Stammeinlagen erbringt. Es kommt auch nicht darauf an, woher die Mittel stammen. Eine Schuldbefreiung des leistungspflichtigen Gesellschafters tritt allerdings nur dann ein, wenn die Einlage nicht zu Lasten der GmbH finanziert wird.

163 **Besondere Fälle.** Die Bareinlage kann nicht durch Aufrechnung seitens der Gesellschaft erfolgen. Auch die Abtretung, Pfändung oder Verpfändung eines Einlageanspruches kann die Kapitalaufbringung gefährden. Einlageforderungen dürfen nur dann abgetreten werden, wenn der GmbH dafür eine vollwertige Gegenleistung zufließt. Dasselbe gilt für die Verpfändung und Pfändung des Einlageanspruchs. Bei Verpfändung und Pfändung bedeutet dies also, dass die Einlageforderung grundsätzlich nur wegen einer unstreitigen, vollwertigen und fälligen Forderung ver- bzw. gepfändet werden kann.

164 **Erklärung gem. § 10 Abs. 3 GmbHG.** Bei der Anmeldung zum Firmenbuch haben sämtliche Geschäftsführer die freie und unbeschränkte Verfügung über die aus der Gesellschafterliste ersichtlichen Mindestbareinzahlungsverpflichtungen nachzuweisen. Die Geschäftsführer dürfen in der Verfügung über den eingezahlten Betrag nicht beschränkt sein; dies gilt insb. für Gegenforderungen. Diese *§-10-Abs.-3-Erklärung* ist zwingend durch eine Bestätigung einer inländischen Bank nachzuweisen, welche dem Firmenbuchantrag beizufügen ist. Die Bank haftet für die Richtigkeit ihrer Bestätigung verschuldensunabhängig.[51]

165 **Verwendungsabsprachen.** Bei der Frage, ob die gezahlte Bareinlage zur freien Verfügung der Geschäftsführung steht, ist besonderes Augenmerk auf Verwendungsabsprachen zu richten. Sie stehen der ordnungsgemäßen Kapitalaufbringung grundsätzlich nicht entgegen. Dem Kapitalaufbringungsgebot widersprechen vorausgeplante Rückführungen der gezahlten Einlagen an die Gesellschafter.

166 **Vorübergehende Mittelzufuhr.** Im Falle des (vorvereinbarten) Rückflusses an die Gesellschafter liegt dagegen keine endgültige und effektive, sondern nur eine vorübergehende Mittelzufuhr vor. Eine derartige Koppelung von Einzahlung und Rückfluss wird als einheitlicher Vorgang gewertet und als *„Hin- und Herzahlen"* bezeichnet. Die Versicherung des Geschäftsführers, die Einlage stehe zu seiner freien

---

[51] OGH 22.10.1991, 4 Ob 546/91 = RdW 1992, 77 = SZ 64/143 = wbl 1992, 128; OGH 17.4.2002, 7 Ob 65/01 m = RdW 2002/542, 598 = ecolex 2002, 316, 817.

Verfügung, wäre in diesem Fall falsch, und die Zahlung des Gesellschafters hat keine Tilgungswirkung. Für die ausstehenden Einlagen haftet der Geschäftsführer gemäß § 10 Abs. 4 i.V.m. § 25 Abs. 3 Z 1 GmbHG neben den Gesellschaftern.

Fazit. Im Ergebnis verbietet § 10 Abs. 3 GmbHG sämtliche Aufrechnungen[52] und zwar gleichgültig, von wem sie erklärt werden, die auf eine Umgehung der Sachgründungsvorschriften hinauslaufen. Diese Bestimmung erlaubt auch dem einlagepflichtigen Gesellschafter die Aufrechnung mit der Forderung aus einer vereinbarten und angemeldeten Sachübernahme und verbietet der Gesellschaft Aufrechnungen, die auf eine Umgehung der Sachgründungsvorschriften hinauslaufen. Das GmbHG sieht insoweit eine (strafbewährte) Versicherung des Geschäftsführers vor. **167**

3.3. Sachgründung

3.3.1. Zulässigkeitsvoraussetzungen

Begriff. Sacheinlagen sind nicht in Geld bestehende Sachen, die von einzelnen Gesellschaftern auf Grundlage einer Vereinbarung im Gesellschaftsvertrag als Stammeinlage geleistet werden. Nicht jeder Gesellschafterbeitrag ist allerdings sacheinlagefähig; es kommt darauf an, ob der Leistungsgegenstand in das *haftende Eigenkapital* der Gesellschaft übernommen werden kann. **168**

Ausnahmecharakter. Obwohl die Gesellschafter zwischen einer Bar- und Sachgründung wählen können, sind die gesetzlichen Bestimmungen über die Zulässigkeit von Sacheinlagen eher als Ausnahmevorschriften konzipiert. Unter dem Gesichtspunkt der *tatsächlichen Kapitalaufbringung* bestehen – durchaus zu Recht – verschiedene Einschränkungen für die Leistung von Sacheinlagen. **169**

Gläubigerschutzbestimmungen. Die nachfolgenden Schutzvorschriften dienen zur Vermeidung einer fehlerhaften Bewertung von Sacheinlagen zum Nachteil der Gläubiger: **170**

- Publizität der Sacheinlage im Gesellschaftsvertrag und gegenüber dem Firmenbuch.

- Sämtliche Gründungsgesellschafter haben in einem Sachgründungsbericht die für die Angemessenheit der vorgenommenen Bewertung maßgeblichen Umstände darzulegen (§ 6a Abs. 4 GmbHG i.V.m. § 24 Abs. 2 AktG).

- Im Gegensatz zu Bareinlagen sind Sacheinlagen bereits vor der Anmeldung der GmbH im Firmenbuch vollständig zu leisten.

- Für jeden eine Sacheinlage leistenden Gesellschafter besteht eine Differenzhaftung (§ 10a GmbHG).

- Präventive Werthaltigkeitskontrolle der Sacheinlage durch das Firmenbuchgericht.

Voraussetzungen. Nur unter Einhaltung aller formellen und materiellen Anforderungen kann sich der Gesellschafter von der primär ihn treffenden Bardeckungspflicht befreien.[53] Diese Regelung vermeidet eine Gefährdung der ordnungsgemäßen Kapitalaufbringung bei Leistung von Sacheinlagen. **171**

---

[52] OGH 8.7.2004, 6 Ob 288/03 a = RdW 2004, 616, 668 = ecolex 2005, 96, 219 = ÖBA 2005, 1253.
[53] Vgl. *Nowotny*, Insolvenzrechtsänderungsgesetz 1994: Neuerungen im Handelsrecht, RdW 1994, 99.

---

172   **Zeitpunkt.** Sacheinlagen sind vor der Anmeldung der Gesellschaft beim Firmenbuch so an die Gesellschaft zu bewirken, dass sie endgültig zur freien Verfügung der Geschäftsführer stehen (§ 10 Abs. 3 GmbHG). Ein Zurückbehaltungsrecht des Sacheinlegers ist durch § 63 Abs. 4 GmbHG ausgeschlossen. Bei der Anmeldung müssen Unterlagen darüber beigefügt werden, dass der Wert der Sacheinlagen den Anrechnungsbetrag erreicht. Das Registergericht kann allenfalls weitere Nachweise (z.B. durch die Vorlage geeigneter Dokumente oder in Form eines Sachverständigengutachtens) anfordern.

173   **Sacheinlagenvereinbarung.** Die Verpflichtung des Gesellschafters, der GmbH die betreffenden Gegenstände zu übertragen, wird in der Sacheinlagenvereinbarung, die einen unselbständigen Teil des Gesellschaftsvertrages darstellt, begründet. Sie kann auch direkt in den Gesellschaftsvertrag aufgenommen werden. Die Sacheinlagenvereinbarung ist eine Vereinbarung sui generis.

174   **Satzungsregelung.** Bei der Vereinbarung von Sacheinlagen sind im Gesellschaftsvertrag im Einzelnen genau und vollständig festzulegen (§ 6 Abs. 4 GmbHG):

- die Person des Gesellschafters,
- der Gegenstand der Sacheinlage,
- der Geldwert, zu dem die Vermögensgegenstände übernommen werden.

Zweck dieser gesetzlichen Offenlegung ist die Information von Dritten (insb. also potenziellen Gläubigern) über die Aufbringung des Stammkapitals durch die Leistung von Sacheinlagen. Es ist daher nicht ausreichend, wenn etwa ein Unternehmen als Bareinlage eingebracht und allgemein beschrieben wird, dass auch Maschinen, Geräte, Einrichtungsgegenstände, Warenvorräte und Betriebsmittel von der Sacheinlage mitumfasst sind.

175   Bei **Einbringung einer Liegenschaft** als Sacheinlage ist zu berücksichtigen, dass die GmbH erst mit Eintragung in das Firmenbuch Rechtspersönlichkeit erlangt und daher vorher kein Vermögen erwerben kann. Der Geschäftsführer hat jedoch bei der Anmeldung zur Eintragung der Gesellschaft in das Firmenbuch zu versichern, dass alle einzubringenden Gegenstände zu seiner freien Verfügung stehen.

Es empfiehlt sich daher, eine Rangordnung für die beabsichtigte Veräußerung der Liegenschaft durch den vormaligen Liegenschaftseigentümer zu erwirken. Zusammen mit der Aufsandungserklärung und dem entsprechend verfassten Gesellschaftsvertrag kann nach Einführung der GmbH im Firmenbuch die neu gegründete GmbH auch im Grundbuch als Liegenschaftseigentümerin durch den Geschäftsführer eingetragen werden.

176   **Sacheinlagefähige Wirtschaftsgüter.** Gegenstand einer zulässigen einlagefähigen Sacheinlage kann

- jeder *selbständige, verkehrsfähige* und wirtschaftlich *feststellbare* Vermögenswert sein,[54]
- der sich zur effektiven Kapitalaufbringung eignet und
- in der Bilanz der Gesellschaft *aktivierungsfähig* ist.

Der Gegenstand muss nicht selbständig übertragbar sein, es genügt vielmehr eine wirtschaftliche Verwertbarkeit im Rahmen des Unternehmens. Der einlagefähige

---

[54]   OGH 18.11.2003, 1 Ob 253/03 t = ecolex 2004, 214.

Gegenstand muss jedoch aus dem Vermögen der die Sacheinlage leistenden (physischen oder juristischen) Person so ausgesondert werden können, dass er endgültig zur alleinigen freien Verfügung der Gesellschaft steht.

Übersicht: Gegenstände von Sacheinlagen

- alle körperlichen beweglichen und unbeweglichen Sachen (insbesondere Maschinen und Betriebsmittel, Kfz)
- Betriebe und Teilbetriebe[55]
- Forderungen mit einem feststellbaren wirtschaftlichen Wert unter Angabe des Rechtsgrundes
- übertragbare Mietrechte
- GmbH-Geschäftsanteile
- Geschäftsanteile an Personengesellschaften unter dem Vorbehalt der Zustimmung der Gesellschafter
- Rechte aus längerfristigen Vertragsverhältnissen (Abnahmevertrag, Generalvertretungsvertrag usw.)
- immaterielle übertragbare Rechte unter der Voraussetzung, dass sie als Aktiva in der Bilanz ausgewiesen werden
- Patente, bereits nach Vorliegen der Patentanmeldung
- andere Immaterialgüterrechte[56] (Urheber–, Verlags- und Geschmacksmusterrechte, gewerbliche Schutzrechte)
- nicht patentrechtlich geschützte Erfindungen, sofern sie durch ein Fabrikationsgeheimnis geschützt sind
- Erfindungen, geheime Fabrikationsverfahren und sonstiges Know-how
- bewegliche und unbewegliche Sachen sowie grundstücksgleiche Rechte (Superädifikate, Baurechte usw.)
- Liegenschaften[57]
- dingliche Rechte (Fruchtgenuss, persönliche Dienstbarkeiten für die Gesellschaft)
- Einräumung eines obligatorischen Gebrauchsrechts an Sachen
- Unternehmen (einschließlich Firma, Kundenstock und Firmenwert) oder Unternehmensteile (Sonderfall: bereits seit fünf Jahren bestehendes Unternehmen als Sacheinlage)
- Gesellschaftsforderungen gegen die GmbH, wenn ihre Aufrechnung im Einzelfall zulässig ist

Einzelrechtsnachfolge. Bei der Einbringung von Unternehmen (Betrieben, Teilbetrieben) ist der Einbringungsvorgang im Wege der Einzelrechtsnachfolge durchzuführen. Dies ist insb. beim Übergang von Vertragsverhältnissen von Bedeutung. Im Übrigen ist zu beachten, dass die GmbH erst durch die im Einzelnen zu setzenden sachenrechtlichen Übereignungsakte Eigentümer der Sacheinlage wird. **177**

---

[55] OGH 31.8.2006, 6 Ob 123/06 s = ecolex 2007, 16.
[56] Voraussetzung für die Eignung als Sacheinlage ist bei immateriellen Rechten, dass sie übertragbar sind und als Aktivposten in die Bilanz aufgenommen werden können.
[57] Allerdings kann eine mit einem Veräußerungsverbot „belastete" Liegenschaft nicht Gegenstand einer gültigen Sacheinlage sein (vgl. OGH 15.12.1992, 5 Ob 1602/92 = RdW 1993, 178 = wbl 1993,159).

---

178   **Unzulässiger Gegenstand von Sacheinlagen.** Nicht sacheinlagenfähig ist alles, was zwar einen Vermögenswert hat, aber nicht aktiviert oder übertragen werden kann:

- höchstpersönliche oder nicht übertragbare Rechte
- Dienstleistungen eines Gesellschafters
- Nutzungseinlagen
- Genossenschaftsanteile
- Warenzeichen
- die Firma (§ 23 UGB)[58]
- ein Kundenstock
- der Goodwill

179   **Erklärung der Geschäftsführung.** Auch im Falle der Aufbringung des Stammkapitales durch Sacheinlage haben die Geschäftsführer in der Firmenbuchanmeldung eine verbindliche Erklärung abzugeben, dass die einzubringenden Vermögensgegenstände sich in der freien Verfügung des oder der Geschäftsführer(-s) befinden.

180   **Haftung für die Höhe der Sacheinlage.** Der Gesellschafter haftet für die Richtigkeit, insbesondere die Bewertung der Sacheinlage. Im Falle der vorbeschriebenen Gründung und der Durchführung einer Gründungsprüfung haftet der Gesellschafter auch für die Vollständigkeit der Angaben über die Sacheinlage, die für die Beurteilung und die Angemessenheit der Wertung erforderlich ist. Im Falle einer vorsätzlichen oder grob fahrlässigen Überbewertung einer Sacheinlage haften alle Gesellschafter als Solidarschuldner.

3.3.2. Verdeckte Sacheinlagen

181   **Begriff.** Eine verdeckte Sachgründung[59] liegt vor, wenn

- zur Umgehung von Sachgründungsvorschriften
- vereinbarte oder übernommene Bareinlagen
- zwischen der GmbH und dem leistenden Gesellschafter
- in zeitlicher und sachlicher Hinsicht so gekoppelt sind, dass
- in wirtschaftlicher Hinsicht der Erfolg einer Sacheinlage eintritt, weil
- die Barmittel nach der Gründung umgehend als Entgelt für
- eine tatsächliche oder nur vorgeschobene Leistung
- an den Gesellschafter zurückfließen.

182   **Wirtschaftliche Konsequenzen.** Anstelle der in der Satzung vereinbarten und somit geschuldeten Bareinlagen fließt der Gesellschaft im Ergebnis nur eine Sachleistung zu.[60]

---

[58] Die Firma kann nicht ohne das Unternehmen, für das sie geführt wird, veräußert werden (Verbot der Leerübertragung).
[59] Deckungsgleich mit diesem Begriff sind auch die Bezeichnungen verdeckte oder verschleierte Sacheinlage.
[60] OGH 30.8.2000, 6 Ob 132/00 f = GesRZ 2001, 30 = ecolex 2001, 205 = RdW 2001, 30; OGH 23.1.2003, 6 Ob 81/02 h = RdW 2003, 270 = ecolex 2003, 270 = ecolex 2003, 684 = GeS 2003, 203 = GesRZ 2003, 163.

Rechtsfolgen. Die außerhalb des Gesellschaftsvertrages (und ohne Einhaltung **183** der Sacheinlagevorschriften) getroffene Sacheinlagevereinbarung ist der Gesellschaft gegenüber unwirksam und befreit den betreffenden Gesellschafter nicht von seiner (Bar-)Einlagepflicht. Er haftet daher weiter für die Erfüllung seiner Bareinlagepflicht. Er muss auch noch nach Jahren damit rechnen, im Fall eines Konkurses der GmbH zur Erfüllung der übernommen Bareinlagepflicht herangezogen zu werden. Die nachträgliche Durchführung einer Nachgründungsprüfung hat keinen Einfluss auf die Bareinzahlungspflicht und kann daher eine „verdeckte Sacheinlage" nicht heilen.[61] Der Bareinlageanspruch besteht selbst dann fort, wenn die verdeckte Sachleistung vollwertig war. Auch ein Beweis der Vollwertigkeit entlastet den Geschäftsführer nicht, weshalb die Masseverwalter im Insolvenzverfahren einer GmbH üblicherweise fieberhaft nach verdeckten Sacheinlagen suchen.

Voraussetzungen. Wenn eine entsprechende gesellschaftsrechtliche Vereinba- **184** rung fehlt, dann befreit eine nicht in bar bestehende Leistung den Einlageschuldner nicht. Dies gilt auch dann, wenn eine andere als die gesellschaftsvertraglich geschuldete Sache geleistet wird. Unter einer verdeckten Sacheinlage ist auch der Fall zu verstehen, dass die Gesellschaft, ohne hierzu gesellschaftsvertraglich legitimiert zu sein, von einem Gesellschafter Vermögensgegenstände kauft und die daraus entstehende Forderung mit der Einlageschuld aufgerechnet wird. Ein generelles Verbot, entgeltliche Sachleistungen an die eigene Gesellschaft zu erbringen, besteht für den Gesellschafter nicht. Ebenso wenig wäre es unzulässig, mit einer Bareinlage eine vorausgeplante Mittelverwendung zu verbinden. Wenn aber beides zusammentrifft, ist es geboten, die der Wertdeckung dienenden Sacheinlagevorschriften gegen Umgehungen zu schützen.

Verrechnung der Einlageschuld. In der Praxis stellt sich das Problem der **185** verdeckten Sacheinlage vor allem bei Kapitalerhöhungen und zwar insbesondere bei der Verrechnung der Einlageschuld mit Forderungen des Gesellschafters.

3.3.3. Die Differenzhaftung der Gründer bei Leistung von Sacheinlagen

Begriff. Als Äquivalent zur haftungsmäßigen Privilegierung der Gesellschafter **186** sieht das Gesetz strenge Kapitalaufbringungsvorschriften zur Sicherung der Vermögensgrundlage vor. Der Grundsatz der wertmäßigen Aufbringung des Stammkapitals wird dadurch gewährleistet, dass die (Gründungs-)Gesellschafter verschuldensunabhängig für eine etwaige Differenz zwischen dem vertraglich vereinbarten Stammkapital und dem Wert der Sacheinlage als Bestandteil des Gesellschaftsvermögens zum Zeitpunkt der Eintragung der GmbH im Firmenbuch einzustehen haben.[62]

Sicherungsfunktion. Die Gläubiger sind im Gründungsstadium insofern schutzbe- **187** dürftig, als die Kapitalgrundlage der GmbH noch nicht vollständig abgesichert ist. Aus diesem Grunde werden sie durch die persönliche Haftung des Handelnden *abgesichert* werden. In der Praxis findet die Handelndenhaftung dort ihren Anwendungsbereich, wenn der für die Gesellschaft Auftretende vollmachtlos oder in Überschreitung seiner Vollmacht gehandelt hat. Diese Haftung ist eine Art *Garantiehaftung* für den Fall, dass die Gesellschaft nicht eingetragen wird oder die in ihrem Namen abgegebenen Erklärungen nicht genehmigt werden.

---

[61] OGH 30.8.2000, 6 Ob 132/00f = GesRZ 2001, 30 = ÖJZ 2001, 188.
[62] Die Firmenbucheintragung (nach vorheriger Prüfung) und die Differenzhaftung stehen im Ergebnis in einem unmittelbaren Zusammenhang.

188   **Leistung einer zusätzlichen Geldeinlage.** Die Gesellschafter haben zusätzlich eine Geldeinlage zu leisten, wenn

- trotz Beachtung der formellen Sacheinlagevorschriften
- der objektive Wert des als Sacheinlage geleisteten Gegenstandes
- nicht den Betrag der dafür übernommenen Stammeinlage erreicht.

189   **Beweislast und Haftungsgrundlagen.** Durch diese sowohl für Sach- als auch Bargründungen geltende Differenzhaftung wird das Mindestkapital als notwendige Betriebs- und Haftungsgrundlage garantiert. Der Grund für das Entstehen der Wertdifferenz ist für die Differenzhaftung ohne Bedeutung. Die Höhe der Geldeinlage bestimmt sich nach der Differenz zwischen dem objektiven tatsächlichen Wert der Sacheinlage und dem Betrag der übernommenen Stammeinlage und ist als Sacheinlagensurrogat sofort zu leisten.[63] Ein allfälliges Agio ist in die Berechnung nicht miteinzubeziehen. Für das Bestehen einer Wertdifferenz ist die GmbH beweispflichtig. Zur Haftung herangezogen wird primär der die Sacheinlage leistende Gesellschafter; die übrigen Gesellschafter trifft jedoch eine subsidiäre Ausfallhaftung für die Einbringlichkeit der Haftungsbeiträge der Mitgesellschafter anteilig im Verhältnis ihrer Stammeinlagen.[64] Im Ergebnis haben also die Gründungsgesellschafter das wirtschaftliche Risiko der betrieblichen Tätigkeit der Vorgesellschaft zu tragen.[65]

Die österreichische Lehre spricht sich nunmehr für die ausschließliche Innenhaftung der Gründergesellschafter gegenüber der GmbH für die wertmäßige Aufbringung des Stammkapitals und damit für allfällige Anlaufverluste bis zur Eintragung der Gesellschaft aus.[66] Aus diesem Grunde haftet ausschließlich das Gesellschaftsvermögen der Vorgesellschaft Dritten gegenüber. Gläubiger können ihre Forderungen nur durch Exekutionsführung gegen die Vorgesellschaft durchsetzen.

190   **Verjährungsfristen.** Der Anspruch verjährt fünf Jahre ab Eintragung der Gesellschaft in das Firmenbuch (§ 10 Abs. 5 GmbHG). Die Regeln über die Differenzhaftung gelten auch bei einer Kapitalerhöhung.

3.3.4. Die Einbringung eines Betriebes als Sacheinlage

3.3.4.1. Grundlagen

191   Wenn ein Betrieb als Sacheinlage in eine neu zu gründende GmbH gegen Gewährung von Gesellschaftsanteilen eingebracht wird, sind die zwingenden Vorschriften über die Sachgründung, das Verbot der Einlagenrückgewähr und das Verbot des Erwerbs eigener Geschäftsanteile zu prüfen.[67] Die Einbringung ohne Gegenleistung nach § 19 Abs. 2 Z 5 UmgrStG ist keine Sacheinlage.[68] Die Einbringung eines eingetragenen Unternehmens (e. U.) oder eines nicht protokollierten Einzelunternehmens als Sacheinlage in eine GmbH führt zu keiner Gesamtrechtsnachfolge. Aus diesem Grunde können allenfalls Forderungsabtretungen des bisherigen Einzelunternehmens notwendig sein. Körperliche Gegenstände sind durch Kaufvertrag oder Übergabe zu übertragen. Im Unterschied zur zivilrechtlichen Einzelrechtsnachfolge bei Sacheinlage

---

[63]   Hinsichtlich der erbrachten Sacheinlageleistung ist der Gesellschafter nach h.M. auf Bereicherungsansprüche verwiesen; im Falle einer Insolvenz bleibt ihm also allenfalls die gerichtlich festgesetzte Gläubigerquote.

[64]   Vgl. BGH 22.1.1997, II ZR 123/94 = GmbHR 1997, 405 = BB 1997, 905 = ecolex 1997, 506.

[65]   *Reich-Rohrwig*, Das österreichische GmbH-Recht I², Rz. 1/538.

[66]   *Reich-Rohrwig*, Das österreichische GmbH-Recht I², Rz. 1/541 ff., 131.

[67]   Eine Unternehmensbewertung nach der Ertragswertmethode bei Einbringung eines Betriebes in eine GmbH ist obligatorisch (vgl. OGH 31.8.2006m, 6 Ob 123/06 s = RdW 2007/99, 86).

[68]   OGH 26.4.2001, 6 Ob 5/01f = ecolex 2002, 12 = RdW 2001, 595.

eines Unternehmens ist die Einbringung von Mitunternehmeranteilen an einer Personengesellschaft (Art. III UmgrStG) als *Gesamtrechtsnachfolge* zu qualifizieren.

Zurechnung von Forderungen. Sieht der Gesellschaftsvertrag der GmbH vor, **192** dass die Gesellschafter einer Personengesellschaft ihre Stammeinlage bei der GmbH dadurch aufbringen, dass sie ihren zu einem bestimmten Bilanzstichtag errechneten Anteil in die GmbH einbringen, werden dadurch nur die Forderungen uno actu übertragen, die bis zum Bilanzstichtag entstanden sind, nicht aber die nach dem Bilanzstichtag bis zur Eintragung der GmbH entstandenen Forderungen der Personengesellschaft.[69]

3.3.4.2. Steuerrechtliche Folgen der Einbringung

Grundlagen. Die Einbringung von Unternehmen oder Beteiligungen als Sachein- **193** lage ist umgründungssteuerrechtlich begünstigt, wenn eine der nachstehenden Voraussetzungen erfüllt wird:

● das eingebrachte Vermögen besitzt einen positiven Verkehrswert,

● ein Einbringungsvertrag ist vorhanden,

● das Vermögen einer Körperschaft wird übertragen,

● als Gegenleistung hiefür werden Gesellschaftsanteile erworben.

Vermögen. Unter Vermögen im Sinne des Umgründungssteuergesetzes sind **194** sämtliche Betriebe und Teilbetriebe[70] zu verstehen, die der Einkunftserzielung im Sinne des § 2 Abs. 3 EStG dienen, wie etwa auch ein freiberuflicher Betrieb, sowie Anteile an Personengesellschaften wie auch an Kapitalgesellschaften, jedoch nur, wenn sie mindestens 25 % des Nennkapitals umfassen oder die Mehrheit der Stimmrechte mit ihnen verbunden ist.

Ein **positiver Verkehrswert** ist ein Verkehrswert, der zumindest € 1,00 beträgt, so- **195** hin nicht buchmäßig überschuldet werden kann.

3.4. Gemischte Sacheinlage

Begriff. Von einer gemischten Sacheinlage spricht man, wenn der Gegenwert der **196** einzubringenden Gegenstände nicht ausschließlich auf die Stammeinlage angerechnet, sondern dem Sacheinleger auf andere Weise vergütet wird.

3.5. Sachübernahme

Begriff. Eine Sachübernahme liegt vor, wenn die Vergütung aus der Übernahme **197** eines Vermögensgegenstandes durch die Gesellschaft auf die Bareinlagenverpflichtung angerechnet werden soll.[71] Der Begriff der Sacheinlage in § 4 GmbHG umfasst auch die Sachübernahme. Eine Sachübernahme mit Anrechnung auf die Stammeinlage ist jedoch nur bei der Gründung oder einer Kapitalerhöhung zulässig. Dagegen müssen Sachübernahmen, die nicht auf die Stammeinlage angerechnet werden sollen, nicht in den Gesellschaftsvertrag aufgenommen werden.

Rz. 198 – 200 frei.

---

[69] OGH 28.6.1983, 2 Ob 539/83 = GesRZ 1983, 221.
[70] VwGH 24.9.2003, 97/13/0233 = GeS 2004, 167.
[71] Vgl. OGH 3.12.1973, 9 Os 96/73 = GesRZ 1974, 128.

VII. Die Gründung der GmbH

Inhaltsverzeichnis   **Rz.**

1. Der optimale Gründungsfahrplan für die Beratungspraxis 201
2. Abschluss des Gesellschaftsvertrages 202
3. Bevollmächtigung bei der Gründung 205
4. Anmeldung der GmbH zur Eintragung in das Firmenbuch 208
    4.1. Grundlagen 208
    4.2. Inhalt und Beilagen der Firmenbuchanmeldung 211
    4.3. Haftung bei Anmeldung 228
5. Änderungen vor Eintragung in das Firmenbuch 234
    5.1. Abänderung des Gesellschaftsvertrages 234
    5.2. Gesellschafterwechsel 236
    5.3. Verpflichtung zur Abtretung eines Geschäftsanteils 237
6. Prüfung und Eintragung der GmbH 238

1. Der optimale Gründungsfahrplan für die Beratungspraxis

201

1. Gründungsfahrplan

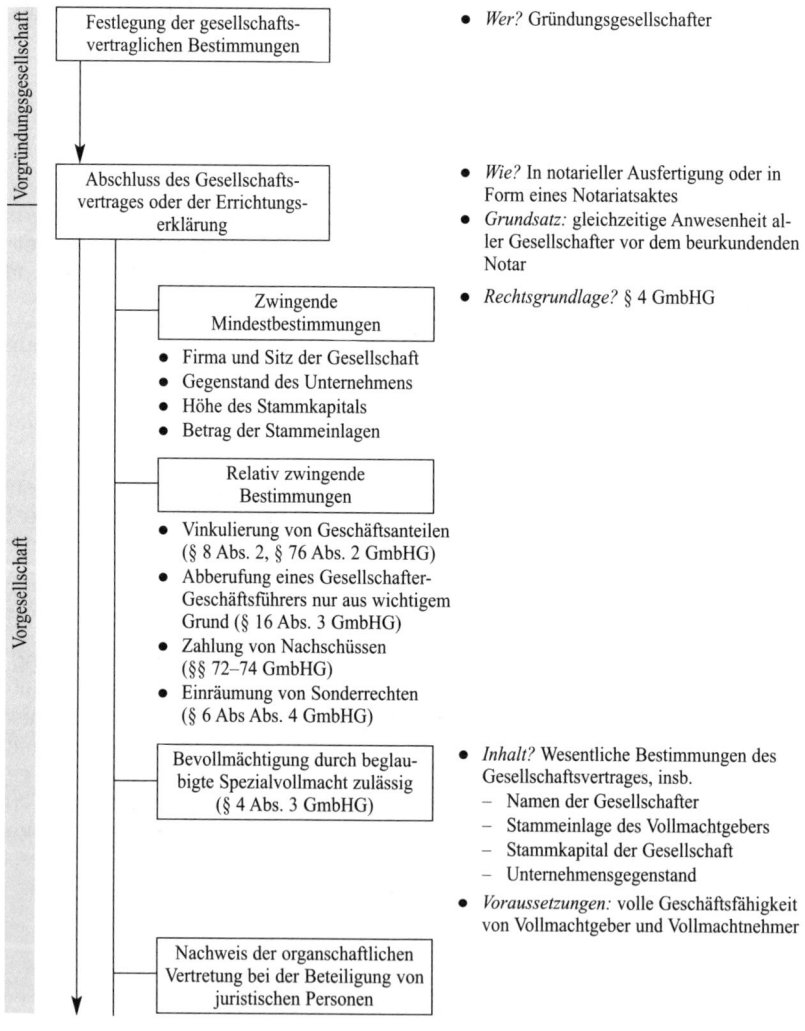

- *Wer?* Gründungsgesellschafter

- *Wie?* In notarieller Ausfertigung oder in Form eines Notariatsaktes
- *Grundsatz:* gleichzeitige Anwesenheit aller Gesellschafter vor dem beurkundenden Notar
- *Rechtsgrundlage?* § 4 GmbHG

- *Inhalt?* Wesentliche Bestimmungen des Gesellschaftsvertrages, insb.
  - Namen der Gesellschafter
  - Stammeinlage des Vollmachtgebers
  - Stammkapital der Gesellschaft
  - Unternehmensgegenstand
- *Voraussetzungen:* volle Geschäftsfähigkeit von Vollmachtgeber und Vollmachtnehmer

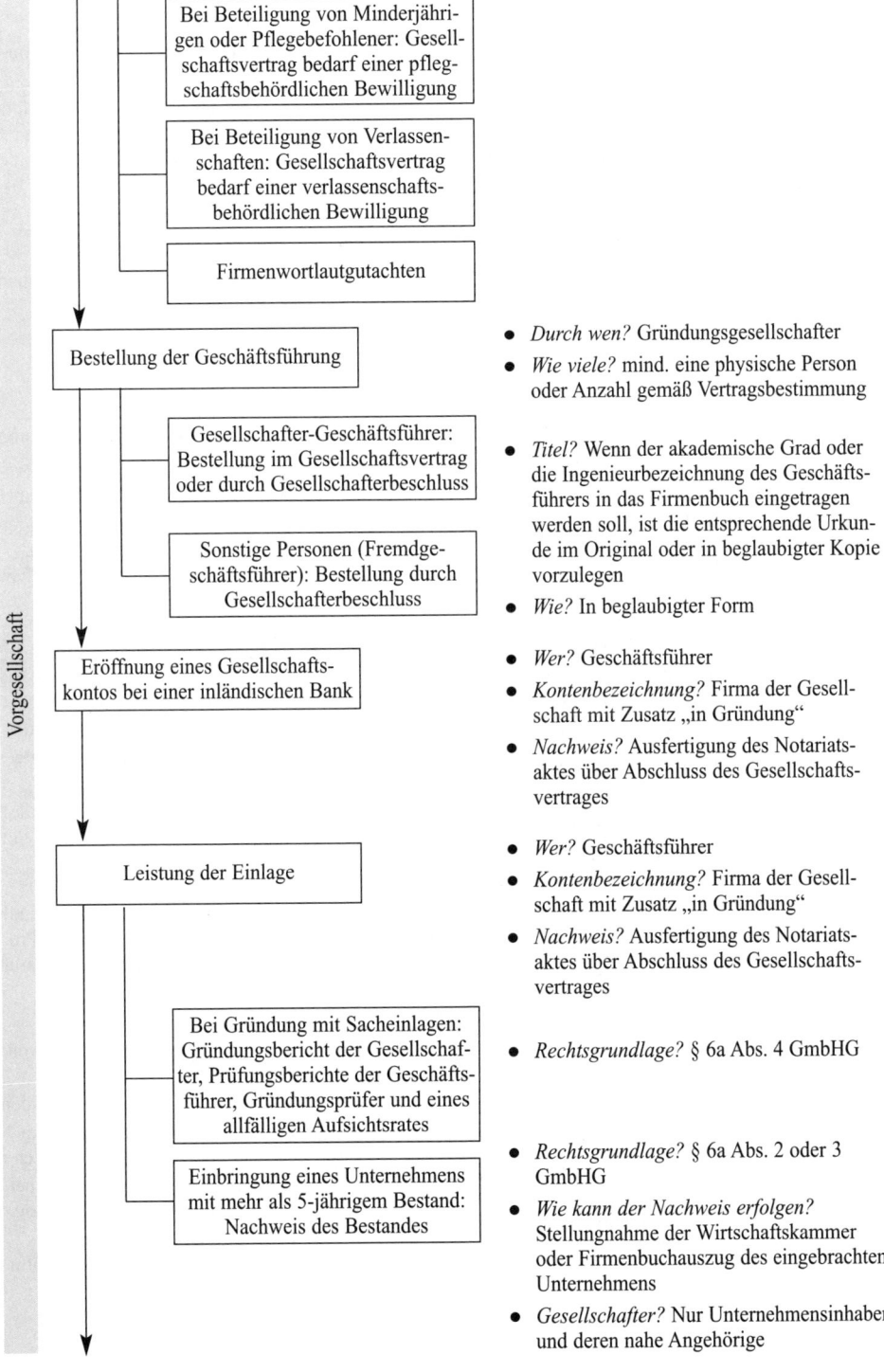

Bei Beteiligung von Minderjährigen oder Pflegebefohlener: Gesellschaftsvertrag bedarf einer pflegschaftsbehördlichen Bewilligung

Bei Beteiligung von Verlassenschaften: Gesellschaftsvertrag bedarf einer verlassenschaftsbehördlichen Bewilligung

Firmenwortlautgutachten

Bestellung der Geschäftsführung

- *Durch wen?* Gründungsgesellschafter
- *Wie viele?* mind. eine physische Person oder Anzahl gemäß Vertragsbestimmung

Gesellschafter-Geschäftsführer: Bestellung im Gesellschaftsvertrag oder durch Gesellschafterbeschluss

Sonstige Personen (Fremdgeschäftsführer): Bestellung durch Gesellschafterbeschluss

- *Titel?* Wenn der akademische Grad oder die Ingenieurbezeichnung des Geschäftsführers in das Firmenbuch eingetragen werden soll, ist die entsprechende Urkunde im Original oder in beglaubigter Kopie vorzulegen
- *Wie?* In beglaubigter Form

Eröffnung eines Gesellschaftskontos bei einer inländischen Bank

- *Wer?* Geschäftsführer
- *Kontenbezeichnung?* Firma der Gesellschaft mit Zusatz „in Gründung"
- *Nachweis?* Ausfertigung des Notariatsaktes über Abschluss des Gesellschaftsvertrages

Leistung der Einlage

- *Wer?* Geschäftsführer
- *Kontenbezeichnung?* Firma der Gesellschaft mit Zusatz „in Gründung"
- *Nachweis?* Ausfertigung des Notariatsaktes über Abschluss des Gesellschaftsvertrages

Bei Gründung mit Sacheinlagen: Gründungsbericht der Gesellschafter, Prüfungsberichte der Geschäftsführer, Gründungsprüfer und eines allfälligen Aufsichtsrates

- *Rechtsgrundlage?* § 6a Abs. 4 GmbHG

Einbringung eines Unternehmens mit mehr als 5-jährigem Bestand: Nachweis des Bestandes

- *Rechtsgrundlage?* § 6a Abs. 2 oder 3 GmbHG
- *Wie kann der Nachweis erfolgen?* Stellungnahme der Wirtschaftskammer oder Firmenbuchauszug des eingebrachten Unternehmens
- *Gesellschafter?* Nur Unternehmensinhaber und deren nahe Angehörige

Vorgesellschaft

Die GmbH in der Praxis

Vorgesellschaft

Einzahlung der Kapitalverkehrsteuer

- *Wer?* Geschäftsführer
- *Wie viel?* 1% der einbezahlten Stammeinlage
- *Wohin?* Auf ein Anderkonto jenes Notars, der den Abschluss des Gesellschaftsvertrages beurkundet hat

Beglaubigter Antrag auf Eintragung der Gesellschaft in das Firmenbuch

- *Wer?* Sämtliche Geschäftsführer
- *Wo?* örtlich zuständiges Landesgericht
- *Voraussetzung?* Eindeutige Bezeichnung des Antragsbegehrens

Eintragungspflichtige Angaben (Mindestinhalt [§ 11 GmbHG])

- Firma
- Rechtsform
- Sitz
- Geschäftszweig
- Für Zustellungen maßgebliche Geschäftsanschrift
- Datum des Abschlusses des Gesellschaftsvertrages
- Höhe des Stammkapitals
- Stichtag des Jahresabschlusses
- Allfällige Bestimmungen über eine befristete Dauer der Gesellschaft
- Gesellschafter
  - Namen und Geburtsdaten (bzw. Firmenbuchnummer)
  - Übernommene Stammeinlage
  - hierauf geleistete Stammeinlage
- Aufsichtsrat
  - Name und Geburtsdatum
  - Vorsitzender
  - Stellvertreter
  - Mitglieder
- Geschäftsführer
  - Namen und Geburtsdatum
  - Beginn der Vertretung
  - Art der Vertretung

Beilagen zur Firmenbuchanmeldung

- Gesellschaftsvertrag in notarieller Ausfertigung (§ 9 Abs. 2 Z 1 GmbHG)
- Beschluss über die Geschäftsführerbestellung in beglaubigter Form, wenn diese nicht im Gesellschaftsvertrag erfolgt ist (§ 9 Abs. 2 Z 2 GmbHG)
- Bescheinigung über die Selbstberechnung der Gesellschaftssteuer (§ 10a Abs. 6 KVG) durch Notare, Rechtsanwälte und Wirtschaftstreuhänder
- Bankbestätigung über die erfolgte Einzahlung der Stammeinlagen
- Erklärung der Geschäftsführer, dass sich die Bar- und Sacheinlagen zu ihrer freien Verfügung befinden (§ 10 Abs. 3 GmbHG)
- Beglaubigte Musterzeichnungen aller Geschäftsführer und allfälliger Prokuristen (Musterzeichnungserklärung [§ 9 Abs. 3 GmbHG])

fakultativ:

- Gutachten über die Bewertung von Sacheinlagen
- Vollmacht für Gesellschaftsgründung
- Nachweis der Titelführung, wenn diese im Firmenwortlaut enthalten ist
- Vorlage der Ingenieururkunden bei Geschäftsführern und Prokuristen
- Urkunde über die Bestellung des Aufsichtsrats in beglaubigter Form (§ 9 Abs. 2 Z 2 GmbHG)
- Erklärung der Neugründung (§ 4 NEUFÖG)

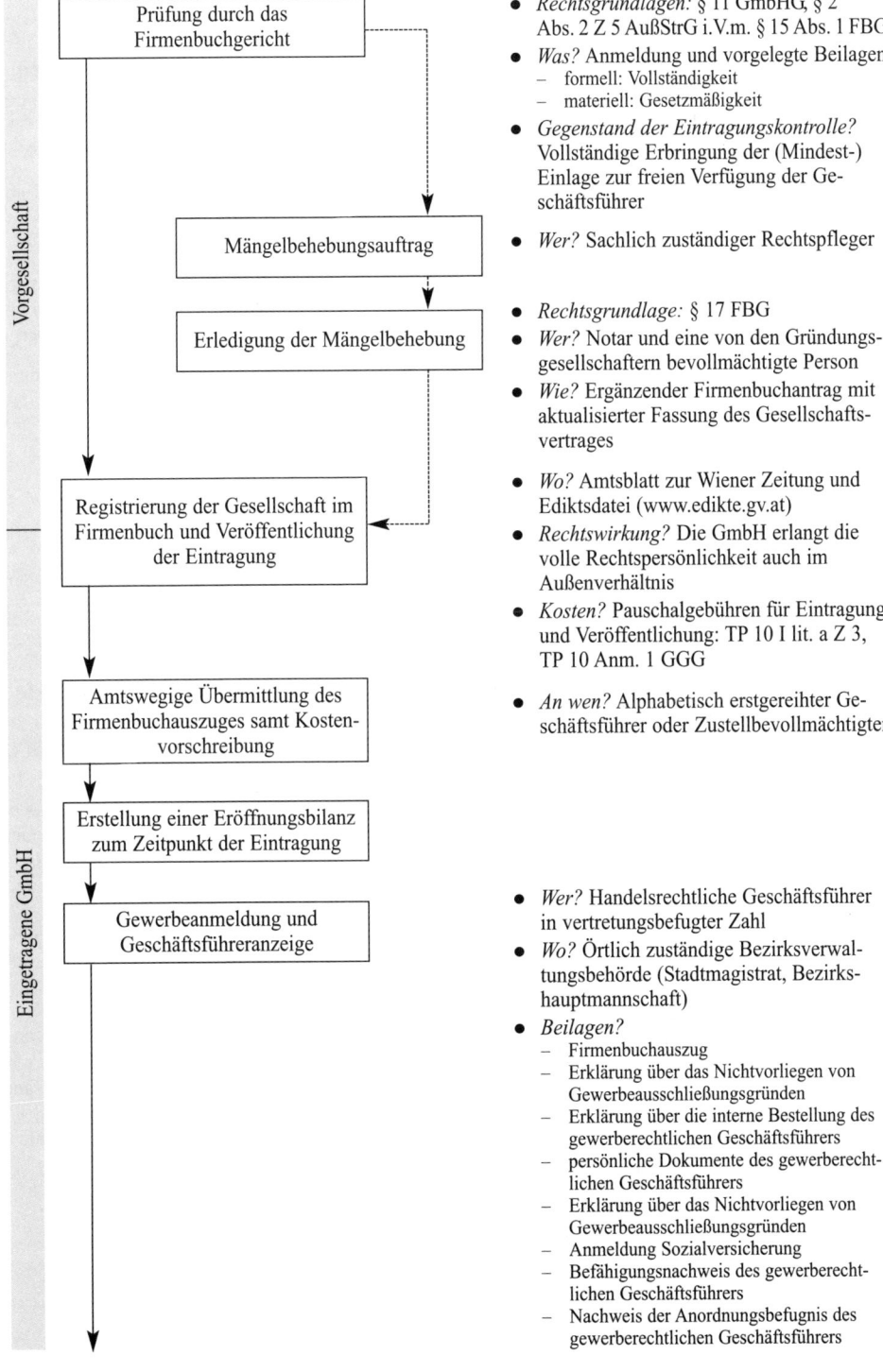

Prüfung durch das Firmenbuchgericht

- *Rechtsgrundlagen:* § 11 GmbHG, § 2 Abs. 2 Z 5 AußStrG i.V.m. § 15 Abs. 1 FBG
- *Was?* Anmeldung und vorgelegte Beilagen
  - formell: Vollständigkeit
  - materiell: Gesetzmäßigkeit
- *Gegenstand der Eintragungskontrolle?* Vollständige Erbringung der (Mindest-) Einlage zur freien Verfügung der Geschäftsführer
- *Wer?* Sachlich zuständiger Rechtspfleger

Mängelbehebungsauftrag

Erledigung der Mängelbehebung

- *Rechtsgrundlage:* § 17 FBG
- *Wer?* Notar und eine von den Gründungsgesellschaftern bevollmächtigte Person
- *Wie?* Ergänzender Firmenbuchantrag mit aktualisierter Fassung des Gesellschaftsvertrages

Registrierung der Gesellschaft im Firmenbuch und Veröffentlichung der Eintragung

- *Wo?* Amtsblatt zur Wiener Zeitung und Ediktsdatei (www.edikte.gv.at)
- *Rechtswirkung?* Die GmbH erlangt die volle Rechtspersönlichkeit auch im Außenverhältnis
- *Kosten?* Pauschalgebühren für Eintragung und Veröffentlichung: TP 10 I lit. a Z 3, TP 10 Anm. 1 GGG

Amtswegige Übermittlung des Firmenbuchauszuges samt Kostenvorschreibung

- *An wen?* Alphabetisch erstgereihter Geschäftsführer oder Zustellbevollmächtigter

Erstellung einer Eröffnungsbilanz zum Zeitpunkt der Eintragung

Gewerbeanmeldung und Geschäftsführeranzeige

- *Wer?* Handelsrechtliche Geschäftsführer in vertretungsbefugter Zahl
- *Wo?* Örtlich zuständige Bezirksverwaltungsbehörde (Stadtmagistrat, Bezirkshauptmannschaft)
- *Beilagen?*
  - Firmenbuchauszug
  - Erklärung über das Nichtvorliegen von Gewerbeausschließungsgründen
  - Erklärung über die interne Bestellung des gewerberechtlichen Geschäftsführers
  - persönliche Dokumente des gewerberechtlichen Geschäftsführers
  - Erklärung über das Nichtvorliegen von Gewerbeausschließungsgründen
  - Anmeldung Sozialversicherung
  - Befähigungsnachweis des gewerberechtlichen Geschäftsführers
  - Nachweis der Anordnungsbefugnis des gewerberechtlichen Geschäftsführers

Vorgesellschaft

Eingetragene GmbH

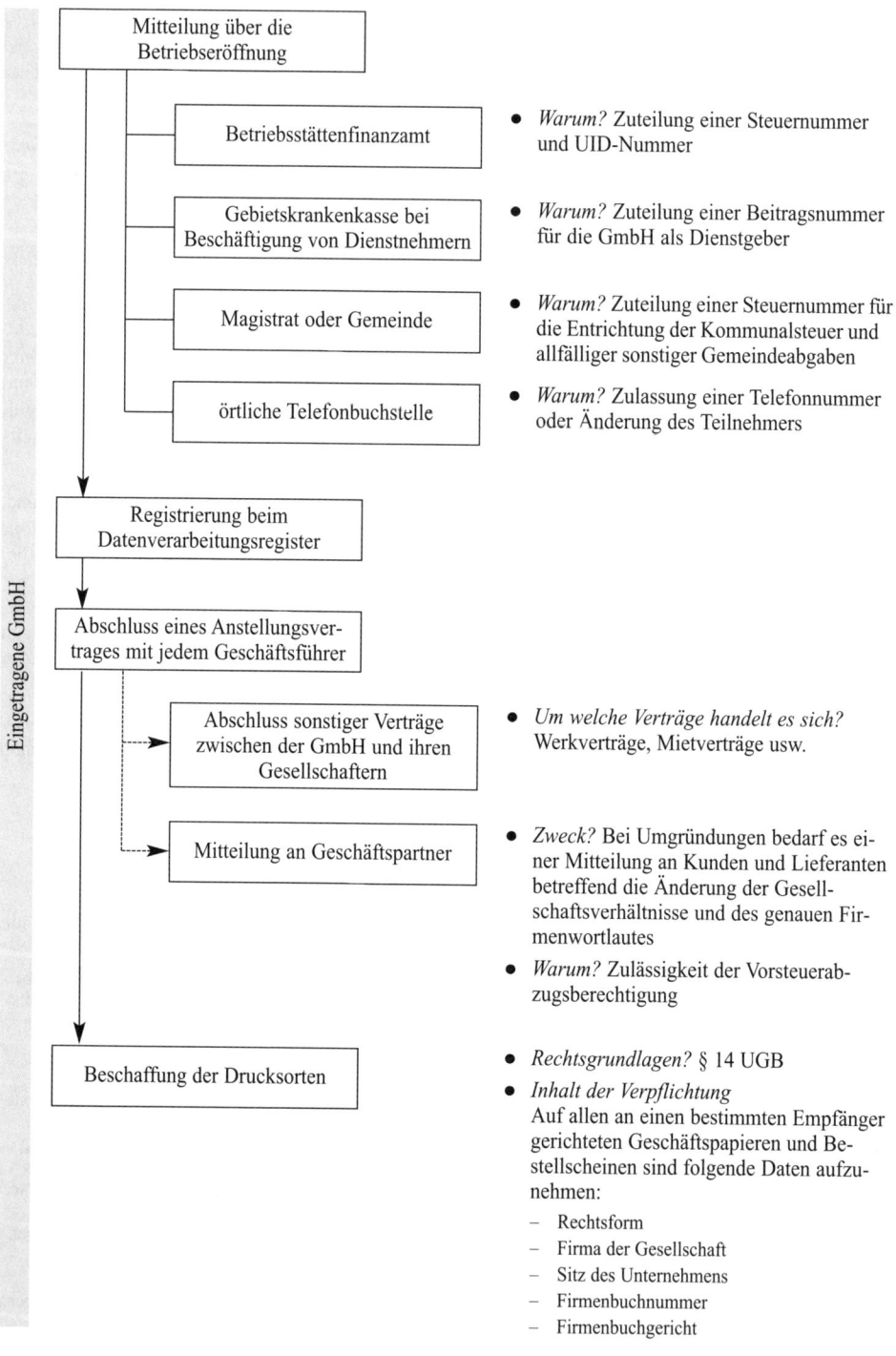

Mitteilung über die Betriebseröffnung

Betriebsstättenfinanzamt
- *Warum?* Zuteilung einer Steuernummer und UID-Nummer

Gebietskrankenkasse bei Beschäftigung von Dienstnehmern
- *Warum?* Zuteilung einer Beitragsnummer für die GmbH als Dienstgeber

Magistrat oder Gemeinde
- *Warum?* Zuteilung einer Steuernummer für die Entrichtung der Kommunalsteuer und allfälliger sonstiger Gemeindeabgaben

örtliche Telefonbuchstelle
- *Warum?* Zulassung einer Telefonnummer oder Änderung des Teilnehmers

Registrierung beim Datenverarbeitungsregister

Abschluss eines Anstellungsvertrages mit jedem Geschäftsführer

Abschluss sonstiger Verträge zwischen der GmbH und ihren Gesellschaftern
- *Um welche Verträge handelt es sich?* Werkverträge, Mietverträge usw.

Mitteilung an Geschäftspartner
- *Zweck?* Bei Umgründungen bedarf es einer Mitteilung an Kunden und Lieferanten betreffend die Änderung der Gesellschaftsverhältnisse und des genauen Firmenwortlautes
- *Warum?* Zulässigkeit der Vorsteuerabzugsberechtigung

Beschaffung der Drucksorten
- *Rechtsgrundlagen?* § 14 UGB
- *Inhalt der Verpflichtung*
  Auf allen an einen bestimmten Empfänger gerichteten Geschäftspapieren und Bestellscheinen sind folgende Daten aufzunehmen:
  – Rechtsform
  – Firma der Gesellschaft
  – Sitz des Unternehmens
  – Firmenbuchnummer
  – Firmenbuchgericht

Eingetragene GmbH

2. Abschluss des Gesellschaftsvertrages

202 **Grundlagen.** Die Gesellschaft wird durch einen in notarieller Form zu beurkundenden Gesellschaftsvertrag errichtet (§ 4 Abs. 3 GmbHG). Zum obilgatorischen Vertragsinhalt und den relativ zwingenden Bestimmungen vgl. Rz. 48

203 **Verpflichtender Notariatsakt.** Die Errichtung des Gesellschaftsvertrages erfolgt durch Notariatsakt, gleichgültig, ob als Notariatsakt (§ 52 NO) oder als Solennisierung einer Privaturkunde (§ 54 NO). Die Errichtung des Gesellschaftsvertrages in Form eines Notariatsaktes ist die Voraussetzung für die Rechtsgültigkeit des Vertrages. Ein Gesellschaftsvertrag, der nicht in dieser Form errichtet wird, ist absolut nichtig.[72] Auf den Notariatsakt kann weder verzichtet werden noch ist er durch eine andere Urkundenform ersetzbar. Den beurkundenden Notar treffen bei der Aufnahme eines Notariatsaktes umfangreiche Belehrungs- und Aufklärungspflichten gegenüber den Parteien über den Inhalt der jeweiligen Urkunde (§§ 52 ff. NO).

204 **Ausländische Notare.** Die Form des österreichischen Notariatsaktes kann durch ausländische Formen unter bestimmten Voraussetzungen substituiert werden. Dabei ist vor allem auf die Gleichwertigkeit von Urkundenform und Rechtsbelehrungspflicht des Notars zur Erfüllung des Formzwecks abzustellen.

3. Bevollmächtigung bei der Gründung

205 Jeder Gesellschafter hat die Möglichkeit, sich bei Abschluss des Gesellschaftsvertrages, bei dem alle Gesellschafter gleichzeitig vor dem beurkundenden Notar anwesend sein müssen, durch einen Machthaber vertreten zu lassen[73] (§ 4 Abs. 3 zweiter Satz GmbHG).

206 Diese **Spezialvollmacht** hat die folgenden wesentlichsten Bestimmungen des Gesellschaftsvertrages zu enthalten:[74]
- die Namen der Gesellschafter,
- die Stammeinlage des Vollmachtgebers,
- das Stammkapital der Gesellschaft und
- den Unternehmensgegenstand.

207 **Voraussetzungen.** Die Zulässigkeit einer Bevollmächtigung setzt die volle Geschäftsfähigkeit beider Vertragsparteien voraus. Ein Mitgesellschafter kann in jenen Fällen bevollmächtigt werden, in denen in der Vollmacht die Zustimmung eines Machthabers zur Selbstkontrahierung des Vertreters enthalten ist. Darüber hinaus ist es zulässig, dass mehrere oder alle Gesellschafter einen Machthaber gemeinsam bevollmächtigen.[75]

4. Anmeldung der GmbH zur Eintragung in das Firmenbuch

4.1. Grundlagen

208 **Allgemeines.** Wesentliche Voraussetzung für die Errichtung der GmbH ist der Antrag auf Eintragung ins Firmenbuch.[76] Das Firmenbuch dient der Verzeichnung und

---

[72] Vgl. *Reich-Rohrwig*, Das österreichische GmbH-Recht I[2], Rz. 1/27.
[73] Zur inhaltlichen Gestaltung von Vollmachten vgl. Muster 1.4. auf der beigelegten CD.
[74] OGH 15.12.1999, 6 Ob 205/99 m = RdW 2000, 247, 281 = ecolex 2000, 152, 292.
[75] Zur Vertretung durch berufsmäßige Parteienvertreter vgl. *Fritz*, Gesellschafts- und Unternehmensformen, Rz. 1907 ff.
[76] Vgl. *Kodek/G. Nowotny*, Das neue AußStrG und das Verfahren vor dem Firmenbuchgericht, NZ 2004, 257.

Offenlegung von Tatsachen, die nach dem Firmenbuchgesetz oder sonstigen gesetzlichen Bestimmungen einzutragen sind. Jeder in die Datenbank des Firmenbuches eingetragene Rechtsträger erhält eine fortlaufende Firmenbuchnummer, welche auch der Identifizierung der GmbH als Rechtspersönlichkeit dient.[77]

209   **Rechtsgrundlagen.** Die Eintragungs- bzw. Anmeldepflicht ergibt sich aus dem Eintragungskatalog des Firmenbuchgesetzes, wobei es sich um eine taxative Aufzählung aller eintragungsfähigen Tatsachen handelt. Wesentlicher Bestandteil dieses Eintragungskataloges ist auch die im § 10 Abs. 1 FBG normierte Änderung eingetragener Tatsachen. Diese Änderung von Eintragungstatsachen ist von den zur Vertretung der Gesellschaft befugten Personen unverzüglich zur Eintragung anzumelden. Die Anmeldung von eintragungspflichtigen Tatsachen kann nicht zurückgezogen werden.[78]

210   **Beglaubigungen.** Die Echtheit der Unterschrift der Antragsteller hat in öffentlich beglaubigter Form zu erfolgen; hiefür sind folgende Möglichkeiten zulässig:

- Beglaubigungen durch einen österreichischen Notar.
- Da es bei der Errichtung der GmbH eines Notariatsaktes zum Zwecke des Abschlusses eines Gesellschaftsvertrages bedarf, ist zu empfehlen, zeitgleich die erforderlichen Anmeldungen zur Eintragung einer GmbH vorzunehmen und die diesbezüglichen Unterschriften der Antragsteller (Geschäftsführer) ebenfalls notariell zu beglaubigen.
- Gerichtliche Beglaubigungen werden bei jedem Bezirksgericht vorgenommen (§ 121 JN).
- Beglaubigungen durch die österreichische Vertretungsbehörde im Ausland (Botschaft, Konsulat).

Die Beglaubigung durch ausländische Notare ist grundsätzlich zulässig. Beglaubigungen durch die in Tirol und Vorarlberg bestehenden Legalisatoren genügen nicht, um der im Gesetz normierten öffentlich beglaubigten Form zu entsprechen.

4.2. Inhalt und Beilagen der Firmenbuchanmeldung

211   **Sachverhaltsdarstellung.** Das Firmenbuchgericht hat von Amts wegen alle „rechtserheblichen Tatsachen" vollständig und verlässlich zu ermitteln. Dabei kann es jedoch glaubhafte Darstellungen und Angaben des Antragstellers als Nachweis der entsprechenden Tatsachen akzeptieren. Eine ausführliche Sachverhaltsschilderung kann Sachverhaltsermittlungen durch das Firmenbuchgericht (z.B. die Einholung eines Kammergutachtens) ersetzen. Sachverhaltsschilderungen können deshalb das Eintragungsverfahren u.U. beträchtlich verkürzen. Notwendiges Inhaltserfordernis des Antrages zur Eintragung sind diese Sachverhaltsschilderungen jedoch nicht.

212   **Voraussetzungen für die Anmeldung.** Die Anmeldung darf erst dann erfolgen, wenn die entsprechend dem Gesellschaftsvertrag von den Gesellschaftern auf deren Stammeinlagen zu erbringenden Leistungen erbracht worden sind und sich die Bareinzahlungen oder Sacheinlagen zur freien Verfügung der Geschäftsführer befinden.[79] Bei einer Bargründung muss demnach auf jede Stammeinlage mindestens ¼ des Nominalbetrages, in jedem Fall aber € 70,00 eingezahlt sein. Der Gesamtbetrag der geleisteten Einzahlungen muss darüber hinaus in Summe mindestens € 17.500,00 betragen.

---

[77]   Zur Geschichte des Firmenbuches und zum materiellen Firmenbuchrecht vgl. *Nowotny*, Gesellschaftsrecht, 129 ff.

[78]   Vgl. OGH 6 Ob 229/02y = EvBl 2004/2; krit. *Burgstaller/Pilgersdorfer*, Die Zurücknahme von Firmenbuchanmeldungen, NZ 2004, 278.

[79]   Vgl. hiezu auch *Fritz*, Gesellschafts- und Unternehmensformen in Österreich[3] Rz. 1791 ff.

Antragsteller. Die Anmeldung der Gesellschaft hat durch sämtliche bestellten Ge- **213** schäftsführer in öffentlich beglaubigter Form zu erfolgen. Infolge der im § 122 GmbHG normierten strafrechtlichen Haftung der Geschäftsführer für die Richtigkeit der „Erklärung gemäß § 10 Abs. 3 GmbHG" ist eine Vertretung bei der Firmenbuchanmeldung nicht – auch nicht durch den Notar aufgrund seiner vermuteten Vollmacht nach § 23 FBG – zulässig.

Geschäftszweig. Die Angabe des Geschäftszweiges in der Firmenbuchanmel- **214** dung ist freiwillig. Wird der Geschäftszweig – aus welchen Gründen auch immer – nicht bekanntgegeben, so wird das Gericht die GmbH auch ohne Geschäftszweig eintragen.

Erklärung nach § 10 Abs. 3 GmbHG. Bei der Anmeldung der Gesellschaft zur Ein- **215** tragung in das Firmenbuch haben alle Geschäftsführer ihre freie und unbeschränkte Verfügung[80] über die gesetzlichen bzw. gesellschaftsvertraglich vorgesehenen Bareinzahlungen auf die Stammeinlagen nachzuweisen. Nach dem Wortlaut des § 10 Abs. 3 GmbHG ist der Nachweis der Einzahlung der Bareinlagen zwingend durch Vorlage der Bestätigung einer Bank oder Postsparkasse zu führen. Die Leistung der Stammeinlagen erfolgt durch Einzahlung auf ein Bank- oder Postsparkassenkonto der Gesellschaft. Dieses Bankkonto wird von den Geschäftsführern eingerichtet und mit dem Namen der Gesellschaft sowie dem Zusatz *in Gründung* bezeichnet. Die Erklärung nach § 10 Abs. 3 GmbHG muss zum Zeitpunkt ihres Einlangens bei Gericht zutreffend sein.

Bankbestätigung. Der Nachweis über die Einzahlung bar zu leistender Stammein- **216** lagen ist bei Gründung der Gesellschaft (analog auch bei Eintragung einer Kapitalerhöhung) durch Vorlage der Bestätigung einer inländischen Bank zu erbringen (§ 10 Abs. 3 GmbHG). Ziel der Vorschriften des § 10 Abs. 3 GmbHG ist primär der Gläubigerschutz.[81] Die eingezahlten Stammeinlagen sollen nicht nur im Interesse der Gesellschafter, sondern vor allem auch im Interesse der Gläubiger möglichst zur Gänze zur Verfügung stehen. Aus diesem Grundsatz heraus ergibt sich auch die verschuldensabhängige Haftung der Bank für die unrichtige Erteilung einer §-10-Bestätigung.[82] Bei Bestellung mehrerer Geschäftsführer ist es nicht ausreichend, die Bescheinigung des Kreditinstitutes nur zu Handen eines bestimmten Geschäftsführers zu adressieren.

Freie Verfügbarkeit. Über Bareinlagen können die Geschäftsführer dann frei verfü- **217** gen, wenn die Leistungen der Gesellschafter in Form einer Gutschrift auf einem Bankkonto zur Verfügung stehen und nicht durch Gegenforderungen beschränkt sind.

Übersicht: Was ist unter dem Begriff „… namentlich nicht durch Gegenforderungen beschränkt …" zu verstehen?

- Die Gesellschaft erhält wegen gleichzeitiger Kündigung oder Rückführung des bisher eingeräumten Kreditrahmens keine Möglichkeit, über die Mittel in entsprechender Höhe zu verfügen.

- Die kontoführende Bank hat das Guthaben gesperrt bzw. es sofort mit einem Debetsaldo verrechnet.

---

[80] Vgl. auch *Fellner/Kaindl*, Zur Bankbestätigung gemäß § 29 Abs. 1 und § 10 Abs. 3 GmbHG, ÖBA 2006, 103.

[81] Ein durch die Ausstellung einer Bestätigung der Leistung der Bareinlage nach § 10 Abs. 3 GmbHG schlüssig von der Bank auf sich genommenes Kompensationsverbot aus Gläubigerschutzgründen ist immer – und zwar auch im Konkursverfahren – wirksam; vgl. hiezu OGH 8.7.2004, 6 Ob 288/03a = RdW 2004/616, 668 = GeS 2004/11, 431.

[82] OGH 17.4.2002, 7 Ob 65/01m.

- Zahlungsunfähigkeit und Überschuldung schließen eine freie Verfügbarkeit aus.
- Vorausgeplante Rückzahlung einer Stammeinlage.

218   **Sacheinlagen.** Die Bestimmungen des § 10 Abs. 3 GmbHG gelten grundsätzlich auch für die zu leistenden Sacheinlagen. Aus diesem Grunde haben die Geschäftsführer in der Anmeldung die verbindliche Erklärung abzugeben, dass sich die eingebrachten Vermögensgegenstände in ihrer freien Verfügung als Geschäftsführer befinden. Bedarf es bei der Übertragung von Sacheinlagen in das Eigentum der GmbH deren Eintragung im Firmenbuch, sind vor Anmeldung Sicherungsmaßnahmen zu treffen, welche die Übertragung unmittelbar nach Eintragung der GmbH im Firmenbuch ohne Mitwirkung des einbringenden Gesellschafters möglich machen.

219   **Nachweis der Geschäftsführerbestellung.** Eintragungsvoraussetzung ist, dass die Gesellschaft mindestens einen Geschäftsführer hat.[83] Hinsichtlich der Geschäftsführer ist zu unterscheiden, ob diese gleichzeitig Gesellschafter (geschäftsführende Gesellschafter) oder Fremdgeschäftsführer (Personen, die nicht der Gesellschaft als Gesellschafter angehören) sind. Gesellschafter-Geschäftsführer können – müssen jedoch nicht – im Gesellschaftsvertrag bestellt werden. Der Nachweis ihrer Bestellung ist durch die Einreichung des Gesellschaftsvertrages erbracht. In allen anderen Fällen (zwingend bei Fremdgeschäftsführern, fakultativ bei Gesellschafter-Geschäftsführern) bedarf es für die Geschäftsführerbestellung eines Gesellschafterbeschlusses mit notarieller Beurkundung.

220   **Musterzeichnungen.** Geschäftsführer (bzw. Liquidatoren) einer GmbH sowie Prokuristen haben beglaubigte Musterunterschriften abzugeben.[84] Die Musterunterschriften sollen in der Form geleistet werden, wie der Unterzeichnende im Geschäftsverkehr regelmäßig unterschreibt. Die Beifügung des Geburtsdatums bei den Musterunterschriften ist entbehrlich. Prokuristen müssen einen auf die Prokura hinweisenden Zusatz (z.B. *ppa*) führen. Bei Geschäftsführern ist für jede eingetragene Zweigniederlassung, bei Prokuristen für jede von der Prokura erfasste Zweigniederlassung je eine weitere Musternamensunterschrift beim Firmenbuch einzureichen.

221   **Kammergutachten.** Bestehen seitens des Firmenbuchgerichtes Zweifel über die Zulässigkeit eines Firmenwortlautes, so kann es eine Stellungnahme der zuständigen Interessenvertretung – meistens wird dies die örtlich zuständige Wirtschaftskammer sein – zum Firmenwortlaut einholen. Dies wird insbesondere dann der Fall sein, wenn Firmenzusätze verwendet werden, die auf eine bestimmte Bedeutung des Unternehmens schließen lassen (Austria, International usw.)

Um in möglichen Zweifelsfällen eine Beschleunigung des Verfahrens zu bewirken, ist es sinnvoll, dass die Antragsteller vorsorglich ein Gutachten ihrer jeweiligen Interessenvertretung einholen und dem Firmenbuch beischließen. Weder für den Antragsteller noch für das Firmenbuchgericht besteht allerdings eine derartige Verpflichtung. Im Übrigen ist das Firmenbuchgericht auch nicht an das Kammergutachten gebunden.

222   **Unbedenklichkeitsbescheinigung.** Eine GmbH darf erst dann in das Firmenbuch eingetragen werden, wenn dem Gericht eine Bescheinigung des örtlich zuständigen Finanzamtes für Gebühren und Verkehrsteuern vorliegt, dass keine steuerlichen Bedenken gegen die Eintragung bestehen. Man spricht von einer sog. *Un-*

---

[83]   Vgl. OGH 22.1.1958, 3 Ob 7/58 = SZ 31/11; *Gellis/Feil*, Kommentar zum GmbH-Gesetz[6], § 9 Rz. 5.
[84]   OGH 24.11.1997, 6 Ob 321/97 z = ecolex 1998, 639 = RdW 1998, 137 = AnwBl 1998, 418.

bedenklichkeitsbescheinigung. Diese wird ausgestellt, sobald die vorgeschriebene Gesellschaftsteuer in Höhe von 1 % der eingezahlten Stammeinlagen eingezahlt ist. Notare, Rechtsanwälte und Wirtschaftsreuhänder können auch die Steuer selbst berechnen. In diesem Falle ist eine Erklärung über die Selbstberechnung dem Antrag beizulegen.

Titel. Promotionsurkunden, Sponsionsurkunden und sonstige akademische Gra- **223** duierungen sowie der Nachweis der Standesbezeichnung *Ingenieur (Ing.)* sind in beglaubigter Abschrift in jenen Fällen vorzulegen, in denen akademische Titel auch im Firmenwortlaut verwendet werden (z.B. Dr. Bauer & Partner Unternehmensberatung GmbH). Sonstige verliehene Ehrentitel und Berufsbezeichnungen (z.B. Kommerzialrat, Ökonomierat, Hofrat) werden nicht in das Firmenbuch eingetragen.

Behördliche Genehmigungen. Konzessionen und ähnliche Genehmigungen sind **224** nur in jenen (relativ seltenen) Fällen dem Firmenbuchgericht vorzulegen, in denen bei einer bestimmten Tätigkeit bzw. bei Abschluss des Gesellschaftsvertrages gesetzlich vorgesehen ist (Bankwesengesetz, Eisenbahngesetz usw.). Der Bewilligungsbescheid ist dem Gericht in Original oder beglaubigter Abschrift als Beilage anzufügen.

Vertretungsnachweise bei juristischen Personen. Ist eine juristische Person **225** Gesellschafter der GmbH, muss dies dem Gericht – sofern diesem eine direkte Abfrage der Daten über die Firmenbucheintragungen nicht selbst möglich ist – durch eine geeignete Urkunde (z.B. Bescheinigung aus dem Vereinsregister) nachgewiesen werden. Bei Kapitalgesellschaften ist, bedingt durch deren Erfassung im Firmenbuch, dieser Nachweis nicht erforderlich.

Aufsichtsbehördliche Genehmigungen. Beteiligen sich Gemeinden oder Touris- **226** musverbände an der Errichtung einer GmbH, so ist mit der Anmeldung eine aufsichtsbehördliche Genehmigung (Bezirkshauptmannschaft, Landesregierung usw.) vorzulegen.

Gerichtsgebühren und Veröffentlichung. Bei Eintragung einer GmbH in das Firmen- **227** buch ist eine Eingabengebühr gem. TP 10 I lit. a Z 7 GGG (Gerichtsgebührengesetz) in Höhe von € 31,00 zu entrichten. Die weitere Gerichtsgebühr richtet sich betragsmäßig nach den jeweiligen Angaben, die eingetragen werden sollen (TP 10 I lit. b GGG).

4.3. Haftung bei Anmeldung

Gründungshaftung. Werden zum Zwecke der Errichtung der Gesellschaft falsche **228** Angaben gemacht, haben die Geschäftsführer der Gesellschaft als Gesamtschuldner für den entstehenden Schaden Ersatz zu leisten.[85] Dies wird als sog. *Gründungshaftung* (§ 10 Abs. 4 GmbHG) bezeichnet.

Von dieser **Ersatzpflicht** wird ein Gesellschafter oder Geschäftsführer nur befreit, **229** wenn er die haftungsbegründenden Tatsachen weder kannte noch bei Anwendung der Sorgfalt eines ordentlichen Geschäftsmannes kennen musste. Die Gründer trifft jedoch im Rahmen der Gründung für die Richtigkeit der Angaben nach § 10a und § 6a Abs. 4 GmbHG eine Haftung, nach der sie bei falscher Wertangabe für den Differenzbetrag aufkommen müssen.

Personenkreis. Die Gründungshaftung trifft nur denjenigen, der zum Zeitpunkt der **230** Eintragung der Gesellschaft im Firmenbuch der Gesellschaft angehört, sei es als Gesellschafter oder als Geschäftsführer.

---

[85]   OGH 13.2.2003, 8 Ob 260/02s = RdW 2003/312, 376.

231 **Haftungsumfang.** Die Gründungshaftung bezweckt, die ordnungsmäßige Gründung der Gesellschaft sicherzustellen. Die Gesellschaft ist so zu stellen, als wäre die betreffende Angabe zutreffend gewesen. Der Einwand, dass ohne die falsche Angabe die GmbH gar nicht entstanden wäre, gilt als unbeachtlich. Die Gründungshaftung erstreckt sich insbesondere auf fehlende Einzahlungen auf die Stammeinlagen, auf Wertersatz in bar für nicht werthaltige Sacheinlagen und auf einen Ersatz von im Gesellschaftsvertrag nicht aufgenommenem Gründungsaufwand. Ihr entspricht die *Kapitalerhöhungshaftung* der Geschäftsführer (§ 52 Abs. 6 GmbHG). Erfolgt eine Kapitalerhöhung z.B. durch Sacheinlagen, so hat der Geschäftsführer auch für den angegebenen Wert der Sacheinlage einzustehen.

232 **Erlöschen der Haftung.** Eine Haftung des Geschäftsführers gemäß § 10 Abs. 4 GmbHG wegen wahrheitswidriger Erklärung gegenüber dem Firmenbuch erlischt bei Heilung des Fehlers im Falle einer fehlenden Einzahlung der Stammeinlagen dann, wenn die Gesellschafter die Einlage später erbringen.[86]

233 **Ersatzansprüche.** Ein Verzicht der Gesellschaft auf Ersatzansprüche aus der Gründungshaftung oder ein Vergleich der Gesellschaft über diese Ansprüche gilt grundsätzlich als unwirksam, soweit der Ersatz zur Erfüllung der Gläubiger der Gesellschaft erforderlich ist. Die Ersatzansprüche der Gesellschaft aus der Gründungshaftung verjähren in fünf Jahren. Die Verjährung beginnt mit der Eintragung der Gesellschaft in das Firmenbuch oder mit der Vornahme der Handlung, wenn die zum Ersatz verpflichtende Handlung später begangen worden ist.

5. Änderungen vor Eintragung in das Firmenbuch

5.1. Abänderung des Gesellschaftsvertrages

234 **Form.** Abänderungen und Ergänzungen des Gesellschaftsvertrages vor Eintragung der GmbH sind als *Nachtrag zum Gesellschaftsvertrag* abzuschließen und in Form eines Notariatsaktes zu errichten.[87]

235 **Einstimmigkeit.** Da die Gesellschaft erst mit ihrer Eintragung entsteht, können im Gründungsstadium noch nicht die Bestimmungen über die Abänderungen des Gesellschaftsvertrages durch Mehrheitsbeschluss angewendet werden. Nachträge zum Gesellschaftsvertrag bedürfen daher der Einstimmigkeit sämtlicher Gesellschafter.[88]

5.2. Gesellschafterwechsel

236 Im Stadium der Gründung ist ein Gesellschafterwechsel ein Spezialfall einer Abänderung des Gesellschaftsvertrages. Aus diesem Grund ist ein Nachtrag zum Gesellschaftsvertrag unter Mitwirkung sämtlicher Gesellschafter in Form eines Notariatsaktes zu errichten. Diese Regelung dient dem Schutz der Vertragspartner im Gründungsstadium und gibt jedem Gesellschafter ein entscheidendes Mitspracherecht für den Fall des beabsichtigten Ausscheidens eines Partners im Stadium vor der Eintragung.

Selbst wenn nach dem Gesellschaftsvertrag Abtretungen allgemein an die Zustimmung eines Gesellschaftsorganes gebunden sind, können diese Organe im Gründungsstadium ihre Funktion gar nicht ausüben, weil diese frühestens mit der Eintragung der GmbH beginnen kann. Diese Vertragsbestimmungen sind deshalb für einen Gesellschafterwechsel vor Eintragung im Firmenbuch nicht maßgeblich.[89]

---

[86] Vgl. OGH 13.2.2003, 8 Ob 260/02 s = RdW 2003/312, 376 = wbl 2003 270, 343.
[87] Vgl. auch *Umfahrer*, Formfragen bei Abänderung des Gesellschaftsvertrages, ecolex 1996, 99.
[88] In diesem Sinne auch *Gellis [Feil]*, Kommentar zum GmbH-Gesetz[6], § 49 Rz. 5.
[89] OGH 26.11.2002, 6 Ob 163/02 t = wbl 2003, 89.

5.3. Verpflichtung zur Abtretung eines Geschäftsanteils

237 Die Verpflichtung zur künftigen Abtretung eines Geschäftsanteils vor Registrierung der GmbH ist unter Einhaltung der nachfolgenden Voraussetzungen möglich:

- Errichtung einer die Abtretungsverpflichtung begründenden Urkunde in Form eines Notariatsaktes (z.B. Anbot oder Option) und

- Annahme durch den Übernehmer, ebenfalls in Form des Notariatsaktes, jedoch erst nach Eintragung der Gesellschaft.

- Auch die Abtretung eines Geschäftsanteils vor Eintragung der GmbH unter der aufschiebenden Bedingung der Eintragung der Gesellschaft in das Firmenbuch ist zulässig.

6. Prüfung und Eintragung der GmbH

238 **Gegenstand der Prüfung** durch das Firmenbuchgericht sind die Anmeldung und die vorgelegten Beilagen. Der Prüfungsmaßstab bezieht sich hiebei auf die Vollständigkeit und Gesetzmäßigkeit der Angaben, insb. ob der Gesellschaftsvertrag den gesetzlichen Erfordernissen entspricht.[90] Bei Fehlerhaftigkeit der Anmeldung wird vom Firmenbuchgericht ein Verbesserungsauftrag erteilt, andernfalls erfolgt die Abweisung des Antrages auf Eintragung einer GmbH (§ 17 Abs. 1 FBG).

Das Gericht kann bei der Prüfung Ermittlungen von Amts wegen vornehmen. In der Praxis geschieht dies nur, wenn das Gericht an der Richtigkeit der Angaben Zweifel hegt. Die gerichtliche Kontrolle ist ausschließlich auf Rechtsfragen bezogen; eine Zweckmäßigkeitskontrolle erfolgt nicht. Bedenken hinsichtlich der wirtschaftlichen Überlebensfähigkeit und der Verbesserungsbedürftigkeit der Verträge berechtigen das Firmenbuchgericht jedoch nicht dazu, die Eintragung der GmbH abzulehnen. Dies gilt auch für die Höhe der Kapitalausstattung der Gesellschaft. Deshalb kann das Firmenbuchgericht der Gesellschaft nicht vorschreiben, dass für ihre Zwecke ein bestimmtes Stammkapital erforderlich ist. Über den Antrag auf Eintragung der GmbH wird mittels Beschluss entschieden, gegen den das Rechtsmittel des Rekurses ergriffen werden kann.

Übersicht: Voraussetzungen für die Eintragung im Firmenbuch
Die Eintragung der GmbH im Firmenbuch setzt insbesondere voraus:
- die Vollständigkeit und Wirksamkeit des Gesellschaftsvertrages,
- die vorgeschriebene Kapitalaufbringung und die sonstige Richtigkeit der erforderlichen Angaben.

239 **Firmenbucheintragung.** Nach Abschluss der Prüfung[91] erfolgt beschlussmäßig die Eintragung in das Firmenbuch und die Bekanntmachung im Amtsblatt zur Wiener Zeitung und in der Ediktsdatei. Der Inhalt der Eintragung und Bekanntmachung ergibt sich aus den §§ 3 und 5 FBG. Die Eintragung wirkt konstitutiv, d.h. die Gesellschaft wird zur juristischen Person und zum Unternehmer kraft Rechtsform (§ 2 UGB). Ebenso gehen das Vermögen und die Verbindlichkeiten der Vorgesellschaft auf die GmbH über und endet die Handelndenhaftung.[92]

Rz. 240 frei

---

[90] So gehört etwa die Prüfung des Gesellschaftszwecks zu den Befugnissen des Firmengerichtes; OGH 23.1.2003, 6 Ob 81/02h = Ges 2003, 202 = RdW 2003, 270, 323 = RWZ 2003/31, 102 = ecolex 2003, 680.
[91] OGH 9.11.1995, 6 Ob 1023/95 = ecolex 1996, 173 = wbl 1996, 165.
[92] Vgl. *Reich-Rohrwig*, Das österreichische GmbH-Recht I² Rz. 1/561 m.w.N.

VIII. Der Gesellschaftsvertrag

Inhaltsverzeichnis   **Rz.**
1.   Einführung 241
2.   Gestaltungsfreiheit des Gesellschaftsvertrages 247
3.   Checkliste „Satzungsbestimmungen". 248
4.   Erläuterungen zu den obligatorischen Satzungbestandteilen 249
     4.1. Firma 249
           4.1.1. Grundsatz der Firmenwahrheit 252
           4.1.2. Grundsatz der Firmeneinheit 255
           4.1.3. Unterscheidbarkeit und Unterscheidungskraft einer Firma 256
           4.1.4. Rechtsformzusatz 264
           4.1.5. Personenfirma 266
                   4.1.5.1. Grundlagen 266
                   4.1.5.2. Rechtsfolgen einer unzulässigen Firmenverwendung 269
           4.1.6. Regelung der Firmenfortführung 273
           4.1.7. Sachfirma 277
           4.1.8. Gemischte Firma 284
           4.1.9. Fantasiefirma 285
           4.1.10. Verwendung von Firmenzusätzen – Quo vadis? 288
     4.2. Sitz der Gesellschaft 289
           4.2.1. Allgemeines 289
           4.2.2. Zweigniederlassung 294
     4.3. Gegenstand des Unternehmens 304
5.   Erläuterungen zu den fakultativen Satzungbestandteilen 312
     5.1. Übertragung des Mitgliedschaftsrechtes 312
     5.2. Teilung eines Geschäftsanteiles 317
     5.3. Vinkulierung 319
     5.4. Vorkaufs- und Aufgriffsrecht 330
     5.5. Anbietungsrecht 338
     5.6. Mitverkaufsrecht 339
     5.7. Call-Option 341
     5.8. Put-Option 342
6.   Erbfolge 343
7.   Kündigungsrecht der Gesellschafter 345
8.   Streitbeilegungsregelungen 351
     8.1. Einführung 351
     8.2. Das Mediationsverfahren 352
     8.3. Schiedsgerichtsklausel 363
     8.4. Gerichtsstandsvereinbarung 368

1. Einführung

241 **Organisationsgrundlage.** Der Gesellschaftsvertrag regelt Rechte und Pflichten der Gesellschafter sowie die Verfassung der Gesellschaft, die von den gesetzlichen Organen zwingend zu beachten ist. Der Gesellschaftsvertrag ist also eine *Richtlinie*, die neben den gesetzlichen Bestimmungen – und in jenen Fällen, in denen ein ausdrückliches Dispositionsrecht besteht, vor diesen – greift. Im Hinblick auf den Minderheitenschutz können verschiedene Bestimmungen nicht zu Lasten der Minderheit geändert werden. Durch die Satzung werden die Voraussetzungen für das Entstehen der GmbH als juristische Person geschaffen und deren Ablauf geregelt, die – rechtlich verselbständigt – Träger von Rechten und Pflichten ist sowie durch eine eigene Organisation mit gesetzlich geregelter Willensbildung gekennzeichnet ist. Der Gesellschaftsvertrag sollte grundsätzlich der Streitvermeidung dienen.[93]

242 **Wesen.** Der Gesellschaftsvertrag ist ein Rechtsgeschäft, bei welchem die Vertragspartner (= Gesellschafter) dem Grunde nach gleichartige Leistungen an die Gesellschaft erbringen. Der Gesellschaftsvertrag regelt die schuldrechtlichen Ver-

---

[93] Diesem Erfordernis wird in der Praxis vielfach leider nicht entsprochen. Es ist erschreckend, mit welcher Gedankenlosigkeit mancherorts Verträge konzipiert werden. Ein „guter" Vertrag liegt nicht schon deshalb vor, nur weil er den gesetzlichen Anforderungen für die Eintragung im Firmenbuch entspricht.

pflichtungen zwischen den Gesellschaftern (Treuepflicht, Rücksichtnahme auf die Interessen der Mitgesellschafter, Pflicht zur Förderung des gesellschaftlichen Unternehmens).

Die **Konzeption eines Gesellschaftsvertrages** ist eine *in die Zukunft gerichtete* **243** *rechtsgestaltende Tätigkeit*, für die innerhalb der Grenzen des Gläubiger- und Minderheitenschutzes Vertragsfreiheit besteht. Er hat alle Regeln zu enthalten, die das künftige *Zusammenleben* der Gesellschafter untereinander sowie das reibungslose Funktionieren der Gesellschaftsorgane miteinander gewährleisten sollen.

Der Vertragsverfasser (wer auch immer das ist) hat demnach bei der Ausarbeitung eines Vertragsmodells auf die individuellen Bedürfnisse der Gesellschaft sowie Vorstellungen und Wünsche ihrer Gesellschafter einzugehen. Bereits im Zuge der Vertragsverfassung sollten alle – bei vernünftiger wirtschaftlicher Betrachtungsweise denkbaren – Szenarien erörtert und hinsichtlich ihrer Auswirkungen diskutiert werden. Es empfiehlt sich daher, erzielte Ergebnisse sofort schriftlich festzuhalten und zwar auch dann, wenn diese noch unverbindlich sind.

Regelungsumfang. Im Hinblick auf die Notariatsaktpflicht der GmbH-Satzung sind **244** alle Bestimmungen im Gesellschaftsvertrag zu regeln. Zusätzliche Vereinbarungen zwischen den Gesellschaftern können auch in Syndikatsverträgen (= Stimmbindungsvertrag) geschlossen werden können. Eine syndikatsvertragliche Vereinbarung stellt jedenfalls eine qualitativ wesentlich schlechtere und unsicherere Absicherung dar, als wenn sie im Gesellschaftsvertrag getroffen wird.

Präambel. Bei komplexen Sachverhalten ist es empfehlenswert, den eigentlichen **245** Vertragsbestimmungen eine kurze Vorbemerkung voraus zu schicken, in welcher die allgemeinen Verhältnisse und die Gründe für den gesellschaftlichen Zusammenschluss dargestellt werden. Im Fall eines Rechtsstreites kann eine solche Präambel für die Auslegung zweifelhafter Vereinbarungen von Bedeutung sein.

Zum **Mindestinhalt** des Gesellschaftsvertrages (§ 4 Abs. 1 GmbHG) gehören **246**

- die Firma
- der Sitz der Gesellschaft
- der Gegenstand des Unternehmens sowie
- Regelungen über das Stammkapital und die darauf entfallenden Stammeinlagen

Fehlt dieser Mindestinhalt, ist der Antrag auf Eintragung der Gesellschaft in das Firmenbuch abzuweisen. Gegen eine zu Unrecht eingetragene GmbH ist das Löschungsverfahren einzuleiten.

2. Gestaltungsfreiheit des Gesellschaftsvertrages

Die Gestaltungsfreiheit der GmbH-Satzung reicht wesentlich weiter als etwa bei einer **247** Aktiengesellschaft. Im Gegensatz zum Aktienrecht kennt das Recht der GmbH nicht das Prinzip der formellen Satzungsstrenge, sondern es gilt der Grundsatz der Vertragsfreiheit. Die Vertragspartner können demnach ihren Vorstellungen und Wünschen angepasste Regelungen treffen. Aus diesem Grund können in der Satzung Neben- oder Nachschusspflichten der Gesellschaft vorgesehen werden. Der Gesellschaftsvertrag kann auch die Übertragung der Geschäftsanteile erschweren, er kann Bestimmungen über die Geschäftsführung, über das Stimmrecht usw. enthalten.[94]

---

[94] Zu den zulässigen gesellschaftsvertraglichen Regelungen („Checkliste") vgl. *Fritz*, Gesellschafts- und Unternehmensformen in Österreich[3], Rz. 1899.

Durch satzungsmäßige Sonderrechte kann sich ein Gesellschafter die Geschäftsführung oder die Stimmenmehrheit sichern.

3. Checkliste „Satzungsbestimmungen"

248

Vertragspunkt	Erläuterungen und Quellenverweise	Formulierungsvorschlag GmbH-Praxis I Muster (Seite)
1. Firma	Rz. 249 ff	1.301 (9), 1.305, 1.306 (10)
2. Sitz der Gesellschaft	Rz. 289 ff	1.301, 1.303 (9)
3. Gegenstand des Unternehmens	Rz. 304 ff	1.501 ff. (13)
4. Stammkapital	Rz. 141 ff	1.611 ff. (15)
5. Stammeinlage	Rz. 152 ff	
5.1. Bareinlage	Rz. 160 ff	1.611 ff. (15)
5.2. Sacheinlage	Rz. 168 ff	1.631 ff. (21)
5.3. Gemischte Einlagen	Rz. 196	1.621 (19)
5.4. Sachübernahmen	Rz. 197	
5.5. Einforderung ausstehender Stammeinlagen	Die Einforderung ausstehender Stammeinlagen fällt grundsätzlich in die Zuständigkeit der Gesellschafter. Durch den Gesellschaftsvertrag kann dieses Recht (und Pflicht) der Geschäftsführung überantwortet werden.	1.612 (16), 1.616 (17)
6. Vereinbarung von Nachschüssen	Bei der gesellschaftsvertraglichen Nachschussregelung sind die Rechtsfolgen des EKEG zu beachten.	1.701 (31)
7. Gesellschafterdarlehen		
8. Dauer der Gesellschaft	Die Vereinbarung einer GmbH auf „immerwährend Dauer" ist unzulässig (vgl. auch *Fritz*, Gesellschafts- und Unternehmensformen in Österreich Rz. 3206).	
8.1. Vertragsabschluss auf unbestimmte Zeit		1.911 ff. (33)
8.2. Befristung: zeitlich/sachlich		1.921 ff. (34)
9. Geschäftsjahr		
9.1. Kalenderjahr		1.911 (33)
9.2. Vereinbarung eines vom Kalenderjahr abweichenden Geschäftsjahres		1.912 (33)
10. Organe der Gesellschaft	Obligatorische Organe sind die Generalversammlung sowie die Geschäftsführung; Aufsichtsratspflicht nur in bestimmten Fällen (vgl. Rz. 634). Die Errichtung fakultativer Organe ist zulässig.	
11. Geschäftsführer		
11.1. Regelung der Vertretungs- und Geschäftsführerbefugnis	Dieser Satzungsbestandteil ist auch bei einer Einpersonen-GmbH zweckmäßig.	1.1011, 1.1012 (38), 1.1211 ff. (48)

Vertragspunkt	Erläuterungen und Quellenverweise	Formulierungs-vorschlag GmbH-Praxis I Muster (Seite)
11.2. Bestellung von Gesellschafter-Geschäftsführern in der Satzung mit		1.1012 (39)
11.2.1. Sonderrecht auf Geschäftsführung	Rz. 459	1.1301 ff. (57)
11.2.2. Beschränkung der Abberufung auf wichtige Gründe	Eine Konkretisierung der wichtigen Gründe ist zweckmäßig. Vielfach wird (auch) auf die Entlassungsgründe des § 27 AngG abgestellt. Vgl. hiezu auch Rz. 487 ff	1.1012 (39)
11.2.3. Anhebung des Bestellungs- und Abberufungsquorums		1.1051, 1.1052 (44)
11.2.4. Befristung der Bestellungsdauer	Es empfiehlt sich im Einzelfall, eine Zeit-grenze (z. B. fünf Jahre) oder eine Alters-grenze (z. B. Erreichen des 65. Lebens-jahres) vorzusehen.	1.1041 ff. (43)
11.2.5. Vereinbarung von Erfolgsgarantien		
11.3. Weisungsfreistellung von Geschäftsführern	Wiewohl es einen weisungsfreien Mindest-bereich nicht gibt, ist eine Weisungsfrei-stellung im Rahmen des betriebsgewöhn-lichen Geschäftsbetriebes zulässig. In einem solchen Fall sollte korrespondierend die Bestellungsdauer befristet werden.	1.1061 (45), 10.1801, 10.1802 (484)
11.4. Einräumung von Vorschlags–, Nominierungs- oder Entsendungsrechten zur Bestellung von Geschäftsführern und Liquidatoren		1.1401 ff. (59)
11.5. Qualifizierte Mehrheit für die Bestellung und Abberufung		1.1051, 1.1052 (44)
11.6. Gesellschaftsvertragliche Regelung des Selbstkontrahierens		10.1901 (484)
12. Beschränkungen der Geschäftsführung		
12.1. Zustimmungspflichtige Geschäfte (§ 30j Abs. 5 GmbHG)	Der Katalog der zustimmungspflichtigen Geschäfte wird in der Vertragspraxis übli-cherweise wesentlich erweitert.	1.1231, 1.1232 (51)
12.2. Nachgründungsgeschäfte (§ 35 Abs. 1 Z 7 GmbHG)	Im Gegensatz zu § 45 AktG unterliegen bei der GmbH Nachgründungsgeschäfte auch nach mehr als zwei Jahren seit der Grün-dung der Zustimmung durch Gesellschaf-terbeschluss mit einer qualifizierten Mehrheit von 75 v. H. In der Satzung kann die Zustimmungspflicht auf zwei Jahre beschränkt und die ¾-Mehrheit auf die Zeit nach Ablauf dieser Frist vereinbart werden.	

Vertragspunkt	Erläuterungen und Quellenverweise	Formulierungs-vorschlag GmbH-Praxis I Muster (Seite)
12.3. Aufnahme von stillen Beteiligungen, partiarische Darlehen, Gesellschafterdarlehen	Für diese Formen der Unternehmens-außenfinanzierung ist die vertragliche Ein-räumung eines gleichmäßigen *Bezugsrechts* für alle Gesellschafter zweckmäßig.	1.1231 (52)
12.4. Sonderrechte einzelner Gesellschafter	Unter dieser Satzungsbestimmung fällt das Zustimmungserfordernis einzelner Gesell-schafter zur Vornahme bestimmter Geschäfte und Maßnahmen.	1.2301 ff. (101)
13. Gesellschafterbeschlüsse		
13.1. Verlängerung der Einberufungsfrist für Generalversammlungen	In vielen Fällen wird eine Frist von 14 Tagen vereinbart.	1.1612 (64)
13.2. Einberufungsrecht für jeden Geschäftsführer	Dieses Einberufungsrecht für jeden Geschäftsführer empfiehlt sich unbescha-det der sonstigen Vertretungs- und Geschäftsführungsbefugnis.	
13.3. Abgeänderte Einberufungsform	Bei Gesellschaften mit einer Vielzahl von Beteiligten kommt etwa ein Anschlag auf der Gemeindetafel oder eine Veröffentli-chung im Amtsblatt zur Wiener Zeitung in Frage.	
13.4. Direktes Einberufungsrecht für Gesellschafter	Dieses über das Selbsthilfeeinberufungs-recht des § 37 GmbHG hinausgehende direkte *Sondereinberufungsrecht* kann allen oder einzelnen Gesellschaftern ein-geräumt werden.	1.1641 (76)
13.5. Erhöhung des gesetzlichen Mindestanwesenheitsquorums für die Beschlussfähigkeit	Das gesetzliche Mindestanwesenheitsquo-rum beträgt 10 % des gesamten Stammka-pitals. Die Vereinbarung einer Anwesenheit aller Gesellschafter ist zulässig und bei Gesellschaften mit *personalistischer Struk-tur* auch zweckmäßig.	
13.6. Regelung des Verfahrens, wenn in einer Generalversammlung das gesellschaftsvertraglich zwingende Anwesenheitsqorum nicht erreicht wird	Vgl. hiezu § IX der Mustersatzung „Neu-gründung einer personalistisch strukturier-ten GmbH" auf CD	
13.7. Beschränkung des Kreises von Stimmrechtsbevollmächtigten	Berufsmäßig zur Verschwiegenheit ver-pflichtete Parteienvertreter müssen immer zur Stimmabgabe *in einer Vollmacht* zuge-lassen werden.	
13.8. Vereinbarung von gesetzlich abweichenden Mehrheitsquoren	Der Gesellschaftsvertrag kann qualifizierte Beschlussmehrheiten bis zur Einstimmig-keit vorsehen (§ 39 Abs. 1 GmbHG).	
13.9. Vereinbarung eines Mehrstimmrechts (§ 39 Abs. 2 GmbHG)		1.1053 (44)
13.10.Von der Kapitalbeteiligung abweichende Stimmrechtsregelung		

Vertragspunkt	Erläuterungen und Quellenverweise	Formulierungs- vorschlag GmbH-Praxis I Muster (Seite)
14. Sonder- und Vetorechte		
14.1. Ausübungs–, Entsendungs- oder Nominierungsrechte für Geschäftsführer, Liquidatoren, Aufsichtsratsmitglieder (§ 30c GmbHG) und Beiratsmitglieder	Diese Rechte können sowohl einzelnen Gesellschaftern als auch Gesellschafter- gruppen eingeräumt werden.	1.1401 ff. (59)
14.2. Vorausgewinne, Bezugsrechte		1.3651 ff. (168)
14.3. Besondere Stimmrechtsregelungen	Darunter fallen Höchststimmrechte, Mehr- stimmrechte, Stimmrechtsänderungen bei Eintritt bestimmter Ereignisse in Form einer Bedingung oder Befristung sowie sonstige Zustimmungs- oder Vetorechte.	1.1053 (44), 1.1801 ff. (80)
14.4. Besondere Bucheinsichts–, Informations- und Kontrollrechte	Es kann etwa vereinbart werden, dass ein bestimmter Gesellschafter berechtigt ist, sich durch Betriebsbesichtigungen zu infor- mieren.	1.2304 (102)
14.5. Vereinbarung von Vorkaufs- und Aufsichtsrechten		
14.6. Kündigungsrecht		1.2901 ff. (132)
14.7. Mitverkaufsrecht		
15. Bucheinsichts- und Informationsrecht der Gesellschafter		
15.1. Erweiterung der gesetzlichen Bucheinsichts–, Informations- und Kontrollrechte	Zulässig ist eine vertragliche Regelung, wonach es einem Gesellschafter gestattet ist, sich durch Betriebsbesichtigungen zu informieren.	1.3503, 1.3505 (158)
15.2. Ausschluss des Bucheinsichtsrechts	Der Ausschluss des Bucheinsichtsrechts durch einzelne Gesellschafter ist nur bei einem gesellschaftsvertraglich obligatori- schen Aufsichtsrat zulässig.	1.3504 (159)
15.3. Quartalsberichte der Geschäftsführer, Zwischenbilanz		
15.4. Auskunftsverpflichtung der Geschäftsführer und leitenden Angestellten		
15.5. Verschwiegenheitspflicht	Die Verschwiegenheitspflicht gehört zu den grundsätzlichen Treuepflichten eines GmbH-Gesellschafters.	1.4501 (182)
15.6. Beiziehung von Sachverständigen	Als Sachverständige kommen insbeson- dere Angehörige der rechts- und wirt- schaftsberatenden Berufe in Frage.	
16. Rechnungslegung		1.3501 ff. (157)
17. Gewinnverwendung		
17.1. Von den (eingezahlten) Stammeinlagen abweichende Gewinnverteilung	Zweckmäßige Satzungsregelung: „eine asymmetrische Gewinnverteilung ist zuläs- sig"	1.3645 (167)

Vertragspunkt	Erläuterungen und Quellenverweise	Formulierungs-vorschlag GmbH-Praxis I Muster (Seite)
17.2. Vereinbarung einer „Vorzugsdividende"	Die Besserstellung einzelner Gesellschafter im Vergleich zu ihren Mitgesellschaftern ist zulässig (§ 82 Abs. 2 GmbHG).	1.3651, 1.3652 (168)
18. Aufsichtsrat		
18.1. Entsendungsrechte		1.1932 (86)
18.2. Qualifizierte Mehrheiten		
18.3. Erweiterung des Aufgabenkreises	Weitere Obliegenheiten können dem Aufsichtsrat durch die Satzung oder durch Gesellschafterbeschluss übertragen werden (§ 30 l Abs. 4 GmbHG)	
18.4. Vertretung von Aufsichtsratsmitgliedern durch Dritte sowie schriftliche Stimmabgabe	Der Gesellschaftsvertrag kann die Vertretung von AR-Mitgliedern durch Dritte sowie deren schriftliche Stimmabgabe zulassen (§ 30h Abs. 3 GmbHG)	
18.5. Zahl der Aufsichtsratsmitglieder	Der Aufsichtrat besteht aus mindestens drei Mitgliedern, die Vereinbarung einer variablen Zahl im Gesellschaftsvertrag ist zweckmäßig.	1.1921 (83)
18.6. Geschäftsordnung		1.1941 (89)
18.7. Festsetzung von Qualifikationen, die jedes Aufsichtsratsmitglied für die Übernahme dieser Funktion erfüllen muss	Der Gesellschaftsvertrag kann sowohl für gewählte als auch entsendete AR-Mitglieder, nicht aber für Belegschaftsvertreter eine bestimmte Qualifikation bestimmen.	
18.8. Wahl des Aufsichtsratsvorsitzenden und seiner Stellvertreter durch Gesellschafterbeschluss	Ganz abgesehen davon, dass es zweckmäßig ist, wenn sich die Mitglieder des Überwachungsorgans ihren Vorsitzenden selbst wählen, ist eine solche Regelung im Falle einer Arbeitnehmerbeteiligung im Aufsichtsrat strittig.	
18.9. Einräumung eines Entsendungsrechtes für Gesellschafter mit vinkulierten Geschäftsanteilen und deren Rechtsnachfolger	Das Entsendungsrecht ist an die Voraussetzung geknüpft, dass die Übertragung des betreffenden Geschäftsanteiles an die Zustimmung der Gesellschaft gebunden ist (§ 30c Abs. 2 GmbHG).	1.1932 (86)
18.10. Beschlussfähigkeit des Aufsichtsrats	Mindestzahl an Aufsichtsratsmitgliedern, die an einer Sitzung teilnehmen, für deren Beschlussfähigkeit (§ 30g Abs. 5 GmbHG)	
18.11. Zustimmungsbedürftige Geschäfte und Maßnahmen sowie die dafür geltenden Betragsgrenzen (§ 30j Abs. 5 GmbHG)	Die Bestimmung des § 30j Abs. 5 GmbHG, dass bestimmte Geschäfte nur mit Zustimmung des Aufsichtsrats vorgenommen werden *sollen* ist als rechtliches *Müssen* zu verstehen.	1.1921 (85)
18.12. Vertretung von Aufsichtsratsmitgliedern durch andere Aufsichtsratsmitglieder	Im Gesellschaftsvertrag kann die Vertretung durch ein anderes Aufsichtsratsmitglied vereinbart werden (§ 30j Abs. 7 GmbHG)	1.1921 (84)
18.13. Teilnahme an Sitzungen von Aufsichtsratsausschüssen	Das grundsätzlich jedem AR-Mitglied zustehende Recht, an Sitzungen von Ausschüssen, denen das betreffende Mitglied nicht angehört, teilzunehmen, kann durch eine entsprechende Satzungsregelung beschränkt werden (§ 30h Abs. 2 GmbHG)	

Vertragspunkt	Erläuterungen und Quellenverweise	Formulierungs-vorschlag GmbH-Praxis I Muster (Seite)
18.14.Einräumung eines Weisungsrechts des Aufsichtsrats gegenüber den Geschäftsführern	Zulässige, jedoch nicht zweckmäßige Satzungsregelung, da diesfalls eine Vermischung von Geschäftsleitungs- und Überwachungsaufgaben offenkundig ist.	
19. Gesellschaftsvertragliche Regelung über zusätzliche Beratungs- oder Weisungsorgane	Beirat, Verwaltungsrat.	1.2001 ff. (90)
20. Teilung und Übertragung von Geschäftsanteilen	Rz. 312 ff.	
20.1. Zulässigkeit der Teilung durch Rechtsgeschäft unter Lebenden	Rz. 317	
20.2. Ausschluss der Teilung durch Rechtsgeschäfte von Todes wegen	Rz. 318	
20.3. Beschränkung der Übertragbarkeit (Vereinbarung „weiterer Voraussetzungen", insbesondere Bindung an die Zustimmung der Gesellschaft)	In Ermangelung einer Bestimmung im Gesellschaftsvertrag ist bei Vinkulierung von Geschäftsanteilen der Beschluss der Gesellschafter einzuholen. Damit das Zustimmungserfordernis alle Gesellschafter nicht nur gleich behandelt, sondern auch gleich trifft, sollte Einstimmigkeit als Beschlusserfordernis vorgesehen werden.	
20.4. Vereinbarung von Vorkaufs- und Aufgriffsrechten	Diese können allenfalls nach Gesellschaftergruppen (z.B. Familienstämme) getrennt eingeräumt werden.	1.2401 (103)
20.5. Anbietungspflicht, -recht	Rz. 338	1.2402 (104)
20.6. Mitverkaufsrecht	Rz. 339	
20.7. Versteigerungsähnliches Bietverfahren		
20.8. Enthaftung des ausscheidenden Gesellschafters	Darunter fällt die Verpflichtung der das Vorkaufs- und Aufgriffsrecht ausübenden Mitgesellschafter zur Enthaftung des ausscheidenden Gesellschafters von seinen persönlichen Haftungen (Bürgschaften und Schuldbeitritte), die er für Gesellschaftsverbindlichkeiten eingegangen ist.	
20.9. Vinkulierung von Geschäftsanteilen	Im Vinkulierungsfall bedarf die Übertragung der Geschäftsanteile der Zustimmung der Gesellschaft.	
20.10.Berechnung des Übernahmspreises		1.3211 ff. (137)
20.10.1.Bemessungsgrundlagen und Verfahren		
20.10.2. Vereinbarung eines Schiedsgutachters		
20.10.3. Festlegung der Zahlungsmodalitäten		1.3241 (150)
20.10.4. Vorauszahlungen		

Vertragspunkt	Erläuterungen und Quellenverweise	Formulierungs- vorschlag GmbH-Praxis I Muster (Seite)
20.10.5. Allfälliges Kompensationsverbot		
21. Erbfolge	Rz. 343 ff.	1.2711 ff. (124)
22. Kündigungsrecht		
22.1. Vererbungsbeschränkung und Aufgriffsrecht	Erforderliche (korrespondierende) Regelungen zum Kündigungsrecht: Aufgriffsrecht der übrigen Gesellschafter, Versteigerung sämtlicher Geschäftsanteile an den Meistbietenden, Ankaufsrecht oder Ankaufsverpflichtung des Kündigenden.	
22.2. Ordentliches Kündigungsrecht		1.2901 (132)
22.3. Kündigungsrecht aus wichtigem Grund		
23. Vereinbarung einer Ausschlussklausel		
23.1. Ausschluss von Gesellschaftern aus wichtigem Grund	Nach dem Gesetz ist ein Ausschluss nur bei einem Verzug mit der Einzahlung der Stammeinlage oder von vereinbarten Nachschüssen zulässig.	1.3302 (152)
23.2. Ausschlussähnliche Verpflichtung zur Abtretung eines Geschäftsanteils an die übrigen Gesellschafter	Eine solche Regelung wäre bei Vorliegen eines wichtigen Grundes im Sinne der §§ 140 und 142 UGB denkbar. Eine gerechtfertigte Abberufung eines Gesellschafter-Geschäftsführers ist nach der gesetzlichen Regel kein ausreichender Grund für einen Ausschluss aus der Gesellschaft. Zulässig ist jedoch die gesellschaftsvertragliche Vereinbarung einer Nebenleistungspflicht, mit der eine operative Tätigkeit (als Geschäftsleitungsorgan) mit der Kapitalbeteiligung verknüpft wird.	1.2601 ff. (119)
24. Nebenleistungsverpflichtungen und wiederkehrende Leistungen	Rechtsgrundlage: § 7 GmbHG	1.801 ff. (32)
25. Vereinbarung eines Wettbewerbsverbots für Gesellschafter	Ein solches Wettbewerbsverbot ist vor allem für den Mehrheitsgesellschafter ins Auge zu fassen.	1.3711 ff. (169)
26. Erfindung von Gesellschaftern und Geschäftsführern	Bei diesem in der Unternehmenspraxis eher selten vorkommenden Vertragspunkt sollte die Pflicht zur Übertragung oder Nutzungsüberlassung der Erfindung an die GmbH vereinbart werden.	
27. Auflösung und Liquidation		
27.1. Gesellschaftsvertragliche Bestellung eines Gesellschafters zum Liquidator		
28. Streitbeilegungsmodalitäten	Rz. 351 – 370	
28.1. Mediationsverfahren	Rz. 352 – 362	1.5401 (188)
28.2. Schiedsgericht (§§ 577 ff. ZPO)	Rz. 363 – 367	1.3901, 1.3902 (173)
28.3. Gerichtsstand	Rz. 368 – 370	1.3801 (173)
29. Gründungskosten		1.4101, 1.4102 (177)

Vertragspunkt	Erläuterungen und Quellenverweise	Formulierungs-vorschlag GmbH-Praxis I Muster (Seite)
30. Teilnichtigkeit	Die „Unwirksamkeit einzelner Bestimmungen" wird in der Vertragspraxis vielfach auch als *Salvatorische Klausel* bezeichnet.	1.5101 – 1.5103 (186)
31. Bekanntmachungen	Mit dieser Satzungsbestimmung wird die „Kommunikation" zwischen der Gesellschaft und den Gesellschaftern sowie zwischen diesen untereinander geregelt.	1.4801 – 1.4803 (183)
32. Sonstige Bestimmungen	Darunter fallen üblicherweise Hinweise auf die Rechtsgrundlagen, die Vereinbarung des anzuwendenden Rechts sowie die Regelung des Schriftformerfordernisses.	1.5201 (187)
33. Vollmacht zur nachträglichen Änderung des Gesellschaftsvertrages	Eine solche *Reparaturvollmacht* ist im Falle eines Auftrages des Firmenbuches zur Änderung von Vertragsbestandteilen zweckmäßig, die für die Eintragung der GmbH Voraussetzung sind. Vollmachtnehmer können sein der Vertragsverfasser, ein Mitgesellschafter oder ein Dritter (z.B. Wirtschaftstreuhänder).	1.5001 ff. (185)

4. Erläuterungen zu den obligatorischen Satzungsbestandteilen

4.1. Firma

249 Für die Firma der GmbH gelten die allgemeinen Bestimmungen der §§ 17 ff. UGB. Die Firma hat die Bezeichnung „Gesellschaft mit beschränkter Haftung" zu enthalten (§ 5 Abs. 1 UGB). Die Verwendung einer abgekürzten Form des Rechtsformzusatzes (z.B. „GmbH") ist zulässig. Der Rechtsformzusatz der GmbH muss sich nicht am Ende der Firma befinden.[95] Bei der Platzierung im Firmenwortlaut ist lediglich die Irreführungseignung zu prüfen.[96] Das Wort „Gesellschaft" muss nicht in direkter Verbindung mit den Worten „mit beschränkter Haftung" stehen.[97]

250 **Fortführung der Namensfirma.** Für den Fall des Ausscheidens des namensgebenden Gesellschafters ist § 24 Abs. 2 UGB nicht anzuwenden. Die GmbH darf in diesem Fall ihre (Namens-)Firma ohne ausdrückliche Einwilligung des ausscheidenden Gesellschafters beibehalten, es sei denn, dieser hätte die Verwendung seines Namens nur für die Dauer seiner Gesellschaftereigenschaft gestattet.[98]

251 **Täuschungsfähigkeit einer Firma.** Wenn ein rein privatwirtschaftliches Unternehmen, das in einem Bereich tätig ist, in dem auch öffentliche Unternehmen oder solche unter öffentlicher Aufsicht tätig sind, den Firmenzusatz *Institut* wählt, besteht die Gefahr, dass der Institutsbegriff den unrichtigen *amtlichen* Eindruck erweckt, das Unternehmen sei ein öffentliches. *Wirtschaftsrecht* gehört zu den an Universitäten gelehrten Disziplinen. Der den Tätigkeitsbereich der Gesellschaft bezeichnende Zusatz *Wirtschaftsrecht* legt daher für den Geschäftsverkehr in Verbindung mit dem Begriff *Institut* die Annahme nahe, es handle sich um ein Universitätsinstitut.[99]

---

[95] OLG Innsbruck 7.1.2003, 3 R 165/02t, 3 R 166/02i; OGH 21.10.2004, 6 Ob 29/04i.
[96] *Birnbauer* in Dehn/Krejci, Das neue UGB[2], 39.
[97] OLG Linz, 15.3.2000, 6 R 49/00v.
[98] OGH 25.3.1999, 6 Ob 17/99i = GesRZ 1999, 192 = ÖJZ 1999, 560 = RdW 1999, 528 = RWZ 1999, 205.
[99] OGH 5.10.2000, 6 Ob 204/00v = GesRZ 2001, 27 = ÖJZ 2001, 146.

4.1.1. Grundsatz der Firmenwahrheit

252   **Grundregel.** Alle (firmenrechtlichen) Angaben, die über geschäftliche Verhältnisse (Art, Umfang oder Branchenbezug), die für die angesprochenen Verkehrskreise wesentlich sind, irreführen *können* und geeignet sind, eine unrichtige Vorstellung hervorzurufen, sind unzulässig (vgl. § 18 Abs. 2 UGB). Der Grundsatz der Firmenwahrheit gilt sowohl für den Firmenkern als auch für Firmenzusätze.

253   **Firmenbeständigkeit.** Die Firmenwahrheit muss zum Zeitpunkt der Eintragung der GmbH gegeben sein. Sollten sich im Laufe der Zeit Änderungen im Gegenstand des Unternehmens oder in der Anzahl (Zusammensetzung) der Gesellschafter ergeben, so bedingt dies keine Änderungen im Firmenwortlaut (Grundsatz der Firmenbeständigkeit). Wird der Unternehmensgegenstand allerdings derart geändert, dass der bisherige Firmenwortlaut nicht mehr aus dem Betriebsgegenstand entnommen werden kann, bedarf es zwingend einer Änderung des Firmenwortlautes.

254   **Täuschungseignung.** Eine Firma ist zur Täuschung geeignet, wenn sie inhaltlich unwahr ist. Dieser Grundsatz gilt auch dann, wenn diese Unwahrheit erst unter Berücksichtigung der Verkehrsauffassung und der besonderen Umstände erkennbar ist.[100]

4.1.2. Grundsatz der Firmeneinheit

255   Jede GmbH kann nur eine einheitliche Firma haben, da die Firma den Namen der GmbH darstellt. Selbst in jenen Fällen, in denen eine GmbH mehrere Branchenverschiedene Geschäfte betreibt, gilt dieser Grundsatz. Die Firma ist – samt Zusatz „GmbH" – so beizubehalten und zu verwenden, wie sie im Firmenbuch eingetragen ist.

4.1.3. Unterscheidbarkeit und Unterscheidungskraft einer Firma

256   **Firmenausschließlichkeit.** Jede neue Firma muss sich von allen am gleichen Ort oder in derselben Gemeinde bereits bestehenden und in das Firmenbuch eingetragenen Firmen deutlich unterscheiden (§ 29 Abs. 1 UGB). Die deutliche Unterscheidbarkeit ist nur dann gegeben, wenn dadurch Verwechslungen nicht schon im gewöhnlichen Verkehr und nicht erst bei aufmerksamem Vergleich der Firmen verhindert werden könnten.

257   Als **Beurteilungsmaßstab** für die deutliche Unterscheidbarkeit gilt die Verkehrsauffassung. Als Beurteilungsgrundlage dient nicht die Firma in ihrer vollständig ausgeschriebenen Fassung; vielmehr ist die im Geschäftsleben verwendete Form heranzuziehen. Das *Firmenschlagwort* kann Charakteristikum des jeweiligen Firmenwortlautes sein, weil anzunehmen ist, dass diese Firmenbezeichnung zu einem nicht unerheblichen Teil im täglichen Geschäftsverkehr für sich alleine als Firmenwortlaut gebraucht wird.[101] Nach allgemeiner Erfahrung werden Firmenzusätze, die den Betriebsgegenstand ausdrücken, im mündlichen und telefonischen Verkehr zumindest unterdrückt. Bei durchgreifender Branchen- oder Warenverschiedenheit ist die Verwechslungsgefahr im Allgemeinen zu verneinen.[102]

258   Dieser **Grundsatz der Firmenunterscheidbarkeit** (Firmenausschließlichkeit) dient nicht nur dem Schutz des Inhabers einer bereits eingetragenen Firma, sondern im

---

[100]   Vgl. *Reich-Rohrwig* Das österreichische GmbH-Recht I², 1/109 m.w.N.; NZ 1980, 152.
[101]   NZ 1992, 139; NZ 1992, 301.
[102]   OGH 13.9.1977, 4 Ob 351/77.

gleichen Maß auch dem Schutz des Publikums gegen die Verwechselbarkeit zweier an selben Ort oder in derselben Gemeinde bestehenden oder in das Firmenbuch eingetragenen Firmen. Der Schutz des Rechtsverkehrs hat eindeutig Vorrang vor dem Individualinteresse des Inhabers der älteren Firma. Dies zeigt sich u.a. auch darin, dass das Firmenbuchgericht von Amts wegen (§ 24 FBG) gegen verwechslungsfähige Firmen i.S.d. § 29 UGB einzuschreiten hat bzw. solche erst gar nicht einzutragen hat.

Bei der **Beurteilung der Unterscheidbarkeit** kommt es wesentlich auf eine allfäl- **259** lige Branchennähe der betroffenen Unternehmen an. Wenn beide Unternehmen demselben Geschäftszweig angehören, sind an die Unterscheidbarkeit ihrer Firmen strengere Anforderungen zu stellen als bei verschiedenartiger Tätigkeit.[103] Bei einer durchgreifenden Branchen- oder Warenverschiedenheit ist im Allgemeinen keine Verwechslungsgefahr gegeben.

Übersicht: Beurteilung der Unterscheidbarkeit

Die Unterscheidbarkeit hat in dem Maße vorzuliegen, um

- nach allgemeiner Verkehrsauffassung
- im gewöhnlichen Geschäftsverkehr
- auch bei nur durchschnittlicher Aufmerksamkeit
- einer Verwechslung vorzubeugen.

Entscheidend für die Wahrung des *Grundsatzes der Firmenunterscheidbarkeit* ist auch die Priorität im Firmenbuch. Der Schutz des Rechtsverkehrs erfordert es, dass sich eine neue Gesellschaft von einer im Konkurs befindlichen (ähnlichen) Firma deutlich unterscheidet.

Personenfirma. Für eine deutliche Unterscheidung einer Personenfirma genügt **260** bereits das Vorliegen geringfügiger Unterschiede.

- **Beispiel**
  Die Peter MAYER Handelsgesellschaft m.b.H. unterscheidet sich ausreichend von der im Firmenbuch eingetragenen Rudolf Mayer Handels-GmbH.

Die unterschiedliche Schreibweise des verpflichtenden Rechtsformzusatzes „GmbH" ist kein ausreichendes Unterscheidungskriterium.[104]

Die Unterscheidungskriterien bei **Sachfirmen** sind wesentlich strenger, da aufgrund der praktisch unbegrenzten Zahl von möglichen Bezeichnungen eine deutliche Unterscheidung schwieriger wird.

- **Beispiel**

im Firmenbuch eingetragen:	unzulässige Eintragung:
PIZZERIA RUSTICANA Offene (Handels)gesellschaft	PIZZERIA RISTORANTE RUSTICANA GmbH[105]
PUBLICITY Werbegesellschaft m.b.H.	PUBLICITAS Werbeagentur Gesellschaft m.b.H.[106]

---

[103] *Schuhmacher* in Straube, HGB-Kommentar I², § 30 Rz. 11 m.w.N.
[104] OGH 7.9.1978, 6 Ob 9/78 = SZ 51/120 = NZ 1979, 43.
[105] OLG Wien 22.7.1981 = NZ 1982, 9; OLG Wien 28.9.1981, 5 R 135/81 = NZ 1982, 172.
[106] OLG Wien, NZ 1982, 9.

Eine andere Rechtsform ist kein ausreichendes Unterscheidungskriterium.[107]

261
Die **Verwechslungsgefahr** ist beim Unternehmensgegenstand naturgemäß am größten; aus diesem Grund ist eine Unterscheidung zwingend geboten. Bei einem gleichen oder verwandten Unternehmensgegenstand wird in der Praxis ein besonders strenger Maßstab angelegt.

● **Beispiel**

Im Firmenbuch eingetragen: Hofer Unternehmensberatung GmbH

nicht zulässig: Hofer Betriebsberatungs GmbH

zulässig: Ewald Hofer & Partner Betriebsberatungs-GmbH

● **Beispiel für eine ausreichende Unterscheidungsfähigkeit:**

Die „CHRISTOFF Biochemie, chemisch-pharmazeutische Präparate GmbH" unterscheidet sich ausreichend von der „BIOCHEMIE GmbH"[108]

● **Beispiele für eine unzureichende Unterscheidungsfähigkeit:**

– HOTEFA Kreiner & Riesel Hoteleinrichtungsgesellschaft m.b.H. und HOTEGA Hoteltextilienversand Geilhofer & Co[109]

– GAMMA – Beteiligungsgesellschaft m.b.H.[110] und GAMMA – Immobilienmakler Gesellschaft m.b.H.

262
Örtlicher Geltungsbereich. Im Gegensatz zur Bestimmung über die Firmenausschließlichkeit (früher § 30 HGB) ist der örtliche Geltungsbereich der *Unterscheidungskraft* (§ 18 Abs. 1 UGB) nicht eingeschränkt; der Begriff *Unterscheidungskraft* ist schwächer als die *deutliche* Unterscheidungskraft.[111] Liegt der Sitz oder die Hauptniederlassung eines Unternehmens in einem anderen Ort oder in einer anderen Gemeinde, braucht die Firma nur über eine entsprechende Unterscheidungskraft zu verfügen.

263
Zweigniederlassung. Besteht an dem Ort oder in der Gemeinde, wo eine Zweigniederlassung errichtet wird, bereits eine gleiche eingetragene Firma, so muss der Firma für die Zweigniederlassung ein entsprechender Zusatz beigefügt werden. Durch die Landesregierungen kann bestimmt werden, dass benachbarte Orte oder Gemeinden als ein Ort oder als eine Gemeinde im Sinne dieser Vorschrift anzusehen sind.

4.1.4. Rechtsformzusatz

264
Die Firma der Gesellschaft hat in allen Fällen die zusätzliche Bezeichnung *Gesellschaft mit beschränkter Haftung* zu enthalten (§ 5 Abs. 2 GmbHG). Eine Abkürzung des Rechtsformzusatzes in beliebiger – jedoch nicht irreführender – Form ist zulässig.

● **Beispiele**

– Gesellschaft m.b.H.

– Ges.m.b.H.

– G.m.b.H.

– GesmbH

– GmbH

---

[107] OLG Wien 23.10.1974, 3 R 196/74 = NZ 1975, 76.
[108] *Schönherr/Wiltschek*, Wettbewerbsrecht, Rn. 1537 zu § 9 UWG; vgl. E 170, 1 und 1970, Obl 149.
[109] OGH, JBl. 1980, 80.
[110] OLG Wien, NZ 1981, 137.
[111] Vgl. *Birnbauer* in Dehn/Krejci, Das neue UGB², 35.

– Ges. mit beschränkter Haftung

Die Bezeichnung *„Gesellschaft"* kann selbständig stehen oder mit dem letzten Wort der Firma verbunden verwendet werden.

● **Beispiel**
Huber und Maier Handelsgesellschaft mbH

Die Rechtsformzusätze müssen nicht zwingend am Ende des Firmenwortlautes platziert sein; diese freie Gestaltungsmöglichkeit findet freilich ihre Grenzen in der Eignung zur Irreführung. Eine unterbrochene Wortfolge des Rechtsformzusatzes, etwa *„Gesellschaft für Technische Zusammenarbeit mit beschränkter Haftung",* ist demnach ausdrücklich zulässig.

Fehlt der Rechtsformzusatz *„mit beschränkter Haftung"* und erwecken die vertretungsbefugten Organe den Eindruck, dass es sich um ein eingetragenes Unternehmen (e.U.) oder eine Personengesellschaft handelt, kann dies zu einer unbeschränkten Haftung der GmbH kraft Rechtsschein führen. Diese Haftung entfällt allerdings, wenn der Vertragspartner die Haftungsbeschränkung der Gesellschaft kannte oder kennen hätte müssen.

Die **Änderung des Rechtsformzusatzes** *„Gesellschaft m.b.H."* etwa in *„GmbH"* ist **265** eine Änderung des Gesellschaftsvertrages und bedarf einer qualifizierten Mehrheit in der Generalversammlung sowie einer Eintragung im Firmenbuch.

4.1.5. Personenfirma
4.1.5.1. Grundlagen

Voraussetzungen. Eine Personenfirma ist für alle in das Firmenbuch einzutragen- **266** den Rechtsträger geeignet, wenn die Grundsätze der Kennzeichnungskraft, Unterscheidbarkeit und das Täuschungsverbot beachtet werden. In die Firma eines Einzelunternehmers oder einer eingetragenen Personengesellschaft darf der Name einer anderen Person als des Einzelunternehmers oder eines unbeschränkt haftenden Gesellschafters nicht aufgenommen werden (§ 20 UGB). Bei anderen Rechtsträgern wird die Grenze der Zulässigkeit, Namen in die Firma aufzunehmen, die Irreführungseignung sein.

Kennzeichnungseignung. Der Name kennzeichnet eine natürliche Person und ist **267** daher auch zur Kennzeichnung einer unternehmerischen Tätigkeit geeignet. Strittig ist, ob auch verbreiteten Familiennamen (*Maier, Müller, Schmid[t]*) eine (ausreichende) Unterscheidungskraft zukommt.[112] Pragmatischerweise wird in der Unternehmenspraxis bei sog. *Allerweltsnamen* ein unterscheidungsfähiger Sach- oder sonstiger Zusatz dem Firmenwortlaut hinzugefügt.[113] Die Verwendung des Namens eines Gesellschafters zur Firmenbildung bedarf seiner Zustimmung. Ein auf das Gesellschaftsverhältnis hindeutender Zusatz darf in den Firmenwortlaut aufgenommen werden. Solche Zusätze dürfen jedoch nicht täuschungsfähig sein.

● **Beispiel**
Die Aufnahme des Firmenbestandteils *„& Co"* oder *„& Partner"* ist unzulässig, wenn es sich um eine Einpersonengesellschaft handelt.

---

[112] Mit überzeugenden Argumenten dafür: *Heidinger,* in Münchener Kommentar zum Handelsgesetzbuch², Rz. 31 zu § 18 dHGB; dagegen Teile der Deutschen Lehre (die von diesem *Problem* naturgemäß stärker betroffen ist, z. B. *Baumbach/Hopt,* HGB ³¹, Rz. 6 zu § 18 dHGB).

[113] In diesem Sinne auch *Birnbauer* in Dehn/Krejci, Das neue UGB² 40.

268

Eine **Irreführungseignung** ist in Ausnahmefällen zu bejahen, wenn ein allgemein bekannter Name in der Firma aufscheint, auch der Sachbestandteil zum bekannten Namen passt, aber diese (bekannte) Person nicht Inhaber oder persönlich haftender Gesellschafter ist.

4.1.5.2. Rechtsfolgen einer unzulässigen Firmenverwendung

269

Hinsichtlich der Geltendmachung allfälliger Klagen gegen eine unzulässige Firmenverwendung bestehen drei Anspruchsgrundlagen:

- Das Namensrecht (§ 43 ABGB)

- Das Firmenrecht (§ 17 i.V.m. § 37 UGB) und

- ein (wettbewerbsrechtlicher) Unterlassungs- und Schadenersatzanspruch (§ 9 UWG).

§ 43 ABGB gewährt ein subjektives Recht, das den Namensträger schützt. Diese Bestimmung anerkennt das Recht zur Führung des Namens und gewährt bei Bestreitung oder bei Beeinträchtigung dieses Rechts durch unbefugten Gebrauch Unterlassungs- und Schadenersatzansprüche. Der Schutzbereich umfasst neben dem Familiennamen auch *Decknamen* (Künstlernamen, Pseudonym), die Firma juristischer Personen und die Bezeichnung politischer Parteien.

Unbefugt ist der Gebrauch eines fremden Namens dann, wenn er nicht auf einem eigenen Namensrecht beruht und der *wirkliche* Namensträger den Gebrauch nicht gestattet hat. Eine Abwehr ist aber nur dann zulässig, wenn eine konkrete Beeinträchtigung bereits erfolgt ist oder tatsächlich droht. Die Gefahr von Verwechslungen des Namensträgers mit dem unbefugten Benutzer des Namens ist nicht Voraussetzung für die Anwendung von § 43 ABGB.

Es ist ausreichend, dass

- der Namensträger zu Unrecht mit bestimmten Handlungen des Dritten in Zusammenhang gebracht wird oder

- überhaupt der Anschein ideeller oder wirtschaftlicher Beziehungen zwischen dem verletzten Namensträger und dem Dritten erweckt wird.

Entscheidend ist in diesem Zusammenhang, welcher Eindruck durch den Namensgebrauch bei einem nicht unbedeutenden Teil des angesprochenen Publikums entstehen kann.[114] In seinen Rechten verletzt kann nur jemand sein, in dessen Rechtsbereich sich der unbefugte Firmengebrauch ereignet oder ausgewirkt hat; ein ausschließlich ideelles Interesse reicht nicht aus. Der Kläger hat nachzuweisen, dass sich der Gebrauch der Firma nachteilig auf seine Rechtssphäre ausgewirkt hat.

270

Wettbewerbsrecht. Wer im geschäftlichen Verkehr einen Namen, eine Firma oder eine besondere Bezeichnung des Unternehmens

- in einer Weise benützt,

- die geeignet ist,

- Verwechslungen mit dem Namen, der Firma oder der besonderen Bezeichnung hervorzurufen,

- deren sich ein anderer zulässigerweise bedient,

---

[114] OGH 13.9.1977, 4 Ob 351/77.

- kann von diesem auf Unterlassung der Benützung in Anspruch genommen werden.

Unter den o.a. Grundtatbestand fällt auch ein **unlauterer Namensgebrauch**, etwa **271** bei Heranziehen eines *Strohmannes* oder bewusstem Herbeiführen einer Verwechslungsgefahr. In einem solchen Fall entfällt das Recht auf Führung des eigenen Namens.[115]

Der Benützende ist dem in seinen Rechten Verletzten zum Ersatz des Schadens verpflichtet, wenn

- er wusste oder wissen musste,
- dass die missbräuchliche Art der Benützung geeignet ist,
- Verwechslungen hervorzurufen.

Voraussetzung der Schutzwürdigkeit ist, dass die *besondere* Namens- bzw. Fir- **272** menbezeichnung geeignet ist, das Unternehmen von anderen zu unterscheiden.

4.1.6. Regelung der Firmenfortführung

Bei **Änderungen** im Stande der Gesellschafter durch Eintritt eines neuen Gesell- **273** schafters und/oder Ausscheiden eines bisherigen (Mit-)Eigentümers kann unbeschadet dieser Veränderungen die bestehende Firma fortgeführt werden (§ 24 Abs. 1 UGB).

Beim **Ausscheiden eines Gesellschafters**, dessen Name in der Firma einer im **274** Firmenbuch eingetragenen Personengesellschaft enthalten ist, bedarf es zur Fortführung der Firma der ausdrücklichen Einwilligung des Gesellschafters oder seiner Erben (§ 24 Abs. 2 UGB). Diese Einwilligung sollte zweckmäßigerweise bereits bei der Errichtung des Gesellschaftsvertrages vereinbart werden.[116]

Namensänderung. Wird der Name einer im Firmenwortlaut enthaltenen Person – **275** etwa in Folge Verehelichung – geändert, kann die bisherige Firma fortgeführt werden.

Unternehmenserwerb. Wird ein bestehendes Unternehmen durch Rechtsge- **276** schäft unter Leben oder von Todes wegen erworben, ist der Erwerber berechtigt (§ 22 Abs. 1 UGB)

- für das Unternehmen die bisherige Firma,
- auch wenn sie den Namen des bisherigen Inhabers enthält,
- mit oder ohne Beifügung eines das Nachfolgeverhältnis andeutenden Zusatzes fortzuführen,
- wenn der bisherige Unternehmer oder dessen Erben
- in die Fortführung der Firma ausdrücklich einwilligen.

4.1.7. Sachfirma

Kennzeichnungseignung. Einer in der Firma geführten Sachbezeichnung kommt **277** Kennzeichnungseignung zu; demnach muss sie einen beschreibenden oder cha-

---

[115] Vgl. z. B. LG Innsbruck 29.4.1999, 7 Cg 27/99k.
[116] Vgl. hiezu mit Formulierungsvorschlägen: *Fritz*, GmbH-Praxis I – Vertragsmuster und Eingaben, 10 (Muster 1.305, 1.306).

---

rakteristischen Bezug zu einer unternehmerischen Tätigkeit haben.[117] Die Sachfirma muss zur Individualisierung geeignet sein. Aus bloßen Branchen- oder Gattungsbezeichnungen (z. B. *Selbstberühmungen*) kann keine Sachfirma gebildet werden. Kann diesen Kriterien nicht entsprochen werden, liegt *nur* eine *Fantasiefirma* vor.

278   **Unternehmensgegenstand.** Die Sachfirma muss den Unternehmensgegenstand erkennen lassen, ohne dass er vollständig wiedergegeben werden muss.[118] Für die Erkennbarkeit kommt es auf die Verkehrskreise an, an die sich die GmbH wendet. Eine Sachfirma ist dann unzulässig, wenn sie über den statutarischen Unternehmensgegenstand hinausgeht bzw. im Gesellschaftsvertrag keine Deckung findet. Ausschlaggebend für die Erkennbarkeit des Unternehmensgegenstandes ist der Verkehrskreis, an den sich die GmbH wendet. Bei fremdsprachigen Begriffen ist es wesentlich, ob diese für die interessierte Öffentlichkeit leicht verständlich sind.

279   **Unzulässige Bezeichnungen.** In die Firma darf keine Bezeichnung aufgenommen werden, die den nach besonderen Vorschriften errichteten, unter öffentlicher Verwaltung oder Aufsicht stehenden Anstalten zukommt – als Sparkasse, Landesbank, Landesanstalt, Bank usw.

280   **Begutachtungsverfahren.** Eine gesetzlich zwingende Begutachtung eines Firmenwortlautes durch die gesetzliche Interessenvertretung besteht nicht. In komplizierteren Fällen der Firmenbildung oder bei besonderen Firmenbestandteilen (z.B. *Austria, international)* empfiehlt sich die Einholung eines Firmenwortlautgutachtens bereits durch den mit der Unternehmensgründung betrauten Angehörigen der rechts- und wirtschaftsberatenden Berufe zum Zweck der Vorlage beim Firmenbuchgericht. Für eine positive Begutachtung sind Angaben über die Firmenstruktur, internationale Beteiligungen, usw. unerlässlich.

281   Eine ausreichende **Unterscheidungskraft** für die Bildung einer *reinen* Sachfirma liegt vor, wenn einer Branchenbezeichnung ein Zusatz (Name, Fantasiebezeichnung, Buchstaben- oder Zahlenkombination) beigefügt wird.

282   Eine **Ortsbezeichnung** als Zusatz zu einer Sachfirma ist nur dann zulässig, wenn dem Unternehmen eine besondere Bedeutung für das im Firmenwortlaut bezeichnete (geographische) Gebiet zukommt.[119]

283   **Irreführungseignung.** Die grundsätzliche Gestaltungsfreiheit ist im Falle einer Irreführungseignung beschränkt. Die Sachaussage darf bei den angesprochenen Verkehrskreisen zu keinen falschen Vorstellungen im Hinblick auf den konkreten Tätigkeitsbereich, Größe und Bedeutung des Unternehmens, der fachlichen Spezialisierung, usw. führen. Durch die Möglichkeit der Bildung einer ausschließlichen Sachfirma erhalten m.E. die verschiedenen Beurteilungskriterien für die Verwendung von Firmenzusätzen wieder wesentlich höhere Bedeutung.[120]

4.1.8. Gemischte Firma

284   **Begriff.** Unter einer gemischten Firma ist eine Kombination aus Namens- und Sachfirma unter einem Firmenwortlaut zu verstehen. Die Zulässigkeit der gemisch-

---

[117] Vgl. *Birnbauer* in Dehn/Krejci, Das neue UGB² 41.
[118] Vgl. § 5 Abs 1 GmbHG i.V.m. § 18 Abs 2 UGB.
[119] In diesem Sinne auch *Schuhmacher* in Straube, Kommentar zum HGB I², Rz. 14 zu § 18 HGB mwN.
[120] Vgl. die Praxishinweise für die Verwendung von Firmenzusätzen: *Fritz,* Wie gründe ich eine GmbH richtig? [2005] 112 ff. Fraglich ist, ob diese überaus restriktiven Beurteilungskriterien auch Gültigkeit im Falle der Verwendung einer gemischten Firma haben sollen; m. E. ist dies zu verneinen, da sonst die politisch gewünschte Liberalisierung des (neuen) Firmenrechts nicht erreicht werden kann.

ten Firma wird von der Rechtsprechung allgemein anerkannt, obwohl sie gesetzlich nicht geregelt ist. Bedingung für die Verwendung einer gemischten Firma ist die Erfüllung der firmenrechtlichen Voraussetzungen sowohl für eine Namens- als auch für eine Sachfirma.

- **Beispiele**
  Mag. Huber Wirtschaftstreuhand-/Steuerberatungs-GmbH
  Mag. Christian Huber & Rudolf Maier, Unternehmensberatung GmbH

4.1.9. Fantasiefirma

Grundlagen. Eine reine Fantasiefirma ist unter der Voraussetzung zulässig, dass sie **285**

- zur Kennzeichnung des Unternehmens geeignet ist,
- Unterscheidungskraft besitzt und
- keine Angaben enthält, die zur Irreführung geeignet sein können.

Einer **Buchstabenkombination** braucht – im Gegensatz zur bisherigen Rechts- **286** lage – keine Verkehrsgeltung zukommen. Die deutsche Rspr. steht einer willkürlichen Aneinanderreihung mehrerer gleicher Buchstaben (meistens „A") ablehnend gegenüber.[121] Die Verwendung eines einzigen Buchstabens im Firmenkern erscheint im Hinblick auf die Unterscheidungskraft nur schwer vorstellbar; die Grenze sollte bei der Verwendung von zwei Buchstaben gezogen werden.[122]

Die Verwendung von **Zahlen** im Firmenkern ist zulässig, wenn die angesprochenen **287** Verkehrskreise mit der Zahl (aufgrund entsprechender – u.U. langjähriger – Werbemaßnahmen) ein bestimmtes Unternehmen verbinden. Dies wird etwa dann der Fall sein, wenn ein Unternehmen, für welche die Telefonnummer charakteristisch ist (Telefon-Hotline, Auskunft, Pannendienst, usw.), diese für seine Firma als Ziffernfolge verwendet.[123]

4.1.10. Verwendung von Firmenzusätzen – Quo vadis?

Die nachfolgende Praxisübersicht soll eine Firmenbildung nach Ihren persönlichen **288** Wünschen erleichtern. Sie erhalten konkrete Informationen, unter welchen Voraussetzungen Sie bestimmte Firmenzusätze verwenden dürfen und in welchen Fällen dies (voraussichtlich) nicht möglich ist.

Begriff	Positivkriterien	Verwendungsausschluss	Anmerkungen
Abholgroß-markt	Selbstbedienungsmarkt, der nach Umsatzgröße, der Geschäftsfläche und Anzahl der Dienstnehmer den Umfang eines durchschnittlichen Selbstbedienungsladens erheblich überschreitet.		

---

[121] Die Fokussierung auf mehrere A hintereinander hängt mit der Ersteintragung in den diversen Branchenverhältnissen zusammen. Nach deutschem Recht kann in diesen Fällen mittels Wettbewerbsklage vorgegangen werden. Fast schon *legendär* ist die Ablehnung der Eintragung des Firmenkerns „AAA AAA AAA AB Lifesex TV": OLG Celle DB 1990, 40; GmbHR 1999, 412.

[122] Vgl. *Birnbauer* in Dehn/Krejci, Das neue UGB [2005] 43; *Heidinger* in Münchener Kommentar zum Handelsgesetzbuch[2] [2005] Rz. 17 zu § 18 dHGB.

[123] In diesem Sinne auch *Birnbauer* a.a.O., dessen Empfehlung, bei der Firmenbildung die *sichere Seite* zu wählen, indem neben Zahlen auch Wörter oder Buchstaben aufgenommen werden, nichts hinzuzufügen ist.

Begriff	Positivkriterien	Verwendungsausschluss	Anmerkungen
Akademie	Auf Gewinnerzielung ausgerichtete Fortbildungsstätte.	Unternehmenszweck ist nicht die Förderung von Mitgliedern oder Besuchern.	Strenger Maßstab zum Schutz des Publikums vor Verwechslungen.
Akademische Grade, Amtsbezeichnungen	• Berechtigte Führung des Titels • Beim Titelträger handelt es sich um den Allein-Gesellschafter (-Geschäftsführer) oder um einen maßgeblich mitbestimmenden Gesellschafter. • Hinweis, dass die besonderen wissenschaftlichen Kenntnisse und Fähigkeiten des Titelträgers in der Qualität der angebotenen Waren und/oder Dienstleistungen Niederschlag finden.	„Strohmann" als promovierter Namensgeber.	• Fortgeführte Firma: von Missbrauchsfällen abgesehen ist die Verwendung des Titels unter Beifügung eines Nachfolgezusatzes zulässig. • Bei Gleichwertigkeit mit einem akademischen inländischen Titel kann die Führung des entsprechenden ausländischen akademischen Grades genehmigt werden.
Aktienfonds	Verwendung nur für Kapitalanlagefonds und deren Anteilsscheine.	Beschränkung auf die Firma von Kapitalanlagegesellschaften.	
Altersangaben			Kann das zeitlich erste oder beste Unternehmen bedeuten (Beispiele: „erste", „erster", „erstes"; „ältestes Haus"; „seit 1847"; „gegründet 1917")
American Bar	Bestimmte Beschaffenheit und Qualität des Lokals erforderlich		
amtlich	Nur wenn das Unternehmen aufgrund einer Vereinbarung mit behördlichen Stellen amtliche Agenden wahrnimmt.		
Anleihefonds	Verwendung nur für Kapitalanlagefonds und deren Anteilsscheine.	Beschränkung auf die Firma von Kapitalanlagegesellschaften.	
Anstalt	Fortbildungsstätte, deren Zweck die Gewinnerzielung ist.	Zweck ist nicht die Förderung von Mitgliedern oder Besuchern.	• Maßgeblich ist, ob die interessierten Verkehrskreise eine Tätigkeit mit wissenschaftlicher Behandlung, Analyse oder Forschung annehmen. • Deutlich muss sein, dass es sich nicht um eine öffentliche oder unter öffentlicher Aufsicht stehende Einrichtung handelt und dass keine Verbindung zu einer Behörde besteht.
Austria	• Dieser Zusatz muss – wenn er zur Registrierung geeignet sein soll – in einer derartigen Beziehung zum Unternehmen stehen,	Fehlende Größe und österreichweite Bedeutung.	Der Beweis einer „österreichweiten" Bedeutung ist bei Neugründungen faktisch nicht zu erbringen.

Begriff	Positivkriterien	Verwendungsausschluss	Anmerkungen
	dass er dessen großen Umfang und dessen Wichtigkeit für Österreich bezeichnet; • zulässiger Zusatz, der auf den Sitz einer inländischen Tochtergesellschaft eines multinationalen Unternehmens hinweist; in diesem Fall ist eine besondere Bedeutung für Österreich nicht erforderlich.		
Austro	• Der Zusatz darf nur in jenen Fällen geführt werden, in denen ein Unternehmen von größerem Umfang und von großer Wichtigkeit für Österreich ist oder typisch österreichische Erzeugnisse mit besonders hoher Qualität herstellt. • zulässiger Zusatz, der auf den Sitz einer inländischen Tochtergesellschaft eines multinationalen Unternehmens hinweist; in diesem Fall ist eine besondere Bedeutung für Österreich nicht erforderlich.	Fehlende Größe und keine österreichweite Bedeutung.	Die Bezeichnung „Austro" darf auch dann geführt werden, wenn eine Eintragung im österreichischen oder europäischen Markenschutzregister erfolgt ist.
Bank, Bankier	Gesetzlich bestimmten Unternehmen vorbehalten (§ 94 BWG).		Bewilligung des Bundesministers für Finanzen erforderlich (§ 4 BWG).
Bau	Bauausführende Unternehmen.	Unzulässig für Baustoffhändler sowie bei bloßer Vermittlung von Grundstücken und Kapitalanlagen.	
Bautreuhand	In Bauträgerverträgen dürfen nur Rechtsanwälte und Notare zu Treuhändern bestellt werden.	Kein zulässiger Sachbestandteil für gewerblich tätige Unternehmen.	
Berufsbezeichnungen	• Erfüllung der gesetzlich vorgesehenen Qualitätskriterien; • Führung des Titels muss berechtigt sein.	Verwendung gesetzlich geschützter Begriffe (Rechtsanwalt, Apotheker, praktischer Arzt, Facharzt für [Bezeichnung], Steuerberater, Wirtschaftstreuhänder, Wirtschaftsprüfer, usw.).	Auch verwandte Bezeichnungen, die es als gesetzlich geschützte Begriffe überhaupt nicht gibt, können im Rechtsverkehr täuschen (z.B. Wirtschaftsjurist).
(Beteiligungs-fonds-)Gesellschaft, Beteiligungsgeschäft	Der Firmenzusatz darf nur von zugelassenen Beteiligungsgesellschaften verwendet werden (§ 19 InvFG).	Aktiengesellschaften vorbehalten.	Bewilligung des Bundesministeriums für Finanzen erforderlich.
Bio	Produktion oder Vertrieb von Waren, die in einem natürlichen Verfahren erzeugt bzw. nach ökologischen Grundsätzen gewonnen werden.		

Begriff	Positivkriterien	Verwendungsausschluss	Anmerkungen
Blutbank	Verwendung dieses Sachbestandteils unter der Voraussetzung, dass er dem Unternehmensgegenstand entspricht, zulässig (§ 94 Abs. 8 BWG).		
Börse	Größerer Betrieb, reichhaltiges Lager, bewegliche Preisbildung.		Keine Sonderstellung des Unternehmens hinsichtlich Größe und Bedeutung erforderlich.
Dachfonds	Verwendung nur für Kapitalanlagefonds und deren Anteilscheine	Beschränkung auf die Firma von Kapitalanlagegesellschaften.	
EG, EU	Diese Zusätze dürfen nur dann in den Firmenwortlaut aufgenommen werden, wenn dem Unternehmen auf Grund seiner Größe und Marktstellung internationale Bedeutung zukommt.	Bei den Zusätzen „EG" und „EU" genügt – ohne weitere Beweisaufnahme – der irrige Eindruck, da durch die Verwendung dieser Buchstabenkombination der Anschein erweckt wird, die GmbH stehe mit der Europäischen Union (Europäischen Gemeinschaft) in Verbindung und habe somit eine nach Größe und Marktstellung überregionale Bedeutung oder sei auf Wirtschaftsfragen des Gemeinschaftsgebietes spezialisiert.	Es genügt bereits der mögliche irrige Eindruck des interessierten Publikums, auf eine Täuschungsabsicht kommt es nicht an.
Erste, erster, erstes	• Der Zusatz „erste" als solcher oder in Verbindung mit dem Namen eines Landes (einer Stadt) wird als Hinweis auf eine Spitzenstellung in zeitlicher, geographischer oder wirtschaftlicher Hinsicht aufgefasst. • Nachweis, dass es sich um ein besonders qualifiziertes Unternehmen in der jeweiligen Branche handelt.	• Keine Mehrdeutigkeit; kann das zeitlich erste oder das beste Unternehmen bedeuten. • Hinweis auf das beste Unternehmen ist unzulässig, weil diese Wertung unbeweisbar ist.	Die Bezeichnung „erste" ist daher auch dann nicht gerechtfertigt, wenn die Firma zwar zeitlich die Erste innerhalb eines gewissen Fabrikations- oder Handelszweiges ist, jedoch nur einen verhältnismäßig kleinen Geschäftsumfang hat.
Euro, Europa, European, Europäisch, International.	• Hinweis auf Unternehmen im grenzüberschreitenden europäischen bzw. internationalen Geschäftsverkehr; • Unternehmen, dem aufgrund seiner Größe und Marktstellung internationale Bedeutung zukommt.	Es genügt bereits der mögliche irrige Eindruck des interessierten Publikums, auf eine Täuschungsabsicht kommt es nicht an.	Die branchenspezifischen Kriterien des Wettbewerbsrechts, nach denen teilweise eine erhebliche Bedeutung im europäischen bzw. internationalen Geschäftsverkehr im Hinblick auf Kapitalausstattung, Umsatz und Mitarbeiteranzahl erforderlich ist, können damit jedoch nicht umgangen werden.

Begriff	Positivkriterien	Verwendungsausschluss	Anmerkungen
Fabrik, Fabrikation	• Nach dem äußeren Schein gewerbliche Unternehmensstruktur, • eigene abgeschlossene Räumlichkeiten, • vorzugsweise Anwendung von andersartigen als den im Handwerksbetrieb üblichen Maschinen und Motoren nach dem Prinzip der Arbeitsteilung.		Herstellung oder Verteilung gewerblicher Produkte unter Anwendung von Maschinen. Entsprechende technische Fabrikationseinrichtung erforderlich. Höheres Betriebskapital. Eigene Verkaufsorganisation. Erzeugung der Produkte als „Ware auf Vorrat". Betriebsleitung ohne persönliche Beteiligung an der Erzeugungstätigkeit.
Fachhochschule	Fortbildungsstätte, deren Zweck die Gewinnerzielung sein kann.	Zweck ist nicht die Förderung von Mitgliedern oder Besuchern.	Deutlich muss sein, dass es sich nicht um eine öffentliche oder unter öffentlicher Aufsicht stehende Einrichtung handelt und dass keine Verbindung zu einer Behörde besteht.
Financial Engineering	Voraussetzung ist die Planung, Entwicklung und Umsetzung von Finanzdienstleistungen (§ 1 Abs. 1 Z 19 BWG).		
Finanz, Finanzierungen, Finanzgeschäfte, financial service, financed marketing	Gewährung von Darlehen und Krediten aus eigenen Mitteln.	Ausschließliche Vermittlertätigkeit.	
Finanzdienstleister (Finanzdienstleistung)	Unternehmensgegenstand darf ausschließlich die in § 1 Abs. 1 Z 19 BWG angeführten Finanzdienstleistungsgeschäfte umfassen		
Finanzholding(gesellschaft)	• Gesetzlich bestimmten Unternehmen vorbehalten (§ 94 Abs. 3 BWG). • Verwendung außerhalb des Geltungsbereiches des BWG nur bei großen Konzernunternehmen mit eindeutigen Abgrenzungsmerkmalen zu Kreditinstituten denkbar.		Bewilligung des Bundesministers für Finanzen erforderlich (§ 4 BWG).
Finanzierung	Sofern eine Irreführungseignung ausgeschlossen ist (etwa weil die Gesellschaft Finanzierungen innerhalb eines bekannten Konzerns vornimmt und ihre Konzernzugehörigkeit aus dem [übrigen] Firmenwortlaut ersichtlich ist), ist die Verwendung – auch ohne weitere Zusätze – zulässig.	• Es darf keine Vorstellung erweckt werden, dass das Unternehmen Bankgeschäfte im Sinne des BWG führt. • Die Verwendung des Begriffs „Finanzierung" als Sachbestandteil in einem Firmenwortlaut ist ohne weiteren einschränkenden und/oder klarstellenden Zusatz nicht zulässig, weil damit die Vorstellung	In Fällen ausschließlicher Konzernfinanzierungsaktivitäten ist eine Firma, welche die Wörter Finanzierung(s) samt einem Hinweis auf die Konzernzugehörigkeit enthalten, ohne weiteren Zusatz gerechtfertigt und zulässig.

Begriff	Positivkriterien	Verwendungsausschluss	Anmerkungen
		verbunden ist, dass genehmigungspflichtige Bankgeschäfte betrieben werden.	
Finanzierung und Vermittlung	Gewährung von Darlehen und Krediten aus eigenen Mitteln.	Ausschließliche Kreditvermittlung.	
Finanzierungsberatung	Zulässig, wenn die Bezeichnung dem ausgeübten Unternehmensgegenstand entspricht.	Kein Bankgeschäft im Sinne des BWG.	
Finanzierungsvermittlung	Zulässig, wenn die Bezeichnung dem ausgeübten Unternehmensgegenstand entspricht.	Kein Bankgeschäft im Sinne des BWG.	
Finanzinstitut	Gesetzlich bestimmten Unternehmen vorbehalten (§ 94 Abs. 3 BWG).		Bewilligung des Bundesministers für Finanzen erforderlich (§ 4 BWG).
Finanzkontor	Gewährung von Darlehen und Krediten aus eigenen Mitteln.	Ausschließliche Kreditvermittlung.	
Finanzvermittlung		Dieser Begriff kann die Vermittlung von Finanzen suggerieren; darunter sind auch Kapitalwerte zu verstehen. Solche Vermittlungsgeschäfte sind zum Teil im BWG geregelte Bankgeschäfte.	Die Bezeichnung Finanzvermittlung kann daher – soferne keine Bankgeschäfte vorliegen – zu einer Täuschung über Art und Umfang des Geschäftsbetriebs führen.
Fremdsprachige Zusätze	• Verkehrsgeltung in der deutschen Sprache, • Zulässige Begriffe: „Consulting", „Marketing", „Merchandising", „Franchising".		
Gebäudereinigung	Tätigkeit als Denkmal–, Fassaden- und Gebäudereinigung erforderlich.	Bloße Hausbetreuung ist nicht ausreichend.	
Geldinstitut	Gesetzlich bestimmten Institutionen vorbehalten (§ 94 Abs. 1 BWG).		Bewilligung des Bundesministers für Finanzen erforderlich (§ 4 BWG).
Gemeinnützigkeit, gemeinnützig	Selbstlose Förderung der Allgemeinheit auf materiellem, geistigem oder kulturellem Gebiet.		
Geographische Zusätze	• Maßgebliche, zumindest besondere Bedeutung im betreffenden Gebiet im Verhältnis zu Unternehmen derselben Branche • Besondere Beziehung zur betreffenden Region		Landes–, Landschafts–, Orts–, und andere geographische Bezeichnungen als Bestandteil des Namens für ein Unternehmen deuten i.d.R. darauf hin, dass dieses Unternehmen im angeführten geographischen Raum allgemein und/oder in seiner Branche von maßgebender, mindestens aber von besonderer Bedeutung ist.

Begriff	Positivkriterien	Verwendungsausschluss	Anmerkungen
Großhandel	Verweis auf Handelsstufe und nicht auf Geschäftsumfang.		Ausschließlicher Großhandel nicht erforderlich, Direkthandel in bestimmtem Umfang zulässig.
Großlager	Überdurchschnittlich große Lagerhaltung, dadurch bedingt besondere Leistungsfähigkeit.		
Großmarkt	Bestimmte Größe und Angebotsvielfalt erforderlich.		
Gruppe	Strategische Allianz oder Zusammenschluss von Unternehmen, die ihre rechtliche (und wirtschaftliche) Selbständigkeit weiterhin wahren.	Kein kapitalmäßiger Zusammenschluss großer Unternehmen erforderlich.	Die Unternehmensgröße ist nicht maßgeblich.
Haus	• Nur für bereits längere Zeit bestehende große Produktions- oder Handelsunternehmen zulässig; Geschäftslokale von größerer Ausdehnung, welche üblicherweise über mehrere Stockwerke verteilt sind; • In der Bekleidungs- und Modebranche kommt es nicht auf die Dauer des bisherigen Bestandes an, wenn die Voraussetzungen für eine günstige Entwicklung des zu gründenden Unternehmens vorliegen.	Die Kombination von Haus- und Ortsnamen ist nur für führende Unternehmen in der betreffenden Region zulässig.	Keine besondere Größenordnung und maßgebliche Qualifikationserfordernisse erforderlich.
Ideenfabrik	Verwendung von „Kreativdienstleistern" wie etwa einer Werbeagentur zulässig, da völlig anderer Bedeutungsinhalt wie bei einer Fabrik im traditionellen Sinne.		
Import-Export	Ein derartiger Zusatz ist nur dann gerechtfertigt, wenn ein größeres Handelsunternehmen vorhanden ist, das mit einem größeren Kapital Geschäfte mit dem Ausland tätigt oder in absehbarer Zeit tätigen wird.		Kein bestimmtes Kapitalerfordernis, wenn Personen um Registrierung eines derartigen Zusatzes ansuchen, die infolge ihrer früheren Tätigkeit in einem Exportgeschäft in leitender Stellung über die notwendigen geschäftlichen Erfahrungen und über internationale Beziehungen verfügen.
Incentive Tours	Der Firmenzusatz ist nicht täuschungsfähig (OLG Wien 14.1.1982, 5 R 130/80 = NZ 1982, 40).		Eine geläufige Bezeichnung für Reisen besonderer Art, die jedes Reisebüro zu veranstalten in der Lage ist.
Indexfonds	Verwendung nur für Kapitalanlagefonds und deren Anteilscheine.	Beschränkung auf die Firma von Kapitalanlagegesellschaften.	

Begriff	Positivkriterien	Verwendungsausschluss	Anmerkungen
Industrie	• Hoher Einsatz von Anlage- und Betriebskapital. • Verwendung besonderer Maschinen und technischer Einrichtungen zur serienmäßigen Erzeugung von Produkten durch eine größere Anzahl von Arbeitnehmern mit weitgehender Arbeitsteilung und vorbestimmtem Arbeitsablauf. • Dieser Zusatz hat ein Produktionsunternehmen zur Voraussetzung, das sich von fabriksmäßigen Unternehmungen der gleichen Branche durch seinen größeren Umfang bereits zur Zeit der Registrierung unterscheidet oder in absehbarer Zeit unterscheiden wird.		Die Verwendung richtet sich nach den Grundsätzen des Gewerberechts und kennzeichnet die Höchststufe industrieller Fertigung.
Institut	• Fortbildungsstätte, deren Zweck die Gewinnerzielung ist. • Zulässig, wenn durch Verbindung mit dem Namen eines Gesellschafters, einer Sachbezeichnung oder einer Tätigkeitsangabe Verwechslungen mit der Tätigkeit von öffentlichen oder universitären Einrichtungen ausgeschlossen sind.	• Gesellschaftszweck ist nicht die Förderung von Mitgliedern oder Besuchern. • Beim Publikum wird der Eindruck einer staatlichen Einrichtung, öffentlichen Aufsicht, Förderung oder der Zugehörigkeit zu einer Universität erweckt.	• Aus dem Unternehmensgegenstand muss sich ergeben, dass eine gewerbliche Tätigkeit vorliegt. • Deutlich muss sein, dass es sich nicht um eine öffentliche oder unter öffentlicher Aufsicht stehende Einrichtung handelt und dass keine Verbindung zu einer Behörde besteht; Beispiele: „Beerdingungsinstitut", „Eheanbahnungsinstitut", „Schönheitsinstitut" „Institut für Marktanalysen". • Tätigkeit ergibt sich aus dem Unternehmensgegenstand: z.B. „Beerdigungsinstitut", „Eheanbahnungsinstitut", „Schönheitsinstitut".
Inter, International	• Ausgedehnte Auslandsaktivitäten, • allgemein auf seinem Gebiet bedeutendes Unternehmen, • aufgrund seiner Finanzkraft und seiner ausgedehnten ausländischen Geschäftsbeziehungen in der Lage, branchengleiche Geschäfte ohne weiteres auch außerhalb der Grenzen des eigenen Landes durchzuführen.	Der Firmenbestandteil „Inter" ist wegen Täuschungsfähigkeit unzulässig, wenn kein auf internationalen Märkten tätiges Unternehmen mit großer Leistungsfähigkeit vorliegt.	Es handelt sich beim Wort „Inter" um kein verkehrsüblich selbständig gebrauchtes Phantasiewort.

Begriff	Positivkriterien	Verwendungsausschluss	Anmerkungen
Invest, Investmentfonds(-gesellschaft)	Gesetzlich bestimmten Kapitalanlagegesellschaften vorbehalten (§ 19 InvFG).	Beschränkung auf die Firma von Kapitalanlagegesellschaften	Bewilligung des Bundesministeriums für Finanzen erforderlich.
Investmentanteilscheine	Verwendung nur für Kapitalanlagefonds und deren Anteilsscheine.	Beschränkung auf die Firma von Kapitalanlagegesellschaften.	
Investmentzertifikate	Verwendung nur für Kapitalanlagefonds und deren Anteilsscheine.	Beschränkung auf die Firma von Kapitalanlagegesellschaften.	
Kapitalanlagefonds	Verwendung nur für Kapitalanlagefonds und deren Anteilscheine.	Beschränkung auf die Firma von Kapitalanlagegesellschaften.	
Kapitalanlagegesellschaft	Verwendung nur für Kapitalanlagefonds und deren Anteilsscheine.	Beschränkung auf die Firma von Kapitalanlagegesellschaften.	
Kapitalfondsgesellschaft	Gesetzlich bestimmten Kapitalanlagegesellschaften vorbehalten (§ 19 InvFG).		Bewilligung des Bundesministeriums für Finanzen erforderlich.
Kirchlich	Zusammenhang zwischen dem gewählten Begriff und der Unternehmenstätigkeit muss gegeben sein.		
Klinik	Gesamtbild des Unternehmens mit seiner Gewichtung des ärztlichen und pflegerischen Aufwands für die jeweiligen stationären und ambulanten Behandlungstätigkeiten maßgeblich.		
Kolleg	Fortbildungsstätte, deren Zweck die Gewinnerzielung ist.	• Zweck ist nicht die Förderung von Mitgliedern oder Besuchern. • Aus dem Unternehmensgegenstand kann sich das Vorliegen einer privaten, gewerblichen Tätigkeit ergeben.	• Deutlich muss sein, dass es sich nicht um eine öffentliche oder unter öffentlicher Aufsicht stehende Einrichtung handelt und dass keine Verbindung zu einer Behörde besteht. • Maßgeblich ist, ob die interessierten Verkehrskreise eine Tätigkeit mit wissenschaftlicher Behandlung, Analyse oder Forschung annehmen.
Königlich	Zusammenhang zwischen dem gewählten Begriff und der Unternehmenstätigkeit muss gegeben sein.		
Konsumgroßmarkt	Selbstbedienungsmarkt, der nach der Größe seines Umsatzes, der Geschäftsfläche und der Anzahl der Dienstnehmer den Umfang eines durchschnittlichen Selbstbedienungsladens erheblich überschreitet.		

Begriff	Positivkriterien	Verwendungsausschluss	Anmerkungen
Kontinent, kontinental	• Auf den internationalen Märkten tätiges Unternehmen mit großer Leistungsfähigkeit; auf seinem Gebiet ein bedeutendes Unternehmen; • Aufgrund seiner Finanzkraft und seiner ausgedehnten ausländischen Geschäftsbeziehungen in der Lage, branchengleiche Geschäfte ohne weiteres im Ausland durchzuführen.		
Kreditinstitut, Kreditgenossenschaft, Kreditbüro, Kreditunternehmung, Kreditunternehmer	Gesetzlich bestimmten Unternehmen vorbehalten (§ 94 Abs. 1 BWG).		Bewilligung des Bundesministers für Finanzen erforderlich (§ 4 BWG).
Lager	Große Lagerhaltung.		
Magazin	Große Lagerhaltung.		
Markt	Bezeichnung eines üblichen Einzelhandelsgeschäftes mit einer gewissen Größe und Angebotsvielfalt.		Selbstbedienung ist nicht Voraussetzung.
Meister, Meisterbetrieb	• Bei erfolgreich abgelegter Meisterprüfung, • gewerberechtlicher Geschäftsführer der GmbH hat Meisterprüfung abgelegt, • Hinweis auf das von der Gesellschaft ausgeübte Handwerk erforderlich.		
Miteigentumsfonds	Verwendung nur für Kapitalanlagefonds und deren Anteilsscheine.	Beschränkung auf die Firma von Kapitalanlagegesellschaften.	
„mündelsicher"	Verwendung in der Bezeichnung von Kapitalanlagefonds und deren Anteilsscheinen nur für Kapitalanlagefonds (§ 5 Abs. 6 InvFG).		
Obligationenfonds	Verwendung nur für Kapitalanlagefonds und deren Anteilsscheine.	Beschränkung auf die Firma von Kapitalanlagegesellschaften.	
Öffentlich	Zusammenhang zwischen dem gewählten Begriff und der Unternehmenstätigkeit muss gegeben sein.		
Öko	Produktion oder Vertrieb von Waren, die in einem natürlichen Verfahren erzeugt bzw. nach ökologischen Grundsätzen gewonnen werden.		

Begriff	Positivkriterien	Verwendungsausschluss	Anmerkungen
Ortsangaben	Besondere Bedeutung oder führende Stellung des Unternehmens ist nicht erforderlich.		Wenn Ortsangabe dem Firmenkern nachgestellt ist (z.B. „Isolierglas Ratingen") nur zulässig) wenn es der einzige Betrieb seiner Branche in dem betreffenden Ort ist.
Österreich, österreichische	• Dieser Zusatz muss in einer derartigen Beziehung zum Unternehmen stehen, dass er dessen großen Umfang und dessen Wichtigkeit für Österreich bezeichnet. • zulässiger Zusatz, der auf den Sitz einer inländischen Tochtergesellschaft eines multinationalen Unternehmens hinweist; in diesem Fall ist eine besondere Bedeutung für Österreich nicht erforderlich.		Unter dieser Voraussetzung unterscheidet ein solcher Zusatz die Firma von den Übrigen der gleichen Branche, denen diese Bedeutung nicht zukommt.
Österreichisch-deutsch usw.	Diese oder ähnliche Zusätze haben zur Voraussetzung, dass das Unternehmen eine Niederlassung in Deutschland hat oder durch Beteiligung von deutschem Kapital in einer engen Verbindung mit Deutschland steht.		Sinngemäß dasselbe gilt für Zusätze „deutsch" usw. allein, ohne Verbindung mit Österreich.
Pensionsinvestmentfonds	Verwendung nur für Kapitalanlagefonds und deren Anteilsscheine.	Beschränkung auf die Firma von Kapitalanlagegesellschaften.	
Pool	Zusammenschluss von unternehmen, die ihre Selbständigkeit weiterhin wahren.		Die wirtschaftliche Lage der beteiligten Unternehmen ist nicht maßgeblich.
Privatuniversität	Zulässige Bezeichnung bestimmter staatlich akkreditierter Bildungseinrichtungen für die Dauer der Gültigkeit der Akkreditierung; Rechtsgrundlage hiefür ist das Universitäts-Akkreditierungsgesetz.		
Provinzial	Zusammenhang zwischen dem gewählten Begriff und der Unternehmenstätigkeit muss gegeben sein.		
Rentenfonds	Verwendung nur für Kapitalanlagefonds und deren Anteilsscheine.	Beschränkung auf die Firma von Kapitalanlagegesellschaften.	
Revision, Revisionstreuhandgesellschaft	Planmäßige Überprüfung betrieblicher bzw. buchungstechnischer Vorgänge.	Unzulässig, wenn kein Wirtschaftsprüfer beschäftigt wird und das Unternehmen nicht über Mitarbeiter mit umfassenden Kenntnissen und Erfahrungen auf allen Gebieten des Revisionsverfahrens verfügt.	Abwicklung von Betriebs- und Buchprüfungen.

Begriff	Positivkriterien	Verwendungsausschluss	Anmerkungen
Riese	Der Zusatz „Riese" als Firmenbestandteil darf nur von Unternehmen geführt werden, denen auf dem Gebiet der Erzeugung oder des Handels in einer bestimmten Branche eine Spitzenstellung zukommt.		
Ring	• Zusammenschluss (Verschmelzung bzw. Vereinigung) von mehreren Unternehmen zu einem eigenen Rechtsträger. • Errichtung eines Unternehmens durch mehrere selbständig bleibende Unternehmen für einen gemeinsamen Zweck.		• Kein kapitalmäßiger Zusammenschluss großer Unternehmen erforderlich. • Bestimmte Größenkriterien sind nicht erforderlich.
Seminar	Es handelt sich nicht um eine gewerbliche Tätigkeit, die ihren Unternehmensgegenstand im wissenschaftlichen Bereich hat.	Gesellschaftszweck ist nicht die Förderung von Mitgliedern oder Besuchern.	Klarstellung, dass es sich nicht um eine öffentliche oder unter öffentlicher Aufsicht stehende Einrichtung handelt und dass keine Verbindung zu einer Behörde besteht.
Softwarefabrik	Verwendung von Unternehmen in der elektronischen Datenverarbeitung und Informationstechnologie zulässig, da völlig anderer Bedeutungsinhalt wie bei einer Fabrik im traditionellen Sinne.		
Sozietät	Nur bei freiberuflicher Tätigkeit.		
Sparkasse	• Gesetzlich bestimmten Institutionen vorbehalten (§ 94 Abs. 2 BWG). • Bewilligung des Bundesministers für Finanzen erforderlich (§ 4 BWG).	Auch in abgeänderter Schreibweise unzulässig („Spar-Cassa").	
Speicher	Überdurchschnittlich große Lagerhaltung, dadurch bedingte besondere Leistungsfähigkeit.		
Spezialfonds	Verwendung nur für Kapitalanlagefonds und deren Anteilsscheine.	Beschränkung auf die Firma von Kapitalanlagegesellschaften.	
Spezialgeschäft	• Spezialisierung auf Erzeugnisse einer bestimmten Branche, • umfassendes Sortiment, • Beratung, • Möglichkeit von Sonderanfertigungen und allenfalls Montagen.		
Spielbank	Verwendung dieses Sachbestandteils unter der Voraussetzung, dass er dem Unternehmensgegenstand entspricht, zulässig (§ 94 Abs. 8 BWG).		

Begriff	Positivkriterien	Verwendungsausschluss	Anmerkungen
Städtisch	Zusammenhang zwischen dem gewählten Begriff und der Unternehmenstätigkeit muss gegeben sein.		
Stelle	Unternehmenstätigkeit sind amtliche Aufgaben in Verbindung mit öffentlich bewirtschafteten Gütern.		
Stift	Das Wort entstammt zwar historisch dem kirchlichen Bereich, kann aber auch als Bezeichnung nichtkirchlicher Institutionen, die durch Stiftungen finanziert werden, sowie für die Bezeichnung von Altersheimen verwendet werden.		
Stiftung	Zulässig, wenn die GmbH einen Stiftungszweck verfolgt.		
Supermarkt	Bestimmte Größe und Angebotsvielfalt erforderlich.		
Syndikat	Vereinigung von Industriellen und Unternehme(r)n einer bestimmten Branche, um innerhalb dieser die gegenseitige – sofern kartellrechtlich überhaupt zulässig – Konkurrenz einzuschränken.		
Team	Mindestens zwei an der Tätigkeit Beteiligte, Mitarbeiterbeteiligungen, usw.	Bloße Kapitalbereitstellung eines Partners ist unzureichend.	
Union	• Zusammenschluss (Verschmelzung bzw. Vereinigung) von mehreren Unternehmen zu einem eigenen Rechtsträger. • Errichtung eines Unternehmens durch mehrere selbständig bleibende Unternehmen für einen gemeinsamen Zweck.		• Kein kapitalmäßiger Zusammenschluss großer Unternehmen erforderlich, • Bestimmte Größenkriterien sind nicht maßgeblich.
University	Zulässige Bezeichnung bestimmter staatlich akkreditierter Bildungseinrichtungen für die Dauer der Gültigkeit der Akkreditierung; Rechtsgrundlage hiefür ist das Universitäts-Akkreditierungsgesetz.	Wenn der Anschein einer staatlichen bzw. Privatuniversität erweckt wird.	
Verband	Zusammenschluss von Unternehmen, die ihre Selbständigkeit weiterhin wahren.		• Kein kapitalmäßiger Zusammenschluss großer Unternehmen erforderlich; • Eine bestimmte Größe ist nicht erforderlich.
Verbrauchermarkt	Bestimmte Größe und Angebotsvielfalt erforderlich.		

Begriff	Positivkriterien	Verwendungsausschluss	Anmerkungen
Verbund	Zusammenschluss von selbständigen Unternehmen, die ihre Selbständigkeit weiterhin wahren.		• Kein kapitalmäßiger Zusammenschluss großer Unternehmen erforderlich; • Die Unternehmensgröße ist nicht wesentlich.
Vereinigte, Vereinigung	• Zusammenschluss (Verschmelzung bzw. Vereinigung) von mehreren Unternehmen zu einem eigenen Rechtsträger. • Errichtung eines Unternehmens durch mehrere selbständig bleibende Unternehmen für einen gemeinsamen Zweck.		• Kein kapitalmäßiger Zusammenschluss großer Unternehmen erforderlich, • Keine Maßgeblichkeit bestimmter Größenkriterien.
Volksbank	Gesetzlich bestimmten Institutionen vorbehalten (§ 94 Abs. 3 BWG).		Bewilligung des Bundesministers für Finanzen erforderlich (§ 4 BWG).
Werk	• Großindustrielles Unternehmen, • überragt den Durchschnitt seiner Branche größenmäßig, • eigenes Gebäude, das ausschließlich der Fabrikation dient, • große Anzahl von Arbeitnehmern (100 und mehr, wenn nicht besondere Verhältnisse vorliegen), • jeder Betrieb, der sich mit der Erzeugung elektrischer Energie befasst, auch wenn kein großindustrielles Unternehmen vorhanden ist, • Betriebe mit dem Unternehmensgegenstand „Holzsägearbeiten" unabhängig von der Größe.		• In bestimmten Branchen (z.B. Holzindustrie) können sich auch kleinere Betriebe „Werk" nennen, z.B. „Betonwerk", „Marmorwerk", „Sägewerk", „Ziegelwerk". • In der chemischen Industrie darf sich jedes fabriksmäßige Unternehmen „Werk" nennen.
Werke	Wird zur Bezeichnung eines Produktionsunternehmens die Pluralform „Werke" gewählt, so soll damit zum Ausdruck gebracht werden, dass der Betrieb in Bezug auf innere Einrichtung und Umsatz den Betrieb eines Werkes noch überschreitet.		Charakteristisch für die Bezeichnung „Werke" sind zwei oder mehrere räumlich voneinander getrennte Betriebsstätten, in denen üblicherweise entweder verschiedene Produkte hergestellt werden oder die verschiedenen Arbeitsprozesse eines Produktes ausgeführt werden.
Wertpapierfonds	Verwendung nur für Kapitalanlagefonds und deren Anteilsscheine.	Beschränkung auf die Firma von Kapitalanlagegesellschaften.	
Wertpapierinstitut	Gesetzlich bestimmten Institutionen vorbehalten (§ 94 Abs. 3 BWG).		Bewilligung des Bundesministers für Finanzen erforderlich (§ 4 BWG).

Begriff	Positivkriterien	Verwendungsausschluss	Anmerkungen
Wiener	• Dieser Zusatz muss in einer derartigen Beziehung zum Unternehmen stehen, dass er dessen großen Umfang und dessen Wichtigkeit für Wien bezeichnet. • Unter dieser Voraussetzung unterscheidet ein solcher Zusatz die Firma von den Übrigen der gleichen Branche, denen diese Bedeutung nicht zukommt.		• Der Zusatz „Wiener" ist auch bei Unternehmen gerechtfertigt, welche zwar keinen über den Durchschnitt hinausgehenden Betriebsumfang nachweisen können, jedoch Erzeugnisse von besonderer Qualität herstellen. • Gegen den Zusatz „Wiener" bestehen auch bei jenen Unternehmen, auf die keine der obigen Voraussetzungen zutrifft, keine Einwendungen, wenn sie Artikel von spezifischem „Wiener Gepräge" herstellen.
Wiener-Center		Wird einer Artikelbezeichnung das Wort „Center" nachgestellt und diese Wortkombination mit dem Ortsnamen „Wien" verbunden, so ist dies geeignet, den Anschein zu erwecken, es handle sich dabei um das einzige Unternehmen dieser Art im bezeichneten geografischen Bereich; das ist unzulässig.	
Wohnstift	• Das Wort „Stift" entstammt zwar historisch dem kirchlichen Bereich, wird aber seit der Reformation und der Säkularisierung auch für die Bezeichnung nichtkirchlicher Institutionen, die durch Stiftungen finanziert werden, aber auch für die Bezeichnung von Altersheimen verwendet. • Die Wortverbindung „Wohnstift" weist daher nach der allgemeinen Verkehrsauffassung zweifellos auf kein Kloster mit seinen Baulichkeiten hin.		
Zentrale	• Kapitalkräftiger Großbetrieb, der innerhalb seines Bezirks die Handelsbeziehungen eines bestimmten Geschäftszweiges ganz oder doch überwiegend in sich vereinigt, • Verkehrsmittelpunkt des betreffenden Marktes, • Breit gefächertes Sortiment.	Fachgeschäft, wenn es der umfassendste und leistungsfähigste Betrieb im örtlichen Bereich ist.	
Zentrallager	Überdurchschnittlich große Lagerhaltung, besondere Leistungsfähigkeit.		

Begriff	Positivkriterien	Verwendungsausschluss	Anmerkungen
Zentrum	• Diese Bezeichnung steht nur jenen Unternehmen zu, die in der gleichen Branche ähnlichen Unternehmen im Hinblick auf Größe und Kundenfrequenz wesentlich voraus sind. • Vergleichsweise hoher Kapitaleinsatz sowie entsprechender Umsatz bzw. Umfang des Angebotes. • Verfügbarkeit eines firmeneigenen Kundendienstes ist ein wesentliches Beurteilungskriterium.		Hinweis auf die wirtschaftliche Bedeutung des Unternehmens.

4.2. Sitz der Gesellschaft

4.2.1. Allgemeines

289   **Normzweck.** Durch den Sitz der GmbH wird das Personalstatut, die Zuständigkeit für das Firmenbuchgericht und der Gerichtsstand der GmbH begründet. Als Sitz der GmbH kann nur ein Ort im Inland bestimmt werden (§ 5 Abs. 4 GmbHG). Der Sitz der Gesellschaft ist im Gesellschaftsvertrag immer ohne nähere Bezeichnung der Adresse anzugeben. Die Geschäftsanschrift ist nicht erforderlicher Teil des Gesellschaftsvertrages, sondern wird im Antrag auf Eintragung einer GmbH dem Firmenbuchgericht gesondert mitgeteilt.

290   **Politische Gemeinde.** Für den Fall, dass die Bezeichnung des Sitzes nicht mit dem Namen der politischen Gemeinde übereinstimmt, ist die politische Gemeinde, in welcher der Sitz liegt, zur Eintragung anzugeben (§ 3 Z 4 FBG). Eine Aufnahme der politischen Gemeinde in den Gesellschaftsvertrag ist nicht erforderlich.

291   **Parteiendisposition.** Die Wahl des Sitzes der Gesellschaft ist grundsätzlich den Gesellschaftern überlassen; der Gesellschaftssitz kann jedoch nur im Inland sein (§ 5 Abs. 4 GmbHG). Ob sich die Geschäftsleitung am satzungsmäßigen Sitz der Gesellschaft befindet oder ob an dieser Adresse nur eine Betriebsstätte der GmbH vorhanden ist, ist nicht maßgeblich.

292   **Missbrauchstatbestände.** Hinsichtlich der freien Wahlmöglichkeit des Sitzes der Gesellschaft ist nur insoweit eine Beschränkung vorgesehen, als nicht ein Ort gewählt werden kann, der willkürlich oder rechtsmissbräuchlich verwendet wird, da die Gesellschaft zu diesem Ort überhaupt keinen Bezug hat.

293   **Rechtsfolgen der Sitzwahl.** Der Sitz begründet das Personalstatut der GmbH, die Zuständigkeit für das Firmenbuchgericht, den Gerichtsstand, die örtliche Behördenzuständigkeit, den Tagungsort für die Generalversammlung und den Firmenausschließlichkeitsbereich.

4.2.2. Zweigniederlassung

294   **Allgemeines.** Eine Gesellschaft kann nur einen Sitz haben, betreibt sie noch andere Unternehmungen, dann sind diese Zweigniederlassungen.

Begriff. Unter Zweigniederlassung ist eine räumlich abgesonderte Betriebsstätte **295** des von der GmbH betriebenen Unternehmens mit verselbständigter Organisation und Leitung zu verstehen. Eine Zweigniederlassung kann auch am Ort des Sitzes errichtet werden. Die Zweigniederlassung einer GmbH ist sohin kein selbständiges Rechtssubjekt. Sie ist ein vom Hauptsitz der GmbH räumlich getrennter, mit eigener Organisation ausgestatteter, wirtschaftlicher selbständiger Geschäftsbetrieb ohne eigene Rechtspersönlichkeit.

Kriterienprüfung. Kriterien einer Zweigniederlassung sind räumliche Selbständig- **296** keit, gleicher Geschäftszweig mit der Hauptniederlassung und geordnetem Geschäftsvermögen sowie eigener Buchführung, Einrichtung für gewisse Dauer, eine der Hauptniederlassung ähnliche äußere Einrichtung, Leitung durch eine Person mit Befugnis zu weitgehend selbständigem Handeln in nicht ganz unwesentlichen Angelegenheiten.

Organisatorische Ausgestaltung. Die Zweigniederlassung hat in jedem Fall in **297** der Form eingerichtet zu sein, dass bei Wegfall des Hauptsitzes der GmbH die Zweigniederlassung als eigenständiger Firmensitz fortbestehen könnte.

Betriebsstätten unterscheiden sich von Zweigniederlassungen durch das Fehlen **298** der wirtschaftlichen Selbständigkeit. Das bedeutet, dass Ausstellungsräume, Werkstätten, Geschäftslager und Verkaufsstellen keine Zweigniederlassungen sind.

Firma. Der Grundsatz der Einheit des Firmenwortlautes ist uneingeschränkt anzu- **299** wenden. Aus diesem Grund muss die Firma der Zweigniederlassung mit jener des Hauptsitzes ident sein. Zulässig ist ein auf die Zweigniederlassung hindeutender Zusatz. Die Firma der Zweigniederlassung hat sich von allen am selben Ort bereits bestehenden und im Firmenbuch eingetragenen Firmen deutlich zu unterscheiden (§ 29 Abs. 1 UGB) und muss sowohl zur Kennzeichnung des Unternehmens geeignet sein als auch Unterscheidungskraft besitzen (§ 18 Abs. 2 UGB).

Errichtung und Auflassung. Die Entscheidung über die Errichtung bzw. Auflas- **300** sung von Zweigniederlassungen ist ein Verwaltungsakt der Gesellschaft. Entsprechend der gesetzlichen Regelung obliegt die Entscheidung den Geschäftsführern. Die Generalversammlung ist nur dann damit zu befassen, wenn bestimmte Rechtsgeschäfte und Handlungen ihrer Zustimmung unterbunden werden. Besteht ein Aufsichtsrat, hat dieser gemäß § 30j Abs. 5 Z 3 GmbHG ein Zustimmungsrecht, welches im Innenverhältnis der Gesellschaft wirkt.

Rechtsfolgen einer Zweigniederlassung. Wird eine Zweigniederlassung errich- **301** tet, wird im Regelfall der Gesellschaftsvertrag der GmbH dadurch nicht berührt. Soll jedoch eine bestehende Zweigniederlassung als neuer „Hauptsitz" dienen, bedarf es gemäß den §§ 49 ff. GmbHG einer Abänderung des Gesellschaftsvertrages durch eine qualifizierte Mehrheit der Gesellschafter.

Verfahren. Das Gericht der Zweigniederlassung hat zu prüfen, ob diese errichtet und **302** die Bestimmungen des § 29 Abs. 3 UGB beachtet sind. Die Eintragung einer Zweigniederlassung setzt daher voraus, dass diese bereits tatsächlich errichtet ist. Die Eintragung in das Firmenbuch hat demnach bloß deklaratorische Bedeutung. Eine im Stadium der Gründung bestehende Zweigniederlassung, welche die erforderlichen Mindesterfordernisse noch nicht aufweist, genügt daher nicht. Vor tatsächlicher Ausübung ihrer Tätigkeit kann die Zweigniederlassung gar nicht eingetragen werden.

Sitzverlegung in das Ausland. Wird der **Hauptsitz** einer österreichischen GmbH **303** in das Ausland verlegt, so bedeutet dies die Auflösung des Rechtssubjektes in Österreich. Unmittelbare Folge dieser Rechtshandlung ist die Auflösung und Liquidation der GmbH.

4.3. Gegenstand des Unternehmens

304   **Allgemeines.** Gegenstand des Unternehmens kann, mit Ausnahme der gesetzlich nicht erlaubten oder der Rechtsform der GmbH vorenthaltenen Geschäfte, jede Art wirtschaftlicher Tätigkeit sowie die Durchführung gesellschaftlicher, humanitärer und wohltätiger Aufgaben sein, ebenso die Beteiligung an anderen Personen- und Kapitalgesellschaften.

305   **Normzweck.** Der Unternehmensgegenstand beschränkt die Geschäftsführungsbefugnisse. Die Geschäftsführung darf keine Geschäfte außerhalb des Unternehmensgegenstandes abschließen und/oder durchführen und ist insoweit in ihrer Handlungsfähigkeit beschränkt, sind beschlussfähige Mehrheiten fraglich, empfiehlt sich eine möglichst detaillierte Festlegung des Unternehmensgegenstandes.

●   **Beispiel**
Unternehmensgegenstand der Gesellschaft ist der „Handel mit Sportartikelerzeugnissen aus Deutschland"

306   **Innenverhältnis versus Außenverhältnis.** Der Unternehmensgegenstand soll – nach außen – den Geschäftsverkehr über den Gesellschaftszweck informieren; gesellschaftsintern umgrenzt der im Gesellschaftsvertrag festgelegte Gegenstand des Unternehmens jenen Bereich, innerhalb dessen die Geschäftsführer Geschäfte schließen dürfen.

307   **Gewerberecht.** Die Übereinstimmung des gesellschaftsvertraglichen Gegenstandes des Unternehmens mit dem angemeldeten Gewerbe ist nicht Voraussetzung für die Erlangung der gewerberechtlichen Bewilligung (§ 9 Abs. 1 GewO).

308   **Praxistipp.** In der Vertragspraxis genügt es, lediglich die Kernbereiche der Tätigkeit der GmbH konkret zu umschreiben, ohne dass dadurch die Gesellschaft vom Betreiben weiterer Unternehmensgegenstände ausgeschlossen wäre. Der Unternehmensgegenstand ist im Einzelfall so zu formulieren, dass der Gesellschaftszweck für Gesellschaft und Dritte ausreichend konkretisiert ist.

309   **„Erweiterungsklausel".** Um bei einer allfälligen bzw. geschäftspolitisch notwendigen Erweiterung des Unternehmensgegenstandes auf eine Vertragsänderung mit ihren entsprechenden Folgen (3/4-Mehrheit, notariatspflichtige Satzungsänderung, Firmenbucheingaben etc.) verzichten zu können, empfiehlt sich häufig eine gesellschaftsvertragliche Option, die sinngemäß wie folgt formuliert werden kann:

„... außerdem ist die Gesellschaft zu allen Handlungen, Geschäften und Maßnahmen berechtigt, die zur Erreichung des Gesellschaftszweckes förderlich erscheinen. Dazu gehören u.a. auch die Errichtung und der Betrieb von Zweigniederlassungen sowie von Betriebsstätten im In- und Ausland."

310   **Firmenbucheintragung.** Die Eintragung des Unternehmensgegenstandes („Geschäftszweig" [§ 3 Z 5 FBG]) im Firmenbuch ist nach h.M. freiwillig.[124] Im Gegensatz zur früheren Rechtslage (40 Satzzeichen) gibt es für die kurze Bezeichnung des Geschäftszweigs nach eigener Angabe keine (textliche) Beschränkung. Aus diesem Grunde haben die ÖNACE-Codes des vormaligen Österreichischen Statistischen Zentralamts (jetzt Statistik Austria) keine praktische Bedeutung im Firmenbuchverfahren mehr.

---

[124]   Vgl. hiezu *Birkner/Löffler*, Anträge und Anmeldungen zum Firmenbuch, Reg. 2/Kap. 4.1.1.

Geschäftszweig. Vom Unternehmensgegenstand zu unterscheiden ist die vor- **311** gesehene Eintragung gem. § 3 Z 5 FBG der **kurzen Bezeichnung des Geschäfts- zweiges nach eigener Angabe**. Diese für die Eintragung in das Firmenbuch maßgebliche „Kurzbezeichnung" wird in der Regel nur ein Teil des Unternehmens- gegenstandes gem. § 4 Abs. 1 GmbHG sein.

5. Erläuterungen zu den fakultativen Satzungsbestandteilen

5.1. Übertragung des Mitgliedschaftsrechtes

Grundlagen. Jeder Gesellschafter besitzt nur einen Geschäftsanteil (§ 75 Abs. 2 **312** GmbHG). Die Geschäftsanteile sind als Ganzes frei übertragbar und vererblich (§ 76 Abs. 1 GmbHG). Für die rechtswirksame Übertragung ist ein Notariatsakts- akt[125] erforderlich (§ 76 Abs. 2 GmbHG). Ein übertragener Teil verschmilzt – wenn er an einen Gesellschafter abgetreten wurde – mit dessen Geschäftsanteil zu einer Einheit. Im anderen Fall wird er zum Geschäftsanteil des neuen Gesellschafters. Vertragliche Bezeichnungen, wie *Übertragung des Geschäftsanteiles* bzw. *Abtretung des Geschäftsanteiles* usw. werden rechtlich gleich behandelt.

Übersicht: Grundsätze für die Übertragung von Geschäftsanteilen

- Die Geschäftsanteile als Ganzes sind frei übertragbar und vererblich (§ 76 Abs. 1 GmbHG).
- Die Übertragung von Teilen eines Geschäftsanteiles durch Rechtsgeschäft unter Lebenden bedarf der ausdrücklichen Legitimation im Gesellschaftsver- trag (§ 79 Abs.1 GmbHG).
- Ein Gesellschafterwechsel berührt grundsätzlich den Bestand oder die Iden- tität der GmbH als juristische Person nicht.
- Die Übertragung der Geschäftsanteile kann entgeltlich oder unentgeltlich erfolgen.
- Durch gesellschaftsvertragliche Vereinbarung kann die freie Übertragungs- möglichkeit der Geschäftsanteile eingeschränkt werden (derartige gesell- schaftsvertragliche Einschränkungen sind in der Praxis – insbesondere bei kleineren GmbHs – zum Regelfall geworden). Die Übertragung von Geschäftsanteilen, mit denen ein Entsendungsrecht an Mitgliedern in den Aufsichtsrat verbunden ist, bedarf der zwingenden Zustimmung der Gesell- schaft (§ 30c Abs. 2 GmbHG).
- Die Übertragung von Geschäftsanteilen durch Rechtsgeschäft unter Leben- den ist nur rechtswirksam, wenn sie in Form eines Notariatsaktes erfolgt (§ 76 Abs. 2 GmbHG).

Die **Form des Ausscheidens** sollte jedenfalls vom Gesellschaftsvertrag geregelt **313** werden, da ansonsten im Falle einer fehlenden Einigung zwischen den Gesell- schaftern oftmals ein Rechtsstreit über mehrere Jahre unvermeidbar ist.

Fruchtgenuss. Um die Möglichkeit der Umgehung der Übertragungseinschrän- **314** kung auszuschließen, empfiehlt es sich, die Bestellung eines Fruchtgenusses oder die Verpfändung an die gleichen Voraussetzungen für die Übertragung des Ge- schäftsanteiles selbst zu knüpfen. Durch Verpfändung und gleichzeitige Bestellung

---

[125] OGH 20.10.2004, 7 Ob 110/04h.

eines zur Ausübung des Stimmrechtes Bevollmächtigten könnte ansonsten die gleiche Wirkung wie bei einer Abtretung erzielt werden.

315   **Verpfändung.** Die Übertragungsbefugnis schließt auch die Befugnis zur vertrags-mäßigen Verpfändung mit ein. Für Letztere ist ein Notariatsakt nicht erforderlich. In Anbetracht dieser gesetzlichen Bestimmung ist daher im Gesellschaftsvertrag zu vereinbaren, dass die Verpfändung eines Geschäftsanteiles auch an bestimmte Voraussetzungen geknüpft ist.

316   **Dispositive Vertragsgestaltung.** Im Gesellschaftsvertrag kann die Übertragung von Geschäftsanteilen von weiteren Voraussetzungen abhängig gemacht werden (§ 76 Abs. 2 GmbHG). Der Eintritt bestimmter Personen kann beispielsweise von der Erfüllung bestimmter Erfordernisse abhängig gemacht werden und die betref-fende vertragliche Bestimmung sinngemäß wie folgt lauten:

● **Beispiel**

„ ... Die Abtretung von Geschäftsanteilen ist nur an die Ehegatten der Gesellschafter und deren tatsächliche Nachkommen sowie deren Ehegatten zulässig.“

● **Beispiel:** Übertragung von Geschäftsanteilen unter Lebenden
    a) Angebot des abtretungswilligen Gesellschafters an Mitgesellschafter

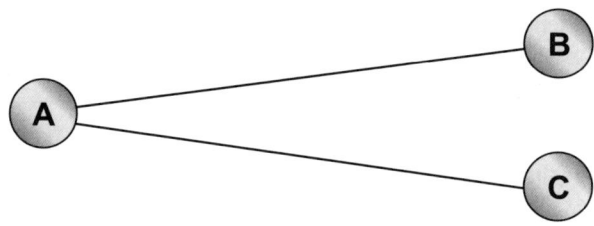

Fallgruppe 1: Übernahme aller Gesellschafter

    B + A

    C + A

Fallgruppe 2: Übernahme eines Gesellschafters

    B + A   oder   B

    C   C + A

b) Bei Übernahme durch **keinen** Gesellschafter

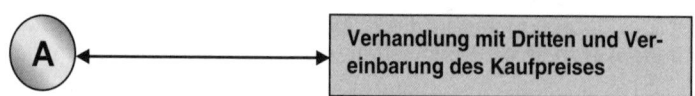

Verhandlung mit Dritten und Ver-einbarung des Kaufpreises

Fallgruppe 1: Zustimmung durch Gesellschaft wird erteilt

    B   C   Dritter (wird Gesellschafter)

Fallgruppe 2: Zustimmung durch Gesellschaft wird **nicht** erteilt

B

C } Übernahmepflicht zu Bedingungen, die der Dritte bezahlt hätte

Dritter wird nicht Gesellschafter

5.2. Teilung eines Geschäftsanteiles

Voraussetzung. Eine Teilung von Geschäftsanteilen durch Rechtsgeschäft unter **317**
Lebenden (z.B. Verkauf, Schenkung) ist nur zulässig, wenn sie im Gesellschaftsvertrag ausdrücklich vereinbart ist. Eine Teilung von Geschäftsanteilen durch Ver-
erbung (Rechtsgeschäft von Todes wegen) ist auch ohne entsprechende Satzungsbestimmung zulässig. Diese Einschränkung ermöglicht es, den künftigen
Kreis der Gesellschafter entsprechend einzuengen. Der Eintritt bestimmter Personen kann von der Erfüllung bestimmter Erfordernisse abhängig gemacht werden.

● **Beispiele**
„ ... Die Übertragung, Teilung oder Belastung von Gesellschaftsanteilen bedarf— ausgenommen an
die leiblichen Kinder des Gesellschafters — ... eines einstimmigen Beschlusses der
Generalversammlung oder der Zustimmung der übrigen Gesellschafter (Umlaufbeschluss)."
„ ... Die Abtretung von Geschäftsanteilen oder von Teilen von Geschäftsanteilen sowie die
Verpfändung derselben an Personen, die noch nicht Gesellschafter sind, bedarf der Zustimmung der
Generalversammlung mit einer Mehrheit von 80 % der abgegebenen Stimmen. "

Rechtsgeschäft von Todes wegen. Im Gesellschaftsvertrag kann die Teilung von **318**
Geschäftsanteilen verstorbener Gesellschafter unter deren Erben vorbehalten und
sohin ausgeschlossen werden.

● **Beispiel**
Die Erben sind verpflichtet, binnen drei Monaten einen Bevollmächtigten namhaft zu machen, der sie
gegenüber der Gesellschaft vertritt.

5.3. Vinkulierung

Gestaltungsmaßnahmen. Dem Interesse an der Kontrolle der Zusammensetzung **319**
der Gesellschafter entsprechend wird in den meisten Gesellschaftsverträgen von
der gesetzlichen Möglichkeit Gebrauch gemacht, die Übertragung von Geschäftsanteilen zu beschränken. Als Beschränkung der Übertragung kommt die *Vinkulierung* in Betracht.

Begriff. Vinkulierung bedeutet die gesellschaftsvertragliche Bestimmung, dass die **320**
Anteilsübertragung zu ihrer Wirksamkeit der Zustimmung der Gesellschaft bedarf.

Besondere Erfordernisse. Die Anteilsübertragung kann gesellschaftsvertraglich **321**
auch von *weiteren Erfordernissen* abhängig gemacht werden.

● **Beispiele**
– Beschränkung des Personenkreises, dem der künftige Gesellschafter angehören muss
– Zustimmung eines bestimmten Gesellschafters, des Seniorchefs oder des Aufsichtsrats
– Vereinbarung bestimmter Qualifikationen des Erwerbers,
– insbesondere bei Wirtschaftstreuhand- und Ziviltechnikergesellschaften.

Die GmbH in der Praxis

Neben der Beschränkung des Personenkreises, dem der zukünftige Gesellschafter angehören muss, gibt es auch die Möglichkeit, die Übertragung eines Geschäftsanteiles von weiteren Voraussetzungen – z.B. der Zustimmung eines Gesellschaftsorganes – abhängig zu machen.

322 Bei den in einem Gesellschaftsvertrag vereinbarten möglichen **Zustimmungsvarianten** ist üblicherweise zu unterscheiden:

- Zustimmung der Gesellschaft (d.h. der Geschäftsführer)
- Zustimmung der Gesellschafter (d.h. aller Gesellschafter, jedoch formfrei)
- Zustimmung der Generalversammlung (Mehrheitsbeschluss der Gesellschafter, der betroffene Gesellschafter kann mitbestimmen)
- Zustimmung durch den Aufsichtsrat

323 **Zustimmung der Gesellschaft.** Macht der Gesellschaftsvertrag die Übertragung des Geschäftsanteiles von der Zustimmung der *„Gesellschaft"* abhängig, so ist darunter im Zweifel die Zustimmung durch *Gesellschafterbeschluss* zu verstehen. Es kann allerdings auch ein anderes Organ zur Erteilung der Zustimmung vorgesehen werden.[126]

324 Bei der **Abstimmung** über die Erteilung der Zustimmung von Anteilsübertragungen ist der veräußerungswillige Gesellschafter *stimmberechtigt,*[127] was häufig dem Interesse der übrigen Gesellschafter, die in der Gesellschaft verbleiben und den Teilnehmerkreis selbst bestimmen wollen, zuwiderläuft. Es kann sich daher empfehlen, das Beschlussquorum *für die Erteilung der Zustimmung* zur Anteilsabtretung im Gesellschaftsvertrag an eine *qualifizierte t.Mehrheit* oder an die *Einstimmigkeit* zu knüpfen.

325 **Beschränkungen.** Die Möglichkeit der Übertragung kann zwar nicht ausgeschlossen werden, aber gesellschaftsvertraglich von weiteren Voraussetzungen abhängig gemacht werden (Vinkulierung). In der Praxis werden häufig Beschränkungen des Personenkreises, an den übertragen werden kann, vereinbart.

326 **Rechtsfolgen.** Aufgriffsrechte und Anbotsverpflichtungen entsprechen im Ergebnis Abtretungsverboten. Vinkulierungsbestimmungen, Anbotsverpflichtungen und Abtretungsverbote haben absolute Wirkung.

327 **Gestaltungshinweise.** Die Frage, wer die Genehmigung zur Zustimmung betreffend die Übertragung von Mitgliedschaftsrechten konkret erteilen soll, hängt von der jeweiligen Interessenkonstellation ab. Stehen die Interessen einzelner Gesellschafter im Vordergrund, ist die Zustimmung aller Gesellschafter zweckmäßig. Sollen die Interessen der Gesellschaft selbst geschützt werden, wird die Genehmigung durch die Generalversammlung mit Mehrheitsbeschluss erteilt. Sofern ein Aufsichtsrat vorhanden ist, ist eine Genehmigung durch diesen vorzuziehen. Vor einer allfälligen Erklärung des Geschäftsführers – betreffend die Übertragung von Geschäftsanteilen – hat dieser von sich aus einen Gesellschafterbeschluss einzuholen.

328 **Stimmverbot.** Im Gesellschaftsvertrag soll auch geregelt sein, ob der abtretungswillige Gesellschafter bei der Beschlussfassung über die Zustimmung zur Abtretung mitstimmen kann oder nicht. Eine qualifizierte Mehrheit ist zweckmäßig.

---

[126] Zur Anfechtung einer missbräuchlich erteilten Zustimmung siehe *Reich-Rohrwig,* Übertragung vinkulierter Anteile, ecolex 1994, 760; OGH 14.11.1996, 2 Ob 2146/96 v = ecolex 1997, 359 = SZ 69/254 = RdW 1997, 202.
[127] OGH 4.12.1974, 5 Ob 288/74 = SZ 47/143 = NZ 1976, 62.

Entsendungsrechte. Zwingend vorgesehen ist eine Vinkulierung gemäß § 30c **329** GmbHG für die Übertragung von Geschäftsanteilen, die mit dem Recht der Entsendung von Mitgliedern in den Aufsichtsrat verbunden sind.

5.4. Vorkaufs- und Aufgriffsrecht

Rechtsgrundlagen. Obwohl der Geschäftsanteil vererblich und übertragbar ist, kön- **330** nen Aufgriffsrechte – sowohl für den Fall der Übertragung von Todes wegen als auch für den Fall der Übertragung unter Lebenden – vereinbart werden. Vorkaufsrechte und Aufgriffsrechte erzeugen nur schuldrechtliche Wirkungen, deren Verletzung lediglich Schadenersatzpflicht zur Folge hat, nicht aber die Unwirksamkeit des abgeschlossenen Geschäftes. Beim bloßen Vorkaufsrecht im Sinne des ABGB ist zu beachten, dass durch eine andere Veräußerungsart als durch „Verkauf" – etwa durch „Tausch "oder durch „Schenkung" – das Vorkaufsrecht nicht ausgelöst wird, also relativ leicht „umgangen" werden kann.[128] Durch die Vereinbarung eines „Aufgriffsrechtes" können bestimmte oder sämtliche Arten der Anteilsübertragung (sowohl durch Einzel- als auch Gesamtrechtsnachfolge) erfasst werden. Den übrigen Gesellschaftern wird das Recht zum Erwerb des betreffenden Geschäftsanteiles eingeräumt, wobei im Gesellschaftsvertrag häufig eine Bewertungs- bzw. Abfindungsklausel vereinbart wird. Andernfalls wird die Auslegung des Gesellschaftsvertrages ergeben, dass als Abgeltung für den Anteil sein Verkehrswert zu bezahlen ist.

Kontrollwechsel. Gehören der GmbH juristische Personen (z.B. AG, GmbH, Genos- **331** senschaft, Stiftung) oder Personengesellschaften, die rechtlich verselbständigt sind (Offene Gesellschaft, KG, EWIV), an, so kann sich ein Gesellschafterwechsel – wirtschaftlich gesehen – auch in anderer Weise als durch „Verkauf" oder „Übertragung" des Anteils an der GmbH vollziehen, nämlich durch Gesellschafterwechsel, Kapitalerhöhung, Verschmelzung[129] usw. Um die gesellschaftsvertragliche Übertragungsbeschränkung für Geschäftsanteile umgehungssicher zu machen, sollte das Aufgriffsrecht auch auf derartige Fälle des Kontrollwechsels[130] in der Beteiligungsgesellschaft (Muttergesellschaft, Großmuttergesellschaft) ausgedehnt werden.

Übersicht: Aufgriffsrechte bei einem Kontrollwechsel

Bei der Vertragsgestaltung sollten Aufgriffsrechte vereinbart werden, wenn

- der GmbH schon bei Gesellschaftsgründung eine AG, GmbH, Offene Gesellschaft, KG usw. als Gesellschafter angehört;

- der Gesellschaftsvertrag einem oder den Gesellschafter(-n) es gestattet, seinen (ihre) Anteil(-e) in Gesellschaften einzubringen;

- der Aufnahme einer Gesellschaft als Gesellschafter ad hoc zugestimmt wird, die Anpassung des Gesellschaftsvertrages jedoch unterbleibt;

- eine Gesellschaft den Geschäftsanteil von Todes wegen durch Gesamtrechtsnachfolge (Erbschaft[-skauf]) erwirbt oder

---

[128] Zur Umgehung durch Einbringung des Anteils in eine Gesellschaft vgl. OGH 11.3.1996, 1 Ob 566/95 = JBl 1996, 728; OGH 20.3.1997, 6 Ob 45/97d = ecolex 1997, 661; vgl. NZ 1998, 299.

[129] Ein Vorkaufsrecht einer juristischen Person erlischt mit ihrem Untergang durch Verschmelzung, vgl. OGH 26.9.1995, 5 Ob 106/95 = RdW 1996, 164 = ecolex 1006, 103 = NZ 1996, 359.

[130] Zu den Fällen des Kontrollwechsels im Mietrecht vgl. *Reich-Rohrwig,* Mietzinserhöhung bei Geschäftsraum-Hauptmiete (ecolex spezial 1994, 54 ff., 63 ff.); *Schauer,* WoBl 1993, 94 ff.

● in vergleichbaren Fällen bei der (Ab-)Spaltung von Kapitalgesellschaften nach dem SpaltG.

332
Wahlrechte. Um dem in der Praxis wiederholt festzustellenden Missbrauch von zum Schein festgesetzten überhöhten Kaufpreisen entgegenzuwirken oder den Mitgesellschaftern den Anteilserwerb zu erleichtern, wird häufig auch ein Wahlrecht der Vorkaufs- und Aufgriffsberechtigten vereinbart, wonach diese den Geschäftsanteil entweder zu den von Dritten gebotenen Bedingungen (Kaufpreis) oder zu einem nach dem Gesellschaftsvertrag zu errechnenden Preis erwerben können.

333
Gruppenweise Einräumung. Vorkaufs- und Aufgriffsrechte können auch gruppenweise eingeräumt werden. Dies kann etwa bewirken, dass Geschäftsanteile zunächst von den Gesellschaftern derselben Gesellschaftergruppe, der der veräußerungswillige Gesellschafter angehört, durch Ausübung des Vorkaufs- und Aufgriffsrechtes erworben werden können. Nur wenn der Geschäftsanteil innerhalb derselben Gesellschaftergruppe nicht oder nicht zur Gänze aufgegriffen wird, können Gesellschafter der anderen Gesellschaftergruppe ihr Vorkaufs- und Aufgriffsrecht ausüben.

Solche Aufgriffsrechte werden häufig auch für den Fall der Erbfolge vereinbart, wobei das Aufgriffsrecht sowohl generell für den Fall des Todes eines Gesellschafters als auch eingeschränkt auf den Fall, dass der Geschäftsanteil an Personen vererbt oder vermacht wird, die bestimmte gesellschaftsvertragliche Voraussetzungen nicht erfüllen, vorgesehen werden kann.

334
Bei der **Vertragsgestaltung** ist zu beachten, dass ein generelles Aufgriffsrecht im Falle des Ablebens in der Weise vereinbart wird, dass es schon gegenüber der Verlassenschaft – und nicht erst nach Einantwortung gegenüber den Erben – geltend gemacht werden kann. Andernfalls könnten die Erben durch eine Hinauszögerung des Verlassenschaftsverfahrens noch Einfluss auf die GmbH ausüben, der durch eine derartige Regelung üblicherweise vermieden werden soll.[131]

335
Aufgriffsrechte. Das gesellschaftsvertraglich eingeräumte Aufgriffsrecht berechtigt Mitgesellschafter, bei Vorliegen bestimmter Voraussetzungen (Kündigung, Ableben, Eintritt wichtiger Gründe) den Geschäftsanteil des betroffenen Gesellschafters zu einem bestimmten Preis zu übernehmen.

336
Gemeinsame Rechtsausübung. Steht das Vorkaufs- und Aufgriffsrecht mehreren Personen zu, ist genau zu regeln, wie die Ausübung durch mehrere Gesellschafter zu erfolgen hat. Zulässig ist auch die Vereinbarung einer bestimmten Reihenfolge oder die Ausübung durch mehrere Personen mit der Wirkung einer Teilung des Geschäftsanteiles. Abschließend ist neben dem Aufgriffsrecht und der Anbietungspflicht im Gesellschaftsvertrag auch genau festzulegen, wie der Wert des Geschäftsanteiles berechnet wird und welche Zahlungsmodalitäten vereinbart werden sollen.

337
Haftungsfreistellung. Bei Vorkaufs- und Aufgriffsrechten sollte auch geregelt werden, dass der ausscheidende Gesellschafter von persönlichen Haftungen für

---

[131] Zur Zulässigkeit der Einräumung von Aufgriffsrechten bei Tod eines Gesellschafters vgl. OGH 25.2.1993, 6 Ob 27/92 = ecolex 1993, 458 = NZ 1993, 154 = RdW 1993, 243; zur Notwendigkeit der Vereinbarung in Notariatsaktform OGH 17.10.1995, 1 Ob 510/95 = ecolex 1996, 172 = GesRZ 1996, 176.

Schulden der GmbH zu befreien ist. Stimmt der Gläubiger der Haftungsentlassung nicht zu, sollte ein allfälliger Anspruch auf Sicherheitsleistung für die fortbestehende Haftung vereinbart werden.

Vertragliche Vorkehrungen. Im Falle der Ausübung des Aufgriffsrechtes bei der Kündigung – ebenso wie beim Ausschluss und bei der Ausübung des Vorkaufs- und Aufgriffsrechtes – sollte der Fall, dass der ausscheidende Gesellschafter persönliche Haftungen für die GmbH eingegangen ist (z.B. Bankhaftungen, Haftungen aus Leasingverträgen) bedacht und dafür Vorsorge getroffen werden (z.B. durch eine Schad- und Klagloshaltungsverpflichtung des Übernehmers; Anspruch bzw. Ausschluss des Anspruchs auf Sicherheitsleistung des ausscheidenden Gesellschafters).

5.5. Anbietungsrecht

338 Als abgeschwächte Form eines Vorkaufsrechtes wird in Gesellschaftsverträgen fallweise auch ein *Anbietungsrecht* vereinbart. Danach muss ein Gesellschafter im Falle der beabsichtigten Veräußerung seinen Geschäftsanteil zunächst den übrigen Gesellschaftern zum Erwerb anbieten (zu einem von ihm selbst zu benennenden Preis), bevor er den Anteil an Dritte veräußern kann. Für den Fall, dass die übrigen Gesellschafter vom Angebot keinen Gebrauch machen und den Anteil nicht erwerben, ist i.d.R. vereinbart, dass der veräußerungswillige Gesellschafter seinen Geschäftsanteil für eine bestimmte Zeit (z.B. für sechs Monate) an Dritte veräußern kann – und zwar zu den den Mitgesellschaftern bekannt gegebenen, aber nicht zu schlechteren Bedingungen (d.h. nicht zu einem niedrigeren Kaufpreis).

Das Anbietungsrecht[132] bedeutet für den veräußerungswilligen Gesellschafter eine Erleichterung des Anteilsverkaufes; denn *echte Vorkaufsrechte* schrecken potenzielle Erwerber häufig ab, weil sie wissen, dass sie zunächst (hohe) Kosten für die Prüfung und Bewertung der GmbH und des zu erwerbenden Geschäftsanteiles aufwenden, ohne die Sicherheit zu besitzen, dass sie den Anteil auch tatsächlich erwerben können. Beim Anbietungsrecht hingegen setzt der potentielle Anteilskäufer diese Bemühungen erst, wenn feststeht, dass die Mitgesellschafter von ihrem Anbietungsrecht keinen Gebrauch gemacht haben und der Interessent den Anteil sohin ohne rechtliches Hindernis erwerben kann.

Das Anbietungsrecht ist für den verkaufswilligen Gesellschafter deshalb von Vorteil, weil die Mitgesellschafter zum Zeitpunkt des ihnen gestellten Anbots den ansonsten eintretenden Erwerber noch nicht kennen und daher u.U. mit einem für sie nachteiligen neu eintretenden Gesellschafter, z.B. einem Konkurrenten, rechnen müssen; dies wird sie eher dazu zwingen, das Anbot anzunehmen; außerdem sind sie höherem psychischen Druck ausgesetzt, weil sie nicht wissen, ob der zugrunde gelegte angebotene (meist sehr hohe) Preis bei einem Verkauf an Dritte überhaupt erzielt werden kann, wobei sie jedoch – wenn sie das Anbot nicht annehmen – Gefahr laufen, den Anteil nicht mehr erwerben zu können.

5.6. Mitverkaufsrecht

339 **Begriff und Wesen.** Zur Vermeidung überhöhter Scheinangebote Dritter und zur Vermeidung der Unsicherheit, die mit der Bewertung von Gesellschaftsanteilen durch Sachverständige häufig verbunden ist, wird fallweise auch ein Mitverkaufs-

---

[132] *Fritz*, GmbH-Praxis I – Vertragsmuster und Eingaben, 104.

recht *(Come along clause)* vereinbart.[133] Danach kann ein Gesellschafter seinen Geschäftsanteil nur dann veräußern, wenn der dritte Erwerber auch dem (den) übrigen Gesellschafter(-n) anbietet, seinen/deren Geschäftsanteil(-e) zu denselben, aliquoten Bedingungen wie vom übertragungswilligen Gesellschafter zu kaufen, wobei der (die) andere(-n) Gesellschafter das Recht zum Mitverkauf seines Anteils zu denselben (aliquoten) Bedingungen hat (haben). Meist hat der andere Gesellschafter stattdessen auch das Wahlrecht, den Geschäftsanteil des veräußerungswilligen Gesellschafters zu den vom Dritten angebotenen Bedingungen selbst zu erwerben.

Ist das Angebot des Dritten sehr hoch, können die übrigen Gesellschafter zu dem für sie günstigen Kaufpreis mitverkaufen. Ist das Angebot des Dritten niedrig, so kommen sie, wenn sie den Geschäftsanteil des veräußerungswilligen Gesellschafters zu diesem Preis selbst kaufen, in den Genuss des niedrigen Kaufpreises. Auch in diesem Fall kann die Veräußerung des Geschäftsanteils und die Notwendigkeit, diesen Geschäftsanteil des Mitgesellschafters zu erwerben und weitere finanzielle Verpflichtungen einzugehen, zur Unzeit kommen. Die Durchsetzung eines derartigen Mitverkaufsrechtes ist darüber hinaus schwierig, wenn der dritte Erwerber nicht über die Mittel verfügt, um die Geschäftsanteile sämtlicher Gesellschafter zu kaufen und den Kaufpreis tatsächlich zu bezahlen.

340 **Kostenregelung.** In allen Fällen gesellschaftsvertraglicher Vorkaufs–, Aufgriffs- und Mitverkaufsrechte sollte ferner geklärt werden, wer die mit der Anteilsübertragung verbundenen Kosten des Notariatsaktes und – im Falle der Bewertung des Geschäftsanteils durch Sachverständige – wer die Sachverständigenkosten zu tragen hat. Ferner sollte die Herbeiführung der Enthaftung oder Sicherstellung bzw. des Ausschlusses der Sicherstellung für allfällige persönliche Haftungen der Gesellschafter für Verbindlichkeiten der GmbH (z.B. für Bankkredite, Leasingraten) im Gesellschaftsvertrag geregelt werden. Dasselbe gilt für Gesellschafterdarlehen.

5.7. Call-Option

341 Unter einer *Call-Option* wird eine Vereinbarung verstanden, wonach einzelnen Gesellschaftern das Recht eingeräumt ist, von anderen Gesellschaftern die Abtretung von deren Geschäftsanteilen zu verlangen. Solche Abreden zwischen den Vertragspartnern sind grundsätzlich zulässig.

5.8. Put-Option

342 Während mit Aufgriffs- und Vorkaufsrechten durchwegs Rechte zugunsten der übrigen Gesellschafter entstehen, mit denen die Pflicht des abtretungswilligen Gesellschafters verknüpft ist, seinen Geschäftsanteil abzutreten, begründet die Put-Option *(Andienungsrecht)* eine Pflicht der übrigen Gesellllschafter. Put-Option bedeutet, dass im Falle der Ausübung der Option die übrigen Gesellschafter verpflichtet sind, den *angedienten* Geschäftsanteil zu übernehmen.

6. Erbfolge

343 **Grundlagen.** Aufgriffsrechte werden häufig sowohl

- beim Ableben eines Gesellschafters als auch

---

[133] Vgl. hiezu auch *Sommer* in Priester/Mayer, Münchner Handbuch des Gesellschaftsrechts III, § 26 Rz. 64.

- eingeschränkt auf den Fall, dass der Geschäftsanteil an Personen vererbt oder vermacht wird, die bestimmte gesellschaftsvertragliche Voraussetzungen nicht erfüllen, vereinbart.

Ein generelles Aufgriffsrecht im Falle des Todes sollte so vereinbart werden, dass es schon gegenüber der Verlassenschaft – und nicht erst *nach Einantwortung*[134] gegenüber den Erben – geltend gemacht werden kann, weil andernfalls die Erben durch eine Hinauszögerung des Verlassenschaftsverfahrens noch Einfluss auf die GmbH ausüben könnten, der durch eine derartige Regelung meistens gerade unterbunden werden soll.[135]

344 Die **freie Vererblichkeit** der Geschäftsanteile ist zwingendes Recht. Eine Beschränkung der Teilung des Geschäftsanteiles ist sohin unzulässig. Um die unerwünschten Folgen der freien Vererblichkeit zu mildern, kann der Gesellschaftsvertrag vorsehen, dass der Erbe oder Legatar zur entgeltlichen Übertragung des Geschäftsanteiles an die übrigen Gesellschafter oder von der Generalversammlung namhaft gemachte Dritte verpflichtet wird.[136] Ebenso kann der Gesellschaftsvertrag vorsehen, dass die überlebenden Mitgesellschafter zum Erwerb des vererbten Geschäftsanteiles verpflichtet sind.

- **Beispiel**
  Die Erben sind verpflichtet, binnen drei Monaten einen Bevollmächtigten namhaft zu machen, der sie gegenüber der Gesellschaft vertritt.

  Beispiel: Übertragung von Geschäftsanteilen durch Rechtsgeschäft von Todes wegen

  Fallgruppe 1: Testament zu Gunsten von Nachkommen und Gesellschaftern

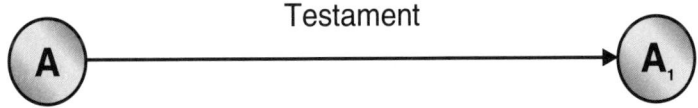

A₁

B

C

---

[134] OGH 15.2.2000, 5 Ob 110/99h = RdW 2000, 348 = WoBl 2000, 146 = immolex 2000,80.
[135] Zur Zulässigkeit der Einräumung von Aufgriffsrechten bei Tod eines Gesellschafters: OGH 25.2.1993, 6 Ob 1013/92 = ecolex 1993, 458; zur Notwendigkeit der Vereinbarung in Notariatsaktform: OGH 17.10.1995, 1 Ob 510/95 = ecolex 1996, 172.
[136] OLG Wien, 17.5.2005, 28 R 68/05h = GeS 2005, 371.

Fallgruppe 2: Testament zu Gunsten dritter Personen

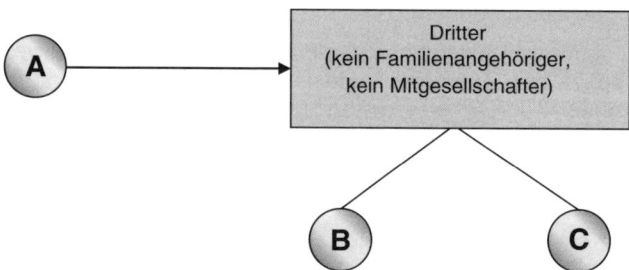

Aufgriff durch Mitgesellschafter	Kein Aufgriff durch Mitgesellschafter
~~A~~	~~A~~
~~Dritter~~	Dritter
B	B
C	C

7. Kündigungsrecht der Gesellschafter

345 **Grundlagen.** Einem Gesellschafter kann im Gesellschaftsvertrag die Möglichkeit eingeräumt werden, durch Kündigung die Auflösung der Gesellschaft herbeizuführen (§ 84 Abs. 2 GmbHG).[137] Davon zu unterscheiden ist die einem Gesellschafter eingeräumte Möglichkeit, durch Kündigung sein Ausscheiden als Gesellschafter aus der Gesellschaft einzuleiten, d.h. ein Kündigungsrecht verbunden mit einem Aufgriffsrecht oder mit einer Übernahmepflicht der übrigen Gesellschafter.[138] Im Gegensatz zur Gesellschaft bürgerlichen Rechts, der Offenen Gesellschaft und der KG sieht das Gesetz weder ein ordentliches Kündigungsrecht noch eine außerordentliche Kündigung oder Auflösungsklage vor.

346 Wenngleich auch für die **außerordentliche Kündigung** der GmbH aus wichtigen Gründen beachtliche Argumente sprechen,[139] ist es jedenfalls zweckmäßig und empfehlenswert, gesellschaftsvertraglich ein Kündigungsrecht vorzusehen. Dies entspricht meist den Bedürfnissen der Gesellschafter, zumal GmbHs häufig ähnlich wie eine Offene Gesellschaft und KG strukturiert sind, für die sowohl das ordentliche als auch das außerordentliche Kündigungsrecht gesetzlich zwingend angeordnet sind. Selbstverständlich ist auch eine Kombination derart möglich, dass zwar ein generelles Kündigungsrecht festgesetzt, aber für eine bestimmte Dauer ein Kündigungsverzicht abgegeben wird.

347 **Rechtsfolgen.** Die Kündigung führt grundsätzlich zur Liquidation der GmbH, deren Vermögen auf Grund der Kündigung zu verwerten und der Liquidationsüberschuss an die Gesellschafter zu verteilen ist.

348 **Aufgriffsrecht.** Die Rechtsfolge, das Unternehmen zu liquidieren und zu veräußern, wird häufig als nicht zweckmäßig empfunden, weshalb im Gesellschaftsver-

---

[137] Im Gesetz selbst ist weder ein Recht zur ordentlichen noch zur außerordentlichen Kündigung in Form der Auflösungsklage vorgesehen (OGH 29.1.2001, 3 Ob 57/00d = GesRZ 2001, 94 = RdW 2001/374, 340 = EvBl 2001/112, 471).
[138] Vgl. hiezu auch *Elsner,* Kündigungsmöglichkeiten im Gesellschaftsrecht, ecolex 1995, 175.
[139] *Reich-Rohrwig,* Das österreichische GmbH-Recht[1], 669 ff.

---

trag das Kündigungsrecht der Gesellschafter häufig mit einem Aufgriffsrecht oder einer Übernahmepflicht der übrigen Gesellschafter verknüpft wird. Danach können die übrigen Gesellschafter den Geschäftsanteil des Kündigenden innerhalb einer bestimmten Frist erwerben und auf diese Weise die Liquidation der GmbH abwenden.[140] Fallweise wird auch die Höhe der an den Kündigenden zu zahlenden Abfindung danach differenziert, wann und aus welchen Gründen (bzw. ohne wichtigen Grund) die Kündigung ausgesprochen wird.

Im Hinblick auf das **Verbot der Einlagenrückgewähr** ist es unzulässig, dass die GmbH selbst oder eine Tochtergesellschaft den Geschäftsanteil des Kündigenden erwirbt.[141] Die Abfindung des kündigenden Gesellschafters kann daher nicht aus dem Vermögen der GmbH geleistet werden. **349**

Kündigungsrecht. Sofern der Gesellschaftsvertrag keine Regelungen vorsieht, steht dem Gesellschafter einer GmbH kein ordentliches Kündigungsrecht zu. Allerdings besteht die Möglichkeit zur Kündigung aus wichtigem Grund. Dieses Recht ist wie bei jedem Dauerschuldverhältnis unabdingbar. **350**

Übersicht: Voraussetzungen für die Ausübung eines Kündigungsrechtes

- Erreichung eines bestimmten Alters,
- im Vertrag vereinbarte wichtige Gründe,
- Nichterreichung eines Mindestgewinnes.

Da die Kündigung einer GmbH einen Auflösungsgrund darstellt, müssen korrespondierende Maßnahmen (Aufgriffsrecht und/oder Übernahmepflicht) vertraglich vereinbart werden. Wenn die Aufgriffsrechte nicht rechtzeitig ausgeübt werden, tritt die GmbH verpflichtend in Liquidation. Das Kündigungsrecht kann entweder jedem einzelnen Gesellschafter zustehen oder nur einer Gruppe von Gesellschaftern gemeinsam. Die Kündigung kann fristlos oder unter Einhaltung einer bestimmten Kündigungsfrist – was in der Praxis zu empfehlen ist – erfolgen.

8. Streitbeilegungsregelungen

8.1. Einführung

In Österreich wird jede zweite Ehe geschieden. Die Errichtung einer GmbH ist nichts anderes als eine Partnerschaft in unternehmerischer Hinsicht. Vielfach bestehen (oder entstehen) zur wirtschaftlichen Sphäre auch noch private Anknüpfungspunkte; denken wir in diesem Zusammenhang etwa an die Situation in einem Familienunternehmen. **351**

Während Sie es also in ihrer privaten Partnerschaft üblicherweise (zumindest gehe ich davon aus) *nur* mit einem Partner zu tun haben, sind Sie in Ihrer GmbH-Partnerschaft vielleicht einer von mehreren Gesellschaftern. Vor allem dann, wenn alle mitarbeiten (wollen), kann es hier manchmal durchaus nervenaufreibend zugehen.

Also: Auch GmbH-Partnerschaften werden geschieden. Einvernehmlich oder auch nicht. Aufgabe des Vertragsverfassers ist es, sowohl das Verfahren anlässlich von Änderungen im Stande der Gesellschafter vorzusehen als auch Methoden für die Austragung allfälliger Konflikte zu vereinbaren. Hiefür stellt das Mediationsverfah-

---

[140] Vgl. OGH 12.3.1997, 6 Ob 26/97 k.
[141] § 81 GmbHG.

ren die erste (freiwillige) Stufe dar, weiters steht – für den Fall, dass kein einvernehmliches Ergebnis erzielt wird – das Verfahren vor einem ordentlichen Gericht oder Schiedsgericht zur Verfügung. Nicht mediations- und schiedsgerichtsfähig sind lediglich im Gesetz ausdrücklich geregelte Vermögens- und Informationspflichten (z.B. Übermittlung einer Beschlussabschrift an jeden Gesellschafter).

Eine Methode, die eigentlich keine Methode im eigentlichen Sinne ist, möchte ich Ihnen abschließend nicht vorenthalten: Wir sagen zu den Gesellschaftern: *„ Wir haben euch zusammengebracht, wir bringen euch im Streitfall auch wieder auseinander.“*

8.2. Das Mediationsverfahren

352

Begriff. Mediation ist eine Form des Verhandlungsmanagements, mit der eine neutrale dritte Person ohne Entscheidungskompetenz – die als Mediator bezeichnet wird – zwei oder mehrere Parteien bei Verhandlungen über wirtschaftliche, wirtschaftsrechtliche oder persönlich geprägte Konflikten bei Unternehmensnachfolgen unterstützt.

> **Übersicht: Mediation**
>
> Der Begriff Mediation bedeutet Vermittlung und ist ein außergerichtlicher, systematischer, zeitlich begrenzter und zukunftsorientierter Prozess mit dem Ziel,
>
> - die Kommunikation und Kooperation zwischen Übergeber und Übernehmer zu fördern;
> - Alternativen zu gestalten und zu optimieren;
> - den Streitparteien zu einer Einigung aus freiem Willen – durch Verhandlung auf der Grundlage ihrer subjektiven Interessenlage, Bedürfnisse und Gerechtigkeitsvorstellungen – zu verhelfen, die von beiden Seiten schlussendlich als fair akzeptiert werden kann.

353

Der **Mediator** steht zwischen den Konfliktparteien, um deren entgegengesetzte Positionen zu einem gemeinsamen Interessenausgleich zu katalysieren.

354

Die **Grundlagen der Mediationstechnik** beruhen auf den Prinzipien der Harvard-Verhandlungsmethode. Diese Verhandlungsmethode lässt sich – stark vereinfacht – mit dem Prinzip *Kooperation statt Konfrontation* kennzeichnen und zeichnet sich durch

- die Trennung der Beziehungs- von der Sachebene,
- Abkehr vom Denken in Positionen,
- Hinwendung zum Verhandeln entsprechend der Interessen der Parteien hinter den Positionen,
- kreative Suche nach neuen, am besten gemeinsamen Lösungen (als Optionen bezeichnet),
- die Auflösung verbliebener Interessengegensätze nach objektiven Kriterien (Bewertung durch Dritte) – d.h. vor dem Vergleichsabschluss ist von jeder Seite zu prüfen, ob je eine andere, bessere Alternative zur Verfügung steht – aus.

Übersicht: Wichtige Merkmale eines Mediationsverfahrens

● Anwesenheit vermittelnder Dritter

● Einbeziehung aller Konfliktparteien in den Mediationsdialog

● informelle, außergerichtliche und eigenverantwortliche Ebene

● Freiwilligkeit und Vertraulichkeit

● Selbstbestimmung sowie eigenverantwortliche und eigenverantwortete Entscheidungsbefugnis zur Konfliktregelung

Ziele eines Mediationsverfahrens. Durch Mediation soll vorrangig eine selbstbe- **355** stimmte und einvernehmliche Regelung der Konflikte zwischen den Streitparteien erreicht werden. Die Ziele einer Mediation sind daher:

● Hilfe zur Selbsthilfe

● Stärkung der Eigenverantwortlichkeit

● Förderung der selbständigen Kommunikations–, Kooperations- und Gestaltungsfähigkeit

● Verbesserung der Konflikt- und Streitregelungsfähigkeit

Ergebnis. Es wird also eine Verhandlung angestrebt, aus der beide Parteien am **356** Ende als Gewinner hervorgehen *("Win-Win-Solution"),* also eine Abkehr vom sonst üblichen Gewinn-Verlust-Denken, bei dem der Erfolg der einen Partei dem Misserfolg der anderen Partei entspricht, also vorhandenes Wertschöpfungspotenzial vernichtet wird.

Feststellung der Interessen. In dieser Phase beginnt der Mediator, die hinter den **357** Positionen stehenden, oft zunächst verborgenen wirtschaftlichen oder persönlichen Interessen der Parteien zu erkunden. Mit Hilfe der offenen Fragetechnik wird herausgearbeitet und üblicherweise optisch dargestellt, welche Motive hinter den von den Parteien vertretenen Positionen liegen und welche Bedeutung diese für sie haben. Soweit sich hier bereits übereinstimmende Interessen der Parteien finden lassen, wird die Einigungsbereitschaft gefördert und auch hinsichtlich etwa nicht übereinstimmender Interessen Verständnis für die jeweils andere Partei geweckt.

Interessen versus Positionen. Positionen werden von den Streitparteien meis- **358** tens bezogen, um die eigenen Bedürfnisse und Interessen durchzusetzen. Über diese Interessen kann eher verhandelt werden. Zum einen können hinter den gegensätzlichen Positionen sowohl gemeinsame als auch sich widersprechende Interessen liegen, zum anderen erweitert die Konzentration auf Interessen den Verhandlungsspielraum und eröffnet einen größeren Raum von unterschiedlichen Lösungsmöglichkeiten.

Übersicht: Phasen einer Wirtschaftsmediation und Darstellung der Mediationstechniken

Phasen einer Wirtschafts- mediation	Fragestellung	Anmerkungen	spezielle Media- tionstechnik
● **Einstieg in die Media- tion**		● geplante / Ad-hoc- Kontaktaufnahme ● Mediationsvertrag	

Phasen einer Wirtschafts- mediation	Fragestellung	Anmerkungen	spezielle Media- tionstechnik
• Bestandsauf- nahme		• Festlegung der inhaltlichen Themen und Positionen • Beziehungsebene herstellen	• Klärende Fragen stellen („aktives Zuhören")
• Festlegen des Mediati- onsprozes- ses		• Beteiligte • Themen • Phasen der Media- tion • Zeitplan • Tagesordnung	• Übernahme der Verhandlungsleitung
• Erforschen der Interes- sen und Nichteini- gungsalter- nativen	• Worum geht es den Beteiligten wirklich? • Was ist ihnen wichtig / weniger wichtig? • Was können sie tun, wenn sie sich nicht einigen?		• Führung von Einzel- gesprächen („Cau- cus") • Kritische Prüfung der Nichteinigungs-alter- nativen • Verständnis der Ver- handlungspartner für Wahrnehmung der Gegenseite fordern • Arbeiten mit Ent- scheidungsszena- rien
			– Rollenwechsel- übung (Stellen Sie sich vor, Sie wären in seiner Situation!?)
• Entwickeln von Lösun- gen	• Wie lassen sich aller- seits vorteilhafte Optionen finden?		• Organisieren eines „Brainstormings" • Gemeinsame Inter- essen, Interessenun- terschiede und Skaleneffekte zur Wertschöpfung nut- zen • Vorschläge lancieren – die reaktive Abwertung ver- meiden – steigern der Ver- mittelbarkeit – positive Wahrneh- mung erzeugen – („Framing")
• Bewerten von Lösun- gen	• Welche Optionen schöpfen den größ- ten Wert? • Welche Optionen sind fair bzw. gerecht?	• Zwischen Entwick- lung von Lösungen und dem Bewerten von Lösungen bedarf es einer klaren Tren- nung; „Bewerten" engt im Ergebnis ein, reduziert, usw.	• Standards und Krite- rien einbringen
• Detaillie- rung eines Lösungs- paketes		• Verpflichtungen • Zeitplan • Offene Punkte • Weitere Schritte	• Ein-Text-Verfahren einsetzen – Paketlösungen konzipieren

Fazit. In der Mediation ist es sohin entscheidend, dass alle Beteiligten versuchen, die hinter den Positionen stehenden Interessen, Bedürfnisse und Ängste zu verstehen und diese als berechtigt anzuerkennen. Es ist allerdings in der Praxis nicht immer einfach, diese Interessen zu verstehen: Positionen sind meistens konkret und deutlich, die dahinter liegenden Interessen oft wenig konkret und zum Teil in sich widersprüchlich. Dieser Prozess des gegenseitigen Verstehens erfordert von allen Beteiligten viel Geduld. **360**

Übersicht: Vorteile einer Mediation gegenüber konventionellen Verfahren **361**

- Einbeziehung ansonsten verdrängter Themen und Aspekte in die Verhandlung, also eine interessengerechte Ausweitung des Themen- und Lösungsrahmens

- Schaffung eines adäquateren, die jeweiligen Werte berücksichtigenden Entscheidungsprozesses, in den auch rechtlich noch nicht normierte, aber soziale und konfliktrelevante Aspekte einfließen können

- Ermöglichung eines problemangemessenen Kommunikationsprozesses, da die Gespräche nicht direkt auf eine letzte Entscheidung durch Gerichte ausgerichtet sind

- Vorteilhafte Form der Konfliktregelung durch wechselseitiges Einfließen von Ideen

- Gewährleistung größerer Stabilität der im Verfahren erzielten Entscheidungen, da sie einvernehmlich auf der Basis eines breit angelegten, interessenausgleichenden und transparenten Verfahrens entwickelt wurden

Nachteile im engeren Sinne sind mit einem Mediationsverfahren an sich keine verbunden. Mediationsverfahren sind allerdings kein Allheilmittel, kein Instrument zur Wahrheitsfindung, zur bloßen Akzeptanzbeschaffung und Verfahrensbeschleunigung oder Verfahrensverbilligung. Das aus meiner Sicht allergrößte Problem dieser alternativen Streitbeilegungsmethode liegt nach wie vor in der vergleichsweise geringen Akzeptanz in Österreich und den Schwierigkeiten, die sich aus dem Umstand ergeben können, dass eine Streitpartei ein Mediationsverfahren will und die andere eben nicht. **362**

- **Beispiel einer gesellschaftsvertraglichen Mediationsklausel:**

  (1) Die Vertragspartner werden versuchen, alle Meinungsverschiedenheiten, die bei der Durchführung dieses Gesellschaftsvertrages entstehen, gütlich durch Verhandlungen zu lösen.

  (2) Gelingt es den Gesellschaftern nicht, ihre Meinungsverschiedenheiten binnen 30 Tagen nach Beginn der Verhandlungen beizulegen, werden die Vertragspartner verpflichtend ein Mediationsverfahren durchführen. Diese Verpflichtung gilt auch für den Fall, dass die Verhandlungen nicht binnen 30 Tagen nach Zugang der Aufforderung eines Vertragspartners zur gütlichen Verhandlung gemäß Abs. 1 aufgenommen worden sind.

  (3) Das Mediationsverfahren ist durch einen ausgebildeten Wirtschaftsmediator aus dem Kreise der Rechtsanwälte, Wirtschaftstreuhänder, Unternehmensberater, Notare oder eines Angehörigen des Bundesverbandes der Mediatoren durchzuführen.

  (4) Kann im Wege des Mediationsverfahrens innerhalb einer angemessenen Frist keine einvernehmliche Lösung gefunden werden, so wird die Zuständigkeit eines Schiedsgerichtes auf Grundlage der nachfolgenden Bestimmungen vereinbart.

  (5) Ein Mediationsverfahren ist jedenfalls dann nicht durchzuführen, wenn es sich beim Streitgegenstand um die Erfüllung gesetzlich normierter Beitragspflichten eines Gesellschafters handelt.

8.3. Schiedsgericht

363

Grundlagen. Im Gesellschaftsvertrag ist für Rechtsstreitigkeiten aus dem Gesellschaftsverhältnis auch die Vereinbarung der Zuständigkeit eines Schiedsgerichtes zulässig. Die Schiedsgerichtsbarkeit ist eine staatlich normierte Rechtsverfolgung von nicht-staatlichen Entscheidungsorganen. Schiedsgerichte sind Rechtsschutzeinrichtungen, die kraft gesetzlicher Ermächtigung bei Vorliegen eines ausdrücklichen oder formgerechten Schiedsvertrages anstelle der staatlichen Gerichte die Entscheidung über Streitigkeiten des Privatrechtes übernehmen. Die Schiedsrichter besitzen weder die verfassungsrechtlichen richterlichen Garantien (Weisungsfreiheit und Unabhängigkeit) noch müssen sie die fachlichen oder formalen Erfordernisse eines Berufsrichters erfüllen. Das Schiedsgerichtsverfahren stellt kein *Privatgericht* dar, da die Schiedssprüche mit den Wirkungen eines Hoheitsaktes – Rechtskraft und Vollstreckbarkeit – ausgestattet sind. Das österreichische Verfahrensrecht hat die Schiedsgerichte ins öffentlich-rechtliche Rechtsschutzsystem eingeordnet. Formgerecht ist ein Schiedsvertrag dann, wenn er den Erfordernissen der Zivilprozessordnung (§§ 577 ff. ZPO) entspricht.

364

Die **Einrichtung eines Schiedsgerichtes** erfordert eine Schiedsklausel im GmbH-Vertrag und darüber hinaus einen schriftlichen Schiedsvertrag. Die Zuständigkeit eines Schiedsgerichtes muss entweder in der ersten Fassung des Gesellschaftsvertrages oder mit Zustimmung aller Gesellschafter – im Fall einer Satzungsänderung – vereinbart werden. Die Rechtsnachfolger sind – vorbehaltlich einer gegenteiligen Regelung – an dieses Schiedsgericht gebunden.

● **Beispiel einer gesellschaftsvertraglichen Schiedsgerichtsklausel:**

Für alle Streitigkeiten aus diesem Gesellschaftsvertrag zwischen der Gesellschaft und den Gesellschaftern sowie zwischen den Gesellschaftern untereinander ist – soweit die Zuweisung an ein Schiedsgericht zulässig ist – ein nach den Bestimmungen der §§ 577 ff. Zivilprozessordnung (ZPO) errichtetes Schiedsgericht zuständig. Dies gilt auch für Streitigkeiten nach dem Ausscheiden von Gesellschaftern und bei Streitigkeiten über das Bestehen und Nichtbestehen des Gesellschaftsvertrages.

365

Zweckmäßigkeit eines Schiedsgerichtes. Ob eine Schiedsgerichtsvereinbarung sinnvoll ist oder die ordentlichen Gerichte zuständig bleiben sollen, richtet sich nach dem Einzelfall.

Übersicht: Vorteile eines Schiedsgerichtes
- Formfreiheit
- Möglichkeit der Zuziehung von geeigneten Fachleuten
- Rasche und auf Vergleich gerichtete Entscheidungen

366

Der größte **Vorteil des Schiedsgerichtsverfahrens** liegt in der raschen Erledigung des Rechtsstreits. Während ein gerichtliches Verfahren vor bis zu drei Instanzen durchgeführt werden kann, die durch eine Rückverweisung möglicherweise mehrmals durchlaufen werden müssen, entscheidet das Schiedsgericht endgültig. Im Regelfall wird ein Schiedsgerichtsverfahren nur von einer Instanz durchgeführt. Die Verfahrensgestaltung kann weitestgehend formfrei vereinbart werden. Nachdem die Parteien dem Schiedsgericht einen gewissen Vertrauensvorschuss entgegenbringen, kann ein Verfahren in gelöster Atmosphäre eine gütliche Einigung begünstigen. Im Gesellschaftsrecht wird den Parteien mehr an einer wirtschaftlich vernünftigen Einigung ohne Gesichtsverlust gelegen sein, die weitere Geschäftsbeziehungen ermöglicht, als an der Lösung komplizierter Rechtsfragen. Dies führt dazu, dass viele Schiedsverfahren mit einem Vergleich abgeschlossen werden.

Es sollte nicht übersehen werden, dass bei der Lösung schwieriger wirtschaftlicher Fragen durch die Bestellung profunder Kenner der jeweiligen Materie eine weitere Beschleunigung des Verfahrens erzielt werden kann. Die Beiziehung von Sachverständigen wird weitgehend obsolet, was eine wesentliche Kostenersparnis bedeutet.

Übersicht: Nachteile eines Schiedsgerichtes   **367**
- Vergütung für die Mitglieder des Schiedsgerichtes
- Gefahr der Parteilichkeit
- Fehlende Kompetenz zur endgültigen vollstreckbaren Entscheidung

8.4. Gerichtsstandsvereinbarung

Gesetzliche Grundlagen. Ist im Gesellschaftsvertrag keine besondere Regelung **368** getroffen, werden Streitigkeiten zwischen der Gesellschaft und ihren Gesellschaftern oder zwischen den Gesellschaftern vor den ordentlichen Gerichten ausgetragen.

Gerichtsstand. Sofern kein Schiedsgericht vorgesehen ist, ist die Vereinbarung **369** eines Gerichtsstandes – soweit nicht der Zwangsgerichtsstand gem. § 83b JN gilt – zulässig. Zwangsgerichtsstand ist der sachlich zuständige Gerichtshof am Sitz der Gesellschaft.

Wertzuständigkeit. Bei Vereinbarung einer Gerichtsstandsklausel ist die Wertzu- **370** ständigkeit zu beachten, da sowohl die Zuständigkeit des Gerichtshofes als auch die des Bezirksgerichtes gegeben sein kann. Zu überlegen ist ferner, ob ein ausschließlicher oder ein wahlweiser Gerichtsstand vereinbart werden soll. Eine Gerichtsstandsklausel wird insbesondere zu empfehlen sein, wenn Sachverhalte in das Ausland reichen.

- **Beispiel einer Gerichtsstandsklausel:**
  Meinungsverschiedenheiten und Streitigkeiten aus diesem Gesellschaftsverhältnis werden – soweit keine besonderen Vereinbarungen erfolgen – ausschließlich vor dem Landes- als Handelsgericht Innsbruck als sachlich zuständigem Gericht ausgetragen.

IX. Die Generalversammlung

Inhaltsverzeichnis   **Rz.**
1. Grundlagen 371
2. Systematische Organisation und Ablauf einer Generalversammlung in der
    Beratungspraxis   376
3. Gesellschafterbeschlüsse 377
    3.1. Allgemeine Hinweise für die Beratungspraxis 377
    3.2. Einberufung bei Verlust des halben Stammkapitals 387
    3.3. Ausübung des Stimmrechts 390
          3.3.1. Grundlagen 390
          3.3.2. Mehrheitserfordernisse 393
          3.3.3. Wann darf ein Gesellschafter in eigenen Angelegenheiten nicht
                  mitstimmen? 397
          3.3.4. Fehlerhafte Beschlüsse 403
4. Checkliste: Generalversammlung
    4.1. Durchführung einer Generalversammlung
    4.2. Maßnahmen anlässlich einer Generalversammlung
5. Praxisbeispiele und Mustertexte
    5.1. Fallbeispiel Ablauf einer körperlichen Generalversammlung
    5.2. Fallbeispiel Beschlussfassung im Umlaufverfahren (§ 34 GmbHG)
6. Wie bekomme ich als GmbH-Gesellschafter die erwünschten Informationen? 410
7. Die Zusammenarbeit zwischen der Generalversammlung und der Geschäftsführung:
    Warum gibt es vielfach Frustration und Reibungsverluste? 419
    7.1. Einführung 419
    7.2. Streitvermeidung ... oder doch nicht? 426
    7.3. Warum gibt es häufig Streit zwischen den Gesellschaftern? -Konflikt-
          prophylaktische Maßnahmen 429

1. Grundlagen

371

Beschlussfassungsmonopol. Die Gesellschafter in ihrer Gesamtheit bilden in der Generalversammlung das oberste Willensbildungsorgan der GmbH, in deren Rahmen sie ihre Rechte und Pflichten wahrnehmen. Die Generalversammlung kann auch über Fragen, die an sich in die Kompetenz anderer Organe gehören, Entscheidungen treffen. Sie kann auf Grund des gesellschaftlichen Organisationsprinzips jederzeit aus eigener Initiative Angelegenheiten an sich ziehen. Der Generalversammlung kommt ein umfassendes *Weisungsrecht* gegenüber der Geschäftsführung zu. Besteht ein obligatorisches oder fakultatives Überwachungsorgan (Aufsichtsrat), ist die Generalversammlung sogar ermächtigt, allfällige Aufsichtsratsbeschlüsse zu korrigieren bzw. außer Kraft zu setzen.

Übersicht: Entstehen des Überwachungs- und Geschäftsleitungsorgans

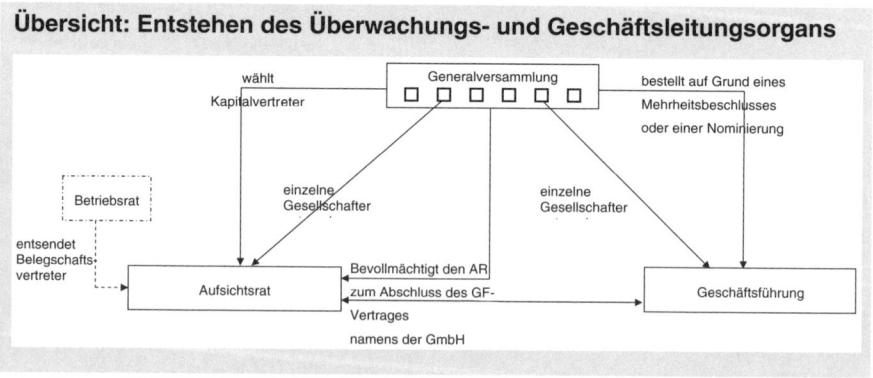

Organisationsverfassung. Je nach vertraglicher Ausgestaltung können – abgese- **372** hen von zwingenden Aufgaben, die den Geschäftsführern obliegen – faktisch die Gesellschafter innerhalb der Generalversammlung die Geschicke der GmbH leiten. Durch diese Organisationsverfassung obliegt jedem Gesellschafter ein hohes Maß an Verantwortung, da er gerade in der Generalversammlung seine Mitgliedschafts- rechte und -pflichten ausübt.

Negative Minderheitsrechte entstehen dadurch, dass Gesellschafterbeschlüsse **373** nur mit bestimmten Mehrheiten gefasst werden können und daher einer Minderheit das Recht eingeräumt wird, qualifizierte Beschlüsse zu verhindern. Dies geschieht im Regelfall durch die vertragliche Vereinbarung einer Sperrminorität oder durch eine entsprechende Formulierung der Mehrheitserfordernisse. Bei diesen negativen Minderheitsrechten ist sohin nicht die Beteiligung am gesamten Kapital, sondern an den Stimmrechten – die auch von Sachverhalt zu Sachverhalt variieren könnten – maßgebend.

Übersicht: Zuständigkeit der Generalversammlung **374**
- Die Feststellung des Jahresabschlusses und die Verwendung des Ergebnis- ses (§ 35 Abs. 1 Z 1 GmbHG)
- Die Einforderung von Einzahlungen auf die Stammeinlagen (§ 35 Abs. 1 Z 2 GmbHG)
- Die Rückzahlung von Nachschüssen (§ 35 Abs. 1 Z 3 GmbHG)
- Die Erteilung von Prokura und Handelsvollmacht zum gesamten Geschäfts- betrieb (§ 35 Abs. 1 Z 4 GmbHG)
- Die Maßregeln zur Überprüfung und Überwachung der Geschäftsführung (§ 35 Abs. 1 Z 5 GmbHG)
- Die Geltendmachung von Ersatzansprüchen, welche der Gesellschaft aus der Gründung oder Geschäftsführung gegen die Geschäftsführer, deren Stellvertreter oder den Aufsichtsrat zustehen, sowie die Vertretung der Gesellschaft in Prozessen, wenn die Gesellschaft weder durch die Geschäftsführer noch durch den Aufsichtsrat vertreten werden kann (§ 35 Abs. 1 Z 6 GmbHG)
- Der Erwerb von Anlagen und unbeweglichen Gegenständen (§ 35 Abs. 1 Z 7 GmbHG)
- Entlastung der Geschäftsführung und eines allfälligen Aufsichtsrates
- Änderungen des Gesellschaftsvertrages (§§ 49 ff. GmbHG)
- Erhöhung und Herabsetzung des Stammkapitals (§§ 52–59 GmbHG): Mehr- heit ca. 75 v.H. der abgegebenen Stimmen und notarielle Beurkundung
- Im Gesellschaftsvertrag vorgesehene Beschlussgegenstände

Über die in § 35 Z 1, 3 und 6 GmbHG bezeichneten Gegenstände ist *immer* ein Beschluss der Gesellschafter einzuholen. Für den Erwerb von Anlagen und unbeweglichen Gegenständen ist dies innerhalb der ersten zwei Jahre nach der Eintragung der Gesellschaft erforderlich. Ansonsten kann der Gesellschaftsvertrag eine Vermehrung oder Verringerung der Beschlussgegenstände vorsehen.

Zustimmungspflichtige Geschäfte. In vielen Fällen begnügt sich der Gesell- **375** schaftsvertrag nicht nur mit den gesetzlichen Zuständigkeiten, sondern erweitert auch die Kompetenzen der Generalversammlung.[141]

---

141 Vgl. hiezu *Fritz*, GmbH-Praxis I – Vertragsmuster und Eingaben, 66 ff.

2. Systematische Organisation und Ablauf einer Generalversammlung in der Beratungspraxis

376

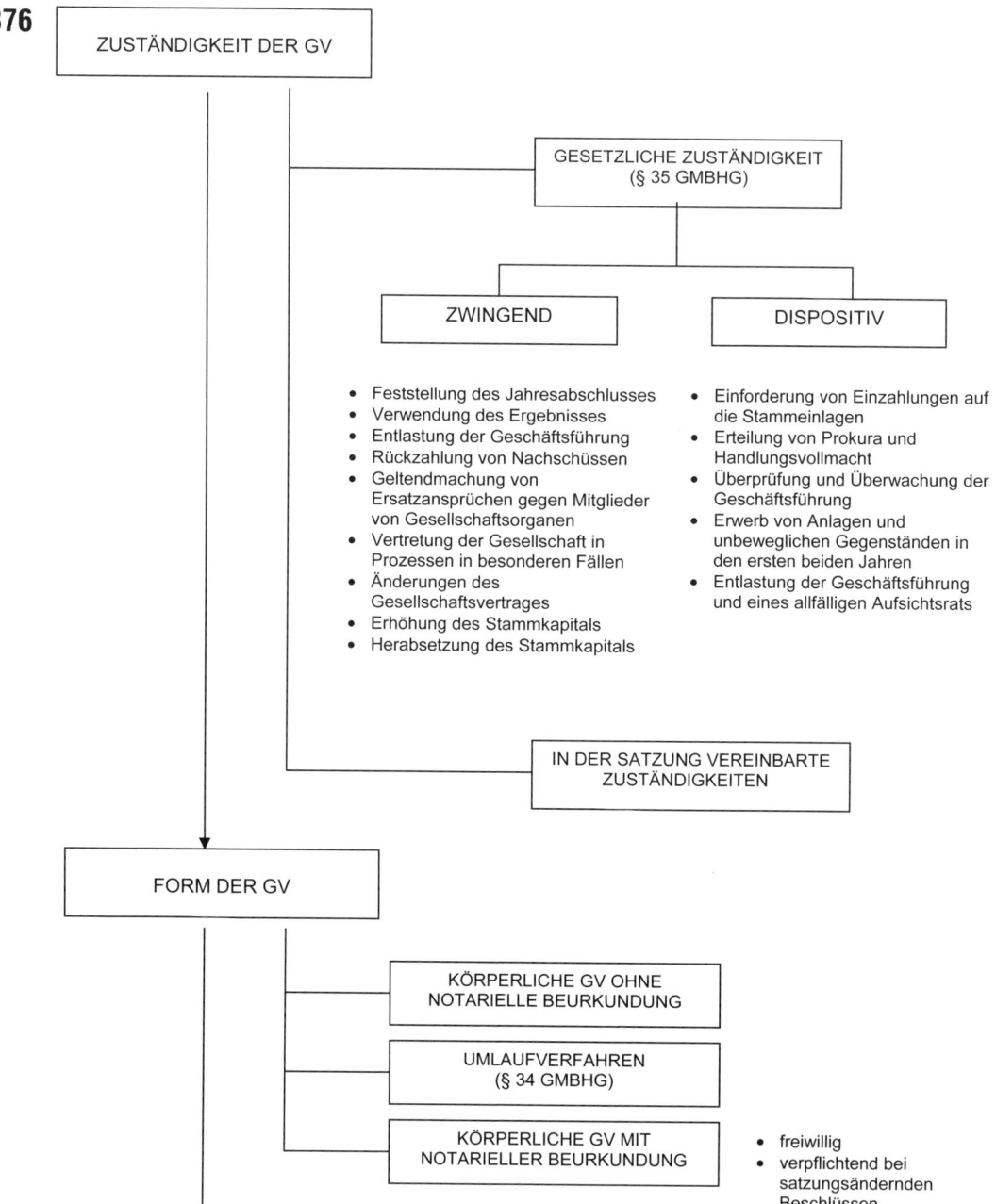

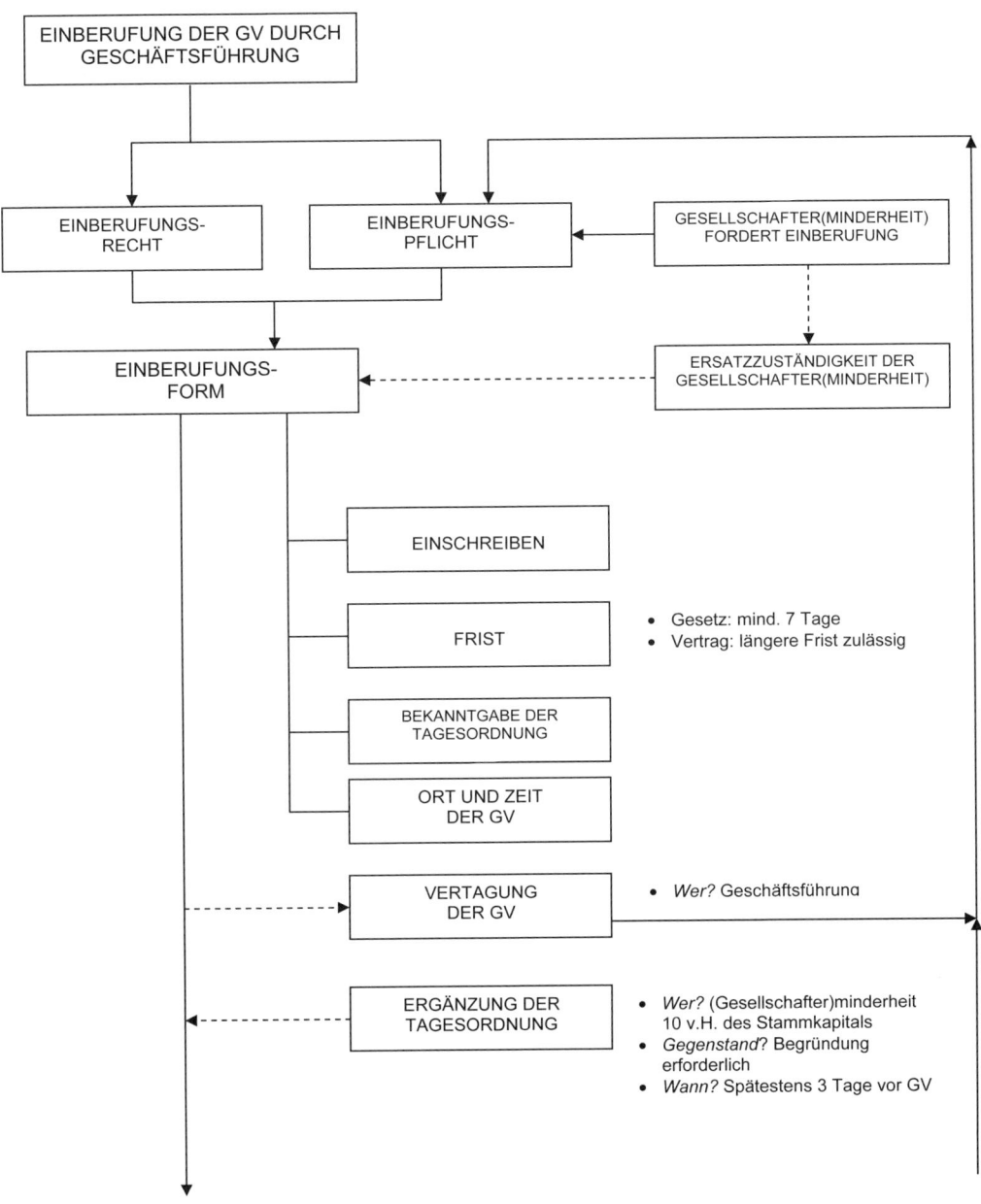

EINBERUFUNG DER GV DURCH GESCHÄFTSFÜHRUNG

EINBERUFUNGS-RECHT

EINBERUFUNGS-PFLICHT

GESELLSCHAFTER(MINDERHEIT) FORDERT EINBERUFUNG

EINBERUFUNGS-FORM

ERSATZZUSTÄNDIGKEIT DER GESELLSCHAFTER(MINDERHEIT)

EINSCHREIBEN

FRIST
- Gesetz: mind. 7 Tage
- Vertrag: längere Frist zulässig

BEKANNTGABE DER TAGESORDNUNG

ORT UND ZEIT DER GV

VERTAGUNG DER GV
- *Wer?* Geschäftsführung

ERGÄNZUNG DER TAGESORDNUNG
- *Wer?* (Gesellschafter)minderheit 10 v.H. des Stammkapitals
- *Gegenstand?* Begründung erforderlich
- *Wann?* Spätestens 3 Tage vor GV

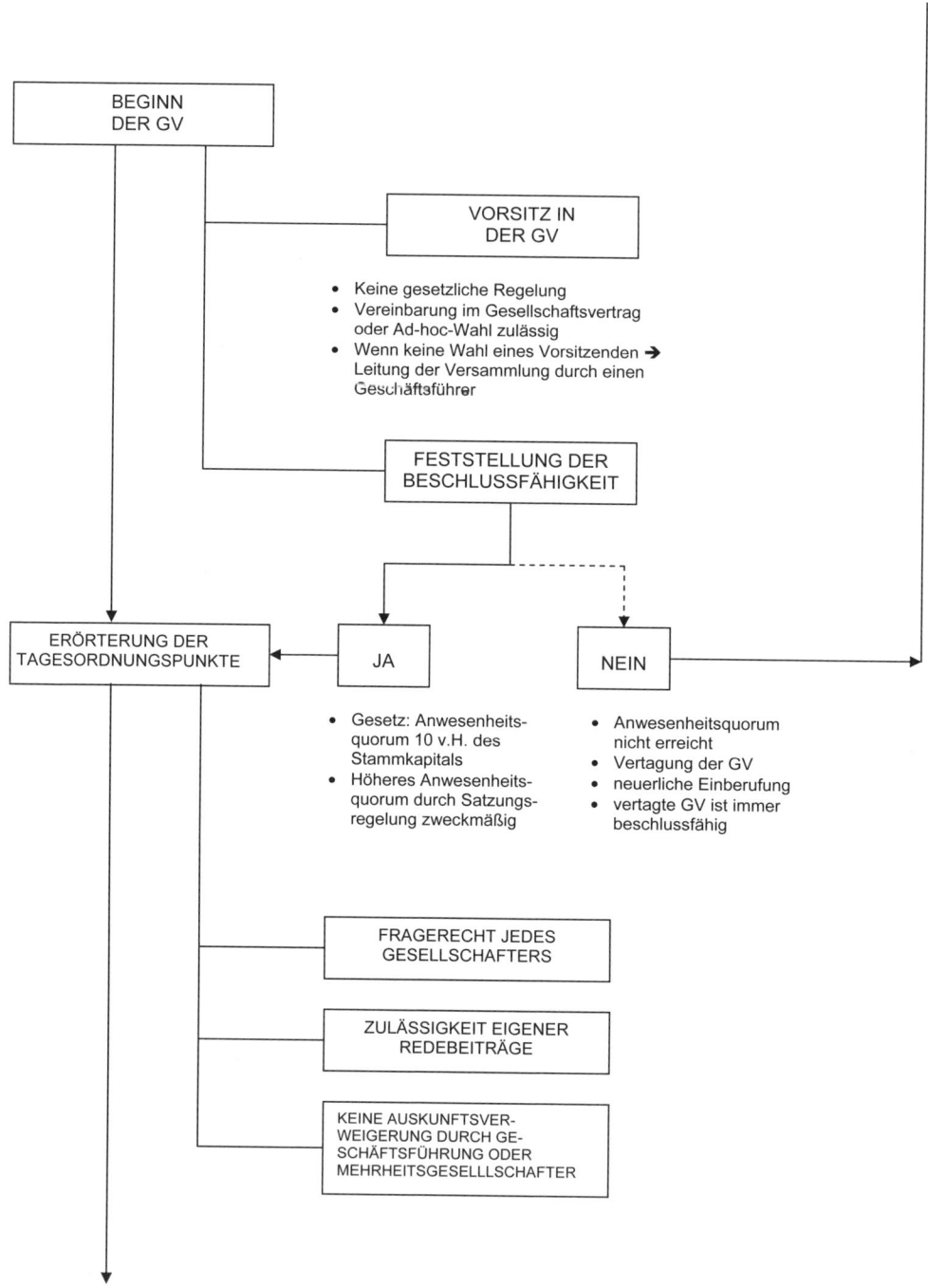

BEGINN DER GV

VORSITZ IN DER GV

- Keine gesetzliche Regelung
- Vereinbarung im Gesellschaftsvertrag oder Ad-hoc-Wahl zulässig
- Wenn keine Wahl eines Vorsitzenden ➜ Leitung der Versammlung durch einen Geschäftsführer

FESTSTELLUNG DER BESCHLUSSFÄHIGKEIT

ERÖRTERUNG DER TAGESORDNUNGSPUNKTE

JA

- Gesetz: Anwesenheitsquorum 10 v.H. des Stammkapitals
- Höheres Anwesenheitsquorum durch Satzungsregelung zweckmäßig

NEIN

- Anwesenheitsquorum nicht erreicht
- Vertagung der GV
- neuerliche Einberufung
- vertagte GV ist immer beschlussfähig

FRAGERECHT JEDES GESELLSCHAFTERS

ZULÄSSIGKEIT EIGENER REDEBEITRÄGE

KEINE AUSKUNFTSVERWEIGERUNG DURCH GESCHÄFTSFÜHRUNG ODER MEHRHEITSGESELLLSCHAFTER

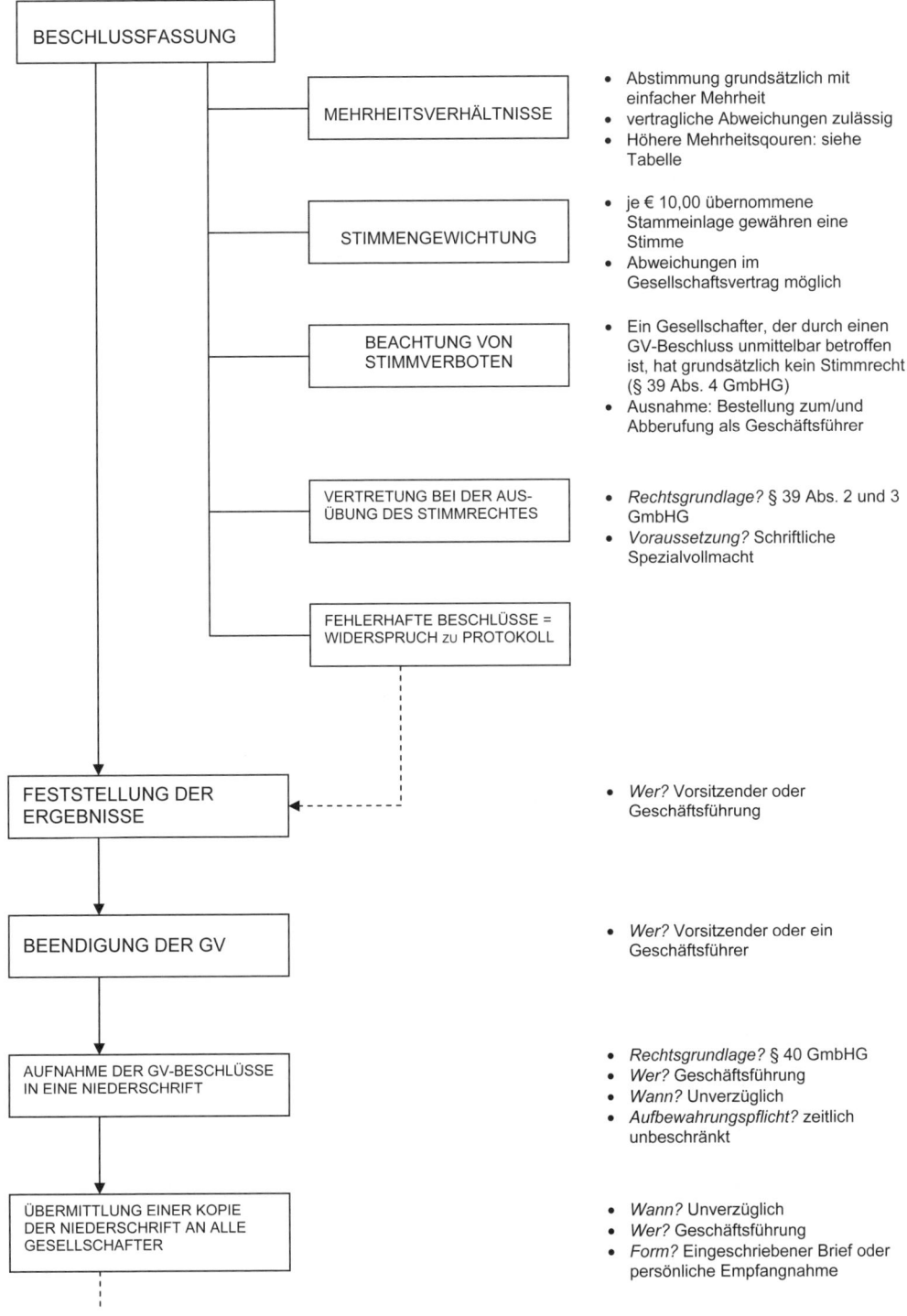

BESCHLUSSFASSUNG

MEHRHEITSVERHÄLTNISSE
- Abstimmung grundsätzlich mit einfacher Mehrheit
- vertragliche Abweichungen zulässig
- Höhere Mehrheitsqouren: siehe Tabelle

STIMMENGEWICHTUNG
- je € 10,00 übernommene Stammeinlage gewähren eine Stimme
- Abweichungen im Gesellschaftsvertrag möglich

BEACHTUNG VON STIMMVERBOTEN
- Ein Gesellschafter, der durch einen GV-Beschluss unmittelbar betroffen ist, hat grundsätzlich kein Stimmrecht (§ 39 Abs. 4 GmbHG)
- Ausnahme: Bestellung zum/und Abberufung als Geschäftsführer

VERTRETUNG BEI DER AUS-ÜBUNG DES STIMMRECHTES
- *Rechtsgrundlage?* § 39 Abs. 2 und 3 GmbHG
- *Voraussetzung?* Schriftliche Spezialvollmacht

FEHLERHAFTE BESCHLÜSSE = WIDERSPRUCH ZU PROTOKOLL

FESTSTELLUNG DER ERGEBNISSE
- *Wer?* Vorsitzender oder Geschäftsführung

BEENDIGUNG DER GV
- *Wer?* Vorsitzender oder ein Geschäftsführer

AUFNAHME DER GV-BESCHLÜSSE IN EINE NIEDERSCHRIFT
- *Rechtsgrundlage?* § 40 GmbHG
- *Wer?* Geschäftsführung
- *Wann?* Unverzüglich
- *Aufbewahrungspflicht?* zeitlich unbeschränkt

ÜBERMITTLUNG EINER KOPIE DER NIEDERSCHRIFT AN ALLE GESELLSCHAFTER
- *Wann?* Unverzüglich
- *Wer?* Geschäftsführung
- *Form?* Eingeschriebener Brief oder persönliche Empfangnahme

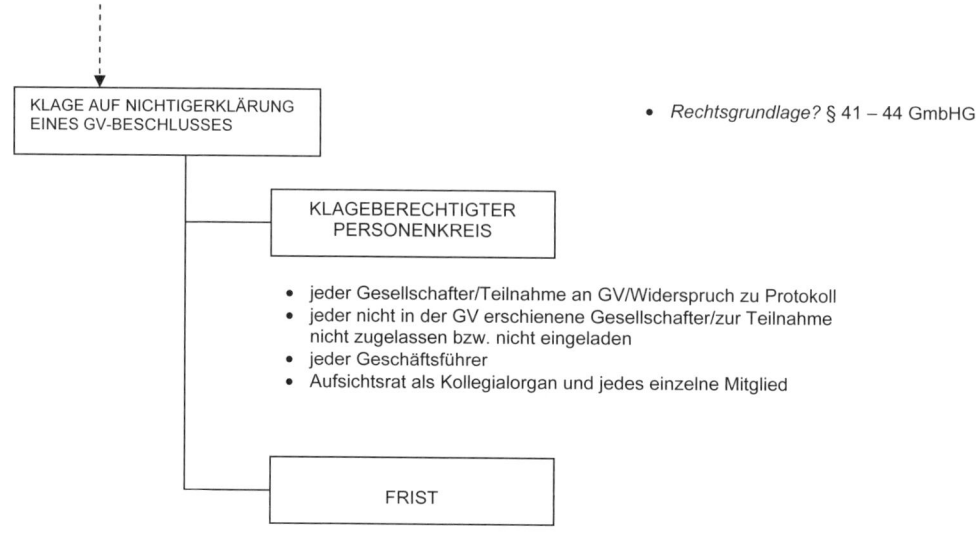

KLAGE AUF NICHTIGERKLÄRUNG
EINES GV-BESCHLUSSES

• *Rechtsgrundlage?* § 41 – 44 GmbHG

KLAGEBERECHTIGTER
PERSONENKREIS

• jeder Gesellschafter/Teilnahme an GV/Widerspruch zu Protokoll
• jeder nicht in der GV erschienene Gesellschafter/zur Teilnahme nicht zugelassen bzw. nicht eingeladen
• jeder Geschäftsführer
• Aufsichtsrat als Kollegialorgan und jedes einzelne Mitglied

FRIST

• ein Monat vom Tag der Absendung der Kopie einer Niederschrift über die gefassten GV-Beschlüsse

3. Gesellschafterbeschlüsse

3.1. Allgemeine Hinweise für die Beratungspraxis

377 **Formelle Beschlussfassungen.** Die Beschlüsse werden entweder in einer körperlich abzuhaltenden Generalversammlung oder schriftlich gefasst (§ 34 GmbHG).[142] Formale Grundvoraussetzung für die Zulässigkeit des Umlaufbeschlusses ist die schriftliche Zustimmung aller Gesellschafter zur Abstimmung im schriftlichen Weg. Die Beschlussfassung kann daher nur unter Mitwirkung aller – auch der nicht stimmberechtigten – Gesellschafter erfolgen. Abweichend von Generalversammlungsbeschlüssen körperlich abgehalter Versammlungen müssen an der schriftlichen Beschlussfassung alle Gesellschafter mitwirken. Die Mehrheitserfordernisse richten sich nicht nach der Anzahl der abgegebenen, sondern nach der Gesamtzahl der allen Gesellschaftern zustehenden Stimmen (§ 34 Abs. 2 GmbHG). Liegen die gesetzlichen Voraussetzungen für einen Umlaufbeschluss nicht vor, steht nur die Beschlussfassung in der Generalversammlung zur Verfügung.

378 **Formlose Beschlüsse.** Ob für Gesellschafterbeschlüsse immer eine *förmliche* Generalversammlung erforderlich ist, hängt von der Besonderheit der einzelnen rechtsgeschäftlichen Maßnahmen, vom Grad der Abhängigkeit der Geschäftsführer von solchen Beschlüssen und von der Zahl der Gesellschafter ab. Bedarf die Geschäftsführung etwa zu allen nicht betriebsgewöhnlichen Handlungen eines Gesellschafterbeschlusses, so wäre die Beweglichkeit der Gesellschaft erheblich eingeschränkt, könnte dieser nur in formellen Generalversammlungen gefasst werden. Die Beschlussfassung in einer Generalversammlung hat demgegenüber

---

[142] Zur Organisation des Umlaufverfahrens vgl. *Fritz*, Wie führe ich eine GmbH richtig? Rz. 121

den Vorteil, dass der Beschlussgegenstand im persönlichen Gespräch der Gesellschafter eingehend geprüft werden kann, dies ist vor allem bei strategischen Unternehmensentscheidungen sinnvoll.

Teilnahmerecht. Das Recht zur Teilnahme an einer Generalversammlung haben **379** alle – auch allfällige nicht stimmberechtigte – Gesellschafter. Eine Vertretung durch Bevollmächtigte ist grundsätzlich zulässig (§ 39 Abs. 3 GmbHG). Für die Einberufung der Versammlung sind die Geschäftsführer – unbeschadet einer weiteren Ressortverteilung – zuständig. Ein wirksamer Beschluss kommt auch dann zustande, wenn sich alle Gesellschafter nachweislich einig sind und weder die Bestimmungen für die Generalversammlung noch über die schriftliche Abstimmung eingehalten werden.

Einberufung. Die Generalversammlung findet – sofern der Gesellschaftsvertrag **380** nicht etwas Gegenteiliges regelt – am Sitz der Gesellschaft statt (§ 36 GmbHG). Die Generalversammlung ist von den Geschäftsführern unter Angabe der Tagesordnung einzuberufen, wenn dies im Interesse der GmbH erforderlich erscheint.

Übersicht: Einberufung einer Generalversammlung

In der Regel wird eine Gesellschafterversammlung einzuberufen sein, wenn

- über eine Maßnahme, die nach Gesetz oder Gesellschaftsvertrag in die Zuständigkeit der Gesellschafter fällt, zu entscheiden ist und eine turnusmäßige Gesellschafterversammlung nicht ansteht, eine Beschlussfassung im Umlaufverfahren gemäß § 34 GmbHG nicht durchgeführt und die Angelegenheit nicht bis zur nächsten turnusmäßigen Gesellschafterversammlung aufgeschoben werden kann;
- zu einer Entscheidung die Zuständigkeit der Geschäftsführung nicht mit Sicherheit feststeht;
- die Entscheidung über außergewöhnliche Geschäfte ansteht, also Geschäfte, die den Rahmen des gewöhnlichen Geschäftsbetriebes überschreiten;
- die Geschäftsführung ein Rechtsgeschäft, welches mit wirtschaftlichen und/ oder rechtlichen Risiken verbunden ist, abschließen will, jedoch nicht schlüssig ist, ob die Mehrheit der Gesellschafter diesen Geschäftsabschluss billigt;
- die Geschäftsführung für die Vornahme eines Rechtsgeschäftes die Zustimmung durch einen Gesellschafterbeschluss für zweckmäßig hält;
- ein anderes Gesellschaftsorgan eine nach Auffassung des Einberufenden dem Gesellschaftsinteresse schädliche Maßnahme vornehmen will;
- Gesellschafterbeschlüsse bzw. Weisungen der Gesellschafter nicht realisierbar sind, weil die Geschäftsführung diese Beschlüsse für rechtswidrig oder für sonst nicht bindend hält.

Voraussetzungen. Die Tagesordnungspunkte sind möglichst präzise abzufassen; **381** mehrdeutige Formulierungen (z.B. „Allfälliges") sollten vermieden werden. Zwischen der Aussendung der Einladung und dem Tag der Abhaltung der Generalversammlung muss ein Zeitraum von mindestens sieben Tagen liegen (§ 38 Abs. 1 GmbHG). In Abhängigkeit von der Gesellschaftsstruktur empfiehlt es sich gegebenenfalls, diesen Zeitraum individuell zu erstrecken. Die Einberufung der Generalversammlung ist dann rechtsgültig, wenn sie eingeschrieben an die zuletzt der Gesellschaft bekannt gegebene Adresse erfolgt.[143] Einberufungsfrist und Ver-

---

[143] Zu den Adressaten der Einladung Vgl.. *Fritz*, Gesellschafts- und Unternehmensformen in Österreich³, Rz 2179 ff..

sammlungsort sind so zu wählen, dass jeder Gesellschafter unter gewöhnlichen Umständen an der Generalversammlung teilnehmen kann.

382   **Einberufungspflicht.** Eine Gesellschafterversammlung muss durch die Geschäftsführer zwingend einberufen werden, wenn sie von einer Minderheit von mindestens 10 v.H. am Stammkapital gefordert wird oder wenn die Hälfte des Stammkapitals verloren ist (§ 36 Abs. 2 GmbHG). Vgl. hiezu auch Rz. 387 ff.

383   **Rechtsfolgen einer nicht ordnungsgemäßen Einberufung.** In einer nicht vorschriftsmäßig einberufenen Generalversammlung können nur dann Beschlüsse gefasst werden, wenn alle Gesellschafter anwesend sind und keiner von ihnen Einwände gegen die Abhaltung der Generalversammlung erhebt. Andernfalls ist von einem Gesellschafter umgehend Widerspruch zu erheben.

384   Die **Vertagung einer Generalversammlung** muss nicht in der für die Einberufung im Gesellschaftsvertrag oder im Gesetz bestimmten Form erfolgen. Die Generalversammlung kann auch mündlich sowie schlüssig abberaumt werden.[144] Der Widerruf des Termines ist auch dann wirksam, wenn die Mitteilung nicht allen Gesellschaftern rechtzeitig zugekommen ist.

385   **Beschlussfähigkeit.** Die ordnungsgemäß einberufene Generalversammlung ist – soweit das Gesetz oder der Gesellschaftsvertrag nichts anderes voraussetzt – beschlussfähig, wenn 10 v.H. des Stammkapitals anwesend oder vertreten ist (§ 38 Abs. 6 GmbHG). Im Falle der Beschlussunfähigkeit einer Generalversammlung ist unter Hinweis auf deren Beschlussunfähigkeit eine zweite Versammlung einzuberufen, die auf die Tagesordnungspunkte der früheren Generalversammlung beschränkt ist. Enthält der Gesellschaftsvertrag keine abweichende Regelung, ist die zweite Generalversammlung ohne Rücksicht auf die Höhe des vertretenen Stammkapitals beschlussfähig (§ 38 Abs. 7 GmbHG).

386   **Vorsitz.** Im Gesetz ist nicht klar geregelt, wer bei der Generalversammlung den Vorsitz führt. Enthält der Gesellschaftsvertrag entsprechende Bestimmungen, sind diese zu beachten. Vorsitzender kann sowohl ein Gesellschafter, ein Aufsichtsratsmitglied, ein Geschäftsführer als auch ein von der Gesellschaft bestimmter Dritter sein. Dem Vorsitzenden obliegt lediglich eine Leitungsfunktion.

3.2. Einberufung bei Verlust des halben Stammkapitals

387   **Begriff.** Die Gesellschafterversammlung muss unverzüglich einberufen werden, wenn die Gesellschaft die Hälfte ihres Stammkapitals verloren hat.[145] Hälfte des Stammkapitals ist dann verloren, wenn das Vermögen der Gesellschaft unter Berücksichtigung offener Rücklagen und stiller Reserven weniger als der Hälfte ihres Stammkapitals entspricht.[146]

388   **Berechnung.** Bei der Feststellung, ob die Hälfte des Stammkapitals verloren ist, gelten die auch sonst bei der Bilanzierung angewendeten Grundsätze. Die Geschäftsführer sind an die bisherige Bewertungs- und Bilanzierungspraxis gebunden.

---

[144] OGH 14.11.1984, 1 Ob 676, 677/84 = RdW 1985, 181 = GesRZ 1985, 36 = NZ 1985, 87 = SZ 57/114.
[145] *Gellis/Feil*, Kommentar zum GmbH-Gesetz[6], § 36 Rz. 8.
[146] Vgl. im Detail *Reich-Rohrwig*, Verlust des halben Stammkapitals und drohende Insolvenz, ecolex 1990, 354.

Übersicht: Berechnungsformel Tagfertige Salden

+ Berechnung Inventurwerte

+ Abschreibung (z.B. Halbjahres-AfA)

+ Fortschreibung der Wertberichtigungen (z.B. Ausbuchung von Forderungen)

+ Neuberechnung (Anpassung) der Dienstnehmeransprüche

= mehr als die Hälfte des nominellen Stammkapitals ist verloren/nicht verloren

389 **Gesellschafterbeschluss.** Bei der Generalversammlung wegen Verlust des halben Stammkapitals haben die Geschäftsführer den Gesellschaftern die wirtschaftliche Lage des Unternehmens vor Augen zu halten. Beschlüsse anlässlich der Durchführung einer Gesellschafterversammlung wegen Verlust des halben Stammkapitals sollten nicht getroffen werden, da diesfalls die Beschlüsse dem Firmenbuch gegenüber gemeldet werden müssen.

● **Beispiel für ein Protokoll einer Gesellschafterversammlung wegen Verlust des halben Stammkapitals, das keine Firmenbuchanmeldung zur Folge hat:**
  „Die Gesellschafter der ABC-Handelsgesellschaft mbH haben die Ausführungen der Geschäftsführung zur Kenntnis genommen.“

3.3. Ausübung des Stimmrechts

3.3.1. Grundlagen

390 Das Stimmrecht ist ein wesentliches Mitgliedschaftsrecht eines Gesellschafters in der Generalversammlung. Grundsätzlich kommt je € 10,00 einer übernommenen Stammeinlage eine Stimme zu. Im Gesellschaftsvertrag kann ein anderes Stimmverhältnis festgelegt werden. Jedem Gesellschafter muss jedoch mindestens eine Stimme zukommen (§ 39 Abs. 2 GmbHG). Soll ein Gesellschafter von einer vertraglich bedungenen Verpflichtung befreit oder einem Gesellschafter ein Vorteil zugewendet werden, so hat er im Wege der Beschlussfassung einer Generalversammlung weder im eigenen noch im fremden Namen ein Stimmrecht (§ 39 Abs. 4 GmbHG).

391 **Bevollmächtigung.** Die Ausübung des Stimmrechtes durch Bevollmächtigte ist zulässig. Hiezu bedarf es einer schriftlichen Stimmrechtsvollmacht, die auf die Ausübung des Stimmrechts in der Generalversammlung oder durch schriftlichen Gesellschafterbeschluss lautet.

392 **Stimmrechtsausschluss.** Der vertragliche Ausschluss einzelner Gesellschafter vom Stimmrecht ist nach h.L. zulässig.[147] Der Stimmrechtsausschluss kann jedoch niemals für Beschlüsse gelten, die den Gleichbehandlungsgrundsatz verletzen, die Rechtsstellung des stimmrechtslosen Gesellschafters zu seinem Nachteil verändern (z.B. Beteiligung am Jahresergebnis) oder die Höhe seines Auseinandersetzungsguthabens reduzieren. Zum gesetzlichen Stimmverbot Vgl. Rz. 397 ff.

3.3.2. Mehrheitserfordernisse

393 **Gesetzliche Regel.** Die Beschlussfassung der Gesellschafter erfolgt – soweit das Gesetz oder der Gesellschaftsvertrag nichts anderes bestimmt – durch die einfache Mehrheit der abgegebenen Stimmen. Diese werden nicht nach Köpfen, sondern nach der Höhe des von den einzelnen Gesellschaftern übernommenen Teiles am Stammkapital gezählt. Je zehn Euro einer übernommenen Stammeinlage gewähr-

---

[147] Vgl. hiezu im Detail *Gellis (Feil)*, Kommentar zum GmbH-Gesetz[6] § 39 Rz 14.

ten eine Stimme; Bruchteile unter zehn Euro werden nicht mitgezählt. Jedem Gesellschafter kommt mindestens eine Stimme zu.

394 **Gestaltungsmöglichkeiten.** Die Regelung des Mehrheitsprinzips kann jedoch auch zugunsten anderer Abstimmungsverhältnisse, namentlich durch das Einstimmigkeitsprinzip im Gesellschaftsvertrag, ersetzt werden. Insbesondere zur Wahrung von Minderheiteninteressen empfiehlt es sich, im individuellen Einzelfall von den gesetzlichen Mehrheitserfordernissen abzugehen.

395 **Berechnung.** Wie sich die Mehrheitsverhältnisse im Falle von gesetzlichen Stimmverboten oder abwesenden Gesellschaftern berechnen, wird an Hand nachfolgender Beispiele dargestellt.

● **Beispiel 1:**

Ausgangssituation: An der ABC-Anlagenproduktion GmbH mit einem Stammkapital von € 100.000,00 sind die nachfolgenden Gesellschafter beteiligt.

Gesellschafter	übernommene Stammeinlage	Anzahl der Stimmen	Beteiligungsquote
Anton A.	€ 41.000,00	4.100	41 %
Sieglinde A.	€ 9.000,00	900	9 %
Bernhard B.	€ 12.000,00	1.200	12 %
Brigitte B.	€ 13.000,00	1.300	13 %
Christine C.	€ 16.000,00	1.600	16 %
Dieter D.	€ 9.000,00	900	9 %
	€ 100.000,00	**10.000**	**100 %**

Geschäftsführer sind Anton A. und Emil E. Der Gesellschafter Anton A. wurde im Gesellschaftsvertrag zum Geschäftsführer bestellt; der Widerruf seiner Bestellung ist auf wichtige Gründe beschränkt. Es gelten die gesetzlichen Mehrheitsverhältnisse.

Entlastung des Geschäftsführers Anton A.

Bei diesem Generalversammlungsbeschluss ist Anton A. nicht stimmberechtigt. Alle anderen Gesellschafter nehmen an der Beschlussfassung teil.

Gesellschafter	übernommene Stammeinlage	Kapital bei Beschlussfassung	Stimmenverhältnis	Stimmen für Entlastung	Stimmen gegen Entlastung	Stimmenthaltung
Anton A.	€ 41.000,00	0	0			
Sieglinde A.	€ 9.000,00	€ 9.000,00	15,25 %		15,25 %	
Bernhard B.	€ 12.000,00	€ 12.000,00	20,34 %			20,34 %
Brigitte B.	€ 13.000,00	€ 13.000,00	22,04 %		22,04 %	
Christine C.	€ 16.000,00	€ 16.000,00	27,12 %	27,12 %		
Dieter D.	€ 9.000,00	€ 9.000,00	15,25 %	15,25 %		
	€ 100.000,00	**€ 59.000,00**	**100 %**	**42,37 %**	**37,27 %**	**20,34 %**

Ergebnis: Für die Entlastung des Geschäftsführers Anton A. haben sich 2.500 Stimmen (42,37 % des bei der Beschlussfassung anwesenden Kapitals) ausgesprochen. Gegen die Entlastung haben 2.200 Stimmen (37,27 % des bei der Beschlussfassung anwesenden Kapitals) votiert. Einer konkreten Meinung enthalten hat sich Gesellschafter Bernhard B. mit 1.200 Stimmen. Dem Gesellschafter-Geschäftsführer Anton A. wurde sohin die Entlastung erteilt.

● **Beispiel 2:**

Die Gesellschafter Christine C. und Dieter D. beantragen die Abberufung von Anton A. als Geschäftsführer; dieser ist bei der Beschlussfassung stimmberechtigt. Alle Gesellschafter nehmen an der Abstimmung teil.

Gesellschafter	übernommene Stammeinlage	Stimmen für Abberufung	Stimmen gegen Abberufung	Stimmenthaltung
Anton A.	€ 41.000,00		4.100	
Sieglinde A.	€ 9.000,00	900		
Bernhard B.	€ 12.000,00	1.200		
Brigitte B.	€ 13.000,00			1.300
Christine C.	€ 16.000,00	1.600		
Dieter D.	€ 9.000,00	900		
	€ 100.000,00	4.600	4.100	1.300

Ergebnis:

– Wenn im Gesellschaftsvertrag geregelt ist, dass für die Abberufung eines Mitglieds der Geschäftsführung die einfache (wenn auch relative) Mehrheit genügt, so ist Anton A. als Geschäftsführer rechtswirksam abberufen.

– Wurde in der Satzung hingegen sinngemäß vereinbart, dass für die Wirksamkeit eines Gesellschafterbeschlusses „50 % und eine Stimme" erforderlich sind, so verbleibt Anton A. als Geschäftsführer.

● **Beispiel 3**

Die Geschäftsführer Anton A. und Emil E. stellen den Antrag auf Genehmigung eines Investitionsvorhabens, welches kraft Satzungsbestimmung als *zustimmungspflichtige Maßnahme* vereinbart ist. Als Fremdgeschäftsführer ist Emil E. nicht stimmberechtigt.

Gesellschafter	übernommene Stammeinlage	Stimmen für die Investition	Stimmen gegen die Investition	Stimmenthaltung
Anton A.	€ 41.000,00	4.100		
Sieglinde A.	€ 9.000,00		900	
Bernhard B.	€ 12.000,00		1.200	
Brigitte B.	€ 13.000,00		1.300	
Christine C.	€ 16.000,00		1.600	
Dieter D.	€ 9.000,00	900		
	€ 100.000,00	5.000	5.000	

Ergebnis: Die Investition hat zu unterbleiben, weil Stimmengleichheit – wie im vorliegenden Fall – keine Zustimmung bedeutet.

Aber: es kommt auf die konkrete Formulierung des Beschlussantrages an. Wenn die Geschäftsführer – möglicherweise in Kenntnis der faktischen Machtverhältnisse – diesen Tagesordnungspunkt als *Beschlussfassung, ob seitens der Generalversammlung Bedenken gegen das von der Geschäftsführung unter Vorbehalt eines Gesellschaftervetos initiierten Investitionsvorhabens in Höhe von € 60.000,00 bestehen*, formulieren, wäre die Pattstellung für die Genehmigung des Investitionsvorhabens nicht schädlich. Als Beilage zur Tagesordnung wäre dieses Investitionsvorhaben im Hinblick auf Notwendigkeit, Chancen und Risiken zu beschreiben.

Diese gerade noch zulässige Gestaltung führt – bei gleichen Beschlussfassungsergebnissen – dazu, dass es auf Grund der Stimmengleichheit zu keinem Veto der Generalversammlung kommen kann. In einem solchen Fall obliegt es der Geschäftsführung, das Investitionsvorhaben zu realisieren.

- **Beispiel 4**

Die Geschäftsführer Anton A. und Emil E. stellen den Antrag auf Genehmigung eines Investitions-vorhabens, welches kraft Satzungsbestimmung als *zustimmungspflichtige Maßnahme* vereinbart ist. Im Gegensatz zum Beispiel 3 ist bei der Beschlussfassung Sieglinde A. weder anwesend noch hat sie eine Stimmrechtsvollmacht erteilt.

Gesellschafter	übernommene Stammeinlage	Kapital bei Beschlussfas-sung	Stimmen für die Investition	Stimmen gegen die Investition
Anton A.	€ 41.000,00	€ 41.000,00	4.100	
Sieglinde A.	€ 9.000,00			
Bernhard B.	€ 12.000,00	€ 12.000,00		1.200
Brigitte B.	€ 13.000,00	€ 13.000,00		1.300
Christine C.	€ 16.000,00	€16.000,00		1.600
Dieter D.	€ 9.000,00	€ 9.000,00	900	
	€ 100.000,00	€ 91.000,00	5.000	4.100

Ergebnis: Dem Antrag der Geschäftsführung, ein zustimmungspflichtiges Geschäft abzuschließen, wird von der Generalversammlung mit 5.000 Stimmen bei 4.100 Gegenstimmen zugestimmt.

396

Praxisüberblick. Die folgende Tabelle bietet Ihnen einen fundierten und trotzdem einfachen Überblick über die gesetzlich vorgegebenen (und allenfalls dispositiven) Mehrheitsverhältnisse. Zur Erhöhung des Praxisbezuges sind auch die Vorausset-zungen für die Geltendmachung der verschiedenen Minderheitsrechte angeführt.

	Beschlussvorlage	Minderheitenrecht	Rechtsgrundlage	Mehrheitserfordernis					Erforderliche gesetzliche Mindestbeteiligung					Anmerkungen
				Einstimmigkeit	90%	3/4	einfache Stimmenmehrheit	Gestaltungsoption	1/3	10%	5%	1%	oder Stammeinlage unabhängig von der Beteiligungsquote	
Abberufung bestimmter Aufsichtsratsmitglieder aus wichtigem Grund		•	§ 30c Abs. 4 GmbHG							•				
Abberufung von Liquidatoren aus wichtigem Grund		•	§ 89 Abs. 2 GmbHG							•			€ 700.000,00	
Abberufung von Aufsichtsratsmitgliedern	•		§ 30b GmbHG				•							
Abberufung von Geschäftsführern	•		§ 16 Abs. 1 GmbHG				•							
Abschluss von Anstellungsverträgen der Geschäftsführer	•						•							
Abschluss von Geschäften mit Konzerngesellschaften	•		§ 238 AktG				•							z.B. Betriebsführungsverträge
Abschluss von Unternehmensverträgen	•													
Änderung des Einstimmigkeitserfordernisses	•			•				nein ①						
Änderung des Gesellschaftsvertrages	•		§§ 49 und 50 Abs. 1 GmbHG			•								
Änderung des Unternehmensgegenstandes	•		§ 50 Abs. 3 GmbHG	•				ja ④						eine Abänderung ist nur bis 3/4-Mehrheit möglich
Antrag beim Firmenbuchgericht auf Aufstellung eines Konzernabschlusses und Konzernlageberichtes		•	§ 244 Abs. 7 UGB								•		€ 700.000,00	die Entscheidung über diesen Antrag obliegt dem Firmenbuchgericht
Antrag auf gerichtliche Bestellung eines Abschlussprüfers		•								•				
Antrag auf Überprüfung des Umtauschverhältnisses bei der Verschmelzung von Kapitalgesellschaften		•										•	€ 700.000,00	
Auflösung der Gesellschaft	•		§ 84 Abs. 1 Z 2 GmbHG				•							
Ausschluss von Minderheitsgesellschaften	•		§ 4 Abs. 1 GesAusG				•							Zustimmung des Hauptgesellschafters erforderlich

Beschlussvorlage	Minderheitenrecht	Rechtsgrundlage	Mehrheitserfordernis					Erforderliche gesetzliche Mindestbeteiligung					Anmerkungen
			Einstimmigkeit	90%	3/4	einfache Stimmenmehrheit	Gestaltungsoption	1/3	10%	5%	1%	oder Stammeinlage unabhängig von der Beteiligungsquote	
Aufnahme von Tagesordnungspunkten ●	●	§ 38 Abs. 3 GmbHG							●			€ 700.000,–	OGH GesRZ 1984, 217
Ausgliederung des Unternehmens in eine Tochtergesellschaft ●			●				nein ①						
Beendigung des Anstellverhältnisses mit Geschäftsführern ●						●							
Bestellung der Geschäftsführer ●		§ 15 Abs. 1 GmbHG				●							
Bestellung des Jahresabschluss- und Konzernabschlussprüfers ●						●							der Minderheit kann ein Vorschlagsrecht eingeräumt werden
Bestellung von Sonderprüfern („Revisoren") ●		§ 45 Abs. 1 GmbHG				●			●				
Bestellung von Liquidatoren ●		§ 89 Abs. 2 GmbHG				●			●				
Betriebsüberlassung ●					●		ja ②						
Betriebsverpachtung ●					●		ja ②						
Einberufung der Generalversammlung ●	●	§ 37 Abs. 1 GmbHG							●				
Einforderung ausstehender Stammeinlagen ●						●	ja ⑤						wenn im Gesellschaftsvertrag vorgesehen
Einforderung und Rückzahlung von Nachschüssen ●		§§ 72 ff. GmbHG				●							wenn im Gesellschaftsvertrag vereinbart
Einleitung von Prozessen ●						●							
Entlastung von Geschäftsführern und Aufsichtsratsmitgliedern ●						●							
Errichtende Umwandlung durch Übertragung des Vermögens auf eine gleichzeitig errichtete Personengesellschaft ●		§ 5 Abs. 2 UmwG			●		ja ②						Zustimmung von 90% des Gesamtstammkapitals erforderlich ⑦
Errichtung eines gesellschaftsvertraglichen Aufsichtsrates ●		§ 50 Abs. 2 GmbHG				●							

	Beschlussvorlage	Minderheitenrecht	Rechtsgrundlage	Mehrheitserfordernis					Erforderliche gesetzliche Mindestbeteiligung					Anmerkungen
				Einstimmigkeit	90%	3/4	einfache Stimmenmehrheit	Gestaltungsoption	1/3	10%	5%	1%	oder Stammeinlage unabhängig von der Beteiligungsquote	
Erwerb und Veräußerung von Beteiligungen	●						●							
Erwerb von Liegenschaften im Wege der Zwangsversteigerung	●					●								
Formwechselnde Umwandlung einer GmbH in eine AG	●		§ 245 Abs. 2 AktG			●		ja ②						
Geltendmachung von Ersatzansprüchen gegen Geschäftsführung und Aufsichtsrat	●	●	§ 48 Abs. 1 GmbHG							●			€ 700.000,00	die Gesellschafter können die Bestellung eines besonderen Prozessvertreters beschließen
Genehmigung des Budgets	●						●							
Genehmigung nichtbetriebsgewöhnlicher Geschäfte	●						●							sofern nicht aus besonderen Gründen eine qualifizierte Mehrheit oder Einstimmigkeit erforderlich ist
Genehmigung von Großinvestitionen innerhalb der ersten beiden Jahre ab Eintragung der GmbH (Nachgründungsverträge)	●		§ 35 Abs. 1 Z 7 und Abs. 2 GmbHG			●		ja ②						„Nachgründungsverträge"
Gerichtliche Bestellung und Abberufung von Liquidatoren aus wichtigem Grund	●	●	§ 89 Abs. 2 GmbHG							●			€ 700.000,00	
Geschäfte mit Gesellschaftern und deren nahen Angehörigen	●		§§ 32 KO, 39 Abs. 4 GmbHG				●							Beachtung des gesetzlichen Stimmverbotes
Herabsetzung der gesellschaftsvertraglichen Vergütung von Geschäftsführern und AR-Mitgliedern	●		§ 50 Abs. 2 GmbHG				●							
Liquidation der Gesellschaft	●		§ 84 Abs. 1 Z 2 GmbHG				●							

	Beschluss-vorlage	Minderheiten-recht	Rechts-grundlage	Mehrheitserfordernis					Erforderliche gesetzliche Mindestbeteiligung					Anmerkungen
				Einstimmigkeit	90%	3/4	einfache Stimmenmehrheit	Gestaltungsoption	1/3	10%	5%	1%	oder Stammeinlage unabhängig von der Beteiligungsquote	
Maßnahmen im Interesse der Gesellschaft oder nach Verlust von mehr als der Hälfte des Stammkapitals	●		§ 36 Abs. 2 GmbHG				●							
Maßregeln zur Prüfung und Überwachung der Geschäftsführung	●						●	ja⑥						
Prüfung und Feststellung des Jahresabschlusses	●						●							unter der Voraussetzung, dass im Gesellschaftsvertrag eine Beschlussfassung von Jahr zu Jahr vereinbart ist
Sonderprüfung durch Revisoren		●	§ 45 Abs. 1 GmbHG							●			€ 700.000,00	
Übertragung von Gesellschaftsanteilen	●						●							
Veräußerung des Gesellschaftsvermögens als Ganzes	●		§ 90 Abs. 4 GmbHG			●		ja⑦						
Veräußerung des Unternehmens der GmbH	●			●				nein						es liegt eine Änderung des Unternehmensgegenstandes vor
Vereinbarung von Gewinngemeinschaften	●		§ 238 AktG			●		ja⑦						
Verhältnisändernde Spaltung der GmbH	●		§ 8 Abs. 3 SpaltG		●									Zustimmung von 90% des Gesamtstammkapitals erforderlich ⑦
Verhältniswahrende Spaltung der GmbH	●		§ 8 Abs. 1 SpaltG			●		ja⑦						
Verlangen auf Aufstellung eines Teilkonzernabschlusses		●	§ 245 Abs. 1 UGB							●			€ 1.400.000,00	
– wenn die österr. Tochtergesellschaft nur in einen ausländischen Konzernabschluss einbezogen ist		●	§ 245 Abs. 1 UGB								●		€ 700.000,00	
Aufforderung zur Erstellung eines vollständigen Anhanges zum Jahresabschluss		●	§ 242 Abs. 2 UGB							●			€ 1.400.000,00	
Umwandlung einer GmbH in eine Aktiengesellschaft	●		§ 245 Abs. 2 AktG			●		ja⑦						

Beschlussvorlage	Minderheitenrecht	Rechtsgrundlage	Mehrheitserfordernis					Erforderliche gesetzliche Mindestbeteiligung					Anmerkungen
			Einstimmigkeit	90%	3/4	einfache Stimmenmehrheit	Gestaltungsoption	1/3	10%	5%	1%	oder Stammeinlage unabhängig von der Beteiligungsquote	
	•	§ 91 GmbHG i.Vm. § 211 AktG								•		€ 350.000,00	
	•	§ 37 GmbHG							•				
	•	§ 38 Abs. 3 GmbHG							•				
•		§ 2 Abs. 1 UmwG		•			ja ②						maßgeblich ist die Kapitalmehrheit
•		§§ 96, 98 Abs. 2 GmbHG i.Vm §§ 233 und 234 Abs. 3 AktG			•		ja ②						
•		§ 30b Abs. 3 GmbHG			•								für den vorzeitigen Widerruf des „ersten" Aufsichtsrates genügt die einfache Mehrheit
•		(§§ 270 ff. UGB)				•							
	•	§ 30b Abs. 1 GmbHG						•					wenn in einer Generalversammlung wenigstens 3 AR-Mitglieder gewählt werden
•		§ 30b GmbHG				•							
•		§ 30b GmbHG				•		ja ③					
•		§ 30b Abs. 3 GmbHG			•								
	•	§ 23 GmbHG i.Vm § 270 Abs. 3 UGB							•			€ 350.000,00	Antrag an das Firmenbuchgericht auf Bestellung eines anderen Abschlussprüfers
•		§ 35 Abs. 1 Z 4 GmbHG				•	ja ⑤						

Zeilenbezeichnungen (von oben nach unten):
- Verlangen auf Prüfung des Jahresabschlusses einer GmbH in Liquidation aus wichtigem Grund
- Verlangen nach Einberufung der Generalversammlung
- Verlangen nach Ergänzung der Tagesordnung
- Verschmelzende Umwandlung durch Übertragung des Vermögens auf den Hauptgesellschafter
- Verschmelzung einer GmbH
- Vorzeitiger Widerruf der Bestellung zum Aufsichtsratsmitglied
- Wahl der Abschlussprüfer
- Wahl eines Minderheitsvertreters in den Aufsichtsrat
- Wahl von Aufsichtsratsmitgliedern
- Weisungen an die Geschäftsführung in Geschäftsführungsfragen
- Widerruf der Bestellung von AR-Mitgliedern
- Widerspruch gegen die Auswahl des Abschlussprüfers
- Zustimmung zur Erteilung von Prokura und Handlungsvollmacht

Erläuterungen zur Tabelle:

① Die gesetzliche Regelung ist zwingend. Der Gesellschaftsvertrag kann keine anderen Bestimmungen treffen.

② Der Gesellschaftsvertrag kann für das gültige Zustandekommen eines Beschlusses höhere Mehrheitserfordernisse oder auch das Vorliegen zusätzlicher Erfordernisse anordnen. Eine Herabsetzung der im Gesetz festgelegten Abstimmungsmehrheit ist nicht möglich.

③ Im Gesellschaftsvertrag kann das gesetzliche Mehrheitserfordernis sowohl verschärft als auch gemildert werden.

④ Im Gesellschaftsvertrag kommt nur eine Herabsetzung der gesetzlich angeordneten Mehrheitserfordernisse in Frage.

⑤ Die Zuständigkeit kann an die Geschäftsführung oder einen Aufsichtsrat delegiert werden.

⑥ Die Zuständigkeit kann an den Aufsichtsrat delegiert werden.

⑦ Für die auf die 90%-Mehrheit fehlenden Stimmen können nachträglich innerhalb von drei Monaten beglaubigte Zustimmungserklärungen abgegeben werden (§ 5 Abs. 2 UmwG).

3.3.3. Wann darf ein Gesellschafter in eigenen Angelegenheiten nicht mitstimmen?

397
Sonderfälle. Ist einem Gesellschafter gesellschaftsvertraglich ein Sonderrecht eingeräumt, so kann dieses Sonderrecht nur dann beseitigt werden, wenn der betreffende Gesellschafter mitbestimmt (§ 50 Abs. 4 GmbHG). Was aber tun, wenn dieser Gesellschafter sein Sonderrecht rechtsmissbräuchlich ausübt? Wenn alternative Konfliktbeilegungsmethoden (z.B. durch ein Mediationsverfahren) nicht erfolgreich sind, bleibt nur eine Klage bei Gericht, das dieses das Sonderrecht aufheben möge.

● **Beispiel: Stimmrecht bei Festlegung der Geschäftsführervergütung**
Zwischen den Gesellschaftern der ABC-Bauträger GmbH ist die Stimmung schon seit längerem schlecht. Mehrheitsgesellschafter-Geschäftsführer Anton Auer wünscht eine Erhöhung seiner monatlichen Geschäftsführervergütung von € 8.000,00 auf € 11.000,00. Die übrigen Gesellschafter sind dagegen und verweisen auf das gesetzliche Stimmverbot des § 39 Abs. 4 GmbHG. Anton Auer stimmt als Mehrheitsgesellschafter für die Erhöhung seiner Vergütung.

398
Um die Frage der **Zulässigkeit seiner Stimmabgabe** zu lösen, ist zu unterscheiden:

● Ist aufgrund eines äußeren Betriebsvergleiches die Geschäftsführervergütung angemessen, so ist die Ausübung seines Stimmrechtes durch Anton Auer zulässig. Vollkommen zu Recht kann auch argumentiert werden, dass die wechselseitige Treuepflicht der Gesellschafter untereinander eine Zustimmung zu einer Erhöhung der Geschäftsführervergütung notwendig machen kann. Eines ist aber klar: Sind erst einmal so richtig die Emotionen da, so kümmert sich üblicherweise niemand mehr um diese Treuepflicht.

● Soll die Geschäftsführervergütung unangemessen erhöht werden, so besteht für den betreffenden Gesellschafter-Geschäftsführer ein Stimmverbot.

399
Angemessenheitsprüfung. Die dargestellte Differenzierung mag verständlich sein; es stellt sich jetzt die Frage, was ein angemessener Geschäftsführerbezug ist.

Bei vergleichbaren Bauträgergesellschaften erhalten die Geschäftsführer eine durchschnittliche monatliche Vergütung von € 7.000,00/€ 10.000,00/€ 8.500,00. Die Durchschnittsvergütung der verglichenen Geschäftsführervergütungen beträgt € 8.500,00. Im Hinblick auf die Lehre und Rspr, wonach Abweichungen nach oben von 25 bis 30 % tolerierbar sind, ist die vom Geschäftsführer Anton Auer beantragte Erhöhung seiner Vergütung gerade noch angemessen. Daher steht ihm das Stimmrecht bei diesem Generalversammlungsbeschluss zu.

400

Übersicht: Stimmverbot eines Gesellschafters bei Beschlussfassung		
Beschlussgegenstand	**Stimmverbot**	
	JA	**NEIN**
Befreiung von einer Verpflichtung eines Gesellschafters	•	
Befreiung von einer Verpflichtung aller Gesellschafter		•
Zuwendung eines besonderen Vorteiles	•	
Rechtsgeschäft zwischen dem Gesellschafter und der GmbH	•	
Einleitung oder Erledigung eines Rechtsstreites zwischen dem Gesellschafter und der GmbH	•	
Bestellung zum Geschäftsführer, Aufsichtsratsmitglied oder Liquidator		•
Feststellung des Jahresabschlusses bei Mitwirkung bei der Erstellung des Jahresabschlusses		•
Widerruf der Bestellung zum Geschäftsführer, Aufsichtsratsmitglied oder Liquidator		•
Entlastung des Gesellschafters als Geschäftsführer	•	
Genehmigung der Übertragung des eigenen vinkulierten Geschäftsanteiles		•
Kaduzierung des eigenen Geschäftsanteiles	•	
Ausschluss des Gesellschafters aus der GmbH	•	
Kapitalerhöhung und Übernahme eines Geschäftsanteiles		•

Die gesetzlichen Regelungen über das Stimmverbot sind zwingend, weshalb sie durch den Gesellschaftsvertrag nicht geändert werden können.

Verletzung des Stimmverbots. Bei Mitwirkung eines vom Stimmrecht ausge- **401** schlossenen Gesellschafters an der Abstimmung ist die Stimmabgabe zunächst gültig. Der Beschluss kommt sohin wirksam zustande, wobei auch die Stimme des vom Stimmrecht ausgeschlossenen Gesellschafters für das Abstimmungsergebnis zu berücksichtigen ist. Derartige Beschlüsse können jedoch gemäß § 41 ff. GmbHG angefochten werden.

Stimmbindungsverträge. Durch Syndikatsvereinbarungen verpflichten sich Ge- **402** sellschafter bzw. Gesellschaftergruppen zu koordinierter Stimmrechtsausübung in der Generalversammlung. Im Einzelfall kann eine Bündelung der Stimmen mehrerer Gesellschafter zur Einflussnahme in die Entscheidungsfindung der Generalversammlung zweckmäßig sein. Der Stimmrechtsbindungsvertrag ist vom Gesellschaftsvertrag strikt zu trennen. Der Syndikatsvertrag wird als Gesellschaft bürgerlichen Rechts qualifiziert. Hieraus ist abzuleiten, dass die syndikatsvertraglichen Regelungen anders als Satzungsregelungen grundsätzlich nur unter den Beteiligten Rechtswirkungen entfalten. Dennoch kann bei Verletzungen des Syndikatsvertrages Schadenersatzklage sowie auch Leistungsklage zur Einhaltung der vertraglichen Vereinbarungen erhoben werden.

3.3.4. Fehlerhafte Beschlüsse

403   **Unwirksame Beschlüsse.** Nichtig, das heißt absolut unwirksam sind Beschlüsse, mit denen das Gesellschaftsvermögen an die Gesellschafter außerhalb der Liquidation verteilt wird oder die einen strafbaren Inhalt aufweisen, sowie gesetzwidrige Satzungsänderungen, die mit zwingendem Recht kollidieren. Derartige Beschlüsse bedürfen nicht der Anfechtung.

404   Auch **Scheinbeschlüsse,** die im Widerspruch zu § 34 GmbHG weder in der Generalversammlung noch unter Einhaltung der Voraussetzungen für die schriftliche Abstimmung gefasst wurden, sind von Nichtigkeit bedroht. Unter denselben Voraussetzungen sind Einberufungs- und Ankündigungsmängel nichtig. Dasselbe gilt für Beurkundungsmängel.

405   **Inhaltliche Nichtigkeit** eines Beschlusses ist gegeben, wenn dieser mit dem Wesen der GmbH unvereinbar ist, zwingenden Vorschriften widerspricht, die ausschließlich oder überwiegend dem Schutz der Gläubiger, der Gesellschaft oder sonstigen öffentlichen Interessen dienen, oder wenn er gegen die guten Sitten verstößt. Beurkundungsmängel heilen mit der Eintragung ins Firmenbuch, Einberufungs- und Inhaltsmängel werden geheilt, wenn seit der Eintragung ins Firmenbuch drei Jahre verstrichen sind, also nicht innerhalb der Dreijahresfrist (§ 41 GmbHG) geklagt wird.

406   **Voraussetzungen für eine Anfechtung.** Ein Gesellschafterbeschluss ist entweder aus formellen Gründen oder wegen seines Inhalts anfechtbar. Formelle Gründe sind Verfahrensfehler, wie etwa Einberufungs- und Ankündigungsmängel, Fehler in der Versammlung, bei der Durchführung einer schriftlichen Abstimmung usw.

407   Ein **Inhaltsmangel** liegt bei Verletzung von zwingenden gesetzlichen Bestimmungen oder der Satzung vor. Anfechtbare Beschlüsse sind zunächst wirksam, solange sie nicht entweder von den Gesellschaftern durch neue Beschlüsse aufgehoben oder vom Gericht im Wege einer Klage eines Gesellschafters für nichtig erklärt worden sind. Mit Ablauf der Anfechtungsfrist sind die Beschlüsse vollinhaltlich gültig.

> **Übersicht: Voraussetzungen für die Anfechtung von Generalversammlungsbeschlüssen**
>
> - Aktive Klagslegitimation: Gesellschafter, Geschäftsführer und Aufsichtsrat
> - Passive Klagslegitimation: Gesellschaft
> - Widerspruch des Gesellschafters oder bei schriftlicher Abstimmung ablehnende Stimmabgabe
> - Klagefrist: ein Monat ab Tag der Absendung der Beschlussabschrift
> - Klagebegehren: Antrag auf Nichtigerklärung des Beschlusses

408   **Rechtsfolgen.** Wird der Anfechtungsklage im Urteil stattgegeben, dann gilt der Beschluss rückwirkend auf den Zeitpunkt der Beschlussfassung als aufgehoben. Das Urteil wirkt gegenüber sämtlichen – auch nicht am Prozess beteiligten – Gesellschaftern.

409   **Niederschrift.** Ein Protokoll (etwa über den Sitzungsverlauf und Wortmeldungen der Gesellschafter) ist für die Generalversammlung gesetzlich nicht vorgeschrieben, aber im jeweiligen Einzelfall aus Beweisgründen zu empfehlen. Die Geschäftsführer sind jedoch verpflichtet, Generalversammlungsbeschlüsse unverzüglich in eine

Niederschrift aufzunehmen. Diese Niederschriften sowie die auf schriftlichem Weg gefassten Beschlüsse der Gesellschafter sind aufzubewahren (§ 40 Abs. 1 GmbHG). Satzungsänderungen der Gesellschafterbeschlüsse müssen öffentlich beurkundet werden.

4. Checkliste: Generalversammlung

1. Vorbereitende Maßnahmen

   - Bekanntgabe der Tagesordnung

   - Prüfung der Einladung

   - Prüfung der Möglichkeit des Nichterscheinens zur Generalversammlung

   - Formulierung von Fragen zu einzelnen Tagesordnungspunkten

   - Prüfung der Möglichkeit von Gegenanträgen

   - Prüfung der Zulässigkeit und Zweckmäßigkeit einstweiliger Verfügungen

2. Ordnungsmäßigkeit der Ladung

   - Rechtzeitige Einberufung durch entsprechendes Organ?

   - Einladung an alle Teilnahmeberechtigten (insbesondere der Gesellschafter)?

   - Einladung auch an sonstige Personen (Berater, Aufsichtsrat)?

   - Ordnungsgemäße Form (Einschreiben)?

   - Einhaltung der gesetzlichen und auch gesellschaftsvertraglich vereinbarten Fristen?

   - Übermittlung der vollständigen Tagesordnung?

3. Prüfung des Rechtsschutzes

   - Zulässigkeit einer einstweiligen Verfügung

   - Fallgestaltung eines wirksamen Rechtsschutzes

   - Einberufungs- und Ladungsmängel

   - Stimmverbote

   - Stimmbindungen

   - Stimmpflichten aufgrund einer Treuepflicht

4. Durchführung der Generalversammlung und Anwesenheit der Gesellschafter

   - Wer ist Versammlungsleiter?

   - Wer ist Protokollführer?

   - Sind die erforderlichen technischen Hilfsmittel vorhanden?

   - Sind die schriftlichen Unterlagen vorhanden?

   - Anwesenheit

     - Wer ist anwesend?

     - Wer ist vertreten? Liegen Vollmachten vor?

      – Wer ist sonst erschienen (Berater, Sachverständige usw.)?

      – Anzahl der anwesenden bzw. vertretenen Stimmen?

5. Maßnahmen während der Generalversammlung

- Einflussnahme auf die Wahl des Versammlungsleiters
- Gewährleistung einer klaren Protokollierung
- Anfertigung eines eigenen Protokolls
- Rüge von Ladungs- und Formfehlern

6. Abstimmung

- Formulierung des Beschlussinhaltes?
- Wie werden die Abstimmungen durchgeführt?
- Wer ist bei den einzelnen Abstimmungspunkten vom Stimmrecht ausgeschlossen?
- Welche Stimmenmehrheiten sind bei den jeweiligen Beschlüssen notwendig?
- Sind formale Bestimmungen (z.B. notarielle Beurkundung) bei den einzelnen Abstimmungen zu beachten?

7. Rechtsschutz nach der Generalversammlung

- Möglichkeiten des Rechtsschutzes prüfen
- Rechtsschutz gegen ausführungsbedürftige Beschlüsse
- Rechtsschutz gegen eintragungsbedürftige Maßnahmen
- Rechtsschutz gegen Abberufung von Geschäftsführern
- Klageerhebung prüfen
  - Nichtigkeitsklage
  - Anfechtungsklage
  - Allgemeine Feststellungsklage
  - Positive Beschlussfeststellungsklage

5. Praxisbeispiele und Mustertexte

5.1. Fallbeispiel Ablauf einer körperlichen Generalversammlung

Ausgangssituation:

An der Jäger & Huber EDV-Dienstleistungs GmbH mit einem Stammkapital von € 35.000,00 sind nachfolgende Gesellschafter beteiligt:

Lfd. Nr.	Name, Geburtsdatum	Übernommene Stammeinlage €	Hierauf geleistet €	Beteiligung in %
1.1.	Julia Huber, *	8.750,00	4.375,00	25 %
1.2.	Peter Jäger, *	8.750,00	4.375,00	25 %
1.3.	Axel Pfefferkorn, *	17.500,00	8.750,00	50 %
				100 %

Einziger Geschäftsführer der Gesellschaft ist Herr Anton Auer.

1. Schritt: Einberufung der Generalversammlung

Jäger & Huber EDV-Dienstleistungs GmbH

Anschrift/Telefon/Telefax

Einschreiben

[Name und Anschrift der Gesellschafter]

Generalversammlung

Sehr geehrter Gesellschafter,

als Geschäftsführer der Jäger & Huber EDV-Dienstleistungs GmbH lade ich Sie zu unserer am *[Datum]* um *[Uhrzeit]* in *[Adresse, Ort]* stattfindenden Generalversammlung der Gesellschaft ein.

Tagesordnung

1. Bericht der Geschäftsführer über das abgelaufene Geschäftsjahr vom 01.01.2006 bis 31.12.2006;

2. Feststellung des Jahresabschlusses für das Geschäftsjahr 2006:

   Der Jahresabschluss der Gesellschaft (Bilanz, Gewinn- und Verlustrechnung sowie Anhang) zum 31.12.2006 weist einen Bilanzgewinn von € [Betrag] und einen Jahresgewinn von € [Betrag] auf.

3. Beschlussfassung über die Gewinnverwendung:

   Der Geschäftsführer empfiehlt, zur Stärkung der Eigenkapitalbasis der Gesellschaft eine Gewinnausschüttung zu beschließen, die den Bilanzgewinn in Höhe von 50 v.H. nicht übersteigt.

4. Beschlussfassung über die Entlastung des Geschäftsführers für das Geschäftsjahr 2006.

Der Jahresabschluss samt Anhang ist dieser Einladung abschriftlich beigeschlossen. Wenn Sie sich durch einen Bevollmächtigten vertreten lassen, hat sich dieser durch eine auf die Ausübung des Stimmrechts lautende Vollmacht auszuweisen.

Für allfällige Rückfragen stehe ich Ihnen sehr gerne zur Verfügung. Ich freue mich auf ein Wiedersehen und verbleibe

[Grußformel]

[Name, Unterschrift des Geschäftsführers]

---

2. Schritt: Verfassen einer Niederschrift (§ 40 GmbHG)

NIEDERSCHRIFT

Der Generalversammlung der Jäger & Huber EDV-Dienstleistungs GmbH mit dem Sitz in *[Ort]*

Gegenwärtig:

1. Julia Huber, mit einer übernommenen Stammeinlage von € 8.750,00,

2. Peter Jäger, mit einer übernommenen Stammeinlage von € 8.750,00,

3. Axel Pfefferkorn, mit einer übernommenen Stammeinlage von € 17.500,00,

4. der gefertigte Geschäftsführer.

Generalversammlungsbeschlüsse:

Der erste Punkt der Tagesordnung

Bericht der Geschäftsführung über das abgelaufene Geschäftsjahr vom 01.01. bis 31.12.2006

wird von den Gesellschaftern einstimmig zur Kenntnis genommen. Zu diesem Tagesordnungspunkt werden keine weiteren Beschlüsse gefasst.

Zum zweiten Punkt der Tagesordnung

Feststellung des Jahresabschlusses für das Geschäftsjahr 2006

beschließen die Gesellschafter einstimmig, den Jahresabschluss auf Grundlage der von der Geschäftsführung aufgestellten Bilanz, Gewinn- und Verlustrechnung sowie Anhang festzustellen.

Zum dritten Punkt der Tagesordnung

Gewinnverwendung

beschließen die Gesellschafter einstimmig, vom ausgewiesenen Bilanzgewinn zum 31.12.2006 einen Betrag in Höhe von € *[Betrag]* an die Gesellschafter im Verhältnis ihrer Beteiligung zum Verbleib bei diesen auszuschütten.

Zum vierten Punkt der Tagesordnung

Entlastung des Geschäftsführers für das Geschäftsjahr 2006

wird diesem einstimmig die Entlastung erteilt.

[Ort, Datum, Unterschrift des Geschäftsführers]

3. Schritt: Übermittlung der Niederschrift (§ 40 Abs. 2 GmbHG)

Jäger & Huber EDV-Dienstleistungs GmbH

Anschrift/Telefon/Telefax

Einschreiben

[Name und Anschrift der Gesellschafter]

Niederschrift der Generalversammlung vom *[Datum]*

Sehr geehrter Gesellschafter,

unter Hinweis auf § 40 Abs. 2 GmbH übermittle ich Ihnen eine Kopie der gefassten Beschlüsse der Generalversammlung vom *[Datum]*.

Mit der Bitte um Kenntnisnahme verbleibe ich *[Grußformel]*

[Name, Unterschrift des Geschäftsführers]

Anmerkung: Bei personalistisch strukturierten (Familien-)Gesellschaften kann diese Niederschrift auch gegen persönliche Empfangsbestätigung übermittelt werden.

5.2. Fallbeispiel Beschlussfassung im Umlaufverfahren (§ 34 GmbHG)

1. Schritt: Ersuchen um schriftliche Abstimmung durch die Geschäftsführung

---

Jäger & Huber EDV-Dienstleistungs GmbH

Anschrift/Telefon/Telefax

Einschreiben

[Name und Anschrift der Gesellschafter]

Zustimmung zur Erteilung einer Einzelprokura

Schriftliche Abstimmung

Sehr geehrter Gesellschafter,

unserem langjährigen Mitarbeiter, Herrn Peter Baldauf, wurde ein Beschäftigungsverhältnis bei einem Konkurrenzunternehmen angeboten. Die Geschäftsführung konnte diesen Abwerbeversuch mit einer moderaten Gehaltserhöhung in Höhe von € 500,00 brutto pm abwehren und hat Herrn Baldauf – vorbehaltlich der Genehmigung durch die Gesellschaft – eine Einzelprokura zugesagt. Diesem Schreiben beigeschlossen ist eine Ergänzung des Anstellungsvertrages von Herrn Baldauf, mit welcher Beschränkungen seiner Prokura im Innenverhältnis verbindlich vereinbart werden.

Ich bitte nunmehr sämtliche Gesellschafter um Zustimmung zu folgenden Punkten:

1   Mit der Abstimmung über diese Beschlussgegenstände auf schriftlichem Wege sind Sie einverstanden;

2.   der Erteilung einer Einzelprokura für Herrn Peter Baldauf wird zugestimmt;

3.   dem Katalog von Beschränkungen der Prokura als Ergänzung zum Anstellungsvertrag vom *[Datum]* wird zugestimmt.

Bitte retournieren Sie in jedem Fall und zwar auch dann, wenn Sie mit keinem der Beschlussgegenstände einverstanden sind, Ihren Stimmzettel mit dem beigefügten frankierten Briefkuvert binnen 7 Tagen nach Zugang dieses Schreibens an die Gesellschaft. Verspätet abgesandte Stimmzettel werden nicht berücksichtigt.

Falls nur einer der Gesellschafter dem schriftlichen Abstimmungsverfahren widerspricht, kommt die Abstimmung nicht gültig zustande.

Falls kein Gesellschafter dem schriftlichen Abstimmungsverfahren widerspricht und die Mehrheit der allen Gesellschaftern zustehenden Stimmen für die Erteilung einer Prokura an Herrn Baldauf spricht, wird diese erteilt.

Im Falle von Rückfragen stehe ich Ihnen gerne zur Verfügung

[Grußformel]

[Ort, Datum, Unterschrift des Geschäftsführers]

2. Schritt: Rückantwort der Gesellschafter

Stimmzettel

Jäger & Huber EDV — Dienstleistungs GmbH

Geschäftsführung

Adresse

Sehr geehrte Geschäftsführung, ich stimme wie folgt ab:

1. mit einer Abstimmung im schriftlichen Wege bin ich
   ☐ einverstanden
   ☐ nicht einverstanden
2. mit der Erteilung einer Einzelprokura an Peter Baldauf bin ich
   ☐ einverstanden
   ☐ nicht einverstanden
3. mit den Beschränkungen der Prokura als Ergänzung zum bestehenden Anstellungsvertrag bin ich
   ☐ einverstanden
   ☐ nicht einverstanden

[Ort, Datum, Unterschrift des Gesellschafters]

3. Schritt: Verfassung einer Niederschrift (§ 40 GmbHG)

Jäger & Huber EDV-Dienstleistungs GmbH

Anschrift/Telefon/Telefax

Einschreiben

[Name und Anschrift der Gesellschafter]

Übermittlung einer Niederschrift

Sehr geehrter Gesellschafter,

Am *[Datum]* wurde von der Geschäftsführung den Gesellschaftern eine Aufforderung zur schriftlichen Abstimmung übermittelt. Sämtliche Gesellschafter haben sich fristgerecht an dieser Abstimmung beteiligt.

Der Vorschlag der Geschäftsführung, Herrn Peter Baldauf die Einzelprokura zu erteilen, wurde einstimmig angenommen. Sämtliche Gesellschafter sind mit den Beschränkungen der Prokura als Ergänzung zum bestehenden Anstellungsvertrag von Herrn Peter Baldauf ebenfalls einverstanden.

Die getroffenen Beschlüsse wurden von mir am *[Datum]* in diese Niederschrift aufgenommen.

Mit der Bitte um Kenntnisnahme verbleibe ich

[Grußformel]

[Ort, Datum, Unterschrift des Geschäftsführers]

Anmerkung: Bei personalistisch strukturierten (Familien-)Gesellschaften kann diese Niederschrift auch gegen persönliche Empfangsbestätigung übermittelt werden.

6. Wie bekomme ich als GmbH-Gesellschafter die erwünschten Informationen?

Grundlagen. Damit Gesellschafter einer GmbH die Chancen und Risiken ihrer **410** Kapitalbeteiligung (aus eigenem Recht) einschätzen und sich eine (eigene) Entscheidungsgrundlage für wichtige Abstimmungen in der Generalversammlung schaffen können, besteht ein umfassendes Informationsrecht für Gesellschafter (§ 22 Abs. 2 GmbHG). Auf dieser Rechtsgrundlage besteht Anspruch auf *Auskunft* über alle Angelegenheiten der Gesellschaft und *Einsicht* in ihre Unterlagen.

Besondere praktische Bedeutung erlangt dieses Recht

- zur Vorbereitung einer Beschlussfassung über – für die GmbH *existenzielle* – Geschäftsführungsmaßnahmen;
- zur Überprüfung der strategischen Ausrichtung der Geschäftsleitung in der Krise der GmbH und
- bei Ausscheiden eines Gesellschafters.

Der „richtige" *Fahrplan* zum Informationsverlangen bzw. zur Informationserzwin- **411** gung wird im Folgenden grafisch dargestellt.

Übersicht: Fahrplan zum Informationsverlangen bzw. Informationserzwingung

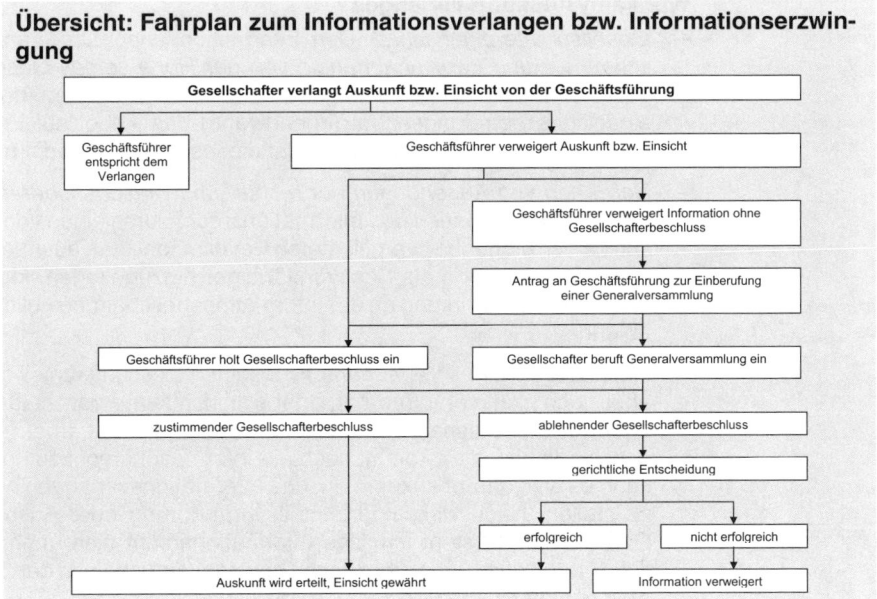

412

1. Phase: Informationsverlangen. Um die erwünschte Auskunft oder Einsicht in Unterlagen zu bekommen, ist zunächst das Verlangen ordnungsgemäß anhand folgender Checkliste zu formulieren.

● **An wen richtet sich das Verlangen?**

  – *Senden Sie eine eingeschriebene Briefsendung.* Das Auskunftsverlangen ist zwar auch mündlich zulässig, jedoch ist die Übersendung per Einschreiben zu empfehlen.

  – *Richten Sie das Verlangen an die GmbH.* Das Informationsbegehren richtet sich immer gegen die Gesellschaft; diese wird durch ihre Geschäftsführer vertreten. Unbeschadet der Vertretungsbefugnis nach außen ist jeder Geschäftsführer passivlegitimiert, d.h. zur Empfangnahme von an die Gesellschaft gerichteten Briefsendungen berechtigt.

● **Worauf ist das Verlangen gerichtet?**

  – *Präzise Formulierung des Auskunftsverlangens.* Die begehrten Auskünfte oder Unterlagen sollten möglichst eindeutig bezeichnet werden, da die Geschäftsführung andernfalls zu lediglich allgemeiner oder oberflächlicher Informationserteilung berechtigt ist und sich einer konkreten Beantwortung entziehen kann.

  – *Schriftliches Auskunftsverlangen.* Ein Gesellschafter hat Anspruch auf schriftliche Beantwortung oder Vorlage schriftlicher Unterlagen. Dagegen besteht kein Anspruch auf Übersendung von Kopien. Der Gesellschafter ist nur berechtigt, sich selbst Kopien zu fertigen.

  – *Fristsetzung.* Die erwünschte Auskunft ist *unverzüglich* – also ohne schuldhaftes Zögern –, aber nicht unbedingt *sofort* zu erteilen. Eine genaue zeitliche Festlegung ist somit nicht möglich. Der Gesellschafter sollte in seinem Verlangen gleichwohl eine angemessene Frist (etwa drei bis sechs Wochen) setzen.

● **Wer kann Auskunft verlangen?**

  – *Gesellschaftereigenschaft.* Den Informationsanspruch kann jeder Gesellschafter – *und zwar unabhängig von der Höhe seines Geschäftsanteils* – geltend machen. Einem Treugeber, aber auch Personen, denen durch ein einseitiges Abtretungsanbot (irgendwann) das Anbot auf Erwerb des Geschäftsanteiles eingeräumt ist, steht dieses Auskunftsrecht nicht zu.

  – *Beiziehen von Angehörigen der rechts- und wirtschaftsberatenden Berufe.* Gesellschafter können das Informationsrecht durch einen von Berufs wegen zur Verschwiegenheit verpflichteten Bevollmächtigten ausüben lassen. Wird eine solche Person als Sachverständiger hinzugezogen, kann die Gesellschaft deren Mitwirkung an der Informationsbeschaffung üblicherweise nicht ablehnen.

  – *Rechtzeitigkeit des Verlangens.* Wer seinen Geschäftsanteil schon verkauft, aber noch nicht veräußert hat, oder wer sich zum Ausscheiden verpflichtet, oder das Gesellschaftsverhältnis zwar gekündigt hat, aber noch nicht ausgeschieden ist, dem kommt noch ein Informationsrecht zu. In diesen Fällen kann es also darauf ankommen, das Informationsverlangen noch rechtzeitig zu stellen. Nach wirksamer Anteilsveräußerung oder Ausscheiden eines Gesellschafters steht ihm das Informationsrecht nicht mehr zu und zwar selbst dann nicht, wenn ihm noch Gewinnansprüche aus der Zeit vor seinem Ausscheiden zustehen.

- **Beispiel: Informationsverlangen eines Gesellschafters gegenüber der Geschäftsführung**

[Anrede],

wie mir zwischenzeitlich bekannt wurde, haben sich folgende besorgniserregende geschäftliche Entwicklungen ergeben [Schilderung des Sachverhalts]. Ich ersuche Sie daher, mir folgende Fragen zu beantworten [möglichst konkrete Formulierung der Fragen].

Neben der Beantwortung der o.a. Fragen ersuche ich Sie, mir folgende Unterlagen zu übermitteln. [Allfällige Begründung] Ich bitte Sie, mir diese Fragen bis [Datum] ausführlich schriftlich zu beantworten. Die gewünschten Unterlagen wollen Sie mir in Kopie übermitteln, damit ich diese von meinem [Steuerberater, Rechtsanwalt usw.] überprüfen lassen kann.

Für den Fall, dass Sie meinem Informationsverlangen nicht nachkommen wollen, werde ich die Generalversammlung mit der Angelegenheit befassen.

[Grußformel]

[Unterschrift des Gesellschafters]

2. Phase: Informationsverweigerung. In der Praxis ist die Geltendmachung des **413** Informationsrechts nicht selten mit Hindernissen verbunden. In vielen Fällen wird die Geschäftsführung die gewünschte Auskunft bzw. Einsicht wegen behaupteter Verletzung der Verschwiegenheit und Missbrauchsgefahr verweigern. Voraussetzung für die Verweigerung ist jedoch, dass unverzüglich ein diesbezüglicher Generalversammlungsbeschluss einzuholen ist. Bis zu diesem Zeitpunkt kann die Geschäftsführung daher nur einstweilen die Auskunft versagen. Das weitere Vorgehen hängt also davon ab, ob der Geschäftsführer einen Generalversammlungsbeschluss herbeigeführt hat oder nicht.

Geschäftsführer holt Beschluss ein. Beruft der Geschäftsführer die Generalver- **414** sammlung ein, kommt es auf die Mehrheitsentscheidung der Gesellschafter an. In der Generalversammlung wird der Antrag auf Auskunftserteilung üblicherweise zur Diskussion gestellt. Der Geschäftsführer sollte zweckmäßigerweise zunächst erläutern, warum er das Auskunftsersuchen bisher nicht erledigt hat. Eine Beschlussfassung über den Antrag auf Auskunft erfolgt, wenn in der Generalversammlung keine einvernehmliche Lösung gefunden wird.

Die Geschäftsführung holt keinen Beschluss ein. Verweigert die Geschäftsfüh- **415** rung die Auskunft, ohne unverzüglich eine Generalversammlung dazu einzuholen, hat der auskunftsverlangende Gesellschafter unter Beachtung der nachfolgenden Grundsätze die Einberufung der Generalversammlung selbst vorzunehmen.

Aufforderung zur Einberufung einer Generalversammlung. Zunächst muss der **416** auskunftssuchende Gesellschafter die Geschäftsführung – zweckmäßigerweise per Einschreiben – auffordern, eine Generalversammlung einzuberufen. Dabei sollte der Gegenstand der Beschlussfassung (das Auskunftsverlangen) entsprechend bestimmt und nicht nur pauschal angekündigt sein, und dem Geschäftsführer eine angemessene Frist zur Einberufung der Generalversammlung gesetzt werden.

- **Beispiel: Aufforderung an die Geschäftsführung zur Einberufung einer Generalversammlung**

[Anrede],

nachdem meine im Schreiben vom [Datum] an Sie gerichteten Fragen bisher nicht beantwortet wurden und sich der Verdacht erhärtet hat, dass es in der Geschäftsführung zu erheblichen Unregelmäßigkeiten gekommen ist, ersuche ich Sie hiermit, binnen angemessener Frist – spätestens aber bis zum [Datum] – eine Generalversammlung mit folgenden Tagesordnungspunkten einzuberufen.

1. Bericht der Geschäftsführung über [möglichst konkrete Beschreibung des Sachverhaltes, der dem Auskunftsbegehren zugrunde liegt].

2. Allenfalls Antrag auf Wahl eines Sonderprüfers.

Wird meinem Verlangen nicht innerhalb der von mir gesetzten Frist entsprochen, so werde ich gemäß § 37 Abs. 1 GmbHG die Generalversammlung selbst einberufen.

[Grußformel]

[Unterschrift des Gesellschafters]

417　**Eigene Einberufung der Generalversammlung.** Erst wenn die Aufforderung an die Geschäftsführung zur Einberufung einer Generalversammlung erfolglos bleibt, haben jene Gesellschafter, denen zusammen eine Beteiligung von 10 v.H. zukommt, ein Selbsthilferecht (§ 37 Abs. 2 GmbHG). Die Satzung kann eine erleichterte Ausübung dieses Minderheitenrechtes vorsehen.[148] Die Einberufung der Generalversammlung erfolgt mit eingeschriebener Briefsendung an sämtliche Gesellschafter.

● **Beispiel: Ersatzeinberufung einer Generalversammlung**

[Anrede],

ich bin mit einem Geschäftsanteil von € 10.000,00 am Stammkapital der Gesellschaft von € 35.000,00 beteiligt.

Mein mit Einschreiben vom [Datum] abgesandter Antrag, unverzüglich eine Generalversammlung einzuberufen, blieb trotz Fristsetzung auf den [Datum] bis heute ohne Antwort.

Angesichts der Dringlichkeit der Beschlussfassung über die nachstehend angekündigten Tagesordnungspunkte hätte die Generalversammlung innerhalb der von mir gesetzten Frist einberufen werden müssen. Deshalb berufe ich nunmehr unter Hinweis auf § 37 Abs. 2 GmbH die Generalversammlung ein.

Die **Tagesordnung** der Generalversammlung lautet:

1.　Abberufung des Geschäftsführers [Name] aus wichtigem Grund.

2.　Kündigung des Anstellungsvertrages des Geschäftsführers [Name] aus wichtigem Grund.

Begründet wird mein Antrag damit, dass der Geschäftsführer [Name] trotz mehrfacher Abmahnung nach wie vor für unser Konkurrenzunternehmen, die [Bezeichnung der Firma] in [Ort] als Berater tätig ist. Er verstößt damit sowohl gegen das ihn als Geschäftsführer treffende Wettbewerbsverbot als auch gegen gesellschaftsrechtliche Treuepflichten. Aus diesem Grunde ist die Aufrechterhaltung der Geschäftsführerfunktion für unsere Gesellschaft mit Nachteilen verbunden.

[Grußformel]

[Unterschrift des Gesellschafters]

418　**3. Phase: Informationserzwingung.** Wird das Auskunftsverlangen durch Beschluss der Generalversammlung abgelehnt, kann der betroffene Gesellschafter nur noch die Gerichte anrufen und auf Erteilung der Auskunft klagen. Durch das Gericht wird insbesondere darüber entschieden, ob die Auskunft bzw. Einsicht zu Recht verweigert wurde. Dies ist nur der Fall, wenn zu befürchten ist, dass der Gesellschafter die erteilte Auskunft zu gesellschaftsfremden Zwecken verwenden und dadurch der Gesellschaft oder einem verbundenen Unternehmen ein nicht unerheblicher Nachteil zugefügt wird. Diese Voraussetzungen liegen dann vor, wenn ein Gesellschafter das Gesellschaftsverhältnis aus wichtigem Grund gekündigt, aber noch keine formgültige Übertragung seiner Anteile stattgefunden hat, er aber zwischenzeitlich ein Konkurrenzunternehmen betreibt.

---

[148]　Vgl. Fritz, GmbH-Praxis I Vertragsmuster und Eingaben, Muster 1.4002, 1.4003; 176.

7. Die Zusammenarbeit zwischen der Generalversammlung und der Geschäftsführung: Warum gibt es vielfach Frustration und Reibungsverluste?

7.1. Einführung

Die Ausgangssituation. Eine GmbH ist als juristische Person rechtsgeschäfts- **419** fähig, kann sich aber nicht selbst vertreten. Sie benötigt daher Vertretungsorgane – die Geschäftsführer. Diese sind aus der Sicht mancher Gesellschafter „ein notwendiges Übel" – und genauso werden sie manchmal von den Gesellschaftern auch behandelt ...

Vertretungsmonopol der Geschäftsführung. Die Geschäftsführung ist gekenn- **420** zeichnet durch ein Vertretungsmonopol gegenüber Dritten. Der Alleingesellschafter, der etwa aus pensionsrechtlichen Erwägungen nicht mehr Geschäftsführer ist, darf also die Gesellschaft – häufig zu seinem Leidwesen – nicht selbst vertreten. Und dass die Generalversammlung – insbesondere bei Familienunternehmen – *immer alles besser weiß,* gehört schon fast zum Regelfall. Umgekehrt gibt es starke Geschäftsführerpersönlichkeiten, die es mit der Transparenz ihrer Tätigkeit nicht sehr genau nehmen und gelegentlich Minderheitsgesellschaftern nicht die notwendigen Informationen zukommen lassen. Das gesellschaftsrechtliche Gleichbehandlungsgebot wird von der Geschäftsführung häufig missachtet.

Gewaltentrennung zwischen den Organen. Zweckmäßigerweise sollte zwischen **421** Generalversammlung und Geschäftsführung eine Gewaltentrennung vereinbart werden, einerseits in Form der nicht delegierbaren Zuständigkeiten der Generalversammlung (§ 35 GmbHG), andererseits in einem umfassenden Vertretungsmonopol der Geschäftsführung. Die Gesellschafter können hiefür eine der gesetzlich zulässigen Vertretungsarten wählen.

Zustimmungspflichtige Geschäfte. Eine Durchbrechung dieser Gewaltentren- **422** nung erfolgt durch die *sog. Zustimmungspflichtigen Geschäfte und Maßnahmen.* Vor Abschluss eines *durch die Generalversammlung zustimmungspflichtigen Rechtsgeschäftes* hat der Geschäftsführer die Gesellschafter von sich aus über sein Vorhaben unter Beifügung entscheidungsrelevanter Unterlagen zu befragen und die Entscheidung der Gesellschaft abzuwarten. Hier bemängeln einige Gesellschafter immer wieder, dass manche vertretungsbefugten Organe diese Verpflichtung als unnötigen Formalismus abtun und die Meinung – direkt oder indirekt – äußern, *dass die Gesellschafter ohnehin in fachlicher Hinsicht keine Ahnung hätten.*

Praxistipps. Unbeschadet der konkreten Branchenkenntnisse sind jedoch im **423** Hinblick auf die gesellschaftliche Gewaltentrennung vor allem zwei Aspekte zu berücksichtigen. Gerade bei nicht betriebsgewöhnlichen Geschäften ist eine kritische Prüfung der geplanten Maßnahme durch die Gesellschafter wünschenswert; einerseits im Hinblick auf die üblicherweise umfassenden wirtschaftlichen Konsequenzen und andererseits, weil der mit dem vielfach stressigen Tagesgeschäft befasste Geschäftsführer auch schon ein wenig *betriebsblind* sein kann.

Der Geschäftsführer ist Organwalter der GmbH und hat in dieser Funktion die **424** Interessen der Gesellschafter zu wahren, die in Form von **Weisungsbeschlüssen** gefasst werden. Dieser Grundsatz führt sogar dazu, dass ein Geschäftsführer gesetzlich zulässigen Weisungen der Generalversammlung auch gegen seinen Willen zu entsprechen hat. Das damit verbundene Dilemma samt möglichen Lösungsansätzen verdeutlichen die beiden Schaubilder (Rz. 425).

Unzweckmäßige Weisungen der Generalversammlung. Unter der Vorausset- **425** zung, dass die Generalversammlungsbeschlüsse den gesetzlichen und gesellschaftsvertraglichen Bestimmungen entsprechen, ist der Geschäftsführer verpflichtet, im Sinne des Weisungsbeschlusses zu handeln. Bei Bedenken seitens des Geschäftsführers empfiehlt sich folgende Vorgangsweise.

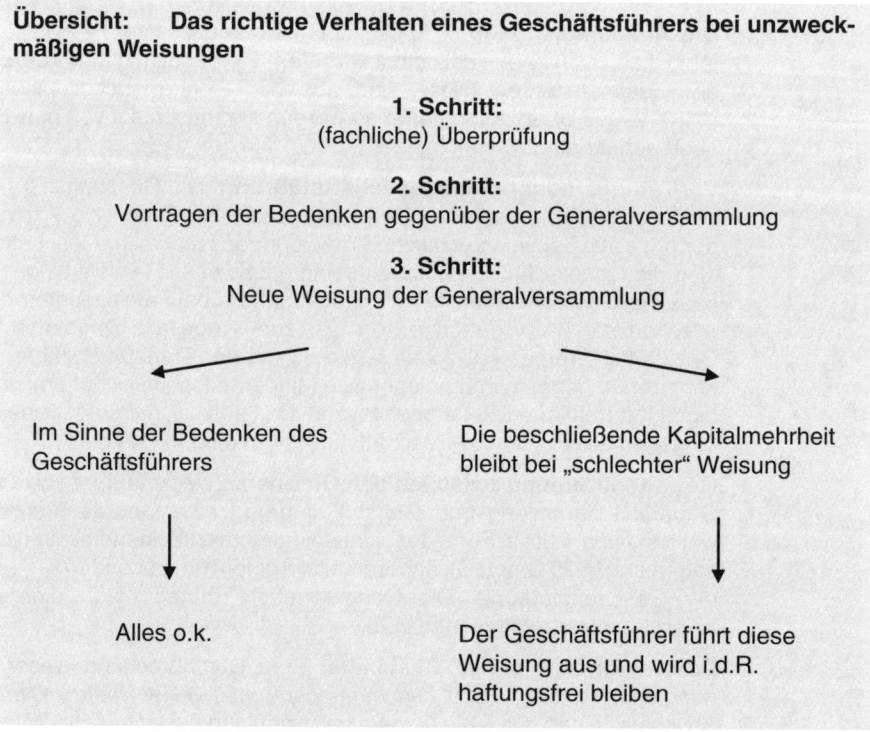

Übersicht: Das richtige Verhalten eines Geschäftsführers bei unzweckmäßigen Weisungen

1. Schritt:
(fachliche) Überprüfung

2. Schritt:
Vortragen der Bedenken gegenüber der Generalversammlung

3. Schritt:
Neue Weisung der Generalversammlung

Im Sinne der Bedenken des Geschäftsführers

Die beschließende Kapitalmehrheit bleibt bei „schlechter" Weisung

Alles o.k.

Der Geschäftsführer führt diese Weisung aus und wird i.d.R. haftungsfrei bleiben

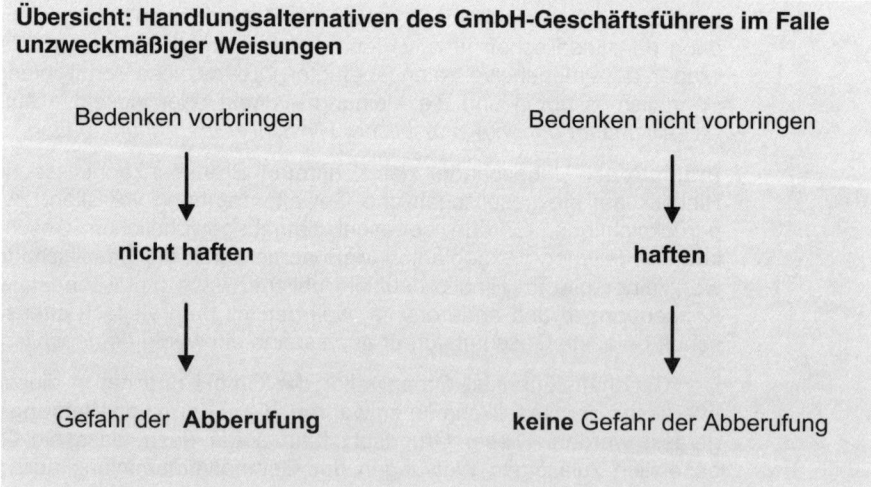

Übersicht: Handlungsalternativen des GmbH-Geschäftsführers im Falle unzweckmäßiger Weisungen

Bedenken vorbringen

Bedenken nicht vorbringen

nicht haften

haften

Gefahr der **Abberufung**

keine Gefahr der Abberufung

Die in der Unternehmenspraxis m.E. bestgeeignete Lösung liegt darin, auf die jeweilige wirtschaftliche Lage der Gesellschaft abzustellen.

7.2. Streitvermeidung ... oder doch nicht?

Durch meine mittlerweile jahrzehntelangen Beratungsaufgaben im Gesellschafts- **426** recht einerseits und meine Tätigkeit als Wirtschaftsmediator andererseits habe ich persönlich zwischenzeitlich für Konflikte, die mit Errichtung und Betrieb einer GmbH verbunden sein können, eine gewisse *Affinität* entwickelt. Was jetzt das Verhältnis zwischen den verschiedenen Organen einer GmbH betrifft, so kann – und soll man – nicht verallgemeinern. Es gibt jedoch Verhaltensmuster, die konfliktprophylaktische Wirksamkeit entfalten und bereits entstandene Konflikte zumindest beruhigen. Und es gibt Verhaltensweisen, die genau das Gegenteil bewirken ...

Übersicht: Erfolgsfaktoren für Konfliktvermeidungen bzw. -lösungen

- Kommunikation der wechselseitigen Wertschätzung
- Man kann in der Generalversammlung auch einmal sagen, was der Geschäftsführer gut gemacht hat
- Der Geschäftsführer kann sich die Gesellschafter im Regelfall nicht aussuchen – die Generalversammlung den Geschäftsführer allerdings schon: Festlegung eines Anforderungsprofils in qualitativer Hinsicht sowie eine Stellenbeschreibung
- Vereinbarung eines dienstrechtlichen Ansprechpartners aus dem Kreise der Gesellschafter oder anderer Organe (z.B. Aufsichtsratsvorsitzender, Beiratsmitglied)
- Vorgabe von klaren Regeln, nach welchen Grundsätzen die Geschäftsführerberichte (Quartalsberichte) zu erstellen und vorzulegen sind; Vereinbarung eines Kataloges Zustimmungspflichtiger Maßnahmen und Rechtsgeschäfte
- Festlegung eines klaren Informationsdesigns zwischen Generalversammlung und Geschäftsführung
- Vereinbarung einer Ressortverteilung zwischen mehreren Geschäftsführern
- Alle Rechtsgeschäfte zwischen der GmbH und den Geschäftsführern sind zustimmungspflichtig. Ausnahmen: Auszahlung vereinbarter Vergütungen, Reisespesenersatz im üblichen Ausmaß und Durchführung bereits genehmigter Vertragsbeziehungen
- Gleichbehandlung aller Gesellschafter im Hinblick auf ihre Vermögens–, Stimm- und Informationsrechte unabhängig von ihrem Beteiligungsausmaß durch die Geschäftsführung
- Vereinbarung einer Satzungsklausel, wonach auch bei einer gemeinsamen Vertretung jeder Geschäftsführer berechtigt ist, eine Generalversammlung einzuberufen
- Zeitgerechte Erfüllung aller vermögenswerten Pflichten durch jeden Gesellschafter, um der Geschäftsführung die zwingend im GmbHG normierten Sanktionen zu ersparen
- Überwachung des kollegialen Verhaltens und der Beschlussfassungseffizienz mehrerer Geschäftsführer durch die Generalversammlung
- Vereinbarung klarer Zielvorgaben für die Geschäftsführung
- Mögliche Bildung von Koalitionen und Gesellschafterstämmen bereits bei der Verfassung der Satzung vorsehen

- Rechtsgeschäfte zwischen der GmbH und ihren Gesellschaftern bzw. deren nahen Angehörigen bedürfen vor ihrem Abschluss der Zustimmung der Generalversammlung
- Beachtung allfälliger Stimmverbote
- Trennung zwischen Sach- und Beziehungsebene
- Vereinbarung einer Mediations- und Schiedsgerichtsklausel und bedarfsgerechte Anwendung dieser Konfliktlösungsinstrumente
- Unterschiedliche Sichtweisen *auch einmal stehen lassen*
- Akzeptanz und Beachtung der Minderheitenrechte durch den/die Mehrheitsgesellschafter
- Wahl eines konsensorientierten Vorsitzenden mit entsprechender Persönlichkeit und Moderationserfahrung durch die Generalversammlung
- Aufrechterhaltung einer positiven Beziehungsebene (z.B. gemeinsame Mahlzeit nach der Generalversammlung, Übermittlung von Geburtstagswünschen)
- Möglichst zeitnahe Erfüllung aller vermögenswerten Pflichten durch die Gesellschafter nach Errichtung der GmbH (z.B. Volleinzahlung der Stammeinlagen)
- Beiziehung von externen Beratern im Konfliktfall
- Ordnungsgemäße Einladung, Abhaltung und Protokollierung der Generalversammlungen und ihrer Beschlüsse sowie Übermittlung einer Beschlussabschrift
- Einvernehmliche Bestellung der Geschäftsführung bei personalistisch strukturierten Gesellschaften

427

Die Hauptanwendungsgruppe einer GmbH in Österreich – die *personalistische* Struktur – bringt es mit sich, dass *Menschen mit anderen Menschen* zu tun haben. Manche dieser *Interaktionen* führen zu Irritationen. Es treten Ereignisse ein, mit denen niemand gerechnet hat, vielfach auch nicht externe Berater. Aufgabe von Angehörigen der rechts- und wirtschaftsberatenden Berufe ist es jedoch, **übliche** konfliktbezogene sachbezogene Regelungen und personenbezogene Verhaltensmuster vorab zu vermeiden.

Übersicht: Die Probleme sind vorprogrammiert ...

- Während des Wirtschaftsjahres erfolgt überhaupt keine Kontrolle der Geschäftsführertätigkeit durch die Generalversammlung
- Unzureichende Kenntnis der Geschäftsführer über ihre Organpflichten (bei Familiengesellschaften fast schon die Regel!)
- Die Verweigerung der Entlastung durch die Generalversammlung wird als Mittel gesehen, um den *Geschäftsführer zappeln zu lassen*
- Verstöße gegen die Ressortverteilung und/oder Missachtung der zustimmungspflichtigen Geschäfte werden stillschweigend zur Kenntnis genommen
- Der Jahresabschluss wird nicht rechtzeitig unter Verantwortung der Geschäftsführung aufgestellt und auch nicht jedem Gesellschafter vorgelegt
- Einzelne Gesellschafter oder Gesellschaftergruppen versuchen, den Geschäftsführer auf ihre Seite zu ziehen
- Wiederholte Verstöße der Geschäftsführung gegen Schutzgesetze

- Einzelne Gesellschafter mischen sich permanent in die laufende Geschäftsgebarung ein
- Untergraben der Autorität des Geschäftsführers gegenüber Mitarbeitern (passiert bei Unternehmensnachfolgen nicht selten!)
- Einseitige Beiziehung von Angehörigen der rechts- und wirtschaftsberatenden Berufe ohne vorherige Information der Mitgesellschafter
- Gegenseitiges Ausspielen mehrerer Geschäftsführer durch die Generalversammlung oder einzelne Gesellschaftergruppen
- Keine ausreichenden vertraglichen Regelungen gegen das faktisch unbeschränkte Machtvolumen des geschäftsführenden Mehrheitsgesellschafters
- Mitwirkung der Ehegatten einzelner Gesellschafter ohne klare Kompetenzen; fehlende Fremdüblichkeit
- Zu häufige Berufung auf Mehrheits- und Machtverhältnisse der Generalversammlung
- Unzureichende Begründung der Kapitalmehrheit, warum für oder gegen eine Beschlussvorlage gestimmt wurde
- Die Gesellschaft ist ein Selbstbedienungsladen für einzelne Gesellschafter
- Unzureichende organisatorische Disziplin der Gesellschafter (*handelt es sich um eine Generalversammlung oder einen familiären Mittagstisch?*)
- Ungleichbehandlung der Gesellschafter
- Missachtung erkennbarer Bedürfnisse der Minderheitsgesellschafter (z.B. Gewinnausschüttung)
- Keine Übermittlung des Jahresabschlusses an Minderheitsgesellschafter
- Keine Strategien zur Konfliktbewältigung (*Aussitzen* ist nur in Ausnahmefällen eine Lösungsoption); jeder erwartet, dass der andere den ersten Schritt setzt

Alles hat seine Grenzen. *Nebengeräusche* zwischen der Geschäftsführung und einer **428** aktiven Generalversammlung sind insbesondere bei personalistischen GmbHs (Familiengesellschaften) eher die Regel denn die Ausnahme. Wenn man prinzipiell zusammenarbeiten will, lässt sich mit einer aktiven Kommunikation und einigen Prinzipien des (richtigen) Konfliktmanagements üblicherweise eine Verbesserung erreichen. Irgendwann ist trotzdem Schluss mit lustig: Bei schwerwiegenden bzw. wiederholten und bewiesenen Verstößen gegen gesetzliche oder vertragliche Bestimmungen ist der betreffende Geschäftsführer von der Generalversammlung abzuberufen. Umgekehrt ist es die Pflicht des Geschäftsführers, seinen Rücktritt als vertretungsbefugtes Organ aus wichtigen Gründen zu erklären, wenn für ihn auf Grund eines Generalversammlungsbeschlusses die Gefahr besteht, persönlich zu haften.[149]

7.3. Warum gibt es häufig Streit zwischen den Gesellschaftern? – Konfliktprophylaktische Maßnahmen

Einleitung. Konflikte entstehen aufgrund unterschiedlicher Prioritäten der Gesell- **429** schafter: etwa Gewinnausschüttung auf der einen, Behalten der Gewinne im Unternehmen auf der anderen Seite. Neben vordergründig *monetären Konflikten* kommt in vielen Fällen auch das Streben nach Macht und Gestaltungsakzeptanz dazu.

---

[149] Vgl. hiezu Rz. 494 ff.

430   **Gleichbehandlung versus Mehrheitsbeteiligung.** Das österreichische Gesellschaftsrecht im Allgemeinen, insbesondere aber auch die Bestimmungen des GmbHG im Besonderen sind gekennzeichnet von einer strikten Gleichbehandlung der Gesellschafter. Lediglich die Höhe der Ausschüttung, der Anteil am Liquidationserlös, der Auseinandersetzungspreis im Falle des Ausscheidens und vor allem die Stimmengewichtung sind abhängig vom Betrag der übernommenen Stammeinlage. Ein Gesellschafter, dessen Geschäftsanteil rechnerisch 60 % umfasst, kann demnach auch gegen den Willen des (der) Mitgesellschafter(s) seinen Willen in der Generalversammlung (aber nicht außerhalb!) durchsetzen. Der Mehrheit ist im Gesetz sogar das *Privileg* eingeräumt, auch falsche Entscheidungen – unter der Voraussetzung, dass sie gesetzlich zulässig sind – durchzusetzen.

431   **Gesetzlicher Minderheitsschutz.** Die Minderheit wird im Gesetz durch fraglos geeignete Mechanismen geschützt; etwa in Form der gesetzlich vereinbarten Minderheitenrechte für jene Gesellschafter, deren Geschäftsanteil den zehnten Teil des Stammkapitals erreicht. Diese Minderheitenrechte betreffen entweder die nachträgliche Überprüfung bestimmter Geschäftsführungshandlungen oder einige Aktivrechte bei Grundlagengeschäften der Gesellschaft.

432   **Zustimmungspflicht der Minderheitsgesellschafter.** Wenn nun die Generalversammlung zulässigerweise Handlungen im operativen Geschäftsbereich an sich zieht und Weisungsbeschlüsse für bestimmte Maßnahmen an die Geschäftsführung fasst, so kann sich die Minderheit dagegen weder durch praktische noch durch vertragliche Gestaltungsmaßnahmen wehren. Einer vertraglich vereinbarten Zustimmungspflicht der Minderheitsgesellschafter auch bei operativen Geschäften könnte zu Recht mit der Frage begegnet werden, *was denn dann die Mehrheit wert sei* – zumindest im Hinblick auf die Ausübung der Machtverhältnisse.

433   **Praxisprobleme.** In unserer Kanzlei werden wir häufig mit der Frage konfrontiert, wie sich Minderheitsgesellschafter gegen gesetzlich zulässige Entscheidungen der Generalversammlung wehren können? Im Ergebnis gar nicht! Unter der Voraussetzung, dass das Beschlussverfahren in der Generalversammlung auch in formaler Hinsicht einwandfrei abgewickelt wurde, kann eine Minderheit von beispielsweise 20 v.H. das Votum der Mehrheit nicht verhindern. Dieses Prinzip der Stimmenmehrheit sollte bereits vor Abschluss des Gesellschaftsvertrages bekannt sein; die unrealistische Einschätzung mancher Gesellschafter überrascht vielfach.

434   **Minderheitsgesellschafts-Geschäftsführer.** Wird ein Minderheitsgesellschafter auch zum Geschäftsführer bestellt, so empfiehlt es sich, gesellschaftsvertragliche Maßnahmen gegen einen vorzeitigen Widerruf der Geschäftsführerbestellung durch die Generalversammlung (mit den Stimmen des Mehrheitsgesellschafters) zu vereinbaren. Ist dies nicht der Fall, könnte die Gesellschaftermehrheit einen Minderheitsgesellschafter-Geschäftsführer gegen seinen Willen – auch ohne Vorliegen wichtiger Gründe – jederzeit abberufen. Wird durch einseitige Erklärung im Anschluss an die Abberufung als Vertretungsorgan auch noch das Anstellungsverhältnis durch einseitige Erklärung der Gesellschaft oder eines anderen Geschäftsführers aufgelöst, verfügt der betreffende Ex-Geschäftsführer mitunter über keine regelmäßige Erwerbsquelle mehr.

435   **Auswirkungen auf die Gesellschafterstellung.** Eines ist jedoch klar: Die Abberufung als vertretungsbefugtes Organ – und sei sie noch so gerechtfertigt – stellt nach der gesetzlichen Regelung keinen Ausschlussgrund als Gesellschafter dar. Zulässig ist jedoch die gesellschaftsvertragliche Vereinbarung einer *Nebenleistungspflicht,* mit der eine operative Tätigkeit mit einer Kapitalbeteiligung verknüpft wird.

Rz. 436 – 440 frei

X. Geschäftsführung

Inhaltsverzeichnis   **Rz.**

1. Überblick über ausgewählte „Stationen" der Geschäftsführerfunktion 441
2. Bestellung der Geschäftsführer 442
  2.1. Allgemeines 442
  2.2. Bestellung durch Gesellschafterbeschluss 449
    2.2.1. Grundlagen 449
    2.2.2. Praxismuster 451
  2.3. Gesellschaftsvertragliche Bestellung 458
  2.4. Sonderrecht auf Geschäftsführung 459
  2.5. Bestellung eines Notgeschäftsführers 461
    2.5.1. Grundlagen 461
    2.5.2. Bestellungsvoraussetzungen 462
    2.5.3. Gerichtliches Bestellungsverfahren 469
    2.5.4. Umfang der Notgeschäftsführung 472
3. Beendigung der Organfunktion 473
  3.1. Allgemeines 473
  3.2. Abberufung durch Gesellschafterbeschluss 479
  3.3. Beschränkung auf wichtige Gründe 487
  3.4. Abberufung durch gerichtliche Entscheidung 490
    3.4.1. Allgemeines 490
    3.4.2. Abberufungsklage 492
    3.4.3. Mitwirkungsklage 493
  3.5. Rücktritt des Geschäftsführers 494
  3.6. Entlastung 499
  3.7. Beendigung des Anstellungsvertrages 503
    3.7.1. Formen der Beendigung 503
    3.7.2. Zuständigkeit 506
    3.7.3. Kündigung des Anstellungsvertrages 508
    3.7.4. Kündigung aus wichtigem Grund 510
    3.7.5. Kündigung eines Gesellschafter-Geschäftsführers 514
4. Aufgabenbereiche der Geschäftsführer 516
  4.1. Allgemeines 516
  4.2. Gesetzliche Pflichten 518
  4.3. Die Vertretung 523
    4.3.1. Grundlagen 523
    4.3.2. Gesetzliche Regelung der Vertretungsarten 527
    4.3.3. Gesellschaftsvertragliche Regelung der Vertretungsart 530
  4.4. Selbstkontrahieren des Geschäftsführers 533
  4.5. Missbrauch der Vertretungsmacht 541
5. Die Geschäftsführung 544
  5.1. Grundlagen 544
  5.2. Rechnungslegung 549
  5.3. Anmeldungen zum Firmenbuch 552
  5.4. Steuerliche Pflichten 554
6. Haftung der Geschäftsführer 556
  6.1. Allgemeine Grundlagen 556
  6.2. Haftung gegenüber der Gesellschaft 560
  6.3. Haftung gegenüber den Gesellschaftern 561
  6.4. Haftung gegenüber Gesellschaftsgläubigern und Dritten 562
  6.5. Haftung gegenüber Behörden 564
  6.6. Deliktische Haftung des Geschäftsführers 565
  6.7. Abgabenrechtliche Haftung 566
    6.7.1. Allgemeine Grundlagen 566
    6.7.2. Verteidigungsstrategie des Geschäftsführers im Falle eines Haftungsbescheides durch die Finanzverwaltung 573
  6.8. Die Haftung des gewerberechtlichen Geschäftsführers 574
    6.8.1. Zeitlicher Eintritt der Haftung 574
    6.8.2. Haftungsumfang 578
      6.8.2.1. Verwaltungsstrafrechtliche Haftung 578
      6.8.2.2. Wer haftet für was? 585
    6.8.3. Checklisten zur Haftungsvermeidung 586
7. Die steuerrechtliche Stellung des Geschäftsführers 589
  7.1. Grundlagen 589
  7.2. Echter Dienstvertrag 593
  7.3. Wesentliche Beteiligung 596

7.3.1.	Allgemeines	596
7.3.2.	Einkommensteuerpflicht mit Dienstgeberbeitrag und Kommunalsteuerpflicht	598
7.3.3.	Einkommensteuerpflicht ohne Dienstgeberbeitrag und Kommunalsteuer	599
7.4.	Keine oder nicht wesentliche Beteiligung	600
7.4.1.	Fehlende Weisungsbindung	600
7.4.2.	Weisungsbindung	604
8.	Sozialversicherungsrechtliche Behandlung von GmbH-Geschäftsführern	605
8.1.	Grundlagen	605
8.2.	Keine oder nicht wesentliche Beteiligung	607
8.2.1.	Keine Weisungsbindung	607
8.2.2.	Weisungsbindung	609
8.3.	Sozialversicherungsverhältnis bei wesentlicher Beteiligung	611
8.3.1.	Prüfreihenfolge	611
8.3.2.	Keine Weisungsbindung	612
8.3.3.	Weisungsbindung	613
9.	Tabellen: Die steuerrechtliche und sozialversicherungsrechtliche Qualifikation der Geschäftsführerbezüge	614
9.1.	Fremdgeschäftsführer (keine Beteiligung an der GmbH)	615
9.2.	Der Geschäftsführer ist maximal zu 25 % beteiligt	616
9.3.	Der Geschäftsführer ist zu mehr als 25 % und weniger als 50 % beteiligt	617
9.4.	Geschäftsführer mit einer Beteiligung von 50 % und darüber	618
10.	Ausgewählte Aspekte für die Gestaltung von Geschäftsführerverträgen	619
10.1.	Grundlagen	619
10.2.	Konzept für einen „optimalen" Geschäftsführervertrag	620
10.3.	Pensionsrückstellung für Gesellschafter-Geschäftsführer	621
10.4.	Die vertragliche Regelung von Wettbewerbsverboten	625
10.5.	Übersicht: Unterscheidungskriterien der einzelnen Vertragsverhältnisse	629

1. Überblick über ausgewählte „Stationen" der Geschäftsführerfunktion

441

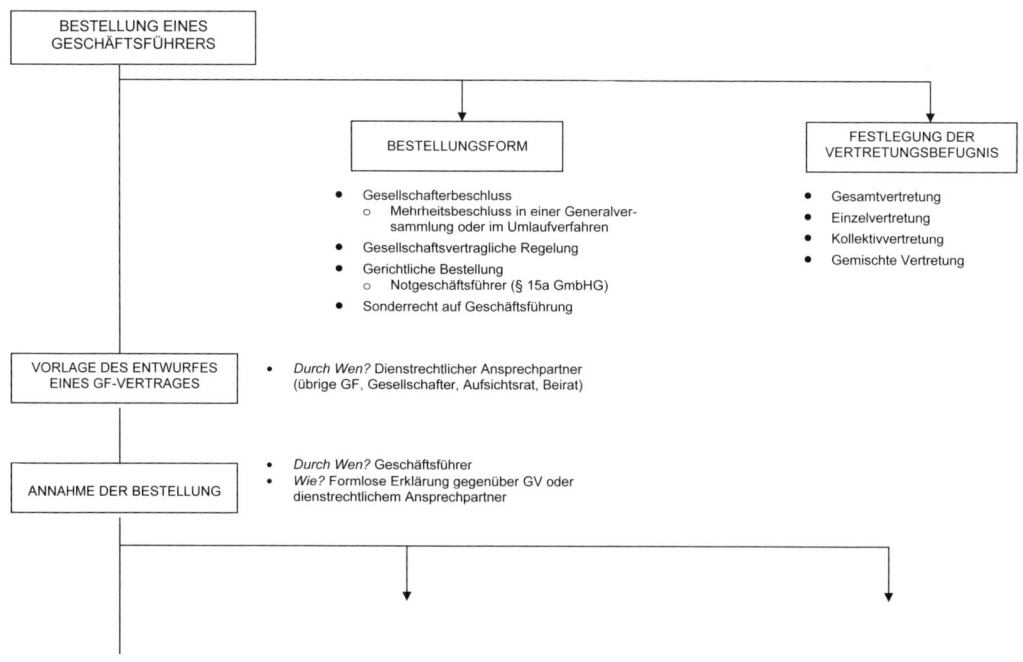

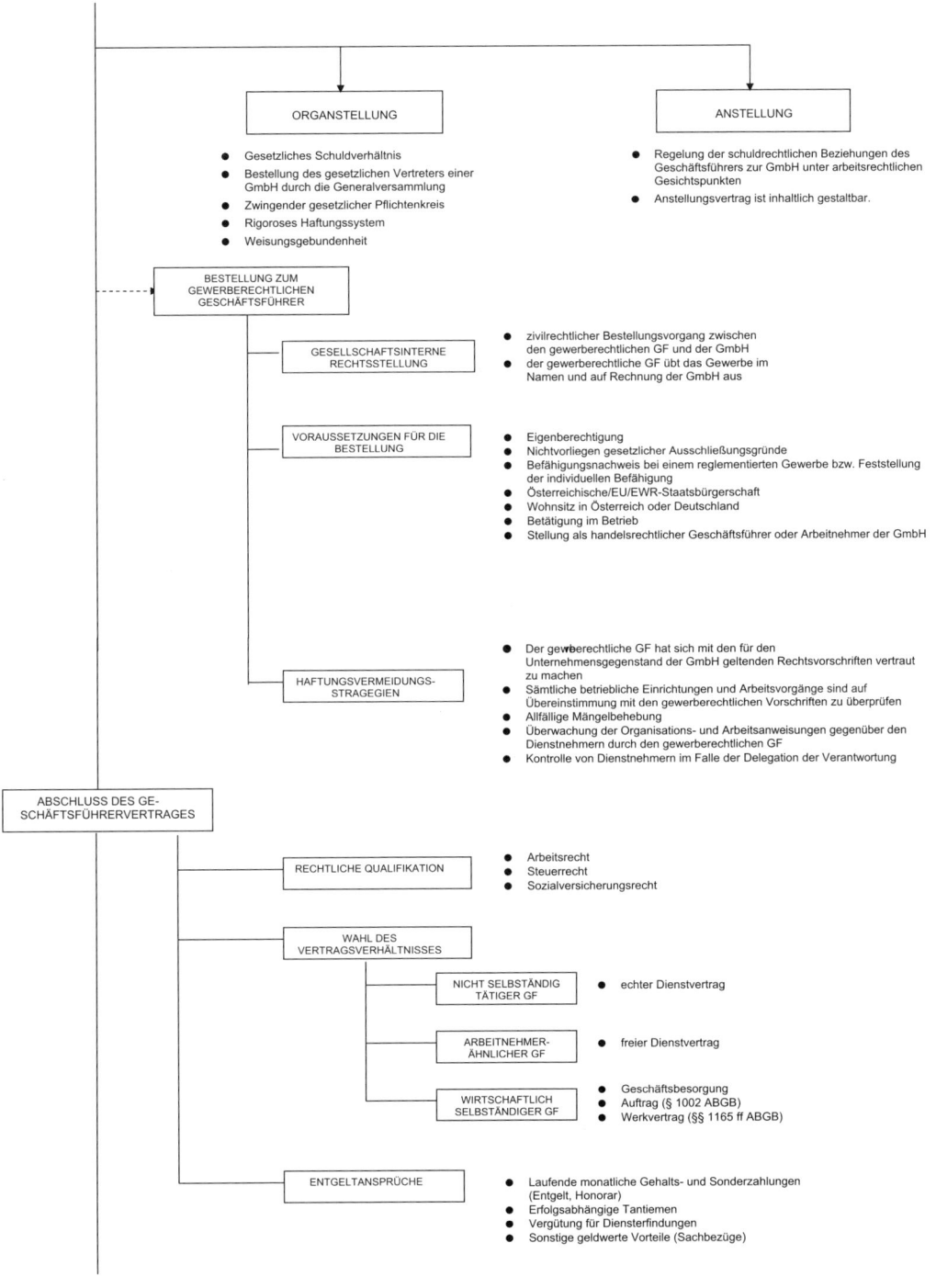

ORGANSTELLUNG

- Gesetzliches Schuldverhältnis
- Bestellung des gesetzlichen Vertreters einer GmbH durch die Generalversammlung
- Zwingender gesetzlicher Pflichtenkreis
- Rigoroses Haftungssystem
- Weisungsgebundenheit

ANSTELLUNG

- Regelung der schuldrechtlichen Beziehungen des Geschäftsführers zur GmbH unter arbeitsrechtlichen Gesichtspunkten
- Anstellungsvertrag ist inhaltlich gestaltbar.

BESTELLUNG ZUM GEWERBERECHTLICHEN GESCHÄFTSFÜHRER

GESELLSCHAFTSINTERNE RECHTSSTELLUNG

- zivilrechtlicher Bestellungsvorgang zwischen den gewerberechtlichen GF und der GmbH
- der gewerberechtliche GF übt das Gewerbe im Namen und auf Rechnung der GmbH aus

VORAUSSETZUNGEN FÜR DIE BESTELLUNG

- Eigenberechtigung
- Nichtvorliegen gesetzlicher Ausschließungsgründe
- Befähigungsnachweis bei einem reglementierten Gewerbe bzw. Feststellung der individuellen Befähigung
- Österreichische/EU/EWR-Staatsbürgerschaft
- Wohnsitz in Österreich oder Deutschland
- Betätigung im Betrieb
- Stellung als handelsrechtlicher Geschäftsführer oder Arbeitnehmer der GmbH

HAFTUNGSVERMEIDUNGS-STRAGEGIEN

- Der gewerberechtliche GF hat sich mit den für den Unternehmensgegenstand der GmbH geltenden Rechtsvorschriften vertraut zu machen
- Sämtliche betriebliche Einrichtungen und Arbeitsvorgänge sind auf Übereinstimmung mit den gewerberechtlichen Vorschriften zu überprüfen
- Allfällige Mängelbehebung
- Überwachung der Organisations- und Arbeitsanweisungen gegenüber den Dienstnehmern durch den gewerberechtlichen GF
- Kontrolle von Dienstnehmern im Falle der Delegation der Verantwortung

ABSCHLUSS DES GE-SCHÄFTSFÜHRERVERTRAGES

RECHTLICHE QUALIFIKATION

- Arbeitsrecht
- Steuerrecht
- Sozialversicherungsrecht

WAHL DES VERTRAGSVERHÄLTNISSES

NICHT SELBSTÄNDIG TÄTIGER GF

- echter Dienstvertrag

ARBEITNEHMER-ÄHNLICHER GF

- freier Dienstvertrag

WIRTSCHAFTLICH SELBSTÄNDIGER GF

- Geschäftsbesorgung
- Auftrag (§ 1002 ABGB)
- Werkvertrag (§§ 1165 ff ABGB)

ENTGELTANSPRÜCHE

- Laufende monatliche Gehalts- und Sonderzahlungen (Entgelt, Honorar)
- Erfolgsabhängige Tantiemen
- Vergütung für Diensterfindungen
- Sonstige geldwerte Vorteile (Sachbezüge)

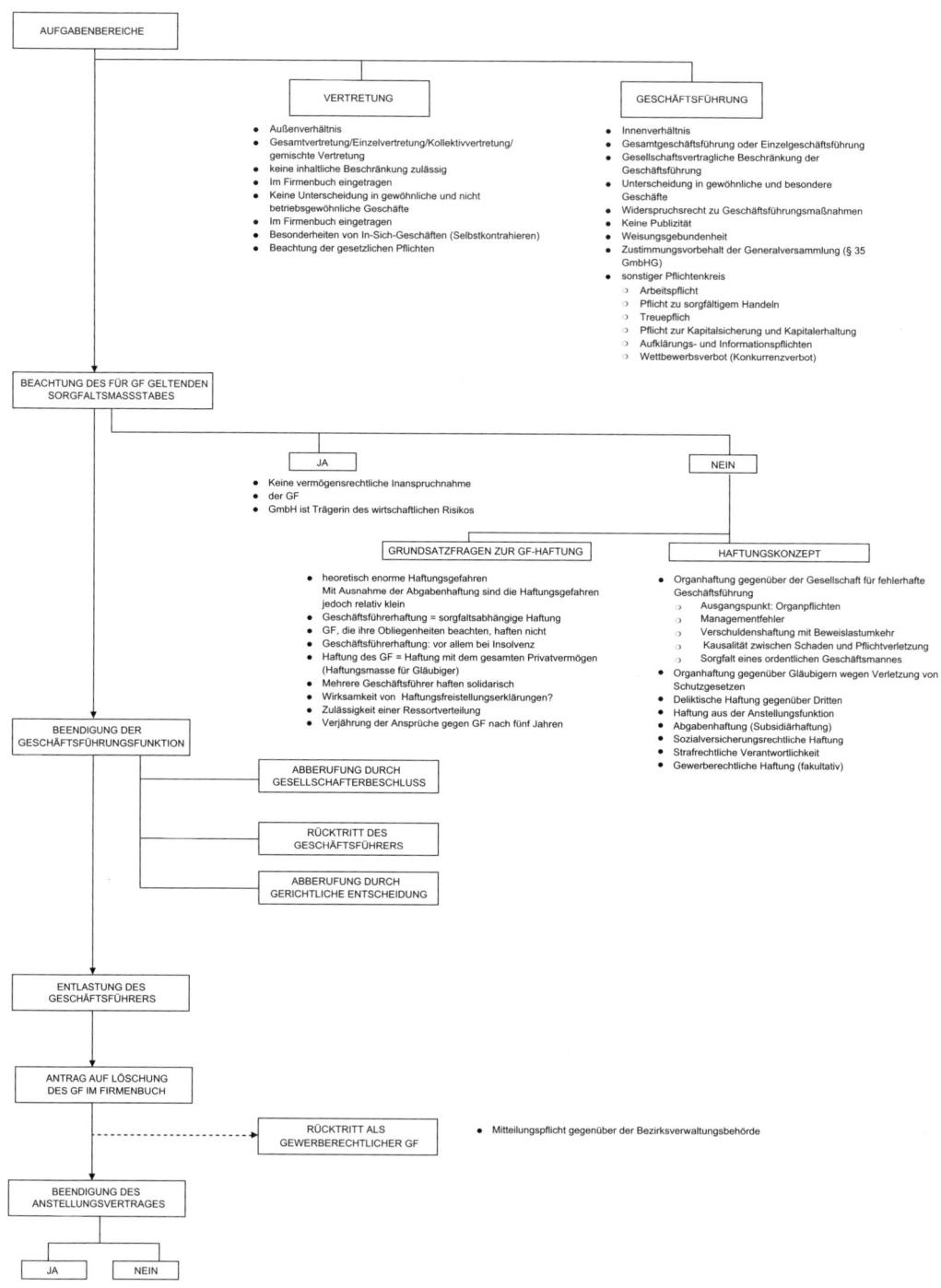

AUFGABENBEREICHE

VERTRETUNG
- Außenverhältnis
- Gesamtvertretung/Einzelvertretung/Kollektivvertretung/ gemischte Vertretung
- keine inhaltliche Beschränkung zulässig
- Im Firmenbuch eingetragen
- Keine Unterscheidung in gewöhnliche und nicht betriebsgewöhnliche Geschäfte
- Im Firmenbuch eingetragen
- Besonderheiten von In-Sich-Geschäften (Selbstkontrahieren)
- Beachtung der gesetzlichen Pflichten

GESCHÄFTSFÜHRUNG
- Innenverhältnis
- Gesamtgeschäftsführung oder Einzelgeschäftsführung
- Gesellschaftsvertragliche Beschränkung der Geschäftsführung
- Unterscheidung in gewöhnliche und besondere Geschäfte
- Widerspruchsrecht zu Geschäftsführungsmaßnahmen
- Keine Publizität
- Weisungsgebundenheit
- Zustimmungsvorbehalt der Generalversammlung (§ 35 GmbHG)
- sonstiger Pflichtenkreis
  - Arbeitspflicht
  - Pflicht zu sorgfältigem Handeln
  - Treuepflicht
  - Pflicht zur Kapitalsicherung und Kapitalerhaltung
  - Aufklärungs- und Informationspflichten
  - Wettbewerbsverbot (Konkurrenzverbot)

BEACHTUNG DES FÜR GF GELTENDEN SORGFALTSMASSSTABES

JA
- Keine vermögensrechtliche Inanspruchnahme
- der GF
- GmbH ist Trägerin des wirtschaftlichen Risikos

NEIN

GRUNDSATZFRAGEN ZUR GF-HAFTUNG
- heoretisch enorme Haftungsgefahren Mit Ausnahme der Abgabenhaftung sind die Haftungsgefahren jedoch relativ klein
- Geschäftsführerhaftung = sorgfaltsabhängige Haftung
- GF, die ihre Obliegenheiten beachten, haften nicht
- Geschäftsführerhaftung: vor allem bei Insolvenz
- Haftung des GF = Haftung mit dem gesamten Privatvermögen (Haftungsmasse für Gläubiger)
- Mehrere Geschäftsführer haften solidarisch
- Wirksamkeit von Haftungsfreistellungserklärungen?
- Zulässigkeit einer Ressortverteilung
- Verjährung der Ansprüche gegen GF nach fünf Jahren

HAFTUNGSKONZEPT
- Organhaftung gegenüber der Gesellschaft für fehlerhafte Geschäftsführung
  - Ausgangspunkt: Organpflichten
  - Managementfehler
  - Verschuldenshaftung mit Beweislastumkehr
  - Kausalität zwischen Schaden und Pflichtverletzung
  - Sorgfalt eines ordentlichen Geschäftsmannes
- Organhaftung gegenüber Gläubigern wegen Verletzung von Schutzgesetzen
- Deliktische Haftung gegenüber Dritten
- Haftung aus der Anstellungsfunktion
- Abgabenhaftung (Subsidiärhaftung)
- Sozialversicherungsrechtliche Haftung
- Strafrechtliche Verantwortlichkeit
- Gewerberechtliche Haftung (fakultativ)

BEENDIGUNG DER GESCHÄFTSFÜHRUNGSFUNKTION

ABBERUFUNG DURCH GESELLSCHAFTERBESCHLUSS

RÜCKTRITT DES GESCHÄFTSFÜHRERS

ABBERUFUNG DURCH GERICHTLICHE ENTSCHEIDUNG

ENTLASTUNG DES GESCHÄFTSFÜHRERS

ANTRAG AUF LÖSCHUNG DES GF IM FIRMENBUCH

RÜCKTRITT ALS GEWERBERECHTLICHER GF
- Mitteilungspflicht gegenüber der Bezirksverwaltungsbehörde

BEENDIGUNG DES ANSTELLUNGSVERTRAGES

JA   NEIN

2. Bestellung der Geschäftsführer

2.1. Allgemeines

Rechtsgrundlagen. Die Gesellschaft muss einen oder mehrere Geschäftsführer **442** haben, bei denen es sich um physische und handlungsfähige Personen handeln muss und die im Regelfall nicht dem Aufsichtsrat angehören dürfen. Die Bestellung von juristischen Personen ist unzulässig.

Übersicht: Bestellung des GmbH-Geschäftsführers:

- **Arten**
  - Fremdgeschäftsführer
  - Gesellschafter-Geschäftsführer
  - Notgeschäftsführer
- **Bestellung**
  - durch Gesellschafterbeschluss[150]
  - im Gesellschaftsvertrag
  - notarielle Beglaubigung
  - Musterzeichnung
  - deklarative Wirkung der Firmenbucheintragung
- **Dauer**
  - Bestellung auf unbestimmte Zeit (Normalfall)
  - Bestellung auf bestimmte Zeit (Notgeschäftsführer)
  - befristete Bestellung durch vertragliche Vereinbarung
- **Gesellschafter-Geschäftsführer**
  - Bestellung erfolgt meistens durch den Gesellschaftsvertrag
  - Sonderrecht auf Bestellung eines Geschäftsführers (§§ 6 Abs. 4, 50 Abs. 4 GmbHG)

Maßgeblichkeit der Parteiendisposition. Im Übrigen sind die Gesellschafter in **443** der Wahl ihrer Geschäftsführer nicht beschränkt. Es ist weder ein Befähigungsnachweis im Geschäftszweig der GmbH noch eine bestimmte Befähigung überhaupt erforderlich. Es bestehen keinerlei Einschränkungen durch die Staatsbürgerschaft. Die Geschäftsführer müssen ihren Wohnsitz nicht im Inland haben. Mindestens ein Geschäftsführer muss, auch wenn er seinen Wohnsitz im Ausland hat, seinen gewöhnlichen Aufenthalt im Inland haben. Die Gesellschafter können in der Satzung über das Gesetz hinausgehende weitere Erfordernisse für die Geschäftsführerbestellung vereinbaren (Mindestalter, bestimmte Vorbildung, Zugehörigkeit zu einem bestimmten Berufsstand usw.)

Bestellungsmonopol. Die Bestellung von Geschäftsführern kann weder durch den **444** Gesellschaftsvertrag noch durch Gesellschafterbeschluss anderen Organen der GmbH (z.B. dem Aufsichtsrat) oder einzelnen Gesellschaftern übertragen werden.

---

[150] Bei einer größeren GmbH kann der Bestellungsbeschluss der Generalversammlung dem Geschäftsführervertrag beigeschlossen werden.

Gesellschaftergruppen oder einzelnen Gesellschaftern kann ein Vorschlagsrecht eingeräumt werden, an das die übrigen Gesellschafter gebunden sind. Durch die Geschäftsführerbestellung werden direkte Rechtsbeziehungen nur zwischen dem Geschäftsführer und der Gesellschaft begründet.

445 Die **Übertragung des Geschäftsführeramtes** als Sonderrecht wird grundsätzlich nicht vermutet; der Vertrag muss allenfalls diese fakultative Möglichkeit ausdrücklich regeln.

446 **Zustimmung des Geschäftsführers.** Die Geschäftsführerbestellung erfordert die Zustimmung des Betreffenden. Mit der Bestellung erhält die betreffende Person handelsrechtlich die Organstellung als Geschäftsführer, während der Anstellungsvertrag die arbeitsrechtlichen Verhältnisse regelt.

447 **Rechtsfolgen.** Der gesellschaftsvertraglichen Organfunktion steht eine dienstrechtliche Anstellungsfunktion gegenüber. Ist der Geschäftsführer zum Organ der Gesellschaft bestellt, hat er auch die seinem Tätigkeitsbereich entsprechenden (dienstrechtlichen) Normen zu beachten.

448 Die **Anstellung** regelt demnach die schuldrechtlichen Beziehungen des Geschäftsführers zur Gesellschaft unter arbeitsrechtlichen Gesichtspunkten. Die Anstellungsfunktion versteht sich also „intern" und ist im weiteren Sinne die Summe der arbeitsrechtlichen Vorschriften. Während im Hinblick auf den gesetzlich bestimmten zwingenden Pflichtenpreis bei der Ausgestaltung der Organstellung nur relativ wenig Gestaltungsspielraum besteht, ist der (fakultative) Anstellungsvertrag inhaltlich weitgehend frei gestaltbar.

Musterformulierung: Suspendierung eines bestehendes Vertrages

1) *Der zwischen der Gesellschaft und dem Arbeitnehmer bestehende Angestellten-Dienstvertrag wird bis zum Ende des Geschäftsführervertrages suspendiert. Der Angestellten-Dienstvertrag lebt wieder auf, wenn der Dienstnehmer nicht durch schuldbares Verhalten zur Beendigung des Geschäftsführervertrages Anlass gegeben hat.*

(2) *Der Dienstnehmer wird nach Beendigung des Geschäftsführervertrages wie zuvor als ...... oder in einer gleichwertigen Position für die Gesellschaft tätig sein und dafür das laut Angestellten-Dienstvertrag zuletzt vereinbarte Entgelt unter Hinzurechnung aller seither im Unternehmen vergleichbaren Arbeitnehmern gewährten kollektivvertraglichen und sonstigen Gehaltssteigerungen beziehen.*

2.2. Bestellung durch Gesellschafterbeschluss

2.2.1. Grundlagen

449 In den meisten Fällen erfolgt die Geschäftsführerbestellung durch Gesellschafterbeschluss (§ 15 Abs. 1 dritter Satz GmbHG), für den die einfache Stimmenmehrheit der abgegebenen Stimmen genügt. Der Gesellschaftsvertrag kann ein anderes Mehrheitserfordernis festlegen (§ 39 Abs. 1 GmbHG). Die Gesellschafter können ihren Beschluss entweder in einer förmlich einberufenen Generalversammlung oder auf schriftlichem Weg fassen (§ 34 Abs. 1 GmbHG).

Das Gesetz verlangt lediglich

● einen *Beschluss der Gesellschafter* (§ 15 Abs. 1 dritter Satz GmbHG) und

● den *Nachweis* der Bestellung in *beglaubigter* Form (§ 17 Abs. 1 zweiter Satz GmbHG).

Übersicht: Nachweis der Geschäftsführerbestellung **450**

Durch folgende Urkundenformen wird der Nachweis der Beschlussfassung in beglaubigter Form erbracht:

- Notarielles Protokoll
- Privates Protokoll mit Beglaubigung sämtlicher Unterschriften
- Bestellungsbeschluss in Form einer Privaturkunde mit Beglaubigung sämtlicher Unterschriften
- Privaturkunde über die Beschlussfassung im Umlaufverfahren (§ 34 GmbHG) mit Beglaubigung sämtlicher Unterschriften

Der Nachweis der Bestellung in beglaubigter Form wird *nicht* erbracht durch

- Beglaubigte Abschrift eines unbeglaubigt unterfertigten Gesellschafterbeschlusses
- Privates Protokoll, das nur vom Vorsitzenden (wenn auch beglaubigt) unterfertigt ist

2.2.2. Praxismuster

2.2.2.1. Generalversammlungsbeschlüsse

Musterformulierungen: Geschäftsführerbestellung durch Gesellschafterbeschluss

---

Die Gesellschafter der *[Firma]* **451**

1. Herr *[Name]*, *[Geburtsdatum]*, *[Adresse]*,

und

2. Herr *[Name]*, *[Geburtsdatum]*, *[Adresse]*,

fassen einstimmig folgenden Umlaufbeschluss:

Zum Geschäftsführer der *[Firma]* wird hiemit Herr *[Name]*, *[Geburtsdatum]*, *[Adresse]*, bestellt. Herr *[Name]* ist ab dem Tag der Eintragung der Gesellschaft in das Firmenbuch selbständig vertretungsbefugt.

Ort, Datum, Unterschriften

452

Gesellschafterbeschluss

(1) Herr Anton A., *[*, Adresse]*,

(2) Herr Peter B., *[*, Adresse]* und

(3) Herr Reinhard R., *[*, Adresse]*,

als Gesellschafter der im Firmenbuch des Landesgerichtes als Handelsgericht *[Ort]* unter FN 12345 h eingetragenen ABC-Unternehmensberatung GmbH mit Sitz in *[Ort]*, fassen hiermit einstimmig folgenden Umlaufbeschluss:

1. Zum weiteren Geschäftsführer wird Herr Peter B., *[*, Adresse]*, bestellt.

    Herr Peter B. ist ab dem heutigen Tage gemeinsam mit einem weiteren Geschäftsführer oder einem Gesamtprokuristen zur Vertretung der Gesellschaft befugt.

2. Die bisher selbständige Vertretungsbefugnis des Herrn Anton A., *[*, Adresse]*, wird dahingehend geändert, dass Herr Anton A. nunmehr gemeinsam mit einem weiteren Geschäftsführer oder einem Gesamtprokuristen zur Vertretung der Gesellschaft befugt ist.

[Ort, Datum]

[Unterschriften der Gesellschafter]

2.2.2.2 Firmenbuchanmeldung

Landes- als Handelsgericht [Name]

Firmenbuch

[Adresse]

453

Firmenbuchsache: ABC-Unternehmensberatung GmbH

Firmenbuchnummer: FN 12345 h

Antrag
auf Eintragung eines weiteren Geschäftsführers mit Änderung der Vertretungsbefugnis

RA-Code: *[...]*

NO-Code: *[...]*

Zustellungen erbeten zu Handen

I. Antragsteller

1. Anton A., *[*, Adresse]*

2. Lotte L., *[*, Adresse]*

3. Peter B., *[*, Adresse]*

    (alle als Geschäftsführer der ABC-Unternehmensberatung GmbH)

II. Sachverhalt

Im Firmenbuch des Landesgerichtes als Handelsgericht *[Ort]* ist unter FN 12345 h die Firma ABC-Unternehmensberatung GmbH mit dem Sitz in *[Ort]* eingetragen.

Mit Gesellschafterbeschluss vom *[Datum]* wurde Herr Peter B., *, zum weiteren Geschäftsführer bestellt, welcher die Gesellschaft seit [Datum] gemeinsam mit einem zweiten Geschäftsführer oder einem Gesamtprokuristen vertritt.

Entsprechend der Bestimmung des § *[...]* des Gesellschaftsvertrages, wonach das Vertretungsrecht der Geschäftsführer mit dem Bestellungsbeschluss geregelt wird, wurde dieses dahingehend abgeändert, dass nunmehr je zwei Geschäftsführer gemeinsam vertretungsbefugt sind oder je einer von ihnen gemeinsam mit einem Gesamtprokuristen vertretungsbefugt ist.

Der bisher selbständig vertretungsbefugte Geschäftsführer Anton A. vertritt somit seit *[Datum]* mit einem zweiten Geschäftsführer oder einem Gesamtprokuristen.

III. Urkundenvorlage und Antrag

Unter Vorlage

• eines Gesellschafterbeschlusses über die Bestellung des neuen Geschäftsführers mit gleichzeitiger Änderung der Vertretungsbefugnis des Geschäftsführers Anton A. in beglaubigter Abschrift und

• einer beglaubigten Musterzeichnung des neu bestellten Geschäftsführers Peter B.

wird beantragt, im Firmenbuch des Landesgerichtes als Handelsgericht *[Ort]* unter FN 12345 h bei der ABC-Unternehmensberatung GmbH folgende Eintragungen vorzunehmen:

1. Bestellung zum Geschäftsführer:

   Peter B., *

   Er vertritt seit *[Datum]* gemeinsam mit einem zweiten Geschäftsführer oder einem Gesamtprokuristen.

2. Änderung der Vertretungsbefugnis des Geschäftsführers Anton A., *

   Er vertritt seit *[Datum]* gemeinsam mit einem zweiten Geschäftsführer oder einem Gesamtprokuristen.

[Ort, Datum]

[Beglaubigte Unterfertigung durch Geschäftsführer in vertretungsbefugter Anzahl]

454

Musterzeichnung des Geschäftsführers

der ABC Unternehmensberatung GmbH

mit dem Sitz in *[Ort]*

Als Geschäftsführer der **ABC-Unternehmensberatung GmbH** werde ich, **Peter B.**, *, die Firma der Gesellschaft zeichnen, indem ich unter den vorgeschriebenen oder vorgedruckten Firmenwortlaut meine Unterschrift setzen werde wie folgt:

ABC-Unternehmensberatung GmbH

....

[Ort, Datum]

2.2.2.3. Gewerberechtlicher Geschäftsführer

455

An die Bezirkshauptmannschaft
An den Stadtmagistrat

Reutte

Geschäftsführeranzeige

Name (Vereinsname, Firmenname, Genossenschaftsname), Rechtsform
ABC Unternehmensberatung GmbH

Sitz (Geschäftsanschrift)
6632 Ehrwald, Innsbrucker Straße 46

Firmenbuchnummer
FN 12345h

Telefonisch erreichbar (Vorwahl, Telefonnummer)
05673 / 3438

E-mail
office@abcunternehmensberatung.at

Wir sind Inhaber folgenden Gewerbes

Gewerbewortlaut (laut Gewerbeschein)
Unternehmensberatung einschließlich Unternehmensorganisation

(§ 94 Z 74 GewO 1994)

Gewerbestandort (Postleitzahl, Gemeinde, Straße, Hausnummer bzw. Grundstücksnummer)
6632 Ehrwald, Innsbrucker Straße 46

Der bisherige gewerberechtliche Geschäftsführer

Familienname
Jäger

Vorname(n)
Mag. Franz

ist mit Wirkung vom _[Datum]_ aus seiner Funktion ausgeschieden

Amt der Tiroler Landesregierung
Gewerberecht

tirol

Hiemit wird die Bestellung unten angeführter Person zum gewerberechtlichen Geschäftsführer für das genannte Gewerbe angezeigt

Familienname	Familienname (zur Zeit der Geburt)
Schennach	Schennach

Vorname(n)	Akad. Grad, Bez.	Staatsangehörigkeit	Geschlecht
Xaver		Österreich	m

Geburtsdatum, Geburtsort	Sozialversicherungs-Nr. (....)
12.2.1962, Reutte	Dienstgeberkonto-Nr. (....)

Wohnsitz (Postleitzahl, Gemeinde, Straße, Hausnummer)
6631 Lermoos, Bahnhofweg 16

Telefonisch erreichbar (Vorwahl, Telefonnummer)
05673 / 63894

Beilagen

☑ persönliche Dokumente des gewerberechtlichen Geschäftsführers

    ☑ Geburtsurkunde

    ☑ Staatsbürgerschaftsnachweis

    ☑ Meldezettel

    ☑ Erklärung über das Nichtvorliegen von Gewerbeausschließungsgründen

    ☑ Anmeldung Sozialversicherung

☑ Befähigungsnachweis des gewerberechtlichen Geschäftsführers

    ☐ Schulzeugnis(se)

    ☑ Prüfungszeugnis(se)

    ☐ Nachsichtsbescheid

    ☐ sonstige Nachweise

☑ Erklärung über die interne Bestellung des gewerberechtlichen Geschäftsführers

☑ Nachweis der Anordnungsbefugnis des gewerberechtlichen Geschäftsführers

Die Beilagen sind   ☑ im Original

                             ☐ gerichtlich oder notariell beglaubigt angeschlossen.

Diesem Antrag sind <u>8</u> Beilagen angeschlossen.

Datum:	Firmenmäßige Fertigung:
(....)	

456

Erklärung
über die Geschäftsführerbestellung
sowie Art und Umfang der Tätigkeit als Geschäftsführer

1. Herr/Frau Xaver Schennach geb. am 12.2.1962

   erklärt, dass er/sie als gewerberechtlicher Geschäftsführer des unten angeführten Unternehmens für das Gewerbe

   Unternehmensberatung einschließlich Unternehmensorganisation

   (§ 94 Ziff. 74 GewO 1994)

   mit Wirkung vom *[Datum]* bestellt wurde.

   Ich stimme ausdrücklich dieser Bestellung und der mir vom/von der Gewerbeinhaber/in erteilten Anordnungsbefugnis (siehe Rückseite) zu.

2. Ich werde mich bei Ausübung des oben bezeichneten Gewerbes im Betrieb

   ☐ hauptberuflich*)

   ☐ nicht hauptberuflich*)

   betätigen.

3. Ich bin selbständiger Unternehmer für folgende Tätigkeit (Gewerbe bzw. Freiberuf):

   /

4. Ich bin im Ausmaß von 40 Wochenstunden beim Unternehmen

   (Firma und Standort) ABC-Unternehmensberatung GmbH, 6632 Ehrwald,

   Innsbrucker Straße 46

   beschäftigt.

5. Ich bin gewerberechtlicher Geschäftsführer folgender Unternehmen:

   ABC-Unternehmensberatung GmbH, 6632 Ehrwald, Innsbrucker Straße 46

Amt der Tiroler Landesregierung

Gewerberecht

tirol

6. Ich bin handelsrechtlicher Geschäftsführer folgender Unternehmen:

    /

    _____

    _____

7. Ich bin damit einverstanden, dass zu einer allfälligen Überprüfung meiner Angaben die erforderlichen Auskünfte bei Sozialversicherungsanstalten, Behörden usw. eingeholt werden.

8. Ich erkläre, dass mit dem Unternehmen kein Ausschluss der gemäß § 39 Abs. 1 Gewerbeordnung 1994 geforderten Verantwortlichkeit für die fachlich einwandfreie Ausübung des Gewerbes vereinbart wurde und wird.

9. Mit ist bekannt, dass falsche Angaben die Wiederaufnahme des Verahrens über die Begründung der Gewerbeberechtigung bzw. über die Zurkenntnisnahme/Genehmigung der Geschäftsführerbestellung nach sich ziehen kann.

Ehrwald _____ , am ____ *[Datum]* ____

Xaver Schennach

_____
Unterschrift des bestellten gewerberechtlichen Geschäftsführers

genauer Firmenwortlaut _____

ABC-Unternehmensberatung GmbH
_____

1. Obige Erklärung wurde mir/uns zur Kenntnis gebracht. Ich/Wir erkläre/n, dass mit dem Geschäftsführer keine Vereinbarung über den Ausschluss der gemäß § 39 Abs. 1 Gewerbeordnung 1994 geforderten Verantwortlichkeit für die fachlich einwandfreie Ausübung des Gewerbes vereinbart wurde und wird.

2. Mit/Uns ist bekannt, dass falsche Angaben die Wiederaufnahme des Verahrens über die Begründung der Gewerbeberechtigung bzw. über die Zurkenntnisnahme/Genehmigung der Geschäftsführerbestellung nach sich ziehen kann.

3. Ich/Wir habe/n zur Kenntnis genommen, dass die Ausübung eines Gewerbes mit einem Geschäftsführer, der sich im Betrieb nicht entsprechend betätigt, die Bestrafung des Gewerbeinhabers bzw. des handelsrechtlich zur Vertretung nach außen berufenen Organs zur Folge hat (§ 367 Z. 7 Gewerbeordnung 1994).

4. **Anordnungsbefugnis**
Dem gewerberechtlichen Geschäftsführer wird gemäß § 39 Abs. 2 Gewerbeordnung 1994 die Befugnis zur Erteilung von Anordnungen betreffend die fachlich einwandfreie Ausübung des(r) umseitig angeführte(n) Gewerbe(s) und die Einhaltung der gewerberechtlichen Vorschriften eingeräumt.

Ehrwald _____ , am ____ *[Datum]* ____

firmenmäßige Fertigung _____

_____

[Unterschrift des handelsrechtlichen
Geschäftsführers]

Erklärung
betreffend Gewerbeausschließungsgründe

Ich bin während der letzten fünf Jahre nicht wegen der Finanzvergehen des Schmuggels, der Hinterziehung von Eingangs- oder Ausgangsabgaben, der Abgabenhehlerei nach § 37 Abs. 1 lit. a des Finanzstrafgesetzes, BGBl. Nr. 129/258, der Hinterziehung von Monopoleinnahmen, des vorsätzlichen Eingriffes in ein staatliches Monopolrecht oder der Abgabenhehlerei nach § 46 Abs. 1 lit. a des Finanzstrafgesetzes von einer Finanzstrafbehörde bestraft worden. Vergleichbare Tatbestände wurden auch nicht im Ausland verwirklicht.

In der Insolvenzdatei scheint keine Eintragung auf (ca. drei Jahre), dass über mein Vermögen der Konkurs mangels eines zur Deckung der Kosten des Konkursverfahrens voraussichtlich hinreichenden Vermögens rechtskräftig abgewiesen wurde. Weiters scheint in der Insolvenzdatei auch keine solche Eintragung (ca. drei Jahre) betreffend juristische Personen oder Personengesellschaften auf, auf deren Betrieb mir ein maßgeblicher Einfluss zugestanden ist bzw. noch zusteht. Vergleichbare Tatbestände wurden auch nicht im Ausland verwirklicht.

Durch das Urteil eines Gerichtes bin ich noch nicht eines Gewerbes verlustig erklärt geworden.

Mir ist keine Gewerbeberechtigung deswegen entzogen worden, weil ich wegen Übertretung von gewerberechtlichen Vorschriften, die die Ausübung von Gewerben regeln, oder von anderen Rechtsvorschriften, die den Gegenstand von Gewerben bildende Tätigkeiten regeln, bestraft worden bin (§ 87 Abs. 1 Z. 3 GewO 1994). Weiters ist hinsichtlich meiner Person kein Widerruf gemäß § 91 Abs. 1 GewO 1994 meiner Bestellung zum Pächter, Geschäftsführer oder Filialgeschäftsführer wegen der im § 87 Abs. 1 Z. 3 oder Z. 4 angeführten Gründe erfolgt.

Gegen mich liegt keine noch nicht getilgte gerichtliche Verurteilung wegen betrügerischer Krida, Schädigung fremder Gläubiger, Begünstigung eines Gläubigers oder grob fahrlässiger Beeinträchtigung von Gläubigerinteressen (§§ 156 bis 159 Strafgesetzbuch) vor.

Nur für das Gastgewerbe:
Zusätzlich liegt gegen mich keine noch nicht getilgte gerichtliche Verurteilung wegen Übertretung der §§ 28 bis 31 des Suchtmittelgesetzes, BGBl. I Nr. 112/1997, in der jeweils geltenden Fassung, vor.
Vergleichbare Tatbestände wurden auch nicht im Ausland verwirklicht.

Ich nehme zur Kenntnis, dass wahrheitswidrige Angaben die Wiederaufnahme des Verfahrens über die Begründung der Gewerbeberechtigung nach sich ziehen können (§ 69 Abs. 1 Z. 1 AVG 1991) und im wieder aufgenommenen Verfahren der Ausschluss von der Gewerbeausübung verfügt werden kann.

Falls mehrere Erklärungen erforderlich, bitte Kopien verwenden.

Datum:	Unterschrift:
[...]	*Xaver Schennach*

Amt der Tiroler Landesregierung
Gewerberecht

tirol

2.3. Gesellschaftsvertragliche Bestellung

458

Nur Gesellschafter können für die Dauer ihres Gesellschaftsverhältnisses auch in der (Neufassung einer) Satzung zu Geschäftsführern bestellt werden (§ 15 Abs. 1 vierter Satz GmbHG). Der Vorteil dieser Bestellungsform liegt in der Beschränkung der Abberufung auf *wichtige Gründe*.

Musterformulierung:

(1) Die Gesellschaft hat einen oder mehrere Geschäftsführer.

(2) ...

(3) Zum selbständig vertretungsbefugten Geschäftsführer wird hiermit – längstens jedoch auf die Dauer seiner Zugehörigkeit zur Gesellschaft – Herr [Name], [*], [Adresse] bestellt.

(4) Die Zulässigkeit des Widerrufs seiner Bestellung wird auf wichtige Gründe beschränkt (z.B. Entlassungstatbestände [§ 27 AngG]).

(5) ......

2.4. Sonderrecht auf Geschäftsführung

459

In der Satzung kann einem Gesellschafter ein gesellschaftsvertraglich vereinbartes Sonderrecht auf Geschäftsführung eingeräumt werden (§ 6 Abs. 4 GmbHG).[151] Diese *Kann*-Bestimmung ist mit Abstand die stärkste *Waffe* eines Minderheitsgesellschafters, um einen allenfalls willkürlichen Widerruf der Bestellung zum Geschäftsleitungsorgan von vorneherein zu verhindern. Die Einräumung dieses (und anderer) Sonderrechtes ist eine Durchbrechung des Gleichbehandlungsgrundsatzes zwischen den Gesellschaftern und bedarf daher der Zustimmung aller übrigen Gesellschafter. Für die Aufhebung dieses Privilegs ist die Zustimmung des bevorrechteten Gesellschafters erforderlich (§ 50 Abs. 4 GmbHG). Stimmt der sonderberechtigte Gesellschafter seiner Abberufung aus wichtigen Gründen nicht zu, so haben die übrigen Gesellschafter die Möglichkeit der gerichtlichen Abberufungsklage.

Übersicht: Sonderrecht auf Geschäftsführung

- „Kann"-Bestimmung
  - Einräumung gesellschaftsvertraglicher Sonderrechte (§ 6 Abs. 4 GmbHG)
- Aufhebung: Zustimmung des bevorrechteten Gesellschafters erforderlich (§ 50 Abs. 4 GmbHG)
- Übertragung des Geschäftsführeramtes als Sonderrecht?
- Einräumung von Sonderrechten
  - Durchbrechung des Gleichbehandlungsgrundsatzes
  - Zustimmung aller übrigen Gesellschafter

Freilich macht die Einräumung eines Sonderrechts wenig Sinn, wenn damit nicht auch eine Weisungsfreistellung im Rahmen des betriebsgewöhnlichen Geschäftsbetriebes verbunden ist. Andernfalls bestünde die Gefahr, dass die Generalversammlung durch extensive Weisungsbeschlüsse die Ausübung dieses Sonderrechts beträchtlich erschwert.

---

[151] Das Sonderrecht kann auch das Recht auf alleinige Geschäftsführerbestellung inkludieren.

Musterformulierung:

(1) Herrn Anton A. steht das Amt des alleinvertretungsberechtigten Geschäftsführers als Sonderrecht zu, das vor Vollendung des 65. Lebensjahres nur aus wichtigem Grund widerrufen werden kann.

(2) Die Generalversammlung verzichtet im Rahmen des betriebsgewöhnlichen Geschäftsbetriebes darauf, Herrn Anton A. Weisungen zu erteilen.

Die **Übertragung des Geschäftsführeramtes** als Sonderrecht wird gesetzlich **460** nicht vermutet und ist auch nicht zu empfehlen.

2.5. Bestellung eines Notgeschäftsführers

2.5.1. Grundlagen

Das Gericht kann auf Antrag eines Beteiligten in dringenden Fällen Geschäftsführer **461** für den Zeitraum, in dem die zur Vertretung der GmbH erforderlichen Organmitglieder fehlen, bestellen.[152] Die Notbestellung durch das Gericht sollte erst letztes und äußerstes Mittel sein. Daher haben die Beteiligten zunächst zu versuchen, die Vertretung der GmbH durch Anwendung der übrigen zur Verfügung stehenden Vorschriften zu erreichen. Die einzelnen Voraussetzungen für die gerichtliche Bestellung eines Notgeschäftsführers sind daher auch eng auszulegen; an die Glaubhaftmachung ihres Vorliegens sind hohe Anforderungen zu stellen.[153]

2.5.2. Bestellungsvoraussetzungen

Vertretungsmangel. Für das Vorliegen eines Vertretungsmangels genügt es, dass **462** die aktive Vertretungsmacht fehlt. Durch Wegfall des zweiten kollektiv vertretungsbefugten Geschäftsführers wird das verbleibende nach der Satzung ebenfalls gemeinsam vertretungsbefugte Mitglied des Geschäftsleitungsorgans nicht automatisch einzelzeichnungsberechtigt.[154]

Fehlen von Geschäftsführern. Ein Vertretungsmangel im Sinne des § 15a **463** GmbHG entsteht primär durch Fehlen von Geschäftsführern, die in der Lage wären, die GmbH zu vertreten. Diese Situation kann etwa in folgenden denkbaren Fällen durch Abberufung, Rücktritt, Verlust der Handlungsfähigkeit, Abwesenheit oder Tod des oder der bestellten Geschäftsführer(s) entstehen:

● Wegfall des einzigen Geschäftsführers,

● Wegfall aller Geschäftsführer,

● Wegfall so vieler Geschäftsführer, dass weder Einzel- noch Kollektivvertretung möglich ist.

Aus welchem Grund die betreffenden Geschäftsführer ausgeschieden sind, ist unerheblich.

Gewöhnlicher Aufenthalt. Hat keiner der bestellten Geschäftsführer seinen **464** gewöhnlichen Aufenthalt im Inland, ist dies einem Vertretungsmangel gleichzusetzen (§ 15a Abs. 2 GmbHG).

---

[152] OGH 6.4.2006, 6 Ob 53/06 x = GeS 2006, 254.
[153] OGH 26.1.2006, 6 Ob 10/06 y = ecolex 2006, 170 = WR 2006, 122.
[154] In diesem Sinne auch OGH 21.11.1978, 4 Ob 531/78 = GesRZ 1979, 34 = SZ 51/162.

465   Eine tatsächliche oder rechtliche **Behinderung** der Vertretung kann dann zu einem Vertretungsmangel als Voraussetzung für die Notbestellung führen, wenn durch diese Behinderung überhaupt kein Geschäftsführer oder – bei Gesamtvertretung – nicht die dafür notwendige Anzahl vorhanden ist.

466   Die **Weigerung eines Geschäftsführers**, die ihm obliegenden Aufgaben und Pflichten zu erfüllen, stellt nur dann einen Vertretungsmangel und damit eine taugliche Voraussetzung zur Notbestellung dar, wenn sich diese Weigerung auf die gesamte Geschäftsführungstätigkeit grundsätzlich, nicht aber auf die Vornahme bloß einzelner und konkreter Geschäftsführungsakte bezieht. Auch eine Interessenkollision des bestellten Geschäftsführers ist ein Vertretungsmangel und kann zur Notbestellung führen.

467   **Dringender Fall.** Bei der Beurteilung der Frage, ob der für die Notbestellung erforderliche *dringende* Fall vorliegt, ist zwischen dem Eingreifen in die Gesellschafterkompetenz und jenen Nachteilen abzuwägen, die der Vertretungsmangel voraussichtlich nach sich ziehen wird. Ein solcher dringender Fall im Sinne des § 15a GmbHG liegt dann vor, wenn es darum geht, dass der der gesellschaftlichen Wirklichkeit entsprechende Firmenbuchstand im Interesse der betroffenen GmbH und der Allgemeinheit herbeigeführt werden soll.

468   **Antrag des Beteiligten.** Die Notbestellung von Geschäftsführern auf der Grundlage des § 15a GmbHG durch das Gericht ist immer nur auf Antrag eines Beteiligten und niemals von Amts wegen möglich. Dieses Antragsrecht steht zu

- den verbliebenen Geschäftsführern, die an der Vornahme von Vertretungshandlungen gehindert sind, den Gesellschaftern,[155] einzelnen Aufsichtsratsmitgliedern oder dem Aufsichtsrat als Kollegialorgan
- jedem, der gegen die Gesellschaft ein Recht verfolgt oder ihr gegenüber eine Pflicht erfüllen will.

2.5.3. Gerichtliches Bestellungsverfahren

469   **Amtswegige Ermittlungspflicht.** Das Firmenbuchgericht hat zunächst festzustellen, ob die gesetzlichen Voraussetzungen vorliegen. Wenn dies der Fall ist, hat es einen oder mehrere Notgeschäftsführer zu bestellen. Da zur Annahme des Amtes eines Notgeschäftsführers niemand verpflichtet ist, wird die Bestellung nur mit Zustimmung des Bestellten wirksam.

470   **Rechtsbehelfe.** Gegen die Bestellung oder die Verweigerung der Notbestellung steht neben dem Antragsteller und der Gesellschaft auch den Geschäftsführern und den Gesellschaftern das Rekursrecht zu.

471   **Amtsbeendigung.** Die Funktion des Notgeschäftsführers endet mit Wegfall des dem Bestellungsbeschluss zugrunde liegenden Sachverhaltes; einer ausdrücklichen Abberufung bedarf es daher nicht.

> **Übersicht: Grundsatzfragen bei der Bestellung eines Notgeschäftsführers**
> - Die Firmenbuchgerichte stellen – zu Recht – hohe Anforderungen an die Glaubhaftmachung einzelner Voraussetzungen für die gerichtliche Bestellung eines Notgeschäftsführers durch die Antragsteller.

---

[155]   Auch der noch nicht im Firmenbuch eingetragene Erwerber eines Geschäftsanteiles ist berechtigt, die Bestellung eines Notgeschäftsführers zu beantragen. Vgl. hiezu OGH 26.1.2006, 6 Ob 10/06y = RdW 2006/408, 435.

- Die Notbestellung eines Geschäftsführers (Notgeschäftsführer) durch das Gericht ist als „äußerste" behördliche Maßnahme zu sehen.

- Die gesetzlichen Qualifikationen und Spezialvorschriften der Bestellung sind auch vom Firmenbuchgericht einzuhalten, welches den Notgeschäftsführer bestellt (z.B. „Vieraugenprinzip" gemäß § 2 Abs. 8 InvFG oder § 5 Abs. 1 Z 4 BWG).

- Im Gesellschaftsvertrag vereinbarte zusätzliche Erfordernisse hinsichtlich der Person des Geschäftsführers brauchen vom Firmenbuchgericht nicht beachtet zu werden.

- Die Art der Vertretung des Notgeschäftsführers kann vom Firmenbuchgericht auch entgegen dem Gesellschaftsvertrag bestimmt werden.

- Bei einer gerichtlichen Bestellung für die gesamte Geschäftsführung erlischt diese mit dem Wegfall des Bestellungsgrundes von selbst. Das bedeutet, dass eine separate Abberufung des Notgeschäftsführers durch die Generalversammlung nicht erforderlich ist.

- Wird die Bestellung des Notgeschäftsführers nur für einzelne Rechtshandlungen vorgenommen, bedarf es keiner Eintragung als Geschäftsführer im Firmenbuch.

- Der Notgeschäftsführer hat gegenüber der GmbH einen Entgeltsanspruch. Fraglich ist jedoch, inwieweit er gegenüber dieser durchgesetzt werden kann. Keinesfalls zuständig für die Vergütung eines Notgeschäftsführers sind der Antragsteller selbst bzw. das Firmenbuchgericht.[156]

2.5.4.Umfang der Notgeschäftsführung

Die Notbestellung erstreckt sich üblicherweise auf die gesamte Geschäftsführung; **472** der Notgeschäftsführer ist in das Firmenbuch einzutragen. Die Einschränkung der Geschäftsführungsbefugnis auf eine einzelne Rechtshandlung in einem bestimmten Tätigkeitsbereich des Notgeschäftsführers ist jedoch zulässig; in einem solchen Fall kann auch die Firmenbucheintragung entfallen. Der Umfang der Vertretungsbefugnis ist auch beim Notgeschäftsführer dritten Personen gegenüber stets unbeschränkbar (§ 20 Abs. 2 GmbHG). Das Firmenbuchgericht kann sowohl Einzelvertretung als auch Kollektivvertretung anordnen.

3. Beendigung der Organfunktion

3.1. Allgemeines

Grundsatz. Die Bestellung zum Geschäftsführer kann, unbeschadet der Ent- **473** schädigungsansprüche aus bestehenden Verträgen, durch Beschluss der Gesellschafter jederzeit widerrufen werden (§ 16 Abs. 1 GmbHG).

Ausnahmen. Das Prinzip der (jederzeitigen) freien Abberufbarkeit von GmbH- **474** Geschäftsführern wird nur ausnahmsweise durchbrochen für Gesellschafter,

- die im Gesellschaftsvertrag zu Geschäftsführern bestellt werden, wenn darin gleichzeitig die Zulässigkeit des Widerrufs ihrer Bestellung auf wichtige Gründe beschränkt wird (§ 16 Abs. 3 erster Satz GmbHG);

- denen im Gesellschaftsvertrag ein Sonderrecht auf Geschäftsführung eingeräumt worden ist (§ 50 Abs. 4 GmbHG).

---

[156] OLG Wien 29.12.2005, 28 R 248/05d = GeS 2006, 169.

475

Bei **minderheitsbeteiligten Geschäftsführern** sind Vorkehrungen gegen eine ungerechtfertigte Abberufung zweckmäßig, wobei es zu Interessengegensätzen mit den übrigen Gesellschaftern kommen kann. Gerade bei minderheitsbeteiligten Geschäftsführern stellt sich in der Beratungspraxis die Frage, wie man sich gegen eine ungerechtfertigte Abberufung wirksam schützt.

Übersicht: Abberufungsschutz

„Strategie"	Gesellschafter-Geschäftsführer	Fremd-Geschäfts-führer
Vereinbarungen über Stimmrechts- und Mehrheitserfordernisse beim Beschluss auf Bestellung und Abberufung	•	
Sonderrecht auf Geschäftsführung	•	
Gesellschaftsvertragliche Beschränkung der Abberufung auf das Vorliegen wichtiger Gründe (z.B. Entlassungstatbestände gemäß § 27 AngG)	•	
Indirekte Absicherung durch Vereinbarung von Pensionsleistungen und besonderen Abfertigungsansprüchen	•	•
Weiterbeschäftigung als Arbeitnehmer für den Fall der Abberufung	•	•
Indirekte Absicherung durch Vereinbarung über die Ausübung der Geschäftsführertätigkeit für einen befristeten Zeitraum	•	•
Indirekte Absicherung durch Abschluss eines Syndikatsvertrages (regelt die Stimmrechtsbindung)	•	

476

Sonderrecht auf Geschäftsführung. Die wirksamste Absicherung des Geschäftsführers gegen eine von ihm nicht gewollte Abberufung ist die Einräumung eines gesellschaftsvertraglichen Sonderrechtes auf Geschäftsführung.[157] Ein solches erlaubt die Abberufung des Geschäftsführers nur durch gerichtliche Entscheidung (§ 16 Abs. 2 GmbHG).

477

Bei einem **Fremdgeschäftsführer** wird die jederzeitige Abberufbarkeit auch nicht durch eine Bestellung auf bestimmte Zeit durchbrochen und es kann ihm auch im Anstellungsvertrag nicht das Recht zugesichert werden. Bedenklich sind daher Bestimmungen im Gesellschaftsvertrag, die die Abberufung des Fremdgeschäftsführers an eine qualifizierte Mehrheit oder gar an einen einstimmigen Gesellschafterbeschluss binden.

478

Rechtsfolgen einer Abberufung. Mit der Abberufung erlischt die Bestellung des Geschäftsführers. Die Eintragung der Löschung im Firmenbuch hat nur deklaratorische Bedeutung. Eine Rechtsscheinhaftung besteht auch nach Beendigung des Geschäftsführeramtes. Diese Rechtsscheinhaftung wird vor allem durch die verzögerte Firmenbucheintragung verursacht (z.B. Nachhaftung gegenüber den Abgabenbehörden). Mit der Abberufung endet üblicherweise nicht der Anstellungsvertrag des Geschäftsführers; es bedarf grundsätzlich einer gesonderten ausdrücklichen Kündigung.

---

[157] Vgl. hiezu im Detail Rz. 459.

3.2. Abberufung durch Gesellschafterbeschluss

Mehrheitsquoren. Soweit im Gesellschaftsvertrag nichts anderes vorgesehen ist, **479** erfolgt die Abberufung eines Geschäftsführers durch Beschluss der Gesellschafter[158] mit einfacher Mehrheit[159]; der Gesellschaftsvertrag kann jedoch ein anderes Mehrheitsquorum vorsehen. Die fristlose Abberufung ohne Angabe von Gründen und ohne Anspruch auf eine vorherige Anhörung ist möglich. Der Gesellschaftsvertrag kann vorsehen, dass die Abberufung eines Gesellschafter-Geschäftsführers nur aus wichtigem Grund erfolgen darf.

Vor **Eintragung der GmbH** im Firmenbuch ist Einstimmigkeit erforderlich, nach **480** ihrem Entstehen genügt einfache Mehrheit, sofern im Gesellschaftsvertrag nichts anderes vereinbart ist. Bei der Beschlussfassung sind alle Gesellschafter stimmberechtigt.

Stimmrecht in eigener Sache. Der Gesellschafter-Geschäftsführer ist bei der **481** Beschlussfassung über seine Abberufung immer stimmberechtigt (§ 39 Abs. 5 GmbHG).

Firmenbuchanmeldung. Die Abberufung ist zur Eintragung im Firmenbuch **482** anzumelden. Dem Firmenbuchantrag ist ein Gesellschafterbeschluss über die Abberufung des Geschäftsführers mit den beglaubigten Unterschriften der Gesellschafter beizufügen.

> **Übersicht: Widerruf der Bestellung bei gesellschaftsvertraglich bestellten Organmitgliedern**
>
> **Bei Abberufung eines kraft Gesellschaftsvertrages bestellten Geschäftsführers ist folgende Vorgangsweise zu beachten:**
> - Einberufung der Generalversammlung zur Änderung des Gesellschaftsvertrages; eine notarielle Beurteilung ist obligatorisch
> - Anmeldung der Abberufung zur Eintragung in das Firmenbuch unter Beifügung des geänderten Gesellschaftsvertrages in seiner aktuellen Fassung mit notarieller Beurkundung

Rechtsfolgen. Der Abberufungsbeschluss wirkt konstitutiv und unabhängig von der **483** Eintragung in das Firmenbuch. Mit Beschlussfassung verliert daher der betreffende Geschäftsführer seine Geschäftsführungs- und Vertretungsbefugnis. Unbeschadet dieses Grundsatzes ist der abberufene oder zurückgetretene Geschäftsführer berechtigt, seine eigene Löschung im Firmenbuch vorzunehmen. Solange die Eintragung nicht erfolgt ist, gilt der Grundsatz der negativen Publizität des Firmenbuchs (§ 15 Abs. 1 UGB).[160]

Anfechtungsklage. Der Fremdgeschäftsführer kann gegen den ihn abberufenden **484** Gesellschafterbeschluss im Gegensatz zum Gesellschafter-Geschäftsführer keine Anfechtungsklage erheben.

Wirksamkeit der Abberufung. Selbst wenn der Abberufungsbeschluss durch **485** Nichtigkeitsklage bekämpft wird (§ 41 GmbHG), bleibt der Widerruf der Bestellung

---

[158] Die Abberufung des Geschäftsführers durch die Generalversammlung ist auch ohne notarielle Beurkundung zulässig (Vgl.. OGH 21.12.2000, 8 Ob 233/99 w = RdW 2001/313, 284 = ZIK 2001/168, 102 = ecolex 2001/181, 540 = EvBl 2001/105, 435).
[159] Dies gilt auch für einen im Gesellschaftsvertrag bestellten Gesellschafter-Geschäftsführer, sofern dessen Rechtsstellung nicht gesellschaftsvertraglich verstärkt wird
[160] Unverändert zu § 15 Abs. 1 HGB a.F.

so lange wirksam, als nicht über seine Unwirksamkeit rechtskräftig entschieden ist (§ 16 Abs. 3 zweiter Satz GmbHG). In solchen Fällen kann aber durch einstweilige Verfügung die Ausführung des angefochtenen Beschlusses aufgeschoben werden, wenn ein der Gesellschaft drohender unwiederbringlicher Nachteil glaubhaft gemacht wird (§ 42 Abs. 4 GmbHG). Die Erlassung der einstweiligen Verfügung ist selbst dann noch zulässig, wenn die Geschäftsführerabberufung bereits in das Firmenbuch eingetragen worden ist.

486

Rechtsschutz. Setzt ein Geschäftsführer trotz Abberufung seine Tätigkeit fort, kann ohne Bescheinigung einer weiteren Gefahr eine einstweilige Verfügung auf Aufgabe seiner Tätigkeit erwirkt werden (§ 381 Z 2 EO).

3.3. Beschränkung auf wichtige Gründe

487

Grundlagen. Bei Gesellschafter-Geschäftsführern besteht die Möglichkeit, den Widerruf der Bestellung auf wichtige Gründe zu beschränken (§ 16 Abs. 3 GmbHG). Voraussetzung dafür ist allerdings eine Bestellung des Geschäftsführers im Gesellschaftsvertrag.

488

Begriff „wichtiger Grund". Die *wichtigen Gründe* sind im Gesetz nicht näher bezeichnet,[161] weshalb ein recht weitgehender gesellschaftsvertraglicher Gestaltungsspielraum besteht.[162] Wird dieser Gestaltungsspielraum nicht genützt und bloß der Begriff *„wichtige Gründe"* aus § 16 Abs. 3 GmbHG in den Gesellschaftsvertrag übernommen, so berechtigen alle Gründe zur Abberufung, welche die Belange der Gesellschaft gefährden oder die Beibehaltung des Geschäftsführers unzumutbar machen. So ist etwa die Verletzung des Wettbewerbsverbotes in § 24 Abs. 3 GmbHG konkret geregelt. In Betracht kommen nicht nur verschuldete Umstände (z.B. mangelhafte Überwachung von Tochtergesellschaften), sondern auch unverschuldete (z.B. lang andauernde Krankheit).

Der wichtige Grund des § 16 Abs. 3 GmbHG darf jedoch nicht an den Wertungen gemessen werden, die dem Katalog der Entlassungsbestände i.S.d. § 27 AngG zugrunde liegen. Als *wichtiger Grund* ist demnach auch das *Überflüssigwerden* eines Geschäftsführers wegen eines deutlichen Geschäftsrückganges zu qualifizieren. Trotz Widerruf der Geschäftsführerbestellung bleiben die Entschädigungsansprüche aus laufenden Verträgen (Anstellungsverträge) unberührt.

489

Praxistipp. Zweckmäßig ist es, sich im Gesellschaftsvertrag bei Beschränkung der Abberufbarkeit auf wichtige Gründe nicht auf die Wiederholung dieses gesetzlichen Begriffes zu beschränken, sondern zumindest eine demonstrative Aufzählung vorzunehmen.

3.4. Abberufung durch gerichtliche Entscheidung

3.4.1. Allgemeines

490

Normzweck. Da ein Gesellschafter-Geschäftsführer bei der Abstimmung über seine Abberufung an der Ausübung seines Stimmrechts nicht beschränkt ist (§ 39 Abs. 5 GmbHG), besteht die Möglichkeit der Abberufung eines Geschäftsführers aus wichtigem Grund durch gerichtliche Entscheidung (§ 16 Abs. 2 GmbHG).[163] Für die Zulässigkeit der gerichtlichen Abberufung genügt das Vorliegen eines wichtigen

---

[161] OGH 30.5.1990, 4 Ob 507/90 = wbl 1990, 383 = SZ 63/86 = ecolex 1990, 686; OGH 26.4.1990, 8 Ob 563/89 = wbl 1990, 313 = ecolex 1991, 324.
[162] OGH 17.10.2003, 1 Ob 109/03 s = GeS 2004, 67 = ecolex 2004/165, 381 = RdW 2004/125, 157 = GesRZ 2004, 200.
[163] Vgl. OGH 2.10.1985, 3 Ob 555/85 = GesRZ 1987, 101 = RdW 1986, 42.

Grundes. Die gleichen Grundsätze gelten für einen Gesellschafter, dem im Gesellschaftsvertrag ein Sonderrecht auf Geschäftsführung eingeräumt ist.

Fremdgeschäftsführer. Ein Geschäftsführer, der an der GmbH nicht als Gesell- **491** schafter beteiligt ist, kann i.d.R. nicht gerichtlich abberufen werden.

3.4.2. Abberufungsklage

Für die wirksame Einbringung der Abberufungsklage als zivilprozessuale Rechtsge- **492** staltungsklage ist die Mitwirkung aller übrigen Gesellschafter erforderlich. Im Abberufungsverfahren sind die §§ 117 und 127 UGB[164] sinngemäß anzuwenden (§ 16 Abs. 2 zweiter Satz GmbHG).[165] Es besteht keine Möglichkeit, während des Rechtsstreits über den Ausschluss eines Gesellschaftergeschäftsführers durch einstweilige Verfügung einen anderen Geschäftsführer mit Geschäftsführung und Vertretung zu betrauen. Ein Gesellschafter-Geschäftsführer behält daher i.d.R. für die Dauer des Abberufungsprozesses seine Funktion als Geschäftsführer. Der Gesellschafter-Geschäftsführer ist mit Rechtskraft des stattgebenden Urteils abberufen.

3.4.3. Mitwirkungsklage

Für die Abberufungsklage gegen einen Gesellschafter-Geschäftsführer ist die **493** Mitwirkung aller übrigen Gesellschafter erforderlich. Jeder Gesellschafter ist verpflichtet, an einer Abberufungsklage (die auch bereits mit der Mitwirkungsklage verbunden werden kann) mitzuwirken, wenn dies im Interesse der Gesellschaft erforderlich ist. Diese wechselseitige Verpflichtung lässt sich aus der Treuebindung der Gesellschafter untereinander ableiten. Verweigert ein Gesellschafter ungerechtfertigt die Mitwirkung, kann der (Individual-)Anspruch durch die Mitwirkungsklage durchgesetzt werden; für die Mitwirkungsklage genügt der Antrag eines Gesellschafters. Das stattgebende Urteil ist ein Leistungsurteil und ersetzt die mangelnde Zustimmung des betreffenden Gesellschafters zur Abberufungsklage.

3.5. Rücktritt des Geschäftsführers

Grundsätze. Geschäftsführer können unbeschadet der Entschädigungsansprüche **494** der Gesellschaft ihnen gegenüber aus bestehenden Verträgen ihren Rücktritt erklären (§ 16a Abs. 1 GmbHG). Liegt ein wichtiger Grund hierfür vor, kann der Rücktritt mit sofortiger Wirkung erklärt werden, in allen anderen Fällen wird der Rücktritt erst nach Ablauf von 14 Tagen wirksam. Beim Rücktritt des einzigen Geschäftsführers umfasst die organschaftliche Treuepflicht noch die Einberufung einer Generalversammlung.

Rechtsfolgen. Mit der Amtsniederlegung erklärt der Geschäftsführer sein Amt für **495** beendet (§ 16a GmbHG). Ein Geschäftsführer darf jederzeit (nicht nur aus wichtigem Grund) sein Amt niederlegen. Bei Zurücklegung der Organfunktion laufen die Verpflichtungen aus dem Anstellungsverhältnis weiter. Wurde der Geschäftsführer im Gesellschaftsvertrag bestellt, dann kann er sein Amt auch ohne vorherige Änderung des Gesellschaftsvertrages niederlegen, dies sollte jedoch möglichst bald nachgeholt werden.

Form. Der Rücktritt ist gegenüber der Generalversammlung (wenn dies in der **496** Tagesordnung angekündigt wurde) oder durch eingeschriebenen Brief gegenüber

---

[164] Keine inhaltlichen Änderungen zu §§ 117 und 127 HGB a.F.
[165] Vgl. hiezu auch *Reich-Rohrwig,* Zur gerichtlichen Abberufung des GmbH-Geschäftsführers, ecolex 1990, 87.

allen Gesellschaftern zu erklären (§ 16a Abs. 2 GmbHG). Von dieser Erklärung sind allfällige Mitgeschäftsführer und[166] – wenn ein Aufsichtsrat besteht – der Aufsichtsratsvorsitzende zu verständigen. Der Rücktritt bewirkt nicht automatisch die Auflösung des Anstellungsverhältnisses.[167]

497   **Firmenbuchantrag.** Der Rücktritt des Geschäftsführers ist zur Eintragung in das Firmenbuch anzumelden; antragslegitimiert ist auch der ausscheidende Geschäftsführer. Die Erklärung des Rücktritts sowie die entsprechenden Zustellungsnachweise sind der Anmeldung beizuschließen.[168]

Max Mayer
[*Privatanschrift*]
[*Telefon des Geschäftsführers*]

EINSCHREIBEN
Alexandra Auer
[*Straße, Nr.*]
[*Ort*]

                        [*Ort, Datum*]

ABC Gesellschaft m.b.H.;

Rücktritt als Geschäftsführer

Sehr Geehrte!

Gemäß § 16a GmbHG erkläre ich meinen Rücktritt als Geschäftsführer der im Firmenbuch des Landes- als Handelsgerichtes [*Ort*] unter FN 12345 a eingetragenen ABC Gesellschaft m.b.H. mit Wirkung zum [*Datum*]. Nach meinem Willen soll der am [*Datum*] mit der Gesellschaft abgeschlossene Anstellungsvertrag aufrechterhalten bleiben.

Gleichzeitig berufe ich für [*Datum, Zeit*] eine Generalversammlung am Sitz der Gesellschaft in [*Ort, Adresse*] ein. Einziger Tagesordnungspunkt ist die Neubestellung des Geschäftsführers der Gesellschaft.

Mit dem höflichen Ersuchen um Ihre geschätzte Kenntnisnahme verbleibe ich mit freundlichen Grüßen

Max Mayer

---

[166] Auch die Amtsniederlegung des einzigen Geschäftsführers ist zulässig (Vgl. OLG Wien, 24.7.1998, 28 R 61/98 s).
[167] OGH 24.4.1997, 6 Ob 2372/96 h = RdW 1997, 453.
[168] OLG Wien 10.1.2003, 28 R 147/02 x = GeS 2003, 158.

Landes- als Handelsgericht *[Name]*

Firmenbuch

[Adresse]

Firmenbuchsache: ABC-Gesellschaft m.b.H.

Firmenbuchnummer: FN 12345 a

Antrag
auf Löschung eines zurückgetretenen Geschäftsführers

RA-Code: [...]

NO-Code: [...]

Zustellung erbeten zu Handen:

I. Antragsteller:

Max Mayer, [*, Adresse]

(als zurückgetretener Geschäftsführer der ABC-Gesellschaft m.b.H.)

II. Sachverhalt:

Im Firmenbuch des „Landes- als" Handelsgerichtes [*Ort*] ist unter FN 12345 a die ABC Gesellschaft m.b.H. mit dem Sitz [*Ort*] eingetragen.

Der Antragsteller als alleiniger Geschäftsführer hat mit eingeschriebener Mitteilung vom [*Datum*] an alle Gesellschafter seinen Rücktritt mit Wirkung zum [*Datum*] erklärt.

III. Eintragungsgrundlagen und Antrag:

Unter Vorlage der Einschreibnachweise an „alle Gesellschafter sowie der jeweils im Original unterfertigten Zweitschriften des Rücktrittschreibens wird das Landes- „als Handelsgericht [*Ort*] ersucht, im Firmenbuch unter FN 12345 a bei der Firma ABC Gesellschaft m.b.H. mit dem Sitz in [*Ort*] nachfolgende Eintragung vorzunehmen:

Löschung des Geschäftsführers Max Mayer, [*], mit Wirkung vom [*Datum*]

[*Ort, Datum*]

....

Max Mayer

Vor allem in der wirtschaftlichen Krise einer GmbH ist es empfehlenswert, vom **498** Rücktritt jene Behörden in Kenntnis zu setzen, wo im Hinblick auf die Abgabengesetze spezielle Haftungsbestimmungen für die Vertretungsorgane einer GmbH bestehen.

EINSCHREIBEN
Finanzamt [Bezeichnung][169]
[*Straße, Nr.*]
[*Ort*]

[*Ort, Datum*]

Steuer-Nr. [..]
ABC Gesellschaft mbH; Rücktritt als Geschäftsführer

Sehr geehrte Damen,
sehr geehrte Herren,

Gemäß § 16 a GmbHG habe ich meinen Rücktritt als Geschäftsführer der ABC Gesellschaft m.b.H. mit Wirkung vom [*Datum*] erklärt.

Mit heutigem Tage wurde der in der Anlage beigeschlossene Antrag auf Löschung eines zurückgetretenen Geschäftsführers beim Firmenbuchgericht des Landes- als Handelsgerichtes [Ort] überreicht.

Mit dem Ersuchen um Ihre geschätzte Kenntnisnahme verbleibe ich mit freundlichen Grüßen

[*Unterschrift des Geschäftsführers*]

3.6. Entlastung

499   **Begriff.** Die Entlastung ist eine einseitige, nicht annahmebedürftige Erklärung, welche die vergangene Amtsführung des Geschäftsführers billigt und üblicherweise den Entlasteten von allfälligen Schadenersatzansprüchen durch die Gesellschaft befreit (§ 35 Abs. 1 GmbHG). Die Generalversammlung beschließt die Entlastung des Geschäftsführers. Die Geschäftsführer haben keinen gerichtlich durchsetzbaren Anspruch auf Entlastung.[170] Die Befreiung bezieht sich nur auf solche Schadenersatzansprüche, die die Gesellschaft bei sorgfältiger Prüfung aller vorgelegter und vollständiger Unterlagen erkennen konnte.

500   **Wesen und Rechtsfolgen.** Im Zusammenhang mit der Feststellung des Jahresabschlusses wird den Geschäftsführern üblicherweise für ihre Tätigkeit Entlastung erteilt. Diese bewirkt den Verzicht auf Ersatzansprüche und das Anerkenntnis des Nichtbestehens solcher, soweit der Ersatzanspruch gegen den Geschäftsführer nicht zur Befriedigung der Gläubiger der GmbH erforderlich ist (§ 25 Abs. 7 GmbHG).

501   **Sachlicher Umfang.** Der Entlastungsbeschluss erfasst die gegen den Geschäftsführer zu erhebenden Ersatzansprüche nur insoweit, wie sie aus den von ihm vorgelegten Geschäftsunterlagen erkennbar oder wie etwaige Haftungstatbestände allen Gesellschaftern positiv bekannt sind. Die Entlastung bedeutet darüber hinaus die Genehmigung der Geschäftsführung, sie enthält somit die Erklärung, dass aus der Geschäftsführung – soweit sie für die Gesellschafter übersehbar ist – keine Ansprüche gegen den Geschäftsführer hergeleitet werden sollen.

---

[169] Es empfiehlt sich ein gleichlautendes Schreiben auch an die örtlich zuständige Gebietskrankenkasse sowie die Gemeinde zu verfassen.
[170] A.M. OGH 7.1.1959, 1 Ob 482/58 = SZ 32/2 = HS 366.

Anschluss des Stimmrechts. Ist der Geschäftsführer gleichzeitig Gesellschafter, **502** darf er bei der Beschlussfassung über die eigene Entlastung nicht mitstimmen.[171]

Übersicht: Tipps und Tricks im Hinblick auf die Entlastung der Geschäftsführung

- Gesellschafterbeschluss über die Entlastung der Geschäftsführer herbeiführen, vorzugsweise zusammen mit dem Beschluss über die Feststellung des Jahresergebnisses sowie der Gewinnverwendung.
- Mit der Einberufung zur Generalversammlung und zusammen mit der Vorlage des Jahresabschlusses die Gesellschafter ausführlich über haftungsrelevante Zusammenhänge des Geschäftsjahres informieren.
- In der Generalversammlung einen ausführlichen Bericht über den Verlauf des Geschäftsjahres unter Zuhilfenahme von schriftlich ausgearbeiteten Unterlagen geben: diesen Bericht im Protokoll der Generalversammlung festhalten und zusammen mit den vorgelegten Unterlagen den Gesellschaftern übersenden.

3.7. Beendigung des Anstellungsvertrages

3.7.1. Formen der Beendigung

Grundlagen. Die Beendigung des Anstellungsvertrages kann bei befristeten **503** Verträgen durch Zeitablauf, durch Kündigung, durch vertragliche Aufhebung oder durch das Ableben des Geschäftsführers erfolgen. Die Auflösung der GmbH beendet den Anstellungsvertrag nicht. Der Geschäftsführer wird grundsätzlich Liquidator (§ 89 Abs. 2 GmbHG).

Auch die **Insolvenz der Gesellschaft** bewirkt keine automatische Beendigung des **504** Anstellungsvertrages. In diesem Fall wird der Geschäftsführer zwar nicht Liquidator, er kann aber den Anstellungsvertrag aus wichtigem Grund sofort kündigen. Die Insolvenzeröffnung gilt als wichtiger Grund für eine Auflösung dieses Rechtsverhältnisses.[172] Der Masseverwalter hat bei der Auflösung des Arbeitsverhältnisses die gesetzliche, kollektivvertragliche oder die zulässigerweise vereinbarte Kündigungsfrist beachten (§ 25 Abs. 1 KO).

Beendigung der Organstellung. Die Abberufung und Amtsniederlegung beenden **505** den Anstellungsvertrag nicht. Die Beendigung der Organstellung des Geschäftsführers hat nicht automatisch die Auflösung des Anstellungsverhältnisses zur Folge wie umgekehrt die Auflösung des Anstellungsvertrages die Beendigung der Organstellung. Sowohl bei der Abberufung als auch bei der Amtsniederlegung ist gesondert zu prüfen, ob eine Kündigung erklärt wurde und die Kündigungsvoraussetzungen vorliegen.

3.7.2. Zuständigkeit

Generalversammlung. Sowohl für die einvernehmliche vertragliche Aufhebung **506** des Anstellungsvertrages als auch für seine Kündigung durch die GmbH ist grundsätzlich die Generalversammlung der GmbH zuständig.[173] Der Gesellschaftsvertrag kann hiefür ein anderes Organ vorsehen. Fehlt ein *wirksamer Gesell-*

---

[171] Vgl. hiezu OGH 17.6.1992, 9 ObA 105/92 = wbl 1992, 408 = EvBl 1993/24; OGH 13.1.1982, 1 Ob 775/81 = SZ 55/1 = GesRZ 1983, 30 = EvBl 1982/115 = HS 12.385.

[172] Vgl. OGH 22.12.1993, 8 Ob 28/93 = GesRZ 1994, 136 = RdW 1994, 143 = wbl 1994, 205 = ecolex 1994, 234 = AnwBl 1994, 572.

[173] OGH 26.4.1998, 9 ObA 36/98 d = ecolex 1998, 786 = ARD 4960/24/98.

---

schafterbeschluss, so gelten die Kündigung bzw. das Einverständnis zur vertraglichen Aufhebung als unwirksam. Eine rückwirkende Genehmigung durch Beschluss ist bei der Kündigung nicht möglich. Der Gesellschaftsvertrag kann die Zuständigkeit bei einer Kündigung auf ein anderes Organ (z.B. auf den Aufsichtsrat) übertragen. Genauso können sich die Gesellschafter zur Erklärung der Kündigung eines Bevollmächtigten bedienen.

507 Kündigt der **Geschäftsführer,** so genügt seine Erklärung gegenüber einem anderen Geschäftsführer – auch im Falle einer Kollektivvertretung. Die Zuständigkeit eines Gesellschafters zur *Entgegennahme der Kündigung* ist strittig. Es empfiehlt sich in solchen Fällen, die Kündigung gegenüber allen Gesellschaftern unabhängig von ihrer jeweiligen Beteiligungshöhe zu erklären.

3.7.3. Kündigung des Anstellungsvertrages

508 **Grundsatz.** Ist der Anstellungsvertrag auf unbestimmte Zeit abgeschlossen, kann fristgerecht mit der im Vertrag bestimmten oder gesetzlichen Frist – gegebenenfalls auch fristlos aus wichtigem Grund – gekündigt werden.

509 **Auswirkungen auf die Organstellung.** Die Kündigung des Anstellungsvertrages – von welcher Vertragspartei auch immer – wird im Gegensatz zum Widerruf der Bestellung zum Geschäftsführer sowohl auf das *Anstellungsverhältnis* als auch auf das *Organschaftsverhältnis* wirken. Kündigt demnach der Geschäftsführer seinen Anstellungsvertrag, erklärt er auch seinen Rücktritt als Geschäftsführer.

3.7.4. Kündigung aus wichtigem Grund

510 **Allgemeines.** Geschäftsführer und Gesellschafter können den Anstellungsvertrag fristlos kündigen, wenn ein wichtiger Grund vorliegt. Dieser allgemeine Grundsatz wird aus den §§ 1162 und 1117 ff. ABGB abgeleitet. Ein wichtiger Grund ist dann gegeben, wenn das beiderseitige Vertrauensverhältnis so nachhaltig zerstört ist, dass dem Kündigenden die Fortsetzung des Dienstverhältnisses auch während der Kündigungsfrist nicht mehr zugemutet werden kann; es bedarf diesfalls nicht zwingend einer schuldhaften Pflichtverletzung!

511 **Berechtigte Vertragsauflösung durch den Geschäftsführer.** Umgekehrt berechtigen schwerwiegende Vertragsverletzungen durch die Gesellschaft auch den Geschäftsführer zur fristlosen Kündigung. Das gilt etwa bei nachhaltig unbegründeten oder haltlosen Angriffen gegen die Geschäftsführer durch die Generalversammlung, bei Weisungen an den Geschäftsführer, gesetzwidrige Beschlüsse der Generalversammlung auszuführen oder bei Verhinderung, die Buchhaltung der Gesellschaft zu überwachen.

512 **Vertragsgestaltung.** Der Anstellungsvertrag kann *wichtige Kündigungsgründe* beispielhaft aufzählen. Diese Beispiele müssen jedoch auch tatsächlich wichtige Gründe darstellen. Fehlt es an dieser Eigenschaft, führt ihr Vorliegen lediglich dazu, dass für die Beendigung des Anstellungsverhältnisses die in § 20 AngG vorgesehene ordentliche Kündigungsfrist eingehalten werden muss.

513 **Form.** Die Kündigung aus wichtigem Grund ist eine einseitige, formfreie, empfangsbedürftige Willenserklärung, die anderen Parteien zugehen muss. Sie beendet das Anstellungsverhältnis mit sofortiger Wirkung.

3.7.5. Kündigung eines Gesellschafter-Geschäftsführers

514 **Stimmrecht.** Bei der *ordentlichen Kündigung* eines Gesellschafter-Geschäftsführers durch die Generalversammlung besteht kein Stimmverbot (§ 39 Abs. 4

GmbHG); der Betroffene darf demnach mitstimmen. Bei Abberufung und Kündigung aus *wichtigem Grund* darf das Stimmrecht nicht ausgeübt werden, da man nicht *Richter in eigener Sache* sein kann. Dieses Stimmverbot besteht bereits dann, wenn ernstzunehmende Anhaltspunkte für einen wichtigen Grund vorliegen. Fehlt es daran, ist der Gesellschafterbeschluss anfechtbar.

Rechtsfolgen. Die Entlastung entspricht einem Verzicht auf die Geltendmachung **515** von Ersatzansprüchen oder einem Anerkenntnis des Nichtbestehens solcher Ansprüche durch die Mehrheit der Gesellschafter, allerdings mit der Einschränkung der Erkennbarkeit etwaiger Verstöße aus den vorgelegten Unterlagen. Die Entlastung wirkt daher nur für jene Ansprüche, die den Gesellschaftern aus den vorgelegten Unterlagen nach sorgfältiger Prüfung als solche erkennbar sind. Wenn Ersatzansprüche aus den den Gesellschaftern vorgelegten Unterlagen nicht erkennbar oder die Unterlagen nicht vollständig waren, können diese auch nach der Entlastung noch geltend gemacht werden. In diesem Rahmen befreit der Entlastungsbeschluss die Geschäftsführer von ihrer Haftung.

4. Aufgabenbereiche der Geschäftsführer

4.1. Allgemeines

Der Aufgabenbereich der Geschäftsführer umfasst die Vertretung der GmbH Dritten **516** gegenüber und die Leitung des Unternehmens im Rahmen der Geschäftsführung. Für die inhaltliche Ausgestaltung dieser *Allgemeinpflicht* gibt es keine Positivumschreibung. Die Rechte und Pflichten des Geschäftsführers ergeben sich aus dem Gesetz, der Satzung, (gesetzmäßigen) Weisungen der Generalversammlung und sonstigen Bestimmungen (z.B. einer Geschäftsordnung oder Ressortverteilung)

Übersicht: Der Geschäftsführer als Leitungs- und Vertretungsorgan

Zu den Allgemeinen Grundsätzen für Geschäftsführungshandlungen gehören

- Pflicht zur ordnungsgemäßen Geschäftsleitung[174]
- Treuepflicht: Der gesetzlich normierten Treuepflicht kommt ein Geschäftsführer dann nach, wenn sein Verhalten folgenden Grundsätzen entspricht:
  - Keine Ausnützung der Geschäftsführerposition im eigenen Interesse
  - Keine Annahme von Schmiergeldern
  - Wahrung der Verschwiegenheits- und Geheimhaltungspflicht
- Grenzen der Treuepflicht: Berechtige Eigeninteressen des Geschäftsführers
- Pflicht zur Wahrnehmung von Geschäftschancen für die GmbH
- Verbot des zweckentfremdeten Einsatzes von Geldern der GmbH
- Einhaltung des Konkurrenzverbotes
- Pflicht zur Kapitalsicherung und Kapitalerhaltung
- Vertretung der Gesellschaft im Geschäftsverkehr
- Geschäftsleitungspflicht und -befugnis
- Sonstige Organisationspflichten
- Strategische Unternehmensführung
- Aufbau- und Ablauforganisation

---

[174] Zum Umfang und Inhalt dieser Pflicht zur ordnungsgemäßen Geschäftsleitung Vgl. insb. *Fritz,* Gesellschafts- und Unternehmensformen in Österreich[3], 800 ff.

- Führung des Rechnungswesens
- Betriebswirtschaftliche Planung
- Finanz- und Risikomanagement

517

Die Vertretungsmacht verleiht dem Geschäftsführer die Möglichkeit, rechtlich wirksame Willenserklärungen gegenüber Dritten abzugeben (rechtliches Können im Außenverhältnis), während die Geschäftsführungsbefugnis den zulässigen Umfang der Tätigkeiten im Innenverhältnis festlegt.

4.2. Gesetzliche Pflichten

518

Zu den Pflichten des GmbH-Geschäftsführers gehört es, das Unternehmen unter Beachtung aller maßgebenden Rechtsvorschriften zu leiten, sich stets ein genaues Bild von der Lage des Unternehmens, insb. von seiner Liquidität, zu verschaffen.[175]

Übersicht: Für die Geschäftsführung maßgebliche gesetzliche Formalvorschriften

Beschreibung der Geschäftsaufgabe	Rechts-grundlage	selbst zu erledigen	Delegie-rung zulässig
Anmeldung von gesellschaftlichen Belangen beim Firmenbuch sowie Abgabe von Erklärungen gegenüber dem Firmenbuch[176]	§ 10 GmbHG	•	
Anmeldung von Veränderungen im Stande der Gesellschafter, insbesondere Firmenbuchanmeldung des Überganges von Geschäftsanteilen	§ 26 GmbHG	•	
Einleitung eines Unternehmensreorganisationsverfahrens	§ 1 URG	•	
Aufnahme einer Niederschrift über die Beschlüsse der Generalversammlung und Übermittlung von Beschlussabschriften an die Gesellschafter	§ 40 GmbHG		•
Auskunftpflicht gegenüber der Gesellschaft für 5 Jahre nach Beendigung der Organfunktion	§ 24a GmbHG	•	
Beachtung der Zustimmungspflichten des Aufsichtsrates	§ 30j Z 5 GmbHG	•	
Beachtung der zustimmungspflichtigen Geschäfte	§ 35 GmbHG	•	
Beachtung des Gesellschaftsvertrages	§ 20 GmbHG	•	
Befolgung von Weisungen der Generalversammlung	§ 20 GmbHG		•

---

[175] OGH 26.3.1980, 1 Ob 545/80 = GesRZ 1981, 111.
[176] Darunter fallen vor allem der Übergang von Geschäftsanteilen, Änderungen von Name, Anschrift und Stammeinlage der Gesellschafter; Prokuraerteilung und -widerruf; Einforderungen von Einzahlungen auf das Stammkapital; Änderungen der Vertretungsbefugnis der Geschäftsführer; Änderungen des Gesellschaftsvertrages.

Beschreibung der Geschäftsaufgabe	Rechts-grundlage	selbst zu erledigen	Delegie-rung zulässig
Berichterstattung über Verlangen des Aufsichtsrates	§ 30j Abs. 2 GmbHG	•	
Durchführung des Aufgebotsverfahrens bei Herabsetzung des Stammkapitals	§§ 54 ff. GmbHG	•	
Einberufung der ordentlichen Generalversammlung	§ 36 Abs. 1 GmbHG	•	
Einberufung einer außerordentlichen Generalversammlung, wenn es das Interesse der Gesellschaft erfordert, insbesondere bei Verlust der Hälfte des Stammkapitals	§ 36 Abs. 2 GmbHG	•	
Einberufung einer Generalversammlung, wenn das begründete schriftliche Verlangen hiezu von mind. 10 % des Stammkapitals vorgebracht wird	§ 37 Abs. 1 GmbHG	•	
Einforderung von Einzahlungen auf die Stammeinlagen der Gesellschafter	§§ 64 ff. GmbHG	•	
Einforderung von Nachschüssen der Gesellschafter auf Grund eines Gesellschafterbeschlusses	§§ 72 ff. GmbHG	•	
Erklärung über geleistete Einlagen[177]	§ 10 Abs. 3 GmbHG	•	
Erledigung aller Angelegenheiten der Geschäftsführung mit der Sorgfalt eines ordentlichen Geschäftsleiters	§ 25 Abs. 1 GmbHG	•	
Führung der Bücher sowie Verantwortung für ein ordnungsgemäßes Rechnungswesen sowie ein geeignetes Controlling-System	§ 22 Abs. 1 GmbHG	•	
Führung einer Beschäftigtenliste und ständige Evidenzhaltung der Beschäftigtenzahl	§ 29 Abs. 4 GmbHG	•	
Gerichtliche Bestellung von Aufsichtsratsmitgliedern	§ 30d Abs. 1 GmbHG	•	
Gerichtliche sowie außergerichtliche Vertretung, Verwaltung und Leitung der Gesellschaft	§ 18 GmbHG		•
Kapitalerhaltung und Kapitalsicherung	§§ 82 ff. GmbHG	•	
Pflicht zur Einholung der Zustimmung anderer Gesellschaftsorgane	§§ 35 und 30j GmbHG	•	
Rechtzeitige Antragstellung auf Konkurs- bzw. Ausgleichseröffnung bei Zahlungsunfähigkeit oder Überschuldung	§ 25 Abs. 3 Z 2 GmbHG, § 67 Abs. 1 und § 69 Abs. 2 und 3 KO	•	

---

[177] Diesbezügliche Haftungsfallen sind Scheineinzahlungen und verdeckte Sacheinlagen.

Beschreibung der Geschäftsaufgabe	Rechts-grundlage	selbst zu erledigen	Delegie-rung zulässig
Verteilung des Reingewinnes	§ 82 GmbHG	•	
Verwendung von Drucksorten mit Pflichtangaben	§ 14 UGB	•	
Zusendung des Jahresabschlusses samt Lagebericht an die Gesellschafter	§ 22 Abs. 2 GmbHG		•

519

Pflichtendelegation. Der Geschäftsführer kann Leitungs- und Führungsverantwortung delegieren unter der Voraussetzung, dass

- der Betreffende persönlich und fachlich qualifiziert ist;

- der Geschäftsführer sich regelmäßig informiert;

- der Geschäftsführer einer Maßnahme widerspricht und den Aufgabenbereich oder eine Einzelentscheidung in das Geschäftsleitungsorgan zurückholt;

- der Geschäftsführer die Gesellschafter unterrichtet, wenn er eine Maßnahme eines Mitgeschäftsführers für nachteilig hält.

520

Kapitalerhaltung. Zu den wichtigsten und auch am meisten *haftungsgeneigten* Aufgaben des Geschäftsführers gehören die gesetzlich gebotenen Maßnahmen zur Kapitalerhaltung, Kapitalsicherung und zum Gläubigerschutz.

Übersicht: Kapitalerhaltung und Kapitalsicherung, Insolvenzprophylaxe und Gläubigerschutz (§§ 82 ff. GmbHG)

Zu den Kapitalerhaltungsmaßnahmen gehören insbesondere

- Allgemeinverpflichtung der Geschäftsführung zur Sorgfalt eines ordentlichen und gewissenhaften Geschäftsleiters

- Verpflichtung zur Einberufung der Generalversammlung bei Verlust des halben Stammkapitals

- Ersatzpflicht bei verbotener Einlagenrückgewähr[178] (§ 82 GmbHG)

- unzulässige Verteilung von Gesellschaftsvermögen

- Zahlungen nach Eintritt der Überschuldung und/oder Zahlungsunfähigkeit der Gesellschaft

- Beachtung des Ausschüttungsverbotes (§ 82 Abs. 5 GmbHG)

- Verpflichtung zur richtigen Darstellung wesentlicher Tatsachen im Jahresabschluss, Anhang und Lagebericht des Unternehmens

- Einhaltung der Fristen zur Aufstellung, Vorlage und Veröffentlichung des Jahresabschlusses (§ 277 UGB)

---

[178] Ob eine Zuwendung als verbotene Einlagenrückgewähr zu qualifizieren ist, hängt in erster Linie vom objektiven Missverhältnis zwischen Leistung und Gegenleistung ab; die auf dieses Missverhältnis gestützte Vermutung kann durch einen sog. *Drittvergleich* widerlegt werden (OGH 1.12.2005, 6 Ob 271/05d = GesRZ 2006, 148).

- Verpflichtung zur Angabe aller wesentlichen Umstände und Änderungen im Anhang (§ 236 UGB)
- Erläuterungspflicht im Anhang bei Ausweis eines negativen Eigenkapitals (§ 225 Abs. 1 UGB)
- Berichtspflichten an den Aufsichtsrat (§ 28a GmbHG) und an die Generalversammlung
- Einleitung eines Unternehmensreorganisationsverfahrens bei kumulativer Über- und Unterschreitung der URG-Kennziffern – Vorlage eines Negativgutachtens ?
- Verträge, mit welchen die Gesellschaft dauernd zu ihrem Geschäftsbetrieb bestimmte Anlagen oder Liegenschaften für eine 1/5 des Stammkapitals übersteigende Vergütung erwerben soll.
    - in den ersten zwei Jahren nach Registrierung darf der Gesellschaftsvertrag von dieser zwingenden Regelung **nicht** abweichen
    - ab dem dritten Jahr kann der Gesellschaftsvertrag etwas anderes enthalten
    - Beschlussfassung mit ¾-Mehrheit

Informationspflicht. Der Geschäftsführung kommt gegenüber der Generalversammlung eine umfassende Informationspflicht zu, die – von Ausnahmen abgesehen – im Gesetz in den meisten Fällen nicht näher konkretisiert ist. **521**

Übersicht: Aufklärungs- und Informationspflicht

- Die Pflicht zur Einberufung einer außerordentlichen Generalversammlung bei Verlust der Hälfte des Stammkapitals (§ 36 Abs. 2 GmbHG)
- Aufgrund vertraglicher Vereinbarung oder ausdrücklicher Weisung
- Aufklärungspflicht hinsichtlich Zahlungsunfähigkeit und Überschuldung
- Aufklärungspflicht des Geschäftsführers über eigene wirtschaftliche Schwierigkeiten
- Bei Vorliegen besonderer Umstände? — Informationspflicht als vertragliche Nebenpflicht
- Auf Anfrage
- Bei Umständen, die der Amtsausübung hinderlich sind
- Wenn es das Interesse der Gesellschaft erfordert
- Auskunftspflicht der Geschäftsführer (§ 24a GmbHG)

Geldflüsse an Gesellschafter dürfen nur in den gesetzlich zulässigen Fällen erfolgen. Wichtigster Fall in der Praxis sind Gewinnausschüttungen auf Grundlage eines Beschlusses der Generalversammlung. Eher Ausnahmecharakter haben Rückzahlungen aufgrund einer im Firmenbuch eingetragenen Kapitalherabsetzung oder Rückzahlungen auf Grund eines Beschlusses der Generalversammlung, von den Gesellschaftern geleistete Nachschüsse an diese wiederum rückzuführen. Zahlungen an Gesellschafter sind auch dann zulässig, wenn dieser – wie ein fremder Dritter – Leistungen für die GmbH erbracht hat. Alle anderen Zahlungen sind als *unzulässig* zu qualifizieren. **522**

Übersicht: Unzulässige Zahlungen an Gesellschafter

- Überhöhtes Entgelt für Dienstleistungen des Gesellschafters
- Zahlung überhöhter Bezüge an einen Gesellschafter-Geschäftsführer
- Verzicht der GmbH auf Ansprüche gegen die Gesellschafter (z.B. Kilometergeld für private Nutzung eines Firmenfahrzeuges)
- Gewährung von Gesellschafterdarlehen ohne Vereinbarung einer adäquaten Verzinsung
- Warenlieferungen (sonstige Leistungen) der Gesellschaft an die Gesellschafter unter dem Marktpreis, zu einem Vorzugspreis
- Zahlungen an Dritte, die mittelbar einem Gesellschafter zugute kommen (z.B. an eine andere Gesellschaft, an welcher der betreffende Gesellschafter wesentlich beteiligt ist)
- Zahlungen an nahe Angehörige des Gesellschafters
- Bestellung einer Hypothek auf einem Grundstück der Gesellschaft zugunsten eines Gesellschafters
- Übernahme einer Bürgschaft oder einer Garantie durch die Gesellschaft für die Verbindlichkeiten eines Gesellschafters

4.3. Die Vertretung

4.3.1. Grundlagen

523

Die Gesellschaft wird durch die Geschäftsführer gerichtlich und außergerichtlich vertreten (§ 18 Abs. 1 GmbHG).[179] Die GmbH wird daher auch durch die von den Geschäftsführern in ihrem Namen geschlossenen Rechtsgeschäfte berechtigt und verpflichtet (§ 19 Abs. 1 erster Satz GmbHG). Die Geschäftsführer vertreten die GmbH auch vor Verwaltungsbehörden und gegenüber den Gesellschaftern.

Übersicht: Die Vertretung der Gesellschaft im Geschäftsverkehr

- Schutz der Gesellschaftsinteressen vor Vertragsabschluss
- Schutz der Interessen des Vertragspartners bei Vertragsverhandlungen
- Vertragsabschlüsse
- Organisationspflichten für die Abwicklung des Geschäftsverkehrs
- Organisation der Vertretungshandlungen
- Vertretung der Gesellschaft gegenüber den Dienstnehmern

524

Form. Die Vertretung erfolgt in der Weise, dass die erforderliche Anzahl von Geschäftsführern zu der Firma der Gesellschaft ihre Unterschrift hinzufügen (§ 18 Abs. 2 letzter Satz GmbHG). Bei dieser Bestimmung handelt es sich zwar „nur" um eine Ordnungsvorschrift, der aber für die Zurechnung einer rechtsgeschäftlichen Erklärung entscheidende Bedeutung zukommt.

525

Der **Umfang der Vertretungsmacht** der Geschäftsführer ist nach außen hin zum Schutz Dritter unbeschränkbar. Eine dennoch erfolgte Beschränkung bleibt Dritten gegenüber rechtlich unwirksam (§ 20 Abs. 2 GmbHG).

---

[179] OGH 26.1.2000, 9 ObA 326/99 b = ecolex 2003, 803, 321 = JBl 2000, 530.

Die **Rechtswirksamkeit** der Vertretungsmacht beginnt grundsätzlich mit dem **526** gefassten Bestellungsbeschluss der Gesellschafter und besteht i.d.R. unabhängig von der Eintragung in das Firmenbuch. Im Bestellungsbeschluss und in der Firmenbuchanmeldung sind der Beginn der Vertretungsberechtigung ausdrücklich festzulegen und anzugeben.

4.3.2. Gesetzliche Regelung der Vertretungsarten

Gesamtvertretung. Zur Ausübung der aktiven Vertretungsmacht durch Abgabe **527** von Willenserklärungen für die GmbH gilt Gesamtvertretung aller Geschäftsführer, soweit der Gesellschaftsvertrag nicht eine abweichende Regelung trifft (§ 18 Abs. 2 GmbHG[180]). Beim nachträglichen Wegfall eines oder mehrerer Geschäftsführer geht das Recht zur Vertretung der GmbH auf die verbleibenden Geschäftsführer über. Verbleibt nur noch ein Geschäftsführer, dann ist dieser bis zur Bestellung weiterer Geschäftsführer einzelzeichnungsberechtigt.

Zur **Entgegennahme** von Erklärungen oder Vorladungen mit Rechtswirksamkeit **528** für die GmbH ist im Wege der passiven Vertretung auch bei Kollektivvertretung jeder Vertretungsberechtigte selbständig befugt (§ 18 Abs. 4 GmbHG). Auch das Wissen eines kollektiv zeichnungsberechtigten Geschäftsführers ist der GmbH verbindlich zuzurechnen.

Wird durch **Ausscheiden eines Geschäftsführers** die im Gesellschaftsvertrag **529** festgelegte Anzahl der Geschäftsführer unterschritten, so wird eine sofortige Neubestellung nur dann unvermeidlich sein, wenn nach dem Ausscheiden die gesellschaftsvertraglich festgelegte Vertretung nicht mehr gegeben ist. Es besteht die Wahl zwischen Neubestellung und Abänderung des Gesellschaftsvertrages.

4.3.3. Gesellschaftsvertragliche Regelung der Vertretungsart

Grundsatz der Parteiendisposition. Der Gesellschaftsvertrag kann jede vom **530** Gesetz abweichende Vertretungsregelung festlegen. Von Einzelvertretung mehrerer Geschäftsführer über Einzelvertretung einiger von ihnen und Kollektivvertretung der übrigen, von Kollektivvertretung nur bestimmter Geschäftsführer (z.B. A mit B und C, C mit D, aber nicht A mit C und B mit D) bis zur Kollektivvertretung (je zwei oder drei Geschäftsführer gemeinsam) und der sog. *gemischten Vertretung* ist alles zulässig.

Die **gesetzliche Regelung** ermöglicht die ständige Vertretung der GmbH bis zum **531** Ausscheiden des letzten Geschäftsführers (§ 18 Abs. 2 GmbHG): Solange mehrere Geschäftsführer vorhanden sind, vertreten diese gemeinsam. Das Vertretungsrecht von Geschäftsführern, die nachträglich wegfallen, geht auf die übrigen noch verbleibenden Geschäftsführer über. Scheiden schließlich alle Geschäftsführer bis auf einen aus, ist der verbleibende Geschäftsführer bis zur neuerlichen Bestellung eines weiteren Geschäftsführers einzelzeichnungsberechtigt.[181]

Kollektivvertretung. Ist im Gesellschaftsvertrag ausdrücklich kollektive Vertre- **532** tungsberechtigung der Geschäftsführer in einer bestimmten Anzahl vereinbart oder wird diese Form der Vertretung den Geschäftsführern durch Gesellschafterbeschluss vorgeschrieben, dann können nach Ausscheiden einzelner Geschäftsführer und Unterschreiten der für die Vertretungsberechtigung erforderlichen Anzahl die

---

[180] Zur zwingenden Gesamtvertretung der Geschäftsführer Vgl. Rz. 552.
[181] OGH 17.2.2005, 6 Ob 207/04 s = SWK 2005, 870.

verbliebenen Geschäftsführer nicht einzelzeichnungsberechtigt vertreten. Das Gleiche gilt, wenn Geschäftsführer in bestimmten personellen Kombinationen kollektiv vertretungsberechtigt sind. Kollektivvertretungsberechtigte Geschäftsführer sind auch bei Gefahr im Verzug nicht einzelvertretungsberechtigt. Diese Vertretungsregelungen sind also im Ergebnis nicht zu empfehlen.

4.4. Selbstkontrahieren des Geschäftsführers

533 **Begriff.** Beim Selbstkontrahieren vertritt der Geschäftsführer die GmbH bei Abschluss eines Rechtsgeschäfts, an dem der Geschäftsführer zugleich im eigenen Namen oder als Bevollmächtigter eines Dritten als Vertragspartner der Gesellschaft auftritt. Selbstkontrahieren ist nur zulässig, wenn der Vertretene persönlich dem abgeschlossenen Rechtsgeschäft im Vorhinein zugestimmt oder dieses im Nachhinein genehmigt hat.[182]

534 **Voraussetzungen.** Liegt eine solche ausdrückliche Zustimmung oder Genehmigung nicht vor, ist für die Gültigkeit und Rechtswirksamkeit eines In-sich-Geschäftes erforderlich[183], dass

- weder die Interessen des Vertretenen noch die Sicherheit des Verkehrs gefährdet werden können *(Interessengefährdung)* und

- der Selbstkontrahent nicht die Möglichkeit hat, das Geschäft unkontrollierbar rückgängig zu machen *(Publizität)*.

535 **Ermächtigungsklausel.** Der Gesellschaftsvertrag kann im Vorhinein den oder die Geschäftsführer zum Selbstkontrahieren ermächtigen.

536 **Interessengefährdung.** Beim In-sich-Geschäft sind die Interessen des Vertretenen und die der Allgemeinheit besonders schutzwürdig. In diesem Fall vereinigen sich gegenläufige Interessen zweier Vertragspartner eines Rechtsgeschäfts in einer Person. Ob eine Interessengefährdung vorliegt, ist durch eine abstrakte *Ex-ante-Betrachtung* zu beurteilen. Es ist nicht notwendig, dass das betreffende In-sich-Geschäft konkret nachteilig war, sondern es genügt die abstrakte Gefahr, dass Interessen der GmbH oder der Öffentlichkeit durch das Eigeninteresse des Selbstkontrahenten beeinträchtigt werden könnten. Interessengefährdung wird jedenfalls zu verneinen sein, wenn das Rechtsgeschäft der GmbH ausschließlich rechtliche Vorteile bringt, der Erfüllung bereits bestehender und unbestrittener Verpflichtungen dient oder Ware und Leistung einen Markt- oder Börsenpreis haben.

537 Um eine **Überprüfung** zu ermöglichen, hat der selbstkontrahierende Gesellschafter die wesentlichen Umstände des Geschäfts so genau zu dokumentieren, dass seine Entscheidungen später daraufhin geprüft werden können, ob er dabei die Interessen der Gesellschaft pflichtgemäß gewahrt hat.

538 **Zustimmungserfordernisse.** Vor Abschluss eines In-sich-Geschäfts sind die Geschäftsführer bei sonstigem Schadenersatz verpflichtet, die Zustimmung des Aufsichtsrates oder, wenn kein Aufsichtsrat besteht, sämtlicher übriger Geschäftsführer einzuholen (§ 25 Abs. 4 GmbHG). Ist kein Aufsichtsrat bestellt und nur ein Geschäftsführer vorhanden, hat dieser die Zustimmung der Gesellschafter einzuholen. Der Aufsichtsrat hat über Rechtsgeschäfte, die zwischen Gesellschaft und Geschäftsführern abgeschlossen wurden, der jeweils nächsten Generalversammlung zu berichten (§ 32 GmbHG).

---

[182] OGH 6.10.2005, 6 Ob 56/05 m = ecolex 2006, 55.
[183] OGH 26.11.2002, 10 Ob 216/023 = RdW 2003/166, 201 = ecolex 2003/376, 917; OGH 29.10.1998, 6 Ob 175/98y = RdW 1999, 141 = wbl 1999, 129.

Rechtsfolgen. Verabsäumt der Geschäftsführer, eines dieser Gesellschaftsorgane **539** zu verständigen, wird er schadenersatzpflichtig (§ 25 Abs. 4 GmbHG).

Einpersonengesellschaft. Über Rechtsgeschäfte, die der einzige Gesellschafter **540** sowohl im eigenen Namen als auch im Namen der Gesellschafter abschließt, ist unverzüglich eine Urkunde zu errichten (§ 18 Abs. 5 GmbHG). Dabei ist vorzusorgen, dass nachträgliche Änderungen des Inhalts und Zweifel über den Zeitpunkt des Abschlusses ausgeschlossen sind. Die Bestellung eines Kollisionskurators ist nicht erforderlich. Eine Urkunde muss nicht errichtet werden, wenn das Geschäft zum gewöhnlichen Geschäftsbetrieb gehört (z.B. Abschluss eines Geschäftsführervertrages) und zu geschäftsüblichen Bedingungen abgeschlossen wird (§ 18 Abs. 6 GmbHG).

Übersicht: Selbstkontrahieren

- **Begriff:** Geschäftsführer schließt namens der GmbH ein Rechtsgeschäft mit sich selbst als Vertragspartner ab
- **Zulässig:** wenn das Interesse der *vertretenen* GmbH durch das Interesse des *vertretenden* Geschäftsführers nicht verkürzt wird.
- **Voraussetzung:** Zustimmung aller Gesellschafter[182]
- **Einpersonen-GmbH:** Verfassung einer Niederschrift für jedes In-Sich-Geschäft

4.5. Missbrauch der Vertretungsmacht

Grundlagen. Die Vertretungsmacht der Geschäftsführer ist dritten Personen **541** gegenüber (also im Außenverhältnis) nicht beschränkbar (§ 20 Abs. 2 GmbHG). Dieser Grundsatz gilt auch in jenen Fällen, in denen die Geschäftsführer im Innenverhältnis verpflichtet sind, die ihnen auferlegten Beschränkungen einzuhalten (§ 20 Abs. 1 GmbHG). Diese Bestimmung bezweckt den Schutz der Allgemeinheit und befreit einen Vertragspartner der GmbH von jeder Nachforschungsverpflichtung über den konkreten Umfang der Vertretungsmacht.

Rechtsfolgen. Die Konsequenz ist, dass die GmbH – sofern der Vertragspartner **542** schutzwürdig ist – auch durch Rechtsgeschäfte berechtigt und verpflichtet wird, die ein Geschäftsführer in Überschreitung der ihm für seine Vertretung im Innenverhältnis auferlegten Beschränkungen abgeschlossen hat.

Ausnahmen von der Schutzwürdigkeit. Der Vertragspartner verliert seine **543** Schutzwürdigkeit, wenn

- er den Missbrauch der Vertretungsmacht des Geschäftsführers nicht erkannt hat, obwohl ihm dies bekannt war oder hätte bekannt sein müssen (fahrlässiges Nichterkennen) oder
- wenn er den Missbrauch der Vertretungsmacht kennt und mit dem Geschäftsführer arglistig zusammenwirkt, um die GmbH zu schädigen (Kollision in Schädigungsabsicht).

In beiden Fällen ist die Vertretungshandlung des Geschäftsführers unwirksam und kann daher der GmbH nicht zugerechnet werden. Bei Kollision ist auch das zugrunde liegende Rechtsgeschäft überhaupt nichtig (§ 879 ABGB).

---

[184] Bei einer GmbH mit Aufsichtsrat hat dieser zuzustimmen.

5. Die Geschäftsführung

5.1. Grundlagen

544 **Gesetzliche Regelung.** Sind mehrere Geschäftsführer vorhanden, kommt diesen gemeinsame kollektive Geschäftsführungsbefugnis zu. Die Geschäftsführer bilden dabei ein Kollegialorgan und für die Willensbildung sind einstimmige Beschlüsse erforderlich. Bei Gefahr im Verzug kann ungeachtet einer Einzel- oder Kollektivgeschäftsführung dennoch jeder Geschäftsführer selbständig als „Notmaßnahme" die notwendige Geschäftsführungshandlung vornehmen (§ 21 Abs. 1 GmbHG).

545 **Gesellschaftsvertragliche Regelungsmöglichkeiten.** Der Gesellschaftsvertrag kann die Geschäftsführungsbefugnis unabhängig von der Vertretungsberechtigung in einem relativ großen Rahmen regeln. Es besteht daher die Möglichkeit, Einzelgeschäftsführungsbefugnis einzelnen oder allen Geschäftsführern zu erteilen. In diesem Fall muss eine zur Geschäftsführung gehörende Handlung unterbleiben, wenn ein anderer Geschäftsführer dagegen Widerspruch erhebt (§ 21 Abs. 2 GmbHG). Dieses gesetzliche Widerspruchsrecht kann der Gesellschaftsvertrag in jeder Richtung bis zur gänzlichen Beseitigung modifizieren.

546 **Beschränkungen der Geschäftsführungsbefugnis.** Die Gesellschafter können aber auch durch Bestimmungen des Gesellschaftsvertrages die gesetzlich angeordnete Gesamtgeschäftsführung in jeder nur denkbaren Weise modifizieren und dabei auch andere Abstimmungserfordernisse aufstellen.

> **Übersicht: Wie können Beschränkungen der Geschäftsführungsbefugnis vereinbart werden?**
>
> - In den mit den Geschäftsführern abgeschlossenen Anstellungsverträgen
> - Durch die Einrichtung eines Aufsichtsrates und die Feststellung von dessen Zustimmungsvorbehalt für bestimmte Arten von Geschäften (§ 30j Abs. 5 GmbHG)
> - Durch die Einräumung eines Zustimmungsrechtes für bestimmte Arten von Geschäften an einen Gesellschafter (gesellschaftsvertragliches Sonderrecht), an ein besonderes Kontrollorgan oder einen Vorbehalt der Zustimmung durch Gesellschafterbeschluss
> - Durch Erteilung von Weisungen durch die Generalversammlung
> - Im Umfang des gesellschaftsvertraglichen Unternehmensgegenstandes
> - Durch eine Geschäftsverteilung für die vertretungsbefugten Organe

547 Eine **Aufgabenteilung** (Geschäftsverteilung) kann der Gesellschaftsvertrag gleichfalls vorsehen. Die Verantwortlichkeit der einzelnen Geschäftsführer ist dann mit Ausnahme jener Bereiche, für die zwingend Gesamtverantwortung vorgeschrieben ist, auf ihren Arbeitsbereich eingeschränkt. Erfolgt eine Aufgabenteilung nur durch Beschluss der Geschäftsführer, bleibt die Gesamtverantwortung aller Geschäftsführer bestehen.

Übersicht: Geschäftsordnung und Ressortverteilung

- Geschäftsordnung
  - regelt die Organisation innerhalb der Geschäftsführung, Informationsaustausch und Zustandekommen von Beschlüssen
- Ressortverteilung
  - Zuständigkeit mehrerer GF anhand von Sachgebieten aufgeteilt
  - Auswirkungen auf Verantwortung im Innenverhältnis
  - Vorsicht: Haftung für Verletzung der Überwachungspflicht

Der **Widerspruch** zu Geschäftsführungsmaßnahmen (§ 21 Abs. 2 GmbHG) hat in **548** jenen Fällen zu erfolgen, in denen er die Sorgfalt eines ordentlichen Geschäftsführers erfordert. Die nachweisliche Ausübung des Widerspruchsrechts ist von besonderer Bedeutung im Falle der wirtschaftlichen Krise der Gesellschaft. Das Widerspruchsrecht bzw. die Widerspruchspflicht ist einer der „Aufhänger" für die Frage, *wie mehrere Geschäftsführer haften*. Erschwerend kommt hinzu, dass keine gesetzliche Regelung besteht, wie der Widerspruch zu erfolgen hat.

Übersicht: Richtiges Verhalten bei mehreren Geschäftsführern
Der Schlüssel der Haftungsvermeidung ist:

- Ich muss mich für die Aufgaben des „anderen" Geschäftsführers interessieren

- Ich muss wissen, was der andere macht

- Wenn erforderlich: Ausübung des Widerspruchsrechtes

- Geschäftsführerbesprechungen und Geschäftsführerprotokolle sind ein geeignetes Mittel der Haftungsvermeidung

- Eine Postbesprechung ist keine Geschäftsführerbesprechung im Sinne einer Haftungsprophylaxe

5.2. Rechnungslegung

Der Jahresabschluss für das vorangegangene Geschäftsjahr ist unter Verantwor- **549** tung der Geschäftsführung in den ersten fünf Monaten des (folgenden) Geschäftsjahres aufzustellen (§ 222 Abs. 1 UGB[185]).

Fristen. Die weiteren für die Genehmigung durch die Generalversammlung und **550** Veröffentlichung maßgeblichen Fristen sind der nachfolgenden *Zeitlinie* zu entnehmen.

---

[185] Unverändert zu § 222 Abs. 1 HGB a.F.

Übersicht: Jahresabschluss und Offenlegung: Die maßgeblichen Fristen auf einen Blick ...

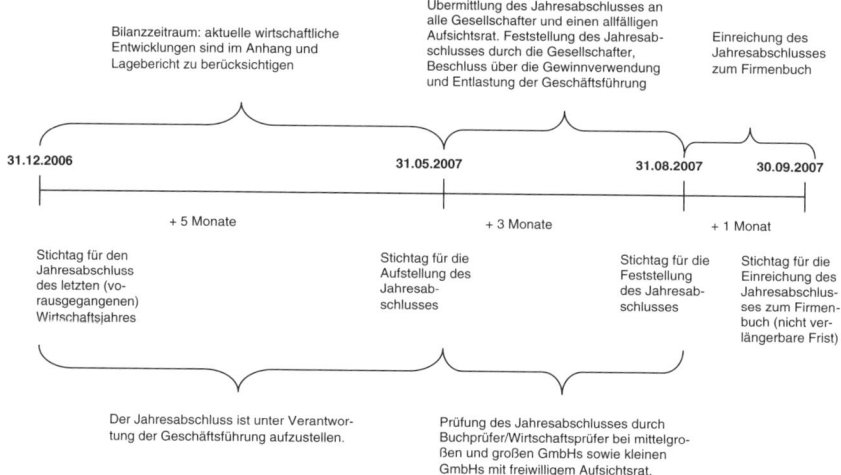

551   Ist die GmbH verbundenes Unternehmen, hat sie in der Veröffentlichung bekannt zu geben, welchem Konzern sie angehört (§ 277 Abs. 4 UGB[186]). Für die Wahrung der Fristen ist der Zeitpunkt der Einreichung der Unterlagen beim Bekanntmachungsblatt maßgebend (§ 277 Abs. 5 UGB[187]).

5.3. Anmeldungen zum Firmenbuch

552   Das österreichische Firmenbuchverfahren ist trotz des an sich logischen Konzeptes nicht einfach. Anstatt vieler Worte, die im Rahmen dieses Beitrages doch wieder unvollständig wären, bietet die nachfolgende Darstellung einen Überblick über die abhängig von der Art des Geschäftsfalles maßgebliche Vertretungsregelung.

Art der Firmenbuch-eingabe	Rechts-grund-lage	von allen Geschäfts-führern vorzuneh-mende Anmeldun-gen	unechte Gesamt-vertre-tung zulässig	Vertre-tung durch Prokuris-ten alleine möglich	Vertretung gem. § 11 (2) UGB zulässig	Vertretung gem. § 11 (2) UGB nicht zulässig	Vereinfachte Anmeldungen nach § 11 FBG zulässig*
Eintragung der GmbH	§ 9 Abs. 1 GmbHG	●				●	
Gesellschafterliste	§ 9 Abs. 2 Z 2 GmbHG	●				●	
Erklärung betreffend die freie Verfügung der Stammeinlagen	§ 10 Abs. 3 GmbHG	●				●	
Neubestellung oder Löschung sowie jeder Wechsel in der Vertre-tungsbefugnis von Geschäftsführern	§ 17 Abs. 1 GmbHG			●			

---

[186]   Unverändert zu § 277 Abs. 4 HGB a.F.
[187]   Unverändert zu § 277 Abs. 5 HGB a.F.

Art der Firmenbucheingabe	Rechtsgrundlage	von allen Geschäftsführern vorzunehmende Anmeldungen	unechte Gesamtvertretung zulässig	Vertretung durch Prokuristen alleine möglich	Vertretung gem. § 11 (2) UGB zulässig	Vertretung gem. § 11 (2) UGB nicht zulässig	Vereinfachte Anmeldungen nach § 11 FBG zulässig*
Anmeldung der Änderung von Stammeinlagen oder der geleisteten Einzahlungen	§ 26 GmbHG		•			•	•
Anmeldung des Überganges eines Geschäftsanteiles bzw. eines Gesellschafterwechsels	§ 26 GmbHG		•			•	•
Änderungen der Geschäftsanschrift	§ 26 GmbHG		•	•	•		•
Änderungen des Geschäftszweiges	§ 26 GmbHG		•	•	•		•
Änderungen des Namens und der Zustellanschrift von Gesellschaftern	§ 26 GmbHG		•	•	•		•
Erteilung einer Prokura a) gesetzliche Regelung b) Regelung lt. Gesellschaftsvertrag	§ 28 Abs. 1 GmbHG § 28 Abs. 2 GmbHG	•			•		
Widerruf einer Prokura	§ 28 Abs. 2 GmbHG				•		
alle Änderungen betreffend den Aufsichtsrat	§§ 30 ff. GmbHG		•	•	•		•
Umwandlung in eine AG	§ 51 GmbHG i.V.m. § 248 AktG	•			•		
jede Änderung des GmbH-Vertrages (Verlegung des Gesellschaftssitzes, Umwandlungstatbestände, Verschmelzungen)	§ 51 GmbHG	•			•		
– Erhöhung des Stammkapitals	§ 53 GmbHG	•				•	
– Herabsetzung des Stammkapitals	§ 56 GmbHG	•				•	
beabsichtigte Herabsetzung des Stammkapitals	§ 55 GmbHG	•			•		
Erklärung betreffend Übernehmer der neuen Stammeinlagen	§ 53 Abs. 2 Z 2 GmbHG		•			•	
Eintragung auf Durchführung einer Kapitalherabsetzung samt Beilagen	§ 56 Abs. 2 GmbHG		•			•	

* Keine Unterschriftsbeglaubigung erforderlich

Die GmbH in der Praxis

Art der Firmenbuch-eingabe	Rechts-grund-lage	von allen Geschäfts-führern vorzuneh-mende Anmeldun-gen	unechte Gesamt-vertre-tung zulässig	Vertre-tung durch Prokuris-ten alleine möglich	Vertretung gem. § 12 (2) UGB zulässig	Vertretung gem. § 12 (2) UGB nicht zulässig	Vereinfachte Anmeldungen nach § 11 FBG zulässig*
Einforderung weiterer Einzahlungen auf nicht zur Gänze einbe-zahlte Stammeinlagen	§ 64 Abs. 1 GmbHG	•			•		
Auflösung der GmbH	§ 88 Abs. 1 GmbHG		•		•		
Fortsetzung der Gesellschaft nach Auf-lösung	keine gesetz-liche Rege-lung, aber zulässig	•			•		
Bekanntgabe des Geschäftszweiges	§ 3 Z 5 FBG i.V.m. § 10 FBG		•		•		•
Umwandlungen nach dem UmwG	§ 4 UmwG	•			•		
Errichtung einer Zweigniederlassung				•			

* keine Unterschriftsbeglaubigung erforderlich

553   **Vereinfachte Anmeldungen.** Für die im § 11 FBG genannten Anmeldungen zum Firmenbuch sieht das Gesetz folgende vereinfachte Anmeldeerfordernisse vor:[188]

- es bedarf keiner Beglaubigung der Unterschrift(-en),

- alle zur Vertretung befugten Personen der GmbH – also auch die Prokuristen – sind in vertretungsbefugter Zahl zur Anmeldung legitimiert,

- bei einer Bevollmächtigung für vereinfachte Anmeldungen bedarf es zwar einer schriftlichen Vollmacht, diese muss jedoch nicht beglaubigt sein.

5.4. Steuerliche Pflichten

554   Es hieße *Eulen nach Athen tragen*, würde ich an dieser Stelle den Versuch unternehmen, die steuerlichen Pflichten eines GmbH-Geschäftsführers umfassend darzustellen. Ich begnüge mich daher mit der nachfolgenden Übersicht, der „Checklistencharakter" zukommen soll. Eines sollte freilich nicht vergessen werden: In keinem Rechtsbereich werden Geschäftsführer so häufig (und vor allem so konsequent) zur Haftung herangezogen wie im Abgabenrecht und – korrespondie-rend – für Beitragsschulden bei der örtlich zuständigen Gebietskrankenkasse.

---

[188] OGH 29.3.2000, 6 Ob 64/009 = wbl 2000, 259, 382 = RdW 2000/445, 47.

Übersicht: Die steuerlichen Pflichten des GmbH Geschäftsführers

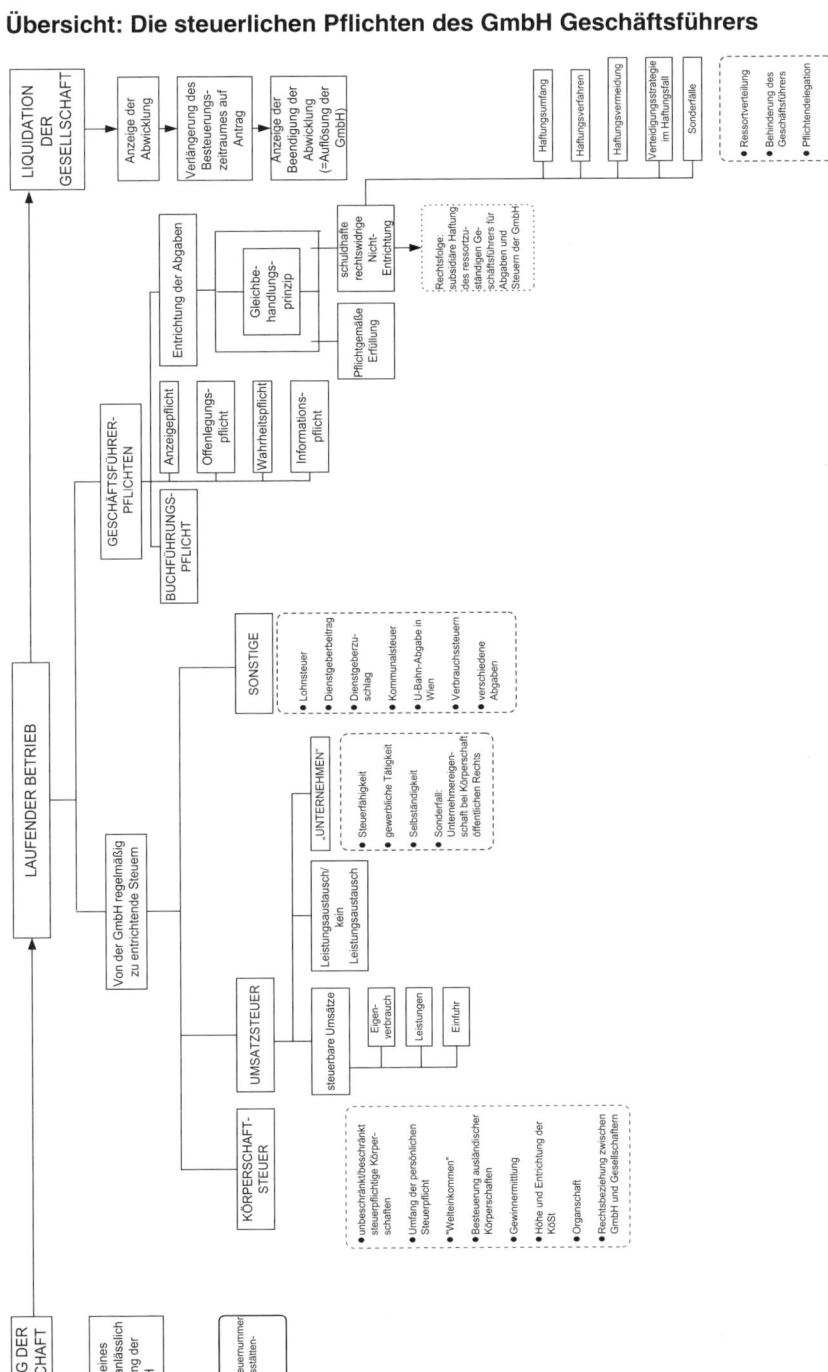

555   **Informationspflicht.** Der Geschäftsführer hat sich bei Übernahme seiner Funktion in abgabenrechtlicher Hinsicht zu informieren, *was bisher geschehen ist*; andernfalls liegt mangelnde Sorgfaltspflicht vor. Der Sorgfaltsnachweis obliegt dem Geschäftsführer.

6. Haftung des Geschäftsführers

6.1. Allgemeine Grundlagen

556   Der Geschäftsführer haftet als geschäftsführungs- und vertretungsbefugtes Organ der GmbH. Er kann nach rechtsgeschäftlichen oder deliktischen Grundsätzen sowohl gegenüber der Gesellschaft als auch gegenüber Dritten haften. Die gegenüber der GmbH bestehende Pflicht zu sorgfaltsgemäßem Handeln des Geschäftsführers umfasst die Wahrnehmung der Geschäftsführerpflichten mit der Sorgfalt eines ordentlichen Geschäftsmannes (§ 25 Abs. 1 GmbHG). Es handelt sich dabei um einen objektiven Sorgfaltsmaßstab.

> **Übersicht: Grundsatzfragen zur Geschäftsführerhaftung**
> - Theoretisch enorme Haftungsgefahren[189] – in der Unternehmenspraxis jedoch bewältigbar
> - Geschäftsführerhaftung vor allem in der Insolvenz
> - Die Geschäftsführerhaftung ist eine *sorgfaltsabhängige Haftung* und keine *absolute Haftung* wie bei einem Einzelunternehmer oder persönlich haftenden Gesellschafter. In der Praxis ist jedoch die Beweisführung schwierig, dass die Sorgfalt eines ordentlichen Geschäftsmannes angewendet wurde.
> - Die Geschäftsführerhaftung besteht allenfalls auch für Tatbestände, die vor und nach der Organfunktion entstanden sind
> - Der Geschäftsführer hat sich bei der Übernahme seiner Funktion in abgabenrechtlicher Hinsicht auch über Sachverhalte vor seiner Bestellung zu informieren; andernfalls liegt ein Mangel an Sorgfaltspflicht vor
> - Geschäftsführer, die ihre Obliegenheiten beachten, haften nicht
> - Der Sorgfaltsnachweis obliegt jedem Geschäftsführer
> - Zustimmungspflichtige Geschäfte führen nicht zu einer Haftungsverlagerung auf die Generalversammlung
> - Die Geschäftsführer haben im Haftungsfalle mit ihrem gesamten Privatvermögen einzustehen (= Haftungsmasse für die Gläubiger).
> - Mehrere Geschäftsführer haften solidarisch
> - Wirksamkeit von Haftungsfreistellungserklärungen nur im Verhältnis zur Gesellschaft auf Grundlage eines einstimmigen Gesellschafterbeschlusses
> - Zulässigkeit einer Ressortverteilung
> - Verjährung der Ansprüche gegen Geschäftsführer nach fünf Jahren

557   **Erfüllung der Sorgfaltspflicht.** Die Beurteilung hat nach den Kriterien der *Sorgfalt, der Fähigkeiten und Kenntnisse, die von einem Geschäftsführer in dem betreffenden Geschäftszweig üblicherweise erwartet werden können*, zu erfolgen. Eine geringere Sorgfalt bei Unerfahrenheit oder Unkenntnis kann als beachtenswerte Entschuldigung nicht eingewendet werden.

---

[189] Mit Ausnahme der Abgabenhaftung sind die praktischen Haftungsgefahren relativ klein. Jährlich gibt es ca. zehn Entscheidungen des OGH zur Geschäftsführerhaftung.

Übersicht: Pflicht zu sorgfältigem Handeln – Erforderliche Handlungen zur Erfüllung der Sorgfaltspflicht
- Erfüllung der gesetzlichen Pflichten
- Beachtung der Beschränkungen
- Leitung der GmbH nach betriebswirtschaftlichen Grundsätzen
- Erkennen drohender Zahlungsunfähigkeit/Überschuldung
- Aufbau einer adäquaten Organisation des Unternehmens
- Kenntnis der Unternehmenslage
- Realistische Abschätzung des unternehmerischen Risikos
- Zusammenarbeit mit anderen Organen
- Überwachung der Mitgeschäftsführer

Bedeutung des Gesellschaftsvertrages. Für den Geschäftsführer können insbe- **558** sondere folgende Regelungen im Gesellschaftsvertrag für seine Tätigkeit besondere Bedeutung haben:
- Vertretung
- Geschäftsführung
- Gewinnverteilung
- Unternehmensgegenstand
- Geschäftsordnung für die Geschäftsführer
- Katalog Zustimmungspflichtiger Geschäfte
- Gewinnverteilung
- Ermächtigung zum Selbstkontrahieren

Absicherungsstrategien. Die Übernahme einer Organfunktion ist immer mit einem **559** persönlichen Risiko verbunden; dieses lässt sich u.U. bei Beginn der Geschäftsführungstätigkeit noch gar nicht (richtig) abschätzen. Klar sollte auch sein, dass es bei einer im werbenden Stadium in nennenswertem Umfang tätigen GmbH auch theoretisch gar nicht möglich ist, dass ein Geschäftsführer „überhaupt keine Fehler macht". Unverzichtbar ist ein Erkennen branchenspezifischer Risikopotenziale und ein darauf ausgerichtetes Verhalten („persönliche Absicherungsstrategien").

Übersicht: Absicherungsstrategien
- Information über die gesetzlichen/vertraglichen Pflichten
- Managementrisiko erkennen: Das Risiko erkennen ist eine Grundvoraussetzung
- Beiziehen von externen Beratern in Zweifelsfällen: Die Beiziehung **externer** Berater ist eine Frage der Sorgfaltspflicht
- Einholung der Zustimmung der Generalversammlung
- Entlastung und Enthaftungswirkung
- Ausschöpfung dienstvertraglicher Möglichkeiten[190]
- Ausschluss der Beweislastumkehr zu Gunsten des Geschäftsführers ist ausdrücklich gesetzlich zulässig

---

[190] Zur vertraglichen Haftungsbeschränkung vgl. *Fritz*, Gesellschafts- und Unternehmensformen in Österreich[3], 839 ff.

- Vereinbarung eines Aufrechnungsverbotes: Keine Möglichkeit der Verrechnung von Gehaltsansprüchen mit Schadenersatzansprüchen der Gesellschaft

- Keine gesetzlich oder vertraglich nicht gedeckten Geldflüsse an die Gesellschafter

- Gesetzeskonformes Handeln in der wirtschaftlichen Krise: Gläubigergleichbehandlung als wesentliche Insolvenzpflicht

6.2. Haftung gegenüber der Gesellschaft

560

Jeder Geschäftsführer schuldet der GmbH die Sorgfalt eines ordentlichen Geschäftsleiters (§ 25 Abs. 1 GmbHG). Geschäftsführer, die ihre Obliegenheiten verletzen, haften der Gesellschaft zur ungeteilten Hand für den daraus entstandenen Schaden.

Übersicht: Haftung gegenüber der Gesellschaft

Die Haftung besteht insbesondere

- wenn die Gesellschaft fachlich nicht einwandfrei geleitet wird;

- wenn das Unternehmenswohl missachtet wird;

- wenn entgegen gesetzlicher Vorschriften oder Bestimmungen des Gesellschaftsvertrages Gesellschaftsvermögen verteilt wird, namentlich Stammeinlagen (§§ 61 ff. GmbHG) oder Nachschüsse (§ 74 Abs. 4 GmbHG) gänzlich oder teilweise zurückgegeben, Zinsen oder Gewinnanteile ausgezahlt, für die Gesellschaft eigene Geschäftsanteile erworben, zum Pfande genommen oder eingezogen werden (§ 25 Abs. 3 Z 1 GmbHG);

- wenn nach dem Zeitpunkt, in dem die Eröffnung des Konkurses begehrt werden hätte müssen, Zahlungen geleistet werden (§ 25 Abs. 3 Z 2 GmbHG);

- wenn bei der Gründung der Gesellschaft oder bei der Kapitalerhöhung durch falsche Angaben ein Schaden verursacht worden ist (§ 10 Abs. 4 GmbHG, § 6a Abs. 4 i.V.m. § 41 AktG; § 52 Abs. 6 GmbHG);

- bei Verletzung des Wettbewerbsverbotes (§ 24 Abs. 3 GmbHG);

- wenn der Geschäftsführer, ohne die Zustimmung des Aufsichtsrates oder – wenn kein Aufsichtsrat besteht – sämtlicher übriger Gesellschafter erwirkt zu haben, für die GmbH Geschäfte mit sich selbst abschließt (In-sich-Geschäfte nach § 25 Abs. 4 GmbHG);

- bei Verletzung der Pflicht, unverzüglich nach Bekanntwerden des Überganges eines Geschäftsanteils oder von Änderungen bei den Einzahlungen auf die Stammeinlagen, der Änderung eines Namens eines Gesellschafters oder der für die Zustellung maßgeblichen Anschrift, dies zum Firmenbuch anzumelden (§ 26 Abs. 2 GmbHG);

- bei Verletzung der Pflicht, bei Verlust der Hälfte des Stammkapitals unverzüglich die Generalversammlung einzuberufen (§ 36 Abs. 2 GmbHG), damit die Gesellschafter rechtzeitig über Sanierungsmaßnahmen beraten können;

- bei Verletzung der Pflicht, alle außerordentlichen Geschäftsführungsmaßnahmen (Änderung des Gesellschaftsvertrages, Kapitalerhöhung, Kapitalherabsetzung, Verschmelzung, Umwandlung, Ausgliederung wesentlicher Unternehmensteile etc.) den Gesellschaftern zur Beschlussfassung zu unterbreiten;
- bei Verletzung der Pflicht, rechtzeitig die Eröffnung des Konkurses zu beantragen (§ 69 Abs. 2 KO);
- für den Ausfall bei unzulässigen Zahlungen (unzulässiger Gründerlohn, Zahlungen auf eine Kapitalherabsetzung ohne die dafür erforderlichen Voraussetzungen, rechtswidrige Zurückerstattung von Nachschüssen, Rückzahlung Eigenkapital ersetzender Gesellschafterdarlehen) an die Gesellschafter und bei Verstößen gegen Bestimmungen des Gesellschaftsvertrages oder gegen einen Gesellschafterbeschluss in diesem Zusammenhang (§ 83 Abs. 2 GmbHG);
- bei Nichteinleitung von notwendigen Reorganisationsmaßnahmen (§ 22 URG);
- im Falle des Vorliegens eines Arbeitsverhältnisses bei Verstößen gegen den Arbeitsvertrag oder das Angestelltengesetz (AngG).

6.3. Haftung gegenüber den Gesellschaftern

Grundsätzlich haftet der Geschäftsführer für die Erfüllung seiner Pflichten nur **561** gegenüber der Gesellschaft. Eine ausnahmsweise Haftung aus dem Gesellschaftsverhältnis gegenüber den Gesellschaftern besteht

- bei Verletzung der Verpflichtung, ein Bankkonto zu benennen, auf das der Gesellschafter seine Einlage mit befreiender Wirkung leisten kann;
- bei Verletzung der Pflicht zur Rechnungslegung (§ 22 Abs. 1 GmbHG);
- bei Verletzung der Auskunftspflicht (§ 22 Abs. 2 GmbHG);
- bei Verletzung der Pflicht, keine Zahlungen entgegen § 82 GmbHG vorzunehmen.

Übersicht: Haftung gegenüber einzelnen Gesellschaftern

Gegenüber einzelnen Gesellschaftern macht sich der Geschäftsführer haftbar,
- wenn er sie bei der Gewinnausschüttung ungleich behandelt (Verletzung des Gleichbehandlungsgrundsatzes);
- wenn er sie von der Einberufung der Generalversammlung nicht verständigt (übergangener Gesellschafter);
- wenn er ihnen keine Protokollabschriften übermittelt (§ 40 GmbHG);
- wenn er die Bucheinsicht verwehrt (§§ 22 Abs. 2 und 93 Abs. 3 GmbHG).

6.4. Haftung gegenüber Gesellschaftsgläubigern und Dritten

Die Haftung des Geschäftsführers gegenüber den Gläubigern erfolgt nicht nur in **562** jenen Fällen, in denen er selbst das (kridabegründende) Rechtsgeschäft abgeschlossen hat, sondern auch, wenn er den Abschluss durch eine allgemein oder besonders ermächtigte dritte Person herbeigeführt hat.

563

Voraussetzungen. Die Haftung des Geschäftsführers kommt insb. dann in Betracht,

- wenn er entgegen ihm bekannten oder
- schuldhaft unbekannt gebliebenem
- rechtswidrigen Verhalten von Personen,
- die für die Gesellschaft (etwa als Handlungsbevollmächtigte) tätig werden,
- nicht einschreitet.

Der Gläubiger einer GmbH, der für seine Forderung im Vermögen der Gesellschaft keine oder nicht ausreichende Deckung gefunden hat, kann den Geschäftsführer der Gesellschaft nach den allgemeinen schadenersatzrechtlichen Grundsätzen der §§ 1293 ff. ABGB direkt für den Schaden in Anspruch nehmen, der ihn von dem organschaftlichen Vertreter durch eigene schuldhafte Verletzung eines den Schutz des Gesellschaftsgläubigers bezweckenden Gesetzes verursacht wurde.[191]

Übersicht: Innenhaftung

Eine (Innen-)Haftung gegenüber Gesellschaftsgläubigern und Dritten besteht

- bei falschen Erklärungen bzw. Nachweisen im Zusammenhang mit der Herabsetzung des Stammkapitals (§ 56 Abs. 3 GmbHG);
- bei Unterlassung der Anmeldung bzw. falschen Angaben bei der Anmeldung zum Firmenbuch im Zusammenhang mit Einforderungen nicht voll eingezahlter Stammeinlagen (§ 64 Abs. 2 GmbHG);
- bei falschen Angaben im Zusammenhang mit dem Übergang eines Geschäftsanteils, bei Änderung des Namens, der für die Zustellung maßgeblichen Anschrift sowie bei Änderung einer Stammeinlage oder der geleisteten Zahlungen eines Gesellschafters (§ 26 Abs. 2 GmbHG);
- wenn Schutzgesetze verletzt werden (z.B. §§ 1311, 1409 ABGB, § 69 KO, § 159 StGB, § 114 Abs. 2 ASVG);
- wenn sich der Geschäftsführer zur Erfüllung einer vertraglichen Verpflichtung eines Erfüllungsgehilfen bedient (§ 1313a ABGB);
- bei Verletzung der Verpflichtung zur rechtzeitigen Konkursanmeldung (§ 69 KO);
- bei Verletzung der Deckungsvorsorgepflicht (§ 16 PHG);
- bei Wettbewerbsverstößen (§§ 17 ff. UWG);
- bei Verstößen gegen Bestimmungen der Exekutionsordnung im Zusammenhang mit der Vorlage oder Unterfertigung eines Vermögensverzeichnisses der Gesellschaft (§ 48 EO) oder bei Verstoß gegen ein Urteil (§ 355 EO) sowie Einziehung einer Forderung trotz Verfügungsverbotes;
- bei Vertretung ohne Vertretungsmacht (im Falle der Überschreitung der Vertretungsmacht);
- bei Unterzeichnung eines Schecks ohne Firmennamen;
- in Fällen der Rechtsscheinhaftung (bei Nichtoffenlegung der beschränkten Haftung beim Geschäftsabschluss);
- wegen Verletzung vertraglicher und neben- bzw. vorvertraglicher Pflichten (Verletzung der Hauptleistungspflicht, culpa in contrahendo, Verletzung von Schutz- und Sorgfaltspflichten);

---

[191] OGH 2.7.1969, 6 Ob 159/69 = SZ 42/104 = HS 12.363 m.w.N.

- wegen Verletzung anderer absolut geschützter Güter;[192]
- bei vorsätzlicher, sittenwidriger Schädigung.

6.5. Haftung gegenüber Behörden

Eine Haftung gegenüber Behörden besteht **564**

- bei Verstößen gegen arbeitnehmerschutzrechtliche Bestimmungen des Arbeitszeitgesetzes (§ 28 Abs. 1 AZG), Arbeitsruhegesetzes (§ 27 Abs. 1 ARG), Frauen-Nachtarbeitsgesetzes (§ 9 Abs. 1 FrNArbG) und ArbeitnehmerInnenschutzgesetzes (§ 130 Abs. 1 ASchG);
- bei Verstößen gegen das Arbeitsinspektoratsgesetz (§ 24 Abs. 1 ArbIG) oder das Ausländerbeschäftigungsgesetz (§ 28 AuslBG);
- für die von der Gesellschaft zu entrichtenden Sozialversicherungsbeiträge (§ 67 Abs. 10 ASVG).

6.6. Deliktische Haftung des Geschäftsführers

Im Rahmen strafrechtlicher und verwaltungsstrafrechtlicher Bestimmungen haftet **565** der Geschäftsführer

- bei fahrlässiger Herbeiführung der Zahlungsunfähigkeit (§ 159 Abs. 1 Z 1 i.V.m. §§ 161 Abs. 1 und 309 Abs. 2 StGB);
- bei Vereitelung oder Schmälerung der Gläubigererfüllung in Kenntnis oder fahrlässiger Unkenntnis der eigenen Zahlungsunfähigkeit (§ 159 Abs. 1 Z 2 i.V.m. §§ 161 Abs. 1 und 309 Abs. 2 StGB);
- im Falle der betrügerischen Krida (§ 156 StGB);
- im Falle der Begünstigung eines Gläubigers[193] (§ 158 StGB);
- bei Verstößen gegen Verwaltungsvorschriften, wenn nicht verantwortliche Beauftragte bestellt sind (§ 9 Abs. 1 VStG);
- bei vorsätzlicher oder fahrlässiger Abgabenhinterziehung (§§ 33 ff. FinStrG);
- bei Finanzordnungswidrigkeiten (§§ 49 ff. FinStrG);
- bei Verletzung von Umweltvorschriften (§§ 180 bis 183b StGB);
- bei unrichtiger Wiedergabe der Verhältnisse der Gesellschaft, Verschweigung erheblicher Umstände und falschen Angaben
- bei Darstellungen in Übersichten über den Vermögensstand der Gesellschaft, insbesondere in Jahresabschlüssen, in einer öffentlichen Aufforderung zur Beteiligung an der Gesellschaft oder in Vorträgen oder Auskünften in der Generalversammlung;
- in Auskünften, die nach § 272 UGB[193] einem Abschlussprüfer oder sonstigen Prüfern der Gesellschaft zu geben sind;
- über die im Anhang oder im Lagebericht anzugebenden Tatsachen;
- in den zum Zweck der Eintragung der Gesellschaft oder der Eintragung der Erhöhung oder Herabsetzung des Stammkapitals nach verschiedenen Vorschriften des GmbHG abzugebenden Erklärungen;

---

[192] Darunter fällt etwa die fahrlässige Körperverletzung eines Dritten bei einem Autounfall während einer Dienstfahrt.
[193] OGH 26.2.2003, 3 Ob 278/02g = JBl 2003, 582.

- bei nach § 26 GmbHG zu machenden Angaben (§ 122 GmbHG);
- bei Verletzung der Pflicht bestimmte Angaben auf Geschäftsbriefen und Bestellscheinen zu machen;
- zur Aufstellung des Jahresabschlusses, des Anhangs und eines etwaigen Lageberichts innerhalb von fünf Monaten;
- zur Offenlegung des Jahresabschlusses;
- der Erstellung einer Eröffnungsbilanz bei Liquidation;
- die sich gegenüber dem Aufsichtsrat aus den §§ 30d GmbHG (Ergänzung des Aufsichtsrates), 30j Abs. 2 und 3 GmbHG (Berichterstattungspflicht gegenüber dem und Einsichtsrecht des Aufsichtsrates) ergeben.
- die Bücher und Schriften der aufgelösten Gesellschaft sieben Jahre nach dem Schluss des Kalenderjahres, in dem die Liquidation beendet wurde, aufzubewahren (§ 125 GmbHG).

6.7. Abgabenrechtliche Haftung

6.7.1. Allgemeine Grundlagen

566

Subsidiärhaftung. Die abgabenrechtliche Haftung ist als Subsidiärhaftung mit Umkehr der Beweislast konzipiert. Verschiedenen Abgabenvorschriften (z.B. §§ 9, 80 BAO) regeln eine persönliche Ausfallshaftung des Geschäftsführers für Abgaben, die bei der GmbH nicht einbringlich sind. Die für die Einhebung zuständige Abgabenbehörde macht die Haftung des Geschäftsführers durch Zustellung eines Haftungsbescheides geltend.

Übersicht: Abgabenhaftung

Eine Haftung der Geschäftsführer in abgabenrechtlicher Hinsicht besteht

- für die Abgabenverpflichtung, wenn die Abgaben infolge schuldhafter Verletzung der ihnen auferlegten Pflichten nicht eingebracht werden können (§§ 9 Abs. 1 i.V.m. 80 BAO);
- für Erfüllungsgehilfen;
- für die fehlende, falsche oder unvollständige Abgabe von Erklärungen, welche die Gesellschaft zur Festsetzung von Abgaben zu machen hat (§ 15 BAO);
- bei Verletzung der Pflicht, Abgaben aus den Mitteln zu zahlen, die sie verwalten (§ 80 BAO);
- bei Verletzung der Anzeige–, Offenlegungs- und Wahrheitspflicht (§§ 119 und 120 BAO);
- bei Verletzung von Buchführungspflichten (§§ 124 ff. BAO);
- bei Verletzung der Aufbewahrungspflicht (§ 132 Abs. 1 BAO);
- bei Einbehaltung der Lohnsteuer (§§ 78 und 82 EStG);
- bei Nichtabfuhr der Kapitalertragsteuer (§§ 95 und 96 EStG);
- bei Verletzung der Bestimmungen über die Abzugssteuer bei begrenzt Steuerpflichtigen (§ 99 Abs. 1 EStG);
- bei vorsätzlichen Finanzvergehen (§ 11 BAO).

567

Haftungsverfahren. Der Haftungspflichtige kann gegen den Haftungsbescheid und den zugrunde liegenden Abgabenbescheid berufen. Wurde dem Geschäftsführer

---

der Abgabenbescheid noch nicht zugestellt, kann er einen Antrag auf Mitteilung des Abgabenanspruchs stellen. Durch diesen Antrag wird die Berufungsfrist bis zur Erledigung gehemmt (§ 248 BAO). Da die Heranziehung zur Haftung eine Einhebungsmaßnahme darstellt, darf zum Zeitpunkt der Geltendmachung der Haftung gegenüber dem Geschäftsführer die Einhebungsverjährung gegen die GmbH noch nicht eingetreten sein. Die Abgaben müssen innerhalb der Bemessungsverjährung gegenüber der GmbH geltend gemacht worden sein.

Voraussetzung für die persönliche Inanspruchnahme des Geschäftsführers durch **568** die Abgabenbehörde ist eine schuldhafte Pflichtverletzung, die die Uneinbringlichkeit der Abgabe verursacht. Für den Sorgfaltsmaßstab gilt, dass der Geschäftsführer bei der Erfüllung abgabenrechtlicher Verpflichtungen keine geringere Sorgfalt anwenden darf als bei Wahrnehmung seiner sonstigen Obliegenheiten und sonstige Zahlungsverpflichtungen gegenüber Abgabenverbindlichkeiten nicht bevorzugt behandelt (ist die GmbH in Zahlungsschwierigkeiten, sind Abgabenschulden im gleichen Verhältnis wie andere Schulden zu bezahlen).

Bei **Übernahme seiner Funktion** muss sich ein Geschäftsführer darüber informie- **569** ren, inwieweit die GmbH bisher ihren steuerlichen Verpflichtungen nachgekommen ist; erkannte Verstöße gegen die Pflicht zur Erstattung von Abgabenerklärungen sind innerhalb von drei Monaten den Finanzbehörden anzuzeigen.

Amtsbeendigung. Scheidet ein Geschäftsführer aus seiner Funktion aus, haftet er **570** nach wie vor für uneinbringliche Abgaben, die während seiner Geschäftsführertätigkeit entstanden sind, kann aber für nach diesem Zeitpunkt entstandene Pflichtverletzungen nicht mehr haftbar gemacht werden. Der maßgebliche Zeitpunkt des Ausscheidens bestimmt sich ausschließlich nach dem konstitutiven Akt (Gesellschafterbeschluss, einseitige Rücktrittserklärung usw.) und ist von der Löschung des Geschäftsführers im Firmenbuch unabhängig.

Ressortverantwortlichkeit. Im Fall einer zulässigen Aufgabenteilung (Geschäfts- **571** verteilung) zwischen den Geschäftsführern können i.d.R. nur die mit den Abgabenangelegenheiten der GmbH befassten Geschäftsführer zur persönlichen Haftung herangezogen werden, wenn den anderen, mit den steuerlichen Angelegenheiten der GmbH nicht befassten Geschäftsführern ihrerseits keine schuldhafte Pflichtverletzung vorzuwerfen ist. In diesem Fall liegt eine schuldhafte Pflichtverletzung der für die steuerlichen Agenden nicht zuständigen Geschäftsführer nur dann vor, wenn diese im Rahmen ihrer allgemeinen gegenseitigen Überwachungsverpflichtung zwar Unregelmäßigkeiten in der Geschäftsführung des zuständigen Geschäftsführers feststellen, aber ohne triftigen Grund nichts unternommen haben, um Abhilfe zu schaffen. Es steht einem solchen Geschäftsführer auch frei, sich durch unverzüglichen Rücktritt von seinem Haftungsrisiko zu befreien.572

Praxistipps. Im Zusammenhang mit der Geschäftsverteilung in abgabenrechtlicher **572** Hinsicht und der damit verbundenen Haftungsgefahren (insbesondere § 9 BAO) ist die höchstgerichtliche Rechtsprechung zu beachten:

● Jeder Geschäftsführer einer GmbH haftet für die uneinbringlich gewordene Getränkesteuer, sofern nicht festgestellt wird, dass die Abgabenentrichtung nicht zu seinem Aufgabenbereich gehört hat.[194]

● Sind bei einer GmbH mehrere Geschäftsführer bestellt und liegt eine Geschäftsverteilung vor, so trifft die haftungsrechtliche Verantwortlichkeit für Steuerschulden der GmbH denjenigen Geschäftsführer, der mit der Besorgung der Abgabenangelegenheiten betraut ist.[195]

---

[194] VwGH 89/17/0173 vom 18.12.1992.
[195] VwGH 90/15/0123 vom 18.11.1990.

- Die Abgabenbehörde darf eine Person – auch wenn sie im Firmenbuch als Geschäftsführer der GmbH eingetragen ist – nicht ohne weiteres für die Tätigkeit der GmbH zur Verantwortung ziehen. Vielmehr hat von Amts wegen eine Prüfung zu erfolgen, ob die Geschäftsführerbestellung noch besteht.[196]
- Die Abgabenbehörde kann einen von zwei Geschäftsführern einer GmbH nur dann zur Haftung für Abgabenschulden der Gesellschaft heranziehen, wenn in einem ordnungsmäßigen Verfahren das Verschulden des Geschäftsführers festgestellt wird.[197]
- Wenn bei einer GmbH mehrere Geschäftsführer bestellt sind, ist der von den finanziellen – insbesondere steuerlichen – Angelegenheiten ausgeschlossene Geschäftsführer i.d.R. nicht für die Abgabenschulden der GmbH haftbar zu machen.[198]
- Der Geschäftsführer kann nicht zur Haftung der Abgabenschulden der GmbH herangezogen werden, wenn aufgrund einer Kompetenzverteilung ein zweiter Geschäftsführer mit den abgabenrechtlichen Angelegenheiten befasst war und kein Anlass bestand, an der Ordnungsmäßigkeit der Geschäftsführung zu zweifeln.[199]
- Der Geschäftsführer haftet persönlich für die Abgabenschulden der GmbH, wenn er nicht nachweisen kann, dass ihm die Erfüllung der abgabenrechtlichen Pflichten unmöglich war.[200]

6.7.2. Verteidigungsstrategie des Geschäftsführers im Falle eines Haftungsbescheides durch die Finanzverwaltung

573   **Grundsatz.** Die vertretungsbefugten Organe einer juristischen Person werden mittels Haftungsbescheid zur persönlichen Haftung herangezogen. Die folgenden Übersichten dienen dazu, einem betroffenen Geschäftsführer einen Überblick über sein konkretes persönliches Haftungsrisiko zu verschaffen.

Übersicht: In einer Berufung gegen einen Haftungsbescheid können folgende Argumente mit Erfolg vorgebracht werden

- Bei der Gesellschaft hätte mit Erfolg Exekution geführt werden können
- Die Geschäftsführung wurde rechtzeitig niedergelegt[201]
- Mitverschulden der Finanzbehörden[202]
- Entschuldbarer Rechtsirrtum[203]
- Es waren zur Steuerzahlung keine Mittel vorhanden (Zahlungsunfähigkeit im Zeitpunkt der Steuerfestsetzung)
- Das Finanzamt wurde mit gleicher Quote wie die anderen Gläubiger erfüllt[204]
- Vertrauen auf den Rat eines vollständig über den Sachverhalt informierten externen Beraters, der eine unmissverständliche Auskunft erteilte[205]

---

[196] VwGH 90/17/0112 vom 20.12.1991.
[197] VwGH 91/13/0181 vom 10.11.1993.
[198] VwGH 91/15/0136 vom 24.5.1993.
[199] VwGH 93/17/0395 vom 29.4.1994.
[200] VwGH 94/15/0016 vom 17.8.1994.
[201] Diese richtige Handlung wirkt für Abgabenschulden nach der Amtsniederlegung.
[202] Ein Mitverschulden der Finanzbehörde ist bei verspäteter Steuerfestsetzung oder unterlassenen Einbringungsmaßnahmen denkbar.
[203] Denkbar wäre eine falsche Auskunftserteilung durch das Finanzamt.
[204] Dieses Argument wirkt alledings nicht bei Abzugssteuern und Dienstnehmerbeträgen.
[205] VwGH 2.9.1995, 94/13/0095.

- Trotz sorgfältiger Überwachung von Mitarbeitern Fehler bei der Berechnung und Abfuhr von Steuern
- Einhebungsverjährung (§ 328 BAO) oder Bemessungsverjährung[206]

Abhängig von der jeweiligen Ausgangssituation, ist in folgenden Fällen eine Verteidigung möglicherweise erfolgreich:

- lediglich als Geschäftsführer für ein anderes Ressort bestellt
- anderer Geschäftsführer zuständig
- Geschäftsverteilung und keine Verletzung der Überwachungspflicht
- Behinderung durch Krankheit
- Geldgebarung unter Aufsicht des Ausgleichsverwalters
- Verjährung (Einhebungs- oder Bemessungsverjährung)

Übersicht: In folgenden Fällen ist eine Verteidigung voraussichtlich erfolglos
- Freispruch im Strafverfahren wegen fahrlässiger Krida[207]
- Schuldlosigkeit am wirtschaftlichen Misserfolg
- Maßnahmen früherer Geschäftsführer haben Verfügung über die liquiden Mittel der Gesellschaft eingeschränkt
- Ausländischer Geschäftsführer
- Lediglich „Pro-forma-Geschäftsführer"
- Zum Geschäftsführer von der Generalversammlung bestellt, aber noch nicht im Firmenbuch eingetragen
- Duldung der tatsächlichen Geschäftsführung durch einen GmbH-Gesellschafter
- Keine steuerlichen oder buchhalterischen Kenntnisse
- Verlassen auf Hilfspersonen und Erfüllungsgehilfen ohne ausreichende Kontrolle
- Gewährung einer Steuernachricht oder (stiller) Ausgleich
- Nicht-ordnungsgemäße Buchführung: dadurch kein Blick über die Liquiditätssituation
- Falsche Einschätzung der Werthaltigkeit der dem Finanzamt gestellten Sicherheiten[208]

6.8. Die Haftung des gewerberechtlichen Geschäftsführers

6.8.1. Zeitlicher Eintritt der Haftung

Die Verantwortlichkeit des gewerberechtlichen Geschäftsführers für die Einhaltung **574** der gewerberechtlichen Vorschriften sowohl der GmbH als auch der Behörde gegenüber (verwaltungsstrafrechtliche Verantwortlichkeit) und der zivilrechtlichen Verantwortlichkeit gegenüber der GmbH beginnt mit dem Zeitpunkt der gewerbebehördlichen Anerkennung. Der Abschluss des Bestellungsvertrages zwischen der GmbH und dem gewerberechtlichen Geschäftsführer ist nicht maßgeblich.

---

[206] Eine Verjährung wird auch im Hinblick auf die Haftung durch jede verjährungsunterbrechende Maßnahme gegenüber der Gesellschaft unterbrochen.
[207] Ein strafbares Verhalten ist jedenfalls nicht Haftungsvoraussetzung nach §§ 9 und 80 BAO; vgl. hiezu VwGH 6.7.2006, 2006/15/0030 = GesRZ 2006, 286.
[208] Darunter fällt etwa die Erzielung eines (zu) geringen Erlöses bei einer späteren Zwangsversteigerung.

575   **Anmeldegewerbe.** Liegen die gesetzlichen Erfordernisse im Hinblick auf die Person des Geschäftsführers bei einem Anmeldungsgewerbe vor und wurden sämtliche erforderlichen Unterlagen vollständig eingereicht, beginnt die Haftung mit dem Zeitpunkt des Einlangens bei der Gewerbebehörde. Der gewerberechtliche Geschäftsführer ist also ab dem Zeitpunkt der Anzeige seiner Bestellung in vollem Umfang verwaltungsstrafrechtlich verantwortlich.

576   **Genehmigungspflichtige Gewerbe.** Bei jenen in § 95 GewO bezeichneten Gewerben, bei denen eine Zuverlässigkeitsprüfung erfolgt, haftet der gewerberechtliche Geschäftsführer erst ab dem Zeitpunkt der Genehmigung seiner Bestellung durch die zuständige Behörde für die Einhaltung der gewerberechtlichen Vorschriften.

577   **Unerlaubte Gewerbeausübung.** Wird vor der Bestellung des gewerberechtlichen Geschäftsführers durch die GmbH ein nach der GewO strafbares Verhalten gesetzt, so trifft die Verantwortlichkeit hiefür nicht den gewerberechtlichen Geschäftsführer, sondern die für die GmbH handelnden Organe.

6.8.2. Haftungsumfang

6.8.2.1. Verwaltungsstrafrechtliche Haftung

578   **Grundlagen.** Mit seiner Bestellung für ein bestimmtes Gewerbe ist der gewerberechtliche Geschäftsführer der Behörde gegenüber primär für die Einhaltung der entsprechenden gewerberechtlichen Vorschriften verantwortlich. Dies setzt voraus, dass der betreffende gewerberechtliche Geschäftsführer die gewerberechtlichen Vorschriften auch tatsächlich kennt. Kommt es im Rahmen der Gewerbeausübung durch die GmbH zu einer Verletzung von Verwaltungsvorschriften, so haftet der gewerberechtliche Geschäftsführer für diese persönlich und wird nach den Bestimmungen des Verwaltungsstrafrechts bestraft.

579   Ein vertraglicher **Haftungsausschluss** gegenüber der Behörde ist weder möglich noch zulässig. Andererseits wäre ein vertraglicher Haftungsausschluss gegenüber der Gesellschaft für leichte Fahrlässigkeit zulässig,[209], ein gänzlicher Haftungsausschluss (Vorsatz bzw. grobe Fahrlässigkeit) jedoch sowohl sitten- als auch gesetzwidrig i.S. des § 39 Abs. 1 GewO i.V.m. § 879 ABGB.

Die Gewerbebehörden prüfen, ob diese Haftung ausgeschlossen wurde und verneinen im Fall eines Ausschlusses eine wirksame Bestellung wegen „Ungeeignetheit" des Geschäftsführers i.S. des § 39 Abs. 1 GewO. Die Lehre[210] folgt jedoch zu Recht dieser Auffassung nicht und verweist darauf, dass bei Haftungsausschlüssen wegen leichter Fahrlässigkeit diese im Zivilrecht grundsätzlich sogar Konsumenten gegenüber wirksam sind;[211] im Ergebnis kann es nicht sein, dass bereits die geringste Fahrlässigkeit zu einer nach oben völlig unbeschränkten Haftung des gewerberechtlichen Geschäftsführers führen müsse.

580   **Ersatz von Geldstrafen.** Eine Vereinbarung mit dem gewerberechtlichen Geschäftsführer, in der sich die GmbH verpflichtet, Geldstrafen, die dem Geschäftsführer gegenüber verhängt werden, im Innenverhältnis auszugleichen, wird als sittenwidrig und damit nichtig eingestuft.[212]

581   **Rechtsfolgen von Weisungen.** Der gewerberechtliche Geschäftsführer bleibt selbst dann für Verstöße verantwortlich, wenn diese auf einer ausdrücklichen – auf

---

[209] Vgl. *Filzmoser*, RdW 1992, 99 ff.
[210] Vgl. *Filzmoser* a.a.O.
[211] § 6 Abs. 1 Z 9 KSchG.
[212] SZ 28/56.

---

die konkrete Verletzung abzielenden – Weisung der handelsrechtlichen Geschäftsführer beruhen. Die persönliche Verantwortung im Verwaltungsstrafverfahren entfällt nur für den Fall, dass die Einhaltung der Vorschrift unzumutbar ist. Der Maßstab, der an die Unzumutbarkeit gelegt wird, ist naturgemäß ein sehr hoher.

Unzumutbarkeit. So ist die bloße Befürchtung möglicher nachteiliger Folgen nicht geeignet, Unzumutbarkeit zu begründen, weil es an der Unmittelbarkeit einer drohenden Gefahr, die gesetzlich vorausgesetzt wird, mangelt. Wirtschaftliche Nachteile, etwa in Folge einer allfälligen Kündigung bei Nichtbefolgung der rechtswidrigen Weisung durch die handelsrechtlichen Geschäftsführer, decken keinen Rechtsbruch und können daher nicht Erfolg versprechend eingewendet werden. **582**

Bei bloßen **Vermögensbeeinträchtigungen** ist die Ablehnung der Weisung zumutbar.[213] Erst bei einer unmittelbaren Bedrohung der Person des gewerberechtlichen Geschäftsführers selbst, also einer schweren Gefahr für ein geschütztes Rechtsgut (etwa Leib und Leben), entschuldigt die Zwangslage die Tat.[214] **583**

Die **Haftung gegenüber der Behörde** ist auf die Einhaltung der gewerberechtlichen Vorschriften beschränkt. Die Verantwortlichkeit des gewerberechtlichen Geschäftsführers besteht nicht nur hinsichtlich der sich unmittelbar aus der GewO selbst ergebenden Verpflichtungen bezüglich der Gewerbeausübung, sondern umfasst auch die Einhaltung von Vorschriften, welche auf die Kompetenz des Bundes gem. Art. 10 Abs. 1 Z 8 B-VG (Angelegenheiten des Gewerbes und der Industrie) zurückgeführt werden können. Im Ergebnis sind es also alle jene Gesetze, die einen konkreten gewerberechtlichen Bezug aufweisen.[215] **584**

6.8.2.2. Wer haftet für was?

Die folgende Tabelle vermittelt einen Überblick, in welchen Fällen eine Pflichtverletzung dem gewerberechtlichen Geschäftsführer zuzurechnen ist und wofür die handelsrechtlich zur Vertretung berufenen Organe haften. [216] **585**

Rechtsgrundlage	Haftung	
	Gewerbrechtlicher Geschäftsführer	Handelsrechtlicher Geschäftsführer oder verantwortlicher Beauftragter
Abfallwirtschaftsgesetz (abfallrechtlicher Geschäftsführer)		•
Abgabenrecht		•[216]
Alle Landesgesetze (Bauordnung, Kanalgesetz usw.)		•
Allgemeine Maschinen- und Gerätesicherheitsverordnung	•	
ArbeitnehmerInnenschutzgesetz		•[217]
Arbeitnehmerinnenschutzverordnung	•	

---

[213] VwGH 19.9.1989, 88/08/158.
[214] Z.B. VwGH 13.9.1989, 89/18/0092.
[215] VwGH 23.9.1983, 82/04/0107.
[216] Eine Sonderstellung nimmt das AbfallwirtschaftsG ein, welches im Gegensatz zu seinen Vorgängerbestimmungen (SAG und AltölG, die sich auf Art. 10 Abs. 1 Z 8 B-VG gestützt haben) auf den Kompetenztatbestand Abfallwirtschaft zurückzuführen ist und die Bestellung eines eigenen abfallrechtlichen Geschäftsführers nach Maßgabe des § 26 Abs. 1 AWG 2002 zwingend vorsieht. Obwohl diese Tätigkeiten unter die GewO fallen, ist der gewerberechtliche Geschäftsführer im Hinblick auf die Spezialregelungen des AWG für die Einhaltung dieser Vorschriften nicht verantwortlich. Vereinbarungen zwischen Gewerbeinhaber und Geschäftsführer, wonach Ersterer diesem sämtliche gegen ihn verhängte Geldstrafen zu ersetzen hätte, sind sittenwidrig und somit nichtig.
[217] ARD 4260/30/91.

Die GmbH in der Praxis

Rechtsgrundlage	Haftung	
	Gewerb-rechtlicher Geschäfts-führer	Handelsrecht-licher Geschäftsfüh-rer oder verant-wortlicher Beauftragter
Arbeitsinspektionsgesetz	•	
Arbeitskräfteüberlassungsgesetz (Aüg)		•
Arbeitsrecht	•	
Arbeitsruhegesetz		•
Arbeitszeitgesetz	•	
Arzneimittelgesetz		•
Aufzüge-Sicherheits-VO	•	
Ausländerbeschäftigungsgesetz		•
Ausübungsregeln für das Piercen und Tätowieren	•	
Ausverkaufsgesetz		•
Ausverkaufsrecht	•	
Bäderhygienegesetz	•	
Baumaschinen-Sicherheits-Verordnung	•	
Bauordnung		•
Baurecht samt Nebengesetzen	•218	
Berufsausbildungsgesetz	•	
Betrieb von Diskotheken	•	
Betriebsanlagenrecht	•	
Betriebszeitengesetz	•	
Bezirksverwaltungsbehördliche Bescheide	•	
Bundesgesetz zur Verbesserung der Nahversorgung und der Wettbewerbsbedingungen	•	
Einhaltung der Vorschriften gewerberechtlicher Natur	•	
Einkaufszentren-Warenliste-Verordnung	•	
Energiewirtschaftsgesetz	•	
Errichtung von Einkaufszentren	•	
Feuerungsanlagen-Verordnung	•	
Finanzstrafgesetz		•
Frauennachtarbeitsgesetz		•
Futtermittelgesetz (FMG)	•	
Gasgeräte-Sicherheits-Verordnung	•	
Gelegenheitsverkehrsgesetz	•	
Gesetz über die Beförderung gefährlicher Güter auf der Straße	•	
Gewerbeausübung	•	
Gewerbeordnung 1994	•	
Gewerbeumfang	•	
Gesetz über Gesellschaften mit beschränkter Haftung (GmbHG)		•
Güterbeförderungsgesetz		•
Handel mit Tabakerzeugnissen durch die Inhaber eines Gastgewerbes		•
Insolvenzrecht		•

---

[218] ZfVB 1987/1765.

Rechtsgrundlage	Haftung	
	Gewerb-rechtlicher Geschäfts-führer	Handelsrecht-licher Geschäftsfüh-rer oder verant-wortlicher Beauftragter
Jugendschutz/Schutz von Unmündigen	•	
Gesetz über die Beschäftigung von Kindern und Jugendli-chen (KJBG)		•
Kanalgesetz		•
Kraftfahrgesetz		•
Kridadelikte (Strafgesetzbuch)		•
Landwirtschaftliche Verarbeitungsnebengewerbe		•
Lebensmittelrecht		•[219]
Marktordnung der Gemeinden	•	
Mineralrohstoffgesetz	•	
Musikalische Darbietungen ohne Kombination mit typisch gastgewerblichen Leistungen		•
Mutterschutzgesetz		•
Nebengesetze zur Gewerbeordnung	•	
Öffnungszeitengesetz (§ 9)	•	
Personenschutzausrüstungs-Sicherheits-Verordnung	•	
Preisauszeichnung	•[220]	
Produkthaftpflichtgesetz		•
Prostitutions Vorschriften		•
Raumordnung und Raumplanung		•
Rechnungswesen		•
Reisebüroversicherungsverordnung	•	
Rohrleitungsgesetz	•	
Schutzaufbauten-Sicherheits-Verordnung	•	
Sozialversicherungsrecht		•
Sperrstunden-Verordnung	•	
Sportboote-Sicherheitsverordnung	•	
Steuerrecht		•
Störfallverordnung	•	
Transport von Bergbauprodukten		•
Umweltstrafrecht	•	
Unlauterer Wettbewerb		•
Unternehmensreorganisationsgesetz		•
Verbraucherkreditverordnung	•	
Verordnung über brennbare Stoffe	•	

---

[219] ZfVB 1989/871.
[220] Kraft ausdrücklicher gesetzlicher Regelung ist der gewerberechtliche Geschäftsführer auch für die Ein-haltung des PreisauszeichnungsG verantwortlich (§ 15 Abs. 2 PrAG), obwohl dieses Gesetz eindeutig nicht auf die Kompetenz *Angelegenheiten des Gewerbes und der Industrie* zurückzuführen ist.

Rechtsgrundlage	Haftung	
	Gewerb-rechtlicher Geschäfts-führer	Handelsrecht-licher Geschäftsfüh-rer oder verant-wortlicher Beauftragter
Verordnung über die Lagerung von Druckgaspackungen, pyrotechnischen Gegenständen	•	
Verordnung über Geräuschemissionen von zur Verwendung im Freien vorgesehenen Geräten und Maschinen	•	
Wasserrechtsgesetz		•
Weingesetz		•
Wettbewerbsrecht[221]		•[222]
Zollrecht		•

Die Verantwortlichkeit des gewerberechtlichen Geschäftsführers gegenüber der Behörde besteht auch dann, wenn dieser auf Weisung des Gewerbeinhabers gehandelt hat.[223]

Die verwaltungsstrafrechtliche Verantwortlichkeit des gewerberechtlichen Geschäftsführers endet bereits mit dessen Ausscheiden und nicht erst mit der Anzeige des Gewerbeinhabers über das Ausscheiden.[224] Der gewerberechtliche Geschäftsführer ist zwar ausdrücklich für ein bestimmtes Gewerbe bestellt, trägt jedoch auch die verwaltungsstrafrechtliche Verantwortung für eine damit in Zusammenhang stehende unbefugte Ausübung eines anderen Gewerbes.[225]

Erklärungen, die im wechselseitigen Einverständnis zwischen den Vertragspartnern keine Rechtsfolgen auslösen sollen, sondern etwa nur zu dem Zweck abgegeben wurden, die Behörde zu täuschen, sind nichtig.[226]

Schadenersatzansprüche der GmbH als Gewerbeinhaberin gegen ihren Schein-Geschäftsführer scheiden daher insofern aus, da ja auch die Gesellschaft von vornherein weiß, dass sich der Schein-Geschäftsführer nicht wirklich betätigt. Allerdings ändert auch dieser Umstand daran nichts, dass der zum Schein bestellte gewerberechtliche Geschäftsführer dennoch von der Gewerbebehörde wegen Verletzung gewerberechtlicher Vorschriften bestraft werden kann.

---

[221] Der gewerberechtliche Geschäftsführer haftet für Wettbewerbsverstöße nach § 1 UWG, sofern die sittenwidrige Wettbewerbshandlung auf Verstöße gegen gewerberechtliche Vorschriften zurückzuführen ist. Unterlassungs- und Schadenersatzansprüche könnten daher direkt gegen den Geschäftsführer geltend gemacht werden. In Betracht kommen vor allem Verstöße gegen Normen wettbewerbsregelnden Charakters, wie etwa das Ladenöffnungsrecht, BetriebszeitenG, die unbefugte Gewerbeausübung usw. Aber auch bewusste (dauernde und planmäßige) Verstöße gegen gewerberechtliche Vorschriften, die nicht wettbewerbsregelnden Charakter (z.B. Betriebsanlagenrecht) haben, können sittenwidrig i.S.d. § 1 UWG sein. Jeder subjektiv vorwerfbare Gesetzesverstoß, der in der Absicht begangen wurde, einen Vorsprung vor gesetzestreuen Mitbewerbern zu erlangen, führt zu einem Unterlassungsanspruch nach § 1 UWG.
[222] ZfVB 1984/985, 10302.
[223] VwGH 19.9.1989, 88/08/0158.
[224] VwGH 14.10.1983, 83/04/0069.
[225] VwGH 29.5.1984, 82/04/0181.
[226] Vgl. *Rummel* in Rummel, Kommentar zum ABGB, Rz 1 und 2 zu § 916.

6.8.3. Checklisten zur Haftungsvermeidung

Übersicht: Haftungsvermeidungsstrategien des gewerberechtlichen Geschäftsführers   **586**

- Der gewerberechtliche Geschäftsführer hat sich mit den für den jeweiligen Gewerbebetrieb geltenden rechtlichen Vorschriften vertraut zu machen.
- Sämtliche betriebliche Einrichtungen und Arbeitsvorgänge sind auf ihre Übereinstimmung mit den gewerberechtlichen Vorschriften zu überprüfen. Fehlt es an einer solchen Übereinstimmung, so hat der gewerberechtliche Geschäftsführer unverzüglich Abhilfe zu schaffen.
- Der gewerberechtliche Geschäftsführer hat auf die Einhaltung der gewerberechtlichen Vorschriften durch sämtliche Arbeitnehmer im Betrieb Sorge zu tragen. Die Einhaltung allfälliger Organisations- und Arbeitsanweisungen samt Anleitung der betroffenen Arbeitnehmer ist zu überwachen.
- Der gewerberechtliche Geschäftsführer hat die Einhaltung der Anweisungen laufend zu kontrollieren.
- Der gewerberechtliche Geschäftsführer kann bei größeren und organisatorisch entsprechend gegliederten Unternehmen die Verantwortung delegieren. Dies sollte durch schriftliche Überantwortung der selbständigen Besorgung einzelner, genau abgegrenzter Arbeitsbereiche an zuverlässige, informierte und belehrte Arbeitnehmer im Betrieb erfolgen. Der Geschäftsführer kann sich im weiteren Verlauf auf die Kontrolle dieser Arbeitnehmer beschränken.

Übersicht: Haftungsvermeidungsstrategien des handelsrechtlichen Geschäftsführers im Hinblick auf die Ausübung eines Gewerbes   **587**

- Vor Bestellung eines gewerberechtlichen Geschäftsführers darf eine gewerbliche Tätigkeit nicht aufgenommen werden.
- Nur fachlich qualifizierte und verlässliche Personen dürfen zum gewerberechtlichen Geschäftsführer der GmbH bestellt werden.
- Entdeckt der handelsrechtliche Geschäftsführer zufällig, dass der gewerberechtliche Geschäftsführer die ihm obliegenden Pflichten nicht erfüllt, so hat er diesen Missstand abzustellen, notfalls durch Bestellung eines anderen gewerberechtlichen Geschäftsführers. Es bestehen jedoch für den handelsrechtlichen Geschäftsführer keine direkten Überwachungspflichten.

Droht das **Ausscheiden** des bisherigen gewerberechtlichen Geschäftsführers, so **588** hat sich der handelsrechtliche Geschäftsführer unverzüglich um Ersatz zu bemühen, damit die Neubestellung innerhalb der längstens sechsmonatigen Frist nach dem tatsächlichen Ausscheiden gewährleistet ist. Das Ausscheiden des gewerberechtlichen Geschäftsführers ist der Gewerbebehörde unverzüglich anzuzeigen.

7. Die steuerrechtliche Stellung des Geschäftsführers

7.1. Grundlagen

Die **schuldrechtlichen Beziehungen** zwischen dem in einem gesellschaftsrecht- **589** lichen Akt bestellten Geschäftsführer und der GmbH im Innenverhältnis regelt der

Anstellungsvertrag. Dieser muss nicht immer ein Dienstvertrag sein, dem Anstellungsverhältnis kann auch ein freier Dienstvertrag, ein Werkvertrag oder ein Auftragsverhältnis zu Grunde liegen.

Nur jene Geschäftsführer, die aufgrund ihrer Beteiligung an der Gesellschaft Weisungsbeschlüsse der Generalversammlung weder bestimmen noch verhindern können, sind zivilrechtlich als *echte* Dienstnehmer zu qualifizieren. In allen anderen Fällen erfolgt die Geschäftsführung im Hinblick auf den bei Anstellungsverträgen üblicherweise vorliegenden Dauerschuldcharakter im Rahmen eines *freien Dienstvertrages.*

590

Übersicht: Auswirkungen der arbeitsrechtlichen Qualifikation

- Festlegung der Rechte und Pflichten aus dem Anstellungsverhältnis notwendig

- Sozialversicherungsrechtliche Behandlung

- Einkommensteuerrechtliche Einordnung der Bezüge

- Dienstnehmerhaftungsprivileg, IESG, Betriebsverfassung, ArbVG

- Anwendung von Kollektivverträgen und Betriebsvereinbarungen

591

Die **Besteuerung des GmbH-Geschäftsführers** ist direkt abhängig von den nachfolgend möglichen Vertragsverhältnissen:[227]

- echter Dienstvertrag (persönliche und wirtschaftliche Abhängigkeit; Weisungsgebundenheit);

- freier Dienstvertrag (der Ablauf der Arbeit kann selbst geregelt und jederzeit geändert werden);

- bloßer Auftrag[228] (Geschäftsbesorgung gem. § 1002 ff. ABGB);

- Werkvertrag;[229]

- und der Frage, in welchem Ausmaß bzw. ob überhaupt der Geschäftsführer an der Gesellschaft mit beschränkter Haftung beteiligt ist.

592

Bei der Besteuerung der Geschäftsführerbezüge ist einerseits zwischen nicht wesentlicher (bis zu 25 %) und wesentlicher (mehr als 25 %) Beteiligung an der GmbH und andererseits zwischen Weisungsgebundenheit und Weisungsungebundenheit des Geschäftsführers gegenüber der Generalversammlung auf gesellschaftsrechtliche oder gesellschaftsvertragliche Weise zu unterscheiden. Bei fehlender Weisungsunterworfenheit ist auch das Unternehmerwagnis des Geschäftsführers im Hinblick auf seine Einkünfteerzielung ein Beurteilungskriterium.

Weisungsungebunden gegenüber der Generalversammlung ist jeder Geschäftsführer, der aufgrund seiner Beteiligung an der GmbH die Weisungsbeschlüsse (§ 20 Abs. 1 GmbHG) in der Generalversammlung nicht verhindern kann. Dies ist bei einer Beteiligung ab 50 % der Fall sowie bei einer Beteiligung unter 50 %, wenn eine Sperrminorität (oder eine ähnliche Regelung) verändert ist.

---

[227] Zu den Unterscheidungskriterien der einzelnen Vertragsverhältnisse vgl. Rz. 629.
[228] Bei einem Auftrag (z.B. die Sanierung eines Unternehmens) ist eine konkrete Vorgabe erforderlich.
[229] Unbeschadet ihrer gesetzlichen Zulässigkeit sind Werkverträge (und bloße Aufträge) in der Beratungspraxis eher selten anzutreffen. Streng genommen wäre bei einem Werkvertrag eine Erfolgsgarantie erforderlich.

7.2. Echter Dienstvertrag

Begriff. Ein steuerliches Dienstverhältnis liegt vor, wenn der Arbeitnehmer dem **593** Arbeitgeber seine Arbeitskraft schuldet. Dies ist der Fall, wenn die tätige Person in der Betätigung ihres geschäftlichen Willens unter der Leitung des Arbeitgebers steht oder im geschäftlichen Organismus des Arbeitgebers dessen Weisungen zu folgen verpflichtet ist (§ 47 Abs. 2 EStG 1988).

Daraus lassen sich folgende **Wesensmerkmale** ableiten: **594**

- Weisungsgebundenheit[230] und damit einhergehende Fremdbestimmung der Arbeit

- Eingliederung in den geschäftlichen Organismus des Arbeitgebers (zeitliche und räumliche Einbindung in den Betrieb des Arbeitgebers)

- Fehlen des Unternehmerwagnisses (die Vereinbarung einer Verlustbeteiligung spricht gegen ein Dienstverhältnis)

- Weitgehendes Fehlen einer Vertretungsbefugnis (die allgemeine Befugnis, sich in der Leistungserbringung vertreten zu lassen, spricht gegen ein Dienstverhältnis)

- Anspruch und laufende Auszahlung eines entsprechenden Gehaltes

Zu den (sonstigen) Merkmalen eines Dienstverhältnisses gehören auch:

- Unterworfenheit unter betriebliche Organisationsvorschriften über Arbeitsort, Arbeitszeit und Arbeitsverhalten,

- Unterliegen einer betrieblichen Kontrolle und Disziplinierung,

- Anspruch auf Mindestentlohnung nach dem Kollektivvertrag,

- Ansprüche auf Sonderzahlungen und Abfertigung,

- Urlaubsanspruch,

- Anspruch auf Entgeltfortzahlung im Krankheitsfall, auf Arbeitslosenversicherung, auf Vorrechte im Konkurs des Arbeitgebers und auf Insolvenz-Ausfallsgeld,

- Schutz nach dem Arbeitsverfassungsrecht,

- Begünstigung nach dem Dienstnehmerhaftpflichtgesetz.

Übersicht: Ansprüche des nicht selbständigen tätigen Geschäftsführers

- Abfertigung (§§ 23 ff. AngG)
- Entgeltfortzahlung im Krankheitsfall (§ 8 AngG)
- Einhaltung der in § 20 AngG festgelegten Termine und Fristen bei Kündigung des Anstellungsvertrages
- Kündigungs- und Urlaubsentschädigung im Falle unberechtigter Entlassung (§ 29 AngG, § 9 UrlG)
- Bezahlter Erholungsurlaub nach dem Urlaubsgesetz
- Vergütung für Diensterfindungen (§§ 8 ff. PatG)

---

[230] Die persönliche Weisungsgebundenheit gegenüber der GmbH umfasst die weitgehende Ausschaltung der Bestimmungsfreiheit des Geschäftsführers.

- Kautionsschutz nach dem Kautionsschutzgesetz[231]
- Arbeitnehmereinkommen unterliegt dem Pfändungsschutz nach dem Lohnpfändungsgesetz
- Kündigungsschutz nach dem Mutterschutzgesetz

7.3. Wesentliche Beteiligung

7.3.1. Allgemeines

596

Begriff. Ein Gesellschafter-Geschäftsführer ist dann wesentlich beteiligt, wenn sein Anteil am Stammkapital mehr als 25 % beträgt; die Beteiligung durch einen Treuhänder entspricht einer unmittelbaren Beteiligung.[232] Eine im Werkvertrag oder andere, nicht dem Charakter eines Dienstverhältnisses entsprechende Rechtsbeziehung, fällt nicht unter die Bestimmung des § 22 Abs. 1 Ziff. 2 EStG.[233]

597

Einkünfte aus **sonstiger selbständiger Tätigkeit** (Verwaltung fremden Vermögens) bezieht ein handelsrechtlicher Geschäftsführer bei Besorgung seiner Organfunktion außerhalb einer (sonst) alle Merkmale eines Dienstverhältnisses aufweisenden Betätigung im Werkvertrag.[234] Zu den Einkünften aus selbständiger Arbeit gehören auch Gehälter und sonstige Vergütungen, die für eine ehemalige Tätigkeit einer Person gewährt werden, die innerhalb von 10 Jahren vor Beendigung ihrer Tätigkeit durch mehr als die Hälfte des Zeitraums ihrer Organfunktion wesentlich beteiligt war.[235] Wesentlich beteiligte Geschäftsführer sind immer einkommensteuerpflichtig und unterliegen demnach niemals dem Lohnsteuerabzug. Je nach Ausgestaltung des Anstellungsverhältnisses sind ihre geschäftsfähigen Vergütungen in der Regel dienstgeberbeitrags- und kommunalsteuerpflichtig.

7.3.2. Einkommensteuerpflicht mit Dienstgeberbeitrag und Kommunalsteuerpflicht

598

Ein arbeitsrechtlich *echtes* Dienstverhältnis zur GmbH kommt für wesentlich beteiligte Gesellschafter-Geschäftsführer nur dann in Frage, wenn sie der Generalversammlung gegenüber aus gesellschaftsrechtlicher oder gesellschaftsvertraglicher Ebene weisungsgebunden sind. Es ist zweifelhaft, ob diese *faktische Folge* aus der Sicht des Geschäftsführers überhaupt wünschenswert ist. Bei den anderen wesentlich beteiligten Geschäftsführern ist üblicherweise von einem *freien* Dienstverhältnis auszugehen.

Einkommensteuerlich fallen die Bezüge von wesentlich beteiligten Geschäftsführern unabhängig davon, ob diese in einem arbeitsrechtlich echten oder freien Dienstverhältnis stehen, unter die Einkünfte aus sonstiger selbständiger Arbeit (§ 22 Z 2 zweiter Teilstrich EStG) und unterliegen dem Dienstgeberbeitrag zum FLAG und der Kommunalsteuer, wenn ihre Beschäftigung das Kriterium *sonst alle Merkmale eines Dienstverhältnisses* (§ 47 Abs. 2 EStG) erfüllt.

---

[231] **Kautionsschutz**: Der Abschluss oder die Aufrechterhaltung eines Dienstvertrages darf nicht davon abhängig gemacht werden, dass ein Dienstnehmer dem Dienstgeber ein Darlehen gewährt.
[232] Vgl. hiezu auch EStR 2000, Rz. 5271.
[233] VwGH 15.1.1991, 90/14/0208.
[234] VwGH 21.3.1995, 90/14/0233.
[235] Vgl. hiezu im Detail EStR 2000, Rz. 5276.

7.3.3. Einkommensteuerpflicht ohne Dienstgeberbeitrag- und Kommunalsteuerpflicht

599 Unter der Voraussetzung, dass ein qualifiziertes Unternehmerwagnis im Einzelfall tatsächlich besteht, tritt Dienstgeberbeitrags-Kommunalsteuerpflicht nicht ein. Es besteht jedoch das Risiko der verdeckten Gewinnausschüttung (Vgl. Rz. 858, 874).

7.4. Keine oder nicht wesentliche Beteiligung

7.4.1. Fehlende Weisungsbindung

600 Ist der beteiligte Geschäftsführer der Generalversammlung gegenüber auf gesellschaftsrechtlicher oder gesellschaftsvertraglicher Ebene nicht weisungsgebunden (z.B. aufgrund einer in der Satzung vereinbarten Sperrminorität) ist er in zivil- und arbeitsrechtlicher Hinsicht nicht als echter Dienstnehmer, sondern als freier Dienstnehmer zu qualifizieren. Er ist jedoch auch der üblicherweise vorliegenden Voraussetzung des § 25 Abs. 1 Z1 lit. b EStG 1988 (vorliegen einer „sonst alle Merkmale eines Dienstverhältnisses gem. § 47 Abs. 2 EStG" aufweisenden Beschäftigung) auch mit den steuerlichen Folgen eines echten Dienstnehmers zu qualifizieren: Lohnsteuerabzug, Dienstgeberbeitrag zum FLAG und Kommunalsteuer. In Folge der Fiktion des § 4 Abs. 2 Satz 2 ASVG ist jeder dem Lohnsteuerabzug unterliegende Geschäftsführer – abgesehen von den fehlenden Folgewirkungen des Arbeitsrechts – wie ein *echter* Dienstnehmer zwingend ASVG-pflichtversichert.

Nur wenn aufgrund der Ausgestaltung des Anstellungsverhältnisses *sonst alle Merkmale des Dienstverhältnisses* nicht vorliegen, sind die Bezüge des Geschäftführers nicht lohn–, sondern einkommensteuerpflichtig und unterliegen auch nicht dem Dienstgeberbeitrag zum FLAG, der Kommunalsteuer und dem ASVG. Dieses Ergebnis ist allerdings nur dann erreichbar, wenn der Geschäftsführer im Rahmen seiner Einkunftsquelle aus seiner Organschaftsfunktion ein wesentliches Unternehmerwagnis trägt. Ein solches wesentliches Unternehmerwagnis liegt bei einem der Generalversammlung gegenüber nicht weisungsgebundenen Geschäftsführer nur dann vor, wenn ihn aufgrund der vertraglichen Vereinbarungen im Anstellungsvertrag und insbesondere auch nach den tatsächlichen Verhältnissen ins Gewicht fallende Einnahmen- und Ausgabenschwankungen nicht nur treffen können, sondern auch tatsächlich treffen.[236] Im Vordergrund stehen dabei die Risiken auf der Einnahmenseite. Der Geschäftsführer muss in diesem Fall für die mit seiner Tätigkeit verbundenen Aufwendungen selbst aufkommen, wobei er einen Großteil dieser Aufwendungen an die GmbH zulässigerweise *überwälzen* kann (§ 1014 ABGB). Aus diesem Grunde können sich ausgabenseitige Schwankungen nur aus nicht überwälzbaren Ausgaben ergeben, die jedoch üblicherweise nicht in einer Höhe vorliegen werden, um zu „ins Gewicht fallenden" Schwankungen führen zu können.

Werden dem Geschäftsführer zusätzlich zu laufenden gleich bleibenden Bezügen variable Bestandteile ausbezahlt (Erfolgstantieme) endet dies allein an der Lohnsteuerpflicht noch nichts, weil es durchaus üblich ist, auch leitende Angestellte in dieser Form zu vergüten.

601 **Qualifiziertes Unternehmerwagnis.** Erhält der Geschäftsführer eine ausschließliche erfolgsabhängige Vergütung (etwa auf Grundlage des ihm zurechenbaren Deckungsbeitrages), kein Fixum und trägt er möglicherweise sogar indirekt Verlustrisiko als er einen Mindestkostenanteil zu übernehmen hat, liegt ein qualifiziertes Unternehmerwagnis vor.[237]

---

[236] I.d.S auch EStR 2000, Rz 5268.
[237] VwGH 2002/13/016.

602   **Rechtsfolgen.** Dieses Unternehmerwagnis führt dazu, dass zwar Dienstgeberbeitrag, Kommunalsteuer und ASVG-Beiträge nicht anfallen, die Vergütung des Geschäftsführers aber nicht mehr als fremdüblich angesehen werden kann. Soweit die Entlohnung des Gesellschafter-Geschäftführers einer GmbH als nicht fremdüblich zu beurteilen ist, wird sie ihrem wirtschaftlichen Gehalt nach einer Gewinnverteilungsabrede entsprechen, die insoweit zum Versagen des Abzugs der Geschäftsführerbezüge als Betriebsausgaben und damit zur Feststellung einer verdeckten Gewinnausschüttung durch die Finanzbehörde führen kann.[238]

603   Bei der Beurteilung der Kriterien des Vorliegens von Unternehmerrisiko ist ausschließlich auf den Einstellungsvertrag, nicht jedoch auf die sich aus der gesellschaftsrechtlichen Organstellung als Geschäftsführer ergebenden (Haftungs-)Risiken abzustellen.

7.4.2. Weisungsbindung

604   Ein der Generalversammlung gegenüber weisungsgebundener Geschäftsführer steht üblicherweise in einem arbeitsrechtlichen Dienstverhältnis zur GmbH. Er unterliegt als Dienstnehmer den Einkünften gem. § 25 Abs. 1 Z 1 lit. a i. V .m. § 47 Abs. 1 EStG 1988 dem Lohnsteuerabzug sowie damit auch dem Dienstgeberbeitrag und der Kommunalsteuer; es besteht Pflichtversicherung als echter Dienstnehmer (§ 4 Abs. 2 Satz 1 ASVG). Ist der Geschäftsführer aufgrund seines Anstellungsvertrages und den tatsächlichen Verhältnissen – auch steuerlich – als *freier Dienstnehmer* zu qualifizieren, ist er mit seinen Einkünften aus der Geschäftsführertätigkeit einkommensteuerpflichtig sowie dienstgeberbeitragspflichtig. In einem solchen Fall besteht weder Dienstgeberbeitragspflicht noch Kommunalsteuerpflicht und der betreffende Geschäftsführer ist auch nicht ASVG-versicherungspflichtig.

8. Sozialversicherungsrechtliche Behandlung von GmbH-Geschäftsführern
8.1. Grundlagen

605   Aufgrund der unterschiedlichen rechtlichen Qualifikation der möglichen Vertragsverhältnisse sowie dem Grad der Weisungsunterworfenheit können für GmbH-Geschäftsführer folgende Pflichtversicherungsverhältnisse in einer gesetzlichen Sozialversicherung vorliegen:

- Als *echter* Dienstnehmer (§ 4 Abs. 2 ASVG) oder
- Als Gesellschafter-Geschäftsführer einer der Wirtschaftskammer angehörigen GmbH (§ 2 Abs. 1 Z 3 GSVG) oder
- Als *freier* Dienstnehmer (§ 4 Abs. 4 ASVG) oder
- Als *neuer Selbständiger* (§ 2 Abs. 1 Z 4 GSVG).

Nach dieser Reihenfolge ist in jedem Einzelfall zu prüfen, welche dieser Pflichtversicherungen tatsächlich besteht.

606   Aufgrund der in den vergangenen Jahren immer ausgeprägteren Verknüpfung des Sozialversicherungsrechtes mit dem Einkommensteuer- bzw. Lohnsteuerrecht[239] ist für die sozialversicherungsrechtliche Qualifikation die steuerliche Behandlung von Geschäftsführerbezügen ein wesentliches Beurteilungskriterium geworden. Die zur Pflichtversicherung als Dienstnehmer gem. § 4 Abs. 2 zweiter Satz ASVG führende Lohnsteuerpflicht ist bei Gesellschafter-Geschäftsführern einer GmbH

---

[238]   Vgl. KStR 2001, Rz. 960-962, insbesondere aber Rz. 11 20 Abs. 3.
[239]   Diese Verknüpfung ist besonders augenscheinlich im § 4 Abs. 2 Satz 2 ASVG und der gemeinsamen Prüfung lohnabhängiger Abgaben (GPLA).

---

nicht immer nur auf das Vorliegen eines Dienstverhältnisses zurückzuführen. Aufgrund steuerlicher Fiktionen in den §§ 25 und 47 EStG 1988 sind üblicherweise auch bis zu 25 % beteiligte Geschäftsführer lohnsteuerpflichtig, die aufgrund einer Sperrminorität der Generalversammlung gegenüber nicht weisungsgebunden sind. Dies hat zur Folge, dass eine Pflichtversicherung als Dienstnehmer (§ 4 Abs. 2 Satz 2 ASVG) eintritt, obwohl diese Geschäftsführer eigentlich als zivilrechtlich *freie* Dienstnehmer *ihrer* GmbH zu qualifizieren wären.

8.2. Keine oder nicht wesentliche Beteiligung

8.2.1. Keine Weisungsbindung

607 Wenn auf gesellschaftsrechtlicher oder gesellschaftsvertraglicher Ebene keine Weisungsbindung gegenüber der Generalversammlung besteht, ist der Geschäftsführer zwar in arbeits- und sozialversicherungsrechtlicher Hinsicht freier Dienstnehmer, seine Bezüge unterliegen jedoch i.d.R. dem Lohnsteuerabzug (§ 25 Abs. 1 Z 1 lit. b i.V.m. § 47 Abs. 2 EStG).

In diesem Fall ist der Geschäftsführer mit seinen Bezügen pflichtversichert (§ 4 Abs. 2 Satz 2 ASVG); Arbeiterkammerumlage (§ 10 Abs. 2 Z. 2 AKG bzw. § 12 Abs. 1 Z 4 letzter Satz AKG) und IESG-Zuschlag (§ 1 Abs. 6 Z 2 IESG) sind nicht abzuführen.

608 Sollte ein der Generalversammlung gegenüber auf gesellschaftsrechtlicher oder gesellschaftsvertraglicher Ebene nicht weisungsgebundener Gesellschafter-Geschäftsführer mit seinen Bezügen ausnahmsweise nicht Lohn–, sondern einkommensteuerpflichtig sein, besteht eine Pflichtversicherung gem. § 2 Abs. 1 Z 3 GSVG, wenn die GmbH Mitglied der Wirtschaftskammer ist. Ist die GmbH nicht Mitglied der Wirtschaftskammer, so ist der Geschäftsführer als neuer Selbständiger zu qualifizieren (§ 2 Abs. 1 Z 4 GSVG).[240]

8.2.2. Weisungsbindung

609 Geschäftsführer, die an der GmbH nicht oder nicht wesentlich beteiligt und der Generalversammlung gegenüber weisungsgebunden sind, stehen üblicherweise in einem arbeitsrechtlichen Dienstverhältnis zur GmbH. Sie sind daher – unabhängig von der Lohnsteuerpflicht ihrer Bezüge – Dienstnehmer (§ 4 Abs. 2 Satz 1 ASVG) und unterliegen der Pflichtversicherung gem. § 4 Abs. 1 Z 1a ASVG. Arbeiterkammerumlage (§ 10 Abs. 2 Z 2 AKG bzw. § 12 Abs. 1 Z 4 AKG) und IESG-Zuschlag (§ 1 Abs. 6 Z 2 IESG) sind nicht abzuführen.

In jenen Fällen, in denen nicht oder nicht wesentlich Beteiligte, der Generalversammlung auf gesellschaftsrechtlicher oder gesellschaftsvertraglicher Ebene weisungsgebundene Geschäftsführer aufgrund der im Anstellungsvertrag getroffenen Vereinbarungen und den tatsächlich gepflogenen Verhältnissen nicht im Rahmen eines Arbeitsverhältnisses, sondern als freier Dienstnehmer für die GmbH tätig werden und sie mit ihren Bezügen daher nicht dem Lohnsteuerabzug unterliegen, wird eine Pflichtversicherung als Dienstnehmer gem. § 4 Abs. 2 ASVG nicht vorliegen.

610 Bei diesen Geschäftsführern ist zur Feststellung der Pflichtversicherung folgende Prüfreihenfolge heranzuziehen:

- Ist der Geschäftsführer einer GmbH nicht beteiligt, wird er üblicherweise als freier Dienstnehmer (§ 4 Abs. 4 ASVG) pflichtversichert sein. Eine Pflichtversiche-

---

[240] Die den § 2 Abs. 1 Z 4 GSVG vorgehende Pflichtversicherung als freier Dienstnehmer (§ 4 Abs. 4 GSVG) kommt bei Geschäftsführern, die der Generalversammlung gegenüber auf gesellschaftsrechtlicher oder gesellschaftsvertraglicher Ebene nicht weisungsgebunden sind, nicht in Betracht (vgl. die Schreiben des BMAGS vom 22.7.1996, des Hauptverbandes der Sozialversicherungsträger vom 25.7.1996 sowie sinngemäß auch E-MVB, 4 – ABC – 8).

rung als *neuer* Selbständiger (§ 2 Abs. 1 Z 4 GSVG) kommt ausnahmsweise in Betracht, wenn die Voraussetzungen für die Pflichtversicherung gem. § 4 Abs. 4 ASVG nicht zur Gänze vorliegen.

- Ist der Geschäftsführer an einer GmbH beteiligt und diese Mitglied der Wirtschaftskammer, tritt Pflichtversicherung gem. § 2 Abs. 1 Z 3 GSVG ein, die der Pflichtversicherung gem. § 4 Abs. 4 ASVG vorgeht.

- Ist der Geschäftsführer an einer GmbH beteiligt, diese aber nicht Mitglied der Wirtschaftskammer, tritt Pflichtversicherung gem. § 4 Abs. 4 ASVG und nur in Ausnahmefällen gem. § 2 Abs. 1 Z 4 GSVG ein.

8.3. Sozialversicherungsverhältnis bei wesentlicher Beteiligung

8.3.1. Prüfreihenfolge

611

Wesentlich beteiligte Geschäftsführer sind ausnahmslos einkommensteuerpflichtig, sodass die Folge der Lohnsteuerpflicht (Pflichtversicherung als Dienstnehmer gem. § 4 Abs. 2 Satz 2 ASVG) bei diesem Geschäftsführer nicht eintreten kann. Das richtige Pflichtversicherungsverhältnis ist daher ausschließlich nach der Prüfreihenfolge festzustellen.

8.3.2. Keine Weisungsbindung

612

Ist der wesentlich beteiligte Geschäftsführer der Generalversammlung gegenüber auf gesellschaftsrechtlicher oder gesellschaftsvertraglicher Ebene nicht weisungsgebunden,[241] kommt sowohl die ASVG-Versicherungspflicht als Dienstnehmer (§ 4 Abs. 2 ASVG) als auch als *neuer* Dienstnehmer (§ 4 Abs. 4 ASVG) nicht in Betracht.

Solche Geschäftsführer unterliegen der Pflichtversicherung gem. § 2 Abs.1 Z 3 GSVG, wenn die Gesellschaft Mitglied der Wirtschaftskammer ist, andernfalls der Pflichtversicherung als *neuer* Selbständiger (§ 2 Abs. 1 Z 4 GSVG).

8.3.3. Weisungsbindung

613

Der Geschäftsführer ist bei einer Beteiligung an der GmbH, die zwar höher als 25 % aber niedriger als 50 % ist, der Generalversammlung gegenüber auf gesellschaftsrechtlicher- oder gesellschaftsvertraglicher Grundlage weisungsgebunden, sofern nicht eine Sperrminorität vereinbart ist. Wird mit solchen Geschäftsführern ein Arbeitsverhältnis vereinbart, sind sie zwar trotzdem einkommensteuerpflichtig, sie unterliegen mit ihren Bezügen aber der ASVG-Versicherungspflicht als Dienstnehmer (§ 4 Abs. 2 Satz 1 ASVG). Sind sie aufgrund der im Anstellungsvertrag getroffenen Vereinbarungen und den danach gepflogenen Verhältnissen *freie* Dienstnehmer der GmbH, besteht Pflichtversicherung gem. § 2 Abs. 1 Z 3 GSVG, wenn die GmbH der Wirtschaftskammer angehört, andernfalls Pflichtversicherung als *neuer* Selbständiger gem. § 2 Abs. 1 Z 4 GSVG. Eine Pflichtversicherung nach § 4 Abs. 4 ASVG ist ausgeschlossen.[242]

9. Tabellen: Die steuerrechtliche und sozialversicherungsrechtliche Qualifikation der Geschäftsführerbezüge

614

Eine Übersicht über die steuerrechtliche, aber auch sozialversicherungsrechtliche Einstufung des Geschäftsführers – abhängig von seinem jeweiligen Beteiligungsausmaß – ist den nachfolgenden Tabellen zu entnehmen.

---

[241] Eine solche Weisungsfreistellung ist bei einer Beteiligung von 50 % und mehr bzw. bei einer Beteiligung, die höher als 25 %, jedoch niedriger als 50 % ist, mit Sperrminorität der Fall.
[242] Vgl. W-NVB, 4-ABC-030.

9.1. Fremdgeschäftsführer (keine Beteiligung an der GmbH)

Wesen der Beschäftigung	Vertragsverhältnis	Weisungsbindung gegenüber der GV	Einkunftsart	Pflichtigkeit der Bezüge					1,8 % pauschale Vorsteuer (§ 14 Abs. 1 UStG)	Sozialversicherungspflicht	Jahressechstelbegünstigung	Abfertigung neu	Abfertigungsrückstellung (§ 14 EStG)	Urlaubsrückstellung	Pensionsrückstellung	Betriebsausgabenpauschale	Unternehmerrisiko
				LSt	ESt	DB, DZ	KommSt	USt									
Alle Merkmale eines Dienstverhältnisses gem. § 47 Abs. 2 EStG (sind vorhanden)	Echter Dienstvertrag	ja	§ 25 Abs. 1 Z 1 lit. a EStG	ja	nein	ja	ja	nein[a]	nein	§ 4 Abs. 2 ASVG	ja	ja[b]	ja	ja	ja	nein	nein
Auftragsverhältnis (Geschäftsbesorgung)[c]	Geschäftsbesorgungsvertrag	ja / nein[d]	§ 22 Z 2 zweiter Teilstrich oder § 22 Z 1 lit. b bzw. § 23 EStG	nein	ja	nein	nein	ja (Leistungsaustausch)	ja	im Rahmen seiner sonstigen Tätigkeit, § 2 Abs. 1 Z 3 oder 4 GSVG	nein	nein	nein	nein	nein	ja (6 % oder 12 %)[e]	nein

a. Kein Unternehmer i.S.d. § 2 Abs. 1 UStG.
b. MV-Beiträge sind kein steuerpflichtiges Entgelt (§ 26 Z 7 lit. d EStG)
c. Eine Geschäftsbesorgung liegt vor, wenn z.B. ein Rechtsanwalt zum Geschäftsführer einer GmbH bestellt wird, bei der nur wenige Geschäfte anfallen.
d. Ob eine Weisungsbindung gegenüber der Generalversammlung besteht, ist abhängig von der jeweiligen vertraglichen Gestaltung.
e. 6 %, wenn Einkünfte gem. § 22 Z 2 erster Teilstrich vorliegen oder 12 %, wenn Einkünfte gem. § 22 Z i lit. b bzw. § 23 EStG vorliegen.

9.2. Der Geschäftsführer ist mit maximal 25 % an der Gesellschaft beteiligt

Wesen der Beschäftigung	Vertragsverhältnis	Weisungsbindung gegenüber der GV	Einkunftsart	Pflichtigkeit der Bezüge				1,8 % pauschale Vorsteuer (§ 14 Abs. 1 UStG)	Sozialversicherungspflicht	Jahressechstelbegünstigung	Abfertigung neu	Abfertigungsrückstellung (§ 14 EStG)	Urlaubsrückstellung	Pensionsrückstellung	Betriebsausgabenpauschale (6 %)	Unternehmerrisiko
				LSt	ESt	DB, DZ, KommSt	USt									
Alle Merkmale eines Dienstverhältnisses gem. § 47 Abs. 2 EStG sind vorhanden	Echter Dienstvertrag	ja	§ 25 Abs. 1 Z 1 lit. a EStG	ja	nein	ja	nein[a]	nein	§ 4 Abs. 2 ASVG	ja	ja[b]	ja	ja	ja	nein	nein
Die Merkmale eines Dienstverhältnisses gem. § 47 Abs. 2 EStG überwiegen gegenüber den Merkmalen der sonstigen Tätigkeit; Weisungsgebundenheit liegt vor	Echter Dienstvertrag	ja	§ 25 Abs. 1 Z 1 lit. a EStG	ja	nein	ja	nein	nein	§ 4 Abs. 2 ASVG	ja	ja[c]	ja	ja	ja	nein	nein
Die Merkmale einer sonstigen Tätigkeit überwiegen gegenüber den Merkmalen eines Dienstverhältnisses; Weisungsgebundenheit liegt vor, kein Unternehmerrisiko	Auftragsverhältnis (§ 1002 ff. ABGB); Werkvertrag, freier Dienstvertrag	ja	§ 22 Z 2 erster Teilstrich oder § 22 Z 1 lit. b bzw. § 23 EStG	nein	ja	nein	ja	ja	§ 2 Abs. 1 Z 3 GSVG bzw. nachrangig § 2 Abs. 1 Z 4 GSVG[g]	nein	nein	nein	nein	nein	ja (6 % oder 12 %)[f]	nein
Auf Grund gesellschaftsrechtlicher Sonderbestimmung ("Sperrminorität") nicht weisungsgebunden; sonst alle Merkmale eines Dienstverhältnisses gem. § 47 Abs. 2 EStG	Freier Dienstvertrag	nein	§ 25 Abs. 1 Z 1 lit. b EStG	ja	nein	ja	Wahlrecht	ja	§ 4 Abs. 2 ASVG	nein	nein	nein	nein	nein	nein	nein

Wesen der Beschäftigung	Vertragsverhältnis	Weisungsbindung gegenüber der GV	Einkunftsart	Pflichtigkeit der Bezüge						1,8 % pauschale Vorsteuer (§ 14 Abs. 1 UStG)	Sozialversicherungspflicht	Jahressechstelbegünstigung	Abfertigung neu	Abfertigungsrückstellung (§ 14 EStG)	Urlaubsrückstellung	Pensionsrückstellung	Betriebsausgabenpauschale (6 %)	Unternehmerrisiko
				LSt	ESt	DB, DZ	KommSt	USt										
Alle anderen Fälle, insb. keine regelmäßige Auszahlung des GF-Bezuges, Vereinbarung von Risikokomponenten im Hinblick auf das Entgelt	Auftragsverhältnis (§ 1002 ff. ABGB); Werkvertrag, freier Dienstvertrag	nein	§ 22 Z 2 zweiter Teilstrich EStG oder § 23 EStG	nein	ja	nein	nein	nein	nein	§ 2 Abs. 1 Z 3 GSVG bzw. nachrangig § 2 Abs. 1 Z 4 GSVG	nein	nein	nein	nein	nein	Ja (6 %)	ja
Mit Ausnahme der Weisungsgebundenheit alle Merkmale eines Dienstverhältnisses	Freies Dienstverhältnis	nein	§ 22 Z 2 zweiter Teilstrich EStG	ja	nein	ja	ja	nein	nein	§ 2 Abs. 1 Z 3 GSVG bzw. nachrangig § 2 Abs. 1 Z 4 GSVG	nein	nein	nein	nein	nein	nein	nein
Sperrminorität ohne alle sonstigen Merkmale eines Dienstverhältnisses	Freies Dienstverhältnis	nein	§ 22 Z 2 erster Teilstrich oder § 22 Z 1 lit. b bzw. § 23 EStG	nein	ja	nein[d]	nein[e]	Wahlrecht	ja	§ 2 Abs. 1 Z 3 GSVG bzw. nachrangig § 2 Abs. 1 Z 4 GSVG	nein	nein	nein	nein	nein (6 % oder 12 %)[f]	ja	nein

a. Kein Unternehmer i.S.d. § 2 Abs. 1 UStG.
b. MV-Beiträge sind kein steuerpflichtiges Entgelt (§ 26 Z 7 lit. d EStG).
c. MV-Beiträge sind kein steuerpflichtiges Entgelt (§ 26 Z 7 lit. d EStG).
d. Kein Unternehmer i.S.d. § 41 Abs. 2 FamLAG.
e. Kein Unternehmer i.S.d. § 2 KommStG.
f. 6 %, wenn Einkünfte gem. § 22 Z 2 erster Teilstrich vorliegen oder 12 %, wenn Einkünfte gem. § 22 Z i lit. b bzw. § 23 EStG vorliegen.
g. Alle einkommensteuerpflichtigen Gesellschafter-Geschäftsführer einer GmbH sind im Regelfall GSVG-pflichtig; entweder als *normaler* GSVG-Versicherter (§ 2 Abs. 1 Z 3 GSVG), wenn die Gesellschaft Wirtschaftskammermitglied ist oder als *neuer* Selbständiger (§ 2 Abs. 1 Z 4 GSVG), wenn die Gesellschaft nicht Wirtschaftskammermitglied ist. Für Geschäftsführer wird laut Hauptverband der Sozialversicherungsträger ein freier Dienstvertrag gem. § 4 Abs. 4 ASVG ausgeschlossen; es kommt daher nur eine Pflichtversicherung als *echter Dienstnehmer* in Betracht.

9.3. Geschäftsführer mit einer Beteiligung von mehr als 25 % und weniger als 50 %

Wesen der Beschäftigung	Vertragsverhältnis	Weisungsbindung gegenüber der GV	Einkunftsart	Pflichtigkeit der Bezüge					1,8 % pauschale Vorsteuer (§ 14 Abs. 1 UStG)	Sozialversicherungspflicht	Jahressechstelbegünstigung	Abfertigung neu	Abfertigungsrückstellung (§ 14 EStG)	Urlaubsrückstellung	Pensionsrückstellung	Betriebsausgabenpauschale	Unternehmerrisiko
				LSt	ESt	DB, DZ	KommSt	USt									
Alle Merkmale eines Dienstverhältnisses gem. § 47 Abs. 2 EStG (sind vorhanden)	Echter Dienstvertrag	ja	§ 22 Z 2 zweiter Teilstrich EStG	nein	ja	ja	ja	nein[a]	nein	§ 4 Abs. 2 ASVG	ja	ja[b]	ja	ja	ja	ja (6 %)	nein
Sperrminorität, sonst alle Merkmale eines Dienstverhältnisses (§ 47 Abs. 2 EStG)	Freier Dienstvertrag	nein	§ 22 Z 2 zweiter Teilstrich EStG	nein	ja	ja	ja	Wahlrecht	nein	§ 2 Abs. 1 Z 3 GSVG oder nachrangig § 2 Abs. 1 Z 4 GSVG	nein	nein	nein	nein	nein	ja (6 %)	nein
Die Merkmale der sonstigen Tätigkeit überwiegen gegenüber den Merkmalen eines Dienstverhältnisses; kein Unternehmerrisiko	Freier Dienstvertrag	ja	§ 22 Z 2 erster Teilstrich oder § 22 Z 1 lit. b bzw. § 23 EStG	nein	ja	nein	nein	ja, evtl. Wahlrecht	ja	§ 2 Abs. 1 Z 3 GSVG oder nachrangig § 2 Abs. 1 Z 4 GSVG	nein	nein	nein	nein	nein	ja (6 % oder 12 %)	nein
Die Merkmale der sonstigen Tätigkeit überwiegen gegenüber den Merkmalen eines Dienstverhältnisses; es besteht ein Unternehmerrisiko	Freier Dienstvertrag	ja	§ 22 Z 2 zweiter Teilstrich EStG	nein	ja	nein	nein	nein	nein	§ 2 Abs. 1 Z 3 GSVG oder nachrangig § 2 Abs. 1 Z 4 GSVG	nein	nein	nein	nein	nein	nein	ja
Sperrminorität, sonst nicht alle Merkmale eines Dienstverhältnisses	Freier Dienstvertrag	nein	§ 22 Z 2 erster Teilstrich oder § 22 Z 1 lit. b bzw. § 23 EStG	nein	ja	nein	nein	Wahlrecht	ja	§ 2 Abs. 1 Z 3 GSVG oder nachrangig § 2 Abs. 1 Z 4 GSVG	nein	nein	nein	nein	nein	ja (6 % oder 12 %)[c]	nein

Wesen der Beschäftigung	Vertrags-verhältnis	Wei-sungs-bin-dung gegen-über der GV	Ein-kunftsart	Pflichtigkeit der Bezüge						1,8 % pau-schale Vor-steuer (§ 14 Abs. 1 UStG)	Sozialver-siche-rungs-pflicht	Jahres-sechstel-begünsti-gung	Abferti-gung neu	Abferti-gungs-rückstel-lung (§ 14 EStG)	Urlaubs-rück-stellung	Pensi-ons-rück-stellung	Betriebs-ausga-benpau-schale	Unter-neh-mer-risiko
				LSt	ESt	DB, DZ	KommSt	USt										
Alle anderen Fälle, insb. keine regelmä-ßige Auszahlung des GF-Bezuges oder Vereinbarung von Risikokompo-nenten auf das Ent-gelt	Freier Dienstver-trag	ja	§ 22 Z 2 zweiter Teilstrich EStG	nein	ja	nein	nein	nein	nein	§ 2 Abs. 1 Z 3 GSVG oder nach-rangig § 2 Abs. 1 Z 4 GSVG	nein	nein	nein	nein	nein	ja (6 %)	ja

a. Kein Unternehmer i.S.d. § 2 Abs. 1 UStG (vgl. auch BMF 13.7.1987 [AÖFV 1981/214]), da Leistungsvereinigung.
b. MV-Beiträge sind kein steuerpflichtiges Entgelt (§ 26 Z 7 lit. d EStG)
c. 6 %, wenn Einkünfte gem. § 22 Z 2 erster Teilstrich vorliegen oder 12 %, wenn Einkünfte gem. § 22 Z i lit. b bzw. § 23 EStG vorliegen.

9.4. Geschäftsführer mit einer Beteiligung von 50 % und darüber

Wesen der Beschäftigung	Vertragsverhältnis	Weisungsbindung gegenüber der GV	Einkunftsart	Pflichtigkeit der Bezüge					1,8 % pauschale Vorsteuer (§ 14 Abs. 1 UStG)	Sozialversicherungspflicht	Jahressechstelbegünstigung	Abfertigung neu	Abfertigungsrückstellung (§ 14 EStG)	Urlaubsrückstellung	Pensionsrückstellung	Betriebsausgabenpauschale	Unternehmerrisiko
				LSt	ESt	DB, DZ	KommSt	USt									
Die Merkmale der sonstigen Tätigkeit überwiegen gegenüber den Merkmalen eines Dienstverhältnisses	Freies Dienstverhältnis	nein	§ 22 Z 2 zweiter Teilstrich EStG	nein	ja	nein	nein	nein	nein	§ 2 Abs. 1 Z 3 GSVG bzw. nachrangig § 4 Abs. 4 ASVG	nein	nein	nein	nein	nein	ja (6 %)	nein
Alle Merkmale eines Dienstverhältnisses gem. § 47 Abs. 2 EStG mit Ausnahme der Weisungsgebundenheit sind vorhanden	Freies Dienstverhältnis	nein	§ 22 Z 2 zweiter Teilstrich EStG	nein	ja	ja	ja	nein	nein	§ 2 Abs. 1 Z 3 GSVG bzw. nachrangig § 2 Abs. 1 Z 4 GSVG	nein	nein	nein	nein	nein	ja (6 %)	nein
Ohne alle sonstigen Merkmale eines Dienstverhältnisses	Freies Dienstverhältnis	nein	§ 22 Z 1 lit. b bzw. § 23 EStG	nein	ja	nein	nein	nein	nein	§ 2 Abs. 1 Z 3 GSVG bzw. nachrangig § 2 Abs. 1 Z 4 GSVG	nein	nein	nein	nein	nein	ja (12 %)	a

a. abhängig von der konkreten Vertragsgestaltung.

10. Ausgewählte Aspekte für die Gestaltung von Geschäftsführerverträgen

10.1. Grundlagen

Vertragsgestaltung bedeutet auch Konfliktmanagement. Zu den Aufgaben und **619** Zielen für den Abschluss eines Geschäftsführervertrages gehören daher die Konfliktprävention, Konflikterkennung und Konfliktregelung. In allen Vertragspunkten sind die unterschiedlichen rechtlichen Rahmenbedingungen zwischen Organverhältnis und Anstellungsvertrag zu berücksichtigen. Im Hinblick auf die sozialversicherungsrechtliche Gestaltung ist zunächst zu beachten, dass es keine nicht pflichtversicherten GmbH-Geschäftsführer geben kann. Bei einem ASVG-pflichtigen Rechtsverhältnis kommt es auf den Dienstnehmerbegriff an, der eine persönliche und wirtschaftliche Abhängigkeit im Rahmen einer entgeltlichen Beschäftigung erfordert. Als Konsequenz ist auf die entsprechende Gestaltung der Stimmrechte im Gesellschaftsvertrag der GmbH zu achten.

Zu den sonstigen Regelungsproblemen eines Geschäftsführervertrages gehören die Aspekte aus dem Organverhältnis, die Vereinbarung eines adäquaten Ersatzes für den fehlenden arbeitsrechtlichen Schutz bei nicht ASVG-versicherungspflichtigen Geschäftsführern sowie – in jedem Fall – die Verhaltenssteuerung durch die Generalversammlung als oberstem gesellschaftlichem Organ.

10.2. Konzept für einen „optimalen" Geschäftsführervertrag

1. Gestaltung der Vertragsbeziehung
620

- Wer ist Vertragspartner?
- Gibt es einen parallelen (Anstellungs-)Vertrag?
- Beendigung/Suspendierung bestehender Verträge?

2. Gestaltung der Dienstpflicht

- exakte Beschreibung der Aufgaben und Verantwortungsbereiche
    - Vermeidung von Zuständigkeitskonflikten
    - Einschränkung der einseitigen Abänderbarkeit[243]
- Übereinstimmung von Anstellungsvertrag und Organverhältnis
- Beschränkungen im Innenverhältnis durch Zustimmungspflichtige Geschäfte
- Ressortbildung, Geschäftsordnung
- Übernahme anderer Organfunktionen [244]
- Übernahme besonderer Haftungen?

3. Nebentätigkeiten

- Privatbereich (Ehrenämter, Sportausübung)
- Beruflicher Bereich (Erwerbstätigkeiten, Aufsichtsratsmandate)
- Politische Tätigkeit[245] (Zulässigkeit, Vertragsgestaltung)

---

[243] Im Falle von notwendigen Umstrukturierungsmaßnahmen ist von Geschäftsführern eine Flexibilität in höherem Ausmaß zu verlangen als von den übrigen Dienstnehmern.

[244] Eine Übernahme anderer Organfunktionen ist nur insoweit zulässig, als eine Amtsausübung in der gesetzlich vorgesehenen Form die eigenen (zeitlichen und fachlichen) Ressourcen nicht übersteigt.

[245] Regelungen über Verbote, Anzeigepflicht, Genehmigungspflicht oder Beschränkungen sind zulässig.

4. Gestaltung von Arbeitszeit und Entgelt

- Höchstgrenzen der Arbeitszeit
  - frei vereinbar
  - Anwendung eines Kollektivvertrages prüfen
  - Überstundenpauschale: Kündigung nur bei Vorbehalt des Widerrufes, Steuerliche Begünstigung
- Dienstreisen:
  - Arbeitszeit/Arbeitsbereitschaft
  - Taggelder, Nächtigungsgelder
- „All-In-Klausel": Überstundenpauschale, mit dessen Gewährung sämtliche über die Normalarbeitszeit hinausgehenden Leistungen des Geschäftsführers abgegolten werden
- Geld- und Sachbezüge (z.B. Dienstwagen)
- Vereinbarung einer Gewinnbeteiligung
- Festlegung des Berechnungsmodus bei erfolgsbezogenen Entgeltbestandteilen
  - (Bindung an Unternehmens-Kennzahlen [Cash-Flow, Ergebnis aus gewöhnlicher Geschäftstätigkeit usw.])
  - Widerrufbarkeit
  - Aliquotierung
  - Abgeltung des Zielerreichungsgrades
  - Gestaltung von Entgeltfortzahlungsregeln im Krankheitsfall
  - Gibt es Entgeltszahlungen von dritter Seite?
  - Keine Arbeitnehmereigenschaft in steuerrechtlicher Hinsicht bei einer Beteiligung von über 25 v.H.

5. Haftungsfragen

- Haftungsausschluss im Außenverhältnis?
- Anwendung des Dienstnehmerhaftpflichtgesetzes?
- Generelle Haftungsfreistellung im Innenverhältnis?
- Haftungsfreistellung im Einzelfall?
- Haftung für Sachgüter des Geschäftsführers?
- Übernahme von gerichtlichen oder verwaltungsbehördlichen Geldstrafen?
  - Vertragliche Vereinbarungen darüber sind (an sich) sittenwidrig und rechtsunwirksam, jedoch:
  - faktische Bezahlung der Verwaltungsstrafen (§ 9 VStG) in der Praxis
  - wegen Entgeltcharakter lohnsteuerpflichtig
- Wie sollen allfällige gerichtliche Straffolgen im Rahmen des Anstellungsverhältnisses bewältigt werden?

6. Regelung der Vertragsbeendigung

- Vereinbarung einer Befristung (Zulässigkeit, Zusatzregelungen über Kündbarkeit, ansonsten nur aus wichtigem Grund vorzeitig auflösbar, wiederholte Befristungen)

- Einseitige Beendigung (Kündigung, vorzeitige Beendigung)

- Sonstige Klauseln (Nichtverlängerungsklausel, Fortsetzungsklausel, Wiederberücksichtigung)

- Koppelungsklauseln [246]

- Bei echtem Dienstverhältnis: fristlose Beendigung des Anstellungsvertrages nur bei Vorliegen eines Entlassungsgrundes

7. Schutzregeln zur Vertragsdauer

- Funktionsfestlegungen

- Befristungen

- Beschränkung der zulässigen Kündigungsgründe

- Kündigungsverbote

- Kündigungsmöglichkeiten bei freien Dienstverträgen beliebig vereinbar

- Weiterberücksichtigung

- Verlängerungsautomatik

- Wiederbestellung

- Weiterbeschäftigung

8. Ökonomische Schutzregeln

- Vereinbarung freiwilliger Abfertigungszahlungen

- Verlängerte Gehaltsperiode am Ende des Beschäftigungsverhältnisses?

- Betriebliche Altersversorgung?

9. Bestandschutz des Geschäftsführervertrages

- Vertragliche und ökonomische Schutzregeln

- Konkurrenzklausel mit Konventionalstrafe

10. Entsendung des Geschäftsführers

- Versetzung?

- Doppelarbeitsverhältnis?

- Karenzierung?

11. Vereinbarung sonstiger entgeltwerter Vorteile

- Dienstwagen (steuerlicher Sachbezug)

- Dienstwohnung (steuerlicher Sachbezug)

- Abschluss von Versicherungen [247]

---

[246] Eine Koppelungsklausel, wonach bei Abberufung auch der Anstellungsvertrag endet, ist nicht uneingeschränkt zulässig; zudem ist das Verbot der Kündigung zur Unzeit zu beachten.
[247] Darunter fällt z.B. der Abschluss einer Vermögensschaden-Haftpflichtversicherung.

12. Pensionsregelung

- Das Betriebspensionsgesetz ist nur auf echte Dienstverhältnisse anwendbar[248]
- Direkte Zusage einer Pensionsleistung [249]
- Unverfallbarkeit erworbener Anwartschaften (max. zehn Jahre Wartezeit)
- Übertragbarkeit unverfallener Anwartschaften
- beschränkte Widerrufsmöglichkeiten des Erwerbes künftiger Anwartschaften
- beschränkte Aussetzbarkeit laufender Leistungen
- Wertanpassung
- Gleichbehandlung
  - Indirekte Leistungszusagen
- keine Anwendbarkeit des BPG
- Verbot einseitiger Änderung der Bezugsberechtigung
- Unverfallbarkeit erworbener Anwartschaften
- beschränkte(r) Widerruf/Aussetzung
- Pensionskasse[250]
  - Treuepflichtklauseln in Pensionsverträgen[251]
  - Unangemessene Pensionszusagen bei Gesellschafter-Geschäftsführern
- Handelsrechtlich verbotene Einlagenrückgewähr (§ 82 GmbHG)
- Steuerrechtlich verdeckte Gewinnausschüttung

13. Urlaub

- echtes Dienstverhältnis: Anwendbarkeit des Urlaubsgesetzes (UrlG)
- Freier Dienstvertrag und sonstige Rechtsverhältnisse: abweichende Regelungen zulässig[252]

14. Abfertigung

- Arbeitnehmer: Anwendbarkeit des § 23 AngG[253]
- Freier Dienstvertrag und sonstige Rechtsverhältnisse: frei vereinbar (aber nicht steuerbegünstigt)
- Anrechnung von Vordienstzeiten
- Steuerbegünstigung: nur für bisher nicht abgefertigte Vordienstzeiten

---

[248] Die Anwendbarkeit des Betriebspensionsgesetzes führt nach einer Wartezeit von max. zehn Jahren zur Unverfallbarkeit erworbener Anwartschaften.

[249] Die direkte Zusage einer Pensionsleistung gestattet bei der Vertragsgestaltung max. Flexibilität.

[250] Unter der Voraussetzung, dass die GmbH einer Pensionskasse beigetreten ist, empfehlen sich entsprechende vertragliche Regelungen. Neben dem Gleichbehandlungsprinzip sind auch allenfalls bestehende Betriebsvereinbarungen zu beachten.

[251] Anwendbarkeit der §§ 36, 37 AngG analog für Zeitraum zwischen Vollendung der Anwartschaft und Erreichung des Pensionsalters nachträglich entdeckte Treueverstöße während aufrechtem Dienstverhältnis. Einstellung der Leistung zulässig, auch ohne expliziten Widerrufsvorbehalt.

[252] Zu diesen abweichenden Regelungen zählen insb. Urlaubsausmaß und -verbrauch sowie Klarstellungen zum Verfall nicht konsumierter Urlaube.

[253] Zur steuerlich begünstigten Abfertigungszahlung bei schwankender Beteiligung vgl. EStR 2000, Rz. 5282.

10.3. Pensionsrückstellung für Gesellschafter-Geschäftsführer

Allgemeines. Eine Pensionsrückstellung ist als „Verbindlichkeitsrückstellung" **621** anzusehen. Die Pensionszusage stellt einen Teil der Gesamtvergütung dar. Sie wird nicht anerkannt, wenn sie aufgrund eines inneren Betriebsvergleiches einem Fremdgeschäftsführer nicht zustehen würde.[254] Da der Arbeitnehmer (Geschäftsführer) seine Arbeitsleistung während der Aktivzeit erbringt und in dieser Zeit auch die Pension „verdient", ist die Pensionsrückstellung im Ergebnis ein Instrumentarium der periodengerechten Bilanzierung von Lohn- und Gehaltsaufwendungen. Eine Pensionsrückstellung kann für Pensionszusagen jeder Art gebildet werden.

Übersicht: Arten von Pensionszusagen

Nach den arbeitsrechtlichen Rahmenbedingungen für eine Pensionszusage wird unterschieden

- in die Bildung einer Rückstellung für eine Pensionszusage nach dem Betriebspensionsgesetz (BPG); und in

- die Bildung einer Rückstellung für Pensionsansprüche außerhalb des Betriebspensionsgesetzes.

Voraussetzungen für eine steuerliche Pensionsrückstellung. Pensionszusa- **622** gen, die dem Betriebspensionsgesetz unterliegen, berechtigen nur dann zu einer Pensionsrückstellung, wenn sie die Voraussetzungen dieses Gesetzes dem Grunde nach erfüllen (§ 14 EStG). Das Betriebspensionsgesetz verlangt ausdrücklich Rechtsverbindlichkeit und Unwiderruflichkeit, jedoch nicht zwingend Schriftlichkeit der Pensionszusage. Pensionszusagen, die außerhalb des Geltungsbereiches des Betriebspensionsgesetzes erfolgen, haben jene Bestimmungen zu erfüllen, die als Voraussetzungen für eine Bildung einer Rückstellung dem Grunde nach vorliegen müssen.

Der **Anwendungsbereich des Betriebspensionsgesetzes** ist auch bei Ge- **623** schäftsführern, die Einkünfte aus nicht selbständiger Arbeit (§ 25 EStG) erzielen – unabhängig von der Einstufung nach arbeitsrechtlichen und sozialversicherungsrechtlichen Kriterien – gegeben. Voraussetzung für die Bildung einer Pensionsrückstellung für Gesellschafter-Geschäftsführer ist das Vorliegen einer direkten Leistungszusage (§§ 7 ff. BPG), sowie die Erfüllung des Gleichbehandlungsgrundsatzes (§ 18 BPG). Ist nur eine der Voraussetzungen des Betriebspensionsgesetzes nicht erfüllt, ist die Bildung einer Rückstellung unzulässig. Die Abzugsfähigkeit der Pensionszahlungen bleibt jedoch selbstverständlich erhalten.

Bei der Ermittlung der **Höhe der Pensionsrückstellung** für Gesellschafter- **624** Geschäftsführer ist grundsätzlich nach versicherungsmathematischen Grundsätzen vorzugehen, wobei jedoch für die Ermittlung des Kapitalwertes bei der Abzinsung ein Rechnungszinsfuß von 6 v.H. zugrunde zu legen ist. Die zugesagte Pension darf 80 % des letzten laufenden Aktivbezuges nicht übersteigen. Spätestens am Schluss jeden Wirtschaftsjahres müssen auf Inhaber lautende Schuldverschreibungen inländischer Schuldner, Forderungen aus Schuldscheindarlehen an die Republik Österreich oder Anteilscheine an Kapitalanlagefonds im Sinne des Investmentfondsgesetzes im Nennbetrag von mindestens 50 v.H. des am Schluss

---

[254] VwGH 24.6.1999, 94/15/0185.

des vorangegangenen Wirtschaftsjahres in der Bilanz ausgewiesenen Rückstellungsbetrages vorhanden sein (Wertpapierdeckung).

10.4. Die vertragliche Regelung von Wettbewerbsverboten

625 **Grundlagen.** Für GmbH-Geschäftsführer kommen die gesetzlichen Regeln der §§ 7 AngG für das Anstellungsverhältnis und 24 GmbHG für das Organschaftsverhältnis in Betracht. Ein Dienstnehmer darf weder ein selbständiges Unternehmen führen noch Geschäfte für eigene oder fremde Rechnung im Geschäftszweig des Dienstgebers betreiben. Ein Verstoß gegen dieses gesetzliche Wettbewerbsverbot hat die Herausgabe der Vergütung und im Regelfall eine Entlassung (§ 27 AngG) zur Folge.

626 Ein **nachvertragliches Wettbewerbsverbot** ist bei Angestellten unter folgenden Voraussetzungen zulässig (§§ 36, 37 AngG):

● Beschränkung auf Geschäftszweig des Dienstgebers
● Maximal ein Jahr
● Keine unbillige Erschwerung des Fortkommens des Dienstnehmers
● Keine Anwendung bei Arbeitgeberkündigung, ungerechtfertigter Entlassung oder berechtigtem Austritt
● Richterliches Mäßigungsrecht
● Konventionalstrafe

627 **Bewilligungspflicht.** Nach der gesetzlichen Regel des § 24 GmbHG darf ein Geschäftsführer ohne Einwilligung der Gesellschaft

● keine Geschäfte im Geschäftszweig der GmbH für eigene oder fremde Rechnung machen (relatives Handlungsverbot)
● keine Beteiligung als persönlich haftender Gesellschafter an einer Gesellschaft des gleichen Geschäftszweiges eingehen und
● keine Stelle im Vorstand oder Aufsichtsrat oder als Geschäftsführer in solcher Gesellschaft bekleiden.

Musterformulierung:

Gesellschafterbeschluss über die Befreiung vom Wettbewerbsverbot

BESCHLUSS

Die gefertigten Gesellschafter der im Firmenbuch des Landesgerichtes als Handelsgericht [Ort] eingetragenen ABC-Unternehmensberatung GmbH mit Sitz in [Ort] halten unter Verzicht auf alle Frist–, Ladungs- und Formvorschriften eine Gesellschafterversammlung ab und beschließen einstimmig Folgendes:

Dem Geschäftsführer (Gesellschafter) [Name] wird es gestattet, auf eigene Rechnung und im eigenen Namen folgende Tätigkeit auszuüben: .... [möglichst genaue Aufgabengrenzung zwischen GmbH und Geschäftsführer].

Ort, Datum, Unterschriften der Gesellschafter

Sanktionen. Im Falle des Verstoßes gegen dieses Wettbewerbsverbot droht eine **628** Vorzeitige Abberufung, Schadenersatz und kann die Gesellschaft die Herausgabe der Vergütung verlangen. Verstöße gegen die zwingenden Regeln des § 24 GmbHG verjähren drei Monate ab Kenntnis vom Verstoß, spätestens fünf Jahre nach Abschluss des Geschäftes (unabhängig von der Kenntnis).

Musterformulierung:

Abmahnung wegen eines Verstoßes gegen das gesetzliche Wettbewerbsverbot

---

Einschreiben

[Name, Adresse]

Verstoß gegen das gesetzliche Wettbewerbsverbot

Sehr geehrter Herr [Name des Geschäftsführers]!

Gemäß § 24 GmbHG unterliegen Sie als Geschäftsführer unserer Gesellschaft einem gesetzlichem Wettbewerbsverbot; von diesem wurden Sie weder im Gesellschafts- noch in Ihrem Anstellungsvertrag entbunden.

Wie wir inzwischen erfahren mussten, betreibt Ihre Ehegattin seit [Datum] unter der Firma [Name] eine Werbeagentur. Aufgrund zahlreicher Indizien – Ihre Ehegattin hat nicht die zum Betrieb einer Agentur erforderliche Qualifikation, die Marketingstrategie entspricht exakt jener unseres Hauses – gehen wir davon aus, dass Sie dieses Unternehmen betreiben und das wirtschaftliche Eigentum auch Ihnen zuzurechnen ist.

Angesichts unserer erfolgreichen langjährigen Zusammenarbeit sehen wir – ohne Verzicht auf unsere Rechte – vorerst noch davon ab, ihre Bestellung zum Geschäftsführer zu widerrufen und Sie fristlos zu kündigen. Wir setzen Ihnen vielmehr hiemit eine Frist bis zum [Datum]

1. den Betrieb der Agentur einzustellen und die Einstellung in geeigneter Form nachzuweisen;

2. den mit dem Betrieb der Agentur erzielten Reingewinn offenzulegen und an uns zurückzuzahlen bzw. einen verbindlichen Tilgungsplan mit uns zu vereinbaren.

Sollten beide Maßnahmen bis zum Ablauf der gesetzten Frist nicht oder nicht ordnungsgemäß durchgeführt werden, werden Sie als Geschäftsführer abberufen und werden wir den Anstellungsvertrag fristlos kündigen.

Schlussformel

Ort, Datum, Unterschrift

10.5. Übersicht: Unterscheidungskriterien der einzelnen Vertragsverhältnisse

629

	Arbeitnehmer-Geschäftsführer	arbeitnehmerähnlicher Geschäftsführer	wirtschaftlich selbständiger Geschäftsführer
Begriffsbestimmung	Übernahme der auf Dauer ausgelegten Geschäftsführungsfunktion in persönlicher und wirtschaftlicher Abhängigkeit und Verpflichtung zur Unterordnung in die Unternehmensorganisation der GmbH	Entgeltliche und auf Dauer gerichtete Anstellung (Qualifikationsmerkmal: wirtschaftlich unselbständig), ohne dass ein echtes persönliches Abhängigkeitsverhältnis (Qualifikationsmerkmal: schuldrechtlicher Vertrag) zur GmbH vorliegt	Weder Arbeitnehmer noch arbeitnehmerähnliches Rechtsverhältnis; der Geschäftsführer ist selbständiger Unternehmer, keine Anwendung arbeitsrechtlicher Schutzvorschriften
Vertragsform	Dienstvertrag	Anstellungsverhältnis in Form eines freien Dienstvertrages	• Bloßer Auftrag: Ein bloßer Auftrag verpflichtet zur Geschäftsbesorgung und kann z.B. vorliegen, wenn ein Steuerberater zum Geschäftsführer einer GmbH bestellt wird, bei der nur wenige Geschäfte anfallen • Werkvertrag
Wesensmerkmale des Vertragsverhältnisses	Es liegt ein Dauerschuldverhältnis vor: der Vertrag wird befristet oder unbefristet abgeschlossen und bedarf zur Beendigung eines Grundes (z.B. Kündigung) • Weisungsgebundenheit: der Dienstgeber bestimmt wann, wie und wo die Leistung zu erbringen ist • höchstpersönliche Leistungserbringung: die Stellvertretung ist meistens ausgeschlossen • wirtschaftliche Abhängigkeit: der Dienstnehmer hat keine Verfügungsmacht im eigenen Namen über die für den Betrieb wesentlichen organisatorischen Einrichtungen und Betriebsmittel • organisatorische Eingliederung in den geschäftlichen Organismus der GmbH und damit die persönliche Unterordnung dem Dienstgeber gegenüber	Freier Dienstvertrag: Merkmale • Vorliegen eines Dauerschuldverhältnisses, bei dem sich der Geschäftsführer befristet oder unbefristet zu einer bestimmten Dienstleistung verpflichtet • keine oder unwesentliche persönliche Abhängigkeit • keine Eingliederung in die Organisation des Betriebes • keine Weisungsgebundenheit • eigene Bestimmung der Arbeitszeit und des Arbeitsablaufes • Vorliegen des Unternehmerwagnisses • keine Erfolgsgarantie für seine Leistungen	Werkvertrag: ein Werkvertragsverhältnis ist durch folgende Grundsätze gekennzeichnet: • die Erbringung eines Werkes oder eines bestimmten Erfolges wird geschuldet • Haftung: der Geschäftsführer übernimmt für sich aber auch für etwaige Erfüllungsgehilfen die Haftung bzw. Gewährleistung für die Mängel des Werkes • Unternehmerwagnis • keine Weisungsgebundenheit • keine persönliche und wirtschaftliche Abhängigkeit • keine organisatorische Eingliederung in das Unternehmen der GmbH keine Anwendung von Arbeitszeitregelungen • Vertretung bei der Leistungserbringung zulässig

	Arbeitnehmer-Geschäftsführer	arbeitnehmerähnlicher Geschäftsführer	wirtschaftlich selbständiger Geschäftsführer
	• Fehlen eines Unternehmerwagnisses: der Dienstnehmer verpflichtet sich zu einer sorgfältigen Dienstleistung, haftet aber nicht für Erfolg bzw. Misserfolg • Einhaltung einer bestimmten Arbeitszeit • Bereitstellung der Arbeitsmittel durch die GmbH • Bestimmung des Arbeitsplatzes durch den Dienstgeber • regelmäßiges Gehalt; dieses ist überwiegend zeit- und nicht erfolgsabhängig, wobei jedoch erfolgsabhängige Gehaltsbestandteile denkbar sind (Tantieme)		
Konsequenz		Der freie Dienstvertrag verbindet Elemente des Werkvertrages als auch des echten Dienstvertrages	Arbeitsrechtliche Gesetze und Kollektivverträge kommen nicht zur Anwendung
Problemstellung		Gesamtbetrachtung in jedem Einzelfall unbedingt erforderlich, ob Arbeitnehmerähnlichkeit anzunehmen ist	
Rechtsgrundlagen	§§ 1153–1164 ABGB, § 1 Abs. 1 AngG (Zwingende Einstufung als Angestellter) Alle arbeitsrechtlichen Bestimmungen, sofern sie nicht ausdrücklich in den jeweiligen Kollektivverträgen vereinbart sind	§ 4 Abs. 4 ASVG (freier Dienstvertrag)	Für das Auftragsverhältnis: §§ 1002 ff. ABGB für den Werkvertrag: §§ 1165-1171 ABGB Bestimmungen der GewO, RAO, WTBG und des ZivTG
Gerichtsbarkeit	Örtlich zuständiges Landes- als Arbeits- und Sozialgericht bzw. Arbeits- und Sozialgericht Wien (§ 51 Abs. 3 Z 2 ASGG)	örtlich zuständiges Landes- als Arbeits- und Sozialgericht bzw. Arbeits- und Sozialgericht Wien (§ 51 Abs. 3 Z 2 ASGG)	Örtlich zuständiges Landes- als Handelsgericht (Handelsgericht Wien); die Zuständigkeit des Arbeitsgerichtes kann jedoch ausdrücklich vereinbart werden!
Schriftform des Vertrages erforderlich	nein Die Bestimmungen des AVRAG hinsichtlich der Ausstellung eines Dienstzettels sind zu beachten	nein Schriftlicher Vertrag unbedingt zu empfehlen	nein Schriftlicher Vertrag insbesondere hinsichtlich der exakten Definition des zu erbringenden Werkes (z.B. Sanierung) zu empfehlen

	Arbeitnehmer-Geschäftsführer	arbeitnehmerähnlicher Geschäftsführer	wirtschaftlich selbständiger Geschäftsführer
Sachliche Weisungsgebundenheit gegenüber der GmbH	ja	ja	ja
Persönliche Weisungsgebundenheit gegenüber der GmbH	ja	nein	nein
Anwendung des Arbeitsverfassungsgesetzes	nein (§ 36 Abs. 2 Z 1 ArbVG)	nein	nein
Zugehörigkeit zur Arbeiterkammer	nein (§ 5 Abs. 2 lit. b AKG)	nein	nein
Insolvenz-Entgelt-Sicherung	Anspruch auf Insolvenz-Ausfallgeld (§ 1 Abs. 1 IESG)	keine Anwendung des Insolvenz-Entgeltsicherungsgesetzes	keine Anwendung des Insolvenz-Entgeltsicherungsgesetzes
Arbeitszeitregelung	• keine Anwendung des Arbeitszeitgesetzes (§ 1 Abs. 2 Z 8 AZG) • keine Anwendung des Arbeitsruhegesetzes (§ 1 Abs. 2 Z 5 ARG)	• keine Anwendung des Arbeitszeitgesetzes (§ 1 Abs. 2 Z 8 AZG) • keine Anwendung des Arbeitsruhegesetzes (§ 1 Abs. 2 Z 5 ARG)	• keine Anwendung des Arbeitszeitgesetzes (§ 1 Abs. 2 Z 8 AZG) • keine Anwendung des Arbeitsruhegesetzes (§ 1 Abs. 2 Z 5 ARG)
Unterliegen die Bezüge den Exekutionsbeschränkungen nach der Exekutionsordnung?	ja	ja	ja
Anwendung des Dienstnehmerhaftpflichtgesetzes	nein	nein	nein

	Arbeitnehmer-Geschäftsführer	arbeitnehmerähnlicher Geschäftsführer	wirtschaftlich selbständiger Geschäftsführer
Anwendung des Individualarbeitsrechtes (I. Teil des ArbVG)	ja	nein[255]	nein
Auflösung des Anstellungsvertrages im Insolvenzfall (§ 25 KO)	ja	ja	nein
Anwendung des Ausländerbeschäftigungsgesetzes	ja	ja	nein
Kündigungsschutz nach dem Behinderteneinstellungsgesetz	ja	nein[256]	nein
Anwendung des Mutterschutzgesetzes	ja	nein	nein
Gültigkeit von Betriebsvereinbarungen	nein	nein	nein
Regelungen über Abfertigungen	ja	nein	nein
Entgeltfortzahlung nach dem EFZG	ja	nein	nein
Anwendbarkeit des Urlaubsgesetzes	ja	nein	nein
Anwendung des Kautionsschutzgesetzes (§ 3 KautSchG)	Bei Beteiligung an der GmbH: nein[257] Ohne Beteiligung an der GmbH: ja	nein	nein

---

[255] OGH vom 11.5.1988, 9Ob A 165/897.
[256] OGH vom 26.4.1983, 4 Ob 38/83.
[257] OGH 27.5.1993, 6 Ob 1545/93

XI. Der Aufsichtsrat der GmbH

Inhaltsverzeichnis | Rz.

1. Allgemeines 631
2. Aufsichtsratspflichtige Gesellschaften mit beschränkter Haftung 634
3. Gesellschaftsvertraglich fakultativer Aufsichtsrat 638
4. Die rechtlichen Beziehungen zu den übrigen Organen einer GmbH 639
5. Aufgaben des Aufsichtsrates 642
6. Die Mitglieder des Aufsichtsrates 646
  6.1. Anzahl 646
  6.2. Voraussetzungen für Aufsichtsratsmitglieder 647
    6.2.1. Allgemeine Eigenschaften 647
    6.2.2. Beschränkungen der Zahl der Aufsichtsratsmandate 648
    6.2.3. Unvereinbarkeitsbestimmungen 651
7. Bestellung der Aufsichtsratsmitglieder 652
  7.1. Allgemeines 652
  7.2. Wahl durch die Generalversammlung 656
  7.3. Erklärung eines von der Minderheit vorgeschlagenen Mitgliedes zum Aufsichtsratsmitglied 657
  7.4. Entsendungsrecht 658
  7.5. Bestellung von Aufsichtsratsmitgliedern durch das Gericht 661
  7.6. Entsendung von Belegschaftsvertretern 662
  7.7. Sonderregelung für den ersten Aufsichtsrat 670
8. Besondere Pflichten des Aufsichtsrates 671
  8.1. Krisensituation der Gesellschaft 671
  8.2. Einberufung einer Generalversammlung 672
  8.3. Zustimmungspflichtige Geschäfte 673
  8.4. Einhaltung des Wettbewerbsverbotes 676
  8.5. Besorgung dienstrechtlicher Angelegenheiten gegenüber den Geschäftsführern .. 677
9. Die Organisation und innere Ordnung des Aufsichtsrates 678
  9.1. Rechtsgrundlagen 678
  9.2. Geschäftsordnung 679
  9.3. Aufsichtsratsvorsitzender 680
    9.3.1. Allgemeines 680
    9.3.2. Organisatorische Aufgaben des Aufsichtsratsvorsitzenden 683
    9.3.3. Dirimierungsrecht des Aufsichtsratsvorsitzenden 684
    9.3.4. Der Aufsichtsratsvorsitzende in der Krisensituation des Unternehmens 685
  9.4. Protokolle 686
  9.5. Ausschüsse 687
  9.6. Teilnahmeberechtigter Personenkreis 689
  9.7. Anzahl der Aufsichtsratssitzungen 693
  9.8. Abstimmung im Aufsichtsrat 694

1. Allgemeines

631   **Einführung.** Im Gegensatz zur Aktiengesellschaft ist der Aufsichtsrat bei einer Gesellschaft mit beschränkter Haftung nur in wenigen Fällen zwingend vorgeschrieben. Bei der Auslegung der aufsichtsratsbezogenen Bestimmungen des GmbHG ist das Aktienrecht Vorbild, sofern dem nicht grundsätzlich die etwas anders gelagerte Situation in der GmbH entgegensteht.

632   **Formen des Aufsichtsrates.** Je nach Rechtsgrundlage bzw. der individuellen gesellschaftsvertraglichen Ausgestaltung wird unterschieden zwischen

- einem obligatorischen Aufsichtsrat,
- einem gesellschaftsvertraglich zwingenden Aufsichtsrat,
- einem gesellschaftsvertraglich fakultativen Aufsichtsrat.

633   **Rechtsfolgen der AR-Errichtung.** Unabhängig davon, ob es sich um einen obligatorischen Aufsichtsrat aufgrund gesetzlicher Verpflichtungen oder einen gesellschaftsvertraglich zwingenden Aufsichtsrat handelt, treten folgende Rechtsfolgen ein:

- Verpflichtung zur Abschlussprüfung (§ 268 Abs. 1 UGB)[258]
- Mitbestimmung der Arbeitnehmer im Aufsichtsrat gemäß § 110 ArbVG („Drittelparität").

Die genannten Rechtsfolgen kommen bei einem gesellschaftsvertraglich fakultativen Aufsichtsrat erst ab dem Zeitpunkt der Errichtung des Aufsichtsrates zur Anwendung.

2. Aufsichtsratspflichtige Gesellschaften mit beschränkter Haftung

Rechtsgrundlagen. Die GmbH muss einen Aufsichtsrat bestellen, wenn   **634**

- das Stammkapital der GmbH € 70.000,00 übersteigt und die Anzahl der Gesellschafter höher als 50 ist (§ 29 Abs. 1 Z 1 GmbHG);
- die Anzahl der Arbeitnehmer im Jahresdurchschnitt 300 übersteigt (§ 29 Abs. 1 Z 2 GmbHG);
- eine GmbH Aktiengesellschaften, aufsichtsratspflichtige GmbHs oder nur aufgrund der Sondervorschrift des § 29 Abs. 2 Z 1 GmbHG nicht aufsichtsratspflichtige GmbHs einheitlich leitet oder aufgrund einer unmittelbaren Beteiligung von mehr als 50 v.H. beherrscht und in beiden Fällen die Anzahl der Arbeitnehmer jener Gesellschaft und dieser Gesellschaft zusammen 300 im Durchschnitt übersteigt (§ 29 Abs. 1 Z 3 GmbHG);
- die GmbH persönlich haftender Gesellschafter einer Kommanditgesellschaft (GmbH & Co KG) ist und die Anzahl der Arbeitnehmer in ihrem Unternehmen und im Unternehmen der GmbH & Co KG zusammen im Durchschnitt 300 übersteigt (§ 29 Abs. 1 Z 4 GmbHG).

Besondere Geschäftstätigkeiten. Unbeschadet der Größenklassen des § 29   **635**
GmbHG ist ein Aufsichtsrat bei Ausübung nachfolgender spezieller Geschäftstätigkeiten zu bestellen:

- § 12 Wohnungsgemeinnützigkeitsgesetz (WGG), BGBl. 1979/139
- § 2 Abs. 5 Investmentfondsgesetz (InvFg) BGBl. 1963/192
- § 19 Abs. 5 HSchG bei einer GmbH zur Führung des Wirtschaftsbetriebes einer Hochschülerschaft.

Übersicht: Ausnahmen von der obligatorischen Aufsichtsratspflicht   **636**

Von der gesetzlich obligatorischen Aufsichtsratspflicht bestehen folgende Ausnahmen:

- Eine über mehr als 300 Arbeitnehmer verfügende GmbH ist dann nicht aufsichtsratspflichtig, wenn diese Gesellschaft unter einheitlicher Leitung einer aufsichtsratspflichtigen Kapitalgesellschaft steht oder von einer solchen

---

[258] Die Abschlussprüfung hat sich auf die Richtigkeit und Vollständigkeit des Jahresabschlusses und der Buchführung sowie auf die Beachtung der gesetzlichen Vorschriften und des Gesellschaftsvertrages zu erstrecken. Der Abschlussprüfer hat einen schriftlichen Prüfungsbericht zu erstatten. Sind nach dem Ergebnis der Abschlussprüfung keine Einwendungen zu erheben, so hat er dies durch einen Bestätigungsvermerk festzustellen. Falls Einwendungen zu erheben sind oder der Geschäftsbericht ein falsches Bild von der Lage der Gesellschaft gibt, hat der Abschlussprüfer den Bestätigungsvermerk zu versagen oder einzuschränken. Kleine Gesellschaften m.b.H. sind – sofern sie nicht aufgrund gesetzlicher Vorschriften einen Aufsichtsrat haben müssen – von der Verpflichtung zur Abschlussprüfung befreit.

aufgrund einer unmittelbaren Beteiligung von mehr als 50 v.H. beherrscht wird und in beiden Fällen die Zahl der Arbeitnehmer der Gesellschaft im Durchschnitt 500 nicht übersteigt (§ 29 Abs. 2 Z 1 GmbHG).

- Eine als Komplementär in einer KG tätige (Geschäftsführungs-)GmbH ist bei Überschreiten der Arbeitnehmerzahl von 300 in beiden Gesellschaften dann nicht aufsichtsratspflichtig, wenn neben der GmbH eine physische, nicht von der Vertretung der KG ausgeschlossene Person unbeschränkt haftender Gesellschafter ist.

637 „Jännerliste". Die Geschäftsführer der GmbH haben in vertretungsbefugter Zahl jeweils am 1. Jänner eines jeden Jahres den Durchschnitt der Arbeitnehmeranzahl der im vergangenen Jahr beschäftigten Arbeitnehmer festzustellen und – falls die Durchschnittszahl 300 bzw. 500 überschreitet – diesen Umstand unverzüglich dem Firmenbuchgericht mitzuteilen (§ 29 Abs. 4 GmbHG). Diese Durchschnittszahl ist an sich nach objektiven Kriterien beliebig ermittelbar, wobei jedoch diesfalls der Betriebsrat in geeigneter Form im Vorhinein beigezogen werden sollte.

3. Gesellschaftsvertraglich fakultativer Aufsichtsrat

638 Wollen die Gründungsgesellschafter anlässlich der Errichtung der GmbH einerseits keinen Aufsichtsrat bestellen, andererseits jedoch eine spätere Bestellung auch nicht ausschließen, so wird die Regelung im Gesellschaftsvertrag etwa wie folgt lauten:

„Wenn es das Interesse der Gesellschaft erfordert, können die Gesellschafter mit einfacher Mehrheit der abgegebenen Stimmen in der Generalversammlung einen Aufsichtsrat mit mindestens drei, höchstens sechs Mitgliedern, bestellen. Der Aufsichtsrat hat in seiner ersten Sitzung einstimmig eine Geschäftsordnung, welche in schriftlicher Form kundgemacht wird, zu beschließen."

Diese vertragliche Vereinbarung hat im konkreten Fall den Vorteil, dass bei der tatsächlichen Bestellung eines Aufsichtsrates keine spätere Änderung des Gesellschaftsvertrages vorzunehmen ist.

4. Die rechtlichen Beziehungen zu den übrigen Organen einer GmbH

639 Die Stellung des Aufsichtsrates in der GmbH unterscheidet sich durch den Umstand, dass in der GmbH die Generalversammlung das oberste Willensbildungsorgan ist und der Aufsichtsrat – ungeachtet der Wahrnehmung seiner ihm durch das GmbHG zwingend zugewiesenen Kontrollaufgaben – letztlich diese übergeordnete Stellung der Generalversammlung der GmbH zu akzeptieren hat.

Übersicht: Wesentliche Abweichungen vom Aktiengesetz

- Aktiengesellschaften bedürfen immer eines Aufsichtsrates, GmbHs nur in den im § 29 Abs. 1 GmbHG genannten Fällen.
- Entgegen den Bestimmungen des § 86 AktG gibt es im GmbHG keine Begrenzung für die Zahl der Mitglieder im Aufsichtsrat.
- Die Quote entsandter Aufsichtsratsmitglieder ist (§ 30c Abs. 3 GmbHG) nicht beschränkt.
- Dem Aufsichtsrat der GmbH obliegt nicht zwingend die Bestellung und Abberufung von Geschäftsführern sowie die Zustimmung zur Erteilung einer Prokura, doch können ihm durch entsprechende Vereinbarung im Gesellschaftsvertrag diese Aufgaben zugewiesen werden.

- Es besteht Berichtspflicht des Aufsichtsrates gegenüber der Gesellschafterversammlung für zwischen der Gesellschaft und den Geschäftsführern abgeschlossene Geschäfte gemäß § 32 i.V.m. § 25 Abs. 4 GmbHG.

640 Der Aufsichtsrat der GmbH *untersteht* der Generalversammlung als dem obersten Organ der GmbH. Die Generalversammlung kann demnach jederzeit durch Gesellschafterbeschluss einen Beschluss des Aufsichtsrates außer Kraft setzen.

641 Die Innenorganisation der GmbH-Organe untereinander wird an Hand ausgewählter Praxisfälle in den nachfolgenden Schaubildern demonstriert.

a) Überwachung der Geschäftsführung:

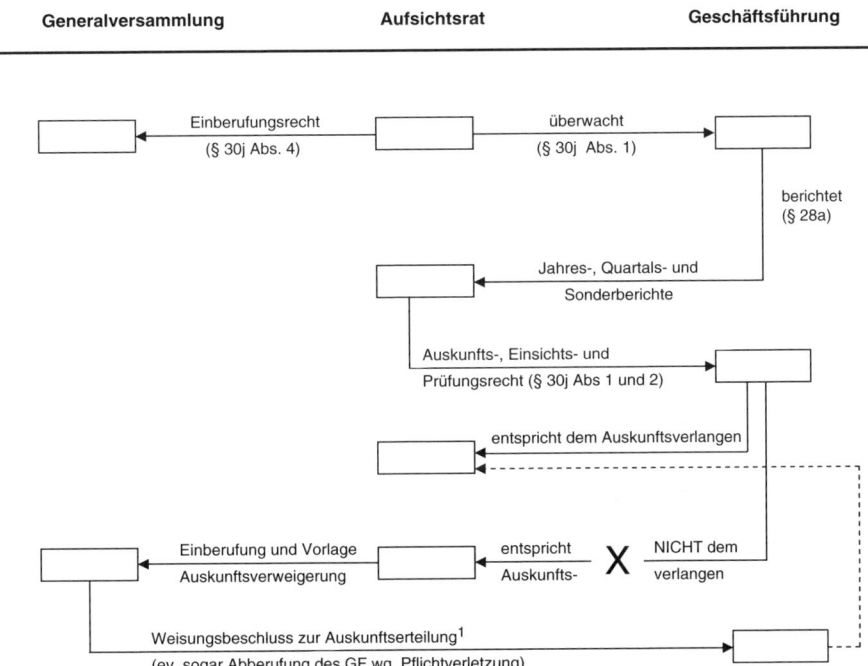

Generalversammlung	Aufsichtsrat	Geschäftsführung

[1] = Bestätigt die Generalversammlung die Informationsverweigerung durch die Geschäftsführung, so müssten die Mitglieder des Aussichtsrats konsequenterweise ihre Funktion zurücklegen.

Die GmbH in der Praxis

b) Verhältnis Aufsichtsrat – Geschäftsführung:

Generalversammlung	Aufsichtsrat	Geschäftsführung

Übertragung weiterer Obliegenheiten (§ 30 l Abs. 4 [z.B. Weisungsrecht])

erteilt Weisung

erfüllt Weisung

Ersuchen um Genehmigung

Zustimmungspflichtige Rechtsgeschäfte (§ 30 j Abs. 5)

Zustimmung — ja / nein

Vorlage an Generalversammlung

Kann AR-Beschluss bestätigen oder ändern

c) Jahresabschluss

Generalversammlung	Aufsichtsrat	Geschäftsführung

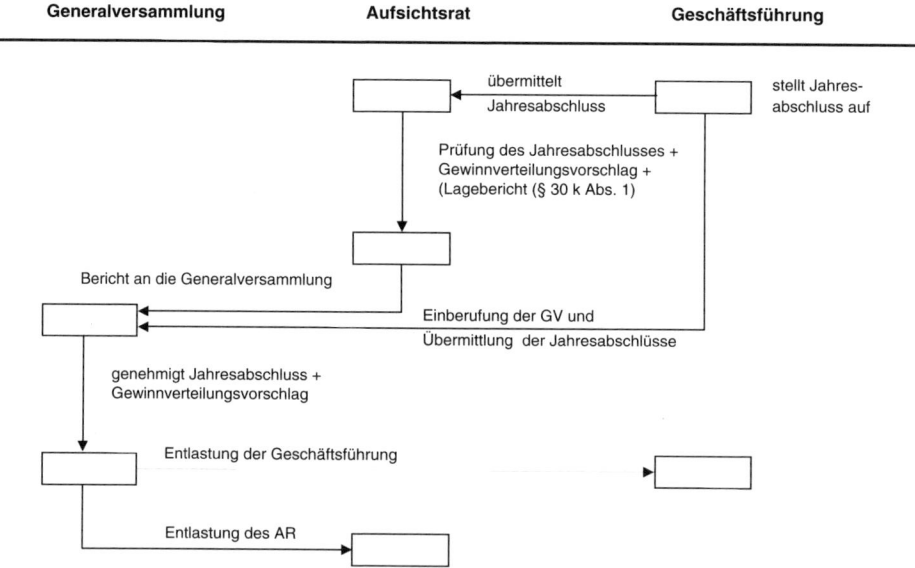

übermittelt Jahresabschluss

stellt Jahresabschluss auf

Prüfung des Jahresabschlusses + Gewinnverteilungsvorschlag + (Lagebericht (§ 30 k Abs. 1)

Bericht an die Generalversammlung

Einberufung der GV und Übermittlung der Jahresabschlüsse

genehmigt Jahresabschluss + Gewinnverteilungsvorschlag

Entlastung der Geschäftsführung

Entlastung des AR

d) Rechtsstreitigkeiten mit der Geschäftsführung

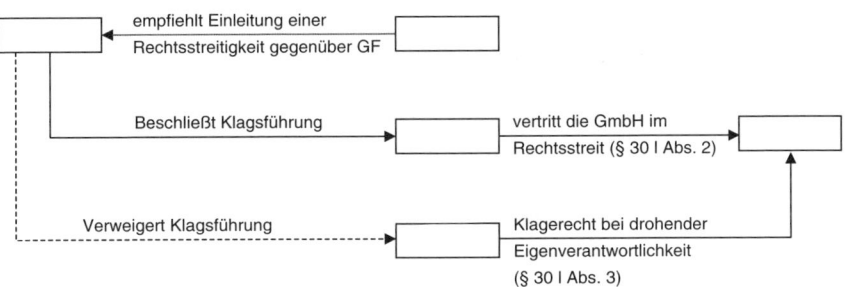

e) Rücktritt des Geschäftsführers

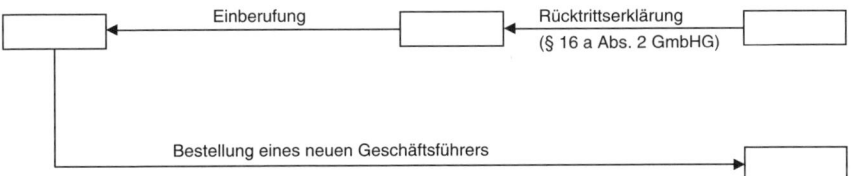

f) Abberufung des Geschäftsführers

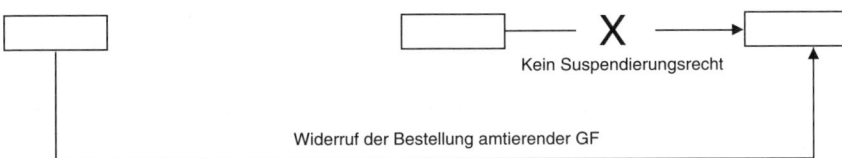

5. Aufgaben des Aufsichtsrates

Die Hauptaufgabe des Aufsichtsrates ist die **Überwachung der Geschäftsführung** **642** der GmbH. Diese Überwachungstätigkeit erstreckt sich auf alle Bereiche der Geschäftsführung, insb. ob die Geschäfte

- entsprechend den gesetzlichen Bestimmungen
- unter Beachtung der Beschränkungen durch die Satzung sowie Gesellschafts- und Aufsichtsratsbeschlüsse durchgeführt wurden und
- die Geschäftsführungsentscheidungen im Hinblick auf die Wirtschaftlichkeit und Zweckmäßigkeit geeignet sind, den von den Gesellschaftern beabsichtigten wirtschaftlichen Erfolg zu erzielen.

643

Der Aufsichtsrat ist in die **strategische Planung** der Gesellschaft einzubinden. Bei dieser Überwachung bzw. Mitgestaltung kann den Aufsichtsrat eine Haftungsverantwortung treffen.

Übersicht: Überwachung der organisatorischen und fachlichen Aufgaben der Geschäftsführer

Bei der stichprobenartigen Überwachung der Geschäftsführer ist insbesondere zu achten auf die

- Zweckmäßigkeit der Organisation der Gesellschaft
- Ausrichtung auf die Zielsetzung des Unternehmens
- Einhaltung der Ressortverantwortlichkeit
- Erfüllung der allgemeinen rechtlichen Bestimmungen
- Kreativität der Geschäftsführer

644

Etwaigen **Mängeln der Geschäftsführung** kann der Aufsichtsrat im Regelfall nicht selbst entgegentreten, sondern es bedarf der Befassung durch die Gesellschafterversammlung.

Übersicht: Überwachung der Führungsaufgaben der Geschäftsführer

Einige besonders wichtige Führungsaufgaben der Geschäftsführung machen eine Überwachung durch den Aufsichtsrat erforderlich:

- Auswahl der richtigen Mitarbeiter
- Überwachung der Neueinstellung von Mitarbeitern
- Überwachung der Kontrolle der Geschäftsführer hinsichtlich der fortdauernden Eignung ihrer Mitarbeiter
- Überwachung der Kontrolle zwischen den Geschäftsführern
- Überwachung der Pflicht der Geschäftsführung zur Vorgabe von Einzelzielen (Soll-Werte) für die Abteilungsleiter
- Überwachung der Förderung der Mitarbeiter
- Überwachung der kollegialen Zusammenarbeit der Geschäftsführer

645

Jahresabschluss. Der Aufsichtsrat hat den Jahresabschluss, den Vorschlag für die Gewinnverteilung und den Lagebericht zu prüfen und der Generalversammlung darüber zu berichten; hierfür ist eine angemessene Frist zur Prüfung des Jahresabschlusses durch den Aufsichtsrat anzunehmen. Den Sitzungen des Aufsichtsrats, die sich mit der Feststellung des Jahresabschlusses sowie deren Vorbereitungen sowie mit der Prüfung des Jahresabschlusses beschäftigen, ist jedenfalls der Abschlussprüfer beizuziehen (§ 30k Abs. 1 GmbHG). Sofern der Aufsichtsrat aus mehr als fünf Mitgliedern besteht, ist jedenfalls ein Finanzausschuss im Aufsichtsrat einzurichten (§ 30g Abs. 4 GmbHG).

Zu den besonderen Pflichten des Aufsichtsrates vgl. Rz. 671 ff.

6. Die Mitglieder des Aufsichtsrates

6.1. Anzahl

Der Aufsichtsrat der GmbH hat aus mindestens drei Mitgliedern zu bestehen (§ 30 **646** GmbHG). Eine gesetzliche Obergrenze ist – im Gegensatz zu den Bestimmungen des Aktiengesetzes – nicht vorgesehen. Enthält der Gesellschaftsvertrag keine Regelungen über die Zahl der Aufsichtsratsmitglieder, dann unterliegt dieser keiner Beschränkung nach oben.

Die Mindestzahl von Arbeitnehmervertretern im Aufsichtsrat beträgt zwei Personen (§ 110 Abs. 1 und Abs. 5 ArbVG). Der mitbestimmungspflichtige Aufsichtsrat muss daher insgesamt aus mindestens fünf Mitgliedern bestehen. Die Entsendung von Arbeitnehmervertretern setzt voraus, dass ein Betriebsrat besteht. Dazu sind mit Ausnahme des im § 110 Abs. 6a ArbVG geregelten Falles mindestens fünf Arbeitnehmer erforderlich (§ 40 ArbVG).

6.2. Voraussetzungen für Aufsichtsratsmitglieder

6.2.1. Allgemeine Eigenschaften

Jede physische, eigenberechtigte Person, die weder Geschäftsführer (§ 30e **647** Abs. 1 GmbHG) noch Arbeitnehmer ist – ausgenommen die nach dem ArbVG entsandten Arbeitnehmervertreter –, darf Aufsichtsratsmitglied sein. Die Mitglieder des Aufsichtsrates sind als Sachverständige anzusehen, woraus sich das Erfordernis einer entsprechenden fachlichen Qualifikation ergibt (§§ 1299 und 1300 ABGB).

6.2.2. Beschränkungen der Zahl der Aufsichtsratsmandate

Im § 30a Abs. 2 GmbHG ist bestimmt, dass kein weiteres Aufsichtsratsmandat über- **648** nehmen darf, wer bereits in zehn Gesellschaften mit beschränkter Haftung und/oder Aktiengesellschaften Mitglied des Aufsichtsrates ist. Alle Aufsichtsratsmandate zählen im Regelfall einzeln und die Aufsichtsratssitze derselben Personen in Aktiengesellschaften und Gesellschaften mit beschränkter Haftung sind zusammenzuzählen (§ 30a Abs. 3 GmbHG).[259]

Von diesem Grundsatz gibt es **Ausnahmen** – und zwar, wenn die Bestellung zur **649** Wahrung der wirtschaftlichen Interessen des Bundes, der Republik Österreich, eines Bundeslandes, einer Gemeinde oder eines Gemeindeverbandes, eines mit der GmbH konzernmäßig verbundenen Wirtschaftsunternehmens oder einer Bank, die mit der GmbH in dauernder bankmäßiger Verbindung steht, erfolgt ist. In diesen Fällen darf eine physische Person nicht mehr als zwanzig Aufsichtsratsmandate wahrnehmen (§ 30a Abs. 3 GmbHG).

Ein Geschäftsführer einer GmbH, die der Kontrolle durch den Rechnungshof **650** unterliegt darf nicht mehr als fünf Sitze in Aufsichtsräten von Unternehmen innehaben, die mit der gegenständlichen Gesellschaft konzernmäßig verbunden sind (§ 30a Abs. 4 GmbHG).

6.2.3. Unvereinbarkeitsbestimmungen

Mitglieder des Aufsichtsrates dürfen nicht zugleich Geschäftsführer, Stellvertreter **651** der Geschäftsführer oder Angestellte sein, welche die Geschäfte der GmbH führen

---

[259] Vgl. hierzu im Detail *Chini/Reiter/Reiter*, Praxiskommentar Gesellschaftsrechtsänderungsgesetz, § 32 Rz. 1–5.

(§ 30e Abs. 1 GmbHG). Wird ein Geschäftsführer zum Aufsichtsratsmitglied bestellt, muss der Bestellte mit der Annahme der Bestellung seine Geschäftsführerfunktion zurücklegen. Einzelne Aufsichtsratsmitglieder können ausnahmsweise durch Gesellschafterbeschluss für einen im Voraus begrenzten Zeitraum zur Vertretung für verhinderte Geschäftsführer bestellt werden.[260]

7. Bestellung der Aufsichtsratsmitglieder

7.1. Allgemeines

652

Das Gesetz sieht einige Möglichkeiten der Bestellung von Aufsichtsratsmitgliedern vor. Die *organschaftliche Positionierung* des Aufsichtsrats im Verhältnis zum Eigentümer- und Geschäftsleitungsorgan ist in Rz. 641 grafisch dargestellt.

Übersicht: Wie wird man Aufsichtsratsmitglied?	
Bestellungsform	**Rechtsgrundlagen**
Wahl der Aufsichtsratsmitglieder in der Generalversammlung mit Gesellschafterbeschluss	§ 30b Abs. 1 GmbHG
Erklärung eines von der Minderheit vorgeschlagenen Mitgliedes zum Aufsichtsratsmitglied	§ 30b Abs. 1 GmbHG
Im Gesellschaftsvertrag ist bestimmten Gesellschaftern als höchstpersönliches Recht oder dem jeweiligen Inhaber bestimmter Geschäftsanteile das Recht eingeräumt, Mitglieder in den Aufsichtsrat zu entsenden	§ 30c Abs. 1 GmbHG
Entsendung von Mitgliedern in den Aufsichtsrat durch einen Gesellschafter, dessen Geschäftsanteil hinsichtlich seiner Übertragung an die Zustimmung der Gesellschaft geknüpft wird	§ 30c Abs. 2 GmbHG
Bestellung durch das Gericht	§ 30d Abs. 2 GmbHG § 30g Abs. 1 GmbHG § 94 Abs. 2 GmbHG
Entsendung von Belegschaftsmitgliedern	§ 110 ArbVG

653

Dauer. Die Bestellung zum Aufsichtsratsmitglied ist nicht auf unbeschränkte Zeit möglich. Die Tätigkeit als Aufsichtsratsmitglied endet automatisch mit dem Zeitpunkt jener Generalversammlung, die über die Entlastung für das vierte Geschäftsjahr nach der Wahl zum Aufsichtsratsmitglied beschließt (§ 30b Abs. 2 GmbHG). Das Geschäftsjahr, in dem das Aufsichtsratsmitglied gewählt wurde, wird allerdings nicht mitgerechnet. Diese Bestimmung ist zwingend und kann auch nicht abbedungen werden. Eine vorzeitige Abberufung eines Aufsichtsratsmitgliedes durch einen Beschluss der Generalversammlung ist zulässig, wobei es – vorbehaltlich anders lautender Regelung im Gesellschaftsvertrag – nur der einfachen Mehrheit bedarf.

654

Erster Aufsichtsrat. Die Amtsdauer der Mitglieder des anlässlich der Errichtung der Gesellschaft bestellten Aufsichtsrates (also überhaupt des ersten Aufsichtsrates) endet spätestens mit jenem Generalversammlungsbeschluss, der nach Ablauf eines Jahres seit der Eintragung der Gesellschaft in das Firmenbuch zur Beschlussfassung über die Entlastung erfolgt.[261] Im Gesellschaftsvertrag kann die gesetzliche Bestellungsdauer verkürzt werden. Unbeschadet davon ist die beliebige Wiederwahl eines Aufsichtsratsmitgliedes durch die Generalversammlung zulässig.

655

Vorzeitige Abberufung. Aufsichtsratsmitglieder können vorzeitig aus ihrer Funktion abberufen werden. Denkbar ist auch die Zurücklegung des Aufsichtsratsmanda-

---

[260] *Koppensteiner*, GmbH-Gesetz[2], § 30e Rz. 4.
[261] Vgl. Beispiel in Rz. 670.

tes durch ein Aufsichtsratsmitglied. Ist ein wichtiger Grund vorhanden, darf diese Mandatsniederlegung jederzeit erfolgen; in allen anderen Fällen empfiehlt sich eine vorherige schriftliche Ankündigung an alle Gesellschafter, um diesen eine Dispositionsmöglichkeit einzuräumen. Die Funktion aller Aufsichtsratsmitglieder endet automatisch mit Auflösung des Aufsichtsrates. Die Eröffnung des Konkursverfahrens über das Vermögen eines Aufsichtsratsmitgliedes zieht nicht das automatische Erlöschen des Aufsichtsratsmandates nach sich.

7.2. Wahl durch die Generalversammlung

Die Zuständigkeit für die Wahl von Kapitalvertretern in den Aufsichtsrat liegt bei den **656** Gesellschaftern. Es bedarf sohin eines Gesellschafterbeschlusses, für welchen die einfache Mehrheit grundsätzlich genügt, sofern der Gesellschaftsvertrag nicht etwas anderes bestimmt. Ein höheres Mehrheitsquorum als die einfache Majorität ist grundsätzlich empfehlenswert.

Während die gleichzeitige Ausübung des Geschäftsführeramtes mit der Tätigkeit als Aufsichtsratsmitglied – von einer einzigen Ausnahme (§ 30e GmbHG) abgesehen – unvereinbar ist, ist die Kombination Gesellschafter unter gleichzeitiger Ausübung des Aufsichtsratsamtes zulässig. Ein Gesellschafter, der zum Aufsichtsratsmitglied bestellt werden soll, ist in der Ausübung seines Stimmrechtes in der Generalversammlung nicht beschränkt; es ist sogar eine Selbstwahl zulässig (§ 39 Abs. 5 GmbHG). Gleiches gilt sinngemäß auch für die Abberufung als Aufsichtsratsmitglied.

Für die Wahl eines Aufsichtsratsmitgliedes durch die Gesellschafterversammlung ist auch das Umlaufverfahren zulässig (§ 34 GmbHG). Fehlt eine ausdrückliche Vereinbarung betreffend die Anwendung des Umlaufverfahrens im Gesellschaftsvertrag, so ist das Einverständnis aller Gesellschafter im Einzelfall erforderlich.

7.3. Erklärung eines von der Minderheit vorgeschlagenen Mitgliedes zum Aufsichtsratsmitglied

Sind in ein und derselben Generalversammlung mindestens drei Aufsichtsratsmit- **657** glieder zu wählen, kann von Gesellschaftern, die zumindest ein Drittel des anwesenden Stammkapitals vertreten, verlangt werden, dass die Wahl für jedes zu bestellende Mitglied des Aufsichtsrates getrennt erfolgt[262] (§ 30b Abs. 1 GmbHG).

Ergibt sich vor der Wahl des letzten zu wählenden Aufsichtsratsmitgliedes, dass bei allen vorangegangenen Wahlgängen (abhängig von der Anzahl der zu wählenden Aufsichtsratsmitglieder) wenigstens ein Drittel der abgegebenen Stimmen für dieselbe Person votiert hat und trotzdem diese Person mangels ausreichender Anzahl an Stimmen nicht gewählt wurde, so muss diese Person für als Aufsichtsratsmitglied gewählt erklärt werden. Voraussetzung für die Wahl eines Aufsichtsratsmitgliedes durch eine Minderheit ist, dass diese Minderheit in den Wahlgängen für ihren Minderheitsvertreter Stimmen abgeben muss. Es genügt nicht, lediglich gegen den Kandidaten der Kapitalmehrheit zu plädieren bzw. sich der Stimme zu enthalten.

7.4. Entsendungsrecht

Im Gesellschaftsvertrag kann vereinbart werden, dass einzelne Gesellschafter als **658** höchstpersönliches Recht Mitglieder in den Aufsichtsrat entsenden dürfen (§ 30c

---

[262] Vgl. hiezu im Detail *Berger/Eckert*, Die Minderheitsvertreter im Aufsichtsrat nach österreichischem Recht, GesRZ 2001, 177.

Abs. 1 GmbHG). Im Gesellschaftsvertrag bedarf es einer Vereinbarung, ob dieses Entsendungsrecht ad personam (also nur für einen bestimmten Gesellschafter) Gültigkeit hat oder für den jeweiligen Inhaber bestimmter Geschäftsanteile ebenso gilt.

Übersicht: Entsendungsrecht

Steht das Entsendungsrecht einem Gesellschafter persönlich zu, ist es an seine Person gebunden, nicht übertragbar und endet entweder

- mit der Veräußerung des Geschäftsanteiles des betreffenden Gesellschafters,
- mit einer Abänderung des Gesellschaftsvertrages oder
- mit dem Tod des Gesellschafters.

659

Eine **Abänderung des Gesellschaftsvertrages**, indem das Entsendungsrecht des betreffenden Gesellschafters aufgehoben, abgeändert oder eingeschränkt wird, darf nur mit Zustimmung dieses Gesellschafters beschlossen werden, weil es sich beim Entsendungsrecht um ein Sonderrecht eines Gesellschafters handelt (§ 50 Abs. 4 GmbHG).

660

Mit Geschäftsanteilen kann nur dann ein Entsendungsrecht verbunden werden, wenn gleichzeitig gesellschaftsvertraglich die Übertragung solcher Geschäftsanteile an die Zustimmung der Gesellschaft gebunden wird (§ 30c Abs. 2 GmbHG). Es empfiehlt sich daher, im Gesellschaftsvertrag für einen mit einem Entsendungsrecht verknüpften Geschäftsanteil entweder eine Teilung generell auszuschließen oder festzulegen, dass im Fall der Teilung des Geschäftsanteiles das Entsendungsrecht für Mitglieder des Aufsichtsrates erlischt.

7.5. Bestellung von Aufsichtsratsmitgliedern durch das Gericht

661

Das örtlich zuständige Handelsgericht hat bei GmbHs mit einem gesellschaftsvertraglich zwingenden[263] oder gesetzlich obligatorischen Aufsichtsrat die Bestellung von Aufsichtsratsmitgliedern von Amts wegen vorzunehmen (§ 30d Abs. 2 GmbHG), wenn

- die Anzahl der Aufsichtsratsmitglieder unter die für die Beschlussfähigkeit erforderliche Anzahl gesunken ist und
- die Gesellschafter nicht innerhalb von drei Monaten ab dem Eintritt der Beschlussunfähigkeit des Aufsichtsrates die im Gesellschaftsvertrag vorgesehene erforderliche Anzahl[264] von Aufsichtsratsmitgliedern bestellen.
- Bei einer GmbH, die einen fakultativen Aufsichtsrat hat, ist die gerichtliche Bestellung nur auf Antrag der Geschäftsführer, jedes Aufsichtsratsmitglieds und jedes Gesellschafters zulässig (§ 30d Abs. 1 GmbHG).

7.6. Entsendung von Belegschaftsvertretern

662

Drittelparität. Unabhängig davon aus welchen gesetzlichen oder gesellschaftsvertraglichen Erwägungen ein Aufsichtsrat errichtet wurde, besteht ein Entsendungsrecht für die zuständigen Arbeitnehmervertreterorgane im Betrieb einer GmbH. Voraussetzung hiefür ist, dass überhaupt ein Betriebsrat besteht.[265] Sind diese

---

[263] Vgl. *Reich-Rohrwig*, GmbH: Jännerliste ist fällig, ecolex 1990, 30.
[264] Bei einer variablen Anzahl von Aufsichtsratsmitgliedern die gesetzliche Mindestanzahl.
[265] Ein Betriebsrat kann erst ab fünf dauernd Beschäftigten errichtet werden (§ 40 Abs. 1 ArbVG); vgl. im Detail auch *Jabornegg/Resch/Strasser,* Arbeitsrecht (2003) Rz. 1178

Voraussetzungen aus der Sicht der Arbeitnehmervertretung erfüllt, entsendet der Betriebsrat aus dem Kreise der Betriebsratsmitglieder – denen das aktive Wahlrecht zum Betriebsrat zusteht – für je zwei nach dem GmbHG oder Gesellschaftsvertrag bestellte Aufsichtsratsmitglieder einen Arbeitnehmervertreter. Diese Vorgangsweise wird als Drittelparität bezeichnet.

664 Bei einer **ungeraden Anzahl** der bestellten Aufsichtsratsmitglieder ist ein Arbeitnehmervertreter mehr zu entsenden (§ 110 Abs. 1 ArbVG). Die Arbeitnehmervertreter im Aufsichtsrat haben auch Anspruch auf eine drittelparitätische Vertretung in allfälligen Ausschüssen des Aufsichtsrates.

665 Die **Mitwirkung der Arbeitnehmervertreter** im Aufsichtsrat erfolgt unabhängig, eigenverantwortlich und ehrenamtlich. Es besteht für Aufsichtsratsmitglieder aus dem Kreise der Arbeitnehmervertreter kein Entgeltanspruch, sondern lediglich ein Anspruch auf Ersatz der Barauslagen in angemessener Höhe.

666 Bei der **Entscheidungsfindung** im Aufsichtsrat haben sich die Arbeitnehmervertreter – ebenso wie die Kapitalvertreter – nach objektiven Kriterien an der strategischen Optimierung des Unternehmens zu orientieren. Somit können auch berücksichtigungswürdige Interessen der Belegschaft in die Diskussion und Entscheidungsfindung eingebracht werden.

667 Der **Entsendungsanspruch** der Belegschaftsvertreter entsteht erst mit der Eintragung der GmbH im Firmenbuch. Im Gründungsstadium (Vor-GmbH) sind die Arbeitnehmervertreter ausgeschlossen. Die Mitteilung des Entsendungsbeschlusses eines Arbeitnehmervertreters in den Aufsichtsrat muss zu ihrer Wirksamkeit gegenüber der Gesellschaft an die Geschäftsführer gerichtet sein. Der Aufsichtsratsvorsitzende etwa ist insofern nicht der richtige Partner, da das Auftragsverhältnis zwischen der Gesellschaft und dem entsandten Arbeitnehmervertreter begründet wird. Dieses Auftragsverhältnis ist vom Beginn bis zum Ende an das Bestehen der gesellschaftsrechtlichen Organschaft gebunden.

668 Die Arbeitnehmervertreter im Aufsichtsrat haben grundsätzlich die gleichen Rechte und Pflichten wie die Kapitalvertreter.

Übersicht: Besondere Bestimmungen für Arbeitnehmervertreter

- Die Bestimmungen des § 30d GmbHG (Wahl und Abberufung von Aufsichtsratsmitgliedern) gelten für die Arbeitnehmervertreter nicht; das Aufsichtsratsmandat beginnt mit der Bekanntgabe der Entsendung durch den Betriebsratsobmann und endet mit der Abberufung durch die entsendende Stelle oder der Beendigung der Mitgliedschaft des Belegschaftsvertreters zum Betriebsrat;

- vom Betriebsrat entsandte Aufsichtsratsmitglieder dürfen entgegen der Bestimmung des § 30e Abs. 1 GmbHG auch gleichzeitig die Geschäfte der GmbH führen;

- nur zwei Arbeitnehmervertretern gemeinsam kommt das Recht zu, von den Geschäftsführern jederzeit einen Bericht über die Angelegenheiten der Gesellschaft zu verlangen.

669 **Konzern.** Bei einer GmbH, welche als Konzernspitze fungiert und im Vergleich zu den von ihr beherrschten Gesellschaftern verhältnismäßig wenige Arbeitnehmer aufweist, bestehen Sonderbestimmungen über die Entsendung von Arbeitnehmervertretern (§ 110 Abs. 6 ArbVG). Sie gelten allerdings nicht für Banken, Versicherungsunternehmen und beherrschende Gesellschaften, in denen kein Betriebsrat zu errichten ist bzw. errichtet wurde.

7.7. Sonderregelung für den ersten Aufsichtsrat

670

Die Amtsdauer der Mitglieder des anlässlich der Errichtung der Gesellschaft bestellten Aufsichtsrates (also überhaupt des ersten Aufsichtsrates) endet spätestens mit jenem Generalversammlungsbeschluss, der nach Ablauf eines Jahres seit der Eintragung der Gesellschaft in das Firmenbuch zur Beschlussfassung über die Entlastung stattfindet.

● **Beispiel:**

Am 4.4.2007 werden Hans Mair (Vorsitzender), Dr. Rainer Vogel (Stellvertreter des Vorsitzenden) und Peter Huber (Mitglied) von den Gründungsgesellschaftern der ABC Wirtschaftstreuhand-/SteuerberatungsgesmbH im Zuge des Notariatsaktes anlässlich der Errichtung der GmbH in den Aufsichtsrat gewählt.

Die Gesellschaft wird am 2.5.2007 im Firmenbuch eingetragen. Das Wirtschaftsjahr der GmbH ist abweichend vom Kalenderjahr und zwar vom 1.7. bis 30.6. vereinbart.

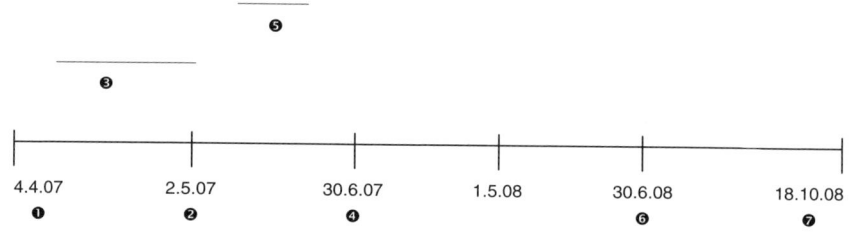

❶   Errichtung der Gesellschaft mit beschränkter Haftung
❷   Eintragung der GmbH im Firmenbuch
❸   Dauer der Vorgesellschaft; der Zeitraum vom 4.4.2007 bis zum 2.5.2007 ist für die Anwendung des § 30b Abs. 4 GmbHG ohne Bedeutung
❹   Ende des ersten (Rumpf-)Wirtschaftsjahres
❺   Ablauf eines Jahres seit der Eintragung im Firmenbuch (§ 30b Abs. 4 GmbHG)
❻   Bilanzstichtag des ersten „vollen" Wirtschaftsjahres
❼   Ordentliche Gesellschafterversammlung mit folgendem Mindestinhalt:
     Prüfung und Feststellung des Jahresabschlusses
     Allfällige Verteilung des Bilanzgewinnes
     Entlastung des/der Geschäftsführer/s
     Entlastung des Aufsichtsrates

Lösung:

Alle Aufsichtsratsmandate enden – sofern sie von der Gesellschafterversammlung nicht durch Wiederwahl verlängert werden – automatisch am 18.10.2008. Eine – auch mehrmalige – Wiederwahl ist zulässig!

8. Besondere Pflichten des Aufsichtsrates

8.1. Krisensituation der Gesellschaft

Im Falle einer insolvenzrechtlich maßgeblichen *Unternehmenskrise* hat der Auf- **671** sichtsrat die Geschäftsleitung zur Eröffnung eines Insolvenzverfahrens zu veranlassen.

Dem Aufsichtsrat kommt in der GmbH keine Vertretungsmacht zur Anmeldung eines Insolvenzverfahrens zu (§ 30 Abs. 1 GmbHG ist keine ausreichende Grundlage), doch bedeutet dies keinesfalls, dass Aufsichtsratsmitglieder nicht einen Kridatatbestand nach § 159 Abs. 1 Z 1 und 2 StGB verwirklichen und dementsprechend wegen Verletzung eines Schutzgesetzes (§ 1311 ABGB) unmittelbar gegenüber den Gesellschaftsgläubigern haften können. Aufsichtsratsmitglieder können als unmittelbare Täter der Kridadelikte grundsätzlich in Betracht kommen (§ 161 i.V.m. § 309 Abs. 2 StGB).

In Anbetracht des Umstandes, dass die Mitglieder des Aufsichtsrates – von den genau bezeichneten gesetzlichen Ausnahmen abgesehen – weder Geschäftsführungs- noch Vertretungsbefugnis haben, kann das eine Kridaverantwortlichkeit von Aufsichtsratsmitgliedern auslösende Verhalten (Tun oder Unterlassen) nur darin bestehen, kridabegründendes Verhalten der Geschäftsführung zu unterstützen bzw. dieser nicht entgegenzutreten oder kridaabwendendes Geschäftsführerverhalten zu verhindern.[266] Dies bedeutet für die den Aufsichtsrat konkret treffenden Pflichten, dass eine Haftung dann in Betracht kommt, wenn der Aufsichtsrat einem kridaträchtigen Geschäft der Geschäftsführer die Zustimmung erteilt (§ 30e Abs. 5 GmbHG).

8.2. Einberufung einer Generalversammlung

Der Aufsichtsrat ist berechtigt und verpflichtet, eine Generalversammlung einzube- **672** rufen, wenn dies im Interesse der Gesellschaft erforderlich ist[267] (§ 30j Abs. 4 GmbHG). Die Einberufung der Generalversammlung ist bei Vorliegen der hiefür erforderlichen Gründe zwingend. Zuständig für die Einberufung einer Generalversammlung ist der gesamte Aufsichtsrat. Die Einberufungskompetenz des Aufsichtsrates umfasst auch die Befugnis, eine Ergänzung der Tagesordnung zu verlangen.

Beispiele für die Notwendigkeit zur Einberufung einer Generalversammlung durch den Aufsichtsrat

- *Ausscheiden des letzten Geschäftsführers*

- *ein über den gewöhnlichen Betriebsumfang hinausgehendes Geschäft, wenn die Geschäftsführer die Gesellschafter und den Aufsichtsrat nicht von sich aus konsultieren*

- *offenkundige Streitigkeiten zwischen den Geschäftsführern.*

8.3. Zustimmungspflichtige Geschäfte

In § 30j Abs. 5 GmbHG ist geregelt, welche Rechtsgeschäfte bzw. Handlungen nur **673** mit Zustimmung des Aufsichtsrates vorgenommen werden dürfen.

---

[266] Vgl. *Schima*, RdW 1992, 296.
[267] Vgl. hiezu *Geist*, ÖJZ 1993, 641.

Z 1 – der Erwerb und die Veräußerung von Beteiligungen (§ 228 UGB) sowie der Erwerb, die Veräußerung, die Stilllegung von Unternehmen und Betrieben. Der Gesellschaftsvertrag kann für dieses zustimmungspflichtige Geschäft Betragsgrenzen festlegen.

Z 2 – der Erwerb, die Veräußerung und die Belastung von Liegenschaften. Der Gesellschaftsvertrag kann für dieses zustimmungspflichtige Geschäft Betragsgrenzen festlegen.

Z 3 – die Errichtung und die Schließung von Zweigniederlassungen

Z 4 – Investitionen, die bestimmte Anschaffungskosten im Einzelnen und insgesamt in einem Geschäftsjahr übersteigen[268].

Z 5 – die Aufnahme von Anleihen, Darlehen, Krediten, die einen bestimmten Betrag im Einzelnen und insgesamt in dem Geschäftsjahr übersteigen[269]

Z 6 – die Gewährung von Darlehen und Krediten, soweit sie nicht zum gewöhnlichen Geschäftsbetrieb gehören. Die Festlegung von Betragsgrenzen ist zwingend erforderlich[270]!

Z 7 – die Aufnahme und Aufgabe von Geschäftszweigen und Produktionsarten[271].

Z 8 – die Festlegung allgemeiner Grundsätze der Geschäftspolitik (strategische Unternehmensziele, Mittelbeschaffung usw.).

Z 9 – die Festlegung von Grundsätzen über die Gewährung von Gewinn- oder Umsatzbeteiligungen und Pensionszusagen an Geschäftsführer und leitende Angestellte.

674 Wiewohl im § 30j Abs. 5 GmbHG wörtlich ausgeführt ist: „… doch nur mit Zustimmung des Aufsichtsrats vorgenommen werden sollen", ist darunter ein rechtliches „Müssen" zu verstehen. Die Geschäftsführer sind also verpflichtet, vor Durchführung einer der genannten Maßnahmen den Aufsichtsrat damit zu befassen.

Ist dies aus dringenden Fällen nicht möglich, genügt im Regelfall die nachträgliche Zustimmung des Aufsichtsrates. Widerspricht der Aufsichtsrat einem solchen Geschäft, so kann die Generalversammlung der GmbH einen gegenteiligen Beschluss fassen und dem Geschäftsführer eine Weisung geben, das unter die Zustimmung des Aufsichtsrates fallende Rechtsgeschäft zu tätigen bzw. eine solche Handlung zu setzen.

Die Zustimmungsrechte des Aufsichtsrates haben verbindliche Wirkung nur im Innenverhältnis der Gesellschaft (§ 30j Abs. 5 GmbHG).

---

[268] Der Gesellschaftsvertrag muss Betragsgrenzen sowohl für Investitionen im Einzelnen als auch in Summe für das Geschäftsjahr festlegen. Die Festlegung der Betragsgrenzen soll einerseits die Befassung des Aufsichtsrates mit Kleinigkeiten vermeiden und andererseits eine klare Abgrenzung der Zuständigkeit schaffen. Werden diese Betragsgrenzen im Gesellschaftsvertrag für Geschäfte gemäß § 30j Abs. 5 Z 4, 5 und 6 GmbHG nicht festgelegt, so ist die Eintragung der Gesellschaft abzulehnen.

[269] Der Gesellschaftsvertrag hat zu diesen Geschäften zwingend die Betragsgrenzen festzulegen.

[270] Zum gewöhnlichen Geschäftsbetrieb gehören jedenfalls Handlungen, die im Betrieb zumindest von Zeit zu Zeit zu erwarten sind.

[271] Die Aufnahme neuer Geschäftszweige ist nur im Rahmen des Unternehmensgegenstandes der GmbH zulässig. Im Übrigen ist eine „neue" Produktionsart wohl nur dann gegeben, wenn sie erhebliche Eingriffe in die bisherige Betriebsorganisation mit sich bringt.

Muster: Erteilung der Zustimmung durch den Aufsichtsrat

„Der Aufsichtsrat der ABC-Gesellschaft m.b.H. hat sich in seiner Sitzung vom [Datum] mit dem von der Geschäftsführung empfohlenen Investitionsvorhaben [Beschreibung] eingehend befasst. Die Mitglieder des Aufsichtsrates haben – bei einer Stimmenthaltung – beschlossen, dass die Zustimmung zu dieser Investition in Höhe von € 200.000,00 erteilt wird.

Die Geschäftsführung ist verpflichtet, den Aufsichtsrat über den Gang des Investitionsvorhaben zu informieren und Überschreitungen des genehmigten Betrag von mehr als 5 % dem Aufsichtsrat anzuzeigen.

Ort, Datum, Unterschrift des Aufsichtsratsvorsitzenden

---

675 Die Zustimmungsrechte des Aufsichtsrates sind als Instrumentarium der begleitenden – allenfalls auch vorbeugenden – Kontrolle zu sehen, wobei der Aufsichtsrat nur zu beurteilen hat, ob geplante Geschäftsführungsmaßnahmen im Ermessensspielraum der Geschäftsführung liegen und wirtschaftlich vertretbar bzw. zweckmäßig sind. Es handelt sich also um ein Kontrollrecht, bei welchem der Aufsichtsrat nicht sein Ermessen an die Stelle jenes der Geschäftsführung setzen darf.

8.4. Einhaltung des Wettbewerbsverbotes

676 Der Aufsichtsrat hat die Einhaltung des Wettbewerbsverbotes durch die Geschäftsführer zu überwachen. Wurde dem Aufsichtsrat oder einzelnen Aufsichtsratsmitgliedern ein Wettbewerbsverstoß bekannt, so ist dieser hinsichtlich seiner tatsächlichen Umstände zunächst zu verifizieren. Dienstrechtliche Konsequenzen diesen Geschäftsführer betreffend obliegen ausschließlich der Generalversammlung.

8.5. Besorgung dienstrechtlicher Angelegenheiten gegenüber den Geschäftsführern

677 Die Bestellung oder Abberufung der Geschäftsführer obliegt in der GmbH zwingend der Generalversammlung. Dem Aufsichtsrat hingegen darf der Abschluss des Anstellungsvertrages mit dem Geschäftsführer übertragen werden. Hiezu bedarf es allerdings einer diesbezüglichen Regelung im Gesellschaftsvertrag. Der Aufsichtsrat kann allgemein oder durch entsprechende Regelungen im Gesellschaftsvertrag zum *dienstrechtlichen Ansprechpartner* der Geschäftsführer gemacht werden. In einem solchen Fall obliegt dem Aufsichtsrat neben der Überwachung der Einhaltung des Wettbewerbsverbotes auch die Zustimmung zur Ausübung einer Konkurrenztätigkeit (teilweise oder gänzliche Aufhebung des Wettbewerbsverbotes gemäß § 24 GmbHG) des Geschäftsführers.

Allerdings ist der Aufsichtsrat auch in jenen Fällen, in denen er als dienstrechtlicher Ansprechpartner der Geschäftsführer fungiert, nicht völlig frei hinsichtlich der Gestaltung des Anstellungsvertrages. Es sind vor allem im Hinblick auf den jederzeitigen Widerruf der Bestellung gemäß § 16 Abs. 1 GmbHG die allgemeinen Grundsätze der Vertragsgestaltung einzuhalten (z.B. Vermeidung von unangemessen langen Bindungen der Gesellschaft im Anstellungsvertrag).

---

9. Die Organisation und innere Ordnung des Aufsichtsrates

9.1. Rechtsgrundlagen

678

Die innere Ordnung des Aufsichtsrates sowie seine Willensbildung ist im Gesetz nicht allzu ausführlich geregelt (§§ 30g, 30j GmbHG), sodass sich in der Praxis das Bedürfnis nach detaillierten Vorschriften regelmäßig ergibt. Diese Regelungen können entweder

- im Gesellschaftsvertrag,
- in einer Geschäftsordnung für den Aufsichtsrat (welche dieser selbst für sich beschließt) oder
- in einem Gesellschafterbeschluss enthalten sein.

Beschlüsse des Aufsichtsrates erfolgen in Form von körperlichen Aufsichtsratssitzungen oder im Umlaufverfahren.

9.2. Geschäftsordnung

679

Der Aufsichtsrat beschließt dann eine eigene Geschäftsordnung, wenn der Gesellschaftsvertrag keine diesbezüglichen Vereinbarungen enthält und auch die Generalversammlung keinen Beschluss fasst. Die Geschäftsordnung für den Aufsichtsrat darf sowohl von diesem als auch von der Gesellschafterversammlung erstellt werden. Es bedarf hiefür einer entsprechenden Vereinbarung im Gesellschaftsvertrag oder einer Beschlussfassung der Gesellschafterversammlung. Die Erstellung einer Geschäftsordnung durch den Aufsichtsrat hat den Vorteil, dass die konkrete Ausgestaltung der Geschäftsordnung immer der autonomen Entscheidung des Aufsichtsrates obliegt.

Die Festlegung der Geschäftsordnung durch Gesellschafterbeschluss kann in der Praxis mit dem Nachteil verbunden sein, dass die praktische Arbeits- und Vorgangsweise des Aufsichtsrates von den Vorstellungen der Generalversammlung abhängig ist.

9.3. Aufsichtsratsvorsitzender

9.3.1. Allgemeines

680

Der Aufsichtsrat hat aus seiner Mitte einen Vorsitzenden und mindestens einen Stellvertreter zu wählen. Dem Vorsitzenden obliegt die *Sitzungskontrolle.* Er kann überdies auch die Reihe der Tagesordnungspunkte ändern. Auch hinsichtlich der Wahl des Vorsitzenden des Aufsichtsrates und seiner Stellvertreter kommt immer der Generalversammlung die oberste Entscheidungsbefugnis zu.

Übersicht: Rechte und Pflichten des Aufsichtsratsvorsitzenden

Dem Aufsichtsratsvorsitzenden einer GmbH kommen nachfolgende Sonderrechte und Pflichten zu:

- sitzungsprotokollarische Befugnisse
- ein allfälliges Dirimierungsrecht (das Recht einer an einer Entscheidungsfindung beteiligten Person, bei Stimmengleichheit eine Entscheidung herbeizuführen)
- die Einberufung der Sitzungen des Aufsichtsrates
- die Durchsetzung eines Berichtsverlangens gegenüber den Geschäftsführern

---

Der Vorsitzende des Aufsichtsrates vertritt diesen grundsätzlich nicht automatisch, **681** sondern muss dafür vom Aufsichtsrat als Kollegialorgan bevollmächtigt werden. Der Aufsichtsratsvorsitzende haftet für die Sorgfalt eines ordentlichen Aufsichtsratsvorsitzenden.[272] Der ständige *Stellvertreter des Aufsichtsratsvorsitzenden* ist bei dessen Verhinderung mit allen Rechten und Pflichten des Vorsitzenden ausgestattet.

Der Aufsichtsrat ist ein **Kollegialorgan.** Die praktische Arbeitsteilung m Aufsichtsrat **682** ist abhängig von den speziellen fachlichen Qualifikationen seiner Mitarbeiter und bedingt daher eine weit gehende Autonomie in organisatorischen Fragen. Diese Gestaltungsfreiheit ist allerdings auch mit einer kollektiven Haftung eines jeden Aufsichtsratsmitgliedes für ein Organisationsverschulden verbunden. Die Aufgaben des einzelnen Aufsichtsratsmitgliedes leiten sich von den Aufgaben des Aufsichtsrates als gesellschaftliches Organ ab.

9.3.2. Organisatorische Aufgaben des Aufsichtsratsvorsitzenden

Der Aufsichtsratsvorsitzende hat den übrigen Aufsichtsratsmitgliedern Vorschläge **683** hinsichtlich eines Mindestmaßes an Organisation des Aufsichtsrates zu machen, damit ihm die ordnungsgemäße Wahrnehmung seiner Überwachungspflicht möglich wird:

- die Bildung von Ausschüssen (vor allem dann, wenn es sich um komplexe fachliche Fragen handelt);
- die Festlegung der turnusmäßigen Aufsichtsratssitzungen (gesetzliche Regelung gemäß § 30i Abs. 3 GmbHG: mindestens einmal vierteljährlich);
- die Einberufung des Aufsichtsrates zu den Sitzungen unter Mitteilung der Tagesordnung;
- auf Verlangen jedes einzelnen Mitgliedes des Aufsichtsrates oder der Geschäftsführung muss der Aufsichtsratsvorsitzende eine Aufsichtsratssitzung einberufen (wird dem Verlangen nicht entsprochen, so können die Antragsteller unter Mitteilung des Sachverhaltes den Aufsichtsrat gemäß § 30j Abs. 2 GmbHG selbst einberufen);
- die Ladung von Sachverständigen und Auskunftspersonen aufgrund eines Beschlusses des Aufsichtsrates;
- die Vorbereitung der Sitzungen;
- die Leitung der Sitzungen des Aufsichtsrates nach den allgemeinen, in der Geschäftsordnung oder im Gesellschaftsvertrag festgelegten Vorschriften. Der Aufsichtsratsvorsitzende entscheidet über den Ablauf und die Beendigung der Sitzung sowie über den Zeitpunkt der Beschlussfassung, soweit die übrigen Aufsichtsratsmitglieder nicht etwas anderes bestimmen;
- die Unterbrechung oder Vertagung der Aufsichtsratssitzung (dies unterliegt jedoch der Zustimmung der übrigen Aufsichtsratsmitglieder);
- die Verantwortung für das Sitzungsprotokoll (das GmbHG kennt keine gesetzliche Regelung);
- die Entscheidung, ob eine aufsichtsratsfremde Person zur Protokollführung hinzugezogen werden darf, obliegt der Zustimmung aller Aufsichtsratsmitglieder.

---

[272] OGH 26.2.2002, 1 Ob 144/01k = wbl. 2002, 227.

9.3.3. Dirimierungsrecht des Aufsichtsratsvorsitzenden

684

Im Gesellschaftsvertrag oder der Geschäftsordnung des Aufsichtsrates wird dessen Vorsitzendem häufig ein Dirimierungsrecht bei Stimmengleichheit eingeräumt.[273] Konsequenterweise kann in solchen Fällen der Gesellschaftsvertrag (die Geschäftsordnung) nicht nur dem Vorsitzenden, sondern auch dessen Stellvertreter ein Dirimierungsrecht einräumen, wenn dieser (etwa wegen Verhinderung des Vorsitzenden) in einer bestimmten Sitzung den Vorsitz führt. Im Zweifel bezieht sich ein satzungsmäßig dem Aufsichtsratsvorsitzenden eingeräumtes Dirimierungsrecht jedenfalls nicht auf das (mit dem Aufsichtsratsvorsitzenden nicht identische) nur in einer Sitzung den Vorsitz führende Mitglied.

9.3.4. Der Aufsichtsratsvorsitzende in der Krisensituation des Unternehmens

685

In der Krisensituation kommt der Funktion des Aufsichtsratsvorsitzenden besondere Bedeutung zu. Einerseits ist er Vertreter und Sprachrohr des Aufsichtsrates, andererseits nimmt er die Mitteilungen der Geschäftsführer entgegen.

- Eine Krisensituation erfordert eine erhöhte Aktivität und Einsatzbereitschaft. Vom Verhalten des Aufsichtsratsvorsitzenden hängt es weitgehend ab, ob der Aufsichtsrats seine Aufgaben, die er in der Krisensituation zu lösen hat, tatsächlich bewältigt oder nicht.

- Der Aufsichtsratsvorsitzende muss durch sein – möglichst souveränes – Vorgehen dazu beitragen, dass im Aufsichtsrat keine Panikstimmung aufkommt, sondern die Mitglieder des Aufsichtsrates bestmöglich an der Bewältigung der Krise mitwirken. Die mögliche Paniks einzelner Mitglieder des Aufsichtsrates ist unter dem Umstand zu sehen, dass eine Insolvenz auch die Gefahr einer Inanspruchnahme der Mitglieder des Aufsichtsrates durch Gesellschafter oder Gläubiger mit sich bringt.

- In Bezug auf die Geschäftsführer hat der Aufsichtsratsvorsitzende besonders darauf zu achten, dass deren Aktivitäten zur Bewältigung der Krise geeignet sind. Ist dies nicht der Fall, hat der Aufsichtsratsvorsitzende die Gesellschafterversammlung einzuberufen.

- Der Aufsichtsratsvorsitzende hat besonders in der Krisensituation des Unternehmens alle Informationen der Geschäftsführer sorgfältig dahingehend zu prüfen, ob eine Stellungnahme des Aufsichtsrates als Kollegialorgan erforderlich ist. Der Aufsichtsratsvorsitzende kann im Falle einer Krise von den Aufsichtsratsmitgliedern bevollmächtigt werden, nur jene Berichte der Geschäftsführer, die den geplanten Sanierungsmaßnahmen zuwiderlaufen, an sie mit entsprechenden Vorschlägen weiterzuleiten.

Besondere Bedeutung haben in der Krisensituation die zustimmungspflichtigen Maßnahmen der Geschäftsführung. In diesen Fällen muss der Vorsitzende Vorschläge für allenfalls notwendige Stellungnahmen des Aufsichtsrates vorbereiten.

9.4. Protokolle

686

Über Verhandlungen und Beschlüsse des Aufsichtsrates hat eine Niederschrift zu erfolgen, welche der Vorsitzende oder sein Stellvertreter zu unterfertigen hat[274]

---

[273] Zum Dirimierungsrecht vgl. auch *Reich-Rohrwig,* GmbH-Recht I², Rz. 4/205.
[274] Vgl. hiezu auch *Fritz,* GmbH-Praxis I Vertragsmuster und Eingaben, 881.

(§ 30g Abs. 2 GmbHG). Bei der Entscheidung über besonders schwierige Fragen der Gesellschaft reicht u.U. ein reines Beschlussprotokoll nicht aus, zumal jedes Aufsichtsratsmitglied eine wörtliche Protokollierung verlangen kann. Zweckmäßig kann daher ein Tonbandmitschnitt mit nachfolgender Reinschrift sein.

9.5. Ausschüsse

Der Aufsichtsrat kann aus seiner Mitte einen oder mehrere Ausschüsse bestellen. **687** Für diese Ausschüsse geltend grundsätzlich die gleichen formalen Vorschriften wie für den Aufsichtsrat als Kollegialorgan, insbesondere auch für die Protokollführung. Ausschüsse sind Ausdruck der Arbeitsteilung im Aufsichtsrat und sind als Teileinheiten des Aufsichtsrates in dessen Namen anzusehen.[275] Die personelle Besetzung eines Aufsichtsratsausschusses muss die Qualifikationsvoraussetzungen der einzelnen Aufsichtsratsmitglieder wiedergeben.

Die Arbeitnehmervertreter haben im Aufsichtsrat Anspruch auf eine drittelparitäti- **688** sche Vertretung in den Ausschüssen des Aufsichtsrates; die Delegierung obliegt dem Belegschaftsorgan. In den Ausschüssen gilt – wie im Aufsichtsrat – der Grundsatz der Gleichbehandlung aller Mitglieder.

9.6. Teilnahmeberechtigter Personenkreis

Die Aufsichtsratsmitglieder haben ihre Obliegenheiten grundsätzlich persönlich **689** auszuüben. Die Rechte und Pflichten des Mandates sind an den Amtsinhaber gebunden. Durch Beschluss des Aufsichtsrates dürfen Sachverständige und andere Auskunftspersonen zur Beratung in Aufsichtsratssitzungen zugezogen werden. Grundsätzlich besteht ein Teilnahmerecht an den Sitzungen des Aufsichtsrates nur für Mitglieder. Sachkundige außenstehende Personen – die einer gesetzlichen Verschwiegenheitspflicht unterliegen müssen – dürfen zur Gewinnung fachlicher Informationen dann beigezogen werden, wenn das *Expertenwissen* aller Aufsichtsratsmitglieder nicht ausreicht.

Vollmacht. Der Gesellschaftsvertrag kann überdies zulassen, dass an den **690** Sitzungen des Aufsichtsrates und seiner Ausschüsse Personen, die dem Aufsichtsrat nicht angehören, anstelle von Aufsichtsratsmitgliedern teilnehmen, wenn sie von diesen hiezu schriftlich ermächtigt sind. Die diesbezügliche schriftliche Vollmacht bedarf keiner notariellen Beurkundung. Das Recht, den Vorsitz zu führen, darf jedoch nicht übertragen werden. Diese Personen können auch schriftliche Stimmabgaben der Aufsichtsratsmitglieder überreichen. Praktisch bedeutsam ist dies vor allem für den Fall einer Notwendigkeit der Hinzuziehung bestimmter sachkundiger Personen, wenn es um Fragen und Sachverhalte geht, zu deren Beantwortung den einzelnen Aufsichtsratsmitgliedern das nötige Fachwissen fehlt.

Die **Beiziehung eines Sachverständigen** entlastet den Aufsichtsrat nur insoweit, **691** als ihn kein Auswahlverschulden trifft und er die objektiven Aussagen und allenfalls gutachterlichen Befunde des Sachverständigen auf ihre Schlüssigkeit sowie Kausalität überprüft und sorgfältig verwertet. Ein einzelnes Aufsichtsratsmitglied darf einen Sachverständigen nur beiziehen, wenn er sich zuvor bei den Aufsichtsratssitzungen erfolglos um Aufklärung bemüht hat.

---

[275] Zur Wirkung der Ausschussbildung auf den Sorgfaltsmaßstab *Ginthör/Barnert,* Der Aufsichtsrat, Rz. 222 ff.

692

Aufsichtsratsmitglieder, die den Abstimmungen ständig fernbleiben, können dadurch nicht von ihrer Haftung entbunden werden. Gleiches gilt in jenen Fällen, in denen eine Person, trotz offenkundiger ungenügender fachlicher Voraussetzungen ihrer Bestellung zum Aufsichtsratsmitglied zustimmt.

9.7. Anzahl der Aufsichtsratssitzungen

693

Aufsichtsratssitzungen (dazu zählen auch Umlaufbeschlüsse) sind mindestens einmal vierteljährlich abzuhalten (§ 30i Abs. 3 GmbHG).[276] Eine spezielle Sanktion für die Nichteinhaltung dieser Vorschrift existiert allerdings nicht. Sowohl der Gesellschaftsvertrag als auch die Geschäftsordnung für den Aufsichtsrat kann diese Anzahl an Sitzungen jedoch erhöhen. Da die gesetzliche Mindestanzahl an Sitzungen für die ordnungsgemäße Wahrnehmung der Agenden des Aufsichtsrates vielfach nicht ausreicht, schafft das Umlaufverfahren eine gewisse Abhilfe.

Gesetzliche Bestimmungen über die für Aufsichtsratsbeschlüsse notwendigen Mehrheiten existieren nicht. Grundsätzlich gilt daher, dass Aufsichtsratsbeschlüsse mit einfacher Mehrheit zu fassen sind. Der Gesellschaftsvertrag bzw. die Geschäftsordnung für den Aufsichtsrat kann an sich davon abgehen, wobei jedoch gewisse Grenzen zu beachten sind, sodass das Erfordernis einer qualifizierten Mehrheit nicht zu einer Lahmlegung des Aufsichtsrates führt. Unter diesem Blickwinkel sind vertragliche Bestimmungen im Gesellschaftsvertrag, die etwa für bestimmte Handlungen oder den Abschluss von Rechtsgeschäften gar eine Einstimmigkeit erfordern, unzweckmäßig.

9.8. Abstimmung im Aufsichtsrat

694

Die **Entscheidungsfindung** im Aufsichtsrat basiert auf der unabhängigen, unbeeinflussten und eigenverantwortlichen Meinungsbildung jedes einzelnen Aufsichtsratsmitgliedes sowie der damit verbundenen persönlichen Anwesenheit der Mitglieder. Die rechtzeitige Bekanntgabe der zur Beschlussfassung gelangenden Tagesordnungspunkte soll der individuellen fachlichen Vorbereitung der Aufsichtsratsmitglieder dienen, was ursächlich für ihr eigenverantwortliches Handeln erforderlich ist. Das Protokoll einer Aufsichtsratssitzung kann für eine haftungsrechtliche Inanspruchnahme eine entscheidende Rolle spielen.

695

Die **Nichtigkeit eines Aufsichtsratsbeschlusses** kann von jedem Aufsichtsratsmitglied mittels Klage geltend gemacht werden. Im Übrigen gibt es in Österreich keine gesetzlichen Bestimmungen über die Mangelhaftigkeit von Aufsichtsratsbeschlüssen.

Rz. 696 – 700 frei.

---

[276] Zum Schutzgesetzcharakter dieser Bestimmung vgl. ecolex 2003/22, 34.

XII. Der Beirat – Entlastung oder Belastung für die Geschäftsführung?

Inhaltsverzeichnis   **Rz.**

1. Grundlagen 701
2. Arbeitnehmermitbestimmung? 703
3. Aufgaben des Beirats 705
4. Geschäftsordnung 706
5. Haftung 707

1. Grundlagen

Allgemeines. Der Beirat ist im österreichischen Gesellschaftsrecht nicht ausdrück- **701** lich geregelt, aber in den verschiedensten Erscheinungsformen im Hinblick auf seinen Schutzzweck und die Aufgabenstellung anerkannt. Der Beirat entspricht einem vielfältigen praktischen Bedürfnis, neben der Generalversammlung und der Geschäftsführung ein zusätzliches Beratungs–, Aufsichts- oder Entscheidungsgremium zu bestellen, das sich jedoch vom Aufsichtsrat zu unterscheiden hat. Der Beirat soll durch das Beiziehen fachkundiger Experten eine gesellschaftliche Willensbildung auf objektiven Grundlagen ermöglichen und Beratungsaufgaben, Kontrollfunktionen und anderes (z.B. Sicherung der Unternehmensnachfolge) wahrnehmen.

Übersicht: Persönliche Eigenschaften der Beiratsmitglieder

- Fähigkeit, sich kooperativ in einer Arbeitsgruppe (Beiratsgremium) zu betätigen
- Motivationsvermögen
- Kreativität
- Analytisches Denken
- Blick für das Wesentliche
- Gespür für das Neue
- Flexibilität
- Gute Reputation
- Diskretion und diplomatisches Geschick
- Ausstrahlung und Sympathie
- Kritikfähigkeit

In der Unternehmens- und Beratungspraxis ist sowohl ein schuldrechtlicher Beirat **702** als auch ein organrechtlicher Beirat denkbar.

Der Unterschied zwischen diesen beiden Ausprägungsformen liegt in erster Linie in der Verankerung des Beirats als fakultativem Organ im Gesellschaftsvertrag.

Übersicht: Gründe für die Einrichtung eines Beirates

- Beratung, Überwachung bzw. Kontrolle der Geschäftsführung

- Nutzung von externem Expertenwissen

- Verminderung des Risikos von Fehlentscheidungen durch ständige Beiziehung von „spezialisierten Beiratsmitgliedern"

- Ausgleich unterschiedlicher Gesellschafterinteressen

- Entkrampfung bzw. Versachlichung der Zusammenarbeit zwischen den Gesellschaftern und der Geschäftsführung

- Sicherung der Kontinuität hinsichtlich der strategischen Unternehmensführung bei Wechsel, Auswahl der Geschäftsführung und Bestellung von Geschäftsführern

- Erzielung einer optimalen Nachfolgeregelung

2. Arbeitnehmermitbestimmung?

703
In seiner Entscheidung vom 27.9.2006, 9 Ob A 130/05s hat der Oberste Gerichtshof ausgeführt, dass ein von den Gesellschaftern einer GmbH eingerichteter Verwaltungsrat als Aufsichtsrat zu qualifizieren ist und aus diesem Grunde die Bestimmungen für die Arbeitnehmervertretung (§ 110 ArbVG) in einem solchen Überwachungsorgan anzuwenden sind.

Auf Grund der zunehmenden Tendenzen, in jenen Fällen, in denen keine gesetzliche Verpflichtung zu Errichtung eines Aufsichtsrats besteht, die Zuweisung von Kernkompetenzen des Aufsichtsrats an einen Verwaltungsrat oder Beirat unter Umgehung der Teilnahme der Arbeitnehmervertreter in diesem Überwachungsorgan zu verhindern, war die gegenständliche höchstgerichtliche Klarstellung sohin längst fällig. Das Urteil hat sich mit den kontroversiellen Literaturmeinungen hinreichend auseinandersetzt und ist m.E. uneingeschränkt zu begrüßen.

Da die Arbeitnehmermitbestimmung in freiwillig eingerichteten Überwachungsorganen in vielen Fällen ganz offensichtlich gefürchtet wird wie der *Teufel das Weihwasser* besteht nunmehr Handlungsbedarf in der Beratungspraxis. Die Arbeitnehmervertreter und insbesondere ihre Interessenvertretungen könnten angesichts der klaren Aussagen des OGH motiviert sein, die drittelparitätische Entsendung von Belegschaftsmitgliedern in Beiräte, Verwaltungsräte und mit allfälligen sonstigen Bezeichnungen versehene *versteckte* Aufsichtsräte zu begehren.

Die folgenden Ausführungen wollen eine Hilfestellung für die Praxis bieten, welche Voraussetzungen vorliegen sollten, damit eine Arbeitnehmervertretung in freiwillig eingerichteten Gremien auszuschließen ist.

704
Die **Hauptaufgabe des Aufsichtsrats** einer GmbH liegt in der – auch begleitenden – Überwachung der Geschäftsführung (vgl. § 30j Abs. 1 GmbHG[277]). Je mehr sich ein von den Gesellschaftern geschaffenes freiwilliges Gremium von der Überwachung der Geschäftsführung *entfernt*, desto weniger wird ein unzulässiger Umgehungstatbestand vorliegen. Demzufolge ist ein wissenschaftlicher Beirat, Fachbeirat, Expertenbeirat, Schiedsgremium, ein Proponentenkomitee und Ähnliches unbedenklich. Auch Beiräte, die im Zuge besonderer Situationen im Leben einer

---

[277] Vgl. hiezu im Detail Rz. 642 ff.

GmbH eingerichtet werden, wie z.B. anlässlich der Begleitung des betrieblichen Generationenwechsels, bei der Erstellung eines Unternehmensleitbildes, bei der Ausarbeitung von Grundsätzen der strategischen Unternehmensführung, sind keinesfalls *umgehungsgefährdet*.

Ganz allgemein steht es den Gesellschaftern frei, im Rahmen ihrer Verbandsautonomie freiwillige – im Gesetz nicht ausdrücklich genannte – Gremien zu ihrer Beratung einzurichten. Eine solche Maßnahme ist etwa bei GmbHs mit einer größeren Anzahl von Gesellschaftern schon aus Gründen der Entscheidungseffizienz geboten. Beratung der Gesellschafter hat aber nichts mit Überwachung der Geschäftsführung zu tun. Je weniger ein Beirat mit dem Geschäftsleitungsorgan befasst ist, desto weniger kann eine Arbeitnehmermitbestimmung argumentiert werden.

3. Aufgaben des Beirats

Mit einem *Beratungsbeirat* kann m.E. der von den Gesellschaftern gewünschte **705** Zweck auch erreicht werden. So können etwa in der Satzung vereinbarte zustimmungspflichtige Geschäfte von einem Beirat auf ihre Zweckmäßigkeit beurteilt und eine Empfehlung an die Gesellschafter übermittelt werden. Die Gesellschafter fassen im Anschluss an diese Empfehlung einen entsprechenden Weisungsbeschluss, an den die Geschäftsführung auf Grund auf ihrer gesetzlichen Weisungsunterworfenheit gebunden ist. Die durchaus problematische Einräumung von Weisungsrechten eines Beirats gegenüber der Geschäftsführung in sinngemäßer Anwendung des § 30j Abs. 4 GmbHG könnte daher der Vergangenheit angehören.

Auch ein Überwachungsdefizit bei einem bloß beratenden Beirat ist nicht zu befürchten: Die Überwachung der Geschäftsführung ist grundsätzlich eine Aufgabe der Generalversammlung; diesbezüglich besteht ein wesentlicher Unterschied zur Organisationsstruktur einer Aktiengesellschaft. Es bleibt den Gesellschaftern wiederum unbenommen, den Beirat mit der Ausarbeitung von Grundregeln einer angemessenen Überwachung der Geschäftsführung zu betrauen. Das vom Beirat vorgeschlagene Berichtsdesign (Häufigkeit, Konzept, Inhalt der Berichte; Kennzahlen, usw.) wird von den Gesellschaftern beschlossen und ist sohin für die Geschäftsführer verbindlich.

4. Geschäftsordnung

Bei der **Geschäftsordnung** für den Beirat ist zu beachten, dass **706**

- die Beiratstätigkeit nicht oder möglichst wenig auf die Überwachung der Geschäftsführung abstellt;

- auf Weisungen gegenüber der Geschäftsführung generell verzichtet wird;

- die Beiratsordnung möglichst wenig interne Regelungen enthält, wie sie in den §§ 30 ff. GmbHG vorgesehen sind.[278]

---

[278] Im Verfahren 9 Ob A 130/05s war die Regelung in der Geschäftsordnung, dass der Verwaltungsrat seine Tätigkeit nach den Vorschriften des Gesetzes oder Gesellschaft mit beschränkter Haftung auszuüben hat, absolut kontraproduktiv. Mit gutem Grunde hat das Höchstgericht der beklagten Partei mit dieser Formulierung eine bestimmte Absicht unterstellt und gefolgert, dass damit ein Hinweis auf einen faktischen Aufsichtsrat vorliegt.

5. Haftung

707 Die Mitglieder des Beirates haften gegenüber der Gesellschaft für eine rechtswidrige, schuldhafte Schadenszufügung sowohl in Form einer Organhaftung als auch einer schuldrechtlichen Haftung.

Übersicht: Fachliche Voraussetzungen von Beiratsmitgliedern

- Allgemeine Wirtschaftserfahrung
- Tätigkeit in anderen mittelständischen Unternehmen oder Industrieunternehmen
- Entscheidungskompetenz
- Persönliche Kontakte und allenfalls hoher Bekanntheitsgrad
- Einfühlungsvermögen in die vorhandene Unternehmensstruktur
- Einschlägige mehrjährige Berufspraxis
- Unternehmerische Kreativität, Aufgeschlossenheit und Ideenreichtum

Rz. 708 – 710 frei.

XIII. Ausgewählte Praxisprobleme im Stadium des laufenden Geschäftsbetriebs einer GmbH

Inhaltsverzeichnis

	Rz.
1. Der Prokurist als Unterstützung der Geschäftsleitung	711
1.1. Vollmachtsverhältnisse in der Unternehmenspraxis	711
1.2. Grundlagen der Prokura	712
1.3. Prokuraformen	722
1.3.1. Einzelprokura	722
1.3.2. Gesamtprokura	723
1.3.3. Filialprokura	724
1.3.4. Gemischte Vertretung	729
1.4. Umfang der Prokura	731
1.5. Immobiliarklausel	732
1.6. Beschränkungen der Prokura	733
1.7. Erlöschen der Prokura	735
2. Ausgewählte Buchungsfälle	738
2.1. Einführung	738
2.2. Geschäftsführung	740
2.3. Gesellschafterdarlehen und Nachschüsse	744
2.4. Kraftfahrzeug	745
2.5. Geschäftsanbahnungsspesen	747
2.6. Abschlussbuchungen	750
3. Das Ausscheiden eines Gesellschafters	751
3.1. Grundlagen	751
3.2. Ermittlung des Veräußerungspreises	754
3.2.1. Allgemeines	754
3.2.2. Exkurs: Behandlung von Anteilen, die sich im Betriebsvermögen des Verkäufers befinden	755
3.3. Enthaftung des ausscheidenden Gesellschafters	756
3.4. Mitarbeiterbeteiligung	758
4. Die GmbH in der wirtschaftlichen Krise – ausgewählte Praxisfragen unter besonderer Berücksichtigung der Fortbestehensprognose	761
4.1. Sorgfaltsmaßstab der Geschäftsführung	761
4.2. Zahlungsunfähigkeit	762
4.3. Zahlungsstockung	768
4.4. Überschuldung	770
4.4.1. Grundlagen	770
4.4.1.1. Anwendungsbereiche	770
4.4.2. Begriffe	771
4.4.3. Zweistufige Überschuldungsprüfungsmethode	777
4.4.3.1. Grundlagen	777
4.4.3.2. Exkurs: Die Entwicklung in Deutschland	781
4.4.3.3. Grundlagen der modifizierten zweistufigen Überschuldungsprüfungsmethode	782
4.4.3.4. Behandlung Eigenkapital ersetzender Gesellschafterdarlehen bei der Überschuldungsprüfung	785
4.5. Fortbestehensprognose	787
4.5.1. Grundlagen	787
4.5.2. Prognosezeitraum	793
4.5.3. Die Erstellung einer Fortbestehensprognose aus Sicht der Beratungspraxis	796
4.5.4. Zeitpunkt der Prognoseerstellung	803
4.5.5. Wer hat die Fortbestehensprognose zu erstellen?	805
4.5.6. Ergebnisinterpretation der Fortbestehensprognose	808
4.5.7. Konsequenzen einer positiven Fortbestehensprognose für den Jahresabschluss	811
4.5.8. Unternehmensreorganisation	812
4.5.9. Fortbestehensprognose und Konkursantragspflicht	813
4.5.10. Fortbestehensprognose im Konzern	815
5. Die Offenlegung des Jahresabschlusses	817
5.1. Grundlagen	817
5.2. Muster	
5.2.1. Offenlegung bei einer kleinen GmbH	
5.2.2. Offenlegung bei einer kleinen GmbH & Co. KG	

1. Der Prokurist als Unterstützung der Geschäftsleitung

1.1. Vollmachtsverhältnisse in der Unternehmenspraxis

711

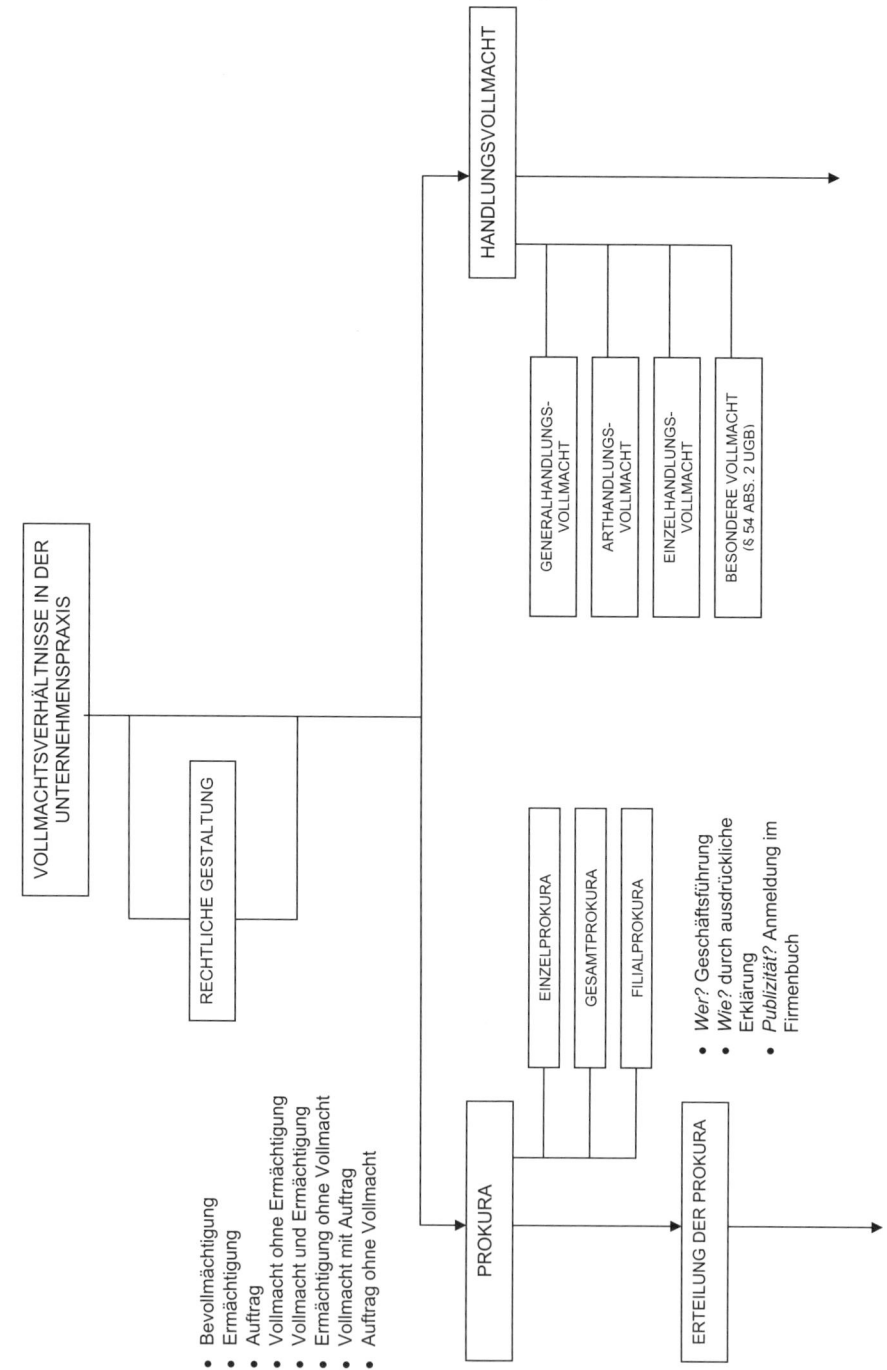

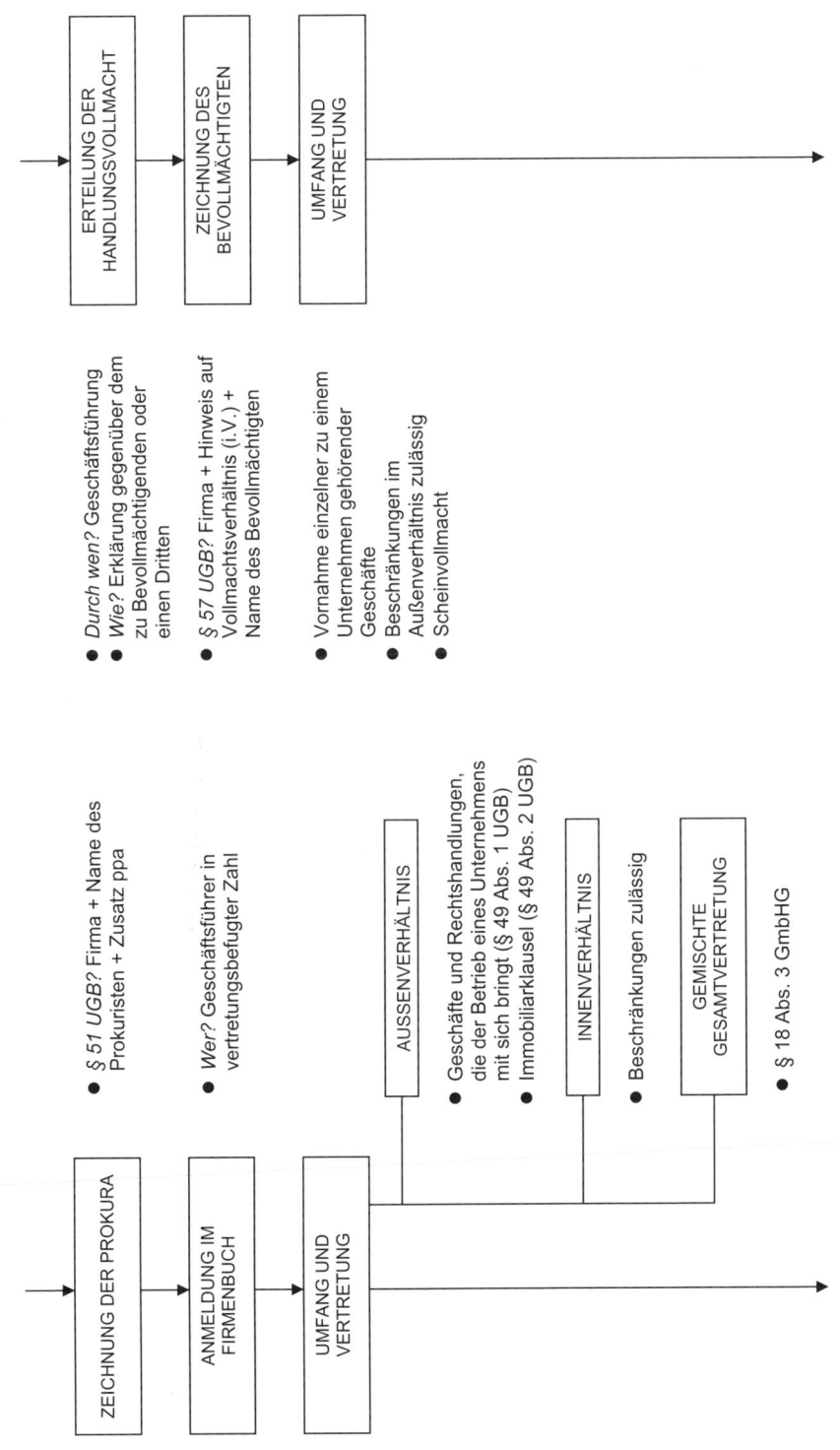

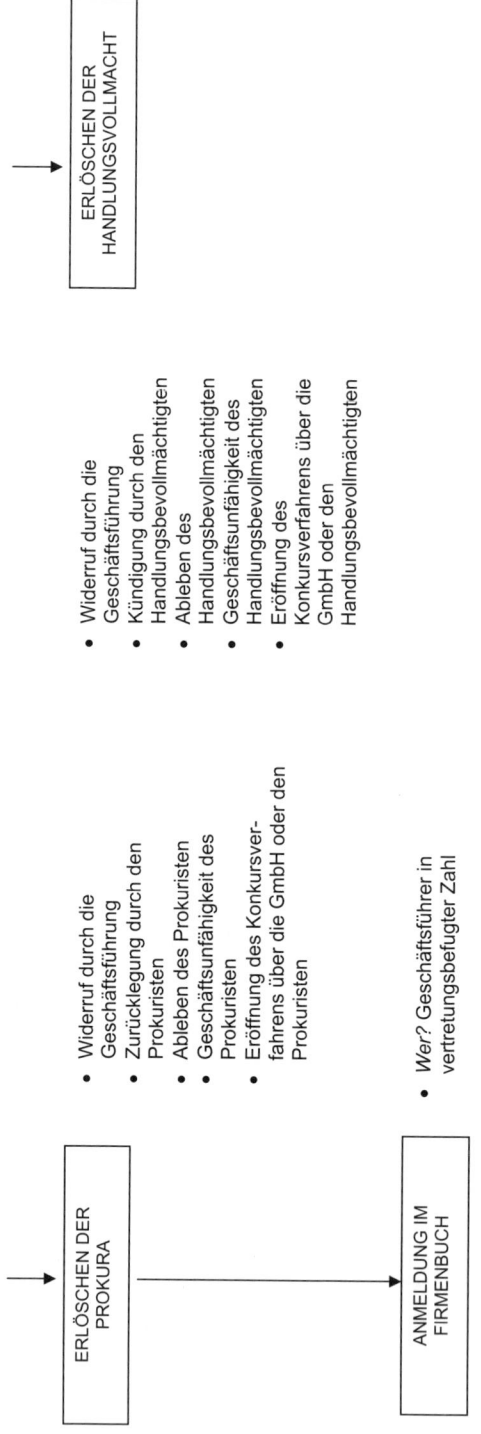

ERLÖSCHEN DER HANDLUNGSVOLLMACHT	• Widerruf durch die Geschäftsführung • Kündigung durch den Handlungsbevollmächtigten • Ableben des Handlungsbevollmächtigten • Geschäftsunfähigkeit des Handlungsbevollmächtigten • Eröffnung des Konkursverfahrens über die GmbH oder den Handlungsbevollmächtigten
ERLÖSCHEN DER PROKURA	• Widerruf durch die Geschäftsführung • Zurücklegung durch den Prokuristen • Ableben des Prokuristen • Geschäftsunfähigkeit des Prokuristen • Eröffnung des Konkursverfahrens über die GmbH oder den Prokuristen
ANMELDUNG IM FIRMENBUCH	• *Wer?* Geschäftsführer in vertretungsbefugter Zahl

1.2. Grundlagen der Prokura

Allgemeines. Die Geschäftsführung einer GmbH bedient sich bei der Führung des **712** gesellschaftlichen Unternehmens üblicherweise verschiedener Hilfspersonen. Wenn sie bevollmächtigt werden, im Namen und für Rechnung der Gesellschaft Rechtsgeschäfte abzuschließen, so handeln die Bevollmächtigten als unmittelbare Stellvertreter der Geschäftsführung. Diese erteilte Vollmacht wird – in Abhängigkeit vom Umfang – entweder als *Prokura* oder *Handlungsvollmacht* bezeichnet.

Übersicht: Vollmachtsverhältnisse

Rechtliche Gestaltung	Außenver-hältnis	Innenver-hältnis	Charakteristik und Anmerkungen
Bevollmächti-gung	rechtliches Dürfen		
Ermächti-gung		rechtliches Dürfen	
Auftrag		rechtliches Dürfen und Müssen	
Vollmacht ohne Ermächti-gung	rechtliches Können	kein recht-liches Dürfen	Diese Vollmacht mit vollständiger Innenbe-schränkung liegt dann vor, wenn etwa im Rahmen des Dienstverhältnisses dem Pro-kuristen untersagt wird, von der ihm erteil-ten Vollmacht in irgendeiner Weise Gebrauch zu machen.[279]
Vollmacht und Ermäch-tigung	rechtliches Können	rechtliches Dürfen	
Ermächti-gung ohne Vollmacht	kein recht-liches Kön-nen	rechtliches Dürfen	Der Ermächtigte kann von seiner Ermächti-gung nicht mit Wirkung gegen Dritte Gebrauch machen, die Ermächtigung führt daher zu keinem rechtlich möglichen Ver-tretungsakt gegenüber Dritten.
Vollmacht mit Auftrag	rechtliches Können	rechtliches Müssen	Die Vollmacht mit Auftrag entspricht dem gesetzlichen Idealtyp. Die Nichtberücksich-tigung der Ermächtigung lässt sich damit begründen, dass nach übereinstimmender Lehre jeder Auftrag zwangsläufig auch immer die entsprechende Ermächtigung voraussetzt.
Auftrag ohne Vollmacht	rechtliches Können	rechtliches Müssen	Diese Gestaltungsvariante entspricht der sog. *indirekten Stellvertretung*.

Rechtsnatur. Die Prokura ist eine umfassende Vollmacht mit gesetzlich festgeleg- **713** tem Umfang. Sie ermächtigt zu allen Arten von gerichtlichen und außergerichtlichen Geschäften sowie Rechtshandlungen, die der Betrieb eines Unternehmens mit sich bringt (§ 49 Abs. 1 UGB). Wird mit einem Prokuristen ein Geschäft abgeschlossen, so kann sich der Vertragspartner in der Regel darauf verlassen, dass dieses Rechtsgeschäft für oder gegen die GmbH als Geschäftsinhaberin wirkt.

---

[279] Vgl. SZ 1/49; SZ 6/300.

Übersicht: Unterschiede zwischen Prokura und Handlungsvollmacht in der Praxis	
Prokura	**Handlungsvollmacht**
Rechtsgrundlagen §§ 48–53 UGB	Rechtsgrundlagen §§ 1002 ff. ABGB
im Firmenbuch eingetragen	nicht eintragungsfähig
	Naheverhältnis zum bürgerlichen Recht ausgeprägter als zur Prokura
gesetzlich vorgeschriebener außenwirksamer Vertretungsumfang	Fehlen eines gesetzlich zwingend vorgeschriebenen außenwirksamen Umfanges
Ausdrücklichkeitsgebot bei der Erteilung	konkludentes Verhalten im Hinblick auf Erteilung, Bestimmung der Art der Handlungsvollmacht, Ausdehnung und Einschränkung des Umfanges
weitreichender Schutz Dritter	
	spezieller Anwendungsfall der Bevollmächtigung nach bürgerlichem Recht
Beschränkung auf im Firmenbuch eingetragene Unternehmen	für alle Unternehmen geeignet
Zeichnung: *ppa*	Zeichnung: [Name] *i.A.*

714 **Entstehen.** Die Prokura entsteht durch eine *rechtsgeschäftliche Bevollmächtigung*, wofür eine einseitige empfangsbedürftige Willenserklärung der Organvertreter der GmbH genügt. Im *Innenverhältnis* stützt sich die Prokura stets auf ein Grundverhältnis, welches die rechtlichen Beziehungen zwischen Prokurist und Gesellschaft als *Unternehmen* regelt. Dies wird üblicherweise ein Dienstvertrag, manchmal auch ein Auftrag sein. Eine *Ermächtigung* ist zwar denkbar, kommt in der GmbH-Praxis jedoch seltener vor, weil diese ein bloßes rechtliches *Dürfen* statt einem *Müssen* festlegt.

715 **Willenserklärung.** Bei Gesellschaften mit beschränkter Haftung erfolgt die Prokuraerteilung, sofern der Gesellschaftsvertrag nichts anderes bestimmt, durch sämtliche Geschäftsführer gemeinsam. Voraussetzung ist jedoch, dass von der Generalversammlung die Entscheidung getroffen wurde, dass Prokura erteilt werden darf (§ 35 Abs. 1 Z 4 GmbHG). Die Generalversammlung kann aber die Bestellungsentscheidung (Auswahl der Person) auch selbst treffen, allerdings nur im Innenverhältnis, da zur Bevollmächtigung Vertretungsbefugnis erforderlich ist, welche die Generalversammlung nicht besitzt. Die Generalversammlung entscheidet – sofern der Gesellschaftsvertrag nichts anderes bestimmt – mit einfacher Mehrheit.

716 **Erteilung.** Eine Prokura kann nur durch ausdrückliche Erklärung erteilt werden, schlüssige Handlungen sind nicht zulässig (§ 48 Abs. 1 UGB). Die Schriftform ist nicht erforderlich, es genügt jede eindeutige mündliche Erklärung (§ 863 Abs. 1 ABGB).

717 **Firmenbuchanmeldung.** Die Erteilung der Prokura ist von den Geschäftsführern in vertretungsbefugter Zahl zur Eintragung in das Firmenbuch anzumelden (§ 53 GmbHG).

Muster: Erteilung der Prokura in Korrespondenzform

ABC-Gesellschaft m.b.H.

[Adresse]

DI Anton A.

im Hause

Betrifft: Erteilung der Prokura

[Datum]

[persönliche Anrede]

Wie wir Ihnen bereits vorweg mündlich mitgeteilt haben, hat sich die Geschäftsführung der ABC-Gesellschaft m.b.H. entschlossen, Ihnen Gesamtprokura zu erteilen. Wir bringen Ihnen diesen Umstand nunmehr offiziell auf diesem Wege zur Kenntnis.

Die Bestellung zum Gesamtprokuristen wirkt mit der Eintragung im Firmenbuch des Landesgerichtes als Handelsgericht [Ort].

I.

Zu Ihrem Aufgaben- bzw. Verantwortungsbereich gehören folgende Bereiche:

1. *Produktionsplanung und -steuerung, Produktionsüberwachung sowie Einkaufsüberwachung;*

2. *Konstruktionsplanung, -steuerung und -überwachung;*

3. *Marktbeobachtung im Bereich der Entwicklung mit Rückkoppelung auf die eigenen Entwicklungsprogramme;*

4. *betriebliches Kalkulationswesen;*

5. *Beratung der Geschäftsführung bei der Erstellung von Firmenstrategien und Zielen;*

5.1. *der Investitionspolitik,*

5.2. *in Personalfragen,*

5.3. *bei Neuentwicklungen sowie bei der Entwicklung, Auftragsannahme und Abwicklung von Sonderaufträgen,*

5.4. *die generelle Überwachung der vorgegebenen Ablauforganisation unseres Unternehmens.*

Die Geschäftsführung behält sich im Hinblick auf Ihren Aufgaben- und Verantwortungsbereich Änderungen vor, die durch die strategische Entwicklung des Unternehmens bedingt sind.

II.

Sie sind in Kenntnis des gesetzlichen Konkurrenzverbotes auf die Dauer Ihres Dienstverhältnisses und unterwerfen sich darüber hinaus für die Dauer eines Jahres ab Ihrem Ausscheiden aus dem Dienstverhältnis bei der ABC-Gesellschaft m.b.H. gemäß § 35 AngG nachstehender Konkurrenzklausel:

1. *Sie verpflichten sich auf die Dauer von sechs Monaten ab dem Tag Ihres Ausscheidens aus dem Dienstverhältnis in unserem Geschäftszweig, insbesondere im Bereich des o.a. Tätigkeitsbereiches, weder selbständig noch unselbständig bei unseren namhaften Konkurrenzunternehmen, insbesondere der Firma [Name], tätig zu werden.*

2. *Im Falle jedes – auch wiederholten – Verstoßes gegen diese Konkurrenzklausel bzw. dieses Konkurrenzverbotes verpflichten Sie sich, eine Konventionalstrafe in der Höhe von drei Bruttomonatsgehältern an uns zu entrichten.*

3. *Der guten Ordnung halber halten wir fest, dass sämtliche Vertragsabschlüsse, rechtliche und gerichtliche Angelegenheiten, alle Rechtshandlungen im Hinblick auf Liegenschaften sowie Veränderungen im Personal- und Sozialwesen der Geschäftsführung vorbehalten bleiben.*

4. *Als für beide Vertragspartner gültige Kündigungsfristen bieten wir Ihnen eine Frist von zwölf Monaten an, welche im Falle der Annahme dieses Schreibens durch Sie wechselseitige Bindungswirkung entfaltet.*

Wir danken Ihnen, sehr verehrter Herr DI [für Ihre bisherige] überaus geschätzte Mitarbeit im Unternehmen und sind von einer weiteren gedeihlichen Zusammenarbeit überzeugt.

[Grußformel]

Unterschrift der Geschäftsführung

Zum Zeichen Ihrer Zustimmung wollen Sie bitte die Zweitschrift dieses Schreibens gegenzeichnen.

Gegenzeichnung des Prokuristen

Muster: Anmeldung einer Einzelprokura

Landes- als Handelsgericht *[Name]*

Firmenbuch

[Adresse]

Firmenbuchsache: ABC-Gesellschaft mbH

Firmenbuchnummer: FN 12345 h

Antrag auf Eintragung eines Einzelprokuristen

RA-Code: [...]

NO-Code: [...]

Zustellung erbeten zu Handen

I. Antragsteller:

1. Anton A. *[*, Adresse]*

2. Lotte L. *[*, Adresse]*

(beide als Geschäftsführer der ABC-Gesellschaft m.b.H.)

II. Sachverhalt:

Im Firmenbuch des Landeserichtes als Handelsgericht *[Name]* ist unter FN 12345 h die Firma ABC-Gesellschaft m.b.H. mit dem Sitz in *[Ort]* eingetragen.

Die Antragsteller haben Herrn Georg Gerber Einzelprokura für den gesamten Geschäftsbereich der Gesellschaft mit Beginn der Vertretungsbefugnis ab *[Datum]* erteilt.

III. Eintragungsgrundlagen [Urkundenvorlage]:

- beglaubigte Musterzeichnung des Prokuristen

IV. Antrag auf Eintragung:

Das Landes- als Handelsgericht *[Name]* möge im Firmenbuch unter FN 12345 h bei der ABC-Gesellschaft m.b.H. mit dem Sitz in *[Ort]* folgende Eintragung vornehmen:

1. Einzelprokurist: Georg Gerber,*

2. selbständige Vertretungsbefugnis seit *[Zeitpunkt der Prokuraerteilung]*

Ort, Datum

[beglaubigte Unterfertigung durch sämtliche Geschäftsführer][280]

---

[280] Ist – abweichend von der gesetzlichen Regel – im Gesellschaftsvertrag vereinbart, dass auch einzelne Geschäftsführer zur Erteilung einer Prokura berechtigt sind, genügt eine Unterfertigung durch Geschäftsführer in vertretungsbefugter Anzahl.

718   **Personenkreis.** Nicht vertretungsbefugte Gesellschafter einer GmbH können zu Prokuristen bestellt werden. Dies gilt auch für den einzigen Gesellschafter einer Kapitalgesellschaft.

719   **Umfang des Bevollmächtigungsverhältnisses.** Inhalt und Umfang des der Prokura zugrunde liegenden Bevollmächtigungsverhältnisses (rechtliches *Dürfen* im *Außenverhältnis*) ergeben sich aus den Bestimmungen des § 49 UGB. Inhalt und Umfang der der Prokura zugrunde liegenden Ermächtigung (rechtliches *Dürfen* im *Innenverhältnis*) bzw. der mit ihr verbundenen Verpflichtungen (rechtliches *Müssen* im *Innenverhältnis*) ergeben sich aus den konkreten empfangsbedürftigen Erklärungen der Organvertreter des Geschäftsherrn dem Prokuristen gegenüber (Ermächtigung) bzw. aus den gleichfalls regelmäßig nicht formgebundenen und nicht eintragungsfähigen vertraglichen Vereinbarungen zwischen der Geschäftsführung und dem Prokuristen. Vgl. hiezu auch Rz. 731.

720   **Zeichnung der Prokura.** Der Prokurist hat in der Weise zu zeichnen, dass er der Firma seinen Namen mit einem die Prokura andeutenden Zusatz beifügt (§ 51 UGB). Sollte der Prokurazusatz fehlen, so ist die Zeichnung dennoch nicht unwirksam. Üblicherweise zeichnet der Prokurist die Firma gestempelt und darunter mit vorangestelltem Prokurazusatz (ppa = per procura) seinen Namen handschriftlich. Der Prokurist hat seine Namensunterschrift mit einem die Prokura andeutenden Zusatz zur Aufbewahrung bei Gericht zu zeichnen (§ 53 Abs. 2 UGB).

Muster: Beglaubigte Musterzeichnungen eines Prokuristen

Landes- als Handelsgericht *[Name]*

[Adresse]

Musterzeichnung des Prokuristen

Firma: *[Name]*

Sitz: *[Ort]*

FN .....

Als Prokurist der *[Firma]* werde ich *[Name, *]* die Firma der Gesellschaft zeichnen, indem ich unter den vorgeschriebenen oder vorgedruckten Firmenwortlaut meine Unterschrift setzen werde wie folgt:

ppa.

[beglaubigte Musterzeichnung]

[Firma]

[Ort, Datum]

---

721   **Vorteile einer Prokura.** Der große Vorteil einer Prokura liegt zunächst darin, dass das Bevollmächtigungsverhältnis einerseits den gesamten gewöhnlichen Geschäftsbetrieb umfasst und andererseits die auf „nur" eine Zweigniederlassung beschränkte Filialprokura zulässig ist. Ein Haftungsvergleich mit dem GmbH-Geschäftsführer führt aus der Sicht des Prokuristen zu günstigeren Ergebnissen.

		Prokurist	Geschäfts-führer
(1)	Organhaftung gegenüber der Gesellschaft		•
(2)	Deliktische Haftung gegenüber Dritten	•	•
(3)	Haftung aus der Anstellungsfunktion	•	•
(4)	Abgabenhaftung		•
(5)	Sozialversicherungsrechtliche Haftung		•
(6)	Strafrechtliche Verantwortlichkeit	•	•
(7)	Gewerberechtliche Haftung	•	•

Der Prokurist kann im Bereich der Geschäftsführung eigentlich die gleichen Befugnisse wie ein richtiger Geschäftsführer haben, haftet aber in wesentlich geringerem Umfang, da es für seine Rechtsstellung keine Regelung analog § 25 GmbHG gibt. Der Prokurist unterliegt nur dem allgemeinen Schadenersatzrecht und nicht den besonderen Haftungsbestimmungen des GmbHG.

1.3. Prokuraformen
1.3.1. Einzelprokura

Die Prokura kann einer *einzelnen Person* (Einzelprokura) oder *mehreren Personen* **722** *gemeinsam* (Gesamtprokura) erteilt werden (§ 48 Abs. 2 UGB).

1.3.2. Gesamtprokura

Bei der Gesamtprokura können nur mehrere Prokuristen gemeinsam handeln. Sie **723** unterscheidet sich von der Einzelprokura nicht in ihrem Umfang, sondern nur in der Art ihrer Ausübung und soll den Geschäftsinhaber vor leichtsinnigem oder unredlichem Handeln seiner Vertreter schützen.

Die Gesamtprokuristen brauchen nicht gleichzeitig zu handeln, es genügt, wenn einer die Erklärung abgibt und hiezu die Einwilligung, Genehmigung oder Bevollmächtigung der anderen vorliegt. Willenserklärungen Dritter (wie auch Zustellungen im Prozess) empfängt wirksam jeder einzelne Gesamtprokurist. Willensmängel, Kennen, Kennenmüssen und Verschulden eines Gesamtprokuristen wirken für alle.

1.3.3. Filialprokura

Betreibt die Gesellschaft mit beschränkter Haftung mehrere Zweigniederlassungen **724** unter verschiedenen Firmen oder mit einem unterschiedlichen Firmenzusatz, so kann die Prokura auf eine Zweigniederlassung beschränkt werden (§ 50 Abs. 3 UGB).

Firmenrechtliche Fragen sind im Zusammenhang mit der Prokura erst dann zu **725** beachten, wenn das Unternehmen mehrere Niederlassungen umfasst. Werden alle diese Niederlassungen unter der gleichen Firma geführt und wird dieser Firmenbezeichnung auch kein auf den jeweils gegebenen Zweigniederlassungscharakter hinweisender Zusatz beigefügt, gelten für die Prokuraerteilung keine Sonderregeln. Das bedeutet, dass diesfalls eine Filialprokura mit Außenwirkung nicht zulässig ist.

726 **Voraussetzung** für die Zulässigkeit einer Filialprokura ist, dass diese Niederlassung unter einer eigenständigen Firma geführt wird. Dieses Erfordernis der *Verschiedenheit* kann auch dadurch erfüllt werden, dass der an sich einheitlichen Firma ein auf die Zweigniederlassung hinweisender Zusatz beigefügt wird.

727 **Anzahl.** Niederlassungsprokuren können für eine oder für mehrere Filialen erteilt werden. Sie können weiters auf die Hauptniederlassung beschränkt oder nur auf eine einzige Zweigniederlassung bezogen werden; die Geschäftsführung ist diesbezüglich frei in ihrer Entscheidung. Gesamtprokuren, bei denen ein Niederlassungsprokurist und ein für das ganze Unternehmen bestellter Prokurist zusammenwirken müssen, sind zulässig.

728 **Umfang der Vertretungsmacht.** Das vertretungswirksame Verhalten des Niederlassungsprokuristen verpflichtet nicht die Niederlassung, die ja keine eigene juristische Person ist, sondern immer die GmbH als Unternehmensinhaberin, deren Haftung für von einem solchen Prokuristen eingegangene Verpflichtungen auch nicht auf das Vermögen der betreffenden Niederlassung beschränkt ist oder von dem Fortbestand derselben abhängt. Die Filialprokura ist beim Firmenbuchgericht der Hauptniederlassung zur Eintragung bei diesem und dem Firmenbuchgericht der Niederlassung anzumelden.

1.3.4. Gemischte Vertretung

729 **Begriff.** Die *gemischte Vertretung* liegt dann vor, wenn der Geschäftsführer einer GmbH gemeinsam mit einem Prokuristen vertretungsbefugt ist (§ 18 Abs. 3 GmbHG).

Übersicht: Fallgruppen der gemischten Gesamtvertretung					
Nr.ht	Einzel-prokurist	Gesamt-prokurist	Vertretungsbefugnis des Prokuristen	Vertretungsbefugnis des Geschäfts-führers	
				allein vertre-tungsbefugt	gemeinsam ver-tretungsbefugt
1	•		allein vertretungsbefugt	•	
2	•		nicht allein vertretungs-befugt		•
3	•		nicht allein vertretungs-befugt	•	
4		•	vertretungsbefugt mit einem anderen Gesamt-prokuristen		•
5		•	vertretungsbefugt mit einem anderen Gesamt-prokuristen	•	
6		•	nicht vertretungsbefugt		•

Umfang der Vertretungsmacht. Die Besonderheit bei der gemischten Gesamtver- **730** tretung besteht darin, dass in jenen Fällen, in denen ein solcher Prokurist gemeinsam mit einem Geschäftsführer zeichnet, die Befugnisse, die dem Prokuristen im Rahmen der Ausübung der gemischten Gesamtvertretung zukommen, sich nach dem Umfang der Vertretungsmacht des gesetzlichen Vertreters richten und nicht nach dem Umfang der Vertretungsmacht eines Prokuristen.[281] Der an der Gesamtvertretung beteiligte Prokurist verfügt daher über weitergehende Befugnisse als etwa ein Einzelprokurist, insbesondere unterliegt er nicht den gesetzlichen Schranken der für eine Prokura geltenden Bestimmungen. Auf der anderen Seite darf der Bestand der gemischten Vertretung nie dazu führen, dass ein Geschäftsführer ohne Mitwirkung eines Prokuristen nicht vertreten und zeichnen kann, die *reine Organvertretung* muss jedenfalls möglich bleiben.

1.4. Umfang der Prokura

Allgemeines. Die Prokura ermächtigt zu allen Rechtshandlungen, die mit dem **731** gewöhnlichen Geschäftsbetrieb eines Unternehmens zusammenhängen (können).

Übersicht: Zulässige und unzulässige Rechtshandlungen eines Prokuristen

Rechtsgeschäftliche Maßnahmen	zuläs-sig	nicht zulässig
Allgemeines		
• Wahrung der Rechte und Pflichten eines Käufers oder Verkäufers beim Handelskauf	•	
• Gewährung von Schenkungen	•	
• Annahme von Schenkungen	•	
• Erteilung von Weisungen	•	
• Gewährung von Stundungen	•	
• Abschluss von Kaufverträgen	•	
• Erhebung von Mängelrügen, Schadenersatz- und Gewährleistungsansprüchen	•	
• Geltendmachung und Abwehr von Ansprüchen aus Leistungsstörungen	•	
• Vornahme von Wandlungen, Minderungen und Verbesserungen	•	
• Auflösung und Änderungen von Vertragsverhältnissen	•	
• Erteilung einer Handlungsvollmacht	•	
• Abschluss und Durchführung von wechselseitigen Verträgen	•	
• Änderung von Handelsstufen (z.B. statt Großhandel nur mehr Einzelhandel)	•	

---

[281] GesRZ 1992, 236.

Die GmbH in der Praxis

Rechtsgeschäftliche Maßnahmen	zulässig	nicht zulässig
• Geltendmachung der Rechte der Gesellschaft als deren Vertreter gegenüber den Gesellschaftern		•
• Ein- und Verkauf beliebiger Waren	•	
• Gewährung von Darlehen und Akkreditiven	•	
• erb- und familienrechtliche Geschäfte der Geschäftsführer		•
• Einstellung oder Veräußerung des Betriebes	•	
• den Geschäftsführern ausdrücklich vorbehaltene höchstpersönliche Rechtshandlungen, wie z.B. Anmeldungen zum Firmenbuch, Unterfertigung der Bilanz, Erteilung der Prokura (§ 48 Abs. 1 UGB) und Übertragung der Prokura (§ 52 Abs. 2 UGB)	•	
Ausübung der Dienstgeberfunktion		
• Abschluss, Änderung, Kündigung und Aufhebung von Arbeitsverträgen	•	
• Einstellung und Kündigung von Dienstnehmern	•	
• Abschluss eines Aufhebungsvertrages zum Zwecke der einvernehmlichen Auflösung des Dienstverhältnisses	•	
• Einleitung eines Disziplinarverfahrens	•	
• Vornahme einer Versetzung, Beförderung oder Gehaltserhöhung	•	
• Abschluss von Betriebsvereinbarungen	•	
• Wahrnehmung der im Arbeitsverfassungsgesetz vorgesehenen Befugnisse des Unternehmers gegenüber dem Betriebsrat	•	
• Erteilung von Weisungen	•	
• Vornahme von Lohn- und Gehaltsänderungen	•	
• Ausstellung von Zeugnissen	•	
• Erteilung von Auskünften über ehemalige Dienstnehmer	•	
Finanzgeschäfte		
• Abschluss von Wechsel- und Scheckverbindlichkeiten	•	
• Aufnahme und Gewährung von Darlehen sowie Akkreditiven	•	
• Eröffnung und Überziehung von Bankkonten	•	
• Abgabe von Bürgschaftserklärungen	•	
• Übernahme von Schulden eines Dritten	•	
• Gewährung von Zahlungszielen	•	
• Prozessführung	•	
• Kauf, Miete, Pacht, Vermietung oder Verpachtung eines Grundstückes	•	
• Erwerb eines Hypothekarpfandrechtes	•	
• Einführung, Bestellung einer Hypothek für die Entrichtung des Restkaufpreises einer Liegenschaft[282]	•	

---

[282] *Schinko* in Straube HGB-Kommentar I² § 49 Rz. 5.

Rechtsgeschäftliche Maßnahmen	zulässig	nicht zulässig
• Erteilung von Bürgschaften[283]	•	
• Ankauf von Wertpapieren	•	
• Abschluss von Bankgeschäften	•	
• Vornahme von Überweisungsaufträgen, Einziehungsaufträgen usw.	•	
• Abschluss von Bürgschafts- und Darlehensgeschäften	•	
• Verlängerungen von Zahlungszielen	•	
Abschluss von Beteiligungsverträgen		
• Aufgabe von Beteiligungen	•	
• Ausübung von Beteiligungsrechten an einer anderen Kapitalgesellschaft	•	
Bestand und Organisation des Unternehmens		
• Änderungen des Unternehmensgegenstandes	•	
• Auflassung oder Einstellung von Abteilungen, Betrieben oder Geschäftsbereichen	•	
• Aufnahme neuer Tätigkeitsfelder	•	
• Gründung von Tochtergesellschaften und Niederlassungen	•	
• Veräußerung von Teilen des Inventars	•	
• Übertragung eines Markenrechtes[284]	•	
• Veränderung des Unternehmens in seinem Bestand		•
• Aufnahme von Gesellschaftern		•
• Aufnahme eines stillen Gesellschafters		•
• Ausschluss von Gesellschaftern		•
• Einstellung und Veräußerung des Unternehmens		•
• Löschung oder Änderung der Firma		•
• Löschung oder Eintragung eines Geschäftsführers[285]		•
• Verlegung des Firmensitzes	•	
• Errichtung und Schließung von Zweigniederlassungen und Betriebsstätten	•	
• Aufnahme zusätzlicher Fertigungen	•	
• Aufgabe bisheriger Fertigungen bei Fortbestand des Unternehmens	•	

---

[283] Einschließlich Wertpapieren, die eine Beteiligung an einem anderen Unternehmen verbriefen.
[284] ÖBl.1986, 119.
[285] HS 1157/50.

Rechtsgeschäftliche Maßnahmen	zulässig	nicht zulässig
• (Um-)Organisation und Einstellung einzelner Betriebsabteilungen	•	
• Bestellung eines Kurators[286]		•
• Führung von Verhandlungen über die Übertragung eines gepfändeten Geschäftsanteils		•
• Einberufung einer Generalversammlung		•
• Antrag auf Eröffnung des insolvenzrechtlichen Vorverfahrens, Ausgleichs- oder Konkursverfahrens		•
• Anmeldung oder Beantragung einer zusätzlichen Gewerbeberechtigung bzw. deren Zurücklegung[287]		•
• Unterzeichnung des Jahresabschlusses		•
• Erteilung einer Prokura		•
• Übertragung einer Prokura		•
• Löschung einer Prokura		•
• Änderung der Vertretungsbefugnis eines Prokuristen		•
• Verpflichtung eines Gesellschafters als Bürgen für eine Gesellschaftsschuld		•
• Einstellung oder Veräußerung des Unternehmens		•
• Einführung von Kurzarbeit	•	
• Leistung von Sacheinlagen in GmbH oder Aktiengesellschaft	•	
• Errichtung und Auflösung von Tochtergesellschaften	•	
• Beteiligung an anderen Unternehmen	•	
• Ausübung der Rechte des Unternehmers bei Tochterunternehmen und Beteiligungen		•
• Aufgabe einer Beteiligung	•	
• Vertretung des Unternehmers gegenüber ausländischen Staatsangehörigen	•	
• Abschluss einer Schiedsvereinbarung im Rahmen von Handelsgeschäften	•	
• Vertretung des Unternehmers im Schiedsverfahren[288]	•	
• Vertretung des Unternehmens gegenüber Behörden (z.B. Anträge auf Erteilung öffentlich-rechtlicher Genehmigungen)	•	
• Gründung und Auflösung von Filialen	•	
Gerichtliche sowie außergerichtliche Geschäfte und Rechtshandlungen		
• Vertretung des Unternehmers im öffentlichen Recht	•	
• Vertretung des Unternehmers in außerstreitigen Verfahren	•	

---

[286] HS 1157/50.
[287] Zulässig bei Vollmachtserteilung gem. § 10 AVG.
[288] Im Schiedsverfahren besteht eine absolute und relative Anwaltspflicht.

Rechtsgeschäftliche Maßnahmen	zulässig	nicht zulässig
• Vertretung im streitigen Verfahren, wenn kein relativer oder absoluter Anwaltszwang besteht	•	
• Klageerhebung, Klagezurückziehung, vergleichsweise Bereinigung, Vereinbarung des Ruhens	•	
• Einschränkung, Ausdehnung oder Änderung des Klagebegehrens	•	
• Ergreifung und Zurücklegung von Rechtsmitteln im Rahmen des betriebsgewöhnlichen Geschäftsbetriebes des Unternehmers	•	
• Vornahme von gerichtlichen Zustellungen in Rechtsstreitigkeiten, die sich auf den Betrieb eines Handelsgewerbes beziehen	•	
Veräußerung oder Belastung von Grundstücken		•
• Ausnahme: Vollmachtserteilung gem. § 49 Abs. 2 UGB	•	
Vertretung im Firmenbuchverfahren auf Grundlage einer Vollmacht gem. § 11 Abs. 2 UGB		
• Anmeldung einer Sitzverlegung	•	
• Anmeldung einer vom Prokuristen als rechtsgeschäftlichem Vertreter des Unternehmens gegründeten Tochterfirma	•	
• Löschung der Firma der GmbH	•	

1.5. Immobiliarklausel

In der sog. *Immobiliarklausel* (§ 49 Abs. 2 UGB[289]) werden die Veräußerung und **732** die Belastung von Grundstücken ausdrücklich von der Prokura ausgenommen. Hiezu bedarf es einer Spezialvollmacht des Unternehmens. Hat ein Prokurist keine solche Spezialvollmacht, kann er nur Grundstücke erwerben und über sie Bestandverträge abschließen. Die Bestellung einer Restkaufpreishypothek beim Erwerb eines Grundstückes ist durch die Prokura gedeckt.

Übersicht: Sind die folgenden Rechtsgeschäfte von der Immobiliarklausel umfasst?		
Rechtsgeschäftliche Maßnahmen	**Ja**	**Nein**
Veräußerung von Grundstücken	•	
Grundstücksgleiche Rechte	•	
Baurecht und Superädifikate	•	
Wohnungseigentum		•
Vornahme eines dinglichen Übertragungsgeschäftes		•
Abschluss von Verträgen, durch die der Unternehmer schuldrechtlich verpflichtet wird, sein Eigentum an einem Grundstück auf einen anderen zu übertragen		•

---

[289] Unverändert zu § 49 Abs. 2 HGB a.F.

Rechtsgeschäftliche Maßnahmen	Ja	Nein
Erwerb eines Grundstückes und gleichzeitige Übertragung auf einen Dritten	•	
Vermittlung von Grundstücken		•
Belastung eines Grundstückes	•	
Eintragung von dinglichen Rechten	•	
Bestellung einer Eigentümergrundschuld		•
Abschluss und Kündigung von Miet- und Pachtverträgen über Firmengrundstücke	•	
Änderungen der Rangfolge bestehender Belastungen (Anmerkung: Es entsteht dadurch keine zusätzliche Belastung.)		•
Abschluss von Geschäften, durch die der Unternehmer schuldrechtlich verpflichtet wird, ein Grundstück zu belasten		•
Abschluss von Geschäften, mit welchen Grundstücke belastet werden		•
Vermietung und Verpachtung von Firmengrundstücken		•
Auftragsvergabe für Instandsetzungsarbeiten		•
Tilgung und Löschung dinglicher Belastungen		•
Vornahme von Verwaltungshandlungen für Firmengrundstücke		•
Bestellung von Hypotheken und sonstigen Sicherungsrechten für Restkaufgelder (einschließlich von Vorkaufsrechten)		•
Erwerb eines belasteten Grundstückes		•
Übertragung und Belastung von dinglichen Rechten an einem fremden Grundstück, die dem Unternehmer zustehen		•

1.6. Beschränkungen der Prokura

733

Beschränkungen der Prokura gegenüber Dritten sind unwirksam (§ 50 Abs. 1 UGB[290]). Werden dem Prokuristen Beschränkungen in *sachlicher, zeitlicher* oder *örtlicher Hinsicht* vertraglich auferlegt oder Weisungen erteilt, sind diese nur im Innenverhältnis zwischen Prokurist und Geschäftsinhaber wirksam – selbst dann, wenn der Dritte die Beschränkung oder Weisung kennt (§ 50 Abs. 2 UGB[291]).

Übersicht: Zulässige Beschränkungen im Innenverhältnis

- **Beschränkung auf gewisse Geschäfte.** Hierunter fällt insbesondere die Beschränkung, dass der Prokurist nur bestimmte, ihm vom Unternehmer übertragene Geschäfte als rechtsgeschäftlicher Vertreter des Inhabers vornehmen darf, z.B. nur Geschäfte bis zu einer bestimmten Größenordnung.

---

[290] Unverändert zu § 50 Abs. 1 HGB a.F.
[291] Unverändert zu § 50 Abs. 2 HGB a.F.

- **Beschränkung auf gewisse Arten von Geschäften.**
  Beispiele:
  - Der Prokurist darf Ein- und Verkaufsgeschäfte, nicht aber Bürgschaften oder Schuldübernahmen abschließen.
  - Der Prokurist darf Geschäfte nur bis zu einer von der Geschäftsführung bestimmten Größenordnung vornehmen.

- **Ausübung der Prokura nur unter gewissen Umständen.** Zu dieser Fallgruppe gehört etwa die Beschränkung, dass der Prokurist nur mit Zustimmung des Unternehmers oder eines von diesem beauftragten Dritten abschließen darf, weiters der Fall, dass der Prokurist nur bei Abwesenheit des Unternehmers seine Vertretungsmacht ausüben darf.

- **Ausübung der Prokura auf bestimmte Zeit.** Hierher gehört die Beschränkung, dass der Prokurist nur für die Zeit einer Ausstellung oder Messe oder für eine *Saison* in einer bestimmten Branche (etwa Hotel- und Gastgewerbe) vertreten soll. Im Falle der Abwesenheit des Unternehmers wird die Prokura nur für diese Zeit ausgeübt.

- **Beschränkung der Vertretungsmacht des Prokuristen auf einzelne Orte.** Hier kommt die Beschränkung in Betracht, dass der Prokurist nur im Inland vertretungsberechtigt sein soll oder (insbesondere bei der Filialprokura nach § 50 Abs. 3 UGB) nur am Ort der Niederlassung.

- **Sonstige rechtsgeschäftliche Beschränkungen** der Vertretungsmacht des ordnungsgemäß bestellten Prokuristen sind Dritten gegenüber unwirksam. Hierunter fallen insbesondere Beschränkungen, dass der Prokurist Geschäfte mit Ausländern, mit Angehörigen bestimmter Personengruppen oder mit Unternehmen bestimmter Wirtschaftszweige nicht vornehmen soll. Unzulässig ist auch eine Beschränkung der Vertretungsmacht des Prokuristen, dem Vollprokura zusteht, dass er nur gemeinsam mit dem Unternehmer vertretungsberechtigt sein soll.

Eine schuldhafte **Verletzung der Vertretungsbefugnis** macht den Prokuristen **734** schadenersatzpflichtig. Hat hingegen der Dritte mit dem Prokuristen arglistig zum Nachteil des Geschäftsinhabers zusammengewirkt (Kollusion), dann braucht dieser das Geschäft nicht gegen sich gelten zu lassen.

1.7. Erlöschen der Prokura

Widerruf durch die Geschäftsführung. Geschäftsführer können die erteilte **735** Prokura ohne Rücksicht auf das der Erteilung zugrunde liegende Rechtsverhältnis jederzeit widerrufen, unbeschadet des Anspruches auf die vertragsmäßige Vergütung (§ 52 Abs. 1 UGB[292]). Der Widerruf braucht nicht begründet zu werden, da es sich um eine höchstpersönliche Vertrauensbasis handelt, die naturgemäß auch beeinträchtigt sein kann.

Zurücklegung durch den Prokuristen. Auch der Prokurist kann die Prokura **736** kündigen, doch bleibt diese im Außenverhältnis bestehen, bis im Firmenbuch die Löschung erfolgt ist (§ 1021 ABGB).

---

[292] Unverändert zu § 52 Abs. 1 HGB a.F.

737 **Sonstige Gründe.** *Ableben* oder die *Geschäftsunfähigkeit* des Prokuristen führen zum Erlöschen der Prokura, nicht aber der Tod eines Geschäftsführers (§ 52 Abs. 3 UGB[293]), weil gerade in einem solchen Fall die Hilfe des Prokuristen zur Fortführung des Betriebes unentbehrlich ist. Ein weiterer Grund für das Erlöschen der Prokura ist die Eröffnung des Konkursverfahrens über das Vermögen des Geschäftsinhabers (GmbH) oder des Prokuristen (§ 1024 ABGB).

Übersicht: Wann erlischt die Prokura?		
Sachverhalt	**Prokura**	
	erlischt	**besteht weiter**
Geschäftsunfähigkeit des Prokuristen	•	
Widerruf der Prokura durch die Geschäftsführung	•	
Beendigung des der Prokuraerteilung zugrundeliegenden Rechtsverhältnisses	•	
Ableben des Prokuristen	•	
Wegfall der Voraussetzungen für die Prokuraerteilung	•	
Einstellung der unternehmerischen Tätigkeit	•	
Fortführung der unternehmerischen Tätigkeit unter geänderter Firma		•
Liquidation des bisher betriebenen Handelsgewerbes		•
Aufgabe einer Niederlassung, für die eine Filialprokura (§ 50 Abs. 3 UGB) erteilt wurde		•
Eröffnung eines Konkurs- oder Ausgleichsverfahrens		•
Umwandlung einer GmbH in eine Aktiengesellschaft		•
Umwandlung einer Aktiengesellschaft in eine GmbH		•
Gesellschafterwechsel in einer GmbH		•
Übertragung von Anteilen einer GmbH		•
Verschmelzung von Kapitalgesellschaften • Verschmelzung durch Neugründung • Verschmelzung durch Übertragung Übertragende Gesellschaft Übernehmende Gesellschaft	• •	•

---

[293] Entspricht § 52 Abs. 3 HGB a.F.

2. Ausgewählte Buchungsfälle

2.1 Einführung

Rechtsformabhängige Besonderheiten. Die Buchführung einer GmbH unter- **738**
scheidet sich nicht von der doppelten Buchhaltung einer Personengesellschaft des
Handelsrechts (Offene Personengesellschaft, Kommanditgesellschaft) bzw. einer
protokollierten Einzelfirma. Der Umstand, dass bei dieser Rechtsform keinem
Gesellschafter kraft Gesetz eine Erfolgshaftung *aufgebürdet* ist, hat für sich noch
keine Auswirkungen auf die Organisation des betrieblichen Rechnungswesens.
Dass eine GmbH hingegen keine Privatentnahmen tätigen kann und ein allfälliger
Eigenverbrauch nicht der Gesellschaft, sondern dem Gesellschafter in Form einer
(verdeckten) Gewinnausschüttung zufließt *("Eine GmbH kann ja kein Bier trinken")*,
wird mit Sicherheit die Organisation des betrieblichen Rechnungswesens in einem
höheren Ausmaß beeinflussen.

Die folgenden **ausgewählten Buchungsfälle** sind – selbstverständlich ohne **739**
Anspruch auf Vollständigkeit – für die Rechtsform einer GmbH von besonderer
Bedeutung. Die Kontonummern entsprechen der Nomenklatur des Österreichi-
schen Einheitskontenrahmens.

2.2. Geschäftsführung

- Laufende Bezüge eines angestellten Geschäftsführers: **740**

  6200 Gehälter / Bank
- Laufendes Entgelt eines selbständigen Geschäftsführers:

  7900 Geschäftsführerbezüge / Bank
- Die Geschäftsführervergütung wird nicht ausbezahlt

  7900 Geschäftsführerbezüge / 3600 Sonstige Verbindlichkeiten

Statt der Gegenbuchung auf Konto 3600 besteht prinzipiell auch die Möglichkeit, **741**
die nicht ausbezahlten Geschäftsführerbezüge auf einem Gesellschafterverrech-
nungskonto zu erfassen.

- **Beispiel**

  Dem Mehrheitsgesellschafter-Geschäftsführer Anton Auer kommt ein monatliches Geschäftsführungs-
  Entgelt von € 4.000 zu. In den Monaten Jänner bis Juni 2005 wird dieses regelmäßig ausbezahlt:

  7900 Geschäftsführerbezüge/Bank .... € 24.000,00

  Aufgrund einer unzureichenden Liquidität der Gesellschaft verzichtet Anton Auer im 2. Halbjahr auf
  eine Auszahlung seiner Bezüge:

  7900 Geschäftsführerbezüge/3600 Sonstige Verbindlichkeiten .... € 24.000,00

Die steuerliche Besonderheit dieser – durchaus nicht ungewöhnlichen – Gestal- **742**
tungsoption liegt darin, dass auf Ebene des Geschäftsführers € 48.000,00 in der
Einkommensteuer-Erklärung 2005 anzugeben sind. Es sind Anton Auer zwar nur
€ 24.000,00 durch Überweisung auf sein persönliches Konto zugeflossen. Als
Geschäftsführer liegt die Zuzählung seiner Vergütung ausschließlich in seiner
Verantwortung. Aus diesem Grunde geht die Finanzverwaltung von einer *Zufluss-
fiktion* aus.

Wenn die wirtschaftliche Situation der GmbH eine regelmäßige Auszahlung der
Geschäftsführerbezüge in der bisherigen Höhe über einen längeren Zeitraum nicht
zulässt, empfiehlt sich zur Vermeidung der dargestellten unerwünschten ertragsteuerlichen Folgen eine vorübergehende Herabsetzung des Geschäftsführerbezuges
durch Beschluss der Gesellschafter im Umlaufwege.

● **Beispiel**

Die gefertigten Gesellschafter der Auer & Berger Unternehmensberatungs-GmbH (FN 76524 b) mit Sitz in Reutte fassen nachfolgenden einstimmigen Umlaufbeschluss:

„Aufgrund der derzeit wirtschaftlich angespannten Finanzlage der Gesellschaft wird der monatliche Geschäftsführerbezug von Anton Auer von bisher € 4.000,00 ab 1.7.2005 auf € 1.500,00 herabgesetzt. Alle übrigen Bestimmungen des am [Datum] abgeschlossenen Geschäftsführervertrages bleiben unverändert.“

[Ort/Datum/Unterschriften der Gesellschafter]

743

Beim gegenständlichen Gesellschafterbeschluss ist die Zustimmung des betroffenen Gesellschafters unbedingt erforderlich. Bei Fremdgeschäftsführern besteht auch die Möglichkeit einer Änderungskündigung.

● Verbuchung erfolgsabhängiger Tantiemen:

7900 Geschäftsführerbezüge / 3070 Sonstige Rückstellungen

● Forderungen aus einem Gesellschafterdarlehen: **2305 Gesellschafterdarlehen / Bank**

2.3. Gesellschafterdarlehen und Nachschüsse

744

Forderungen gegenüber Gesellschaftern einer GmbH sind auf der Aktivseite der Bilanz unter *Sonstige Forderungen und Vermögensgegenstände* auszuweisen.

● Darlehensverbindlichkeiten gegenüber einem Gesellschafter: **Bank / Gesellschafterdarlehen**

Verbindlichkeiten gegenüber GmbH-Gesellschaftern sind auf der Passivseite der Bilanz unter *Sonstige Verbindlichkeiten* auszuweisen. Im Gegensatz zu Forderungen gegenüber Gesellschaftern ist eine Verzinsung nicht erforderlich.

Werden Zinsen vereinbart, liegen beim darlehensgewährenden Gesellschafter nicht endbesteuerte Einkünfte aus Kapitalvermögen vor.

● Verbuchung von geleisteten Nachschüssen: **Bank / 9110 Geleistete Nachschüsse**

Nachschüsse von GmbH-Gesellschaftern bedürfen einer ausdrücklichen Satzungsregelung. Sie sind auf der Passivseite der Bilanz als *Nicht gebundene Kapitalrücklagen* zu erfassen.

2.4. Kraftfahrzeug

745

● Anschaffung eines Kfz:

0650 PKW / Verbindlichkeiten aus Lieferungen und Leistungen

Die Anschaffungskosten von PKW und Kombi sind brutto (also inklusive USt und Normverbrauchsabgabe) zu erfassen. Die steuerliche Nutzungsdauer beträgt acht Jahre. Eigenverbrauch, Sachbezüge und Verkaufserlös sind nicht umsatzsteuerpflichtig, wenn bei der Anschaffung kein Vorsteuerabzug zulässig war. Zu den vorsteuerabzugsfähigen Gesellschaften gehören Taxi- und Mietwagenunternehmen sowie Fahrschulen.

● Für die Verbuchung des **laufenden Kfz-Aufwandes** bestehen mehrere Möglichkeiten:

a) Der gesamte PKW-Aufwand (Treibstoff, Instandhaltung, Garagenmiete, Park- und Mautgebühren, AfA) wird für jedes Kraftfahrzeug auf einem eigenen

Sammelkonto erfasst. Für die Berechnung eines umsatzsteuerpflichtigen Eigenverbrauchs sind die Aufwendungen in solche mit und ohne Vorsteuer zu trennen. Nur der Privatanteil an Aufwendungen mit Vorsteuerabzug ist umsatzsteuerpflichtig.

b) Der PKW-Aufwand wird getrennt in die Aufwandspositionen *Leasing, Treibstoff, Instandhaltungen und Reparaturen, Sonstige Betriebskosten, Mautgebühren, Parkgebühren, Versicherungen, Sonstiger Kfz-Aufwand.*

c) Kombination der beiden Buchungsmethoden.

Die Kosten sind am jeweiligen Aufwandskonto brutto (inkl USt) zu erfassen. **746** Vorsteuerabzugsberechtigt sind nur Fahrzeuge der Taxi–, Mietwagen- und Fahrschulbetriebe sowie Vorführwagen der Kfz-Händler.

- Bei **Leasingraten** ist der eingerechnete Teil der AfA, der 12,5 % der Anschaffungskosten übersteigt, zunächst nicht abzugsfähig (Aktivposten) und wird erst bei Leasingende zum steuerlichen Aufwand.

7420 Leasingaufwand PKW / Bank

2940 Aktivposten PKW Leasing / 7420 Leasingaufwand PKW

- Verbuchung der **PKW-Treibstoffe:**

Tankstelleneinkauf: **7220 / Kassa (Bank)**

eigene Haustankstelle: **1410 Treibstoffe / Bank** und **7200 PKW-Aufwand / 1410 Treibstoffe**

Der Treibstoffeinkauf für eine eigene Tankstelle wird zunächst als Bezug von Hilfsstoffen erfasst und dem Verbrauch entsprechend auf die Fuhrparkkonten umgebucht. Wurde vom gesamten Treibstoff der Vorsteuerabzug geltend gemacht, hat hinsichtlich des PKW-Treibstoffverbrauches eine Vorsteuerkorrektur zu erfolgen.

2.5. Geschäftsanbahnungsspesen

- Verbuchung von steuerlich abzugsfähigen Bewirtungsspesen **747**

7651 Geschäftsanbahnungsspesen / Kassa

7652 nicht abzugsfähige Geschäftsanbahnungsspesen / Kassa

Aufwendungen für die Bewirtung von Geschäftsfreunden sind grundsätzlich als Repräsentationsaufwand zu qualifizieren und demnach steuerlich nicht abzugsfähig.

Uneingeschränkt abzugsfähig sind Bewirtungskosten dann, wenn

- es sich um Leistungsinhalte[294] oder

- um eine Bewirtung mit Entgeltcharakter (z.B. Incentive-Reisen)[295] handelt.

- eine Bewirtung ohne Repräsentationskomponente vorliegt.[296]

---

[294] Z.B. Verpflegungskosten anlässlich einer Fortbildung, wenn diese im Seminarpreis enthalten sind.
[295] Beim Empfänger der Reise liegt eine Betriebseinnahme oder ein Vorteil aus dem Dienstverhältnis vor.
[296] Unter diese Gruppe uneingeschränkt abzugsfähiger Betriebsausgaben fallen Bewirtungsaufwendungen bei Fortbildungsveranstaltungen und Betriebsbesichtigungen, bei der Schulung von Arbeitnehmern sowie bei der Durchführung von Events.

748

In ertragsteuerlicher Hinsicht **zur Hälfte abzugsfähig** sind

- Werbewirksame Bewirtungsaufwendungen, mit denen kein bzw. nur ein untergeordneter Repräsentationszweck verbunden ist;

- Arbeitsessen im Zusammenhang mit konkreten Geschäftsaktivitäten;

- Bewirtungen bei Geschäftsbesprechungen, Betriebseröffnungen und Bilanzpressekonferenzen.

Bei dieser Gruppe von Bewirtungsaufwendungen steht der Vorsteuerabzug in voller Höhe zu.

749

Bewirtungen sind **zur Gänze nicht abzugsfähig,** wenn sie hauptsächlich Repräsentationszwecken dienen oder es sich um *gemischte Aufwendungen* (also sowohl betrieblicher als auch privater Natur) handelt.

2.6. Abschlussbuchungen

750

- Verbuchung des auf offene Rechnung vorgetragenen (thesaurierten) **Jahresgewinnes:**

  9398 Jahresgewinn lt G+V-Rechnung / 9390 Bilanzgewinn

- Verbuchung einer Gewinnausschüttung an die Gesellschafter: **9390 Bilanzgewinn / Bank**

  Die Gewinnausschüttung an die Gesellschafter ist um den Betrag der 25 %igen Kapitalertragsteuer zu kürzen, der von der Geschäftsführung an das für die GmbH zuständige Betriebsstättenfinanzamt abzuführen ist.

- Verbuchung eines Jahresverlustes:

  9390 Bilanzgewinn(-verlust) / 9399 Jahresverlust lt G+V-Rechnung

- Leistung der noch ausstehenden Einlagen durch die Gesellschafter: **Bank / 9190 Ausstehende Gesellschaftereinlagen**

3. Das Ausscheiden eines Gesellschafters

3.1. Grundlagen

751

Während in rechtlicher Hinsicht das Ausscheiden eines Gesellschafters weitestgehend unproblematisch ist, stößt ein solcher Vorgang bei personalistisch strukturierten Gesellschaften – und hier wiederum bei Familien-GmbHs – an emotionale Grenzen.

Aus gutem Grunde sind in den meisten Gesellschaftsverträgen Regelungen vorgesehen, wie die Abtretung (von Teilen) eines Geschäftsanteiles zu erfolgen hat.

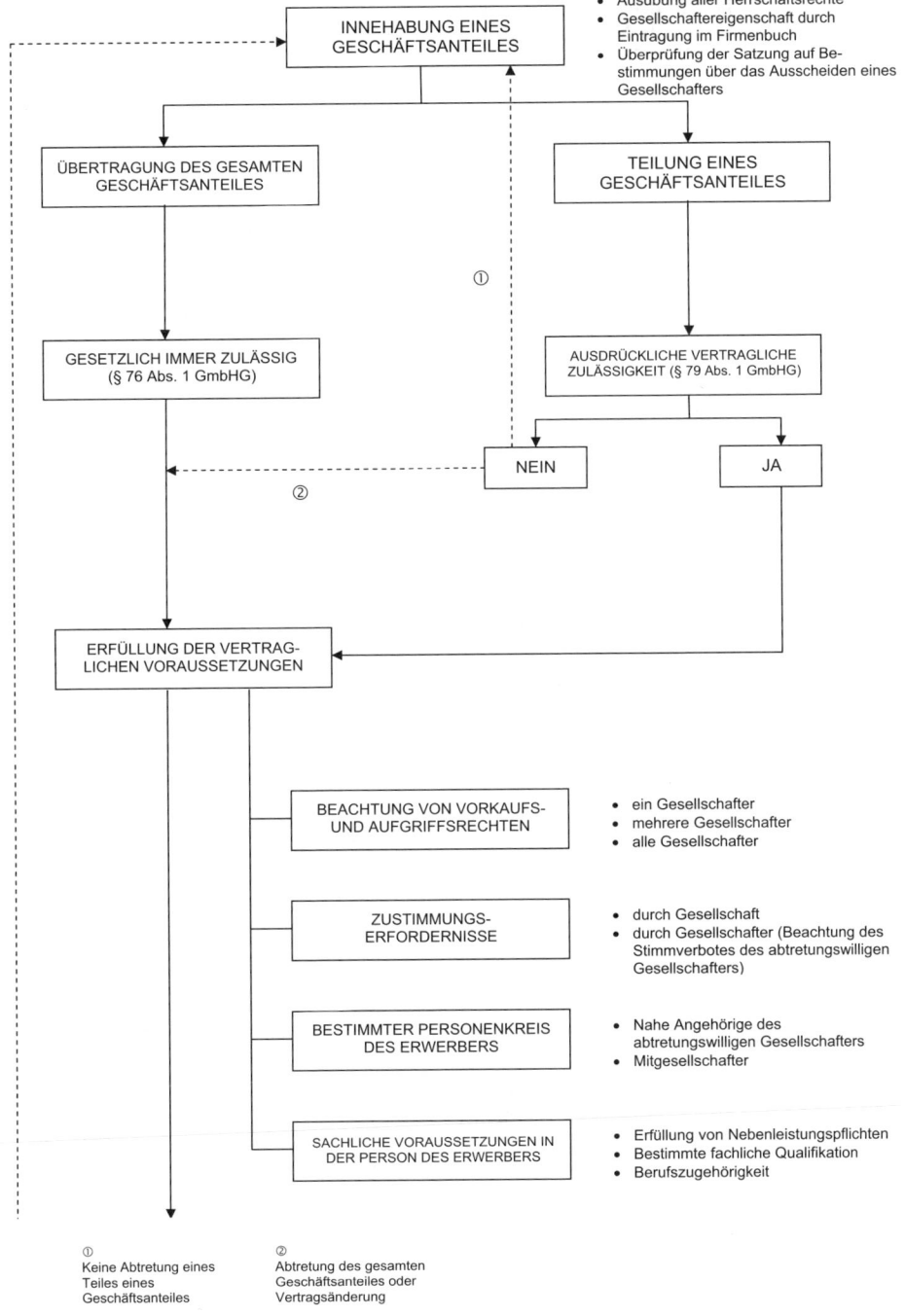

INNEHABUNG EINES GESCHÄFTSANTEILES

- Ausübung aller Herrschaftsrechte
- Gesellschaftereigenschaft durch Eintragung im Firmenbuch
- Überprüfung der Satzung auf Bestimmungen über das Ausscheiden eines Gesellschafters

ÜBERTRAGUNG DES GESAMTEN GESCHÄFTSANTEILES

TEILUNG EINES GESCHÄFTSANTEILES

①

GESETZLICH IMMER ZULÄSSIG (§ 76 Abs. 1 GmbHG)

AUSDRÜCKLICHE VERTRAGLICHE ZULÄSSIGKEIT (§ 79 Abs. 1 GmbHG)

NEIN

JA

②

ERFÜLLUNG DER VERTRAG-LICHEN VORAUSSETZUNGEN

BEACHTUNG VON VORKAUFS- UND AUFGRIFFSRECHTEN

- ein Gesellschafter
- mehrere Gesellschafter
- alle Gesellschafter

ZUSTIMMUNGS-ERFORDERNISSE

- durch Gesellschaft
- durch Gesellschafter (Beachtung des Stimmverbotes des abtretungswilligen Gesellschafters)

BESTIMMTER PERSONENKREIS DES ERWERBERS

- Nahe Angehörige des abtretungswilligen Gesellschafters
- Mitgesellschafter

SACHLICHE VORAUSSETZUNGEN IN DER PERSON DES ERWERBERS

- Erfüllung von Nebenleistungspflichten
- Bestimmte fachliche Qualifikation
- Berufszugehörigkeit

① Keine Abtretung eines Teiles eines Geschäftsanteiles

② Abtretung des gesamten Geschäftsanteiles oder Vertragsänderung

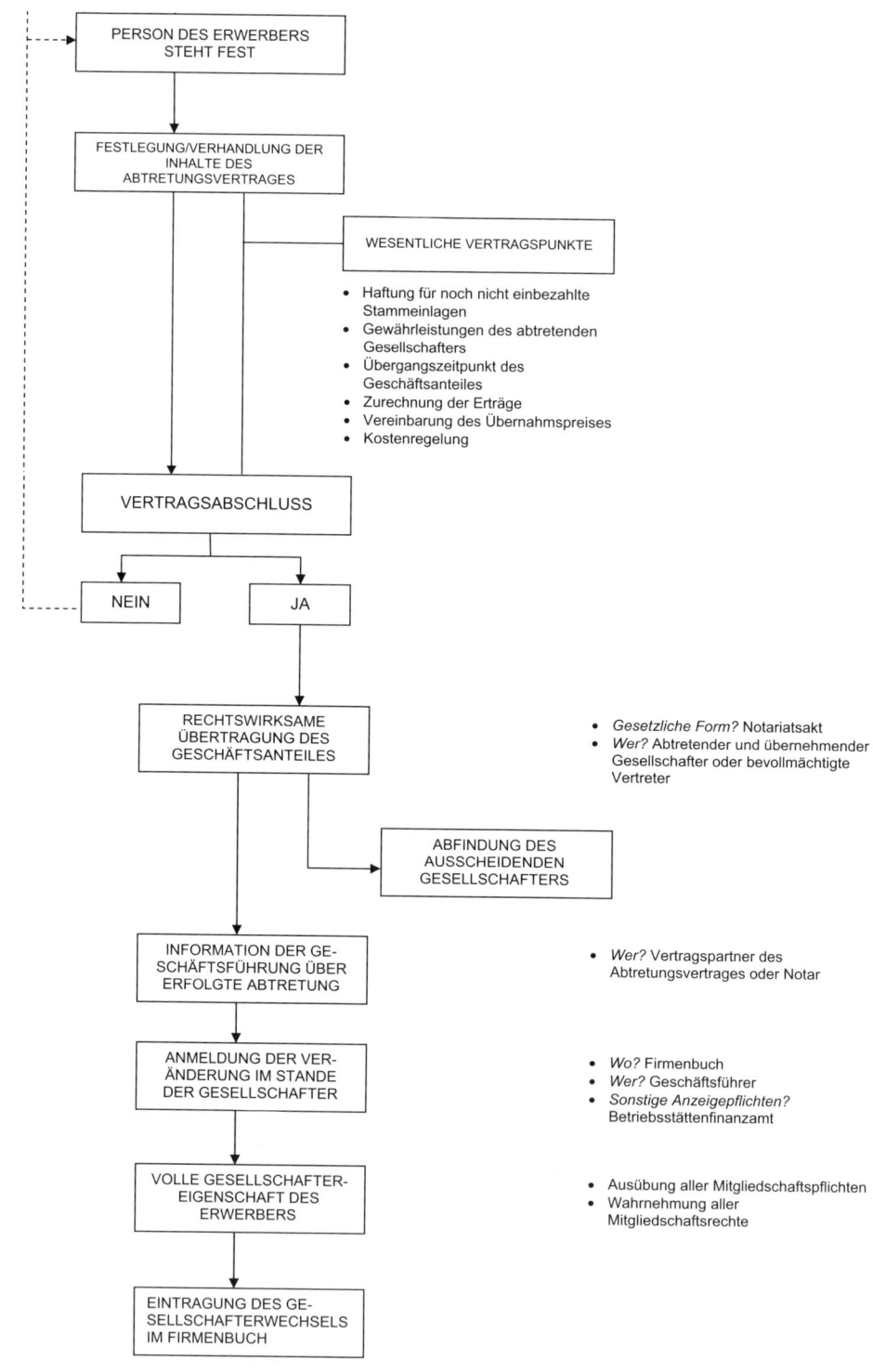

PERSON DES ERWERBERS STEHT FEST

FESTLEGUNG/VERHANDLUNG DER INHALTE DES ABTRETUNGSVERTRAGES

WESENTLICHE VERTRAGSPUNKTE

- Haftung für noch nicht einbezahlte Stammeinlagen
- Gewährleistungen des abtretenden Gesellschafters
- Übergangszeitpunkt des Geschäftsanteiles
- Zurechnung der Erträge
- Vereinbarung des Übernahmspreises
- Kostenregelung

VERTRAGSABSCHLUSS

NEIN   JA

RECHTSWIRKSAME ÜBERTRAGUNG DES GESCHÄFTSANTEILES

- *Gesetzliche Form?* Notariatsakt
- *Wer?* Abtretender und übernehmender Gesellschafter oder bevollmächtigte Vertreter

ABFINDUNG DES AUSSCHEIDENDEN GESELLSCHAFTERS

INFORMATION DER GE-SCHÄFTSFÜHRUNG ÜBER ERFOLGTE ABTRETUNG

- *Wer?* Vertragspartner des Abtretungsvertrages oder Notar

ANMELDUNG DER VER-ÄNDERUNG IM STANDE DER GESELLSCHAFTER

- *Wo?* Firmenbuch
- *Wer?* Geschäftsführer
- *Sonstige Anzeigepflichten?* Betriebsstättenfinanzamt

VOLLE GESELLSCHAFTER-EIGENSCHAFT DES ERWERBERS

- Ausübung aller Mitgliedschaftspflichten
- Wahrnehmung aller Mitgliedschaftsrechte

EINTRAGUNG DES GE-SELLSCHAFTERWECHSELS IM FIRMENBUCH

Muster: Änderungen im Stande der Gesellschafter

752

Landes- als Handelsgericht [*Name*]

Firmenbuch

[*Adresse*]

Firmenbuchsache: ABC-Industrieanlagenbau GmbH

Firmenbuchnummer: FN 12345 h

Antrag auf Eintragung von Änderungen im Stande der Gesellschafter

RA-Code: [...]

NO-Code: [...]

Zustellung erbeten zu Handen:

I. Antragsteller:

Geschäftsführer in vertretungsbefugter Zahl

II. Sachverhalt:

Im Firmenbuch des Landes- als Handelsgerichtes [*Name*] ist unter FN 12345 h die ABC-Industrieanlagenbau GmbH mit dem Sitz in [*Ort*] eingetragen.

Der Gesellschafter Anton A. hat [*mit Zustimmung der Gesellschaft*] von seiner Stammeinlage von € 20.000,00 einen Teil in Höhe von € 12.000,00 an *[Name, Adresse]* abgetreten.

Die Stammeinlage von Anton A. vermindert sich auf € 8.000,00.

Rechtsgrundlage ist der Abtretungsvertrag vom [*Datum, Geschäftszahl des Notars*].

III. Antrag auf Eintragung

Das Landes- als Handelsgericht [*Name*] möge im Firmenbuch unter FN 12345 h bei der Firma ABC-Industrieanlagenbau GmbH mit dem Sitz in [*Ort*] nachfolgende Eintragungen vornehmen:

1. Die Herabsetzung der Stammeinlage von

Anton A., geb., auf € 8.000,00

hierauf geleistet € 8.000,00

2. Die Neueintragung des Gesellschafters [Name, Geburtsdatum] mit einer

Stammeinlage von € 2.000,00

hierauf geleistet € 12.0000,00

[*Ort, Datum, beglaubigte Unterfertigung durch Geschäftsführer in vertretungsbefugter Anzahl*]

753

Das Gesetz sieht grundsätzlich nicht vor, dass Abtretungsverträge über Geschäftsanteile einer GmbH dem Firmenbuchgericht vorzulegen sind; es genügt üblicherweise ein Hinweis auf den zwingend notariell zu beurkundenden Abtretungsvertrag. Die Vorlage des Abtretungsvertrages durch die Geschäftsführung ist schon deshalb nicht zweckmäßig, da in einem solchen Fall der Vertrag vom Gericht gescannt und in die Urkundensammlung des Firmenbuchs aufgenommen wird. Für die am Abtretungsgeschäft beteiligten Vertragspartner ist eine solche Vorgangsweise üblicherweise nicht wünschenswert, da Kaufpreis, Gewährleistungs- und Haftungsbestimmungen sowie sonstige Regelungen, die das Gesellschaftsverhältnis betreffen, üblicherweise nicht für die Öffentlichkeit gedacht sind.

Wird die Vorlage des Abtretungsvertrages vom Firmenbuchgericht verlangt, empfiehlt sich eine auszugsweise beglaubigte Kopie des Vertrages vorzulegen, um eine unerwünschte Publizität zu vermeiden (vgl. hiezu auch § 77 NO).

● **Fallbeispiel**

Die seit dem Jahre 1996 bestehende ABC-Industrieanlagenbau GmbH hat ein Stammkapital von € 60.000,00. Anton A. ist an dieser Gesellschaft mit einer zur Gänze einbezahlten Stammeinlage i.H.v. 20.000,00 beteiligt. Er veräußert einen Teil seines Geschäftsanteiles, der einem Nominalbetrag von € 12.000,00 entspricht, um den Betrag von € 36.000,00.

Auszug aus dem Abtretungsvertrag:

(1) Herr Anton A., geb., Beruf, Anschrift ist Gesellschafter der im Firmenbuch des Landesgerichtes als Handelsgericht [Name] unter FN .... eingetragenen ABC-Industrieanlagenbau GmbH mit dem Sitz in [Ort], das Stammkapital der Gesellschaft ist mit € 60.000,00 vereinbart.

(2) Der Geschäftsanteil von Herrn Anton A. entspricht einer voll einbezahlten Stammeinlage von € 20.000,00.

(3) Herr Anton A. tritt durch diesen Vertrag von seinem in Abs. 2 beschriebenen Geschäftsanteil einen Teil, der einer voll einbezahlten Stammeinlage von € 12.000,00 entspricht, an [Bezeichnung des Empfängers] ab. Der Empfänger erklärt die Vertragsannahme und übernimmt diesen Geschäftsanteil in sein Eigentum ......

Steuerliche Folgen für den Veräußerer der Anteile:

Für die Beurteilung der steuerlichen Folgen oben dargestellten Sachverhaltes sind folgende Fragen zu klären:

– Wurde bzw. wird der Geschäftsanteil von Herrn Anton A. in dessen Betrieb oder Privatvermögen gehalten?

– Handelt es sich um ein Spekulationsgeschäft gem. § 30 EStG?

– Handelt es sich um eine Beteiligung im Sinne des § 31 EStG?

Im Fallbeispiel wird angenommen, dass Herr Anton A. seinen Geschäftsanteil im Privatvermögen hält. Herr Anton A. ist Gründungsgesellschafter der ABC-Industrieanlagenbau GmbH, die Gründung erfolgte laut obiger Angaben im Jahr 1996. Der Tatbestand des § 30 EStG (Spekulationsgeschäft) ist daher nicht erfüllt. Ein Spekulationsgeschäft ist dadurch gekennzeichnet, dass zwischen Anschaffung und Veräußerung eines Wirtschaftsgutes ein Zeitraum von weniger als einem Jahr verstrichen ist. Gewinne aus Spekulationsgeschäften unterliegen dem normalen Einkommensteuertarif.

Eine Beteiligung im Sinne des § 31 EStG liegt vor, wenn der Veräußerer innerhalb der letzten fünf Jahre vor der Veräußerung zu mehr als 1 % an der Kapitalgesellschaft, deren Anteile veräußert werden, beteiligt war. Zur Steuerpflicht nach § 31 EStG ist es nicht notwendig, dass der Veräußerer innerhalb der letzten fünf Jahre durchgehend qualifiziert beteiligt war. Das Beteiligungsausmaß von mehr als 1 % muss nur einmal innerhalb eines fünfjährigen Zeitraumes bei späteren Veräußerern gegeben sein.

Der Tatbestand des § 31 EStG ist damit für Herrn Anton A. erfüllt. Steuerpflichtige Veräußerungsgewinne gem. § 31 EStG unterliegen der Besteuerung nur mit dem halben Durchschnittssteuersatz des Veräußerers, wenn es sich um eine Beteiligung an einer inländischen Kapitalgesellschaft handelt. Bemessungsgrundlage für die Besteuerung ist der Veräußerungsgewinn. Dieser bemisst sich aus der Differenz zwischen den seinerzeitigen Anschaffungskosten des Veräußerers und dem nunmehrigen Veräußerungspreis.

3.2. Ermittlung des Veräußerungspreises

3.2.1. Allgemeines

Ausgehend vom obigen Beispiel hat Herr Anton A. seinen Geschäftsanteil zum **754** Nominale von € 20.000,00 zum Zeitpunkt der Gesellschaftsgründung im Jahr 1996 erworben. Einen Teil diese Geschäftsanteiles, nämlich 60 % zum Nominale von € 12.000,00, veräußert Herr Anton A. nunmehr zum Preis von € 36.000,00. Der Veräußerungserlös ermittelt sich somit wie folgt:

Veräußerungspreis	€	36.000,00
abzügl. seinerzeitige Anschaffungskosten	€	– 12.000,00
Veräußerungsgewinn	€	24.000,00

Der ermittelte Durchschnittssteuersatz an Einkommensteuer für Herrn Anton A. beträgt im Jahr der Veräußerung 36 %. Anton A. hat den Veräußerungsgewinn seiner Beteiligung von € 24.000,00 der Einkommensteuer zu unterwerfen. Er hat eine Einkommensteuer von 18 % (= halber Durchschnittssteuersatz), also von € 4.320,00 zu bezahlen.

3.2.2. Exkurs: Behandlung von Anteilen, die sich im Betriebsvermögen des Verkäufers befinden.

Eine entgeltliche Übertragung von Anteilen an Kapitalgesellschaften löst für den **755** Veräußerer die Aufdeckung der in den Anteilen enthaltenen stillen Reserven aus. Die stillen Reserven stellen dabei den Unterschiedsbetrag zwischen dem erzielten Veräußerungspreis einerseits und dem letzten Buchwert der Anteile (wenn die Anteile im Betriebsvermögen gehalten werden) andererseits dar. Dieser Unterschiedsbetrag entspricht dem Veräußerungsgewinn, wobei noch allfällige Veräußerungskosten (z.B. Kosten der Vertragserrichtung) in Abzug zu bringen sind, sofern sie zu Lasten des Veräußerers gehen.

Bei im Betriebsvermögen gehaltenen Anteilen ist ein Gewinn aus der Veräußerung von Kapitalanteilen grundsätzlich immer in voller Höhe steuerpflichtig; es besteht kein Freibetrag. Für die Steuerpflicht betrieblich gehaltener Kapitalanteile ist es ohne Bedeutung, wie lange die Anteile vom Veräußerer in seinem Vermögen gehalten worden sind oder wie hoch das prozentuelle Ausmaß seiner Beteiligung ist. Wird ein Geschäftsanteil im Betriebsvermögen gehalten, dann geht ein anlässlich der Veräußerung entstehender Gewinn oder Verlust in den laufenden Erfolg des Betriebes ein.

3.3. Enthaftung des ausscheidenden Gesellschafters

Bei personalistisch strukturierten GmbHs ist die Besicherung von Bankverbindlich- **756** keiten der Gesellschaft (bzw. Übernahme von Bürgschaften) durch einzelne, mehrere oder alle Gesellschafter – und zwar unbeschadet einer allfälligen Geschäftsführungsfunktion – eher die Regel denn die Ausnahme. Wenn nun ein solcher Gesellschafter ausscheidet, so ist unbedingt auch sein haftungsrechtliches Verhältnis zur Bank zu regeln. Wenn der Erwerber der Geschäftsanteile – sei es ein Mitgesellschafter oder ein Dritter – eine banktübliche Sicherheit in der gleichen Bonität beibringen kann (oder will) wie sie der abtretende Gesellschafter geleistet hat, so wird die Enthaftung durch die Bank üblicherweise ein in zeitlicher und sachlicher Hinsicht zu berücksichtigender *Formalakt* sein.

Wesentlich schwieriger ist die Situation, wenn ein Gesellschafter schnellstmöglich – etwa weil das Gesellschaftsverhältnis zerrüttet ist – aus der GmbH ausscheiden möchte, die Mitgesellschafter jedoch nicht über die gleiche Bonität verfügen wie der abtretungswillige Gesellschafter und die Bank seiner Enthaftung nicht zustimmt. In diesem Fall empfiehlt sich, dass der betreffende Gesellschafter bis auf weiteres Anteilseigner der GmbH bleibt. Es wäre fatal, keine Gesellschafterstellung (und damit Mitgestaltungsmöglichkeit) innezuhaben und trotzdem (noch) von der Hausbank der Gesellschaft allenfalls für Gesellschaftsverbindlichkeiten in Anspruch genommen zu werden. Es ist keinesfalls ausreichend, aus der Gesellschaft auszuscheiden und sich mit einem die Geschäftsbeziehung zur Bank betreffenden Auskunftsrecht zufrieden zu geben.

Ich verhehle nicht, dass es Fälle gibt, in denen einzelne Gesellschafter gegen ihren Willen und wohl auch innere Überzeugung

- nach wie vor der GmbH als Anteilseigner zugehören,

- weil die Bank einer Enthaftung nicht zustimmt,

- die übrigen Gesellschafter nicht die von der Bank geforderten gleichwertigen Sicherheiten beibringen (wollen),

- ein Dritter für den Erwerb der Geschäftsanteile mangels wirtschaftlichem Erfolg und strategischer Perspektiven der GmbH ohnehin nicht in Frage kommt und

- auch andere Maßnahmen nicht erfolgversprechend sind.

757

Praxisempfehlung. Im Hinblick auf diese *anderen Maßnahmen* ist zunächst an eine ordentliche Kündigung zu denken, welche zur Auflösung der Gesellschaft führt, wenn die übrigen Gesellschafter (oder ein von ihnen namhaft gemachter Dritter) nicht innerhalb einer vertraglich vereinbarten Frist die *gekündigten* Geschäftsanteile übernehmen.

Wenn bei den übrigen Gesellschaftern kein Interesse besteht, den Geschäftsanteil des Kündigenden zu übernehmen (hievon kann bei einer in der wirtschaftlichen Krise befindlichen oder gar überschuldeten Gesellschaft ausgegangen werden), so ist die Gesellschaft aufgelöst und tritt in das Stadium der Liquidation. In einem solchen Fall ist das Vermögen mit seinem *Zerschlagungswert* anzusetzen. Dies wird im Regelfall erst recht dazu führen, dass sich die Bank bei den mithaftenden Gesellschaftern – insb. auch bei unserem abtretungswilligen Gesellschafter – schad- und klaglos hält.

3.4. Mitarbeiterbeteiligung

758

Eine Gesellschaft eignet sich in beschränktem Umfang auch für die Beteiligung von Mitarbeitern. Der Umstand, dass der Erwerb und die Abtretung von Geschäftsanteilen der Notariatsaktsform sowie der Eintragung im Firmenbuch bedürfen, macht diese Rechtsform für *klassische* Beteiligungsmodelle von einer Vielzahl von Mitarbeitern wenig attraktiv. Für solche *Massenbeteiligungen* wird zweckmäßigerweise die Gestaltungsform einer echten stillen Gesellschaft gewählt.

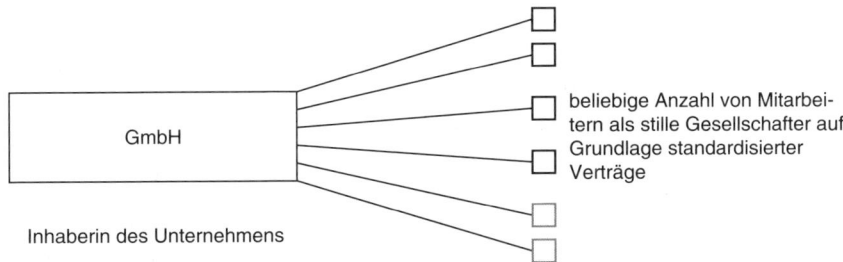

Wenn es jedoch darum geht, ausgewählte Schlüsselführungskräfte – also insb. Fremdgeschäftsführer – an das gesellschaftliche Unternehmen langfristig zu binden, so ist für dieses Ziel die GmbH sehr gut geeignet. Der Umstand, dass GmbH-Anteile nur im eingeschränkten Ausmaß fungibel sind, ist im Falle der Beteiligung von einigen wenigen (oder gar nur einem Mitarbeiter) sogar wünschenswert. Werden Mitarbeiter beteiligt, so ist bei personalistisch strukturierten Gesellschaften üblicherweise die Zustimmung der Gesellschafter erforderlich.

● **Beispiel**
Eine Familiengesellschaft weist nachfolgende Beteiligungs- und Geschäftsleitungsstruktur auf.

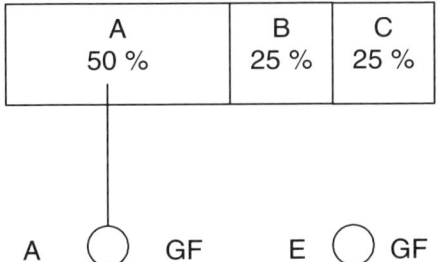

An den Fremdgeschäftsführer „E" werden aufgrund seiner persönlichen und fachlichen Qualifikation zum Nominalwert Geschäftsanteile i.H.v. 10 % übertragen. Das Anteilsverhältnis zwischen den Gesellschaftern soll durch die Beteiligung eines weiteren Gesellschafters unverändert bleiben.

Die Anteilsverschiebungen im Zuge der Übertragung eines Teiles der von den Gesellschaftern A, B und C übernommenen Geschäftsanteile sind nachfolgend dargestellt:

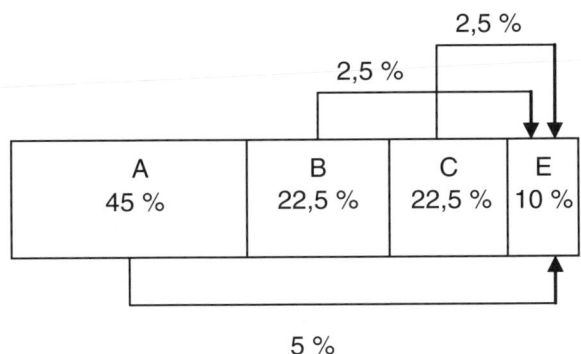

Wesentlich ist, dass die *Gründungs*gesellschafter untereinander darin übereinstimmen

- Teile ihrer Geschäftsanteile im Verhältnis ihrer Beteiligung zueinander an „E" abzutreten und
- ein einheitlich gültiger Kaufpreis vereinbart wird.

Denkbar und zulässig wäre es auch, dass der Fremdgeschäftsführer „E" an die drei abtretenden Gesellschafter nach deren Vorstellungen unterschiedliche Kaufpreise zu entrichten hat. Eine solche Regelung ist m.E. nur dann zu empfehlen, wenn „E" – vorbehaltlich der Bestimmungen des Gesellschafter-Ausschluss-Gesetzes – seine erworbenen Geschäftsanteile endgültig *behalten* darf.

Im vorliegenden Fall macht aus der Sicht der Familiengesellschafter die Beteiligung von „E" nur insoweit Sinn, als er der Gesellschaft als Geschäftsführer erhalten bleibt. In diesem Fall ist es zeitgleich mit den Abtretungsverträgen erforderlich, dass „E" für sich und seine Rechtsnachfolger durch ein einseitiges, nicht widerrufbares Abtretungsanbot erklärt, seinen Geschäftsanteil an die Mitgesellschafter abzutreten, wenn er

- sein Anstellungsverhältnis kündigt, oder
- seinen Rücktritt als Geschäftsführer erklärt (§ 16a GmbHG), oder
- als Geschäftsführer von der Generalversammlung durch Mehrheitsbeschluss abberufen wird, oder
- das Anstellungsverhältnis durch Fristablauf endet.

In der folgenden Darstellung wird davon ausgegangen, dass „E" auf Grund der Abtretungsanbote verpflichtet wird, seinen Geschäftsanteil im gleichen Verhältnis an die Familiengesellschafter *rückzuübertragen*, wie er sie von Ihnen erworben hat.

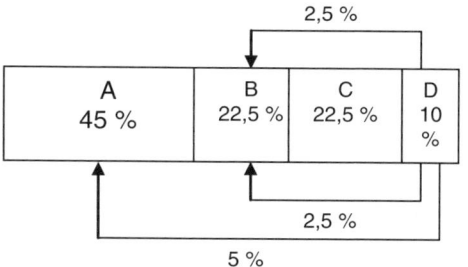

Um den beschriebenen *Beteiligungseffekt* zu erreichen, empfiehlt sich folgender Regelungskern im Abtretungsanbot:

Im Falle des Widerrufs der Geschäftsführungsfunktion bei der ABC-Gesellschaft mbH. – aus welchem Grund auch immer – tritt Herr E seinen Geschäftsanteil an der Gesellschaft an den Anbotsempfänger oder eine von diesem namhaft zu machende Person ab.

Das Anbot sollte zeitlich befristet werden. Es empfiehlt sich eine Regelung, wonach die Annahmeerklärung durch die Gesellschafter A, B und C (bzw. deren Rechtsnachfolger zu diesem Zeitpunkt) mit einer rekommandierten Aufgabe einer beglaubigten Abschrift des Annahmeschreibens zur Post an E als zugestellt gilt: Weitere *Erklärungen* des verpflichteten Anbotstellers E sind demnach nicht mehr erforderlich.

In der Beratungspraxis stellt sich naturgemäß die Frage, welche Wertbemessung für eine allfällige Rückübertragung des Geschäftsanteils von E maßgeblich sein soll.

Nach meiner konkreten Erfahrung mit einer Vielzahl von Regelungen hat sich der Vergleich des Eigenkapitals der Gesellschaft zwischen

- jenem Bilanzstichtag, der dem Erwerb der Geschäftsanteile durch E vorangeht, sowie

- jenem Bilanzstichtag, der dem Aufgriff des angebotenen Geschäftsanteils durch die Annahmeberechtigten vorangeht,

im Regelfall als leicht administrierbarer Idealzustand herauskristallisiert.

- **Beispiel**

  Am 15.3.1998 überträgt der bisherige Alleingesellschafter Anton A. von seinem Geschäftsanteil einen Teil, der einer übernommenen und zur Gänze einbezahlten Stammeinlage von € 15.000 entspricht, um diesen Nominalbetrag an Bernhard B. ab. Dieser erwirbt somit einen Geschäftsanteil mit einer Beteiligungsquote von 15 %. Das Eigenkapital der GmbH laut Schlussbilanz zum 31.12.1997 beträgt € 97.000.

  Am 14. September 2007 legt Bernhard B. seine Geschäftsführung zurück. Persönliche Differenzen und wesentliche sachliche Auffassungsunterschiede mit dem Rechtsnachfolger des zwischenzeitlich verstorbenen Anton A. haben ihn zu diesem Schritt bewogen. Dass Eigenkapital der GmbH laut Schlussbilanz zum 31.12.2006 beträgt zwischenzeitlich € 236.000.

  Der Rechtsnachfolger von Anton A. hat im Zuge der Annahme des Abtretungsanbotes von Bernhard B. – für welche sein Ausscheiden als Geschäftsführer Voraussetzung war – folgenden Abtretungspreis zu entrichten:

Nominalbetrag Stammeinlage	€	15.000,00
(jener Betrag, den Bernard B. 1997 an Anton A. zu entrichten hatte)		
Wertdifferenz zwischen dem Eigenkapital		
am 31.12.2006 €	236.000,00	
und am 31.12.1997€	97.000,00	
€	139.000,00	
davon 15 % Beteiligungsquote	€	20.850,00
	€	35.850,00

Dieser aus der Sicht des Rechtsnachfolgers von Anton A. möglicherweise als hoch beurteilte Abtretungspreis kann dadurch argumentiert werden, dass

- der ausscheidende Minderheitsgesellschafter Bernhard B. als Geschäftsführer wesentlich zur Wertsteigerung des Unternehmens beigetragen hat,

- in den letzten Jahren die Gewinne nicht oder nicht zur Gänze an die Gesellschafter im Verhältnis ihrer Beteiligung zum Verbleib bei diesen ausgeschüttet wurden;

- die Ziele des von Anton A. realisierten Beteiligungsmodells, nämlich durch Kontinuität in der Geschäftsführung zu einer nachhaltigen Steigerung des Unternehmenswertes beizutragen, erreicht wurden.

Rz. 759 – 760 frei.

4. Die GmbH in der wirtschaftlichen Krise – ausgewählte Praxisfragen unter besonderer Berücksichtigung der Fortbestehensprognose

4.1. Sorgfaltsmaßstab der Geschäftsführung

Der GmbH-Geschäftsführer haftet für die Sorgfalt eines *ordentlichen Geschäfts-* **761** *mannes* (§ 25 Abs. 1 GmbHG). Aus diesem *Sorgfaltsgebot* ergibt sich in betriebswirtschaftlicher Hinsicht die allgemeine Verpflichtung der laufenden Analyse und Kontrolle der

- aktuellen Lage,
- allgemeinen Geschäftsentwicklung sowie
- Entwicklung von Rentabilität und Liquidität.

Geben die periodischen Bestandsaufnahmen und Soll-Ist-Vergleiche Anlass zur Sorge über die künftige Entwicklung des gesellschaftlichen Unternehmens, ist laufend zu untersuchen, ob

- lediglich eine Zahlungsstockung oder aber
- bereits Zahlungsunfähigkeit und/oder Überschuldung[297] vorliegen.

4.2. Zahlungsunfähigkeit

762 **Allgemeines.** Die Zahlungsfähigkeit ist ausschließliche Insolvenzvoraussetzung bei physischen Personen sowie Personengesellschaften mit Ausnahme der GmbH & Co sowie AG & Co. Durch die Bestimmungen des IRÄG 1997 ist ein Schuldner bereits bei *drohender Zahlungsunfähigkeit* zur Insolvenzantragstellung verpflichtet.[298] Nur die Zahlungsunfähigkeit (nicht Überschuldung) ist Tatbestandsmerkmal der Gläubigerbegünstigung und der grob fahrlässigen Beeinträchtigung von Gläubigerinteressen.

763 **Wirkung.** Bei der Zahlungsunfähigkeit handelt es sich um ein schlagartig auftretendes, zeitpunktbezogenes Ereignis, dass sich quasi von selbst *dokumentiert.* Die Zahlungsunfähigkeit ist der häufigste Insolvenzgrund und führt in der Regel durch Zahlungseinstellung zur Auslösung des Insolvenzverfahrens.

764 **Begriff.** Zahlungsunfähigkeit liegt nach der maßgeblichen *zeitpunktbezogenen* Interpretation vor,[299] wenn

- der Schuldner mangels bereiter Mittel
- fällige Verbindlichkeiten nicht erfüllen kann und
- sich die dazu erforderlichen Mittel
- voraussichtlich nicht
- in angemessener Frist verschaffen kann.

765 **Beurteilungskriterien.** Die h.L. und Rspr. gehen von der (statischen) *Stichtags-Zahlungsunfähigkeit* aus.[300] Es ist daher zu prüfen, ob die am maßgeblichen Stichtag fälligen Forderungen in den vorhandenen liquiden Mitteln (Kassenstand zuzüglich offener Kreditlinien) Deckung finden oder nicht. Zahlungsunfähigkeit setzt *dauerndes Nichtzahlenkönnen* voraus. Künftige und später fällige Verbindlichkeiten des Schuldners haben bei der Beurteilung der Zahlungsunfähigkeit außer Betracht zu bleiben. Würde man diese Verbindlichkeiten bei der Beurteilung der Zahlungsunfähigkeit miteinbeziehen, wären bei der Überschuldungsprüfung unsichere Prognoseelemente nicht vermeidbar.

---

[297] Sowohl die Zahlungsunfähigkeit wie auch die Überschuldung sind anfechtungsrechtlich maßgeblich bei den Kapitalgesellschaften, der GmbH & Co KG sowie AG & Co KG und den Verlassenschaften.

[298] Davon wird in der Unternehmenspraxis nicht im Geringsten Gebrauch gemacht.

[299] Siehe zahlreiche Nachweise bei *Mohr,* Konkurs–, Ausgleichs- und Anfechtungsordnung[8], 1995, E 5 f. zu § 66 KO.

[300] OGH 28.6.1990, 8 Ob 624/88 = GesRZ 1990, 162 = RdW 1991, 43 = ecolex 1990, 675 = SZ 63/124; OGH 15.10.1992, 8Ob 516/91 = ÖBA 1993, 415; *Harrer,* Haftungsprobleme bei der GmbH, 1990, 36; *Dellinger,* Vorstands- und Geschäftsführerhaftung im Insolvenzfall, 18 ff.; *ders.,* Quo vadis Kridahaftung?, ecolex 1990, 345; *Seicht,* Der Inhalt der Begriffe „Zahlungsunfähigkeit" und „Überschuldung", GesRZ 1990, 179 ff.

Zeitraum-Zahlungsunfähigkeit. Ein Teil der älteren Lehre bezieht – mit guten **766** Gründen – auch Verbindlichkeiten ein, für die bei ordnungsgemäßer Wirtschaftsführung schon vor deren Fälligkeit im Wege der unternehmerischen Vorsorge Rückstellungen zu bilden sind.[301]

Nur in **Ausnahmefällen** sind im Rahmen der Zeitraum-Zahlungsunfähigkeit auch **767** Verbindlichkeiten bei der Prüfung der Zahlungsunfähigkeit berücksichtigt, die im maßgeblichen Zeitraum noch nicht fällig sind.[302]

● **Beispiel**

Wenn sich ein Schuldner einen Kredit im Bewusstsein erschleicht, diesen nicht bedienen zu können, um seinen fälligen Verpflichtungen nachzukommen, werden im Zuge der Zeitraum-Zahlungsunfähigkeit auch Verbindlichkeiten bei der Prüfung der Zahlungsunfähigkeit berücksichtigt, die im maßgeblichen Zeitpunkt noch nicht fällig sind.

4.3. Zahlungsstockung

Begriff. Eine Zahlungsstockung liegt dann vor, wenn der Schuldner **768**

● seine am maßgeblichen Stichtag fälligen Verbindlichkeiten

● noch nicht bedienen kann,

● weil lediglich vorübergehend und kurzzeitig

● ein Mangel an Zahlungsmitteln besteht,

● der aber durch alsbaldige Mittelbeschaffung[303] wieder behebbar ist, und

● der Schuldner innerhalb angemessener Frist

● über ausreichende Liquidität verfügt.

Die Zahlungsstockung ist also ein Zustand *vorübergehenden Nichtzahlenkönnens* und führt zu keiner Insolvenzantragspflicht gemäß § 69 Abs. 2 KO.

Die **Dauer** der *angemessenen* Frist zur Mittelbeschaffung ist nicht gesetzlich **769** bestimmt; sie findet ihre Grenze in der 60-tägigen Insolvenzantragspflicht des § 69 Abs. 2 KO.

● **Beispiel**

Im Stadium der Zahlungsstockung veräußert der Geschäftsführer einer GmbH innerhalb eines angemessenen Zeitraums (der 60 Tage keinesfalls überschreiten darf) eine Liegenschaft der Gesellschaft und verwendet den Verkaufserlös zur Schuldentilgung. Die Frist, innerhalb der noch eine Zahlungsstockung argumentiert werden kann, ist nur gewahrt, wenn längstens innerhalb dieser 60 Tage der Kaufpreis dem Schuldner tatsächlich zu seiner freien Disposition steht.

4.4. Überschuldung

4.4.1. Grundlagen

4.4.1.1. Anwendungsbereiche

Die *Überschuldung* ist kein genereller Insolvenzgrund, sondern kommt – im **770** Gegensatz zur Zahlungsunfähigkeit, die für alle Rechtsträger (auch für natürliche

---

[301] Vgl. *Petschek/Reimer/Schiemer,* Das österreichische Insolvenzrecht, 1973, 35; *Sprung/Schumacher;* Die Zahlungsunfähigkeit als Konkurseröffnungsgrund, JBl 1978, 122 ff.; *Chalupsky/Ennöckl/Holzapfel,* Handbuch des österreichischen Insolvenzrechts, 1986, 11; ausdrücklich ablehnend jedoch OGH 28.6.1990, 8 Ob 624/88 = SZ 63/124; OGH 15.10.1992, 8 Ob 516/91 = ÖBA 1993, 415.

[302] OGH 19.11.1981, 4 Ob 547, 548/81 = EvBl 1982, 164; OGH 11.11.1986, 2 Ob 532, 533/86 = ÖBA 1987, 341; OGH 27.8.1990, 7 Ob 655/90; OGH 15.10.1992, 8 Ob 516/91 = ÖBA 1993, 415.

[303] Diese Mittelbeschaffung kann etwa durch die Verwertung vorhandener Aktiva oder Aufnahme eines Überbrückungskredites erfolgen; vgl. hiezu auch *Sprung/Schumacher,* JBl 1978, 123 f.

Personen und *gesetzestypische* Personengesellschaften) gilt – nur bei Rechtsträgern mit „beschränkter Haftung" zur Anwendung. Der Grund hiefür liegt darin, dass den Gläubigern nur das Vermögen des Rechtsträgers haftet. Nachdem keine unbeschränkte Haftung einer natürlichen Person besteht, wird auch auf die Schuldendeckung abgestellt.

Übersicht: Anwendungsbereiche der Überschuldung

Eine Überschuldung ist in folgenden Fällen maßgeblich:

● Unternehmen, bei denen kein persönlich haftender Gesellschafter eine natürliche Person ist

  – z. B. GmbH & Co KG im engeren Sinne, Offene Gesellschaft, bei der keine natürliche Person Gesellschafter ist

● juristische Personen (GmbH, Aktiengesellschaften, Privatstiftung, Genossenschaft, Verein)

● Verlassenschaften

4.4.2. Begriffe

771   **Einleitung.** Es mag überraschen, dass für den Begriff „Überschuldung" angesichts der Bedeutung dieses Insolvenztatbestandes weder in der Konkursordnung noch in der Ausgleichsordnung eine gesetzliche Legaldefinition besteht.[304] Das deutsche Recht enthält hingegen diese Legaldefinition in § 19 Abs. 2 dInsO.

772   **Überschuldung als juristischer Begriff.** In Ermangelung einer Legaldefinition ist der Begriff der Überschuldung also konkretisierungsbedürftig. Bei dieser Konkretisierung können – jeweils aktuelle – Erkenntnisse der Betriebswirtschaftslehre eine Rolle spielen; aus diesem Grunde ist es im Laufe der Zeit auch zu grundlegenden Änderungen beim Verständnis des Überschuldungstatbestandes gekommen. Dennoch handelt es sich im Kern um einen juristischen Begriff; durch Auslegung ist zu klären, welche Tatbestandsmerkmale der Überschuldungsbegriff enthält.

Überschuldung *im Allgemeinen* liegt vor, wenn das Vermögen des Schuldners nicht ausreicht, um seine Verbindlichkeiten zu decken. Eine *buchmäßige Überschuldung* liegt bei einem in der Bilanz ausgewiesenen negativen Eigenkapital vor.[305] Für die Feststellung einer buchmäßigen Überschuldung gelten die allgemeinen Grundsätze der Bewertung (§ 201 UGB).

Begriff „*Überschuldung*" – Wesentliche Auslegungsgesichtspunkte

● Begriffskern: Vermögensvergleich

  – Ergibt sich bereits aus dem Begriff der „Überschuldung": *Überhang der Schulden über die Aktivposten* oder *„wenn die Summe der (fälligen und nicht-fälligen) Schulden die Aktivbestandteile des Vermögens übersteigt"* oder *„wenn das Vermögen der Gesellschaft nicht mehr die Schulden deckt"*[306]

● Zweck des Überschuldungsbegriffs als Sondertatbestand für Rechtsträger mit beschränkter Vermögensmasse

---

[304] Der Gesetzgeber des Jahres 1914 hielt eine Legaldefinition für entbehrlich und sogar schädlich wegen „ziemlich feststehender Ergebnisse der Wissenschaft" und *mangelnder Elastizität* gegenüber dem Einzelfall.

[305] Früher auch als nicht durch Eigenkapital gedeckter Fehlbetrag bezeichnet.

[306] So wörtlich § 64 Abs. 1 zweiter Satz dGmbHG a.F.

- Gläubigerschutz

- Schutz lebensfähiger Unternehmen vor überhasteter Verwicklung in ein Insolvenzverfahren

- Aktuelle Erkenntnisse der Betriebswirtschaftslehre über die wesentlichen Gesichtspunkte für die Bestimmung des Schuldendeckungspotenzials

Statischer Überschuldungsbegriff. Nach der traditionellen Auslegung des Ver- **773** mögensvergleichs war für die Überschuldung ein *Insolvenzstatus* in Form einer Aufstellung über den Vermögensstand zum jeweiligen Stichtag maßgeblich; nach früher h. A. erfolgte die Bewertung zu Liquidationswerten. Überschuldung liegt demnach vor, wenn die Passiva größer sind als die Aktiva. Die traditionelle Auslegung des Überschuldungsbegriffes hat nur auf diesen Vermögensvergleich abgestellt (daher sog. *statischer Überschuldungsbegriff*). Gegen diesen reinen Vermögensvergleich wurden viele Einwände vorgebracht: auch für an sich lebensfähige Unternehmen wird die Einleitung eines Insolvenzverfahrens erzwungen; dies insb. dann, wenn im Vermögensstatus Liquidationswerte angesetzt werden müssen.

Dynamischer Überschuldungsbegriff. Die m. E. zu Recht kritisierten *Schwächen* **774** des reinen Vermögensvergleichs führten zu einem *dynamischen Überschuldungsbegriff*, in dem auch die künftigen Entwicklungsmöglichkeiten des Unternehmens berücksichtigt werden. Die (positive) Fortbestehensprognose gewinnt damit Einfluss auf die Überschuldungsprüfung. Der dynamische Überschuldungsbegriff wird in zwei verschiedene Arten unterschieden.

Als **Kombinationsmethode** wird die *herkömmliche zweistufige Überschuldungs-* **775** *prüfung* bezeichnet. Die Bewertung im Status ist davon abhängig, ob eine positive Fortbestehensprognose vorliegt. Es erfolgt keine vollständige Trennung von *Status* und *Prognose*; die Prognose ist vielmehr nur Anhaltspunkt für die Bewertung im Status. Bei einer positiven Fortbestehensprognose ist die Abkehr von den reinen Liquidationswerten zulässig (Firmenwert, Fortführungswerte). Im Ergebnis entscheidet bei der Kombinationsmethode allein der (aktuelle) Vermögensstatus, der allenfalls – bei positiver Fortbestehensprognose – zu *optimistischeren* Werten erstellt werden darf.

Bei der **Modifizierten zweistufigen Überschuldungsprüfung** erfolgt eine voll- **776** ständige Trennung von Überschuldungsstatus und Fortbestehensprognose. Der Status wird zu Liquidationswerten erstellt; davon unabhängig wird die Fortbestehensprognose aufgestellt. Die Fortbestehensprognose hat damit auch keinen Einfluss auf die Bewertung im Status. Überschuldung liegt demnach nur vor, wenn (kumulativ) der Status negativ ist und keine positive Fortbestehensprognose vorliegt. Der OGH folgt in ständiger Rspr. seit 1986 der modifizierten zweistufigen Überschuldungsprüfung.[307]

---

[307] OGH 28.03.2002, 8 Ob 221/01k; OGH 26.02.2002, 1 Ob 644/01k; OGH 26.04.2001, 6 Ob 37/01m = ecolex 2001/298; OGH 23.11.2000, 6 Ob 110/00w = ZIK 2001/269; OGH 19.11.1998, 2 Ob 268/98w = RdW 1999, 74; OGH 24.10.1990, 2 Ob 553/90; OGH 05.04.1989 1 Ob 526/89 = SZ 62/61; OGH 23.02.1989, 7 Ob 526/89 = wbl 1989 194; OGH 26.01.1989, 8 Ob 502/88 = wbl 1989, 225; OGH 17.05.1988, 8 Ob 608/87 = JBl 1989, 53; OGH 09.02.1986, 6 Ob 508, 509/86 = wbl 1988, 129; OGH 17.11.1987, 3 Ob 520/86 = SZ 60/244; OGH 23.09.1987, 1 Ob 608/87 = wbl 1988, 58; OGH 03.12.1986, 1 Ob 655/86 = SZ 59/216.

4.4.3. Zweistufige Überschuldungsprüfungsmethode

4.4.3.1. Grundlagen

777 Der OGH hat sich in seiner Entscheidung vom 3.12.1986[308] der von *Karsten Schmidt* entwickelten zweistufigen Prüfungsmethode angeschlossen und dies in einer Reihe von Folgeentscheidungen bestätigt. Eine insolvenzrechtliche Überschuldung im Sinne des § 67 KO liegt demnach nur dann vor, wenn

- die zu Liquidationswerten bewerteten Schulden
- die zu Verkehrswerten ermittelten Aktivbestände
- übersteigen, deshalb
- das nach Liquidationswerten zu beurteilende Vermögen
- zur Erfüllung der Gläubiger im Liquidationsfall
- nicht ausreichend ist und
- die Fortbestehensprognose negativ ist.

778 **Interpretation.** Eine rechnerische Überschuldung (Überwiegen der Passiva über die Aktiva bei Zugrundelegung von Liquidationswerten) eines Unternehmens erfüllt den Überschuldungstatbestand im Sinne von § 67 KO nur in Verbindung mit einer negativen Fortbestehensprognose. Die allein rechnerische Überschuldung zu Liquidationswerten bedeutet daher noch nicht, dass das Unternehmen bei Weiterführung auch tatsächlich seine Verpflichtungen in Zukunft nicht erfüllen können wird. Aus diesem Grund ist die rechnerische Überschuldung zu Liquidationswerten eine notwendige, aber noch keine hinreichende Bedingung für die Einleitung des Insolvenzverfahrens; erst die negative Fortbestehensprognose führt dazu.

Im Sinne der nunmehr herrschenden dynamischen und zweistufigen Überschuldungsprüfung ist nach Auflösung sämtlicher stiller Reserven das Vermögen zu Liquidationswerten unter Passivierung der Liquidationskosten den Verbindlichkeiten gegenüberzustellen. Finden die Verbindlichkeiten im Liquidationserlös abzüglich der Liquidationskosten Deckung, liegt keine Überschuldung vor. Andernfalls ist zu untersuchen, ob für das Unternehmen des Schuldners *eine positive Fortbestehensprognose* erstellt werden kann, widrigenfalls – und nur dann – eine insolvenzrechtlich beachtliche Überschuldung vorliegt.[309]

779 In seiner **Grundsatzentscheidung**[310] zur Überschuldungsprüfung hat der Oberste Gerichtshof folgende Position eingenommen und bis heute im Wesentlichen beibehalten:

- „Die Überschuldungsprüfung ist daher durch eine Fortbestehensprognose zu ergänzen, in deren Rahmen mit Hilfe sorgfältiger Analysen von Verlustursachen, eines Finanzierungsplanes sowie der Zukunftsaussichten der Gesellschaft die Wahrscheinlichkeit der künftigen Zahlungsunfähigkeit und damit der Liquidation der Gesellschaft zu prüfen ist".

- „Eine insolvenzrechtlich bedeutsame Überschuldung liegt demnach nur dann vor, wenn die Fortbestehensprognose ungünstig, d.h. die Liquidation oder Zahlungsunfähigkeit wahrscheinlich um das … nicht nach Fortführungs–, sondern

---

[308] OGH 3.12.1986, 1 Ob 655/86 = EvBl 1987/104 = RdW 1987, 126.

[309] OGH 3.12.1986, 1 Ob 655/86 = ÖBA 1987, 332 = RdW 1987, 126 = EvBl 1987/104; OGH 23.9.1987, 1 Ob 608/87 = wbl 1988, 58; OGH 17.11.1987, 3 Ob 520/86 = SZ 60/244; OGH 9.2.1988, 6 Ob 508, 509/96 = ÖBA 1988, 828, 833; OGH 17.5.1988, 8 Ob 608/87 = JBl 1989, 53, 55; OGH 26.1.1986, 8 Ob 502/88 = wbl 1986, 225; OGH 23.2.1989, 7 Ob 526/89 = wbl 1989, 194; OGH 5.4.1989, 1 Ob 526/89 = ÖBA 1989, 1120, 1122.

[310] OGH 3.12.1986, 1 Ob 655/86.

---

nach Liquidationswerten zu bewertende Vermögen zur Erfüllung der Gläubiger unzureichend ist."

- „Der Überschuldungstatbestand ist daher auf jene Fälle zu reduzieren, in denen die Lebensfähigkeit der Gesellschaft unter Bedachtnahme auf eingeleitete Sanierungsmaßnahmen nicht hinreichend, d.h. mit zumindest überwiegender Wahrscheinlichkeit, gesichert ist, eine rechnerische Unterbilanz daher nicht durch eine geschätzte zukünftige positive Entwicklung ausgeglichen werden kann."

- „Solange demnach eine künftige positive Unternehmensentwicklung, sei es auch nach Sanierungsmaßnahmen unter Heranziehung von Fremdkapital, erwartet werden kann und die Zahlungsfähigkeit der Gesellschaft erhalten bleibt, fehlt es an einer konkursrechtlich relevanten Überschuldung."

780 Die **Feststellung der Überschuldung** eines Unternehmens hängt im Ergebnis von der Beurteilung der künftigen Entwicklung dieses Unternehmens ab; hiefür bestehen zwei Möglichkeiten:

- ein dauerhafter Fortbestand oder

- eine in Zukunft drohende Illiquidität.

4.4.3.2. Exkurs: Die Entwicklung in Deutschland

781 Auch der deutsche Bundesgerichtshof ist zunächst dem Ansatz der *modifizierten zweistufigen Prüfung* gefolgt;[311] diese Position war auch in der deutschen Literatur herrschend.[312] Mit der am 1.1.1999 in Kraft getretenen neuen Insolvenzordnung (InsO) ist der deutsche Gesetzgeber von diesem Ansatz abgewichen. In § 19 Abs. 2 dInsO erfolgt insofern eine Rückkehr zu *statischen* Prüfung, als diese Bestimmung der *Kombinationsmethode* folgt und damit – wenn auch mit liberaler Bewertung – auf einen aktuell ausgeglichenen Vermögensstatus abstellt. Der deutsche Gesetzgeber hat damit die Überschuldungsprüfung bewusst wieder verschärft.

Die Gesetzesverfasser haben die Verschärfung der Überschuldungsprüfung im Wesentlichen wie folgt begründet:

- „Eine positive Prognose für die Lebensfähigkeit des Unternehmens – die leicht vorschnell zugrunde gelegt wird – darf die Annahme einer Überschuldung noch nicht ausschließen; sie erlaubt nur, wenn sie nach den Umständen gerechtfertigt ist, eine andere Art der Bewertung des Vermögens. Die Feststellung, ob Überschuldung vorliegt oder nicht, kann also stets nur auf der Grundlage einer Gegenüberstellung von Vermögen und Schulden getroffen werden."

- „Die InsO weicht damit entschieden von der Auffassung ab, die in der Literatur vordringt und der sich kürzlich auch der Bundesgerichtshof angeschlossen hat."[313]

- „Wenn eine positive Prognose stets zu einer Verneinung der Überschuldung führen würde, könnte eine Gesellschaft trotz fehlender persönlicher Haftung weiter wirtschaften, ohne dass ein die Schulden deckendes Kapital zur Verfügung steht. Dies würde sich erheblich zum Nachteil der Gläubiger auswirken, wenn sich die Prognose – wie in dem vom Bundesgerichtshof entschiedenen Fall – als falsch erweist."

---

[311] Z. B. BGH 3.7.1992, II ZR 269/91, BGHZ 119, 201, 214 („Dornier"); 20.3.1995, II ZR 205/94, BGHZ 129, 136, 154 („Girmes").

[312] Z. B. *Karsten Schmidt* in Scholz, GmbHG II[8], § 63 Rz 10 ff.

[313] BGHZ 119, 201, 214.

- „Die in § 19 Abs. 1 InsO festgeschriebene Definition der Überschuldung hat überdies den Vorteil, dass sie Überschneidungen mit dem Begriff der *drohenden Zahlungsunfähigkeit* vermeidet."

Nach der Legaldefinition des § 19 Abs. 2 dInsO liegt Überschuldung vor, wenn das Vermögen des Schuldners die bestehenden Verbindlichkeiten nicht mehr deckt. Bei der Bewertung des Vermögens des Schuldners ist jedoch die Fortführung des Unternehmens zugrunde zu legen, wenn diese nach den Umständen überwiegend wahrscheinlich ist. Die Fortbestehensprognose hat damit nur noch Bedeutung als Bewertungsfaktor für den Status. Es muss jedenfalls aktuell ein zumindest ausgeglichener Status vorliegen, eine bloße Chance auf künftige Erholung genügt hingegen nicht; dieser Ansatz entspricht also im Ergebnis der *Kombinationsmethode*.

4.4.3.3. Grundlagen der modifizierten zweistufigen Überschuldungsprüfungsmethode

782

Die Überschuldungsprüfung besteht aus zwei Bestandteilen:

- Vermögensstatus (*Überschuldungsstatus*)

- *Fortbestehensprognose*

Eine Überschuldung im Sinne insolvenzrechtlicher Bestimmungen liegt nur dann vor, wenn sowohl der Status als auch die Prognose negativ sind. Überschuldung liegt daher schon dann nicht vor, wenn nur eine der beiden Prüfungen positiv ausfällt.

783

Prüfungsreihenfolge. Die beiden Prüfungsschritte sind grundsätzlich voneinander unabhängig; insb. hat die Fortbestehensprognose keinen Einfluss auf die Bewertung im Vermögensstatus. Aus diesem Grunde besteht auch keine bestimmte Prüfungsreihenfolge. In der Praxis wird daher vielfach nur eine Prognose erstellt. Wenn die Prognose positiv ist, genügt das bereits zur Abwendung der Überschuldung.

784

Die **Bewertung** des Vermögensstatus („Überschuldungsstatus") erfolgt zu Liquidationswerten;[314] im Einzelnen sind – je nach *Zerschlagungsintensität* und *Zerschlagungsgeschwindigkeit* – verschiedene Prämissen denkbar, u. U. darf die Gesamtveräußerung des Unternehmens unterstellt werden. Eine Bindung an die Wertansätze im Jahresabschluss besteht nicht; aus diesem Grunde ist die Aufdeckung von stillen Reserven zulässig. Der Vermögensstatus ist demnach vom *Negativen Eigenkapital* in der Bilanz (§ 225 Abs. 1 UGB) zu unterscheiden.

- **Fallbeispiel**

Im ersten Fall zeigt die Bilanz einer GmbH nachfolgendes Bild:

Aktiva		Passiva	
Anlagevermögen	300	Eigenkapital	200
Umlaufvermögen	500	Verbindlichkeiten und P.R.A.	600
	800		**800**

Mit einem Eigenkapital von 25 % der Bilanzsumme ist die – beispielhafte – wirtschaftliche Situation der GmbH als sehr zufriedenstellend zu bezeichnen.

---

[314] So auch OGH SZ 59/216.

Zum Bilanzstichtag des Folgejahres hat sich die wirtschaftliche Situation wesentlich verschlechtert, die GmbH weist eine bilanzielle Überschuldung auf.

Aktiva		Passiva	
Anlagevermögen	300	Eigenkapital	− 100
Umlaufvermögen	500	Verbindlichkeiten und P.R.A.	900
	800		**800**

Im ersten Schritt der zweistufigen Überschuldungsprüfung wird die Bilanz insofern „entrümpelt", als die maßgeblichen Verkehrswerte für die Beurteilung herangezogen werden. In diesem beispielhaften – und den meisten praktischen – Fällen, sind die im Anlagevermögen enthaltenen stillen Reserven aufzudecken. Durch diese Maßnahme zeigt die Bilanz schlussendlich ein „positives" Ergebnis.

Aktiva		Passiva	
Anlagevermögen	300	Eigenkapital	50
Stille Reserven	150	Verbindlichkeiten und P.R.A.	900
Umlaufvermögen	500		
	950		**950**

Im Anhang zum Jahresabschluss ist zu erläutern, wann trotz bilanzieller Überschuldung keine insolvenzrechtlich maßgebliche Überschuldung vorliegt. Im konkreten Fall wird man sinngemäß festhalten, dass „eine insolvenzrechtlich maßgebliche Überschuldung deshalb nicht vorliegt, weil im Anlagevermögen stille Reserven von € 150,00 enthalten sind."

Wenn die stillen Reserven (und sonstige wahrheitsentsprechende) Gestaltungsmaßnahmen nicht zur Eliminierung der statischen Überschuldung ausreichen, greift die zweite Stufe der Überschuldungsprüfung.

Aktiva		Passiva	
Anlagevermögen	300	Eigenkapital	− 150
Stille Reserven	150	Verbindlichkeiten und P.R.A.	1.100
Umlaufvermögen	500		
	950		**950**

Im konkreten Fall kann nur durch eine positive Fortbestehensprognose eine insolvenzrechtlich maßgebliche Überschuldung verhindert werden.

4.4.3.4. Behandlung Eigenkapital ersetzender Gesellschafterdarlehen bei der Überschuldungsprüfung

785

Eigenkapital ersetzende Gesellschafterdarlehen sind nur dann nicht in der Bilanz zu passivieren, wenn qualifizierte Rangrücktritte der Gesellschafterkreditgeber vorliegen. Ein solcher Rangrücktritt bewirkt die Hintanstellung der Forderung des Gesellschafterkreditgebers hinter die Forderungen der übrigen Gläubiger, auch im Konkursfall. Diese strenge Passivierungspflicht wird üblicherweise mit den Zielsetzungen des Gläubigerschutzes begründet. Die Praxis zeigt, dass immer wieder Gesellschafter zögern, derartige Rangrücktrittserklärungen abzugeben und trotz eindeutiger Rechtslage die verantwortlichen Organe des Unternehmens zwingen, die eine Überschuldung bewirkenden Eigenkapital ersetzenden Gesellschafterdarlehen anzusetzen und ein – objektiv nicht notwendiges – Insolvenzverfahren zu eröffnen.

786   Die Überschuldungsprüfung hat in ausschließlicher Verantwortung des Schuldners bzw. der für diesen handelnden Organe zu erfolgen. Zum Vergleich zu den zu veröffentlichenden Bilanzen wird eine Überschuldungsbilanz den Gläubigern nicht bekannt, sodass diese nicht geschützt werden müssen. Daraus folgt, dass Bilanzen mit *Außenwirkung,* die den Gläubigern bekannt werden, derartige Darlehen als Verbindlichkeiten ausweisen müssen, um nicht auf die Gläubiger das Risiko einer falschen rechtlichen Qualifikation abzuwälzen und diese über den *vollständigen* Stand der Verbindlichkeiten informiert zu halten.

Bei der nur für *interne* Zwecke für die Prüfung, ob Überschuldung vorliegt, erstellten Sonderbilanz obliegt es dem Schuldner bzw. den für ihn handelnden Geschäftsleitungsorganen, in Eigenverantwortung bei Beachtung der straf- und zivilrechtlichen Konsequenzen, derartige Darlehen rechtlich zu qualifizieren und auch allenfalls zur Vermeidung einer Überschuldung nicht zu passivieren.

4.5. Fortbestehensprognose

4.5.1. Grundlagen

787   **Wesen.** Bei einer Fortbestehensprognose handelt es sich um einen Prognosetatbestand, der auf die Gefahr einer zukünftigen Zahlungsunfähigkeit abstellt. Die Überschuldung kann daher als eine *vorweggenommene Zahlungsunfähigkeit* bezeichnet werden.

788   **Begriff.** Die Fortbestehensprognose ist eine von einer statischen Überschuldung ausgehende Darstellung,

● ob durch Berücksichtigung aller maßgeblichen künftigen Kriterien

● eine erfolgreiche Fortführung des Unternehmens

● in verhältnismäßig kurzer Zeit

● voraussichtlich mit überwiegender Wahrscheinlichkeit

● erwartet werden kann.

789   **Ziel** der Fortbestehensprognose ist die Beseitigung der rechnerischen Überschuldung. Der Geschäftsplan für die Dauer der Fortbestehensprognose muss

● schriftlich dargelegt,

● plausibel,

● überprüfbar,

● finanzierbar und finanziert und

● von positivem Ausgang

gekennzeichnet sein. Andernfalls ist bereits bei Aufstellen der Fortbestehensprognose deren Scheitern zu unterstellen. Wesentlich ist, dass während der Ausarbeitung der Fortbestehensprognose die Zahlungsfähigkeit gesichert sein muss. Die vorhandene Liquidität ist demnach über den Liquiditätsplan nachvollziehbar darzustellen.

790   Eine Fortbestehensprognose ist nur bei lebenden Unternehmen maßgeblich; die Fortbestehensprognose stellt auf die Lebensfähigkeit des Unternehmens ab. Daher erfolgt grundsätzlich keine Fortbestehensprognose, wenn kein lebendes Unternehmen (mehr) betrieben wird; diesfalls wird lediglich auf den Vermögensstatus abgestellt. Eine Ausnahme von diesem Grundsatz wäre im Falle von laufenden Einkünften denkbar und wenn diese eine künftige Abdeckung der Schulden erwarten lassen.

Eine **positive Fortbestehensprognose** kann dann erstellt werden, wenn **791**

- nach sorgfältiger Analyse der Verlustursachen und der Zukunftsaussichten des Unternehmens,
- nach Erstellung von Finanz- und Erfolgsplänen,
- unter Berücksichtigung der Auswirkungen geplanter Sanierungsmaßnahmen
- die Wahrscheinlichkeit des Fortbestandes des Unternehmens
- 50 % übersteigt.[315]

Insolvenzrechtliches Gutachten. Gelingt die Darstellung der zukünftigen Liquidi- **792** tät des Unternehmens nicht, ist von einer negativen Fortbestehensprognose auszugehen. Die Erläuterungspflicht im Anhang des Jahresabschlusses umfasst die Darstellung der Überschuldungsrechnung.

Übersicht: Überschuldungsrechnung

Inhaltliche Elemente einer Überschuldungsrechnung sind insb.

- ein Prognoseziel,
- die Beseitigung der rechnerischen Überschuldung,
- ein Prognosezeitraum,
- die Grundlagen der Prognose,
- eine Darstellung des Überschuldungsstatus,
- eine Analyse der Verlustursachen für die Zukunft,
- ein Sanierungsplan samt neuem Unternehmenskonzept,
- ein Finanzierungsplan bzw. eine Liquiditätsanalyse,
- die Bestimmung der Dauer des Fortbestands als Grundlage für den Prognosezeitraum,
- eine Darstellung der Zukunftsaussichten der Gesellschaft und
- eine Abschätzung der zukünftigen Zahlungsunfähigkeit des Unternehmens,
- die Fortführung abzubrechen,
- die Bewertungsmaßstäbe nach *going concern* aufzugeben,
- eine Bewertung zu Verkehrs- bzw. Liquidationswerten vorzunehmen und
- die Verpflichtungen eines Insolvenzverfahrens zu erfüllen.

4.5.2. Prognosezeitraum

Während des Prognosezeitraums ist – als notwendige Begleitmaßnahme – ein **793** laufender, kontrollierender und analysierender *Soll-Ist-Vergleich* aufzustellen. Bei einem negativen Abweichen ist das Scheitern der Fortbestehensprognose zu befürchten. In einem solchen Fall sind

- die Fortführung abzubrechen,
- die Bewertungsmaßstäbe nach *going concern* aufzugeben,
- eine Bewertung zu Verkehrs- bzw. Liquidationswerten vorzunehmen und
- die Verpflichtungen eines Insolvenzverfahrens zu erfüllen.

---

[315] Vgl. stellvertretend für diese Judikaturlinie OGH 3.12.1986, 1 Ob 855/86 = ÖBA 1987, 332 = EvBl 1987/104 = RdW 1987, 126.

794

Die **Bedeutung des Prognosezeitraums** ist unterschiedlich und hängt davon ab, ob das Ziel „nur" die Erhaltung der Zahlungsfähigkeit ist oder auch die Wiederherstellung des Vermögensstandes verlangt wird. Beim ersteren Ansatz ist tendenziell eine kürzere Frist günstig, weil damit die Erhaltung der Zahlungsfähigkeit nur für einen kürzeren Zeitraum zu belegen ist. Neben dieser kurzfristigen (exakten) Prognose anhand von Finanzplänen hat auch die Betrachtung eines längeren Zeitraums zu erfolgen, in dem überschlagsmäßig eine positive Entwicklung geschätzt wird.

Beim zweiten Ansatz – Wiederherstellung des Vermögensstandes – ist eher eine längere Frist günstig, weil damit mehr Zeit für eine Wiederauffüllung des Vermögensstandes bleibt. In jedem Fall muss es sich beim Prognosezeitraum um einen betriebswirtschaftlich überschaubaren Rahmen handeln; die zulässige Länge hängt daher unter Umständen von den Marktverhältnissen ab, darf jedoch höchstens zwei Jahre nicht überschreiten. Nach meiner Einschätzung hat der Prognosezeitraum jedoch mindestens das Ende des laufenden und des darauffolgenden Geschäftsjahres zu umfassen.

795

Der **Beobachtungszeitraum,** innerhalb dessen die Zahlungsfähigkeit gesichert und die Überschuldung beseitigt sein muss, ist in seiner Dauer vom Gesetzgeber nicht bestimmt.[316] Zweckmäßig ist es jedenfalls, auf den Einzelfall und die jeweilige Branche abzustellen, in der das Unternehmen tätig ist. Wesentlich ist, für welchen Zeitraum im konkreten Fall noch seriöse Prognosen erstellt werden können; diese Grenze liegt m.E. bei etwa drei Jahren.

Eine wichtige Auslegungshilfe stellt in diesem Zusammenhang § 11 URG dar, der den Sanierungshorizont mit *tunlichst nicht über zwei Jahre* grundsätzlich bestimmt, dessen Überschreitung aber im Einzelfall bei Vorliegen triftiger Gründe zulässt.

4.5.3. Die Erstellung einer Fortbestehensprognose aus Sicht der Beratungspraxis

796

Die Erstellung einer Fortbestehensprognose[317] gehört wegen ihres in die Zukunft gerichteten Charakters zu den schwierigsten Aufgaben für Angehörige der rechts- und wirtschaftsberatenden Berufe. Meinen Erfahrungen zufolge empfiehlt sich folgende Reihenfolge im Hinblick auf die konkreten Beratungs- und Realisierungsmaßnahmen:

- ● Erster Schritt: Aussagefähiges Unternehmenskonzept
  - – Analyse der Verlustursachen und Prüfung von Sanierungsfähigkeiten
- ● Zweiter Schritt: Planungsrechnungen
  - – Betriebliche Teilpläne
  - – Erfolgsplan (Plan-Gewinn- und Verlust-Rechnung)
  - – Plan-Bilanz (jedenfalls wenn auf die Wiederherstellung des Vermögensstandes abgestellt wird)
  - – Finanzplan
- ● Daraus angeleitet im dritten Schritt: Fortbestehensprognose

797

In die Fortbestehensprognose sind solche Sanierungsmaßnahmen einzubeziehen, die bei Erstellung der Prognose bereits abgeschlossen bzw. rechtsverbindlich

---

316 Vgl. dazu mit kontroversiellem Meinungsstand: *Doralt/Nowotny*, RdW 1987, 149; *Rabel/Mandl*, Nicht durch Eigenkapital gedeckter Fehlbetrag II, ecolex 1993, 28, 30 f.
317 Vgl. hiezu auch IDW, Empfehlungen zur Überschuldungsprüfung bei Unternehmen, RWZ 1997, 397.

---

vereinbart sind. Im Übrigen stellt sich die Frage, inwieweit noch nicht abgeschlossene Sanierungsmaßnahmen bei der Prognose berücksichtigt werden dürfen. Hier ist m.E. zwischen einzelnen Arten derartiger Maßnahmen zu unterscheiden:

● innerbetriebliche Sanierungsmaßnahmen

● Eigenkapitalzufuhr

● Sanierungsmaßnahmen durch Gläubiger

● Fremdkapitalzufuhr.

Zu den **innerbetrieblichen Sanierungsmaßnahmen** gehören Umsatzsteigerungen, Kostensenkungsprogramme, Reduktion des Mitarbeiterstandes sowie eine Produktionsumstellung. Bei der Erstellung der Fortbestehensprognose sind jedenfalls solche innerbetrieblichen Sanierungsmaßnahmen zu berücksichtigen, deren Einleitung bereits begonnen wurde und deren Umsetzung erfolgversprechend ist (Umsetzung *ist nur noch eine Frage der Zeit*). **798**

Nach einer weniger strengen Auffassung genügt es, wenn die Maßnahmen konkret geplant sind, die feste Absicht zur Realisierung besteht und diese auch realistisch erscheint. Jedenfalls ungenügend sind Maßnahmen, die nicht ernstlich geplant oder nicht realistisch sind, z.B. die bloße Hoffnung auf eine massive Umsatzsteigerung.

Einbeziehung von Finanzhilfen. Die Fortbestehensprognose hat auch die allfällige Zufuhr von Eigenkapital durch bestehende Gesellschafter oder durch neue Investoren sowie allfällige Verlustabdeckungszusagen zu berücksichtigen. Bei der Einbeziehung von Finanzhilfen ist allgemein grundsätzlich eine rechtsverbindliche Zusage erforderlich. **799**

● „Wenn in rechtlich gesicherter Weise eine Verpflichtung der Muttergesellschaft zur Erhöhung des Stammkapitals bestanden hätte".[318]

● „… das Vertrauen auf eine bloß erhoffte, rechtsverbindlich jedoch nicht konkretisierte Hilfe von dritter Seite (wird) den Anforderungen unternehmerischer Sorgfalt nicht gerecht."[319]

Ob es ausnahmsweise genügt, dass aus dem bisherigen Verhalten der Gesellschafter auf die Gewährung weiterer Hilfen geschlossen werden kann, ist strittig.[320] Ob eine Ausnahme bei einem Sanierungserwerb durch einen finanzkräftigen Investor auch ohne entsprechende rechtsverbindliche Zusagen eingreift, ist ebenfalls strittig.

Bei Stundungen, Forderungsverzicht, Rangrücktrittserklärung wird grundsätzlich eine rechtsverbindliche Zusage verlangt. Ausnahmsweise wird aber auch in diesen Fällen bereits eine konkrete Wahrscheinlichkeit der Gewährung derartiger Hilfen genügen, wenn die o.a. angeführten Voraussetzungen vorliegen. Bei der Beurteilung weiterer Kredite, die im Prognosezeitraum erforderlich werden bzw. bei der Prolongation bestehender Kredite genügt m.E. die Wahrscheinlichkeit der Kreditzufuhr und zwar abgeleitet aus der Kreditwürdigkeit auch unter Einbeziehung verfügbarer Sicherheiten. Allerdings ist diesfalls die Kreditwürdigkeit auch erforder- **800**

---

[318] OGH SZ 59/216.
[319] OGH SZ 62/61, für die Zahlungsunfähigkeit.
[320] Vgl. hierzu OGH 26.02.2002, 1 Ob 144/01k (Zusage von Finanzhilfen durch die Mehrheitsgesellschafterin für das laufende Jahr, erklärtes Ziel der Vermeidung einer Insolvenz, auch Schluss auf Finanzhilfen für künftige Jahre; ebenso BGHZ 119, 201, 215 f für eine (im vgl. zu den bisher gewährten Hilfen relativ geringfügige) weitere Eigenkapitalzufuhr.

lich, da auch verbindliche Zusagen bei mangelnder Kreditwürdigkeit widerrufen werden könnten.

801   **Muss eine Prognose tatsächlich erstellt werden?** Eine Fortbestehensprognose ist tatsächlich zu erstellen und ausreichend zu begründen.[321] Nach der überwiegenden Auffassung in der Literatur muss hingegen die Prognose im maßgeblichen Zeitpunkt nicht tatsächlich erstellt worden sein; es genügt vielmehr, dass sich diese positive Prognose *ex post* erstellen lässt. Im Interesse der Organmitglieder ist jedenfalls eine sorgfältige Dokumentation zweckmäßig; diese Dokumentation ist auch im Interesse der Gläubiger, denen ansonsten eine Anfechtung droht.

802   **Schlussfolgerungen.** Aus der bisher vorliegenden Judikatur des OGH könnte abgeleitet werden, dass für eine positive Fortbestehensprognose lediglich die gesicherte Aufrechterhaltung der Zahlungsunfähigkeit innerhalb des Beobachtungszeitraumes maßgeblich sein soll und das weitere Prognoseelement der Beseitigung der rechnerischen Überschuldung spätestens am Ende des Beobachtungszeitraums nicht maßgeblich ist.[322]

Aus der Sicht des Gläubigerschutzes ist diese Auslegung zu eng. Um der Gefahr der weiteren Aushöhlung des Erfüllungsfonds der Gläubiger zu begegnen, hat eine positive Fortbestehensprognose durch Erfolgsrechnungen auch darzulegen, dass

● sich im Beobachtungszeitraum das Schuldendeckungspotenzial erhöht und

● an dessen Ende die insolvenzrechtlich relevante Überschuldung mit einer 50 % übersteigenden Wahrscheinlichkeit beseitigt sein wird.[323]

Da die Zielsetzung von Sanierungsmaßnahmen u.a. die Fähigkeit des Unternehmens umfassen muss, eine geordnete Bilanz erstellen zu können, ist m.E. das Abstellen auf Buchwerte sachgerecht.

4.5.4. Zeitpunkt der Prognoseerstellung

803   Eine Fortbestehensprognose ist spätestens bei negativem Eigenkapital in der Bilanz aufzustellen. Die Bewertungspflicht gem. § 225 Abs. 1 UGB bietet jedenfalls einen Anlass für eine Beschäftigung mit der Frage der Überschuldung. Eine Fortbestehensprognose ist auch bei Vorliegen von Krisensymptomen, die den Fortbestand des Unternehmens zweifelhaft erscheinen lassen, zweckmäßig; die bloße Vermutung, ein Status zu Liquidationswerten könnte negativ sein, genügt m.E. nicht.

Übersicht: Wann ist eine Fortbestehensprognose zu erstellen?

● Spätestens bei negativem Eigenkapital in der Bilanz.

● Bei Vorliegen von Krisensymptomen, die den Fortbestand des Unternehmens zweifelhaft erscheinen lassen.

● Bei Verlust des halben Nennkapitals oder bei kumulativem Vorliegen der Kennzahlen nach dem URG.

● Bei sonstigen (klaren) Indizien dafür, dass eine rechnerische Überschuldung besteht.[324]

---

[321]   OGH 23.11.2000, 6 Ob 110/00w, im Zusammenhang mit der Konkursanfechtung.
[322]   I.d.S. auch *Dellinger*, 37 f.; *Vodrazka*, Jahrbuch für Controlling und Rechnungswesen 1995, 527 f.
[323]   In diesem Sinne *Doralt/Nowotny* sowie *Rabel/Mandl*, jeweils a.a.O.
[324]   OGH 23.11.2000, 6 Ob 110/00w.

Eine **fortlaufende Kontrolle** der einmal erstellten Prognose ist unverzichtbar. Diese **804** fortlaufende Kontrolle, ob die Prämissen der erstellten Prognose eingehalten werden können, ist erforderlich,

- wenn sich abzeichnet, dass die geplanten Sanierungsmaßnahmen nicht eingehalten werden können,

- bei Absehbarkeit der Nichterreichung der geplanten Erfolgsziele,

- bei Absehbarkeit einer Verschlechterung der Liquiditätssituation.

Bei weiterhin negativem Eigenkapital in der Bilanz und der damit einhergehenden Erläuterungspflicht nach § 225 Abs. 1 UGB ist jedenfalls eine vollständige neue Fortbestehensprognose auf Grundlage des nächsten Abschlussstichtages erforderlich.

4.5.5. Wer hat die Fortbestehensprognose zu erstellen?

Verantwortlich für die Erstellung einer Fortbestehensprognose sind die Geschäfts- **805** führer in ihrer Gesamtheit; eine haftungsbefreiende Ressortverteilung ist unzulässig. Eine vollständige Delegation auf andere Personen – also insb. Angehörige der rechts- und wirtschaftsberatenden Berufe – ist nicht möglich. Die Hinzuziehung von Beratern als *Hilfspersonen* ist zulässig und m.E. auch dringend geboten:

- Aus der Sorgfaltspflicht der Organmitglieder kann sich das Gebot der Hinzuziehung von Sachverständigen ergeben.

- Die von einem externen Berater sorgfältig erstellte Prognose kann haftungsentlastende Wirkung haben.

- Voraussetzung ist eine erkennbar vollständige Datenbasis.

- Bestelltes *Gefälligkeitsgutachten* genügt keinesfalls.

Beweislast im Prozess. Derjenige, der sich auf das Vorliegen der Überschuldung **806** beruft, hat nur das Vorliegen der rechnerischen Überschuldung zu beweisen. Es erfolgt dann eine Vermutung für eine Überschuldung im Sinne insolvenzrechtlicher Bestimmungen. Diese Vermutung kann widerlegt werden durch eine positive Fortbestehensprognose: Ein Organmitglied im Haftungsprozess wegen Konkursverschleppung bzw. Anfechtungsgegner in einem Anfechtungsprozess muss eine positive Fortbestehensprognose unter Beweis stellen. Strittig ist hierbei, ob es sich um eine echte Beweislastumkehr oder bloß *Prima-facie*-Beweis handelt.

Die **Beweislastumkehr** bei Organmitgliedern findet ihre Rechtfertigung vor allem **807** auch in der *Nähe zum Beweis*; im Anfechtungsprozess wäre diese Begründung m.E. hingegen zweifelhaft.

4.5.6. Ergebnisinterpretation der Fortbestehensprognose

Ziel der Fortbestehensprognose ist jedenfalls die Erhaltung der Zahlungsfähigkeit **808** oder die Wiederherstellung eines zumindest ausgeglichenen Vermögensstandes. Die Wiederherstellung des Vermögensstandes als Prognoseziel ist deshalb erforderlich, weil die Fortbestehensprognose sonst zu einer reinen *Zahlungsunfähigkeitsprüfung* abgewertet werden würde; diesfalls würde auch eine Überschneidung mit dem Insolvenztatbestand *Drohende Zahlungsunfähigkeit* bestehen. Die Fortbestehensprognose ist das qualitative Gesamturteil über die Lebensfähigkeit des Unternehmens in der vorhersehbaren Zukunft bzw. über dessen Verwertungsaussichten. Es ist zwar nicht unbedingt eine Beseitigung der rechnerischen Überschuldung erforderlich, sehr wohl aber ein nachhaltiger *turn around*. Unter diesem Begriff ist eine Rückkehr zu positiven Ergebnissen und damit mittelfristig die Möglichkeit zur Beseitigung der vermögensmäßigen Unterdeckung zu verstehen. Zur Ableitung der Fortbestehensprognose und zur Minimierung der Gefahr der Fehlprognose hat die Betriebswirtschaftslehre[325] verschiedene Instrumente zur Eingrenzung von Prognoseungenauigkeiten entwickelt. Dabei trägt die Darlegung der Ausgangsdaten, Annahmen und Auswirkungen, auf denen die Prognose beruht, wesentlich zur Einschränkung des Prognoserisikos bei.

809 **Nachvollziehbarkeit der Prognose.** Fortbestehensprognosen werden bei Anwendung dieser betriebswirtschaftlichen Methoden für sachverständige Dritte nachvollziehbar und beurteilbar.

810 **Wahrscheinlichkeitsgrad.** Eine positive Fortbestehensprognose setzt voraus, dass für die überschaubare Zukunft die überwiegende Wahrscheinlichkeit für die Fortführbarkeit des Unternehmens spricht. Hierzu muss die Finanzplanung zum Ausdruck bringen, dass das finanzielle Gleichgewicht im Prognosezeitraum voraussichtlich gewahrt bleibt. Dies ist der Fall, wenn alle im Prognosezeitraum fälligen Verbindlichkeiten vertragsgemäß erfüllt werden können.

> **Übersicht: Wahrscheinlichkeitsgrad für die Prognose**
> - Die Prognose ist *ex ante* zu erstellen
> - Aus diesem Grunde ist keine absolute Gewissheit möglich
> - Verlangt werden kann nur eine sorgfältige Erstellung unter Berücksichtigung des Prognosecharakters
> - Für eine positive Prognose muss zumindest die *überwiegende Wahrscheinlichkeit* sprechen.

4.5.7. Konsequenzen einer positiven Fortbestehensprognose für den Jahresabschluss

811 Im Falle eines negativen Eigenkapitals in der Bilanz ist im Anhang zu erläutern (§ 225 Abs. 1 UGB), *ob eine Verschuldung im Sinne des Insolvenzrechtes vorliegt.* Der Gesetzeswortlaut („ob") scheint sich mit der bloßen Feststellung des Ergebnisses zu begnügen; nach dem Sinn und Zweck der Erläuterungspflicht ist aber auch eine nähere Begründung erforderlich. Eine positive Fortbestehensprognose ist ein wesentlicher Beleg für das Nichtvorliegen einer insolvenzrechtlich bedeutsamen Verschuldung. Es ist in jedem Fall eine Darlegung im Detail erforderlich, eine bloße Behauptung genügt nicht.

Bei Vorliegen eines aktuellen Insolvenzgrundes ist in der Regel davon auszugehen, dass der Fortbestand des Unternehmens zweifelhaft ist; daher ist die *Going-concern-Prämisse* im Jahresabschluss (§ 201 Abs. 2 Z 2 UGB) nicht mehr zu halten. Eine Ausnahme wäre dann denkbar, wenn noch die 60-Tage-Frist des § 69 KO läuft und Sanierungsbemühungen erfolgreich sind.[326]

---

[325] Der Oberste Gerichtshof verlangt dies zwar nicht explizit, allerdings lassen einige Urteilsformulierungen diesen Schluss durchaus zu, z. B. „... durch eine geschätzte zukünftige positive Entwicklung ausgeglichen..." (OGH SZ 59/216).

[326] Siehe dazu auch die literarische Kontroverse zwischen *Dellinger*, Going-concern-Prinzip und Fortbestehensprognose RdW 2000, 325 und *Riegler*, Going-concern – Flagge zeigen bis zum bitteren Ende? RdW 2000, 439.

Die Fortbestehensprognose hat aber auch eine wesentliche Bedeutung für den Abschlussprüfer. Er hat eine Überprüfung der Erläuterung gem. § 225 Abs. 1 UGB unter der *Going-concern-Prämisse* vorzunehmen. Bei Bedenken gegen das Vorliegen einer positiven Prognose ist kein uneingeschränktes Testat mehr zulässig, dem Abschlussprüfer kommt eine Redepflicht zu (§ 273 Abs. 2 UGB).[327]

4.5.8. Unternehmensreorganisation

Wenn eine rechnerische Überschuldung vorliegt, ist nur bei positiver Prognose ein **812** Unternehmensreorganisationsverfahren zulässig. Dieses Verfahren setzt voraus, dass kein Insolvenzgrund vorliegt (§ 1 Abs. 1 URG). Auf diesen Umstand hat der Reorganisationsplan einzugehen. Im Rahmen seiner Prüfungspflicht hat der Reorganisationsprüfer darauf zu achten, ob ein Insolvenzgrund vorliegt (§ 10 URG). Diese Prüfung, ob ein Insolvenzgrund vorliegt, verpflichtet auch zur fortlaufenden *„Beobachtung"* in jedem Stadium des Verfahrens. Aus Platzgründen kann auf den Ablauf eines Unternehmensreorganisationsverfahrens in diesem Sonderheft nicht im Detail eingegangen werden; für den ersten Überblick – auch als Unterlage für eine allfällige Erklärung gegenüber dem Mandanten – möge die nachfolgende Grafik dienen.

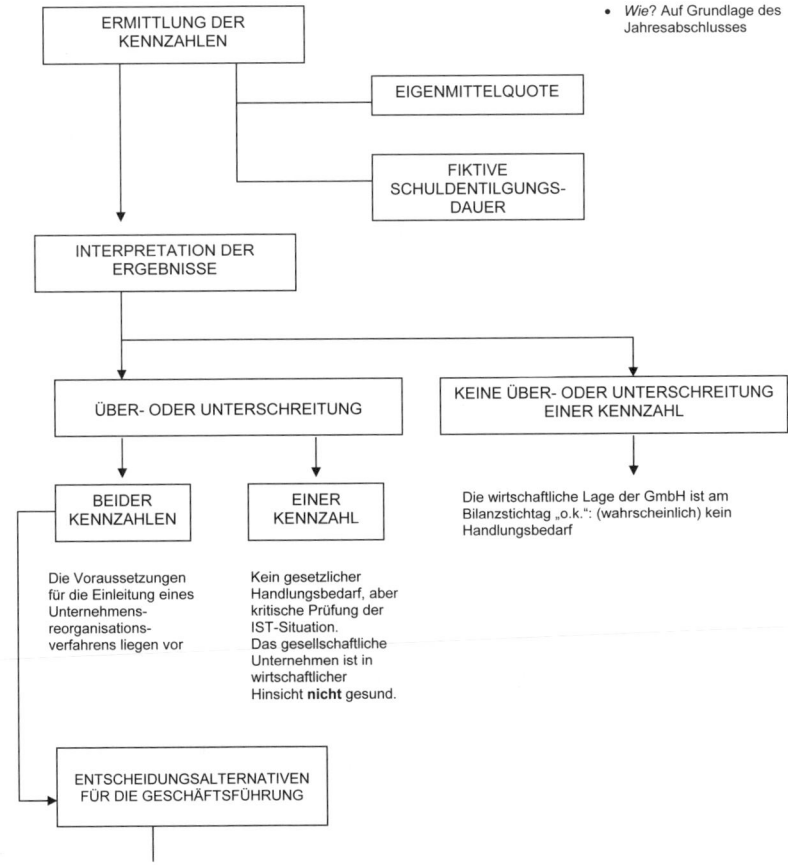

---

[327] Vgl. hierzu auch eine allfällige Haftung nach § 275 UGB und unter Umständen auch eine Dritthaftung (OGH 27.11.2001, 5 Ob 262/01t = wbl 2002, 226 „Rieger Bank").

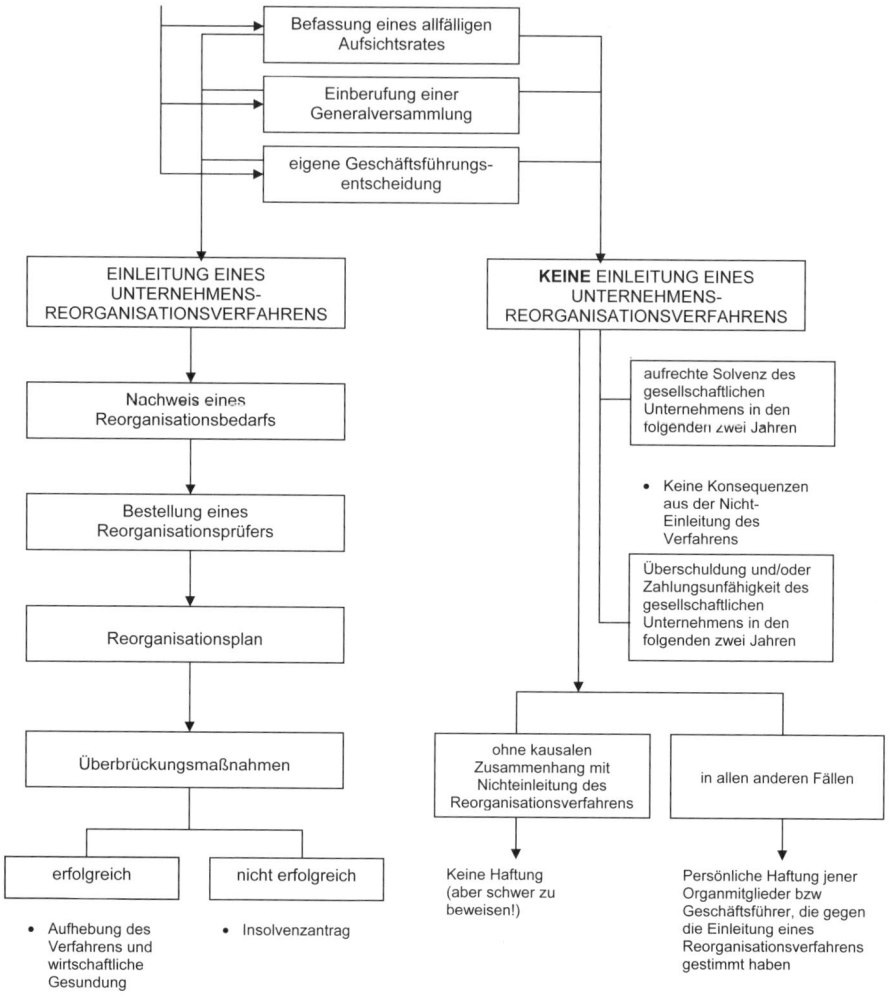

Zum Unternehmensreorganisationsverfahren im Detail vgl. *Fritz,* Wie führe ich eine GmbH richtig? Rz. 759 ff.

4.5.9. Fortbestehensprognose und Konkursantragspflicht

813   **Grundsatz.** Jeder Geschäftsführer ist selbständig und unabhängig von einer bestehenden Geschäftsverteilung verpflichtet, im Fall der Überschuldung der GmbH unverzüglich den Antrag auf Eröffnung des Konkursverfahrens zu stellen (§ 25 Abs. 3 Z 2, § 67 Abs. 1 KO, § 69 Abs. 2 und 3 KO).

814   **Fristen.** Gemäß § 69 Abs. 2 KO besteht für Sanierungsmaßnahmen eine 60-Tage-Frist, innerhalb derer mit der Erstellung des Insolvenzantrages zugewartet werden darf. Es handelt sich also um eine *Sanierungsfrist*, dies aber nur dann, wenn die Sanierungsmaßnahmen erfolgversprechend sind („ohne schuldhaftes Zögern").

Die 60-Tage-Frist ist aber eine Höchstfrist. Innerhalb dieser Frist muss der Insolvenzgrund beseitigt werden. Der Insolvenzgrund der Überschuldung kann etwa dadurch beseitigt werden, dass spätestens am Ende dieser Frist eine positive Fortbestehensprognose erstellt werden kann.

Übersicht: Insolvenzantragspflicht

- Zahlungsunfähigkeit als allgemeine rechtsformunabhängige Voraussetzung
- Abgrenzung zur Zahlungsstockung
- Überschuldung als Voraussetzung bei Gesellschaften, bei denen keine natürliche Person unbeschränkt haftet
- Liquidationsstatus
- Stille Reserven
- Eigenkapital ersetzende Darlehen/Haftungen/Rangrücktritt
- Fortbestehensprognose (zweistufige Überschuldungsprüfung)
- Verrechnungskonten-/Entnahmeproblem (betriebswirtschaftliche Kennzahlenanalyse)
- Haftung des Geschäftsführers für Kosten des Insolvenzverfahrens
- Bilanzschönung/-fälschung (§ 122 GmbHG): Strafdrohung bis 2 Jahre
- Bewertungsprobleme
- Inventur
- halbfertige Arbeiten
- Forderungen (Ausland/Tochter)
- Rückstellungen (Sozialkapital, Gewährleistung …)
- Wertberichtigung von Beteiligungen

4.5.10. Fortbestehensprognose im Konzern

815 Der Konzern ist keine rechtliche Einheit. Nur die einzelnen Konzerngesellschaften sind als solche Zuordnungssubjekt. Die einzelnen (Konzern-)Gesellschaften werden im Regelfall verschiedene Gläubiger haben. Aus diesem Grunde erfolgt über die einzelnen Konzerngesellschaften jeweils die getrennte Eröffnung eines Insolvenzverfahrens. Dies führt dazu, dass auch die Insolvenzgründe für jede Konzerngesellschaft gesondert zu prüfen sind.

Es ist daher für jede einzelne Konzerngesellschaft ein eigener Status zu erstellen; ein „konsolidierter Status" für den Gesamtkonzern ist demnach ungenügend. Konsequenterweise ist für jede einzelne Konzerngesellschaft eine eigene Fortbestehensprognose zu erstellen. Auch in diesem Fall wäre eine pauschale Fortbestehensprognose „für den Konzern" ungenügend.

816 *Domino-Effekt.* Bei der Fortbestehensprognose im Konzern sind jedoch die wechselseitigen Beziehungen zwischen den einzelnen Konzerngesellschaften zu berücksichtigen (sog. *Domino-Effekt*):

- Bonitätsprüfungen für Forderungen gegen andere Konzerngesellschaften, Undurchsetzbarkeit der Forderungen wegen Eigenkapitalersatz oder Einlagenrückgewähr (insb. auch Werthaltigkeit von Verlustabdeckungszusagen, Ausstattungsgarantien usw.).

- In umgekehrter Hinsicht kann ein Eigenkapitalersatz oder die Einlagenrückgewähr für Konzernverbindlichkeiten eingewendet werden.
- Haftung für andere Konzerngesellschaften (Einlagenrückgewähr?).
- Berücksichtigung wechselseitiger Beziehungen zwischen den einzelnen Konzerngesellschaften
- Belastung mit Verlustabdeckungszusagen, Ausstattungsgarantien usw.
- Störung des Geschäftsbetriebes durch *Schieflage* anderer Konzerngesellschaften
  - Wegfall konzerninterner Umsätze
  - Arbeitsaufteilung zwischen den einzelnen Konzerngesellschaften (z.B. zwischen Produktions- und Vertriebsgesellschaft)
  - Zentralisierung bestimmter Teilfunktionen bei einer Konzerngesellschaft (z.B. Rechnungswesen, Personal- und Sozialwesen, Lagerhaltung)
  - Wegfall von (sonstigen) „Konzernvorteilen".

5. Die Offenlegung des Jahresabschlusses

5.1. Grundlagen

817   **Grundsatz.** Sämtliche Gesellschaften mit beschränkter Haftung und ihnen gleichgestellte Personengesellschaften sind verpflichtet, ihren Jahresabschluss gemeinsam mit weiteren Unterlagen in unterschiedlichem Umfang zum Firmenbuch am Sitz der Gesellschaft einzureichen.

818   **Begriff.** Unter Offenlegung i.S.d. § 277 UGB wird die Einreichung des Jahresabschlusses und bestimmter weiterer Unterlagen bei dem am Sitz der Gesellschaft zuständigen Firmenbuchgericht verstanden.

819   **Offenlegungspflichtige Organe.** Zur Offenlegung verpflichtet sind die gesetzlichen Vertreter (Geschäftsführer, Liquidatoren) der Gesellschaft mit beschränkter Haftung in vertretungsbefugter Anzahl.

820   **Aufstellung des Jahresabschlusses.** Die gesetzlichen Vertreter der GmbH haben in den ersten fünf Monaten des Geschäftsjahres für das vorangegangene Geschäftsjahr den um den Anhang erweiterten Jahresabschluss sowie – im Falle einer *größeren GmbH* – einen Lagebericht aufzustellen (§ 222 UGB) und sämtlichen Gesellschaftern vorzulegen.

821   **Rechtsfolgen der Feststellung.** Die Feststellung (Genehmigung) des Jahresabschlusses bedeutet, dass der Jahresabschluss für die Beteiligten verbindlich wird. Bei der GmbH erfolgt die Feststellung des Jahresabschlusses stets durch Beschlussfassung der Gesellschafter.

822   **Gewinnverwendung.** Die Generalversammlung der GmbH hat über Vorschlag der Geschäftsführung und über Bericht eines allenfalls bestehenden Aufsichtsrats auch über die Verwendung des Ergebnisses zu entscheiden. Die Generalversammlung entscheidet allerdings nur dann über die Verteilung des Bilanzgewinns, falls dies im Gesellschaftsvertrag einer gesonderten Beschlussfassung von Jahr zu Jahr vorbehalten ist.

823   **Feststellungsdatum.** Das Datum der Feststellung des Jahresabschlusses ist anzugeben (§ 281 Abs. 1 UGB). War der Jahresabschluss zum Zeitpunkt der

Einreichung noch nicht festgestellt, so ist auch das Datum der Feststellung des Jahresabschlusses im Nachhinein bekannt zu geben.

Offenlegungsfrist. Die gesetzlichen Vertreter von Kapitalgesellschaften haben **824** den Jahresabschluss und den Lagebericht nach seiner Behandlung in der Generalversammlung – spätestens jedoch neun Monate nach dem Bilanzstichtag – mit dem Bestätigungsvermerk oder dem Vermerk über dessen Versagung oder Einschränkung beim Firmenbuchgericht des Sitzes der GmbH einzureichen (§ 277 Abs. 1 UGB). Gleichzeitig sind der Bericht eines allfälligen Aufsichtsrates, der (schriftliche) Vorschlag über die Verwendung des Ergebnisses und der Beschluss über dessen Verwendung einzureichen (beglaubigte Abschrift des Generalversammlungsprotokolls bzw. des schriftlich gefassten Gesellschafterbeschlusses oder eine auszugsweise, von den Geschäftsführern als richtig bestätigte Protokollabschrift).

Unvollständige Unterlagen? Können zur Wahrung dieser Frist nur der Jahresab- **825** schluss und der Lagebericht ohne die anderen Unterlagen eingereicht werden, so sind der Bericht des Aufsichtsrates und der Vorschlag über die Ergebnisverwendung nach ihrem Vorliegen, die Beschlüsse nach der Beschlussfassung und der Vermerk nach der Erteilung unverzüglich nachzureichen. Wurde der Jahresabschluss noch nicht festgestellt bzw. noch nicht geprüft, so ist es zweckmäßig, auf den eingereichten Unterlagen einen eindeutigen Hinweis auf diese Umstände anzubringen.

Gegenstand der Offenlegung. Der Umfang der Aufstellungs- und Offenlegungs- **826** vorschriften sowie die Verpflichtung zur Prüfung des Jahresabschlusses ist von der Einordnung der Gesellschaft in die Größenklassen des § 221 UGB abhängig.

Größenklassen. Kleine Kapitalgesellschaften sind solche, die mindestens zwei der **827** drei nachstehenden Merkmale nicht überschreiten:

1. € 3,125 Millionen Bilanzsumme;
2. € 6,250 Millionen Umsatzerlöse in den zwölf Monaten vor dem Abschlussstichtag;
3. im Jahresdurchschnitt 50 Arbeitnehmer.

Mittelgroße Kapitalgesellschaften sind solche, die mindestens zwei der drei vorerwähnten Merkmale überschreiten und mindestens zwei der drei nachstehenden Merkmale nicht überschreiten:

1. € 12,5 Millionen Bilanzsumme;
2. € 25 Millionen Umsatzerlöse in den zwölf Monaten vor dem Abschlussstichtag;
3. im Jahresdurchschnitt 250 Arbeitnehmer.

Große Kapitalgesellschaften sind solche, die mindestens zwei der folgenden Kriterien überschreiten:

1. € 12,5 Millionen Bilanzsumme;
2. € 25 Millionen Umsatzerlöse in den zwölf Monaten vor dem Abschlussstichtag;
3. im Jahresdurchschnitt 250 Arbeitnehmer.

Einzureichende Unterlagen. Bei sämtlichen Kapitalgesellschaften haben die **828** gesetzlichen Vertreter zusammen mit den Einreichungen die Merkmale bekannt zu geben, die für die Einordnung in die Größenklassen erforderlich sind. Es ist hiezu das amtliche Formblatt (HGBForm 1) der 3. Formblattverordnung (BGBl. II 2001/ 197) zu verwenden.

829   **Kleine GmbHs** haben nach den Bestimmungen der §§ 277 und 278 UGB die Bilanz und den Anhang einzureichen. Für die komprimierte Bilanz und den verkürzten Anhang können die Formblätter nach Anlage 2 (HGBForm 2) und Anlage 3 (HGBForm 3) der Formblattverordnung verwendet werden.

830   Der **Bestätigungsvermerk** oder der Vermerk über dessen Versagung oder Einschränkung des Abschlussprüfers ist nur dann einzureichen, wenn die Gesellschaft aufgrund gesetzlicher Vorschriften einen Aufsichtsrat haben muss und somit prüfungspflichtig im Sinne des § 268 UGB ist bzw. der Gesellschaftsvertrag bei Einrichtung eines freiwilligen Aufsichtsrates die Prüfungspflicht vorsieht.

831   **Mittelgroße GmbHs** (§§ 277, 279 UGB) haben folgende Unterlagen einzureichen:

● Jahresabschluss, bestehend aus verkürzter Bilanz, verkürzter Gewinn- und Verlustrechnung und verkürztem Anhang samt Bestätigungsvermerk (4fach)

● Lagebericht

● Bericht des Aufsichtsrats, sofern ein solcher eingerichtet ist

● Vorschlag über die Ergebnisverwendung

● Beschluss über die Ergebnisverwendung

Bei der Einreichung der Unterlagen sind, außer bei kleinen Gesellschaften mit beschränkter Haftung, drei weitere für die Versendung an die zuständige Wirtschaftskammer und an die Österreichische Bundesarbeitskammer bestimmte Exemplare des Jahresabschlusses anzuschließen.

832   **Unbeglaubigte Einreichung.** Bei der Einreichung des Jahresabschlusses handelt es sich nicht um eine „Anmeldung zur Eintragung", sondern lediglich um einen faktischen Vorgang, der keine Beglaubigung erfordert.[328] Die Eintragung des Datums der Einreichung und des Abschlussstichtages des eingereichten Jahresabschlusses bedarf keiner förmlichen oder vereinfachten Anmeldung, sondern ist von Amts wegen vorzunehmen.[329]

833   **Unterfertigung der Unterlagen.** Der Jahresabschluss von Kapitalgesellschaften ist von sämtlichen Geschäftsführern, Liquidatoren oder Masseverwaltern zu unterfertigen; bei Personengesellschaften des Handelsrechts durch die Geschäftsführer der vertretungsbefugten Komplementärgesellschaft.

834   **Folgen der Nichtoffenlegung.** Die Geschäftsführer oder die Liquidatoren sind unbeschadet der allgemeinen handelsrechtlichen Vorschriften zur Befolgung der §§ 277 bis 280 UGB, im Falle einer Zweigniederlassung einer ausländischen Kapitalgesellschaft ist der ständige inländische Vertreter zur Befolgung des § 280a UGB, vom Gericht durch Zwangsstrafen bis zu € 3.633,00 anzuhalten. Kommen die gesetzlichen Vertreter ihrer Verpflichtung nicht innerhalb von zwei Monaten nach Rechtskraft des Beschlusses über die Verhängung der Zwangsstrafe nach, so ist eine weitere Zwangsstrafe bis zu € 3.633,00 zu verhängen und der Beschluss über die verhängte Zwangsstrafe auf Kosten der Gesellschaft in der „Wiener Zeitung" zu veröffentlichen.

835   Eine wiederholte **Verhängung von Zwangsstrafen** ist zulässig, und zwar so lange, bis die Pflichten erfüllt werden. Das Zwangsstrafverfahren ist von Amts wegen durchzuführen und bedarf daher keines förmlichen Antrages.

---

[328] *Zehetner*, Beglaubigte Einreichung des Jahresabschlusses nicht erforderlich, SWK 1998, W 135.
[329] OLG Wien, 12.8.1998, 28 R 136/98 w.

5.2. Muster

5.2.1. Offenlegung bei einer kleinen GmbH

Landes- als Handelsgericht *[Name]*

Firmenbuch

[Adresse]

Firmenbuchsache:	Auer Handelsgesellschaft mbH
Firmenbuchnummer:	FN 38615 y

Offenlegung des Jahresabschlusses

RA-Code [..]

NO-Code [...]

Zustellung erbeten zu Handen:

I. Antragsteller:

1. Jochen A. *[*, Adresse]*
2. Paul B., *[*, Adresse]*

(als gemeinsam vertretungsbefugte Geschäftsführer der Auer Handelsgesellschaft mbH)

II. Sachverhalt:

Im Firmenbuch des Landes- als Handelsgerichtes *[Name]* ist unter FN 38615 y die Auer Handelsgesellschaft mbH mit dem Sitz in *[Ort]* eingetragen.

Als Geschäftsführer reichen wir in Erfüllung der Offenlegungsverpflichtungen gem. § 277 ff UGB die komprimierte Bilanz zum 31.12.2006 samt verkürztem Anhang sowie das Formblatt für die Einordnung in die Größenklassen gem. § 221 Abs. 1–3 UGB zum Firmenbuch ein. Der Jahresabschluss zum 31.12.2006 wurde von der Generalversammlung am *[Datum]* festgestellt.

III. Urkundenvorlage:

- Komprimierte Bilanz unter Verwendung des Formblattes nach Anlage 2
- Verkürzter Anhang, unter Verwendung des Formblattes nach Anlage 3
- Bekanntgabe der Größenmerkmale zur Einordnung in die Größenklassen (unter Verwendung des Formblattes nach Anlage 1)

IV. Antrag auf Eintragung:

Das Landes- als Handelsgericht *[Ort]* möge im Firmenbuch unter FN 38615 y bei der Firma „Auer Handelsgesellschaft mbH" mit dem Sitz in Innsbruck den Tag der

Einreichung des Jahresabschlusses zum [*Datum*] eintragen und die eingereichten Formblätter (Anlage I-III gemäß Formblatt-VO, BGBL. II. 165/1997) zur Aufbewahrung in die Urkundensammlung übernehmen.

Ort, Datum

[unbeglaubigte Unterschriften der Geschäftsführer in vertretungsbefugter Anzahl]

Anlage 1)

Bekanntgabe der Größenmerkmale zur Einordnung in die Größenklasse nach § 221 Abs. 1 bis 3 UGB

Firmenbuchnummer	Firmenbuchgericht	Beginn und Ende des Geschäftsjahres

Einordnung im Geschäftsjahr[1])

klein	mittelgroß	groß

Bilanzsumme zum Abschlussstichtag[1]) [2])

	bis € 3.125.000,00	über € 3.125.000,00 bis € 12.500.00,00	über € 12.500.00,00
Geschäftsjahr			
unmittelbar vorangegangenes Geschäftsjahr			
zweites vorangegangenes Geschäftsjahr			

Umsatzerlöse in den letzten zwölf Monaten vor dem Abschlussstichtag[1]) [2])

	bis € 6.250.000,00	über € 6.250.000,00 bis € 25.000.000,00	bis € 25.000.000,00
Geschäftsjahr			
unmittelbar vorangegangenes Geschäftsjahr			
zweites vorangegangenes Geschäftsjahr			

Durchschnittliche Arbeitnehmerzahl im Geschäftsjahr[1) 2)]

	bis 50	50 bis 250	über 250
Geschäftsjahr			
unmittelbar vorangegangenes Geschäftsjahr			
zweites vorangegangenes Geschäftsjahr			

Unterschrift des Geschäftsführers/der Geschäftsführer in vertretungsbefugter Anzahl	
....	..........................., am ....

Einordnung durch das Firmenbuchgericht[1)]

klein	**mittelgroß**	**groß**

1) Zutreffendes ankreuzen.

2) Für Kapitalgesellschaften, die im Sinne des § 221 Abs.3 zweiter Satz UGB als groß gelten, kann diese Angabe entfallen

Anlage 2)

Offenzulegender Auszug aus der Bilanz zum 31.12. ......

Firmenbuchnummer	Firmenbuchgericht	Beginn und Ende des Geschäftsjahres
FN	Landes- als Handelsgericht [Ort]	01.01. – 31.12. .....
Firma:		

	AKTIVA				**PASSIVA**		
		Geschäftsjahr vom 1.1.– 31.12.	vorange-gangenes Geschäfts-jahr			Geschäftsjahr vom 1.1. – 31.12.	vorange-gangenes Geschäfts-jahr
A. Anlagevermögen I. Immaterielle Vermögensgegenstände II. Sachanlagen III. Finanzanlagen **B. Umlaufvermögen** I. Vorräte II. Forderungen und sonstige Vermögensgegenstände III. Wertpapiere und Anteile IV. Kassenbestand, Schecks, Guthaben bei Kreditinstituten **C. Rechnungsabgrenzungsposten**				**A. Eigenkapital** I. Nennkapital (Stammkapital) noch nicht einbezahlte Stammeinlagen II. Kapitalrücklagen III. Gewinnrücklagen IV. Bilanzgewinn (davon Gewinnvortrag) **B. Unversteuerte Rücklagen** **C. Rückstellungen** **D. Verbindlichkeiten** **E. Rechnungsabgrenzungsposten**			

Die Richtigkeit dieses Auszuges wird bestätigt: Unterschrift der Geschäftsführer	Ort, Datum

Die GmbH in der Praxis

Anlage 3)

Sonstige Angaben gemäß dem zu veröffentlichenden Anhang der kleinen Gesellschaft mit beschränkter Haftung

Zu veröffentlichender Anhang der kleinen Gesellschaft mit beschränkter Haftung
1. Angabe, wenn die im Vorjahr gewählte Form der Darstellung, insbesondere der Gliederung der Bilanz, nicht beibehalten wurde (§ 223 Abs. 1 UGB):
2. Angabe und Erläuterung der nicht vergleichbaren und angepassten Vorjahresbeträge (§ 223 Abs. 2 UGB):
3. Abweichung auf Grund der für einen Geschäftszweig vorgeschriebenen Gliederung (§ 223 Abs. 3 UGB):
4. Zugehörigkeit eines Postens der Bilanz auch zu (einem) anderen Posten, falls dies zur Aufstellung eines klaren und übersichtlichen Jahresabschlusses erforderlich ist (§ 223 Abs. 5 UGB):
5. Bei Ausweis eines „negativen Eigenkapitals": Erläuterung, ob eine Überschuldung im Sinne des Insolvenzrechts vorliegt (§ 225 Abs. 1 UGB):
6. Abweichungen von Bilanzierungs- und Bewertungsmethoden (§236 Z 1):
7. Aktivierte Zinsen für Fremdkapital im Sinne des § 203 Abs. 4 UGB (§ 236 Z 2 UGB):
8. Aktivierte Verwaltungs- und Vertriebskosten im Sinne des § 206 Abs. 3 UGB (§ 236 Z 4 UGB)
im Geschäftsjahr:
insgesamt:
9. Jeweils zusammengefasst für alle Posten der Verbindlichkeiten (§§ 237 Z 1 in Verbindung mit Abs. 2 UGB)
Gesamtbetrag der Verbindlichkeiten mit einer Restlaufzeit von mehr als fünf Jahren:
Gesamtbetrag der Verbindlichkeiten mit einer Restlaufzeit von mehr als einem Jahr:
Gesamtbetrag der Verbindlichkeiten, für die dingliche Sicherheiten bestellt sind:
Art und Form dieser Sicherheiten:
10. Grundlagen für die Umrechnung von Posten, die auf fremde Währung lauten (lauteten), in Euro (§ 237 Z 2 UGB):

Zu veröffentlichender Anhang der kleinen Gesellschaft mit beschränkter Haftung	
11.	Aufgliederung und Erläuterung der gem. § 199 UGB ausgewiesenen Haftungsverhältnisse (§ 237 Z 3 UGB):
	davon Haftungen gegenüber verbundenen Unternehmen:
	davon Pfandrechte:
	davon sonstige dingliche Sicherheiten:
12.	In der Bilanz nicht gesondert ausgewiesener Betrag der Einlagen von stillen Gesellschaftern (§ 237 Z 10 UGB):
13.	Name und Sitz des Mutterunternehmens der Gesellschaft, das den Konzernabschluss für den größten Kreis von Unternehmen aufstellt, und ihres Mitunternehmens, das den Konzernabschluss für den kleinsten Kreis von Unternehmen aufstellt, sowie im Fall der Offenlegung der von diesen Mitunternehmen aufgestellten Konzernabschlüssen der Ort, wo diese erhältlich sind (§ 237 Z 2 UGB):
14.	Name und Sitz anderer Unternehmen, von denen das Unternehmen oder für dessen Rechnung eine andere Person mindestens den fünften Teil der Anteile besitzt, sowie Höhe des Anteils am Kapital, Eigenkapital und Ergebnis des letzten Geschäftsjahres dieser Unternehmen, für das ein Jahresabschluss vorliegt (§ 238 Z 2 UGB):
15.	Name, Sitz und Rechtsform von Unternehmen, deren unbeschränkt haftender Gesellschafter die Gesellschaft ist (§ 238 Z 2 UGB):
16.	Durchschnittliche Zahl der Arbeitnehmer während des Geschäftsjahres (§ 239 Abs. 1 Z 1 UGB): ......
	davon Arbeiter: ......
	davon Angestellte: ......
17.	Vorschüsse, Kredite und eingegangene Haftungsverhältnisse (§ 239 Abs. 1 Z 2 UGB) an bzw. für
	a) Geschäftsführer
	Zinsen dafür:
	wesentliche Beteiligungen:
	im Geschäftsjahr zurückgezahlte Beträge:
	eingegangene Haftungsverhältnisse
	b) Aufsichtsratsmitglieder
	Zinsen dafür:
	wesentliche Beteiligungen:

Zu veröffentlichender Anhang der kleinen Gesellschaft mit beschränkter Haftung	
	im Geschäftsjahr zurückgezahlte Beträge:
	eingegangene Haftungsverhältnisse:
18.	Mitglieder (Familienname und Vorname, § 239 Abs. 2 UGB) der Geschäftsführung und des Aufsichtsrates:
	Geschäftsführer:
	Aufsichtsrat:
19.	Entwicklung der Posten des Anlagevermögens und des Postens „Aufwendungen für das Ingangsetzen und Erweitern eines Betriebes" (Anlagenspiegel, § 226 Abs. 1 UGB):
20.	Zuweisung und Auflösung von Bewertungsreserven, gegliedert nach den entsprechenden Posten des Anlagevermögens (Bewertungsreservenspiegel, § 230 Abs. 2 UGB):
21.	Zusätzlich erforderliche Angaben zur Vermittlung eines möglichst getreuen Bildes der Vermögens–, Finanz- und Ertragslage des Unternehmens (§ 222 Abs. 2 und 236 erster Satz UGB):
22.	Wurden Angaben gem. § 241 Abs. 2 Z 2 UGB unterlassen, weil sie geeignet sind, dem Unternehmen oder dem anderen Unternehmen einen erheblichen Nachteil zuzufügen (§ 241 Abs. 2 letzter Satz UGB)?

5.2.2. Offenlegung bei einer kleinen GmbH & Co KG

Landes- als Handelsgericht *[Name]*

Firmenbuch

[Adresse]

Firmenbuchsache:	ABC-Gesellschaft mbH & Co KG
Firmenbuchnummer:	FN 33166 t

Offenlegung des Jahresabschlusses

RA-Code [..]

NO-Code [...]

Zustellung erbeten zu Handen:

I. Antragsteller:

ABC-Gesellschaft mbH & Co KG, FN 33166 t, vertreten durch die gemeinsam vertretungsbefugten Geschäftsführer Hans L., [*, Adresse] und Ute F., [*, Adresse]

(als persönlich haftende Gesellschafterin)

II. Sachverhalt:

Im Firmenbuch des Landes- als Handelsgerichtes [Name] ist unter FN 33166 t die ABC-Unternehmensberatung GmbH & Co KG mit dem Sitz in [Ort] eingetragen.

Als Geschäftsführer der persönlich haftenden und allein vertretungsbefugten Gesellschafterin reichen wir in Erfüllung der Offenlegungsverpflichtungen gem. §§ 277 und 278 UGB die komprimierte Bilanz zum [Datum] samt verkürztem Anhang sowie das Formblatt für die Einordnung in die Größenmerkmale gem. § 221 Abs. 1–3 UGB zum Firmenbuch ein.

Der Jahresabschluss zum [Bilanzstichtag] wurde von den Gesellschaftern am [Datum] festgestellt.

III. Urkundenvorlage und Antrag:

Unter Vorlage

- des Jahresabschlusses zum 31.12.2006,
- des Anhanges
- sowie des Formblattes zur Einordnung in die Größenklassen gem. § 221 Abs. 1 – 3 UGB

beantragen wir, dass im Firmenbuch des Landes- als Handelsgerichtes [Ort] unter FN 33166 t die eingereichten Unterlagen der ABC-Gesellschaft mbH & Co.KG, zur Aufbewahrung in die Urkundensammlung übernommen und die entsprechenden Eintragungen im Firmenbuch vorgenommen werden.

Ort, Datum

[unbeglaubigte firmenmäßige Unterfertigung durch die Geschäftsführer der Komplementär-GmbH in vertretungsbefugter Anzahl]

Rz. 836 – 840 frei.

XIV. Die ertragsteuerliche Behandlung einer GmbH

Inhaltsverzeichnis   Rz.

1. Einführung 841
2. Die Grundlagen der Ertragsbesteuerung einer GmbH 846
3. Nicht abzugsfähige Aufwendungen bei der GmbH 852
   3.1. Grundlagen.. 852
   3.2. Verdeckte Gewinnausschüttungen... 858
       3.2.1. Grundlagen 858
       3.2.2. Voraussetzungen für verdeckte Ausschüttungen 865
       3.2.3. Fremdvergleich 866
       3.2.4. Gesellschaftsverhältnis und Schuldverhältnis 870
           3.2.4.1. Allgemeines.. 870
           3.2.4.2. Voraussetzungen für die steuerliche Anerkennung von
                     Rechtsgeschäften zwischen der GmbH und ihre Gesellschaftern . 872
           3.2.4.3. Grundsätze für Darlehensgewährungen 881
       3.2.5. Verdeckte Gewinnausschüttung auf Geschäftsführerbezüge... 886
           3.2.5.1. Gegenstand der Angemessenheitsprüfung................. 886
           3.2.5.2. Methoden der Angemessenheitsprüfung 888
           3.2.5.3. Das praktische Verfahren einer Angemessenheitsprüfung.... 895
       3.2.6. Pensionszusagen 896
       3.2.7. Wirkungen der verdeckten Ausschüttung............................ 903
       3.2.8. Behandlung der verdeckten Gewinnausschüttung bei Mehrheits-
               gesellschaftern 908
       3.2.9. Praxisfälle zur verdeckten Gewinnausschüttung................... 914
       3.2.10. Finanzstrafrechtliche Folgen von verdeckten Gewinnausschüttungen....... 915
           3.2.10.1. Übersicht: Fallgestaltungen im Hinblick auf das Vorliegen der
                      subjektiven Tatseite 916
           3.2.10.2. Übersicht: Mögliche Tätersubjekte 917
           3.2.10.3. Strafrechtliche Folgen von vGA 918
       3.2.11. Positivkriterien: Vorliegen einer verdeckten Gewinnausschüttung............ 919
       3.2.12. Negativkriterien: Keine verdeckte Gewinnausschüttung 920
       3.2.13. Praxisbeispiel: Verdeckte Gewinnausschüttung.................. 921
4. Die Gewinnverwendung bei der GmbH.. 922
5. Körperschaftsteuer.. 925
6. Die Gesellschaft mit beschränkter Haftung & Co KG......................... 928
   6.1. Grundlagen 928
   6.2. Ertragsteuerliche Behandlung 933
7. Die ertragsteuerliche Behandlung von GmbH-Gesellschaftern 937
   7.1. Behandlung von Ausschüttungen.. 937
   7.2. Leistungsvergütungen 941

1. Einführung

841

Gewinnermittlung. Die GmbH als eine juristische Person mit eigener Rechtspersönlichkeit unterliegt prinzipiell den gleichen Besteuerungsregeln wie natürliche Personen. Der steuerliche Gewinn oder Verlust einer GmbH während eines Besteuerungszeitraumes ermittelt sich nach den Gewinnermittlungsvorschriften des Einkommensteuergesetzes (EStG). Dieser steuerliche Gewinn ist nach den Bestimmungen des Körperschaftsteuergesetzes (KStG) zu versteuern. Die Körperschaftsteuer ist die Ertragsteuer für die GmbH; sie unterscheidet sich im Hinblick auf den Tarif wesentlich von der Einkommensteuer.

842

Privatentnahmen und **Privateinlagen** sind bei einer GmbH nicht möglich, weil eine juristische Person weder eine private Sphäre noch ein privates Vermögen haben kann. Aus diesem Grunde können für die einzelnen Gesellschafter auch keine Privatkonten geführt werden. Bei der Ermittlung des Einkommens einer GmbH bleiben Einlagen und Beiträge jeder Art insoweit außer Ansatz, als sie von Personen in ihrer Eigenschaft als Gesellschafter geleistet werden (§ 8 Abs. 1 KStG 1988).

843

Die **Einlage von Wirtschaftsgütern** in eine GmbH gilt als Tausch (§ 6 Z 14 EStG 1988). Dieser Grundsatz gilt auch für verdeckte Einlagen. Der Wert des eingelegten Wirtschaftsgutes ergibt die Anschaffungskosten des zusätzlichen Beteiligungswertes.[330]

Bei einem Gesellschafter-Geschäftsführer sind die Aufwendungen für eine Bürgschaft zu Gunsten der GmbH grundsätzlich auf die Beteiligung zu aktivieren.[331]

Vermögenszuwendungen. Für die Frage, ob eine Vermögenszuwendung durch **844** die Stellung als Gesellschafter veranlasst ist, kommt es vor allem darauf an, ob diese Vermögenszuwendung auch an einander fremd gegenüberstehende Personen vorgenommen worden wäre.[332]

Forderungsverzicht. Die Gesellschafter einer GmbH können eine Einlage in ihre **845** Gesellschaft nicht nur durch die Zuführung von Wirtschaftsgütern, sondern auch durch Verzicht auf Forderungen gegenüber der Gesellschaft bewirken. Ein Verzicht führt durch den Wegfall der zuvor passivierten Verbindlichkeit bei der GmbH zu einer Vermögensvermehrung.

2. Die Grundlagen der Ertragsbesteuerung einer GmbH

Allgemeines. Die Körperschaftsteuer erfasst das Einkommen einer Gesellschaft **846** mit beschränkter Haftung als juristische Person des Privatrechts. Der Besteuerungsgegenstand ist weitestgehend ident mit dem der Einkommensteuer. Der Körperschaftsteuersatz beträgt einheitlich 25 %.

GmbH als Steuersubjekt. Aus der Anerkennung der Körperschaften (in unserem **847** Falle also der GmbHs) als eigene Steuersubjekte im Bereich der Ertragsbesteuerung folgt eine unterschiedliche Behandlung von Kapitalgesellschaften einerseits und Personengesellschaften bzw. Einzelunternehmen anderseits. Die Anerkennung einer GmbH als Steuersubjekt erfordert es auch, zwischen den steuerlichen Auswirkungen auf der Ebene der Gesellschaft und auf der Ebene des Gesellschafters zu unterscheiden. Die einkommensteuerlichen Auswirkungen von Beteiligungen an Kapitalgesellschaften ergeben sich bei Beteiligungen im Privatvermögen aus § 27 EStG (Einkünfte aus Kapitalvermögen), den Regelungen über den Kapitalertragsteuerabzug und die Endbesteuerung bzw. das sog. Halbsatzverfahren (§ 37 Abs. 4 EStG), sowie aus § 31 EStG (Veräußerung von Beteiligungen an Kapitalgesellschaften).

Sonderbestimmungen. Für öffentlich-rechtliche Körperschaften in der Rechtsform **848** einer GmbH ist der vom Körperschaftsteuerrecht entwickelte zentrale Begriff eines Betriebes gewerblicher Art maßgeblich. Körperschaftsteuerrechtliche Sonderregelungen sind auch für Konzerne und sonstige Unternehmensverflechtungen erforderlich, damit es im Falle von Gewinndurchschleusungen nicht zu übermäßigen Steuerbelastungen kommt. Das österreichische Recht sieht einerseits eine Steuerbefreiung für Beteiligungserträge vor, anderseits eine Regelung für Organschaften. Der Erfolg von Kapitalgesellschaften, die willenloses Organ einer anderen Kapitalgesellschaft (oder Organträgers) sind, wird dem Organträger zugerechnet.

Für die **Rechtsbeziehungen zwischen der GmbH und ihren Gesellschaftern** gilt **849** der Grundsatz, dass Vermögensverschiebungen, die ihre Ursache im Gesellschaftsverhältnis haben (Einlagen, Kapitalerhöhungen, Kapitalherabsetzungen, Ausschüttungen), den Gewinn der GmbH nicht beeinflussen. Aus diesem Grunde

---

[330] VwGH 16.9.2003, 99/14/0324; VwGH 25.6.1998, 94/15/0129.
[331] Vgl. hiezu auch LStR 1999, Rz. 338.
[332] VwGH 26.5.1998, 94/14/0042.

führen einerseits Einlagen nicht zu einer Gewinnerhöhung und Ausschüttungen nicht zu einer Gewinnminderung. Andererseits werden reguläre Leistungsbeziehungen zwischen Kapitalgesellschaften und ihren Gesellschaftern etwa in Form von Geschäftsführerentgelten und Darlehensgewährungen auch steuerlich anerkannt, sodass angemessene Leistungsvergütungen an die Gesellschafter den Gewinn der GmbH vermindern. In der Praxis der rechts- und wirtschaftsberatenden Berufe ist es nicht unmodern, nicht abzugsfähige Ausschüttungen in die Form von Leistungsvergütungen zu kleiden. Dadurch entsteht eine sog. **verdeckte Gewinnausschüttung**; und der bei ihrer Beurteilung anzuwendende Vergleich ist eines der größten Probleme im Bereich der körperschaftsteuerrechtlichen Behandlung einer GmbH.

Außer der Ausschüttung können von der juristischen Person auch Zahlungen aufgrund von vertraglichen Beziehungen zwischen ihr und den Gesellschaftern stattfinden (Zinsen für Gesellschafterdarlehen, Mietentgelte,...). Solche Aufwendungen werden aufgrund des sog. **Trennungsprinzips** bei der juristischen Person als Betriebsausgaben anerkannt.

850 Die **Liquidation einer GmbH** führt auf der Ebene der Gesellschaft grundsätzlich zu einer Versteuerung der bis dahin angesammelten stillen Reserven. Unter der Voraussetzung, dass das Umgründungssteuerrecht zur Anwendung kommt, wird aber bei Verschmelzungen, Umwandlungen, Spaltungen und ähnlichen Umgründungsvorgängen auf eine Besteuerung der stillen Reserven vorläufig verzichtet.

851 **Unbeschränkte Steuerpflicht.** Die unbeschränkte Körperschaftsteuerpflicht erstreckt sich auf sämtliche – somit auch auf ausländische – Einkünfte. Zur Vermeidung der Doppelbesteuerung ausländischer Einkünfte gelangen die jeweiligen inner- und zwischenstaatlichen Vorschriften zur Anwendung (Doppelbesteuerungsabkommen).

Übersicht: Beschränkt steuerpflichtige Körperschaften		
ausländische Körperschaften, Personenvereinigungen und Vermögensmassen, soweit sie im Inland weder ihren Sitz noch die Geschäftsleitung haben	**inländische öffentlich-rechtliche** Körperschaften	**ganz oder zum Teil persönlich befreite** Körperschaften

3. Nicht abzugsfähige Aufwendungen bei der GmbH

3.1. Grundlagen

852 **Grundsatz.** Alle Aufwendungen, die durch die (betriebliche) Tätigkeit einer GmbH veranlasst werden, können in steuerlicher Hinsicht als Aufwand geltend gemacht werden. In diesem Fall steht es der Finanzbehörde nicht zu, über die Angemessenheit eines Aufwandes zu entscheiden. Nur in jenen Fällen, in denen der Aufwand überhaupt nicht mit der Geschäftstätigkeit der GmbH im Zusammenhang steht bzw. für die Höhe Gründe maßgeblich sind, die offensichtlich in der Sphäre der Gesellschafter liegen, darf die Finanzverwaltung die steuerliche Abzugsfähigkeit bestreiten.

Das Körperschaftsteuergesetz kennt einige Aufwendungen, die nach diesen allgemeinen Grundsätzen zwar abzugsfähig wären, infolge einer taxativen Aufzählung in § 12 KStG jedoch ausdrücklich als nicht abzugsfähig deklariert werden.

Darunter fallen

- verdeckte Gewinnausschüttungen
- unangemessen hohe betriebliche Aufwendungen
- Repräsentationsaufwendungen
- Spenden
- Schmiergelder
- Körperschaftsteuer
- Umsatzsteuer von nicht abzugsfähigen Aufwendungen
- die Hälfte der Aufsichtsratsvergütungen sowie
- Aufwendungen, die nicht mit steuerpflichtigen Erträgen in unmittelbarem Zusammenhang stehen.

Rechtsfolgen. Bei diesen nicht abzugsfähigen Aufwendungen handelt es sich also **853** um Aufwendungen, die nach den handelsrechtlichen Vorschriften in der Buchhaltung als Aufwand aufscheinen und somit den Jahreserfolg beeinflussen, jedoch infolge der steuerlichen Nichtabzugsfähigkeit wieder außerbücherlich im Wege einer Mehr-Weniger-Rechnung zu neutralisieren sind. Diese Vermögenszuwendung wird also im Ergebnis unter dem Verkehrsgeschäft „verdeckt". Maßgeblich für die Klassifizierung als verdeckte Gewinnausschüttung sind objektive Kriterien, eine besondere Umgehungsabsicht ist nicht erforderlich.

Formen einer vGA. Verdeckte Ausschüttungen können das Einkommen der GmbH **854** in zwei Formen mindern: Entweder liegen überhöhte (scheinbare) Aufwendungen oder zu geringe (fehlende) Einnahmen vor.[333]

Das **System** der verdeckten Ausschüttung findet auch im Steuerrecht insofern **855** Anwendung, als Betriebsausgaben, die in Wahrheit eine Vermögenszuwendung an den Gesellschafter und damit eine Gewinnverwendung darstellen, nicht als Aufwand anerkannt werden. Die Wertungskriterien sind sowohl in gesellschafts- als auch steuerrechtlicher Hinsicht ähnlich, sodass sich auch die zahlreichen steuerrechtlichen Erkenntnisse als Anhaltspunkte für die gesellschaftsrechtliche Beurteilung heranziehen lassen. Auf Grund der unterschiedlichen Normzwecke der beiden Rechtsgebiete können jedoch im Detail auch Unterschiede bestehen.

Übersicht: Beurteilungskriterien in der Beratungspraxis

- Der von der steuerpflichtigen GmbH angesetzte Preis ist nicht weniger plausibel als der behördlich behauptete Preis, wenn der Verrechnungspreis innerhalb der von der Finanzverwaltung anhand von Datenmaterial ermittelten Schätzungsbandbreite bleibt.
- Eine Korrektur kann nur bis zum für den Steuerpflichtigen vorteilhaftesten Punkt der Bandbreite erfolgen, wenn der Verrechnungspreis außerhalb der Bandbreite liegt.
- Der Finanzbehörde ist es gestattet, die Schwankungsbreite der Verrechnungspreise mit Hilfe von Fremdvergleichswerten aus öffentlich zugänglichen oder eigenen Datenbanken zu bestimmen; diese muss die Mindestanforderungen an die Qualität der Datenerfassung erfüllen.
- Identifikation einer angemessenen Anzahl an Vergleichsunternehmen durch die Finanzbehörde.

---

[333] VwGH 9.3.2005, 2000/13/0222.

856

Rechtsfolgen. Eine durch die Finanzbehörde festgestellte verdeckte (Gewinn-) Ausschüttung beeinflusst nicht das Ergebnis der GmbH, da sie als Einkommensverteilung zu qualifizieren ist (vgl 8 Abs. 2 KStG). Zusätzlich zur Erhöhung des körperschaftsteuerpflichtigen Gewinns führt eine verdeckte Gewinnausschüttung in jedem Falle – also auch bei Verlusten der GmbH – zu einer Kapitalertragsteuerpflicht i.H.v. 25 % (§ 93 Abs. 2 Z 1 lit. a EStG).

857

Für die **Berechnung der KESt** kommen zwei unterschiedliche Methoden in Frage. Wird die Kapitalertragsteuer von der Gesellschaft getragen, wächst dem betreffenden Gesellschafter ein weiterer Vorteil in Höhe der KESt zu. Es ist daher vom Bruttobetrag der verdeckten Ausschüttung auszugehen, bei dessen Abzug einer 25%igen KESt sich jener Nettobetrag ergibt, der dem Gesellschafter verbleibt. Verpflichtet sich hingegen der Gesellschafter, die KESt an das Betriebsstättenfinanzamt abzuführen, entspricht die Berechnungsbasis exakt der festgestellten verdeckten Ausschüttung.

3.2. Verdeckte Gewinnausschüttungen

3.2.1. Grundlagen

858

Aufgrund des Trennungsprinzips (Trennung zwischen der Gesellschaft und den Gesellschaftern) sind Rechtsgeschäfte des Gesellschafters mit *seiner* Gesellschaft grundsätzlich zulässig. Das gilt auch für jene Fälle, in denen der Gesellschafter aus einem derartigen Rechtsgeschäft von der Gesellschaft eine Leistung erhält (z.B. Geschäftsführergehalt, Kaufpreis für ein Kaufobjekt, Mietentgelt).

Für die Ermittlung des Einkommens ist es ohne Bedeutung, ob das Einkommen

- im Wege offener oder verdeckter Ausschüttungen verteilt oder
- entnommen oder
- in anderer Weise entnommen wird.[334]

859

Unter einer **offenen Gewinnausschüttung** wird eine Einkommensausschüttung auf Grund von formal korrekten Gewinnverteilungsbeschlüssen oder gesellschaftlichen Gewinnverteilungsregeln verstanden. Ausschüttungsfähig ist der handelsrechtliche Bilanzgewinn unter Berücksichtigung von Ausschüttungssperren.

Die Grenze des Trennungsprinzips liegt jedoch darin, dass nur Geschäfte zu angemessenen und fremdüblichen Konditionen zulässig sind. In allen anderen Fällen liegen eine Begünstigung des Gesellschafters und damit eine verbotene Einlagenrückgewähr vor. Diese Rechtsfolge wird als verdeckte Gewinnausschüttung[335] bezeichnet.

861

> **Übersicht: Verdeckte Ausschüttungen**
> Verdeckte Ausschüttungen[336] sind alle
> - nicht ohne weiteres als Ausschüttungen erkennbaren
> - außerhalb der gesellschaftsrechtlichen Gewinnverteilung gelegenen

---

[334] § 8 Abs. 2 KStG.

[335] Eine verdeckte Gewinnausschüttung wird in der Lehre und lit. gelegentlich auch als verdeckte Vermögensverwendung oder verdeckte Vermögensverlagerung bezeichnet.

[336] Die Verkürzung des früheren Begriffes „verdeckte Gewinnausschüttung" auf „verdeckte Ausschüttung" ist darauf zurückzuführen, dass diese Form der Einkommensverwendung unabhängig vom Vorliegen eines Gewinnes zu beachten und nicht nur bei Kapitalgesellschaften denkbar ist. Eine inhaltliche Änderung ergibt sich somit gegenüber den früheren Bestimmungen nicht.

- Zuwendungen oder vermögenswerten Vorteile, die eine GmbH

- einem unmittelbar oder mittelbar beteiligten Gesellschafter oder einer ihm nahe stehenden Person[337] gewährt,

- die zu einer Gewinnverminderung bei der Körperschaft führen

- und die Dritten, der Gesellschaft fremd gegenüberstehenden Personen

nicht eingeräumt werden würden.[338]

Eine **Veranlassung durch das Gesellschaftsverhältnis** ist für das Vorliegen einer **862** verdeckten Gewinnausschüttung maßgeblich: Die GmbH gewährt jemandem außerhalb der gesellschaftsrechtlichen Gewinnverteilung einen Vermögensvorteil, den sie einem Nichtgesellschafter unter sonst gleichen Umständen nicht zugewendet hätte. Es ist in jedem Einzelfall auf die persönlichen, geschäftlichen oder beteiligungsmäßigen Verflechtungen abzustellen.

Auf **Gesellschafterebene** handelt es sich nur dann um eine verdeckte Gewinnaus- **863** schüttung, wenn ein Einkunftstatbestand vorliegt (vorrangig § 27 Abs. 1 Z 1 EStG); eine Zuwendung an nahe stehende Person wird dem jeweiligen Gesellschafter zugerechnet. Die Überlassung ist eine (ertrag-)steuerlich unbeachtliche Einkommensverwendung, wenn

- die äußere Erscheinungsform nicht unmittelbar als Einkommensverwendung erkennbar ist und

- ihre Ursache in den gesellschaftsrechtlichen Beziehungen liegt.

Normzweck. Die steuerliche *Neutralisierung* verdeckter Ausschüttungen dient der **864** Entflechtung von betrieblich veranlassten Vorgängen einerseits und durch das Gesellschaftsverhältnis veranlassten Vorgängen andererseits.[339] Die zweifelsohne vorhandene – und sowohl von den Betroffenen als auch von Angehörigen der rechts- und wirtschaftsberatenden Berufe als unangenehm empfundene – *Affinität* der Finanzverwaltung für das „Suchen" nach verdeckten Ausschüttungen liegt im Erfassen des objektiv richtigen steuerlichen Erfolges der GmbH. Es geht dem Fiskus einfach darum, dass nur jene Aufwendungen und Erträge, die

- durch den Geschäftsbetrieb veranlasst sind oder

- mit der Erzielung, Erhaltung und Sicherung der Einnahmen

- in einem Zusammenhang stehen, das Einkommen der GmbH als Körperschaft beeinflussen (dürfen).

3.2.2. Voraussetzungen für verdeckte Ausschüttungen

Zu den Voraussetzungen für das Vorliegen einer verdeckten Ausschüttung gehören **865** im Wesentlichen

- die Eigentums- oder Nahebeziehung zu einer GmbH

---

[337] VwGH 26.9.2000, 98/13/0107.
[338] VwGH 31.3.2000, 95/15/0056, 0065.
[339] VwGH 29.1.1998, 96/15/0013.

- das objektive Tatbestandsmerkmal der Bereicherung des Gesellschafters oder einer diesem nahe stehenden Person zu Lasten der Gesellschaft
- das subjektive Tatbild einer auf Vorteilsgewährung gerichteten Willensentscheidung.

Eine verdeckte Ausschüttung setzt nicht voraus, dass die Vermögensminderung bei der Gesellschaft zum Zufluss eines entsprechenden Vermögensvorteils bei einem Gesellschafter führt.

3.2.3. Fremdvergleich

866

Grundlagen. Ob eine Zuwendung von Vermögensvorteilen ihre Ursache in den *gesellschaftsrechtlichen Beziehungen* hat und damit als verdeckte Ausschüttung zu qualifizieren ist oder nicht, ist an Hand des sog. *Fremdvergleichs* zu prüfen. Für Verträge zwischen Kapitalgesellschaften im Allgemeinen und ihren Gesellschaftern gelten die gleichen Grundsätze, wie sie für die Anerkennung von Verträgen zwischen nahen Angehörigen entwickelt wurden.[340] Der verwirklichte Sachverhalt ist mit einem Vorgang, wie er unter Wegdenken der Eigentümerschaft oder der Nahebeziehung üblich wäre, zu vergleichen.[341]

867

Beurteilungskriterien. Wenn im Zuge einer Betriebsprüfung zwischen dem Prüfer und dem Steuerpflichtigen die üblichen Auffassungsunterschiede ob des Vorliegens einer verdeckten Ausschüttung bestehen, so braucht der Finanzbeamte nur die Frage stellen: *Na, hätten Sie dieses Geschäft mit mir zu diesen Bedingungen auch gemacht?* Und wenn Sie oder ihr Kunde darauf mehr oder weniger echauffiert entgegnen: *Natürlich nicht*, dann ist der Zug fast schon abgefahren; nämlich in eine von Ihnen nicht gewünschte Richtung. Das Vermeiden einer verdeckten Ausschüttung stellt eben darauf ab, dass niemand auf Grund seiner *bloßen* Gesellschafterstellung bevorzugt wird.

Übersicht: Fremdvergleich: Abgabenrechtliche Beweisgrundsätze bei verdeckten Gewinnausschüttungen

- Prüfung des Fremdvergleichs nach Maßgabe der besonderen Kriterien für Familienverträge
  - das Vertragsverhältnis muss nach außen hinreichend zum Ausdruck kommen
  - eindeutiger und klarer, jeden Zweifel ausschließender Inhalt
  - wäre auch zwischen Familienfremden unter den gleichen Bedingungen abgeschlossen worden
- Anforderungen der Judikatur an Angehörigenvereinbarungen als Tatfrage – Bedeutung im Rahmen der Beweiswürdigung
- Nichteinhaltung der Kriterien begründet Vermutung eines gesellschaftsrechtlichen, nicht betrieblich veranlassten Vorganges
- Beweislast für Angemessenheit der Leistungsbeziehung trifft in diesem Fall die Körperschaft
- Angemessenheitsprüfung: Anerkennung von gewissen Band- und Schwankungsbreiten bis zu 30 %[342]

---

[340] VwGH 3.8.2000, 96/15/0159; vgl. hiezu auch EStR 2000 Rz. 1127.
[341] Vgl. hiezu KStR 2001 Rz. 754.
[342] *Reich-Rohrwig*, ecolex 2003, 152.

- Zweck: Schutz gegen willkürliche Herbeiführung von Steuerfolgen
- Gefahr: Fehlen des im Geschäftsleben typischerweise vorliegenden Interessengegensatzes
- Bei Leistungsbeziehungen zwischen verbundenen Unternehmen über die Grenze
  - erweiterte Mitwirkungspflicht als Beweisregel zu Lasten des Steuerpflichtigen
  - Beweisvorsorge und Dokumentationspflichten bei Leistungsbeziehungen zu Oasengesellschaften (mit oder ohne Konzernverbindung)
- Im Bereich der verdeckten Gewinnausschüttung hat die Abgabenbehörde grundsätzlich den Nachweis zu führen, dass eine Gestaltung unangemessen ist. Bei der Angemessenheitprüfung lässt der gebotene Fremdvergleich von der Sache her einen gewissen Spielraum.[343]
- Die Frage, ab welcher Höhe ein Geschäftsführerbezug unangemessen ist bzw. ob eine verdeckte Gewinnausschüttung vorliegt, kann nicht exakt beantwortet werden; vielmehr besteht eine gewisse Bandbreite der Schätzung.[344]
- Es liegt am Abgabepflichtigen, die Werthaltigkeit von Leistungen einer ausländischen Domizilgesellschaft einwandfrei und schlüssig darzulegen (umfassende Dokumentation und Beweisvorsorgepflicht bei Leistungsbeziehungen zu Oasengesellschaften).[345]
- Fremdvergleich setzt eine konkrete und detaillierte Darstellung der erbrachten Leistungen voraus. Die Leistungsbeschreibung muss derart konkret sein, dass die Einschätzung des genauen Marktwertes der Leistung möglich ist und festgestellt werden kann, ob auch ein fremder Dritter jene Gegenleistung zu erbringen bereit gewesen wäre.[346]

Beweiswürdigung. Die Beurteilung eines Fremdvergleichs ist eine Tatfrage und **868** daher auf Grund entsprechender Erhebungen der Finanzbehörde durch freie Beweiswürdigung zu lösen.[347] Die Abgabenbehörde hat den Nachweis zu erbringen, dass eine Gestaltung unangemessen ist. Bei der Beurteilung der Angemessenheit bleibt ein gewisser Spielraum, der in Einzelfällen bis zu 30 % betragen kann.[348]

Übersicht: Leistungsstörungen

Bei Anstellen eines Fremdvergleiches ist auf folgende Leistungsstörungen zu achten:

- mangelnde Leistung trotz Leistungsentgelt: bei dieser Fallgruppe werden entweder überhaupt keine oder keine nennenswerten Leistungen erbracht;
- Vereinbarung eines unangemessen hohen Leistungsentgeltes: bei dieser Fallgruppe wird im Verhältnis zur tatsächlichen Leistung ein zu hohes Leistungsentgelt festgelegt;

---

343 VwGH 10.5.1994, 90/14/0050; 30.5.1989, 88/14/0111.
344 VwG H 22.2.2001, 95/15/0109.
345 VwGH 25.1.2001, 95/15/0134; 25.5.1993, 93/14/0019.
346 VwG H 28.1.2003, 99/14/0100.
347 VwGH 31.3.2000, 95/15/0056.
348 VwGH 27.7.1999, 94/14/0018.

- Vereinbarung eines unangemessen geringen Leistungsentgeltes: Es wird im Verhältnis zu den konkreten Leistungen ein zu geringes Leistungsentgelt festgelegt. Dies ist insbesondere bei Dienst- und Werkverträgen denkbar. Ein zu geringes Leistungsentgelt führt zur Nichtanerkennung der Leistungsbeziehung in steuerlicher Hinsicht;
- unübliche Abwicklung von Leistungsbeziehungen: Diese Fallgruppe setzt eine fremdübliche Gestaltung der Auszahlungsmodalitäten voraus.

869

Angemessenheitsgebot. Da es immer auf den Einzelfall ankommt, besteht im Rahmen der verdeckten Gewinnausschüttung kein generelles abstraktes Angemessenheitsgebot. Allgemeine Hinweise sind allenfalls als Anhaltspunkt anzusehen. Deshalb ist auch die häufige Argumentation der Finanzverwaltung bezüglich einer sog. angemessenen „Kapitalverzinsung" oder eines bestimmten Mindestgewinnes zu widerlegen. Es besteht kein Zwang zur Gewinnerzielung, sondern es ist allein auf den ordnungsgemäß handelnden Geschäftsleiter abzustellen.

3.2.4. Gesellschaftsverhältnis und Schuldverhältnis

3.2.4.1. Allgemeines

870

Fremdverhaltensgrundsatz. Die in der Rechtsprechung des VwGH[349] entwickelten Grundsätze zur steuerlichen Anerkennung schuldrechtlicher Vereinbarungen zwischen nahen Angehörigen werden auch auf das Verhältnis der GmbH zu ihren Gesellschaftern angewendet.

871

Die **Wertung von Leistungsbeziehungen** zwischen der GmbH und ihren Gesellschaftern als betriebliche Vorgänge setzt voraus, dass diese Leistungsbeziehungen auch gegenüber gesellschaftsfremden Personen zu üblichen Bedingungen erfolgen.[350] Andernfalls liegen Ausschüttungs- bzw. Einlagevorgänge vor – und zwar auch dann, wenn diese Vorgänge in zivilrechtliche Geschäfte gekleidet werden. Verträge zwischen der GmbH und ihren Gesellschaftern finden nur dann steuerliche Anerkennung, wenn sie

nach außen ausreichend zum Ausdruck kommen, einen klaren und eindeutigen Inhalt haben und

- auch zwischen Fremden unter den gleichen Bedingungen abgeschlossen worden wären.

Es ist zu prüfen, ob die Zuwendung nach ihrem inneren Gehalt ihre Ursache in einer schuldrechtlichen Beziehung zwischen GmbH und Gesellschafter oder im Gesellschaftsverhältnis hat. Im letzteren Fall ist die Leistung als verdeckte Einlage bzw. als verdeckte Ausschüttung anzusehen.[351]

3.2.4.2. Voraussetzungen für die steuerliche Anerkennung von Rechtsgeschäften zwischen der GmbH und ihren Gesellschaftern

872

Rechtsgeschäfte zwischen der Gesellschaft und ihren Gesellschaftern werden – auch wenn sie den Gültigkeitserfordernissen des Zivilrechtes entsprechen – steuerlich nur anerkannt, wenn sie

---

[349] Z.B. VwGH 23.6.1998, 97/14/0075.
[350] VwGH 23.9.2005, 2005/15/0010.
[351] VwGH 21.10.2004, 2000/13/0179; VwGH 14.12.2000, 95/15/0127; VwGH 28.4.1999, 97/13/0068.

- nach außen ausreichend zum Ausdruck kommen, weil sonst steuerliche Folgen willkürlich herbeigeführt werden könnten;[352]
- einen eindeutigen, klaren und jeden Zweifel ausschließenden Inhalt haben. Schaffen die Gesellschafter keine klare Regelung, müssen sie in Kauf nehmen, dass die Finanzbehörde diesen Umstand gegen sie verwendet;
- auch zwischen (Familien-)Fremden unter den gleichen Bedingungen abgeschlossen worden wären.[353] Es muss also ein besonderer schuldrechtlicher Verpflichtungstatbestand vorliegen, der seiner Form und seinem Inhalt nach in gleicher Weise zwischen fremden Personen vereinbart worden wäre.

Die Nichteinhaltung der o.a. Kriterien begründet die Vermutung eines gesellschaftsrechtlichen und nicht betrieblich veranlassten Vorganges durch die Finanzbehörde. Die Beweislast für die Angemessenheit der Leistungsbeziehung trifft in diesem Fall die Gesellschaft. Bei einer durch die Finanzbehörde durchgeführten Angemessenheitsprüfung erfolgt eine Anerkennung von gewissen Band- und Schwankungsbreiten bis zu 20 %.[354]

873 Durch eine **Angemessenheitsprüfung** soll der Staat als Abgabengläubiger vor einer willkürlichen Herbeiführung von Steuerfolgen *(Hin- und Herverrechnen)* geschützt und soll dem Grundsatz der Gleichmäßigkeit der Besteuerung entsprochen werden. Eine Angemessenheitsprüfung hat insbesondere dann zu erfolgen, wenn der im Geschäftsleben typischerweise vorliegende Interessengegensatz fehlen könnte.

Übersicht: Unangemessenheit als Indiz für mangelnde betriebliche Veranlassung in Gesellschaftsverhältnissen
- Fremdvergleich
- Sorgfalt eines ordentlichen und gewissenhaften Geschäftsleiters
- Je höher das Beteiligungsausmaß, desto größer das (berechtigte) Misstrauen der Finanzverwaltung und desto strenger die Angemessenheitsprüfung
- Prüfungsschritte für betriebliche Veranlassung
- Angemessenheitsprüfung anhand eines Fremdvergleiches
- Berücksichtigung der Umstände des Einzelfalles
- Verdeckte Gewinnausschüttung auch bei gemischten Vorgängen
- Wissen und Wollen der GmbH (Vorliegen eines subjektiven Elements)
- Verhalten der Organe, das den Schluss zulässt, dass die Verminderung des Gesellschaftsvermögens geduldet wurde
- Subjektives Element der Veranlassung
- Der Gesellschafter muss von der Vorteilszuwendung keine Kenntnis haben und diese auch nicht wollen

874 Im Fall einer **verdeckten Gewinnausschüttung** hat die Abgabenbehörde grundsätzlich den Nachweis zu führen, dass eine Gestaltung unangemessen ist. Bei der Angemessenheitsprüfung lässt der gebotene Fremdvergleich in sachlicher Hinsicht einen gewissen Spielraum zu.[355]

---

[352] VwGH 5.2.1992, 83/13/0111.
[353] Diesem Grundsatz entsprechend sind überhöhte Bezüge eine verdeckte Ausschüttung (vgl. VwGH 8.3.1994, 91/14/0151).
[354] *Reich-Rohrwig*, ecolex 2003, 152.
[355] VwGH 10.5.1994, 90/14/0050; 30.5.1989, 88/14/0111.

875   **Höhe der Geschäftsführervergütung.** Die Beurteilung der Angemessenheit der Geschäftsführerbezüge erfolgt anhand eines *inneren* und *äußeren* Betriebsvergleichs.[356] Die Frage, ab welcher Höhe ein Geschäftsführerbezug unangemessen ist bzw. ob eine verdeckte Gewinnausschüttung vorliegt, kann nicht allgemein im Vorhinein exakt beantwortet werden; vielmehr besteht eine gewisse Bandbreite der Schätzung.[357]

876   Ein **Fremdvergleich** setzt eine konkrete und detaillierte Darstellung der erbrachten Leistungen voraus. Die Leistungsbeschreibung muss derart konkret sein, dass die Einschätzung des genauen Marktwertes der Leistung möglich ist und festgestellt werden kann, ob auch ein fremder Dritter jene Gegenleistung zu erbringen bereit gewesen wäre.[358]

877   Diese auf der **wirtschaftlichen Betrachtungsweise** beruhenden Grundsätze dienen der Beurteilung des Sachverhaltes und der Lösung der Frage, ob ein Sachverhalt als erwiesen gilt. Wäre eine schuldrechtliche Vereinbarung zwischen Gesellschafter und GmbH unter Fremden nicht zustande gekommen, so kann der Abschluss des Schuldverhältnisses nur im Gesellschaftsverhältnis begründet sein. Die steuerlichen Auswirkungen dieser Vereinbarung werden durch Anwendung des Durchgriffsprinzips wieder neutralisiert.

> **Übersicht: Dokumentationspflichten bei Rechtsgeschäften zwischen der GmbH und ihren Gesellschaftern**
> - Eine gesonderte Dokumentation des Steuerpflichtigen für die Darlegung der Angemessenheit ist nicht erforderlich.
> - Die Mitwirkungspflicht betrifft nur das Tatbestandsmerkmal der Veranlassung einer Vermögensminderung durch das Gesellschaftsverhältnis.
> - Die Finanzverwaltung trägt die objektive Beweislast für die Ermittlung des fremdüblichen Vergleichspreises.
> - Die Pflicht zur Beschaffung von Beweismitteln bezieht sich nur auf tatsächlich vorhandene Unterlagen.
> - Anwendung von vereinfachten Methoden bei Ermittlung des fremdüblichen Vergleichswertes bzw. Schätzung der Besteuerungsgrundlage.

Die o.a. Grundsätze sind auch auf schuldrechtliche Vereinbarungen anzuwenden, die zwischen Kapitalgesellschaften, deren Anteile sich in den Händen derselben Gesellschafter befinden, untereinander getroffen werden.

878   **Fazit.** Vereinfacht dargestellt führen die Leistungen der Gesellschaft an den Gesellschafter zu einem steuererhöhenden Ertrag, während Leistungen der Gesellschafter an die Gesellschaft zu einem steuermindernden Aufwand bei der Gesellschaft führen.

- **Beispiele**

    Ein Gesellschafter schließt mit einer GmbH einen Darlehensvertrag über einen Zeitraum von fünf Jahren ab. Die Zinsen, die der Gesellschafter dafür bezahlen muss, stellen bei der GmbH einen Ertrag dar.

    Der Gesellschafter schließt mit seiner GmbH einen Mietvertrag über die Zurverfügungstellung von Büroräumlichkeiten ab. Die Mieteinnahmen des Gesellschafters stellen bei der GmbH Mietaufwendungen dar.

---

[356] VwGH 22.9.1999, 96/15/0232.
[357] VwGH 22.2.2001, 95/15/0109.
[358] VwGH 28.1.2003, 99/14/0100.

Bei der Anwendung des Trennungsprinzips ist darauf zu achten, dass die Rechts- **879** beziehungen zwischen der Gesellschaft einerseits und den Gesellschaftern andererseits so abgeschlossen werden, wie dies die GmbH auch mit einem ihr fremd gegenüberstehenden Dritten tun würde. Durch das Naheverhältnis des Gesellschafters zur Gesellschaft darf keine einseitige Bevorteilung des betreffenden Gesellschafters erfolgen.[359]

● **Beispiel**

Bei Vereinbarung eines Mietverhältnisses (etwa für Büroräumlichkeiten) muss der Mietpreis in einer Höhe vereinbart werden, die der ortsüblichen Höhe für die zur Verfügung gestellten Räumlichkeiten entspricht. Eine Schwankungsbreite von +/– 30 % ist anzuerkennen.

Rechtsfolgen. Entsprechen die getroffenen Vereinbarungen nicht diesem **880** Fremdüblichkeitsmaßstab, sieht das Einkommensteuer- und Körperschaftsteuergesetz Maßnahmen zur Verhinderung von Steuerumgehungen vor (verdeckte Einlagen, verdeckte Gewinnausschüttungen, wirtschaftliche Betrachtungsweise, Anwendung von Missbrauchsbestimmungen von Formen- und Gestaltungsmöglichkeiten). Eine *Optimierung* der Steuerpflicht der Gesellschaft ist daher durch Rechtsbeziehungen zwischen einem Gesellschafter und der Gesellschaft nur in jenem Rahmen möglich, in dem sich solche Rechtsbeziehungen auch unter sich fremd gegenüberstehenden Personen gestalten lassen.

● **Beispiel**

Wenn ein Gesellschafter zu seiner GmbH in einem Dienstverhältnis steht, kann die Höhe des Personal- und Sozialaufwandes durch die Vereinbarung der Vergütung des Gesellschafters beeinflusst werden. Wird das Gehalt des Gesellschafters niedriger angesetzt, weist die GmbH durch den dadurch geringeren Personal- und Sozialaufwand einen höheren Gewinn aus. Wird das Gehalt des Gesellschafters hingegen höher angesetzt, vermindert sich der Gewinn der Gesellschaft durch die höheren Personal- und Sozialaufwendungen. Dem niedrigeren oder höheren Ansatz des Gehaltes sind aber durch die Fremdüblichkeit der Vergütung Grenzen gesetzt.

3.2.4.3. Grundsätze für Darlehensgewährungen

Kriterien. Darlehensverhältnisse zwischen einer GmbH und ihren Gesellschaftern **881** werden im Regelfall nach folgenden Kriterien beurteilt.

Nachzahlungsverbot. Es ist erforderlich, dass eine *von vorneherein* abgeschlos- **882** sene Darlehensvereinbarung vorliegt, die zivilrechtlich wirksam ist. Aus Gründen der Rechtssicherheit empfiehlt sich dabei die Wahrung der Schriftform, auch wenn diese nicht zwingend vorgeschrieben ist.

Fremdvergleich. Bei Prüfung der Ernsthaftigkeit ist entscheidend, ob eine Rück- **883** zahlung des Darlehensbetrages beabsichtigt ist. Dies setzt voraus, dass von Anfang an klare und eindeutige Vereinbarungen über die Laufzeit des Darlehens, die Kündigungsmöglichkeiten und die Tilgungsraten getroffen werden. Entscheidender Maßstab ist hiefür, ob die Gesellschaft auch einem Fremden, der nicht ihr Gesellschafter ist, unter sonst gleichen Verhältnissen ein Darlehen zu geben bereit wäre.

Angemessenheit der Verzinsung. Neben der Höhe des Zinssatzes sind bei der **884** Angemessenheitsprüfung sämtliche Vergütungen zugrunde zu legen, die als Gegenleistung für die Darlehensgewährung vereinbart und gewährt werden. Daher

---

[359] Vgl. hiezu auch das ABC der Angehörigenvereinbarungen (EStR 2000, Abschnitt 5.4.12, 85 ff.).

sind auch ein Damnum, eventuelle Nebenkosten und Kreditprovisionen sowie die näheren Umstände der Darlehensgewährung (insbesondere Finanzierungszweck, Darlehenslaufzeit, Länge einer allenfalls vereinbarten Zinsfestschreibung und Qualität der Sicherheiten) von Bedeutung. Der zu führende Nachweis, dass die vereinbarten Darlehenszinsen einem Drittvergleich standhalten, ist zum Zeitpunkt des Abschlusses des Darlehensvertrages zu erbringen. Ein kontinuierlicher Fremdvergleich in Form einer jährlichen Aktualisierung ist nicht erforderlich.

885   **Tatsächliche Durchführung der Vereinbarung.** Für die Anerkennung von Darlehensverhältnissen kommt schließlich der tatsächlichen Durchführung der Verträge entscheidende Bedeutung zu (pünktliche Entrichtung der Zinsen durch den Darlehensnehmer). Die Tilgungsvereinbarungen sind einzuhalten und die vereinbarten Sicherheiten auch tatsächlich einzuräumen. Für die Erfüllung der Nachweispflicht empfiehlt sich, Aufzeichnungen und Berechnungen zu den Verhältnissen im Zeitpunkt der Darlehensgewährung und in den Folgejahren zu dokumentieren.

3.2.5. Verdeckte Gewinnausschüttung auf Geschäftsführerbezüge

3.2.5.1. Gegenstand der Angemessenheitsprüfung

886   **Allgemeines.** Die Angemessenheitsprüfung hat sich auf eine Gesamtbetrachtung des Gesellschafter-Geschäftsführers im Rahmen seines Anstellungsverhältnisses zu beziehen. Der Wertausgleich hat alle Vergütungen zu berücksichtigen, sohin also auch Gehalt, Tantiemen, Provisionen, Sachbezüge und die Alters- und Hinterbliebenenversorgung.

887   **Pensionszusage.** Der Wert einer Pensionszusage ist im Rahmen der Angemessenheitsprüfung mit der nach dem Alter des Gesellschafter-Geschäftsführers im Zeitpunkt der Pensionszusage zu berechnenden fiktiven Jahresnettoprämie anzusetzen, die er selbst – abzüglich etwaiger Abschluss- und Verwaltungskosten – für eine entsprechende Versicherung zu zahlen hätte. Diesfalls ist von den gleichen Rechtsgrundlagen auszugehen, die für die Berechnung der Pensionsrückstellung anzuwenden sind.

3.2.5.2. Methoden der Angemessenheitsprüfung

888   Für die Angemessenheit der Bezüge eines Gesellschafter-Geschäftsführers gibt es keine festen Regeln. Die obere Grenze wird daher im Einzelfall durch Schätzung zu ermitteln sein. Innerbetriebliche und außerbetriebliche Merkmale können einen Anhaltspunkt für die Schätzung bieten.

> **Übersicht: Beurteilungskriterien für die Angemessenheitsprüfung der Geschäftsführerbezüge sind:**
> - Art und Umfang der Tätigkeit;
> - die künftige Ertragsaussicht des Unternehmens;
> - das Verhältnis des Geschäftsführergehaltes zum Gesamtgewinn und zur verbleibenden Kapitalverzinsung;
> - Art und Höhe der Vergütungen, die gleichartige Betriebe ihren Geschäftsführern für entsprechende Leistungen gewähren.

Da die Angemessenheitsprüfung ein Schätzungsverfahren darstellt, rechtfertigen nur erhebliche Abweichungen die Annahme einer verdeckten Gewinnausschüttung.

Übersicht: Ergebnis der Angemessenheitsprüfung **889**

Als Ergebnis der Angemessenheitsprüfung kommen drei verschiedene Alternativen in Betracht:

- Deckt sich das tatsächlich gewährte Gehalt mit dem Vergleichsbetrag (angemessenen Gehalt), so liegt weder eine verdeckte Gewinnausschüttung noch eine verdeckte Einlage vor;
- Ist das tatsächlich gewährte Gehalt höher als der Vergleichsbetrag, so handelt es sich beim Mehrbetrag um eine verdeckte Gewinnausschüttung;
- Ist das tatsächlich gewährte Gehalt niedriger als der Vergleichsbetrag aufgrund eines äußeren Betriebsvergleiches, so liegt in Höhe des Unterschiedsbetrages ein steuerlich nicht relevanter Gesellschafterbeitrag vor.

Der **Maßstab für die Angemessenheitsprüfung** ist das Gehalt, das ein ordentli- **890** cher Geschäftsleiter unter sonst gleichen Umständen einem Fremdgeschäftsführer gewährt hätte. Dieser Maßstab lässt es nicht zu, das angemessene Geschäftsführergehalt unter Heranziehung von Formeln oder unter Berücksichtigung fester Grenzen zu bestimmen, bzw. nach einem bestimmten Prozentsatz des Gewinnes zu ermitteln.[360] Der Rückgriff auf das Verhalten eines ordentlichen Geschäftsleiters stellt einen Drittvergleich dar.

Drittvergleich. Beim Drittvergleich handelt es sich nach dem Verursachungsprinzip **891** um einen

- objektivierten Vergleichsmaßstab,
- mit dessen Hilfe beurteilt wird, ob das Gesellschaftsverhältnis
- für die Vermögensminderung oder verhinderte Vermögensvermehrung
- ursächlich ist.

Aus diesem Grund ist nicht die individuelle, sondern die situationsadäquate Sorgfalt eines ordentlichen und gewissenhaften Geschäftsleiters maßgeblich. Dieser Vergleichsmaßstab ist in Beherrschungs- und Nichtbeherrschungsfällen gleichermaßen anwendbar. Der Drittvergleich ist demnach durch einen Fremdvergleich zu konkretisieren; es ist zu prüfen, wie hoch der Aufwand vergleichbarer Unternehmen für die Vergütung ihrer (Gesellschafter-) Geschäftsführer ist.

Für die Verhaltensbeurteilung eines ordentlichen und gewissenhaften Geschäfts- **892** leiters dient in der Praxis in erster Linie der äußere Betriebsvergleich; ist in solcher (mit verhältnismäßigem Aufwand) nicht möglich, kann ausnahmsweise ein innerer Betriebsvergleich mit Gehältern und sonstiger Vergütungskomponenten leitender Angestellter des Unternehmens erfolgen.

Der bloße Anschein eines Missverhältnisses zwischen Leistung und Gegenleistung rechtfertigt für sich alleine noch nicht eine Veranlassung durch das Gesellschaftsverhältnis anzunehmen. Vielmehr ist für diese Qualifikation erforderlich, dass ein ordentlicher Geschäftsführer

- dieses Missverhältnis erkannt und
- kein rechtlicher oder wirtschaftlicher Anlass bestanden hat,
- dass inkriminierende Geschäft dennoch abzuschließen.

---

[360] Vgl. GmbHR 1992, 474.

Bei dieser Beurteilung darf jedoch nicht übersehen werden, dass jedem Geschäftsführer ein gewisser unternehmerischer Ermessensspielraum zukommt. Er hat stets das Wohl der GmbH – auch gegenüber allfälligen (anderen) Interessen der Gesellschafter – im Auge zu behalten.

893 **Anwendungsfälle.** Einen Drittvergleich erfordert vor allem die Angemessenheitsprüfung. Sie kommt für alle Arten von Entgelten in Betracht, welche die GmbH ihrem Gesellschafter gewährt. Die Angemessenheitsprüfung darf immer nur auf den einzelnen Gesellschafter bezogen werden, so dass überhöhte Bezüge des einen Gesellschafters nicht durch geringere des anderen Gesellschafters ausgeglichen werden können. Sie darf sich auch nicht alleine an den Leistungen des Gesellschafters, sondern muss sich auch am Leistungsvermögen der Gesellschaft orientieren. Der Drittvergleich kann neben der Angemessenheitsprüfung, die als Üblichkeitsprüfung der Höhe nach bezeichnet werden kann, auch eine Üblichkeitsprüfung dem Grunde nach umfassen.

894 **Fehlende Drittvergleichsmöglichkeiten.** Bei Rechtsgeschäften, welche die GmbH nur mit Gesellschaftern abschließen kann, entfällt die Möglichkeit eines Drittvergleiches. Das Verhalten eines ordentlichen Geschäftsleiters kann daher in diesen Fällen nicht Maßstab dafür sein, ob die Vermögensminderung oder verhinderte Vermögensmehrung durch das Gesellschaftsverhältnis oder durch den Betrieb veranlasst ist.

3.2.5.3. Das praktische Verfahren einer Angemessenheitsprüfung

895 In der **ersten Stufe** geht es um die Leistungen des Gesellschafter-Geschäftsführers. Ihre Beurteilung richtet sich nach einem (objektiven) Gesamtbild. Die Beurteilung orientiert sich dabei in erster Linie am Gesamtumfang und der Art der Tätigkeit sowie nach der Bedeutung, welche die Leistungen für das gesellschaftliche Unternehmen haben. Bei der Angemessenheitsprüfung sind die persönlichen Fähigkeiten des Gesellschafter-Geschäftsführers und die fachliche Anforderung an ihn zu berücksichtigen. Diese sind vor allem Erfolg, Menschenführung, Fachwissen, Risikobereitschaft, Vorbildung, Branchenkenntnisse, sowie haupt- oder nebenberufliche Wahrnehmung der Geschäftsführung.

Die Geschäftsführertätigkeit ist eine Art geistige Leistung, deren Wert sich üblicherweise nicht allein auf Grund des Zeitaufwands messen lässt. Der Geschäftsführer ist aber neben den gesetzlichen Obliegenheiten für die gesamte Geschäftsführung zuständig. Das dem Gesellschafter-Geschäftsführer für die Wahrnehmung der Geschäftsführeraufgaben zugestandene Gehalt ist nicht deshalb teilweise eine verdeckte Gewinnausschüttung, weil es „interne" Agenden der Gesellschaft betrifft. Ein wichtiger Bewertungsfaktor ist die Verantwortung, die das Wirtschaftsleben grundlegend anders wertet als etwa der öffentliche Dienst.

896 Die **zweite Stufe** der Angemessenheitsprüfung betrifft die Leistungsfähigkeit der GmbH, die als Erwerbsgesellschaft üblicherweise auf Gewinnstreben angelegt ist; es geht also um die Frage, ob das Entgelt dem Leistungsvermögen der Gesellschaft entspricht. Die Bezüge des geschäftsführenden Gesellschafters müssen den Verhältnissen der Gesellschaft entsprechend angemessen sein. Die Bezüge des Gesellschafter-Geschäftsführers bei der GmbH dürfen nich zu einer ausschließlichen Gewinnabsaugung führen.

897 In Falle **wirtschaftlicher Verluste** ist die steuerrechtliche Anerkennung von Gehaltszahlungen an den Gesellschafter-Geschäftsführer keineswegs ausgeschlossen. Auch ein Fremdgeschäftsführer erhält seine Bezüge, wenn die Gesellschaft ohne Gewinne bzw. mit Verlust arbeitet. Die Einschränkung der Leistungsfähigkeit durch Verluste über einen längeren Zeitraum ist ein Faktor, der bei der Angemessenheitsprüfung zu berücksichtigen ist.

3.2.6. Pensionszusagen

Allgemeines. Bei größeren und wirtschaftlich erfolgreichen Gesellschaften ist es **898** durchaus üblich, dass die GmbH ihrem Gesellschafter-Geschäftsführer eine Pensionszusage erteilt, die neben der eigenen Alters- und Invaliditätsversorgung allenfalls auch eine Hinterbliebenenversorgung für Witwen und Waisen umfasst.

GmbH versus Personengesellschaften. Im Gegensatz zum Regelungsinhalt **899** einer Personengesellschaft werden die Pensionszusagen der GmbH an ihren Gesellschafter-Geschäftsführer steuerlich grundsätzlich als betrieblich veranlasst angesehen. Dies hat zur Folge, dass die Gesellschaft nach Maßgabe des § 9 Abs. 1 Z 2 EStG zur Bildung von Pensionsrückstellung berechtigt ist und die Dotierung zu diesen Pensionsrückstellungen und einem späteren Mehraufwand bei Zahlungen der Pensionen bei der steuerlichen Gewinnermittlung als Betriebsausgabe abgezogen werden kann. Die steuerliche Anerkennung der Pensionszusage an einen Gesellschafter-Geschäftsführer wird allerdings durch folgende steuerliche Bestimmungen eingeschränkt:

Pensionsalter. Der Berechnung der Pensionsrückstellung für den Gesellschafter- **900** Geschäftsführer ist die vertraglich vorgesehene Altersgrenze, mindestens aber das 65. Lebensjahr zugrunde zu legen. Eine niedrigere Altersgrenze wird steuerlich nur unter besonderen Umständen anerkannt.

Bemessungsgrundlage. Die Bemessungsgrundlage für die Pension des Gesell- **901** schafter-Geschäftsführers richtet sich nach den Vereinbarungen, sofern diese fremdüblich und im Voraus klar und eindeutig abgeschlossen sind. Verdeckte Gewinnausschüttungen erhöhen die Bemessungsgrundlage für die Pension des Gesellschafter-Geschäftsführers nicht.

Erdienbarkeit der Pensionszusage. Einem Gesellschafter-Geschäftsführer muss **902** die Pensionszusage aus der Sicht des Zeitpunktes ihrer Erteilung erdienen können. Entsprechendes gilt bei vertraglicher Erhöhung der Zusage. Mit der Pensionszusage eines Gesellschafter-Geschäftsführers darf deshalb regelmäßig nicht zugewartet werden, bis dieser schon in einem fortgeschrittenen Alter steht.

3.2.7. Wirkungen der verdeckten Ausschüttung

Behandlung bei der Gesellschaft. Wie in den besprochenen Judikaturfällen schon **903** aufgezeigt, werden die nach Fremdvergleichsgrundsätzen festgestellten überhöhten Aufwendungen außerbilanzmäßig neutralisiert bzw. die fehlenden Erträge außerbilanzmäßig erfasst.

Behandlung beim Gesellschafter. Außer Zweifel steht, dass die direkt und indirekt **904** erzielten geldwerten Vorteile nach den Einkünfteermittlungsvorschriften beim Gesellschafter zu erfassen sind. Es steht weiters nicht zur Diskussion, dass die Vorteile bei einer betrieblichen Beteiligung Betriebseinnahmen und bei einer außerbetrieblichen Beteiligung Kapitaleinkünfte sind. Ob das Grundgeschäft jeweils dem betrieblichen oder privaten Bereich zuzurechnen ist, spielt dabei keine Rolle.

● **Beispiel**

Der Gesellschafter vermietet eine private Liegenschaft an die Gesellschaft zu einem überhöhten Bestandzins. Die Beteiligung an der Gesellschaft gehört zum Betriebsvermögen des Gesellschafters. Die angemessenen Mieterträge gehören in diesem Fall weiterhin zu den Einkünften aus Vermietung und Verpachtung, der unangemessen hohe Teil der Mieterträge gehört zu den Betriebseinnahmen und nicht zu den Einkünften aus Kapitalvermögen, da auch bei einer dem Fremdvergleich entsprechenden Vorgangsweise der bei der Gesellschaft diesfalls angefallene offen ausgeschüttete höhere Gewinn zu den Betriebseinnahmen gehört hätte.

905

Die Erfassung einer verdeckten Ausschüttung beim Gesellschafter ist nach Lehre und Rechtsprechung zwar logisch mit den entsprechenden Folgen bei der Körperschaft verknüpft, es ist aber

- weder eine betragliche und zeitliche Verknüpfung zwingend
- noch eine Verknüpfung mit einer Einkommensminderung bei der Körperschaft erforderlich,
- noch eine verfahrensrechtliche Bindung gegeben.

Der erste Punkt ist durch die möglichen unterschiedlichen Einkünfteermittlungsvorschriften erklärbar. Die Darlehenseinräumung kann unter bestimmten Voraussetzungen auf Gesellschafterebene verdeckte Ausschüttung sein. Auf Gesellschaftsebene ergibt sich in einem solchen Fall erst dann eine Auswirkung, wenn und soweit die Darlehensforderung als uneinbringlich abgeschrieben wird.

Der zweite Punkt ist dann erfüllt, wenn Einlagen an den Gesellschafter direkt rückgewährt werden. Dieser Vorgang ist auf Gesellschaftsebene gewinnneutral, stellt aber beim Gesellschafter einen steuerpflichtigen Zufluss dar, soweit er nicht steuerbefreit im Sinne des § 10 KStG ist. Die Einlage ist zwar auf Kapitalrücklage zu buchen und eine Rückgewährung wäre tatsächlich keine Gewinnausschüttung im wirtschaftlichen Sinn; sollte aber die Verwendung einer Kapitalrücklage nur durch eine ertragswirksame Auflösung möglich sein, wie dies die Ausweisvorschrift des § 231 Abs. 2 Z 24 UGB andeutet, läge in einer direkten Eigentumsübertragung weiterhin eine verdeckte Ausschüttung.

906

Schätzung von Bemessungsgrundlagen. Ein Zurechnungsproblem eigener Art entsteht bei Schätzungen der Betriebsergebnisse der Kapitalgesellschaft. **Nach der Judikatur** sind die Gewinnzuschätzungen, weil die Gewinne in der Gesellschaft nicht vorhanden sind, als verdeckt ausgeschüttet zu sehen.[361] Sie sind grundsätzlich nach dem auch sonst geltenden Gewinnverteilungsschlüssel den Gesellschaftern zuzurechnen. Sollte sich im Einzelfall erweisen, dass nur ein Gesellschafter oder einzelne Gesellschafter Empfänger dieser Mehrgewinne sind, wären sie nur ihm oder ihnen zuzurechnen. Dass Mehrgewinne überhaupt keinem Gesellschafter zugekommen, sondern in der Gesellschaft verblieben sind, müsste die Kapitalgesellschaft beweisen.[362]

907

Eine **Korrekturmöglichkeit** für verdeckte Ausschüttungen besteht nur bis zum Ende des laufenden Geschäftsjahres, zu dessen Lasten eine verdeckte Ausschüttung angebahnt wurde,[363] also nicht bis zum Bilanzerstellungstag.

3.2.8. Behandlung der verdeckten Gewinnausschüttung bei Mehrheitsgesellschaftern

908

Bei Leistungsbeziehungen zwischen der GmbH und kapital- oder stimmenmäßig beherrschenden Gesellschaftern gelten zunächst die allgemeinen Grundsätze für eine verdeckte Gewinnausschüttung. Beim Mehrheitsgesellschafter gelten naturgemäß höhere Anforderungen hinsichtlich des Vermögensausgleiches. Die Grund-

---

[361] VwGH 14.12.2005, 2002/13/0022.
[362] VwGH v. 10.12.1985, 85/14/0080.
[363] Erkenntnis v. 19.5.1987, 86/14/0179.

---

sätze für den beherrschenden Gesellschafter sind auch für Leistungen an eine ihm nahestehende Person anwendbar.

Beherrschender Gesellschafter ist, wer in der Generalversammlung nicht über- **909** stimmt werden kann. Dabei werden die Anteile mehrerer Gesellschafter mit gleichgerichteten Interessen zusammengerechnet. Bei Ehegatten ist eine gleichgerichtete Interessenlage nicht von vornherein zu vermuten, sodass keine automatische Zusammenrechnung der Geschäftsanteile bzw. Stimmrechte durch die Finanzverwaltung zulässig ist.

Die Entgeltsvereinbarung mit einem beherrschenden Gesellschafter oder einer ihm **910** nahestehenden Person setzt voraus, dass sie

- im Voraus abgeschlossen worden ist (Rückwirkungsverbot)
- klar und eindeutig ist (Klarheitsgebot)
- tatsächlich durchgeführt worden ist (Durchführungsgebot).

Aus diesem Grunde reicht auch bei Beteiligung anderer naher Angehöriger die Zugehörigkeit zur Familie nicht aus, um einen beherrschenden Einfluss auf die GmbH zu begründen. Soweit die Ehegatten oder andere Familienangehörige indessen aufgrund gleichgerichteter wirtschaftlicher Interessen zusammenwirken, sind sie – unter diesen Umständen auch als fremde Dritte – im Bereich ihrer gleichgerichteten wirtschaftlichen Interessen beherrschende Gesellschafter. Auf das Prinzip des ordentlichen und gewissenhaften Geschäftsleiters kommt es nicht an bei Geschäften, die nur zwischen der GmbH und dem Gesellschafter als Ausfluss aus dem Gesellschaftsverhältnis vorkommen können.

Bei einem **Mehrheitsgesellschafter** kann eine verdeckte Gewinnausschüttung **911** auch dann vorliegen, wenn die GmbH eine Leistung an den Gesellschafter erbringt, für die es an einer klaren, im Voraus getroffenen, zivilrechtlich wirksamen und tatsächlich durchgeführten Vereinbarung fehlt.

Schriftform ist nicht unbedingt erforderlich. Ist es jedoch nach Art und Inhalt des **912** Vertrages üblich, ihn in schriftlicher Form abzuschließen, kann auch fehlende Schriftform zur Nichtanerkennung des Vertrages führen.

Der **Nachweis** über Inhalt und Zeitpunkt der Vereinbarungen kann mit allen Mitteln **913** der Glaubhaftmachung geführt werden, insbesondere durch Urkunden, Zeugenbeweis usw. Wegen der strengen Anforderungen ist jedoch – wie bereits oben erwähnt – Schriftform dringend anzuraten.

3.2.9. Praxisfälle zur verdeckten Gewinnausschüttung

- **Beispiel 1**

  Der Geschäftsführer tätigt Schwarzumsätze der GmbH auf eigene Rechnung.

Steuerliche Würdigung	
Gesellschaftsebene	**Gesellschafterebene**
• Die Schwarzumsätze werden dem Gewinn zugerechnet • Getätigte Schwarzeinkäufe sind von den Gesellschaftern zu beweisen (KStR, Rz. 1098)	• Die Schwarzumsätze bzw. Mehrgewinne werden den Gesellschaftern aliquot zugerechnet. Die zugerechneten Bezüge sind entweder mit 25 % oder 33 % Kapitalertragsteuer endversteuert oder werden mit dem halben Durchschnittssteuersatz besteuert.

914

- **Beispiel 2**

  Eine Tochter-GmbH kauft von der Mutter-GmbH Produkte zu überhöhten Preisen.

Steuerliche Würdigung	
Gesellschaftsebene (Tochter-Gesellschaft)	**Gesellschafterebene (Mutter-Gesellschaft)**
• Der Wareneinsatz ist zu korrigieren und mit den niedrigen Werten anzusetzen. Dies führt zu einer Gewinnerhöhung.	• Bei der Mutter-Gesellschaft sind die Erlöse nach unten zu korrigieren; dies führt zu einer Gewinnkürzung. • In der Höhe der Korrektur sind steuerfreie Beteiligungserträge anzusetzen. • In Summe ergibt sich durch die verdeckte Gewinnausschüttung – abgesehen von einer allenfalls geringen Verlustverwertung bei der Unter-GmbH – keine Mehrbelastung.

- **Beispiel 3**

  Die A-GmbH übernimmt eine risikobehaftete Kreditbürgschaft für die B-GmbH, die sie für einen fremden Dritten nicht übernommen hätte. Im Übrigen wird keine Avalgebühr verrechnet. Die Bürgschaft wird schlagend und die A-GmbH verzichtet auf den Regressanspruch.

Steuerliche Würdigung	
Gesellschaftsebene (Tochter-Gesellschaft)	**Gesellschafterebene (Mutter-Gesellschaft)**
• Die Bürgschaftszahlungen und der Regressverzicht stellen keinen Aufwand bei der A-GmbH dar. Diese sind wie auch die fehlende Verrechnung der Avalgebühr als verdeckte Gewinnausschüttung an den Gesellschafter zu klassifizieren.	• Die verdeckte Gewinnausschüttung ist entweder mit 25 % oder 33 % Kapitalertragsteuer endbesteuert oder wird mit dem halben Durchschnittssteuersatz besteuert. Der Vorteil an die B-GmbH stellt eine verdeckte Einlage (Bürgschaftszahlungen erhöhen die Anschaffungskosten an die B-GmbH und lösen eine 1 %ige Gesellschaftsteuer aus) bzw. ertragsteuerlich unbeachtliche verdeckte Einlage (Avalgebühr löst 1 %ige Gesellschaftsteuer aus) dar.

- **Beispiel 4**

  Die Tochter-GmbH A erbringt Lieferungen und Dienstleistungen zu überhöhten Preisen an die Tochter-GmbH B.

Steuerliche Würdigung	
Gesellschaftsebene (Tochter GmbH A)	**Gesellschafterebene (Tochter GmbH B)**
• Bei der Tochter-Gesellschaft A sind die Erlöse nach unten zu korrigieren; dies führt zu einer Gewinnkürzung auf Gesellschafterebene (Mutter-Gesellschaft). • In Summe ergibt sich durch die verdeckte Gewinnausschüttung ertragsteuerlich keine Mehrbelastung, wenn man von einer allenfalls geringeren Verlustverwertung bei der Tochter-GmbH A absieht. • Es ergibt sich eine Gesellschaftsteuer in Höhe von 1 % der verdeckten Einlage.	• Der Wareneinsatz und der Aufwand sind bei der Tochter-GmbH B zu korrigieren und mit den niedrigen Werten anzusetzen; dies führt zu einer Gewinnerhöhung. • In Höhe der Korrektur sind (steuerfreie) Beteiligungserträge der Tochter-Gesellschaft B und korrespondierend eine verdeckte Einlage an die Tochter-GmbH A anzusetzen.

3.2.10. Finanzstrafrechtliche Folgen von verdeckten Gewinnausschüttungen

915

Finanzstrafrechtlich kann die verdeckte Gewinnausschüttung als Steuerhinterziehung durch den Geschäftsführer qualifiziert werden, da durch die unrichtigen Angaben in der Steuererklärung eine Verkürzung von Steuern verursacht wird. Den (erforderlichen) subjektiven Tatbestand erfüllt der Geschäftsführer allerdings nur, wenn er die Umstände kennt, welche die verdeckte Gewinnausschüttung begründen und sich bewusst ist, dass es sich um Zuwendungen handelt, die aufgrund des Gesellschaftsverhältnisses gewährt werden.

Darüber hinaus ist es erforderlich, dass der Geschäftsführer die steuerverkürzenden Auswirkungen zumindest für möglich gehalten hat. Sind beide Voraussetzungen nicht gegeben, handelt es sich um einen sog. „entschuldbaren Rechtsirrtum".

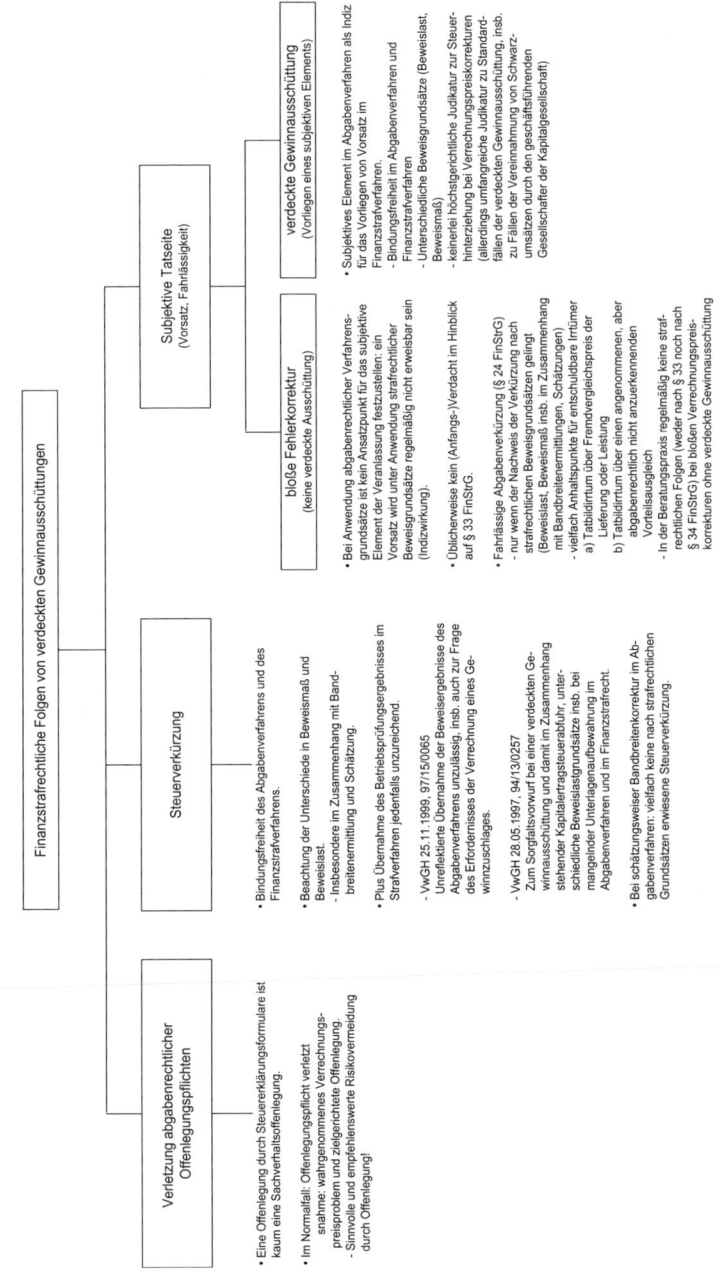

3.2.10.1. Übersicht: Fallgestaltungen im Hinblick auf das Vorliegen der subjektiven Tatseite

916

Gleiches oder ähnliches Steuerniveau	Wesentliches unterschiedliches Steuerniveau

• Insbesondere bei Konzerngesellschaften im Inland (abweichende Fälle denkbar wie z.B. nationaler Verlustausgleich, Verlustvorträge).
• Praktikerargument: Kein Vorsatz, weil insgesamt keine Steuerverkürzung entsteht.
  – Geschütztes Rechtsgut gem. §§ 33 und 34 FinStG ausschließlich der österreichische Steueranspruch
  – Keine Kompensation von Steueransprüchen verschiedener Rechtspersonen.
• Vorsatz (Wissen und Wollen im Hinblick auf Steuerverkürzung bei einem österr. Steuersubjekt): das Tatbild des § 33 bzw. § 34 FinStG ist erfüllt (kompensierende Steuereffekte bei anderen in- oder ausländischen Steuersubjekten sind grundsätzlich unmaßgeblich).
• Die Lebenswahrscheinlichkeit spricht in diesen Fällen grundsätzlich für das Nichtvorliegen eines Verkürzungsvorsatzes (vgl. Umkehrschluss aus Finanzgericht Baden-Württhemberg vom 10.06.1999, Zahl 10K395/96: Vermutung der Gewinnverlagerung der Geschäftsbeziehungen zu Unternehmen in einem Niedrigsteuerland).
• Keinerlei höchstgerichtliche Judikatur in Österreich.
	• Inland oder Ausland
	• Grundsätzlich „verdächtige" Gewinnverschiebung, insbesondere bei sog. Oasenstaaten.
	• Es besteht allerdings eine regelmäßig eingeschränkte Ermittlungsmöglichkeit der österreichischen Finanzverwaltung.
	• Verdacht und damit rechtmäßige Einleitung eines Finanzstrafverfahrens gegeben, wenn Geschäftsbeziehungen zu einer Gesellschaft in einem Niedrigsteuerland unterhalten werden, die das Einkommen der österr. Gesellschaft schmälern und der Steuerpflichtige sich weigert, dem Betriebsprüfer entsprechende Auskünfte zu erteilen.[364]
	• Zahlreiche Bezugspunkte für strafrechtlich relevante Irrtümer.
	  – Wahrgenommene Funktion
	  – Umfang der Funktion
	  – Angemessener Preis für Wahrnehmung der Funktion
	  – Angenommener, aber abgabenrechtlich nicht anzuerkennender Vorteilsausgleich (Mangel an innerer Verknüpfung!)
	  – Rechtsirrtum betreffend die Beurteilung der steuerlichen Wirkungen einer Rechtsbeziehung (steuerrechtlich im Hinblick auf das Vorliegen des subjektiven Moments der verdeckten Gewinnausschüttung nicht relevant.[365]
	• Zusammenfassung: durchwegs strenge Beurteilung von *Fallgestaltungen mit Oasenstaate,* aber keine Fälle höchstgerichtlicher Judikatur im Hinblick auf finanzstrafrechtliche Folgen.

3.2.10.2. Übersicht: Mögliche Tätersubjekte

917

Geschäftsführer der vorteilsgewährenden Gesellschaft	Vorteilsempfangender Gesellschafter	Kombinationsvarianten	Anhaltspunkte für Irrtum
• Unmittelbarer Täter: Körperschaftsteuer, Kapitalertragsteuer (sofern Abzugsverpflichtung und kein Erstattungsanspruch) • Beitragstäter: Einkommensteuer des empfangenden Gesellschafters	• Unmittelbarer Täter: Einkommensteuer	• (Beherrschender) Gesellschafter-Geschäftsführer	• insb. bei verdeckter Gewinnausschüttung zwischen Schwestergesellschaften (Dreiecksverhältnis mit fingiertem Zufluss beim gemeinsamen Gesellschafter)

---

[364] VwGH 18.01.1994, 93/14/0060, 0061.
[365] VwGH 26.9.1985, 85/14/0051, 0052.

• Ermittlung des strafbe-stimmenden Wertbetra-ges: bei Beitragstätertä-terstellung des Geschäfts-führers zur Einkommen-steuerverkürzung des empfangenden Gesell-schafters ist die Kapitaler-tragsteuer nicht zu berücksichtigen, da diese eine bloße Einhebungs-form der Einkommen-steuer ist • *Steuersatz der einzube-haltenden Kapitalertrag-steuer je nach Tragung der Steuerlast 25 v.H. oder 33 v.H.* • *Feststellungen erforder-lich, wer die Kapitalertrag-steuer trägt.*[366]			

3.2.10.3. Strafrechtliche Folgen von vGA

Als weitere Grundlage für strafrechtliche Sanktionen gegenüber dem Geschäftsfüh- **918** rer kommt der Tatbestand der Untreue in Betracht. Durch die verdeckte Gewinn-ausschüttung kann die Pflicht des Geschäftsführers, das Vermögen der GmbH zumindest zu erhalten, verletzt werden. Eine etwaige Zustimmung der Gesellschaf-ter entlastet in besonders gravierenden Fällen den Geschäftsführer nicht; eine diesbezügliche Weisung dürfte er nicht beachten.

Da der Tatbestand der Untreue nur vorsätzlich begangen werden kann, ist das Verhalten des Geschäftsführers nur strafbar, wenn er nicht nur die Umstände kennt, die zur verdeckten Gewinnausschüttung führen, sondern darüber hinaus auch die schwerwiegenden Folgen, also die Existenzgefährdung für die GmbH zumindest billigend in Kauf nimmt.

Übersicht: Strafrechtliche Folgen von verdeckten Gewinnausschüttungen	
UNTREUE (§ 153 StGB)	**KRIDADELIKTE** (§§ 156 ff. StGB)
• Machthaber – Täter kann nur sein, wer durch Gesetz, behördli-chen Auftrag oder Rechtsgeschäft befugt ist, über fremdes Vermögen zu verfügen. – Im Fall der verdeckten Gewinnausschüttung kom-men somit Geschäftsführer einer GmbH und Pro-kuristen in Betracht. • Handlung rechtlicher Natur – Untreue setzt die Vornahme von rechtsgeschäftli-chen Handlungen bzw. von Handlungen mit recht-lichem Charakter voraus.	• Führt eine verdeckte Gewinn-ausschüttung dazu, dass die Erfüllung von Gläubigerinteres-sen geschmälert wird, so ist auch die Verwirklichung eines Kridadeliktes denkbar, insb. als *betrügerische Krida* gem. § 156 StGB und grob fährlässige Beeinträchtigung von *Gläubiger-interessen* gem. § 159 StGB. • Echte Idealkonkurrenz zu Untreue (§ 153 StGB ist mög-lich)

---

[366] OGH 23.12.1997, 11 Os 139/97

- Beispiele: Eingehen von Verbindlichkeiten, Aufnahme bzw. Bewilligung eines Darlehens oder Anordnungen oder Weisung eines Geschäftsführers an ihm untergeordnete Personen.

- Missbrauch der Vertretungsmacht

  - liegt vor, wenn der Machthaber im Rahmen seines rechtlichen Könnens (nach außen) gegen das interne Dürfen verstößt.

  - Die Rechte und Pflichten im Innenverhältnis ergeben sich meist aus Gesetz, Vertrag oder Satzung; fehlen solche Anhaltspunkte, greift die Rechtsprechung auf die Grundsätze redlicher und verantwortungsbewusster Geschäftsführung zurück.

  - Missbrauch im Sinne des § 153 StGB liegt nicht vor, wenn die Gesellschafter als Machtgeber der Verfügung zugestimmt haben. Voraussetzung für diesen Rechtsgrundsatz ist, dass die Zustimmung nicht auf bewusster unrichtiger oder unvollständiger Information beruht.

  - Beispiel: Ein Untreuetatbestand nach § 153 StGB wird zu bejahen sein, wenn eine Zustimmung der Generalversammlung vorliegt, wenn durch eine verdeckte Gewinnausschüttung

  - das Stammkapital der Gesellschaft angegriffen wird,

  - die Liquidität der Gesellschaft gefährdet wird oder

  - ein „Ausplünderungsfall" vorliegt.

- Vermögensnachteil

  - Der Machtgeber (die Gesellschaft) muss eine in Geld bezifferbare Einbuße an Vermögenssubstanz erleiden; dies ist bei einer verdeckten Gewinnausschüttung regelmäßig der Fall.

- Vorsatz

  - Bezüglich des Missbrauchs der Verfügungsmacht muss der Täter wissentlich handeln; hinsichtlich der Zufügung des Vermögensschadens genügt bedingter Vorsatz.

3.2.11. Positivkriterien: Vorliegen einer verdeckten Gewinnausschüttung

919

- Zinsen, die einer Kapitalgesellschaft durch die Hingabe eines zinslosen Darlehens an Gesellschafter entgehen;[367]

- Verkauf eines Grundstückes durch eine GmbH an ihren Alleingesellschafter zu einem unangemessen niedrigen Preis;[368]

- Rückgängigmachung des vom Hauptgesellschafter einer GmbH im vorhergehenden Jahr gewährten Forderungsnachlasses;[369]

- eine österreichische GmbH führt überhöhte Kooperationsentgelte an ihre in den Niederlanden befindlichen Hauptgesellschafter ab;[370]

---

[367] VwGH v. 06.02.1990, 89/14/0034; VwGH v. 22.11.1995, 95/15/0070.
[368] VwGH v. 03.07.1991, 90/14/00221.
[369] VwGH v. 22.3.1991, 90/13/0252.
[370] VwGH v. 14.5.1991, 90/14/0280.

- ungeklärte Darlehen, die vom Gesellschafter einer GmbH dieser zur Verfügung gestellt werden;[371]

- Gewährung eines zinslosen Darlehens an einen Gesellschafter;[372]

- Gewährung eines hohen Darlehens gegenüber dem Mehrheitsgesellschafter zu einem nur 1 % über dem Eckzinsfuß liegenden Zinssatz;[373]

- Fehlbuchungen zugunsten eines Gesellschafter-Geschäftsführers (in diesem Fall Gutschrift auf ein privates Sparbuch);[374]

- wenn eine Genossenschaft Anteile an einer der Genossenschaft gehörenden GmbH an die Genossenschaftsmitglieder weit unter ihrem Wert abtritt;[375]

- Entnahmen des Gesellschafter-Geschäftsführers einer GmbH mit dem Betrag des Sollsaldos des Verrechnungskontos des Geschäftsführers, wenn nicht ein förmlicher Darlehensvertrag vorliegt, der dem Fremdvergleich standhält;[376]

- Anschaffungskosten von Wohnungseinrichtungsgegenständen, die von einer GmbH für die von der GmbH und einer Familienangehörigen genutzten Wohnung angeschafft werden;[377]

- Überweisung von Beträgen der GmbH an einen Gesellschafter mit der Bezeichnung „Gesellschafterdarlehen", obwohl kein Darlehensvertrag besteht;[378]

- wenn ein Gesellschafter Gelder von der Gesellschaft erhält, ohne einen bestimmten oder auch nur annähernd bestimmbaren Rückzahlungstermin zu vereinbaren und ohne die Fälligkeit der Zinsen, einen Kreditrahmen oder Sicherheiten festzulegen;[379]

- wenn von einer GmbH einem Gesellschafter ein Vorteil zukommt und keine ausdrückliche Vereinbarung über den Vorteilsausgleich im Zeitpunkt der Vorteilseinräumung abgeschlossen worden ist;[380]

- wenn der Alleingesellschafter einer GmbH von dieser ein Grundstück unter dem ortsüblichen Preis erwirbt;[381]

- Überhöhte Gehaltsbezüge eines Gesellschafter-Geschäftsführers;[382]

- Tantiemen, die den Gesellschaftern im Verhältnis ihrer Beteiligung ausgezahlt werden;[383]

- erhebliche Kassenfehlbeträge und sonstige Korrekturposten samt Sicherheitszuschlag können als verdeckte Gewinnausschüttung an den Hauptgesellschafter und Geschäftsführer der GmbH behandelt werden;[384]

---

371 VwGH v. 18.9.1991, 91/13/0012.
372 VwGH v. 22.10.1991, 91/14/0020.
373 VwGH v. 2.6.1992, 91/14/0149.
374 VwGH v. 6.10.1992, 91/14/0176.
375 VwGH v. 16.3.1993, 89/14/0123.
376 VwGH v. 14.4.1993, 91/13/0194.
377 VwGH v. 08.9.1993, 90/14/0195.
378 VwGH v. 05.10.1993, 93/14/0115.
379 VwGH v. 24.11.1993, 92/15/0113.
380 VwGH v. 24.11.1993, 92/15/0108.
381 VwGH v. 14.12.1993, 90/14/0264.
382 VwGH v. 23.2.1994, 92/15/0158; VwGH 8.3.1994, 91/14/0151.
383 VwGH v. 08.3.1994, 91/14/0151, 0152.
384 VwGH v. 6.4.1995, 93/15/0060.

- Erlöskürzung bei einer GmbH können dem Gesellschafter-Geschäftsführer als verdeckte Gewinnausschüttung zugerechnet werden;[385]

- wenn der Mehrheitsgesellschafter einer Wirtschaftstreuhand GmbH die – nur um die der GmbH refundierten „Aufwandsersätze" reduzierten – Honorarzahlungen für die von der Gesellschaft geleisteten Dienste auf eigene Rechnung vereinnahmt;[386]

- Arbeitet ein Geschäftsführer in der GmbH in derselben Branche auf eigene Rechnung, können die vom Geschäftsführer erzielten Gewinne als verdeckte Gewinnausschüttung der GmbH besteuert werden;[387]

- ist die Verwendung der vom Bankkonto einer GmbH abgehobenen Beträge nicht aufzuklären, können die Beträge den an der GmbH beteiligten physischen Personen im Verhältnis ihrer Beteiligung als verdeckte Gewinnausschüttung zugerechnet werden.

3.2.12. Negativkriterien: Keine verdeckte Gewinnausschüttung

920

- Zahlungen in fremdüblicher Höhe an einen Gesellschafter einer GmbH für das Zur-Verfügung-Stellen seines Betriebes als Schauraum für die Gesellschaft;[388]

- Zahlungen, die – wenn auch allenfalls nur in untergeordnetem Ausmaß – betrieblich bedingt und nicht durch ein Naheverhältnis zwischen Gesellschafter und Vorteilsempfänger veranlasst sind;[389]

- bei irrtümlicher Nichtverzinsung des Gesellschafter-Verrechnungskontos;[390]

- wenn eine von der Hauptgesellschafterin einer GmbH angemietete Wohnung dem geschäftsführenden Ehegatten zu besonders günstigen Bedingungen zur Verfügung gestellt wird, ist dann keine verdeckte Gewinnausschüttung zu sehen, wenn der Vorteil aus der Dienstwohnung ein Teil eines angemessenen Entgeltes ist;[391]

- die Kapitalgesellschaft stellt dem Gesellschafter bei Bestehen einer Verpflichtung zur Zinsenzahlung die Zinsen erst nach Ablauf des Wirtschaftsjahres in Rechnung;[392]

- Zahlung einer GmbH als Entschädigung für die Entwertung eines gepachteten Grundstückes an die Verpächter, die Gesellschafter der Muttergesellschaft sind;

- wenn bei einer GmbH Schwarzgeschäfte angenommen und Hinzuschätzungen zum Gewinn vorgenommen werden, können die Gewinnerhöhungen nicht ohne weiteres bei den Gesellschaftern als verdeckte Gewinnausschüttung besteuert werden;[393]

---

[385] VwGH v. 12.9.1996, 92/15/0035.
[386] VwGH v. 24.9.1996, 94/13/0129, 0173.
[387] VwGH v. 17.12.1996, 95/14/0074.
[388] VwGH v. 10.07.1995, 95/15/018, 0182, 0183.
[389] VwGH v. 23.01.1996, 92/14/0034.
[390] VwGH v. 20.04.1995, 94/13/0028.
[391] VwGH v. 20.04.1995, 94/13/0028.
[392] VwGH v. 15.03.1995, 94/13/0249.
[393] VwGH v. 09.11.1994, 91/13/0067, 91/13/0068.

- wenn eine Komplementär-GmbH einer GmbH & Co KG, bei der die GmbH als Arbeitsgesellschafterin tätig ist und an der die Gesellschafter der GmbH als Kommanditisten beteiligt sind, ein verzinsliches Darlehen gewährt;[394]
- ein Gesellschafter einer GmbH von einem anderen Gesellschafter dessen GmbH-Anteil billig erwirbt;[395]
- Lebensversicherungsprämien, die eine GmbH für einen Gesellschafter-Geschäftsführer zahlt, sind bei diesem keine verdeckte Gewinnausschüttung, sondern lohnsteuerpflichtiger Arbeitslohn;[396]
- die Darlehenshingabe an einen Gesellschafter ist nicht als verdeckte Gewinnausschüttung anzusehen, wenn dieser Gesellschafter frühere Darlehen wieder zurückgezahlt hat;[397]
- ein Gesellschafter-Geschäftsführer nicht belegte Überstunden ohne belegmäßigen Nachweis ausgezahlt bekommt und seine Bezüge einschließlich der Überstunden nicht übermäßig hoch sind;[398]
- verdeckte Gewinnausschüttung wegen privater Verwendung eines Firmen-PKW durch den Gesellschafter-Geschäftsführer liegt nicht vor, wenn die private PKW-Benützung als Teil der angemessenen Entlohnung des Geschäftsführers anzusehen ist.[399]

3.2.13. Praxisbeispiel: Verdeckte Gewinnausschüttung

Der **Gewinn** einer GmbH laut Handelsbilanz für das Wirtschaftsjahr 2006 beträgt **921** € 81.166,00. Darin enthalten sind:

- Die Körperschaftsteuervorauszahlung 2006   € 12.000,00
- Körperschaftsteuerrückstellung (lt. nachfolgender Berechnung)   € 38.834,00
- Aufwand für Geschäftsessen insgesamt   € 1.673,00
- Monatliche Geschäftsführerbezüge in Höhe von   € 6.500,00

Im Zuge einer **Betriebsprüfung** der Jahre 2003 bis 2005 wurde festgestellt, dass ein Geschäftsführerbezug von € 5.000,00 angemessen ist. Der Anteil von € 1.500,00 pro Monat ist als verdeckte Gewinnausschüttung zu behandeln. Die aufgrund der verdeckten Gewinnausschüttung anfallende Kapitalertragsteuer wird von der Gesellschaft übernommen.

---

[394] VwGH v. 16.11.1993, 89/14/0174.
[395] VwGH v. 26.05.1993, 89/13/0082.
[396] VwGH v. 22.10.1991 91/14/0029, 91/14/0027.
[397] VwGH v. 22.10.1991, 91/14/0020.
[398] VwGH v. 14.11.1990, 89/13/0045.
[399] VwGH v. 20.11.1989, 89/14/0141.

Die GmbH in der Praxis

Lösung:

Ermittlung der Körperschaftsteuerrückstellung

handelsrechtlicher Gewinn vor Bildung der Körperschaftsteuerrückstellung		120.000,00 €
Körperschaftsteuer-Vorauszahlung		12.000,00 €
Repräsentationsaufwendungen insgesamt	1.673,00 €	
davon 50 %		836,50 €
verdeckte Gewinnausschüttung:		
GF-Bezug/Monat	6.500,00 €	
angemessener Teil/Monat	− 5.000,00 €	
verdeckte Gewinnausschüttung/Monat	1.500,00 €	
verdeckte Gewinnausschüttung für 2006		18.000,00 €
darauf entfallende KESt (25 % von € 18.000,00)		4.500,00 €
Bemessungsgrundlage		155.336,50 €
Körperschaftsteuerrückstellung (25 % von € 155.336,50)		**38.834,13 €**
handelsrechtlicher Gewinn nach Bildung der Körperschaftsteuerrückstellung		81.165,88 €

Mehr-Weniger-Rechnung:

handelsrechtlicher Gewinn 2006	81.165,88 €
Körperschaftsteuer-Vorauszahlung	12.000,00 €
Körperschaftsteuerrückstellung	38.834,13 €
nicht abzugsfähiger Teil der Repräsentationsaufwendungen	836,50 €
verdeckte Gewinnausschüttung inkl. darauf entfallende KESt	22.500,00 €
steuerpflichtiger Gewinn	**155.336,50 €**

Körperschaftsteuererklärung:

An das Finanzamt	Eingangsvermerk	
FA Landeck Reutte		
Innstraße 11, 6500 Landeck	Steuernummer (bitte bei allen Eingaben anführen)	Team
	333 / 5789	**55**

Sehr geehrte Steuerzahlerin! Sehr geehrter Steuerzahler!
Gesetzliche Bestimmungen beziehen sich auf das Körperschaftsteuergesetz 1988 (KStG 1988).
Beachten Sie bitte die Ausfüllhilfe zu dieser Erklärung (Formular K 4).
Informationen zur elektronischen Erklärungsabgabe finden Sie im Internet (www.bmf.gv.at) oder direkt unter FinanzOnline (https://finanzonline.bmf.gv.at).
Informationen zur Körperschaftsteuer finden Sie im Internet unter Steuern/Körperschaftsteuer oder Steuern/Fachinformation/Richtlinien Steuerrecht (Körperschaftsteuerrichtlinien 2001).

Körperschaftsteuererklärung für 2006

*Körperschaftsteuererklärung für **unbeschränkt** inländische und vergleichbare ausländische Steuerpflichtige, die zur Führung von Büchern nach den Vorschriften des Handelsrechtes verpflichtet sind und Privatstiftungen, die unter § 7 Abs. 3 KStG fallen.*

Zutreffendes bitte ankreuzen !

Bezeichnung der Gesellschaft oder der Körperschaft
Tischlerei Huber GmbHG

Sitz der Gesellschaft oder der Körperschaft
6652 Elbigenalp

Anschrift und Telefonnummer der Geschäftsleitung
6652 Elbigenalp, Obergilben 359, 05634/2221

☐ "Groß"- GmbH   ☐ "Klein"- GmbH   ② **Bitte unbedingt ausfüllen!** Branchenkennzahl lt. E 2

Sollten Sie erstmals die Kriterien einer "Groß"-GmbH im Sinne des § 221 Abs. 3 HGB erfüllen, bitte die Finanzamtszugehörigkeit im § 8 AVOG beachten.

312 Mischbetrieb ☐

Dauer des Einkünfteermittlungszeitraumes, **nur** wenn abweichend von 12 Monaten (Anzahl der Monate) ③

Der Abschluss für das Wirtschaftsjahr ist von den zuständigen Organen genehmigt worden: ja ☒ nein ☐

	T T M M J J J J			① T T M M J J J J		T T M M J J J J
Bilanzstichtag	**31.12.2006**	Liquidationszeitraum von			bis	

Das Unternehmen ist
☐ Gruppenträger ☐ Gruppenmitglied ☐ Mitbeteiligter einer Beteiligungsgemeinschaft
(Als Gruppenträger oder Gruppenmitglied bitte zusätzlich das Formular K 1g ausfüllen.) ㉕

Im Veranlagungszeitraum erfolgte eine Umgründung ja ☐

☐ Option zugunsten der Steuerwirksamkeit wird für internationale Schachtelbeteiligungen (§ 10 Abs. 3) ausgeübt (Beilage K 10)

1. Bilanzposten gemäß § 224 HGB ④

Beträge in Euro und Cent

Position	Kennzahl	Betrag
Grund und Boden EKR 020-022	9310	200.000,00
Gebäude auf eigenem Grund EKR 030, 031	9320	198.390,00
Finanzanlagen EKR 08-09	9330	
Vorräte EKR 100-199	9340	28.716,00
Forderungen aus Lieferungen und Leistungen EKR 20-21	9350	34.728,00
Sonstige Rückstellungen (ohne Rückstellungen für Abfertigungen, Pensionen oder Steuern) EKR 304-309	9360	6.000,00
Verbindlichkeiten gegenüber Kreditinstituten und Finanzinstituten EKR 311-319	9370	53.126,00

2. Gewinn- und Verlustrechnung gemäß § 231 HGB ④

Erträge *[Grundsätzlich sind Erträge ohne Vorzeichen anzugeben. Nur wenn sich bei einer Kennzahl ein negativer Wert ergibt, ist ein negatives Vorzeichen ("-") anzugeben.]*

Position	Kennzahl	Betrag
Umsatzerlöse (Waren-Leistungserlöse) EKR 40-44	9040	1.526.718,00
Anlagenerlöse EKR 460-462 vor allfälliger Auflösung auf 463-465 bzw. 783	9060	
Aktivierte Eigenleistungen EKR 458-459	9070	
Bestandsveränderungen EKR 450-457	9080	60.728,00

K 1 Bundesministerium für Finanzen

K 1, Seite 1, Version vom 26.09.2006

Die GmbH in der Praxis

Übrige Erträge (inklusive Finanzerträge, Kapitalveränderungen) Saldo	9090	
Summe der Erträge *(muss nicht ausgefüllt werden)*		*1.587.446,00*

Aufwendungen *[Grundsätzlich sind Aufwendungen ohne Vorzeichen anzugeben. Nur wenn sich bei einer Kennzahl ein negativer Wert ergibt, ist ein negatives Vorzeichen ("-") anzugeben.]*

Waren, Rohstoffe, Hilfsstoffe EKR 500-539, 580	9100	*1.117.690,00*
Beigestelltes Personal (Fremdpersonal) und Fremdleistungen EKR 570-579, 581, 750-753	9110	
Personalaufwand ("eigenes Personal") EKR 60-68	9120	*167.824,00*
Abschreibungen auf das Anlagevermögen (z.B. AfA, geringwertige Wirtschaftsgüter) EKR 700-708	9130	*24.619,00*
Abschreibungen vom Umlaufvermögen, soweit diese die im Unternehmen üblichen Abschreibungen übersteigen - EKR 709 - und Wertberichtigung zu Forderungen	9140	
Instandhaltungen (Erhaltungsaufwand) für Gebäude EKR 72	9150	
Reise- und Fahrtspesen inkl. Kilometergeld und Diäten (ohne tatsächliche Kfz-Kosten) EKR 734-737	9160	*3.728,00*
Tatsächliche Kfz-Kosten (ohne AfA, Leasing und Kilometergeld) EKR 732-733	9170	*7.618,00*
Miet- und Pachtaufwand, Leasing EKR 740-743, 744-747	9180	*12.000,00*
Provisionen an Dritte, Lizenzgebühren EKR 754-757, 748-749	9190	
Werbe- und Repräsentationsaufwendungen, Spenden, Trinkgelder EKR 765-769	9200	*1.673,00*
Buchwert abgegangener Anlagen EKR 782	9210	
Zinsen und ähnliche Aufwendungen EKR 828-834	9220	*4.318,00*
Übrige Aufwendungen, Kapitalveränderungen Saldo	9230	*166.810,12*
Summe der Aufwendungen *(muss nicht ausgefüllt werden)*		*1.506.280,12*
Bilanzgewinn/Bilanzverlust ohne Berücksichtigung von *Gewinnvortrag/Verlustvortrag (einschließlich allfälliger ausländischer Einkünfte, für die das Besteuerungsrecht auf Grund von Doppelbesteuerungsabkommen einem anderen Staat zusteht)*		*81.165,88*

3. Korrekturen des Bilanzgewinnes/Bilanzverlustes (Steuerliche Mehr-/Weniger-Rechnung)

Zur Ermittlung des zu versteuernden Gewinnes/Verlustes ist der Bilanzgewinn/Bilanzverlust - soweit er nicht bereits nach steuerlichen Vorschriften ermittelt wurde - durch die nachfolgenden Zu- bzw. Abrechnungen zu korrigieren. Gewinnerhöhende Korrekturen sind ohne Vorzeichen, gewinnmindernde Korrekturen sind mit negativem Vorzeichen ("-") anzugeben.

Zuführung zu Rücklagen/Auflösung von Rücklagen	5	9236	
Gewinne/Verluste von Gruppenmitgliedern, die auf Grund eines Ergebnisabführungsvertrages im handelsrechtlichen Bilanzgewinn/Bilanzverlust des Gruppenträgers enthalten sind	6	9238	
Korrekturen zu Abschreibungen auf das Anlagevermögen (z.B. AfA, geringwertige Wirtschaftsgüter, EKR 700-708) - Kennzahl **9130**	4	9240	
Korrekturen zu Abschreibungen vom Umlaufvermögen, soweit diese die im Unternehmen üblichen Abschreibungen übersteigen und Wertberichtigung zu Forderungen (EKR 709) - Kennzahl **9140**	4	9250	
Korrekturen zu tatsächlichen Kfz-Kosten (ohne AfA, Leasing und Kilometergeld, EKR 732-733) - Kennzahl **9170**	4	9260	
Korrekturen zu Miet- und Pachtaufwand, Leasing (EKR 740-743, 744-747) - Kennzahl **9180**	4	9270	
Korrekturen zu Werbe- und Repräsentationsaufwendungen, Spenden, Trinkgelder (EKR 765-769) - Kennzahl **9200**	4	9280	*836,50*
Korrekturen im Zusammenhang mit Sozialkapitalrückstellungen (§ 14 EStG 1988)		9282	
Korrekturen im Zusammenhang mit Garantie- und Gewährleistungsrückstellungen		9284	
Übrige nicht unter Kennzahl **9292** zu berücksichtigende Korrekturen im Zusammenhang mit sonstigen Rückstellungen		9286	
Verdeckte Ausschüttungen einschließlich der vom Steuerpflichtigen getragenen Kapitalertragsteuer	7	9288	*22.500,00*

Steuernummer 333/5789 Team:55

Körperschaftsteuer (einschließlich der Zuführung zu Rückstellungen, abzüglich von Rückstellungsauflösungen und Erstattungen), ausländische Personensteuer laut Kennzahl **673** sowie Steuerumlagen bei Bestehen einer Unternehmensgruppe	[8]	9292	*50.834,13*
Kapitalertragsteuer von vereinnahmten Kapitalerträgen, die vom Schuldner einbehalten oder übernommen werden		9293	
6/7 der gemäß § 12 Abs. 3 Z 2 zu verteilenden Abschreibungen und Verluste hinsichtlich von Beteiligungen im Sinne des § 10	[9]	9294	
Hinzurechnende Vergütungen jeder Art an Mitglieder des Aufsichtsrates, Verwaltungsrates oder an andere mit der Überwachung der Geschäftsführung beauftragte Personen gemäß § 12 Abs. 1 Z 7		9295	
Siebentel gemäß § 12 Abs. 3 Z 2 ab dem zweiten Wirtschaftsjahr des Verteilungszeitraumes	[9]	9296	
Fünfzehntelbeträge aus Firmenwertabschreibungen gemäß § 9 Abs. 7 **(nur bei Gruppenbesteuerung)**		9297	
Beteiligungserträge jeder Art gemäß § 10 Abs. 1 und 2	[10]	9298	
Steuerfreie Wertänderungen gemäß § 10 Abs. 3	[11]	9302	
Nachversteuerung gemäß § 2 Abs. 8 EStG 1988	[16]	9303	
Sonstige Zurechnungen	[12]	9304	
Sonstige Abrechnungen	[13]	9306	
Bilanzgewinn/Bilanzverlust nach den obigen Korrekturen		704	*155.336,51*
Zuzurechnende Ergebnisse als Minderbeteiligter einer Beteiligungsgemeinschaft (Beilage K 1g)		726	
Abzüglich positiver ausländischer Einkünfte, für die das Besteuerungsrecht auf Grund von Doppelbesteuerungsabkommen einem anderen Staat zusteht	[14]	678	
Einkünfte aus Gewerbebetrieb		777	*155.336,51*
In den Einkünften aus Gewerbebetrieb sind ausländische Verluste enthalten, für die das Besteuerungsrecht einem anderen Staat zusteht.	[15]	746	
Gemäß § 6b Abs. 4 zu versteuernde Beträge		658	

4. In den Einkünften aus Gewerbebetrieb sind enthalten:

Anrechenbare inländische Kapitalertragsteuer	[17]	645	*119,26*
Einkünfte aus Gewerbebetrieb, die gemäß Energieförderungsgesetz (EnFG) begünstigt sind		670	
Beteiligungserträge gemäß § 10 Abs. 4 sowie ausländische Einkünfte im Betrag von	[18]	672	
Darauf ist zur Vermeidung der Doppelbesteuerung ausländische Steuer anzurechnen im Betrag von	[18]	673	
Nicht ausgleichsfähige Verluste gemäß § 2 Abs. 2a EStG 1988 (ohne die unter Kennzahl **615** erfassten nicht ausgleichsfähigen Verluste aus Mitunternehmeranteilen)	[19]	638	
Mit bis zu 75% der positiven Einkünfte aus Gewerbebetrieb sind gemäß § 2 Abs. 2b EStG 1988 **nicht ausgleichsfähige Verluste aus Vorjahren** zu verrechnen (ohne die unter Kennzahl **616** erfassten verrechenbaren Verluste aus Mitunternehmeranteilen).	[19]	639	
Verlustanteile aus der Beteiligung an Personengesellschaften als Mitunternehmer (Beilage E 106b-K)	[20]		
Darin enthaltene nicht ausgleichsfähige Verluste (§ 2 Abs. 2a EStG 1988)		615	
Gewinnanteile aus der Beteiligung an Personengesellschaften als Mitunternehmer (Beilage E 106b-K)	[20]		
Mit Gewinnanteilen aus der Beteiligung an Personengesellschaften als Mitunternehmer sind gemäß § 2 Abs. 2b EStG 1988 Verluste aus Investitionsfreibeträgen aus Vorjahren zu verrechnen in Höhe von		616	
In den Einkünften sind Verluste enthalten, für die ein Verlustabzug (Verlustvortrag) nicht zulässig ist, in Höhe von	[21]	617	

5. Bei den Einkünften aus Gewerbebetrieb wurden gewinnmindernd berücksichtigt:

"Frascati"-Forschungsfreibetrag (§ 4 Abs. 4 Z 4 EStG 1988) **Achtung:** *Die Eintragung ist Voraussetzung für die Berücksichtigung des Freibetrages!*	744	
Forschungsfreibetrag für volkswirtschaftlich wertvolle Erfindungen (§ 4 Abs. 4 Z 4a EStG 1988) **Achtung:** *Die Eintragung ist Voraussetzung für die Berücksichtigung des Freibetrages!*	684	
Forschungsfreibetrag für Auftragsforschung (§ 4 Abs. 4 Z 4b EStG 1988) **Achtung:** *Die Eintragung ist Voraussetzung für die Berücksichtigung des Freibetrages!*	797	

K 1, Seite 3, Version vom 26.09.2006

Die GmbH in der Praxis

Steuernummer 333/5789 Team:55

Abzugsfähige Zuwendungen (§ 4 Abs. 4 Z 5 und 6 EStG 1988)	**685**
Pensionskassenbeiträge (§ 4 Abs. 4 Z 2 EStG 1988)	**691**
Externer Bildungsfreibetrag (§ 4 Abs. 4 Z 8 EStG 1988) **Achtung:** *Die Eintragung ist Voraussetzung für die Berücksichtigung des Freibetrages!*	**692**
Interner Bildungsfreibetrag (§ 4 Abs. 4 Z 10 EStG 1988) **Achtung:** *Die Eintragung ist Voraussetzung für die Berücksichtigung des Freibetrages!*	**761**
Vorzeitige Abschreibung "Hochwasserkatastrophe 2005" (§ 10c EStG 1988) **Achtung:** *Die Eintragung ist Voraussetzung für die Berücksichtigung der vorzeitigen Abschreibung!*	**745**
Abfertigungsrückstellung (§ 14 Abs. 1 ff. EStG 1988)	**690**
Pensionsrückstellung (§ 14 Abs. 7 ff. EStG 1988)	**679**
Jubiläumsgeldrückstellung (§ 14 Abs. 12 EStG 1988)	**661**

6. Sonderausgaben

Verlustabzug a) Offene Verlustabzüge aus Vorjahren	22	**619**
b) Im Gesamtbetrag der Einkünfte enthaltene Sanierungs-, Veräußerungs-, Aufgabe- oder Liquidationsgewinne zur Ermittlung der Verlustvortragsgrenze gemäß § 2 Abs. 2b EStG 1988	23	**624**

7. Steuerbemessung nach § 26c Z 2 bei Mitunternehmerbeteiligung mit abweichendem Wirtschaftsjahr 2004/2005

Nur auszufüllen, wenn in den Einkünften Gewinne aus einem abweichenden Wirtschaftsjahr 2004/2005 aus einer Mitunternehmerbeteiligung enthalten sind:

Prozentsatz des auf das Jahr 2004 entfallenden Teiles des Gewinnes	26	Prozentsatz	

8. Sanierungsgewinn 24

Gewinn aus einem Schuldnachlass auf Grund eines gerichtlichen Ausgleiches, eines Zwangsausgleiches oder aus anderen Gründen	**669**	
Bei gerichtlichem Ausgleich oder Zwangsausgleich: Prozentsatz der Ausgleichsquote	**668**	
Rechnerisch ermittelter Abzugsposten gemäß § 23a Abs. 2 Z 3 bei Steuerberechnung nach § 26c	27 **772**	

9. Nichtfestsetzung der Steuer gemäß § 6 Z 6 lit b EStG 1988 oder nach dem Umgründungssteuergesetz (UmgrStG)

Es wird beantragt, die Steuerschuld nicht festzusetzen für einen in den Einkünften enthaltenen Betrag von	28	**805**

10. Sonstiges

Ausschüttungen oder Zuwendungen sind beschlossen worden in Höhe von	**9307**

Davon ist ein Betrag von	**9308**	durch nachstehende Gründe dem Steuerabzug vom Kapitalertrag nicht unterlegen:

a) ☐ Einlagenrückzahlung im Sinne des § 4 Abs. 12 EStG 1988	b) ☐ Wesentliche Beteiligung (§ 94 Z 2 EStG 1988)	c) ☐ Andere Gründe

Tilgungsbetrag von vorbehaltenen Entnahmen gemäß § 18 Abs. 2 Z 1 UmgrStG	**813**
Restbetrag vorbehaltener Entnahmen bei Beschluss auf Auflösung, Verschmelzung, Umwandlung oder Aufspaltung gemäß § 18 Abs. 2 Z 1 UmgrStG	**814**
KESt wurde abgeführt in Höhe von	**815**

Ich versichere, dass ich die Angaben nach bestem Wissen und Gewissen **richtig** und **vollständig** gemacht habe. Mir ist bekannt, dass die Angaben überprüft werden und dass unrichtige oder unvollständige Angaben strafbar sind. Solite ich nachträglich erkennen, dass die vorstehende Erklärung unrichtig oder unvollständig ist, so werde ich das Finanzamt davon unverzüglich in Kenntnis setzen (§ 139 Bundesabgabenordnung).

Steuerliche Vertretung (Name, Anschrift, Telefonnummer)
Datum, Unterschrift

K 1, Seite 4, Version vom 26.09.2006

4. Die Gewinnverwendung bei der GmbH

Die GmbH (und nicht ihre Gesellschafter!) ist mit einem einheitlichen Tarif von 25 % **922** körperschaftsteuerpflichtig.

● **Beispiel**

Der handelsrechtliche Gewinn der Jäger & Huber EDV-Dienstleistungen GmbH beträgt € 75.000,00. In diesem Ergebnis sind die Körperschaftsteuer-Vorauszahlungen sowie die KöSt-Rückstellungen in Höhe von € 25.000,00 bereits enthalten.

Der steuerliche Gewinn ermittelt sich wie folgt:

Gewinn lt. Handelsbilanz	€ 75.000,00
+ steuerlich nicht abzugsfähige KöSt	€ 25.000,00
= steuerlicher Gewinn	€ 100.000,00
davon 25 % KöSt	€ 25.000,00

Die weiteren steuerlichen Folgen sind abhängig davon, was mit dem Bilanzgewinn passieren soll. Ausschließlich der Generalversammlung kommt die Beschlussfassungskompetenz zu (§ 35 GmbHG), ob

● der Gewinn in der Gesellschaft verbleibt (Gewinnthesaurierung) oder

● eine (Teil-)Ausschüttung erfolgt.

Im Falle einer **Gewinnthesaurierung** erfolgt keine weitere Steuerbelastung. **923**

Gewinnausschüttung. Wenn die Generalversammlung eine (Teil-)Ausschüttung **924** des Gewinns beschließt, unterliegen die Ausschüttungsbeträge dem Steuerabzug vom Kapitalertrag (Kapitalertragsteuer). Die Zurechnung an die einzelnen Gesellschafter richtet sich nach dem im Gesellschaftsvertrag dafür vorgesehenen Gewinnverteilungsschlüssel; dieser entspricht üblicherweise dem Anteil der übernommenen Stammeinlagen. Die Geschäftsführer sind verpflichtet, die auf die Gewinnausschüttung lastende Kapitalertragsteuer in Höhe von 25 v.H. einzubehalten und an das Betriebsstättenfinanzamt innerhalb von 15 Tagen abzuführen.

● **Beispiel: Darstellung der Ergebnisentwicklung einer GmbH mit teilweiser Ausschüttung**

Geschäftsjahr	Verlust aus hr. G+V-Rechnung	Gewinn aus hr. G+V-Rechnung	Bilanzverlust	Ausschüttung an Gesellschafter	Bilanzgewinn
1.1. – 31.12.2002	– € 80.000,00		– € 80.000,00		
1.1. – 31.12.2003	– € 25.000,00		– € 105.000,00		
1.1. – 31.12.2004		€ 5.000,00	– € 100.000,00		
1.1. – 31.12.2005		€ 110.000,00			€ 10.000,00
1.1. – 31.12.2006		€ 290.000,00			€ 300.000,00
Die Gesellschafter beschließen nach Genehmigung des Jahresabschlusses zum					
31.12.2006 den Betrag von				200.000,00	
entsprechend ihrer Beteiligung zum Verbleib bei ihnen auszuschütten					
Bilanzgewinn nach Ausschüttung					**€ 100.000,00**

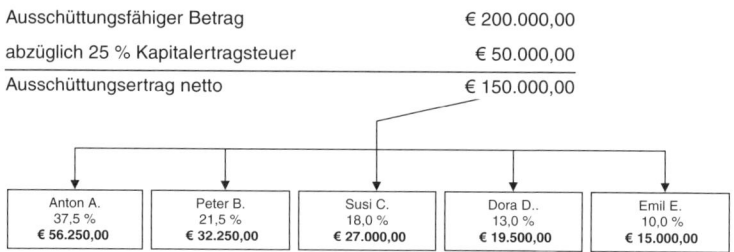

Ausschüttungsfähiger Betrag	€ 200.000,00
abzüglich 25 % Kapitalertragsteuer	€ 50.000,00
Ausschüttungsertrag netto	€ 150.000,00

Anton A. 37,5 % € 56.250,00	Peter B. 21,5 % € 32.250,00	Susi C. 18,0 % € 27.000,00	Dora D.. 13,0 % € 19.500,00	Emil E. 10,0 % € 15.000,00

5. Körperschaftsteuer

925

Entrichtung. Das Finanzamt setzt mit Bescheid die Höhe der Vorauszahlungen auf die Körperschaftsteuer eines jeden Jahres fest. Die Vorauszahlungen sind am 15. Februar, 15. Mai, 15. August und 15. November (jeweils mit einem Viertel) fällig. Nach Ablauf eines jeden Jahres ist dem Finanzamt bis 31. März (verlängerbare Frist) durch eine Steuererklärung (Körperschaftsteuererklärung) die Höhe des Einkommens mitzuteilen. Das Finanzamt setzt mit Bescheid die Körperschaftsteuer der Gesellschaft fest. Die Körperschaftsteuerabschlusszahlung (Differenz zwischen den Vorauszahlungen und der Körperschaftsteuerschuld eines Jahres) ist mit Ablauf eines Monats ab Bescheidzustellung fällig.

926

Mindestkörperschaftsteuer. Unbeschränkt steuerpflichtige Kapitalgesellschaften haben eine Mindeststeuer von € 1.750,00 jährlich zu entrichten (§ 24 Abs. 4 KStG). Liegt die Körperschaftsteuerschuld im Jahr, für welches die Mindeststeuer entrichtet wurde, über € 1.750,00, besteht die Möglichkeit, die in den folgenden sieben Veranlagungszeiträumen entstehende Körperschaftsteuerschuld auf die bereits bezahlte Mindeststeuer anzurechnen.

927

Durch die **Verrechenbarkeit** mit einer die Mindestvorauszahlung übersteigenden Körperschaftsteuerschuld des Vorauszahlungsjahres oder eines der nächstfolgenden sieben Jahre wird sichergestellt, dass nur solche Gesellschaften dauernd belastet werden, bei denen mit hoher Wahrscheinlichkeit andere als wirtschaftliche Motive für die Gründung und die Aufrechterhaltung bestehen.

● **Beispiel: Körperschaftsteuerbelastung bei der GmbH über vier Veranlagungszeiträume**
Gesellschaftsgründung erfolgt im August 2003. Die Mindestkörperschaftsteuer fällt erstmals für das IV. Quartal 2003 an, da dies das erste volle Kalendervierteljahr ist, in dem die unbeschränkte Steuerpflicht eingetreten ist. Die Mindestkörperschaftsteuer für die ersten vier Quartale ab Eintritt der unbeschränkten Steuerpflicht beträgt € 273,00 (§ 24 Abs. 4 Z 3 KStG).

Berechnung der Steuerpflicht für das Jahr 2003

Mindestkörperschaftsteuer IV. Quartal 2003	€ 273,00

Da die Mindestkörperschaftsteuer im Jahr 2003 nicht zur Zahlung vorgeschrieben wurde, ist eine entsprechende Rückstellung zu bilden.

Handelsrechtlicher Verlust aufgrund G+V-Rechnung für das Rumpfwirtschaftsjahr 2003	€ – 70.000,00
Hinzurechnung aufgrund steuerlicher Mehr-/Weniger-Rechnung	€ + 273,00
Steuerlicher Verlust 2003	€ – 69.727,00

Im Jahr 2004 werden folgende Zahlungen geleistet

15.02.2004	Mindest-KöSt IV/03	€ 273,00		
	Mindest-KöSt I/04	€ 273,00	€	546,00
15.05.2004	Mindest-KöSt II/04		€	273,00
15.08.2004	Mindest-KöSt III/04		€	273,00
15.11.2004	Mindest-KöSt IV/04		€	437,50

Ab dem V. Kalendervierteljahr beträgt die Mindest-KöSt 5 % eines Viertels der gesetzlichen Mindesthöhe des Grund- oder Stammkapitals für jedes volle Kalendervierteljahr (§ 24 Abs. 4 Z 1 KStG) € 35.000,00 : 4 = € 8.750,00 davon 5 % = € 437,50

sohin insgesamt	€	1.529,50

Handelsrechtlicher Verlust aufgrund G+V-Rechnung für das Wirtschaftsjahr 2004	€ –	30.000,00
Hinzurechnung aufgrund steuerlicher Mehr-/Weniger-Rechnung	€ +	1.256,50
Steuerlicher Verlust 2004	€ –	28.743,50
Berechnung des Hinzurechnungsbetrages:		
KöSt-Vorauszahlung 2004	€	1.529,50
Davon im Jahr 2003 als Aufwand erfasst	€ –	273,00
Hinzurechnungsbetrag	€	1.256,50

Im Jahr 2005 werden folgende Zahlungen geleistet

15.02.2005	Mindest-KöSt I/05	€	437,50
15.05.2005	Mindest-KöSt II/05	€	437,50
15.08.2005	Mindest-KöSt III/05	€	437,50
15.11.2005	Mindest-KöSt IV/05	€	437,50

sohin insgesamt	€	1.750,00

Handelsrechtlicher Gewinn aufgrund G+V-Rechnung für das Wirtschaftsjahr 2005	€ +	15.000,00
Hinzurechnung aufgrund steuerlicher Mehr-/Weniger-Rechnung	€ +	1.750,00
Steuerlicher Gewinn 2005	€ +	16.750,00

Sonderausgaben

Abzüglich Verlustvortrag (max. 75 % v. € 16.750,00 gem. § 2 Abs. 2 b EStG)	€	12.562,50
Bemessungsgrundlage KöSt	€	4.187,50
Davon 25 % = KöSt-Schuld 2005	€	1.046,88

geleistete Vorauszahlung 2005	€ +	1.750,00
KöSt-Steuerschuld 2005	€ –	1.046,88
	€ +	703,12

Da die Vorauszahlungen 2005 die Steuerschuld überschreiten, ist für das Jahr 2004 keine KöSt-Rückstellung zu bilden.

Im Jahr 2006 werden folgende Vorauszahlungen geleistet

15.02.2006	Mindest-KöSt I/06	€ 437,50
15.05.2006	Mindest-KöSt II/06	€ 437,50
15.08.2006	Mindest-KöSt III/06	€ 437,50
15.11.2006	Mindest-KöSt IV/06	€ 437,50
sohin insgesamt		€ 1.750,00

Berechnung der KöSt-Rückstellung 2006

Vorläufiger Gewinn laut G+V-Rechnung	€ 100.000,00
Zuzüglich geleisteter Vorauszahlungen	€ 1.750,00
	€ 101.750,00
abzüglich Verlustvortrag (max. 75 % von € 101.750,00)	€ − 76.312,50
Bemessungsgrundlage	€ 25.437,50
Davon 25 %	€ 6.359,38

Berechnung handelsrechtlicher Gewinn 2006

Vorläufiger Gewinn laut G+V-Rechnung	€ 100.000,00
− Dotierung KöSt-Rückstellung 2006	€ − 6.359,38
Handelsrechtlicher Gewinn aufgrund G+V-Rechnung für das Wirtschaftsjahr 2006	€ 93.640,62

Berechnung des Hinzurechnungsbetrages

Handelsrechtlicher Gewinn aufgrund G+V-Rechnung für das Wirtschaftsjahr 2006		€ 93.640,62
Hinzurechnung aufgrund steuerlicher Mehr-/Weniger-Rechnung:		
KöSt-Vorauszahlung	€ 1.750,00	
Dotierung KöSt-Rückstellung	€ 6.359,38	€ 8.109,38
Steuerlicher Gewinn 2006		€ 101.750,00

Sonderausgaben:

Abzüglich Verlustvortrag (max. 75 % v. € 101.750,00 gem. § 2 Abs. 2 b EStG)	€ − 76.312,50
Bemessungsgrundlage KöSt	€ 25.437,50
Davon 25 % = KöSt-Schuld 2006	€ 6.359,38

Im Jahr 2007 werden folgende Zahlungen für das Jahr 2006 vorgeschrieben

KöSt-Schuld 2006	€ 6.359,38
− Vorauszahlung 2004	€ − 1.529,50
− Vorauszahlung 2005	€ − 1.750,00
− Vorauszahlung 2006	€ − 1.750,00
Zahllast 2006 (fällig im Jahre 2007)	€ 1.329,88

Die KöSt-Vorauszahlung für das Jahr 2007 errechnet sich wie folgt

Steuerschuld 2006	€ 6.359,38
Zuzüglich 4 % Valorisierungsbetrag gem. § 45 Abs. 1 EStG	€ 254,38
Vorauszahlung für 2007	€ 6.613,76

Ein Viertel dieses Betrages ist jeweils am 15.2., 15.5., 15.8. und 15.11.2006 zur Zahlung fällig (§ 45 Abs. 2 EStG).

Unter der Annahme, dass die Veranlagung des Jahres 2006 im April 2007 erfolgt, ergeben sich zu den Fälligkeitsterminen folgende Zahllasten:

15.02.2007	Mindest-KöSt I/07		€ 437,50
15.05.2007	Zahllast 2006	€ 1.329,88	
	Vorauszahlung I/07 lt. Bescheid (= ¼ v. € 6.610,00)	€ 1.652,50	
	Bereits geleistete Vorauszahlungen I/07	€ – 437,50	
	Vorauszahlung II/07 lt. Bescheid (= ¼ v. € 6.610,00)	€ 1.652,50	€ 4.197,48
15.08.2007	Vorauszahlung III/07 lt. Bescheid (= ¼ v. € 6.610,00)		€ 1.652,50
15.11.2007	Vorauszahlung IV/07 lt. Bescheid (= ¼ v. € 6.610,00)		€ 1.652,50
sohin insgesamt			€ 7.939,88

Evidenz Verlustvorträge

Steuerlicher Verlust 2003	€ 69.727,00
Steuerlicher Verlust 2004	€ 28.743,50
Davon verrechnet 2005	€ –12.562,50
Noch verrechenbarer Verlustvortrag für 2006	€ 85.908,00
Davon 2005 tatsächlich verrechnet	€ –76.312,50
Noch verrechenbarer Verlustvortrag für 2007	€ 9.595,50

6. Die Gesellschaft mit beschränkter Haftung & Co KG

6.1. Grundlagen

Allgemeines. Der Gewinn einer GmbH & Co KG wird aufgrund der Tatsache, dass **928** eine Mitunternehmerschaft vorliegt, direkt den Gesellschaftern zugerechnet (§ 23 Z 2 EStG). Daher wird der Gewinn oder Verlust den Gesellschaftern in dem Zeitpunkt zugerechnet, in dem das Wirtschaftsjahr der Gesellschaft endet, und zwar auch dann, wenn der Gewinn bzw. Verlust erst später den Gesellschaftern gutgeschrieben bzw. angelastet wird.

Ein **Verlust** kann nach den allgemeinen Vorschriften mit anderen Einkünften **929** ausgeglichen oder gegebenenfalls, soweit die Voraussetzungen erfüllt sind, auch vorgetragen werden. Bei Kapitalgesellschaften wird dagegen das Jahresergebnis für den Gesellschafter steuerlich grundsätzlich nicht vor dem Gewinnverteilungsbeschluss wirksam.

Einbringung nach Art. III UmgrStG. Die „Umwandlung" einer GmbH & Co KG in **930** eine GmbH durch Einbringung des Betriebes der KG oder der Kommanditanteile in die Komplementär-GmbH ist zulässig und wird als Einbringung gemäß Art. III UmgrStG angesehen.

Übersicht: Einbringungstatbestände gemäß Art III. UmgrStG

Aus der Sicht der GmbH stellen nachfolgende Sachverhalte einen Einbringungstatbestand dar:

- Umwandlung eines Einzelunternehmens oder einer Personengesellschaft in eine (neu zu errichtende) GmbH im Wege einer Sachgründung
- Übertragung eines Betriebes bzw. Teilbetriebes eines weiterbestehenden Unternehmens (unabhängig von der Rechtsform) auf eine GmbH gegen Gewährung von Geschäftsanteilen
- Übertragung der Beteiligung an einer Personengesellschaft auf eine GmbH gegen Gewährung von Gesellschaftsrechten
- Übertragung einer wesentlichen Beteiligung an einer GmbH oder AG auf eine andere Kapitalgesellschaft

931   **Einheitliche und gesonderte Feststellung der Einkünfte.** Die Einkünfte der Gesellschafter in der GmbH & Co KG werden einheitlich und gesondert festgestellt (§ 188 BAO). Eine einheitliche und gesonderte Feststellung wird nur bei gemeinschaftlichen Einkünften vorgenommen. Im Rahmen der einheitlichen und gesonderten Feststellung müssen diese Einkünfte auch verteilt werden und ebenso bereits die Vergütungen nach § 23 Z 2 EStG sowie sonstige Sonderbetriebseinnahmen und Sonderbetriebsausgaben aufgenommen werden.

932   **Änderungen im Stande der Gesellschafter.** Bei einem Gesellschafterwechsel, beim Eintritt eines neuen Gesellschafters in eine bestehende Gesellschaft oder bei Austritt eines Gesellschafters aus einer im Übrigen weiterbestehenden GmbH & Co KG wird bei der einheitlichen und gesonderten Feststellung der Einkünfte unterstellt, dass die Gesellschaftsidentität nicht verloren geht (§ 188 BAO).

Es wird daher selbst in dem Fall, dass der Wechsel, Eintritt oder Austritt eines Gesellschafters während eines Wirtschaftsjahres erfolgt, nur ein einziger Gewinnfeststellungsbescheid für das gesamte Wirtschaftsjahr erlassen, in dem sowohl der laufende Gewinn unter Berücksichtigung des Anteiles, der auf den ausscheidenden oder eintretenden Gesellschafter entfällt, als auch allfällige Veräußerungsgewinne erfasst werden.

6.2. Ertragsteuerliche Behandlung

933   **Grundlagen.** Die GmbH & Co KG wie eine Mitunternehmerschaft behandelt. Die Gewinne der Kommanditisten werden diesen im Verhältnis ihrer Beteiligung im Wege der einheitlichen und gesonderten Gewinnfeststellung zugewiesen, und zwar unabhängig davon, ob die erzielten wirtschaftlichen Gewinne tatsächlich „ausgeschüttet" bzw. im Unternehmen der GmbH & Co KG (wieder) verwendet werden. Die Komplementär-GmbH ist üblicherweise am Unternehmen der KG vermögensmäßig nicht beteiligt[400] und erhält für ihre Geschäftsführungsleistungen eine – generell jährliche – Pauschalvergütung, deren Höhe so zu vereinbaren ist, dass die Fixkosten der Komplementär-GmbH vollinhaltlich erwirtschaftet werden können und die Gewinne zumindest so hoch auszuweisen sind, die Mindestkörperschaftsteuer „zu verdienen".

934   **Leistungsvergütungen.** Leistungsbeziehungen zwischen der Gesellschaft und den Gesellschaftern sind auf Ebene der KG zunächst wie Betriebsausgaben zu behandeln (§ 23 Abs. 2 EStG). In weiterer Folge erfolgt im Zuge der Gewinnermittlung die Korrektur als nicht gewinnwirksamer Vorwegbezug. Alle anderen Fälle von Leistungsbeziehungen, die zivil- und gesellschaftsrechtlich zwischen der Gesellschaft und ihren Gesellschaftern wie Vorgänge zwischen der Gesellschaft und fremden Dritten zu sehen sind, sind bei fremdüblicher Gestaltung wie jeder andere Geschäftsfall zu behandeln. Bei nicht fremdüblicher Gestaltung liegt zur Gänze eine Entnahme bzw. eine Einlage vor.

Die von der Komplementär-GmbH vereinnahmten Entgelte für die Übernahme der Geschäftsführung der Kommanditgesellschaft sind – unter der Voraussetzung, dass die GmbH nicht am Unternehmen der KG beteiligt ist – Vergütungen gemäß § 23 Z 2 EStG.

935   Übersteigen die **Verluste** aufgrund der Verlustzuweisung die Einlage des Kommanditisten, entsteht ein negatives Kapitalkonto. Dieses ist insofern steuerlich wirksam, als im Fall des Ausscheidens des Kommanditisten aus der GmbH & Co KG der

---

[400] Zu den verschiedenen Formen einer GmbH & Co KG vgl. *Fritz*, Gesellschafts- und Unternehmensformen in Österreich, Rz. 3277 ff.

Betrag seines negativen Kapitalkontos – sofern es nicht nach den Bestimmungen des § 24 Abs. 2 EStG „auffüllen" muss – zu versteuern. Damit werden vor allem jene Fälle erfasst, in denen ein Kommanditist Verlustzuweisungen über seine Einlage hinaus steuerlich verwerten konnte.[401]

Aufgrund des **Trennungsprinzips** zwischen der GmbH als juristischer Person und **936** den an ihr beteiligten Gesellschaftern können „Verluste" an die Gesellschafter nicht ausgeschüttet werden. Die GmbH kann die Verluste nunmehr auf unbestimmte Zeit vortragen, wobei jedoch das Kriterium der Mindestkörperschaftsteuer zu beachten ist. Da die GmbH & Co KG in ertragsteuerrechtlicher Hinsicht als Personengesellschaft anzusehen ist, werden etwaige Verluste den Gesellschaftern unmittelbar zugerechnet und können von diesen mit positiven Einkünften gegenverrechnet werden.

7. Die ertragsteuerliche Behandlung von GmbH-Gesellschaftern

7.1. Behandlung von Ausschüttungen

Steuerabzugspflichtige Kapitalerträge. Erfolgt die Ausschüttung von Gewinn- **937** teilen an Gesellschaften mit beschränkter Haftung an ihre Gesellschafter, so handelt es sich um Steuerabzugspflichtige Kapitalerträge (§ 93 Abs. 2 Z 1 lit. a EStG). In sachlicher Hinsicht werden offene und verdeckte Gewinnausschüttungen gleich behandelt; die Kapitalertragsteuer beträgt 25 %. Die Beteiligungserträge können aber – auf Antrag – auch mit dem halben Durchschnittssteuersatz veranlagt werden (§ 37 Abs. 4 EStG).

Schuldner der Kapitalertragsteuer ist der Empfänger der Kapitalerträge, also der **938** jeweilige Gesellschafter (§ 95 Abs. 2 EStG). Zum Abzug der Kapitalertragsteuer sind die geschäftsführungs- und vertretungsbefugten Organe der Gesellschaft verpflichtet. Die Kapitalerträge gelten für Zwecke der Einbehaltung der Kapitalertragsteuer entweder zum Zeitpunkt des Beschlusses des Tages der Auszahlung als zugeflossen oder wenn im Gesellschaftsbeschluss kein Tag der Auszahlung bestimmt ist, am Tag nach der Beschlussfassung als Zeitpunkt des Zufließens.

Zufluss der Gewinnanteile. Gewinnanteile aus der Beteiligung an einer GmbH **939** fließen dem Gesellschafter erst mit der tatsächlichen Auszahlung zu. Der Gewinnanspruch entsteht mit der Genehmigung des Jahresabschlusses bzw. mit dem Gewinnverteilungsbeschluss und ist sofort fällig, sofern nicht etwas anderes vereinbart wird. Der Auszahlungszeitpunkt wird daher üblicherweise nicht wesentlich später liegen, es sei denn, die Gesellschaft war im Zeitpunkt der Beschlussfassung – was allerdings u.U. andere rechtliche Konsequenzen nach sich ziehen kann – nicht ausreichend liquid.

Auszahlungszeitpunkt. Beschließen die Gesellschafter, die Fälligkeit trotz Zah- **940** lungsfähigkeit der Gesellschaft hinauszuschieben, dann verfügen sie damit über ihren Gewinnanspruch; er ist in ertragsteuerlicher Hinsicht als zugeflossen zu behandeln. Einem Alleingesellschafter bzw. beherrschenden Gesellschafter fließen die Gewinnansprüche bereits mit der Beschlussfassung über die Gewinnverteilung zu. Verdeckte Gewinnausschüttungen gelten als zugeflossen, wenn der Gesellschafter darüber verfügen kann.

---

[401] Vgl. *Doralt/Ruppe*, Grundriss des österreichischen Steuerrechts I[7] 171.

7.2. Leistungsvergütungen

941

Grundlagen. Aufgrund des – auch in steuerrechtlicher Hinsicht besonders ausgeprägten – Trennungsprinzips zwischen der GmbH als juristischer Person und den an ihr beteiligten Gesellschaftern werden Leistungsbeziehungen zwischen der GmbH und den Gesellschaftern steuerrechtlich dann anerkannt, wenn sie dem Kriterium der Fremdüblichkeit entsprechen und kein Missbrauch der Gestaltungsformen des bürgerlichen Rechts vorliegt (§ 22 BAO).

Rz. 942 – 950 frei.

XV. Auflösung und Liquidation einer GmbH

Inhaltsverzeichnis   **Rz.**
1. Grundlagen 951
   1.1. Begriffe und Rechtsfolgen 951
   1.2. Das „Verfahren".. 956
2. Auflösungsgründe 957
   2.1. Auflösung durch Satzungsregelung 958
   2.2. Auflösung durch Kündigung 965
   2.3. Kündigung durch einen Gesellschafter 968
   2.4. Auflösung durch Eröffnung des Konkurses 970
   2.5. Auflösung durch Beschluss des Firmenbuchgerichtes.................................... 972
   2.6. Amtswegige Auflösung 978
3. Liquidationsverfahren.. 979
   3.1. Grundlagen.. 979
   3.2. Fortsetzung der Gesellschaft 986
   3.3. Gläubigerschutz und Vermögensaufteilung 988
   3.4. Liquidatoren.. 991
        3.4.1. Grundlagen 991
        3.4.2. Notwendige Maßnahmen des Liquidators 1001
               3.4.2.1. Aufstellung einer Liquidationseröffnungsbilanz.................... 1001
               3.4.2.2. Erfüllung und Sicherstellung der Gesellschaftsgläubiger............. 1005
        3.4.3. Die Entlastung der Liquidatoren 1010
4. Die Löschung der Gesellschaft 1014
5. Nachtragsliquidation.. 1020
6. Steuerrechtliche Behandlung der Auflösung und Liquidation einer GmbH 1027
   6.1. Allgemeines.. 1027
   6.2. Liquidationsgewinn... 1031
   6.3. Besteuerung der Auflösung.. 1036

1. Grundlagen

1.1. Begriffe und Rechtsfolgen

Die **Auflösung** bezeichnet jenes Stadium, in welchem die Gesellschaft bei **951** unveränderter rechtlicher Existenz zur Vorbereitung der Beendigung von der werbenden Tätigkeit in die Liquidation wechselt.

Begriff. Auflösung bedeutet, dass an die Stelle des ursprünglichen Gesellschafts- **952** zwecks der Abwicklungszweck tritt. Die Rechtssubjektivität der Gesellschaft bleibt unberührt. Dagegen ist die Gesellschaft erst beendet, wenn kein Gesellschaftsvermögen mehr vorhanden und die GmbH im Firmenbuch gelöscht ist.

Rechtsfolgen. Die wesentliche Folge der Auflösung besteht darin, dass die **953** Gesellschaft nach Maßgabe der gesetzlichen Bestimmungen zu liquidieren ist. Sämtliche bisher erteilte Prokuren erlöschen mit der Auflösung der GmbH.

Die **Liquitation** umfasst die geordnete Abwicklung der Geschäfte der aufgelösten **954** Gesellschaft mit dem Ziel der gesamtheitlichen Auflösung in wirtschaftlicher Hinsicht sowie die Löschung. Bei einer Fusion oder übertrgenden Umwandlung oder Verstaatlichung unterbleibt die Liquidation, weil es sich in diese Fällen jeweils um eine Gesamtrechtsnachfolge handelt und die Bestimmungen des Gläubigerschutzes abweichend geregelt sind. Neue Prokuristen dürfen im Stadium der Liquidation nicht mehr bestellt werden. Während der Liquidation bleiben die Generalvesammlung und ein allenfalls bestellter Ausichtrat bestehen.

Die **Beendigung** bezeichnet jenen Akt, mit welchem die Gesellschaft durch **955** Eintragung der Löschung im Firmenbuch zu existieren aufhört. Erst mit Löschung im Firmenbuch ist die Gesellschaft aufgelöst. Sie kann aber „weiterbestehen", sofern noch Vermögen vorhanden ist und daher auch noch allfälllige Ansprüche gerichtlich (z.B. Schadenersatzforderunge gegen Lieferanten) geltend machen.

1.2. Das „Verfahren"

956

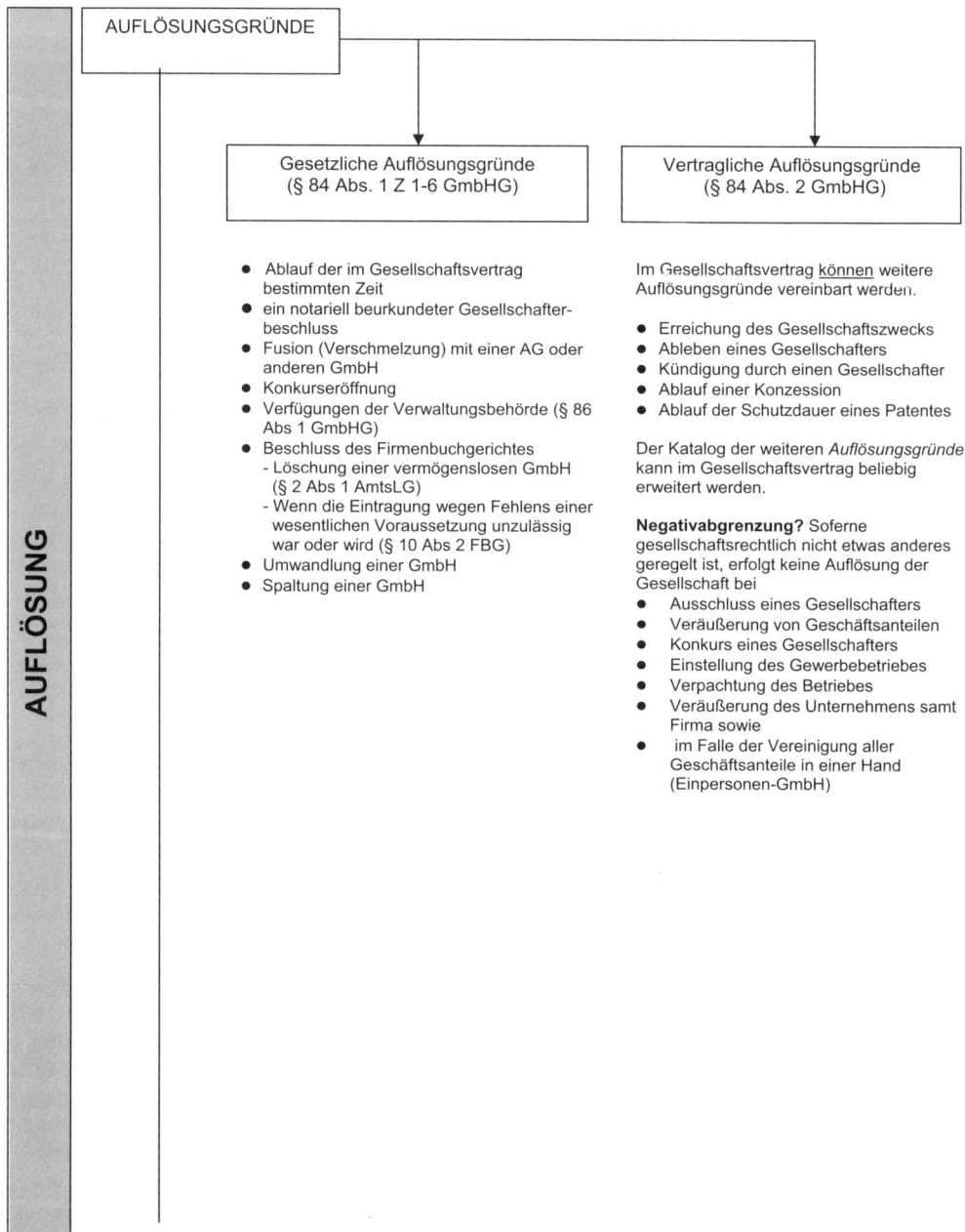

AUFLÖSUNG

AUFLÖSUNGSGRÜNDE

Gesetzliche Auflösungsgründe
(§ 84 Abs. 1 Z 1-6 GmbHG)

- Ablauf der im Gesellschaftsvertrag bestimmten Zeit
- ein notariell beurkundeter Gesellschafterbeschluss
- Fusion (Verschmelzung) mit einer AG oder anderen GmbH
- Konkurseröffnung
- Verfügungen der Verwaltungsbehörde (§ 86 Abs 1 GmbHG)
- Beschluss des Firmenbuchgerichtes
  - Löschung einer vermögenslosen GmbH (§ 2 Abs 1 AmtsLG)
  - Wenn die Eintragung wegen Fehlens einer wesentlichen Voraussetzung unzulässig war oder wird (§ 10 Abs 2 FBG)
- Umwandlung einer GmbH
- Spaltung einer GmbH

Vertragliche Auflösungsgründe
(§ 84 Abs. 2 GmbHG)

Im Gesellschaftsvertrag <u>können</u> weitere Auflösungsgründe vereinbart werden.

- Erreichung des Gesellschaftszwecks
- Ableben eines Gesellschafters
- Kündigung durch einen Gesellschafter
- Ablauf einer Konzession
- Ablauf der Schutzdauer eines Patentes

Der Katalog der weiteren *Auflösungsgründe* kann im Gesellschaftsvertrag beliebig erweitert werden.

Negativabgrenzung? Soferne gesellschaftsrechtlich nicht etwas anderes geregelt ist, erfolgt keine Auflösung der Gesellschaft bei
- Ausschluss eines Gesellschafters
- Veräußerung von Geschäftsanteilen
- Konkurs eines Gesellschafters
- Einstellung des Gewerbebetriebes
- Verpachtung des Betriebes
- Veräußerung des Unternehmens samt Firma sowie
- im Falle der Vereinigung aller Geschäftsanteile in einer Hand (Einpersonen-GmbH)

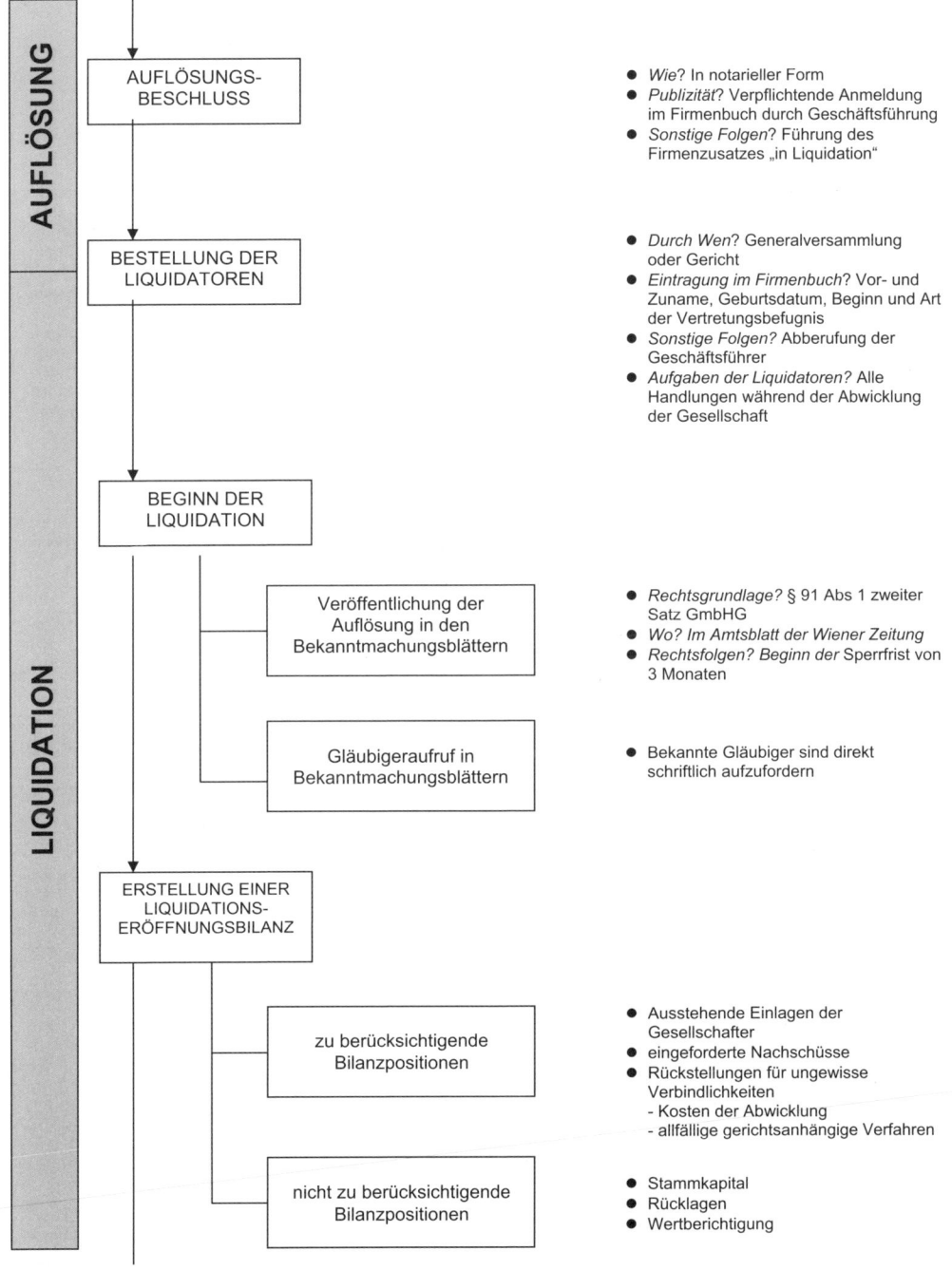

AUFLÖSUNGS-BESCHLUSS

- *Wie?* In notarieller Form
- *Publizität?* Verpflichtende Anmeldung im Firmenbuch durch Geschäftsführung
- *Sonstige Folgen?* Führung des Firmenzusatzes „in Liquidation"

BESTELLUNG DER LIQUIDATOREN

- *Durch Wen?* Generalversammlung oder Gericht
- *Eintragung im Firmenbuch?* Vor- und Zuname, Geburtsdatum, Beginn und Art der Vertretungsbefugnis
- *Sonstige Folgen?* Abberufung der Geschäftsführer
- *Aufgaben der Liquidatoren?* Alle Handlungen während der Abwicklung der Gesellschaft

BEGINN DER LIQUIDATION

Veröffentlichung der Auflösung in den Bekanntmachungsblättern

- *Rechtsgrundlage?* § 91 Abs 1 zweiter Satz GmbHG
- *Wo? Im Amtsblatt der Wiener Zeitung*
- *Rechtsfolgen? Beginn der* Sperrfrist von 3 Monaten

Gläubigeraufruf in Bekanntmachungsblättern

- Bekannte Gläubiger sind direkt schriftlich aufzufordern

ERSTELLUNG EINER LIQUIDATIONS-ERÖFFNUNGSBILANZ

zu berücksichtigende Bilanzpositionen

- Ausstehende Einlagen der Gesellschafter
- eingeforderte Nachschüsse
- Rückstellungen für ungewisse Verbindlichkeiten
  - Kosten der Abwicklung
  - allfällige gerichtsanhängige Verfahren

nicht zu berücksichtigende Bilanzpositionen

- Stammkapital
- Rücklagen
- Wertberichtigung

AUFLÖSUNG

LIQUIDATION

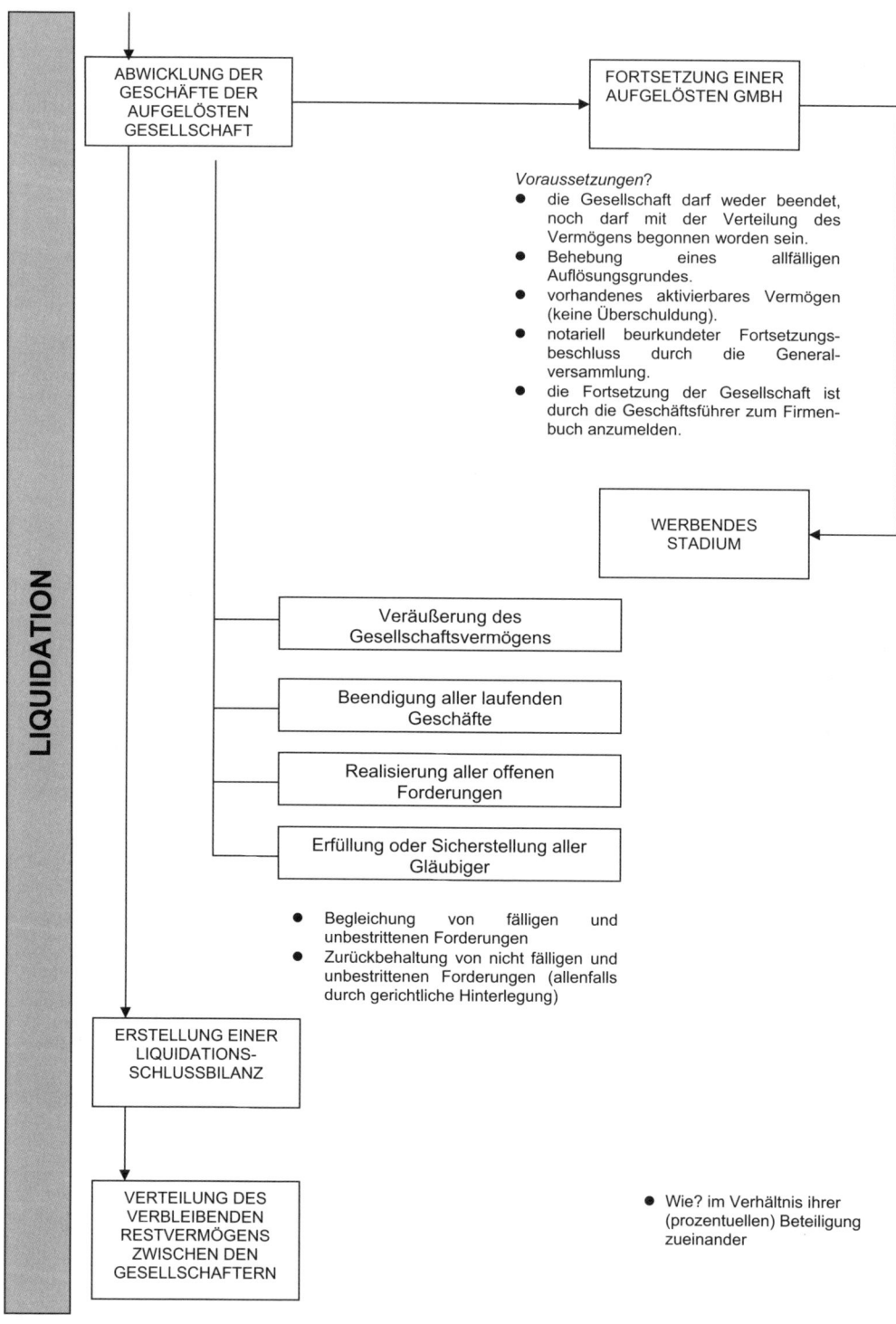

ABWICKLUNG DER
GESCHÄFTE DER
AUFGELÖSTEN
GESELLSCHAFT

FORTSETZUNG EINER
AUFGELÖSTEN GMBH

Voraussetzungen?
- die Gesellschaft darf weder beendet, noch darf mit der Verteilung des Vermögens begonnen worden sein.
- Behebung eines allfälligen Auflösungsgrundes.
- vorhandenes aktivierbares Vermögen (keine Überschuldung).
- notariell beurkundeter Fortsetzungsbeschluss durch die Generalversammlung.
- die Fortsetzung der Gesellschaft ist durch die Geschäftsführer zum Firmenbuch anzumelden.

WERBENDES
STADIUM

Veräußerung des
Gesellschaftsvermögens

Beendigung aller laufenden
Geschäfte

Realisierung aller offenen
Forderungen

Erfüllung oder Sicherstellung aller
Gläubiger

- Begleichung von fälligen und unbestrittenen Forderungen
- Zurückbehaltung von nicht fälligen und unbestrittenen Forderungen (allenfalls durch gerichtliche Hinterlegung)

ERSTELLUNG EINER
LIQUIDATIONS-
SCHLUSSBILANZ

VERTEILUNG DES
VERBLEIBENDEN
RESTVERMÖGENS
ZWISCHEN DEN
GESELLSCHAFTERN

- Wie? im Verhältnis ihrer (prozentuellen) Beteiligung zueinander

LIQUIDATION

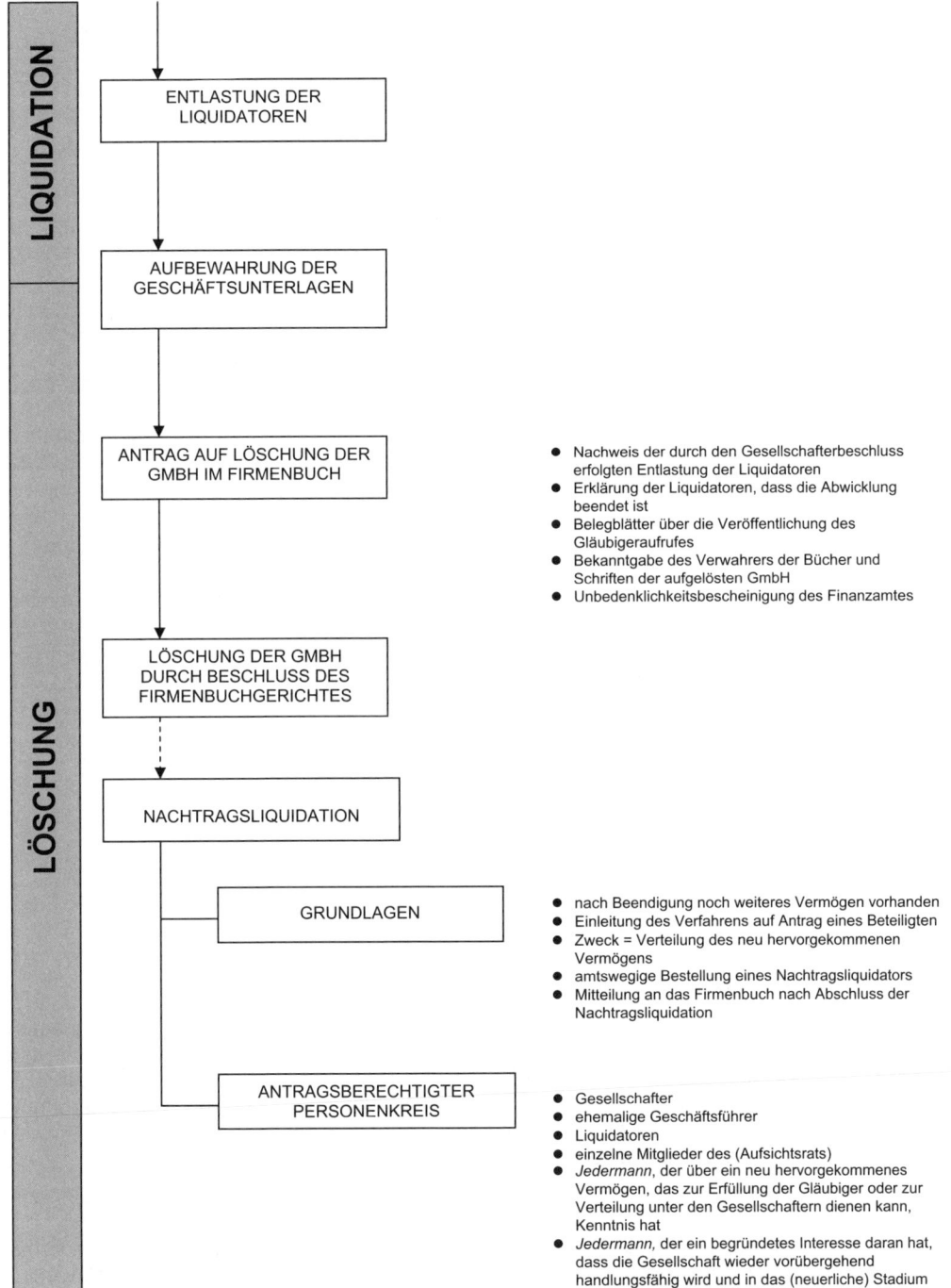

LIQUIDATION

ENTLASTUNG DER LIQUIDATOREN

AUFBEWAHRUNG DER GESCHÄFTSUNTERLAGEN

ANTRAG AUF LÖSCHUNG DER GMBH IM FIRMENBUCH

- Nachweis der durch den Gesellschafterbeschluss erfolgten Entlastung der Liquidatoren
- Erklärung der Liquidatoren, dass die Abwicklung beendet ist
- Belegblätter über die Veröffentlichung des Gläubigeraufrufes
- Bekanntgabe des Verwahrers der Bücher und Schriften der aufgelösten GmbH
- Unbedenklichkeitsbescheinigung des Finanzamtes

LÖSCHUNG

LÖSCHUNG DER GMBH DURCH BESCHLUSS DES FIRMENBUCHGERICHTES

NACHTRAGSLIQUIDATION

GRUNDLAGEN

- nach Beendigung noch weiteres Vermögen vorhanden
- Einleitung des Verfahrens auf Antrag eines Beteiligten
- Zweck = Verteilung des neu hervorgekommenen Vermögens
- amtswegige Bestellung eines Nachtragsliquidators
- Mitteilung an das Firmenbuch nach Abschluss der Nachtragsliquidation

ANTRAGSBERECHTIGTER PERSONENKREIS

- Gesellschafter
- ehemalige Geschäftsführer
- Liquidatoren
- einzelne Mitglieder des (Aufsichtsrats)
- *Jedermann*, der über ein neu hervorgekommenes Vermögen, das zur Erfüllung der Gläubiger oder zur Verteilung unter den Gesellschaftern dienen kann, Kenntnis hat
- *Jedermann*, der ein begründetes Interesse daran hat, dass die Gesellschaft wieder vorübergehend handlungsfähig wird und in das (neuerliche) Stadium der Liquidation tritt.

2. Auflösungsgründe

957

Übersicht: Auflösungsgründe bei einer GmbH

● durch Ablauf der im Gesellschaftsvertrag bestimmten Zeit;

● durch Beschluss der Gesellschafter; es genügt – sofern im Gesellschafts-vertrag nicht ein anderes Quorum bestimmt ist – einfache Mehrheit, der Beschluss bedarf einer notariellen Beurkundung;

● durch die Eröffnung des Konkursverfahrens;[402] wird das Verfahren nach Abschluss eines Zwangsausgleiches aufgehoben oder auf Antrag des Gemeinschuldners eingestellt, so können die Gesellschafter die Fortsetzung der Gesellschaft beschließen;

● Fusion mit einer Aktiengesellschaft oder einer anderen Gesellschaft mit beschränkter Haftung (§ 96 GmbHG);

● Umwandlung und Spaltung;

● Verfügung der Verwaltungsbehörde

 – § 86 Abs. 1 Z 1 GmbHG: Die werbende GmbH besteht zum Zeitpunkt der konstitutiven Eintragung bis zur Liquidation der GmbH, *wenn die Gesell-schaft die durch die Bestimmungen des GmbHG gezogenen Grenzen ih-res Wirkungskreises überschreitet.*

 – § 86 Abs. 1 Z 2 GmbHG: Die werbende GmbH besteht zum Zeitpunkt der konstitutiven Eintragung bis zur Liquidation der GmbH, *wenn die Ge-schäftsführer im Betrieb des gesellschaftlichen Unternehmens sich einer gerichtlich strafbaren Handlung schuldig machen und nach der Art der be-gangenen strafbaren Handlung im Zusammenhang mit dem Charakter des gesellschaftlichen Unternehmens ein weiterer Missbrauch zu be-fürchten wäre.*

● Beschluss des Firmenbuchgerichtes

 – § 2 Abs. 1 AmtsLG: Löschung einer vermögenslosen GmbH

 – § 10 Abs. 2 FBG: wenn die Eintragung wegen des Mangels einer wesent-lichen Voraussetzung unzulässig war oder wird

● im Gesellschaftsvertrag können weitere Auflösungsgründe festgesetzt wer-den.

2.1. Auflösung durch Satzungsregelung

958

Grundlagen. Wenn die Auflösung der Gesellschaft auf einem im Gesellschaftsver-trag festgelegten Grund beruht, ist eine Satzungsänderung erforderlich. In den meisten Fällen ist ein Gesellschafterbeschluss erforderlich, außer der Auflösungs-grund fällt rückwirkend weg. Das trifft bei der Aufhebung des Konkurseröffnungs-beschlusses, bei Aufhebung eines Löschungsbeschlusses (§ 2 AmtsLG) sowie bei Rücknahme eines verwaltungsbehördlichen Auflösungsbescheides zu.

Wenn der Gesellschaftsvertrag nichts anderes bestimmt, so ist die Gesellschaft für unbestimmte Zeit eingegangen. Zeitgrenzen kann die Satzung beliebig festsetzen, doch ist § 84 Abs. 1 Z 1 GmbHG nur dann anwendbar, wenn dies kalendermäßig geschieht oder an ein künftiges – bereits gewisses – Ereignis anknüpft. Der

---

[402] Vgl. hiezu u.a. OGH 10.10.2002, 6 Ob 152/02 = RdW 2003/115, 139 = EvBl 2003/49, 230 = ZIK 2003/135, 100 = JBl 2003, 389.

Zeitablauf löst die Gesellschaft ipso iure auf, sodass es auf eine Eintragung nicht ankommt. Die Dauer der Gesellschaft kann auch nachträglich im Wege einer Satzungsänderung begrenzt, verkürzt oder verlängert werden.

Ein Auflösungsbeschluss stellt üblicherweise keine Satzungsänderung dar, sofern nicht der Gesellschaftsvertrag eine feste Dauer festlegt und die Gesellschaft vorzeitig aufgelöst sein soll. Der Auflösungsbeschluss bedarf grundsätzlich zwar einer qualifizierten Mehrheit, nicht aber der Eintragung im Firmenbuch und kann auch konkludent gefasst werden.[403] Der Beschluss muss notariell beurkundet werden.

959 Die **Auflösung durch Zeitablauf** bedarf keines Auflösungsbeschlusses und sohin auch keiner notariellen Beurkundung. Der Zeitpunkt der Auflösung wird im Gesellschaftsvertrag festgelegt. Die Auflösung der GmbH wird ohne weiteres Zutun der Gesellschafter wirksam. Die Dauer der Gesellschaft ist im Firmenbuch einzutragen.

960 **Änderung der Gesellschaftsdauer.** Die Gesellschafter können durch Änderung des Gesellschaftsvertrages eine hinsichtlich ihrer Dauer befristet abgeschlossene GmbH auf unbestimmte Zeit errichten. Enthält der Gesellschaftsvertrag keine Regelungen hinsichtlich der Auflösung, so gilt die Gesellschaft auf unbestimmte Zeit abgeschlossen.

961 **Auflösungszeitpunkt.** Wird die Gesellschaft zeitlich befristet abgeschlossen, muss der Auflösungszeitpunkt kalendermäßig bestimmt oder zumindest bestimmbar sein. Der Auflösungstermin kann auch durch ein Ereignis bestimmt sein, dessen Eintritt zwar sicher, sein konkreter Zeitpunkt aber ungewiss ist.

962 **Firmenbuchanmeldung.** Sobald dieser Zeitpunkt erreicht ist bzw. das auflösungs-begründende Ereignis eingetreten ist, erfolgt die Auflösung der GmbH. Die Geschäftsführer haben die Auflösung dem Firmenbuch anzumelden.[404] Kommen die Geschäftsführer dieser Verpflichtung nicht nach, so hat das Firmenbuchgericht sie zur Anmeldung anzuhalten, wobei auch die Verhängung von Zwangsstrafen gemäß § 9 FBG möglich ist.

963 **Unzulässige Satzungsklauseln.** Die Vereinbarung einer GmbH auf *„immerwäh-rende Dauer"* oder die *„Unzulässigkeit der Auflösung"* ist nicht zulässig (§ 1208 ABGB). Enthält die Satzung eine solche Vertragsbestimmung, ist für den Auflö-sungsbeschluss Einstimmigkeit erforderlich. Unter diesem Gesichtspunkt ist auch eine Vertragsklausel zu sehen, die bis zu einem gewissen Zeitpunkt die Auflösung der GmbH untersagt. In diesem Fall genügt ein mit einfacher Mehrheit gefasster Auflösungsbeschluss nach Erreichen dieses Zeitpunktes.

964 **Änderung des Gesellschaftsvertrages.** Sollte von den Gesellschaftern eine Verlängerung der Dauer der Gesellschaft gewünscht werden, erfolgt dies durch eine Satzungsänderung, die eines Notariatsaktes bedarf. Gemäß § 50 Abs. 4 GmbHG ist dafür jedenfalls die Zustimmung aller Gesellschafter, deren Leistungspflichten hiedurch vergrößert oder verlängert werden (z.B. Leistung von Nachschüssen oder Geschäftsführungspflicht) und denen die zeitlich befristete Dauer als Sonderrecht eingeräumt worden war, notwendig.[405]

---

[403] Vgl. hiezu *Fritz*, GmbH-Praxis I Vertragsmuster und Eingaben, 1358 ff.
[404] Vgl. *Fritz*, GmbH-Praxis I Vertragsmuster und Eingaben, 1349 ff.
[405] OGH 30.5.1974, 4 Ob 8/74 = SZ 47/70 = EvBl 1974/298 = JBl1975, 42 = BA 1975, 61 = NZ 1975, 123.

2.2. Auflösungsbeschluss der Generalversammlung

965   Um in das Stadium der Liquidation treten zu können, bedarf es eines Auflösungs-beschlusses der Generalversammlung. Als Auflösung wird jener „Zustand" bezeich-net, in dem die Gesellschaft bei unveränderter rechtlicher Existenz zur Vorbereitung der Beendigung vom Stadium der werbenden („normalen") Tätigkeit in das Stadium der Abwicklung tritt. Der Gesellschafterbeschluss in der Generalversammlung auf Auflösung ist rechtsbegründend. Die Wirkung der Auflösung kann demnach auf einen späteren, nicht aber auf einen früheren Zeitpunkt rückwirkend bezogen werden.

- **Beispiele:**
  In der Generalversammlung am 19.11.2007 wird beschlossen, die Gesellschaft per 30.11.2007 aufzulösen.
  Dieser Beschluss ist zulässig.
  In der Generalversammlung am 19.11.2007 wird beschlossen, die Gesellschaft rückwirkend per 31.10.2007 aufzulösen.
  Dieser Beschluss ist nicht zulässig.

966   **Mehrheitsverhältnisse.** Der Gesellschafterbeschluss über die Auflösung der Gesellschaft (§ 84 Abs. 1 Z 2 GmbHG) kann mit einfacher Mehrheit der abgegebenen Stimmen gefasst werden und bedarf der notariellen Beglaubigung. Die Auflösungsgründe können entweder gesellschaftsbezogen sein oder sich aus den Eigenschaften der Gesellschafter ergeben (Ableben, Konkurs, Verstoß eines Gesellschafters gegen übernommene Pflichten usw.).

967   **Ausnahmsweise Satzungsänderung.** In jenen Fällen, in denen die Gesellschaft auf bestimmte Zeit errichtet worden ist, stellt sowohl die Vor- als auch eine Rückverlegung des Auflösungszeitpunktes eine Abänderung des Gesellschafts-vertrages dar. Für diese bedarf es gemäß § 50 Abs. 1 GmbHG einer Mehrheit von 75 v.H. der abgegebenen Stimmen. Im Gesellschaftsvertrag können zwar höhere, nicht aber geringere als die gesetzlich vorgegebenen Mehrheitserfordernisse festgelegt werden.[406]

2.3. Kündigung durch einen Gesellschafter

968   Einem Gesellschafter kann im Gesellschaftsvertrag (§ 84 Abs. 2 GmbHG) die Möglichkeit eingeräumt werden, durch Kündigung die Auflösung der Gesellschaft zu erreichen. Davon zu unterscheiden ist die einem Gesellschafter eingeräumte Möglichkeit, durch Kündigung sein Ausscheiden als Gesellschafter aus der Gesellschaft auszusprechen.[407] Im Gesellschaftsvertrag ist demnach ein Kündi-gungsrecht verbunden mit einem Aufgriffsrecht oder mit einer Übernahmepflicht der übrigen Gesellschafter zu vereinbaren. Ist gesellschaftsvertraglich kein Kündi-gungsrecht vereinbart, sind die Gesellschafter gebunden. Ein Recht zur außeror-dentlichen Kündigung – auch der Gesellschaft – besteht nicht.

969   Bei Auflösung durch Kündigung oder Auflösungsklage ist für den Fortsetzungsbe-schluss die Zustimmung des Kündigenden bzw. Klägers erforderlich. Wenn im Gesellschaftsvertrag für den Auflösungsbeschluss eine besondere Mehrheit erfor-

---

[406] OGH 17.7.1997, 6 Ob 193/97v = ecolex 1998, 138 = RdW 1997, 722 = GesRZ 1998, 39 = SZ 70/51 = AnwBl 1998, 214.

[407] Vgl. *Fritz*, GmbH-Praxis I Vertragsmuster und Eingaben, 132. OGH 29.1.2001, 3 Ob 57/00d = GesRZ 2001, 94 = RdW 2001/374, 340 = EVBl 2001/112, 471.

---

derlich ist, so gilt diese auch für den Fortsetzungsbeschluss. Der Fortsetzungsbeschluss ist notariell zu beurkunden, die Eintragung zum Firmenbuch wirkt deklarativ.

Die Auflösbarkeit der GmbH im Wege einer Klage setzt das Vorliegen eines wichtigen Grundes voraus. Ein solcher kann in der Unmöglichkeit, den Gesellschaftszweck zu erreichen, liegen. Die Fortsetzung des Gesellschaftsverhältnisses muss demjenigen, der die Auflösung begehrt, nicht mehr zumutbar sein. Der Auflösungsanspruch ist durch eine Rechtsgestaltungsklage geltend zu machen (§ 133 UGB).

2.4. Auflösung durch Eröffnung des Konkurses

Der Konkurs über das Vermögen der GmbH ist zu eröffnen, wenn sie zahlungsunfähig oder überschuldet ist (§ 69 KO). Konkursfähig ist auch die schon aufgelöste GmbH. Wird das Konkursverfahren über die GmbH eröffnet, so wird diese durch die zwingenden Bestimmungen des § 84 Abs. 1 Z 4 GmbHG aufgelöst. Wird der Antrag auf Eröffnung eines Konkursverfahrens mangels kostendeckenden Vermögens rechtskräftig abgewiesen, erfolgt mit Rechtskraft des Abweisungsbeschlusses die Auflösung der GmbH (§ 1 Abs. 1 ALöschG). Das Firmenbuchgericht hat die Auflösung von Amts wegen einzutragen.[408] Ein Verlust der Parteifähigkeit tritt erst dann ein, wenn auch die Eintragung der Löschung der Gesellschaft im Firmenbuch erfolgt, bis zu diesem Zeitpunkt bleibt die Rechtspersönlichkeit der GmbH aufrecht.[409] **970**

Ausgleichsverfahren. Die Eröffnung eines Ausgleichsverfahrens über die GmbH entfaltet keine Auflösungswirkung. **971**

2.5. Auflösung durch Beschluss des Firmenbuchgerichtes

Eine amtswegige Löschung kann durch das Firmenbuchgericht erfolgen **972**

- bei Ausübung eines unzulässigen Unternehmensgegenstandes;

- bei Fehlen einer gesellschaftsrechtlich relevanten Bewilligung;

- bei Fehlen von wesentlichen Mindestbestandteilen des Gesellschaftsvertrages (§ 4 GmbHG);

- wenn einem gegen die Eintragung einer GmbH eingelegten Rekurs eines Schutzverbandes oder einer Interessenvertretung stattgegeben wird;

- wenn die Eintragung der Gesellschaft mangels einer wesentlichen Voraussetzung (z.B. Fehlen eines gesetzlichen Bestandteiles des Gesellschaftsvertrages) unzulässig war oder wird (§ 10 Abs. 2 FBG) sowie

- im Falle der Vermögenslosigkeit einer Gesellschaft.[410]

Amtswegige Löschung. Die Entscheidung über eine Löschung ist nach pflichtgemäßem Ermessen im Wege einer gesamtheitlichen Betrachtung des konkreten Einzelfalles vom Gericht zu treffen.[411] Es hat eine Abwägung dahingehend zu erfolgen, ob die unzulässige Eintragung mit den Interessen der Beteiligten **973**

---

[408] OGH 23.9.2004, 6 Ob 187/04 z = RWZ 2005, 3 = SWK 2005, 83.
[409] OGH 19.6.2006, 8 ObA46/06g = GesRZ 2006, 276.
[410] Vgl. OGH 29.8.2002, 6 Ob 168/02 b.
[411] Zur Amtslöschung wegen Nichtvorlage von Jahresabschlüssen vgl. OGH 20.02.2003, 6 Ob 23/03f und OLG Wien 16.4.2003, 28 R 70/03a.

(Gesellschafter) und dem öffentlichen Interesse an der Richtigkeit sowie Vollständigkeit des Firmenbuches kollidiert. Eine amtswegige Löschung hat deklarative Wirkung.[412]

974   Im **amtswegigen Verfahren** auf Löschung der Gesellschaft ist diese davon zu verständigen, dass von Seiten des Gerichtes eine Löschung beabsichtigt ist. Diese Benachrichtigung hat den Hinweis zu enthalten, dass von Amts wegen die Zustimmung zur Löschung angenommen wird, sofern die Gesellschaft ihrerseits nicht innerhalb von 14 Tagen Einwendungen erhebt. Diese bedürfen keiner Begründung. Werden nicht fristgerecht Einwendungen erhoben, ist ein Rekurs gegen den amtswegigen Auflösungsbeschluss unzulässig.

975   **Amtswegiger Auftrag zur Mängelbehebung.** Vor einer Löschung der GmbH hat entsprechend der Bestimmung des § 18 FBG eine amtswegige Belehrungspflicht *(Manuduktionspflicht)* zu erfolgen. Es ist vom Firmenbuchgericht darauf hinzuweisen, dass der Mangel geheilt werden kann und – unter Setzung einer angemessenen Frist – die Mängelbehebung vorzunehmen ist.

976   **Vermögenslose GmbH.** Im Falle der vermögenslosen GmbH gemäß § 2 Abs. 1 ALöschG handelt das Firmenbuchgericht entweder

● von Amts wegen,

● auf Antrag der gesetzlichen Interessenvertretung oder

● auf Antrag des Finanzamtes.

Im Falle einer Vermögenslosigkeit der GmbH unterbleibt eine Liquidation, da diese eine überflüssige Formalhandlung wäre.[413] Vermögenslosigkeit liegt dann nicht vor, wenn die Gesellschaft über einen bilanzierungsfähigen und selbständig verwertbaren Anlagengegenstand verfügt. Zukünftig zu erwartende, aber keinesfalls sichere Einnahmen (z.B. Beteiligung an einer Ausschreibung, der höchstwahrscheinlich eine Auftragserteilung folgt), sind kein Bestandteil einer Prüfung der Vermögenslosigkeit, da diese prognostizierten Einnahmen nicht bilanzierungsfähig sind.

977   Das Firmenbuchgericht hat das bestehende öffentliche Interesse am Schutz des Rechtsverkehrs und der Bereinigung des Firmenbuches gegen die privaten Interessen am Fortbestand der Gesellschaft abzuwägen und diesfalls nach pflichtgemäßem Ermessen zu entscheiden.

2.6. Amtswegige Auflösung

978   Die Auflösung einer GmbH kann von der Verwaltungsbehörde verfügt werden, wenn

● die Gesellschaft die durch § 1 Abs. 2 GmbHG gezogenen Grenzen ihres Wirkungskreises überschreitet (§ 86 Abs. 1 Z 1 GmbHG) oder

● sich die Geschäftsführer einer gerichtlich strafbaren Handlung schuldig machen und nach der Art der strafbaren Handlung im Zusammenhang mit dem Unternehmensgegenstand durch den weiteren Betrieb Missbrauch zu befürchten wäre (§ 86 Abs. 1 Z 2 GmbHG).

---

[412]   OGH 22.2.1990, 7 Ob 539/90 = GesRZ 1990, 195 = ecolex 1990, 417 = wbl 1990, 278 = RdW 1990, 343. Zur Bucheinsicht eines Gläubigers nach amtswegiger Löschung der Gesellschaft vgl. OGH 28.6.2004, 6 Ob 50/04b = GesRZ 2005, 85.

[413]   Zur Fortsetzung einer wegen vermuteter Vermögenslosigkeit gelöschten GmbH vgl. OGH 27.2.2001, 1 Ob 22/01v = RdW 2001/454, 411 = GesRZ 2001, 144 = JBl 2001, 598.

3. Liquidationsverfahren

3.1. Grundlagen

979 Die Auflösung der GmbH durch Zeitablauf und Beschluss der Gesellschafter muss durch die Geschäftsführer sofort zum Firmenbuch angemeldet werden (§ 88 Abs. 1 GmbHG). Dasselbe gilt für die Auflösung aus wichtigem Grund.

980 **„Liquidationzusatz".** Da der Firmenzusatz *„in Liquidation"* keine Firmenwortlautänderung darstellt, bedarf es keines eigenen Gesellschafterbeschlusses, sondern es genügt die diesbezügliche Anmeldung zum Firmenbuch.[414]

Muster:

Firmenbuchantrag auf Auflösung und Liquidation der Gesellschaft

Landes- als Handelsgericht *[Name]*

Firmenbuch

[Adresse]

Firmenbuchsache:	Allinger Handelsgesellschaft mbH
Firmenbuchnummer:	FN 87654 k

Antrag
auf Eintragung der Auflösung und Liquidation der Gesellschaft

RA-Code: […]

NO-Code: […]

Zustellung erbeten zu Handen:

I. Antragsteller:

1. Martin A. *[*, Adresse]*

2. Konrad B., *[*, Adresse]*

(als gemeinsam vertretungsbefugte Geschäftsführer der Allinger Handelsgesellschaft mbH)

II. Sachverhalt:

Im Firmenbuch des Landes- als Handelsgerichtes *[Name]* ist unter FN 87654 k die Allinger Handelsgesellschaft mbH mit dem Sitz in *[Ort]* eingetragen.

Mit Beschluss der Generalversammlung vom *[Datum]* wurde die Gesellschaft aufgelöst. Die Firma führt nunmehr den Zusatz „in Liquidation".

---

[414] Die Anmeldung kann sowohl von den Geschäftsführern als auch den Liquidatoren vorgenommen werden.

Zu Liquidatoren wurden die bisherigen Geschäftsführer Martin A., *, und Konrad B., *, bestellt. Sie sind gemeinsam zur Vertretung der Gesellschaft befugt.

III. Urkundenvorlage und Antrag:

Unter Vorlage der beglaubigten Ausfertigung des notariell beurkundeten Generalversammlungsprotokolls betreffend die Auflösung und Liquidation der Gesellschaft wird beantragt, im Firmenbuch des Landes- als Handelsgerichtes *[Ort]* unter FN 87654 k bei der Allinger Handelsgesellschaft mbH folgende Eintragungen vorzunehmen:

1. Mit Beschluss der Generalversammlung vom *[Datum]* wurde die Gesellschaft aufgelöst.

2. Die Firma führt den Zusatz „in Liquidation".

3. Martin A., *, und Konrad B., *, sind nicht mehr Geschäftsführer.

4. Liquidatoren sind Martin A., *, und Konrad B., *.

Sie sind seit *[Zeitpunkt der Beschlussfassung auf Auflösung]* gemeinsam zur Vertretung der Gesellschaft befugt.

Ort, Datum

[beglaubigte Unterfertigung durch sämtliche Geschäftsführer oder Liquidatoren]

981 Kommen die Geschäftsführer ihrer Anmeldepflicht nicht nach, ist von Amts wegen die Aufforderung an die Geschäftsführer unter Setzung einer Nachfrist mit der Mitteilung zu wiederholen, dass das Gericht nach Fristablauf die Auflösung von Amts wegen eintragen und gleichzeitig Liquidatoren ernennen wird. Bei Vorliegen der Voraussetzungen ist die Auflösung einschließlich ihres Grundes ins Firmenbuch einzutragen.

982 **Unterbleiben der Abwicklung.** Die Liquidation der Gesellschaft unterbleibt, wenn sie durch Fusion, übertragende Umwandlung oder Verstaatlichung aufgelöst wird (§ 95 Abs. 3 GmbHG). Die Gesellschaft ist auch dann nicht zu liquidieren, wenn sie wegen Vermögenslosigkeit gelöscht wurde (§ 2 Abs. 1 AmtsLG). Im Fall des Konkurses der Gesellschaft ist § 89 Abs. 1 GmbHG nicht anzuwenden. Die Geschäftsführer bleiben hier im Amt. Der OGH sieht im Aufgriffsrecht bezüglich des Geschäftsanteils eines kündigenden Gesellschafters einen Grund, die Gesellschaft zunächst nicht zu liquidieren.

983 **Aufrechterhaltung aller Rechtsverhältnisse.** Am Rechtsverhältnis der Gesellschafter untereinander und im Verhältnis zur Gesellschaft treten bis zur Beendigung der Vermögensauseinandersetzung keinerlei Änderungen ein. Sollten Stammeinlagen noch nicht voll eingezahlt sein, so können diese nur dann eingefordert werden, wenn eine Gläubigerbefriedigung notwendig ist; im Falle einer zulässigen Einforderung muss diese nach dem Verhältnis der bis zur Auflösung geleisteten Einzahlung erfolgen (§ 90 Abs. 3 GmbHG).

984 **Veräußerung des Unternehmens.** Bedarf es für die bessere Verwertung des Gesellschaftsvermögens einer Veräußerung des Unternehmens als Ganzes, so kann die Zustimmung zu diesem Vorgang nur durch einen Gesellschafterbeschluss mit einer Mehrheit von 75 v.H. der abgegebenen Stimmen erfolgen. Im Gesellschaftsvertrag kann auch ein höheres Mehrheitserfordernis vereinbart werden; hingegen darf das gesetzliche Quorum nicht unterschritten werden.

Wirkung der Firmenbucheintragung. Ab der Eintragung ins Firmenbuch beginnt **985** das Stadium der Liquidation im Sinne einer geordneten Abwicklung der Geschäfte der aufgelösten Gesellschaft mit dem Ziel der wirtschaftlichen Auflösung und Löschung. Anstelle des ursprünglichen Gesellschaftszweckes tritt sohin der Abwicklungszweck. Die Rechtssubjektivität der Gesellschaft bleibt jedoch unberührt. Mit der Eintragung der Auflösung hat die Gesellschaft den Firmenzusatz „in Liqu." oder „in Liquidation" zu führen. Die Liquidation ist aus Gläubigerschutzgründen die notwendige Folge der Auflösung. Die Rechte und Pflichten der Geschäftsführer gehen auf die Liquidatoren über. Die übrigen Organe der Gesellschaft (Generalversammlung, Aufsichtsrat) bleiben weiter bestehen.

3.2. Fortsetzung der Gesellschaft

Die Fortsetzung einer GmbH ist so lange zulässig, als sie noch nicht beendet ist und **986** noch nicht mit der Verteilung des Gesellschaftsvermögens begonnen wurde.[415] Beruht die Auflösung der Gesellschaft auf einem im Gesellschaftsvertrag festgelegten Grund, ist eine Satzungsänderung und damit einhergehend ein Gesellschafterbeschluss erforderlich. Die Eintragung in das Firmenbuch wirkt rechtsbezeugend (deklarativ).

Übersicht: Voraussetzungen für die Fortsetzung der GmbH **987**
- Die Gesellschaft darf weder beendet noch darf mit der Verteilung des Vermögens begonnen worden sein
- Behebung eines allfälligen Auflösungsgrundes
- Vorhandenes aktivierbares Vermögen (keine Überschuldung!)
- Notariell beurkundeter Fortsetzungsbeschluss durch die Generalversammlung
- Die Fortsetzung der Gesellschaft ist durch die Geschäftsführer zum Firmenbuch anzumelden

3.3. Gläubigerschutz und Vermögensaufteilung

Grundlagen. Bei einer gesetzestypischen Liquidation (also ohne Vorliegen einer **988** Insolvenz!) bestehen zwischen den Interessen der Gläubiger und dem Wunsch der Gesellschafter an einer nicht mit Rückzahlungsrisiken belasteten Ausschüttung Interessengegensätze. Zugunsten der Gläubiger gilt eine doppelte Gläubigerversicherung, die Gesellschafter sind auf der anderen Seite dadurch geschützt, dass eine dem Gesetz entsprechende Vermögensverteilung auch endgültig ist. Das Liquidationsverfahren muss also die Ausschüttungssperre des § 82 Abs. 1 GmbHG überwinden und diese wäre wiederum ohne vorherigen Gläubigerschutz nicht zu rechtfertigen.

Die Vermögensverteilung kann also nur durch einen wirksamen Gläubigerschutz **989** legitimiert werden. Erst wenn das Stammkapital seine Funktion, nämlich Haftungs-

---

[415] OGH 23.9.2004, 6 Ob 87/04v = GesRZ 2005, 41.

masse zu sein, nicht mehr zu erfüllen hat, darf das zur Erhaltung des Stammkapitals erforderliche Vermögen an die Gesellschafter ausgeschüttet werden.

990 **Publizität.** Die Bestimmungen über den Gläubigerschutz sind überaus komplex, wobei immer auf den jeweiligen Einzelfall abzustellen ist. Die Liquidatoren müssen die Auflösung der Gesellschaft in den Bekanntmachungsblättern veröffentlichen. Die Veröffentlichung muss eine an die Gläubiger gerichtete Aufforderung beinhalten, sich bei den Liquidatoren zu melden, wobei der Gesellschaft bekannte Gläubiger direkt aufzufordern sind, sich zu melden.

3.4. Liquidatoren
3.4.1. Grundlagen

991 **Aufgaben.** Die Abwicklung der Gesellschaft erfolgt durch Liquidatoren als Geschäftsleitungsorgan. Ihre Rechte und Pflichten entsprechen in der Regel jenen der Geschäftsführer, soweit das Gesetz nicht ausdrücklich etwas anderes vorsieht (§ 92 Abs. 1 GmbHG).[416] Zu den wesentlichen Aufgaben der Liquidatoren zählt, die laufenden Geschäfte zu beenden, die Verpflichtungen der aufgelösten Gesellschaft zu erfüllen, deren Forderungen einzuziehen und das Vermögen in Geld umzusetzen. Sie vertreten die Gesellschaft gerichtlich und außergerichtlich. Den Liquidatoren kommt eine unbeschränkte Vertretungsmacht für alle Abwicklungsgeschäfte[417] zu.

992 **Geborene Liquidatoren.** Sofern keine andere Regelung im Gesellschaftsvertrag bzw. durch Gesellschafterbeschluss vereinbart wurde, sind die Liquidatoren mit den Geschäftsführern ident, weshalb diese auch als *geborene Liquidatoren* bezeichnet werden (§ 89 Abs. 2 GmbHG).

993 **Personenkreis.** Sehr häufig wird in Gesellschaftsverträgen vereinbart, welche – namentlich bestimmte – Person oder welcher Personenkreis als Liquidatoren zu bestellen sind. Insbesondere bei anlagenintensiveren GmbHs empfiehlt sich die Bestellung von fachlich spezialisierten Beratern zu Liquidatoren.

994 Die **Bestellung der Liquidatoren** erfolgt durch die Generalversammlung. Soll ein Gesellschafter zum Liquidator bestellt bzw. als solcher abberufen werden, ist er bei der Beschlussfassung in der Ausübung seines Stimmrechtes nicht beschränkt. Durch Gesellschafterbeschluss kann die Bestellung der Liquidatoren jederzeit widerrufen werden; den Liquidatoren ihrerseits steht das Recht zu, aus wichtigen Gründen jederzeit ihre Funktion zurückzulegen.

995 **Art der Vertretungsbefugnis.** Neben der Bestellung bestimmter Personen zu Liquidatoren ist auch deren Vertretungsbefugnis zu beschließen, sofern der Gesellschaftsvertrag nicht ohnehin eine diesbezügliche Vereinbarung enthält. Nach den gesetzlichen Bestimmungen besteht eine kollektive Vertretungsbefugnis der Liquidatoren. Zur passiven Vertretung (Empfang von Zustellungen[418] oder Vorladungen) ist allerdings jeder kollektiv vertretungsbefugte Liquidator berechtigt.

996 **Minderheitrecht.** Auf Antrag des Aufsichtsrats oder von Gesellschaftern, deren Stammeinlagen zusammen mindestens dem zehnten Teil des Stammkapitals, dem Nennbetrag von € 700.000,00 oder einem im Gesellschaftsvertrag geringer festgelegten Betrag entsprechen, kann das Firmenbuchgericht aus wichtigen Gründen (weitere) Liquidatoren bestellen (§ 89 Abs. 2 GmbHG).

---

[416] OGH 24.2.2004, 5 Ob 89/03 d = RdW 2004/376.
[417] OGH 13.12.2005, 5 Ob 282/05i = wbl 2006, 238.
[418] OLG Wien 28.10.2002, 28 R 182/02 v = NZ 2003, 74.

Amtswegige Bestellung. Fehlen Liquidatoren und wird die Gesellschaft dadurch **997** handlungsunfähig, so können hilfsweise durch das Gericht sog. *Notliquidatoren* bestellt werden. Diese ersatzweise gerichtliche Bestellung ist selbst dann zulässig, wenn bereits Liquidatoren tätig sind oder diese durch die Gesellschaft bestellt werden könnten.

Übersicht: Gerichtliche Bestellung von Liquidatoren

In folgenden Fällen kann es zu einer gerichtlichen Bestellung der Liquidatoren kommen:

- die vom Firmenbuchgericht den Geschäftsführern gesetzte Frist zur Liquidationsanmeldung ist ungenützt verstrichen;
- der Aufsichtsrat beantragt die Ernennung von Liquidatoren durch das Gericht (§ 89 Abs. 2 GmbHG);
- Minderheitsgesellschafter können die Bestellung von Liquidatoren beantragen, sofern deren Stammeinlagen 10 % des Stammkapitales, einen Nennbetrag von € 726.728,00 oder einen im Gesellschaftsvertrag festgelegten geringeren Anteil am Stammkapital halten (§ 89 Abs. 2 GmbHG);
- im Falle der Auflösung durch eine Verfügung der Verwaltungsbehörde unter gleichzeitiger Anordnung, dass die Gesellschaftsorgane sofort ihre Tätigkeit einzustellen haben;
- ein Beteiligter stellt einen Antrag auf Bestellung eines Notliquidators[419] (§ 92 Abs. 1 i.V.m. § 15a GmbHG).

Wichtige Gründe. Der Aufsichtsrat oder die Gesellschafter haben als Antragsteller **998** für eine gerichtliche Bestellung oder Abberufung von Liquidatoren das Vorliegen von wichtigen Gründen für diese Bestellung oder Abberufung darzulegen (§ 89 Abs. 2 und 3 GmbHG).

Verfahren. Das Firmenbuchgericht prüft in weiterer Folge nach freiem Ermessen, **999** ob diese wichtigen Gründe tatsächlich vorliegen. Es darf entweder weitere Liquidatoren bestellen oder die bestehenden abberufen und an ihrer Stelle neue Liquidatoren ernennen.[420] Die Notliquidatoren sind zur Eintragung im Firmenbuch anzumelden. Die Eintragung erfolgt ebenso wie die Abberufung von Amts wegen. GmbH-Gesellschaftern kommt im Verfahren über die Entlohnung des Nachtragsliquidators kein Rekursrecht zu.[421]

Abberufung. Liquidatoren, die nicht vom Gericht bestellt wurden, können durch **1000** einen Gesellschafterbeschluss mit einfacher Mehrheit abberufen werden, wobei der Betroffene gem. § 39 Abs. 5 GmbHG stimmberechtigt ist (§ 89 Abs. 3 GmbHG). Das Gericht kann Liquidatoren bei Vorliegen eines wichtigen Grundes abberufen.

Übersicht: Abberufung der Liquidatoren aus wichtigem Grund

- von Amts wegen – auch ohne Antrag einer beteiligten Partei (§ 89 Abs. 3 GmbHG);

---

[419] OGH 21.5.2003, 6 Ob 250/02 m = ecolex 2004, 167; OGH 25.3.2004, 6 Ob 26/04 y = RdW 2004, 489 = ÖJZ-LSK 2004, 188.
[420] OGH 25.3.2004, 6 Ob 26/04y = RdW 2004, 489 = ÖJZ-LSK 2004/168.
[421] OGH 4.3.2004, 6 Ob 290/03w = RdW 2004, 488.

- auf Antrag des Aufsichtsrates;

- auf Antrag von Gesellschaftern, deren Stammeinlagen 10 v.H. des Stammkapitals erreichen oder einen im Gesellschaftsvertrag festgelegten geringeren Anteil betragen.

3.4.2. Notwendige Maßnahmen des Liquidators

3.4.2.1. Aufstellung einer Liquidationseröffnungsbilanz

1001
Die Liquidatoren haben für den Beginn der Abwicklung eine Liquidationseröffnungsbilanz und während der Dauer der Liquidation einen Jahresabschluss aufzustellen,[422] selbst wenn im Liquidationsstadium keine Tätigkeit mehr ausgeübt wird.[423]

Der Jahresabschluss ist von den Liquidatoren zum Ende eines jeden Geschäftsjahres zu erstellen[424] und besteht aus der Bilanz, der Gewinn- und Verlustrechnung
sowie dem Anhang. Die Veränderungen der erzielten oder voraussichtlich zu
erwartenden Erlöse der Aktiva und die zur Schuldentilgung aufzuwendenden
liquiden Mittel müssen berücksichtigt werden. Durch diese Gegenüberstellung der
tatsächlichen Aufwendungen und Erträge wird in der Gewinn- und Verlustrechnung
das Verwertungsergebnis des Berichtszeitraumes dargestellt.

1002
Stichtag der Liquidationseröffnungsbilanz ist der Tag der Auflösung der GmbH.
In dieser Eröffnungsbilanz sind die verwertbaren Aktiva mit den zu erwartenden
Verwertungserlösen und die Verbindlichkeiten mit den zur Tilgung erforderlichen
Beträgen zu veranschlagen. Vom Grundsatz der Bilanzkontinuität wird insofern
abgegangen, als der Rechnungsabschluss für das Ende des letzten ordentlichen
Wirtschaftsjahres und die Liquidationseröffnungsbilanz in keinem Zusammenhang
stehen.

1003
Wurde von der GmbH ein **Aufsichtsrat** eingerichtet, so ist diesem die Liquidationseröffnungsbilanz vorzulegen (§§ 30k und 92 Abs. 2 GmbHG). Der Aufsichtsrat hat
diese Bilanz zu prüfen. Im Anschluss an diese pflichtgemäß vorzunehmende
Prüfung ist über den Inhalt der Liquidationseröffnungsbilanz der Generalversammlung Bericht zu erstatten. Diese beschließt über die Genehmigung der Liquidationseröffnungsbilanz und der damit zusammenhängenden Entlastung der Liquidatoren. Die Beschlussfassung in der Generalversammlung kann – sofern
gesellschaftsvertraglich vorgesehen – auch im Umlaufverfahren gemäß § 34
GmbHG erfolgen.

1004
Der **Beobachtung der Zahlungsfähigkeit** der Gesellschaft durch die Liquidatoren
ist vorrangige Bedeutung beizumessen. Ergibt sich zu Beginn der Liquidation
(Liquidationseröffnungsbilanz) oder durch die laufende Abwicklung, dass die GmbH
zahlungsunfähig und/oder überschuldet ist, so haben die Liquidatoren unverzüglich
die Eröffnung des Konkurs- bzw. Ausgleichsverfahrens zu beantragen. Liegt ein
Konkurs vor, so hat der durch das Gericht bestellte Masseverwalter gemäß §§ 121 ff.
KO die Verwertung und Abrechnung des Gesellschaftsvermögens anstelle der
Liquidatoren weiter zu betreiben.

---

[422] OLG Wien 24.7.2000, 28 R 135/00d = NZ 2002, 50.
[423] OLG Wien 24.7.2000, 28 R 135/99d; OGH 10.10.2002, 6 Ob 152/02z = RWZ 2003/22; OLG Wien
24.1.2000, 28 R 203/99z = NZ 2000, 380.
[424] Vgl. OLG Wien 24.7.2000, 28 R 135/00d = NZ 2002, 50.

3.4.2.2. Erfüllung und Sicherstellung der Gesellschaftsgläubiger

Die bei der Auflösung der Gesellschaft vorhandenen und während der Liquidation **1005** der Gesellschaft zufließenden Mittel sind zur Erfüllung von Gläubigeransprüchen zu verwenden (§ 91 Abs. 2 GmbHG). Der in den Bekanntmachungsblättern zu veröffentlichende Gläubigeraufruf muss zwingend eine an die Gesellschaftsgläubiger gerichtete Aufforderung enthalten, sich bei den Liquidatoren zu melden.[425] Die der Gesellschaft bekannten Gläubiger sind direkt aufzufordern, sich zu melden, um eine Erledigung der ausstehenden Forderungen zu erreichen.

Vorsichtsprinzip. Beträge für

• nicht geltend gemachte Verbindlichkeiten, **1006**

• noch nicht fällige Forderungen (z.B. aus einem Dauerschuldverhältnis),

• für streitige Forderungen oder

 – für schwebende Verbindlichkeiten (Forderungen Dritter an die Gesellschaft, deren exaktes betragliches Ausmaß noch nicht feststeht oder die bedingt oder betagt sind),

dürfen von den Liquidatoren nicht an die Gesellschafter ausbezahlt werden.

Fällige Forderungen, die aus irgendeinem Grund nicht behoben werden, sind **1007** zurückzuhalten. Der entsprechende Betrag ist vor Beendigung der Liquidation bei Gericht zu hinterlegen. Für nicht fällige, bestrittene oder schwebende Verbindlichkeiten kann auch Sicherheit geleistet werden, z.B. in Form eines Pfandes oder von Bürgen. Ein allfälliges, nach Berichtigung und Sicherstellung der Schulden verbleibendes Vermögen der GmbH darf gem. § 91 Abs. 3 GmbHG erst nach Ablauf einer dreimonatigen Sperrfrist an die Gesellschafter verteilt werden. Diese Verteilung erfolgt regelmäßig nach dem Verhältnis der eingezahlten Stammeinlagen, sofern der Gesellschaftsvertrag nicht eine andere Regelung vorsieht.

Sinn und der Zweck dieser Regelung ist es, sicherzugehen, dass sich möglichst alle Gläubiger bei den vertretungsbefugten Organen der GmbH melden, bevor es zu einer Verteilung des Gesellschaftsvermögens kommt. Das wichtigste Motiv der Liquidation besteht in dem Umstand, die Gläubiger (von Gesetzes wegen) nach bestem Wissen und Gewissen zu schützen und nichts an die Gesellschafter aufzuteilen, was grundsätzlich den Gläubigern der GmbH zusteht. Sollten Beträge, die Gesellschaftern oder Gläubigern zustehen, nicht behoben werden, so sind diese vor Beendigung der Liquidation bei Gericht zu hinterlegen (§ 91 Abs. 4 GmbHG). Bei rechtmäßiger Verteilung des verbleibenden Vermögens an die Gesellschafter trifft diese keine Verpflichtung, das Empfangene zurückzuzahlen. Sollte eine rechtswidrige Verteilung erfolgt sein, so verstößt dies gegen § 82 Abs. 1 GmbHG. Dies bedeutet, dass bereits ausbezahlte Beträge in das Gesellschaftsvermögen zurückzuführen sind, soweit dies für eine Erfüllung der Gläubiger notwendig ist.

Verteilung des Gesellschaftsvermögens. Das nach Berichtigung und Sicherstel- **1008** lung der Schulden verbleibende Vermögen darf von den Liquidatoren erst nach Ablauf von drei Monaten seit der Veröffentlichung der Aufforderung an die Gläubiger verteilt werden. Sofern der Gesellschaftsvertrag nichts anderes bestimmt, ist der Liquidationsüberschuss nach Maßgabe der eingezahlten Stammeinlagen zu verteilen. Der Anspruch der Gesellschafter entsteht nach Ablauf der dreimonatigen Frist und der Erfüllung oder Sicherstellung der Gläubigerforderungen.

---

[425] OGH 23.10.2000, 6 Ob 119/00v; *Fritz,* GmbH-Praxis I Vertragsmuster und Eingaben, 1361.

1009   **Haftung der Liquidatoren.** Wird Vermögen an die Gesellschafter verteilt, so sind diese Leistungen an die Gesellschaft zurückzugewähren, soweit dies zur Befriedigung der Gläubiger erforderlich ist (§ 83 Abs. 1 GmbHG). Ein Haftungsanspruch gegen die Liquidatoren kann bestehen, wenn diese schuldhaft ihre Pflicht verletzen. Auch den Gläubigern kommt ein Anspruch auf Schadenersatz zu.

3.4.3. Die Entlastung der Liquidatoren

1010   **Gesellschafterbeschluss.** Die Gesellschafter haben durch Beschluss die Liquidatoren zu entlasten, wenn die Abwicklung beendet ist. Der Beschluss der Generalversammlung bedarf nicht der notariellen Beurkundung und kann – sofern gesellschaftsvertraglich zulässig – durch einen schriftlichen Beschluss im Umlaufverfahren erfolgen.

Muster: Entlastung eines Liquidators

GESELLSCHAFTERBESCHLUSS

Die gefertigten Gesellschafter der im Firmenbuch des Landes- als Handelsgericht *[Name]* unter FN 87654k eingetragenen Allinger Handelsgesellschaft mbH in Liqu. fassen im Umlaufwege gem. § 34 GmbHG nachfolgende Beschlüsse:

1. Der Bericht des Liquidators über die Beendigung der Liquidation wird zur Kenntnis genommen und genehmigt.

2. Dem Liquidator *[Name]* wird die Entlastung erteilt.

3. Zum Verwahrer der Bücher und Schriften der Gesellschaft wird für die gesetzlich vorgeschriebene Dauer *[Name, *, Adresse]* bestellt.

Ort, Datum

[Unterschriften]

1011   **Verweigerung der Entlastung.** Verweigern die Gesellschafter den Liquidatoren die Entlastung, so haben diese auf Erteilung der Entlastung durch die Generalversammlung zu klagen, da ohne diese Erklärung über die Entlastung durch die Gesellschafter das Firmenbuchgericht die GmbH nicht löschen darf. Eine Ausnahme von diesem zwingenden Grundsatz besteht nur bei einer amtswegigen Auflösung der GmbH nach den Bestimmungen des ALöschG.

1012   **Einpersonen-Gesellschaft.** Ist der einzige Gesellschafter einer GmbH zugleich auch Liquidator, kann dieser auch ohne Entlastungserklärung die Löschung der Gesellschaft beim Firmenbuchgericht beantragen.

1013   **Noch vorhandenes Vermögen.** Sollte den Gesellschaftern und/oder Liquidatoren bekannt sein, dass noch Gesellschaftsvermögen vorhanden ist, darf weder die Entlastung der Liquidatoren erteilt werden noch dürfen diese die Löschung der GmbH beantragen. Ist diese Löschung – aus welchen Gründen auch immer – bereits erfolgt, so ist die Liquidation wieder aufzunehmen und das Gesellschaftsvermögen neuerlich zu verteilen.[426]

4. Die Löschung der Gesellschaft

Aufbewahrung. Die Bücher und Schriften der aufgelösten Gesellschaft sind einem **1014** der Gesellschafter oder einem Dritten zur Aufbewahrung zu übergeben. Die Aufbewahrungsdauer für die Bücher und Schriften beträgt sieben Jahre, beginnend mit dem der Liquidationsbeendigung nächstfolgenden Kalenderjahr (§ 93 Abs. 3 GmbHG).

Kommt ein Gesellschafterbeschluss über die Person des Verwahrers nicht zustande und enthält auch der Gesellschaftsvertrag keine diesbezügliche Regelung, so kann auf Antrag hilfsweise durch das Firmenbuchgericht eine Person für die Verwahrung der Geschäftsunterlagen bestellt werden.

Veröffentlichung. Die erfolgte Löschung hat das Firmenbuchgericht von Amts **1015** wegen im Amtsblatt zur Wiener Zeitung zu veröffentlichen (§ 93 Abs. 2 GmbHG). Besitzt die GmbH tatsächlich kein Vermögen mehr, wird unter dieser Voraussetzung mit Löschung der Gesellschaft die juristische Person beendet. Ab diesem Zeitpunkt verlieren sämtliche Organe ihre Funktion. Grundsätzlich erlischt auch die Parteifähigkeit der gelöschten GmbH.[427]

Wirkung der Löschung. Sobald eine GmbH im Firmenbuch gelöscht ist, endet der **1016** Bestand der Gesellschaft als juristische Person.[428] Eine vollbeendete Kapitalgesellschaft ist grundsätzlich nicht mehr parteifähig.[429] Nach der Löschung im Firmenbuch kann eine GmbH auch nicht mehr im Zuge einer Nachtragsliquidation fortgesetzt werden.[430]

Firmenbuchantrag. Der Antrag auf Eintragung der Löschung der GmbH infolge **1017** Beendigung der Liquidation ist von sämtlichen Liquidatoren zu unterfertigen und hat zwingend folgende Bestandteile zu enthalten:

- Nachweis eines Gesellschafterbeschlusses über die Entlastung der Liquidatoren (eine schriftliche Beschlussfassung nach § 34 Abs. 2 GmbHG ist grundsätzlich ausreichend; es bedarf keiner Beglaubigung der Unterschriften);

- die Bekanntgabe des Verwahrers der Geschäftsunterlagen der aufgelösten GmbH bzw. eine allfällige Antragstellung auf gerichtliche Bestellung eines Verwahrers;

- Belegblätter über die Veröffentlichung des Gläubigeranspruches in den Bekanntmachungsblättern;

- die Unbedenklichkeitsbescheinigung des Finanzamtes[431] (§ 160 Abs. 3 BAO);

- die Erklärung sämtlicher Liquidatoren, wonach die Liquidation beendet ist.

---

[426] OGH 23.1.2003, 6 Ob 262/02a = ecolex 2003, 213
[427] Zum Beginn der Verjährungsfrist bei gelöschten Gesellschaften vgl. OGH 8.6.2004, 4 Ob 125/04t = RdW 2004/692, 737.
[428] OGH 25.3.2003, 1 Ob 153/02k = ecolex 2004, 92; OGH, RdW 1990, 11 = wbl 1990, 85 = GesRZ 1990, 156.
[429] OGH, RdW 1999, 143 = SZ 71/175 = JBl 1999, 126.
[430] OGH 26.1.2006, 6 Ob 216/05s = ecolex 2006, 174 = WR 2006, 138.
[431] OLG Wien 16.3.2000, 28 R 50/00d.

Muster: Löschung der Gesellschaft infolge Beendigung der Liquidation

Landes- als Handelsgericht *[Name]*

Firmenbuch

[Adresse]

Firmenbuchsache:	Allinger Handelsgesellschaft mbH in Liqu.
Firmenbuchnummer:	FN 87654 k

Antrag auf Eintragung der Löschung infolge Beendigung der Liquidation der Gesellschaft

RA-Code: [...]

NO-Code: [...]

Zustellung erbeten zu Handen:

I. Antragsteller:

1. Martin A., *[*, Adresse]*
2. Konrad B., *[*, Adresse]*

(als gemeinsam vertretungsbefugte Liquidatoren der Allinger Handelsgesellschaft mbH in Liquidation)

II. Sachverhalt:

Im Firmenbuch des Landes- als Handelsgerichtes *[Name]* ist unter FN 87654 k die Allinger Handelsgesellschaft mbH in Liqu. mit dem Sitz in *[Ort]* eingetragen.

Mit Gesellschafterbeschluss vom *[Datum]* wurde die Beendigung der Liquidation der Gesellschaft von den Gesellschaftern zur Kenntnis genommen und den Liquidatoren die Entlastung erteilt. Die Bücher und Papiere der aufgelösten Gesellschaft wurden Frau Katharina K. zur Aufbewahrung übergeben.

Die Liquidatoren erklären hiermit, dass die Abwicklung der Gesellschaft ordnungsgemäß beendet worden ist.

III. Eintragungsgrundlagen:

- Gesellschafterbeschluss über die Entlastung der Liquidatoren
- Belegexemplar der Wiener Zeitung über die Veröffentlichung des Gläubigeraufrufes[432]
- Unbedenklichkeitsbescheinigung des Finanzamts *[Name]*

IV. Antrag auf Eintragung:

Das Landes- als Handelsgericht *[Name]* möge im Firmenbuch unter FN 87654 k bei der Allinger Handelsgesellschaft mbH in Liqu. mit dem Sitz in *[Ort]* die Löschung der Gesellschaft infolge Beendigung der Liquidation eintragen.

Ort, Datum

[beglaubigte Unterfertigung durch sämtliche Abwickler]

---

[432] Soferne diese nicht bereits früher vorgelegt wurden.

Rechtsfolgen. Liegen die für die Löschung einer GmbH erforderlichen Vorausset- **1018** zungen vor, hat das Firmenbuchgericht die Löschung durchzuführen. Ab diesem Zeitpunkt können weder von den Liquidatoren noch von anderen Organen der (aufgelösten) GmbH weitere Erklärungen verlangt oder sie zum Erlag einer Sicherheitsleistung aufgefordert werden.[433] Ist zum Zeitpunkt der Löschung noch ein Prozess anhängig, erlischt die Parteifähigkeit der gelöschten GmbH.

Besteht ein **Anspruch auf Prozesskostenersatz** zugunsten der GmbH, ist diese **1019** – trotz Löschung im Firmenbuch – nicht als vermögenslos anzusehen und behält sowohl ihre Rechtspersönlichkeit als auch die Parteifähigkeit. Sollte nach Abschluss des Gerichtsverfahrens und Realisierung des Prozesskostenanspruches der GmbH ein Vermögen zukommen, ist dieses im Wege der Nachtragsliquidation zu verteilen.

5. Nachtragsliquidation

Voraussetzungen. Eine Nachtragsliquidation ist möglich, wenn sich nachträglich **1020** herausstellt, dass die Gesellschaft noch im Besitz von verteilbarem oder verwert- barem Vermögen ist[434] (§ 93 Abs. 5 GmbHG). Die Rechtsprechung interpretiert den Begriff des verwertbaren Vermögens extensiv.[435] Für das Verfahren der Nachtragsliquidation gelten die Bestimmungen der §§ 89 ff. GmbHG.

Antrag. Auf Antrag eines Beteiligten hat das Handelsgericht der Hauptniederlas- **1021** sung die Nachtragsliquidation einzuleiten. Als antragsberechtigt gelten Gesellschaf- ter, frühere Gesellschaftsorgane und Dritte, die ein Interesse an der Verwertung, Erfüllung oder Verteilung von vorhandenem Gesellschaftsvermögen haben. Nach Durchführung und Abschluss der Nachtragsliquidation ist dem Firmenbuchgericht durch die Liquidatoren eine entsprechende Mitteilung zu machen.

Muster: Bestellung eines Nachtragsliquidators

Landes- als Handelsgericht *[Name]*

Firmenbuch

[Adresse]

Firmenbuchsache:	Auer Handelsgesellschaft mbH in Liquidation
Firmenbuchnummer:	FN 38615 y

Antrag
auf Wiederaufnahme der Liquidation und Bestellung eines Liquidators

RA-Code: [...]

NO-Code: [....]

Zustellung erbeten zu Handen:

---

[433] OLG Wien 30.5.2001, 28 R 327/00 i = NZ 2002, 351.
[434] OGH 26.1.2006, 6 Ob 216/05s = RdW 2006/409, 436 = NZ 2006, 155.
[435] Vgl. OGH 26.9.1991, 6 Ob/91 = ecolex 1992, 94 = GesRZ 1992, 132.

I. Antragsteller:

1. Jochen A., [*, Adresse]

2. Paul B., [*, Adresse]

(als ehemalige Abwickler der Auer Handelsgesellschaft mbH in Liquidation)

II. Sachverhalt:

Mit Beschluss vom [Datum] wurde die Auer Handelsgesellschaft mbH in Liquidation infolge beendeter Abwicklung im Firmenbuch gelöscht.

Nach Beendigung der Abwicklung ist nunmehr ein noch nicht der Verteilung unterworfener Vermögenswert der Gesellschaft, nämlich [Bezeichnung] hervorgekommen, über den die Liquidation durchzuführen ist.

Eine Beschreibung des noch nicht der Liquidation unterzogenen Vermögenswertes ist Anlage ./.1 zu entnehmen.

III. Antrag auf Eintragung:

Das Landes- als Handelsgericht [Name] möge im Firmenbuch unter FN 38615 y bei der Auer Handelsgesellschaft mbH in Liquidation mit dem Sitz in [Ort] folgende Eintragungen vornehmen:

1. Wiedereröffnung des Liquidationsverfahrens.

2. Bestellung zu Nachtragsliquidatoren:

Jochen A., [*, Adresse]

Paul B., [*, Adresse]

die beiden Nachtragsliquidatoren vertreten die Auer Handelsgesellschaft mbH in Liquidation gemeinsam.

3. Wiederaufnahme der Abwicklung der Auer Handelsgesellschaft mbH in Liquidation

Ort, Datum

[beglaubigte Unterfertigung durch sämtliche Abwickler]

1022

Bescheinigung des Vermögens. Der Antragsteller hat in seinem Firmenbuchantrag das neu hervorgekommene Vermögen durch Kontoauszüge, Grundbuchsauszüge oder sonstige Unterlagen zu bescheinigen. Allgemein gehaltene Angaben oder Vermutungen reichen nicht aus. Andererseits bedarf es auch keines „vollen Beweises", sondern es genügt eine schlüssige Klarlegung des neu hervorgekommenen Vermögens. Besondere Formvorschriften für den Antrag auf Nachtragsliquidation bestehen nicht, es bedarf auch keiner Beglaubigung der Unterschriften der Antragsteller.

Als neu hervorgekommenes Vermögen, das eine Antragstellung auf Nachtragsliquidation rechtfertigt, sind verteilungsfähige Aktiva anzusehen. Um das Verfahren einer Nachtragsliquidation nicht unrentabel zu machen, muss das Vermögen allerdings über eine „Bagatelle" hinausgehen. Das Vermögen muss nicht in Form von Bargeld oder Bankguthaben bestehen, es kann sich vielmehr auch um Gewährleistungsansprüche handeln.[436] Der Begriff *„nachträglich"* ist auf den Löschungszeitpunkt der GmbH bezogen. Unerheblich für die Nachtragsliquidation ist, ob das Vermögen vor der Löschung der GmbH bekannt, aber nicht verwertbar war, oder ob es aus Versehen der Liquidatoren unberücksichtigt geblieben ist.

Gerichtliche Bestellung. Über den von einem *Beteiligten* als Partei eingebrachten **1023** Antrag auf Bestellung eines (Not-)Liquidators entscheidet das Firmenbuchgericht.[437] Wird von den Antragstellern der Grund für die Wiederaufnahme der Liquidation nicht ausreichend begründet oder glaubhaft gemacht, so hat das Gericht vor seiner Entscheidung entsprechende Erhebungen anzustellen und allenfalls die Beteiligten zu vernehmen. Das Firmenbuchgericht ist nicht an die im Antrag vorgeschlagenen Personen gebunden und entscheidet autonom über die Vertretungsbefugnis des zu bestellenden Liquidators bzw. der Liquidatoren. An gesellschaftsvertragliche Vereinbarungen über das Vertretungsrecht der Liquidatoren ist das Gericht nicht gebunden. Demnach besteht auch keine Rekurslegitimation von Gesellschaftern sowie ehemaligen Geschäftsführern und Liquidatoren im Fall der beantragten und genehmigten Nachtragsliquidation.[438]

Auch in jenen Fällen, in denen die Liquidatoren bereits als solche tätig waren, sind sie als gerichtlich bestellte Liquidatoren anzusehen. Das bedeutet, dass sie nach Beendigung der Nachtragsliquidation von Amts wegen und ohne Gesellschafterbeschluss und Entlastung abzuberufen sind.

Musterzeichnungserklärung. Für einen früheren Liquidator ist eine Musterzeich- **1024** nungserklärung entbehrlich, da diese ja bereits im Firmenbuchakt aufliegt. Ein neu bestellter Liquidator hat hingegen seine Musterzeichnungserklärung in beglaubigter Form zu leisten.

Aufgaben. Die Nachtragsliquidatoren haben das neu hervorgekommene Vermögen **1025** zu verteilen und die dazu notwendigen Rechtshandlungen zu setzen. Sie haben sich nach denselben Vorschriften wie bei der Liquidation zu richten. Aufgrund der Löschung der GmbH geht das noch nicht verteilte Vermögen nicht von selbst auf die Gesellschafter über. Dieses verbleibt vielmehr bis zur endgültigen Vermögensaufteilung der gelöschten Gesellschaft und wird von den Liquidatoren den Gesellschaftern zugewiesen. Ein neuer Gläubigeraufruf ist nicht erforderlich. Die Fortsetzung der Gesellschaft im Stadium der Nachtragsliquidation ist ausgeschlossen.[439]

Muster: Beendigung der Nachtragsliquidation

Landes- als Handelsgericht *[Name]*

Firmenbuch

[Adresse]

Firmenbuchsache:	Auer Handelsgesellschaft mbH in Liquidation
Firmenbuchnummer:	FN 38615 y

---

[436]   Im Zusammenhang mit urheberrechtlichen Verwertungsansprüchen, vgl. OGH 8.6.2004, 4 Ob 125/04t = GesRZ 2005, 11 = RdW 2004, 692.
[437]   OGH 22.2.2001, 6 Ob 274/00p = ecolex 2002, 197 mit Anm. von *Reich-Rohrwig*.
[438]   OGH 16.2.2006, 6 Ob 13/06i = NZ 2006, 22 = wbl 2006, 197 = ecolex 2006, 364.
[439]   OGH 23.9.2004, 6 Ob 87/04 v = RWZ 2005, 3 = wbl 2005, 91 = SWK 2005, 83.

**Anmeldung der Beendigung der Nachtragsliquidation und
Enthebung der Nachtragsliquidatoren**

RA-Code: [...]

NO-Code: [...]

Zustellung erbeten zu Handen:

I. Antragsteller:

1. Jochen A., [*, Adresse]

2. Paul B., [*, Adresse]

(als Abwickler der Auer Handelsgesellschaft mbH in Liquidation)

II. Sachverhalt:

Die Nachtragsliquidation der Auer Handelsgesellschaft mbH in Liquidation mit dem Sitz in [Ort] ist nunmehr beendet. Das nachträglich hervorgekommene Vermögen wurde – nach Abzug der Kosten der Nachtragsliquidation – im Verhältnis der von den Gesellschaftern übernommenen Stammeinlagen an diese ausgeschüttet.

III. Antrag auf Eintragung:

Wir beantragen somit, uns als Liquidatoren zu entheben, die Beendigung der Nachtragsliquidation im Firmenbuch unter FN 38615 y bei der Auer Handelsgesellschaft mbH in Liquidation mit dem Sitz in [Ort] einzutragen und uns als Liquidatoren zu löschen.

Ort, Datum

[beglaubigte Unterfertigung durch sämtliche Abwickler]

---

6. Steuerrechtliche Behandlung der Auflösung und Liquidation einer GmbH

6.1. Allgemeines

1027 Die Liquidation einer GmbH hat in steuerrechtlicher Hinsicht nur Auswirkungen auf die Ertragsbesteuerung. Zweck der Vorschrift des § 19 KStG ist es, die in der Form von stillen Rücklagen angesammelten und noch nicht versteuerten Gewinne früherer Wirtschaftsjahre bei der Liquidation der Steuer zu unterziehen.

1028 **Erstreckung des Veranlagungszeitraumes.** Die Liquidation einer Kapitalgesellschaft führt dazu, dass an Stelle der jährlichen Veranlagung der Besteuerungszeitraum für die Körperschaftsteuer ausnahmsweise auf bis zu drei Jahre ausgedehnt werden kann (§ 19 Abs. 3 KStG). Während dieses Zeitraums sind keine Körperschaftsteuererklärungen zu legen und es erfolgt auch keine jährliche Veranlagung. Auf die Gewinnermittlung selber sind die sonst geltenden Vorschriften anzuwenden.

Würde der Besteuerungszeitraum – wie sonst üblich – jeweils 12 Monate betragen, so müsste vom Veräußerungsgewinn die Körperschaftsteuer bezahlt werden, ohne

---

dass sich die in späteren Veranlagungsperioden erlittenen Verluste steuerlich auswirken können. Die daraus entstehenden Verluste wären zwar formell vortragsfähig, können aber zu keiner steuerlichen Entlastung mehr führen, da mangels Neuabwicklung von Geschäften keine Gewinne mehr erzielt werden. Auch an andere (natürliche oder juristische) Personen kann dieser stehenbleibende Verlust nicht zur Verwertung weitergegeben werden, da der Verlustvortrag ausschließlich ein persönliches Recht ist. Da die Gesellschaft nach Beendigung der Liquidation aber erlischt, besteht keine weitere Verwendungsmöglichkeit bei ihr selbst. Aus diesen Gründen sieht das Körperschaftsteuergesetz vor, den Besteuerungszeitraum auf bis zu drei Jahre zu verlängern. Dadurch ist sichergestellt, das später erlittene Veräußerungsverluste gegen früher erzielte Veräußerungsgewinne aufgerechnet werden können.

Fortsetzung der Tätigkeit. Nach Ablauf von drei Jahren ist – abgesehen vom Falle **1029** der bewilligten Ausdehnung – wieder zur jährlichen Veranlagung überzugehen.[440] Für die Liquidatoren bedeutet diese steuerliche Vorschrift, dass sie – solange sie sich im Besteuerungszeitraum befinden – mit den Abwicklungsschritten keine Rücksicht auf ertragsteuerliche Auswirkungen nehmen müssen, da es infolge der Zusammenrechnung auf die zeitliche Lagerung von Gewinnen aus Veräußerungen und entstandenen Verlusten nicht ankommt.

Fristerstreckung. Ergeben sich für die Liquidatoren im Zuge der Abwicklung **1030** Schwierigkeiten wirtschaftlicher Natur und kann die Liquidation innerhalb der im KStG statuierten Dreijahresfrist nicht beendet werden, besteht auf Antrag die Möglichkeit, eine Erstreckung dieses Zeitraumes zu erreichen (§ 19 Abs. 3 KStG). Eine solche Fristerstreckung ist von der Finanzbehörde zu gewähren, wenn die Gründe, die zur Verlängerung der Abwicklungsmodalitäten geführt haben, berücksichtigungswürdig sind.

6.2. Liquidationsgewinn

Begriff. Liquidationsgewinn ist jener Gewinn, der im Abwicklungszeitraum erzielt **1031** wird. Der Liquidationsgewinn ergibt sich gem. § 19 Abs. 2 KStG aus der Gegenüberstellung des Abwicklungs-Endvermögens (Liquidationsschlussbilanz) und des Abwicklungs-Anfangsvermögens (Liquidationseröffnungsbilanz).

Abwicklungs-Endvermögen. Unter dem Begriff „Abwicklungs-Endvermögen" ist **1032** jenes Vermögen zu verstehen, das zur Verteilung kommt. Sind darin nicht veräußerte Wirtschaftsgüter enthalten, so sind diese mit dem gemeinen Wert anzusetzen. Damit ist sichergestellt, dass in den Fällen, in denen das Abwicklungs-Endvermögen nicht nur aus liquiden Mitteln besteht, durch das Ansetzen des gemeinen Wertes der vorhanden Wirtschaftsgüter die stillen Reserven erfasst werden.

Das **Abwicklungs-Anfangsvermögen** ist jenes Betriebsvermögen, das am Ende **1033** des der Auflösung vorangegangenen Wirtschaftsjahres nach den „üblichen" Vorschriften über die Gewinnermittlung anzusetzen war. Falls die Auflösung im Wirtschaftsjahr der Gründung (Errichtung) der Gesellschaft erfolgt, ist das Stammkapital als Abwicklungs-Anfangsvermögen anzusehen. Das Abwicklungs-Anfangsvermögen ist in steuerlicher Sicht üblicherweise nicht ident mit dem Abwicklungs-

---

[440] In Fällen, in denen die Liquidation nur zum Schein erfolgt, wenn die Gesellschaft mit beschränkter Haftung sich also weiterhin am wirtschaftlichen Verkehr beteiligt, bleibt es bei der üblichen einjährigen Besteuerung.

Anfangsvermögen aus gesellschaftsrechtlicher Sicht. Haben nämlich die Liquidatoren zu Beginn der Liquidation einen Vermögensstatus aufzustellen, der das Abwicklungs-Anfangsvermögen darstellt, ist für steuerliche Zwecke von der letzten, dem Auslösungsbeschluss vorangegangenen Regelbilanz auszugehen (§ 19 Abs. 5 KStG).

- **Beispiel**

  Bilanzstichtag der Mair-Unternehmensberatung GmbH ist der 31. Dezember 2006. Am 14. März 2007 wird der Auflösungsbeschluss gefasst.

  Die Allemania Wirtschaftstreuhand-/Steuerberatungs GmbH bilanziert infolge eines abweichenden Wirtschaftsjahres zum 30. September eines jeden Jahres. Der Auflösungsbeschluss wurde ebenfalls am 14. März 2007 gefasst. Obwohl die Liquidatoren in beiden Fällen zum 14. März 2007 einen Vermögensstatus zu erstellen haben, gilt für die steuerlichen Zwecke der Mair-Unternehmensberatung GmbH die Bilanz zum 31. Dezember 2006 und bei der Allemania Wirtschaftstreuhand-/Steuerberatungs GmbH die Bilanz zum 30. September 2006 als Liquidationsanfangsbilanz.

Durch diese Bestimmung kommt es zu einem weiteren Steuervorteil, da auf diese Weise auch der im Zeitraum vor dem Bilanzstichtag bis zum Tag des Auflösungsbeschlusses erzielte Gewinn aus der laufenden Geschäftätigkeit in den erstreckten Besteuerungszeitraum fällt und u. U. sogar von Veräußerungsverlusten aufgezehrt werden kann. Das gleiche gilt auch für einen in diesem Zeitraum entstandenen Verlust, der einen allfälligen Liquidationsgewinn noch vermindern kann.

1034   Beim **Abwicklungs-Endvermögen** kann sich zwischen dem gesellschaftsrechtlichen Abschluss und dem steuerrechtlichen Abschluss ein Unterschied ergeben. Nach den gesellschaftsrechtlichen Bestimmungen kann das Abwicklungs-Endvermögen erst dann vorliegen, wenn auch das letzte Wirtschaftsgut veräußert ist. Die Bilanz erhält somit nur mehr das zur Verteilung bereitstehende Barvermögen auf der Aktivseite und das gleich hohe Eigenkapital (im günstigsten Fall Stammkapital und Gewinnrücklage) auf der Passivseite.

Es ist aber durchaus denkbar, dass die Liquidationsschlussbilanz noch nicht veräußerte Wirtschaftsgüter enthält. Liegen besondere Gründe vor, die eine Veräußerung bestimmter Wirtschaftsgüter noch nicht ermöglicht haben, könnte dieser Umstand die steuerlich sinnvolle Abwicklung innerhalb eines überschaubaren Zeitraums verhindern. In diesen Fällen ist es aus steuerlicher Sicht zulässig, die noch nicht veräußerten Wirtschaftsgüter in der Liquidationsschlussbilanz mit dem gemeinen Wert anzusetzen. Durch diesen Vorgang ist die Liquidation aus steuerlicher Hinsicht früher beendet als dies tatsächlich der Fall ist.

1035   Der **gemeine Wert** stellt eine Schätzgröße dar, die üblicherweise als Verkehrswert angesehen wird. Der gemeine Wert soll jenen Preis darstellen, der für ein Wirtschaftsgut im gewöhnlichen Geschäftsverkehr nach der Beschaffenheit dieses Wirtschaftsgutes im Falle seiner Veräußerung erzielt würde. Da jedoch beim Ansatz der Liquidationsschlussbilanz keine tatsächliche Veräußerung erfolgt, kann dieser Wert nur annähernd ermittelt werden.

6.3. Besteuerung der Auflösung

1036   Die **Auflösung im Gründungsjahr** stellt insoweit einen Sonderfall dar, als keine Regelbilanz vor dem Auflösungsbeschluss bestehen kann. In diesem Fall gelten die einbezahlten Stammeinlagen als Liquidations-Anfangsbilanz. Ist es anlässlich der Gründung zu einer Sachgründung gekommen, dann stellt die Eröffnungsbilanz gleichzeitig auch die Liquidationsanfangsbilanz dar.

Steuertarif. Für die Liquidation einer GmbH besteht keine Tarifermäßigung. **1037**
Gewinne aus der Veräußerung von Wirtschaftsgütern werden demnach wie
Gewinne aus laufender Geschäftstätigkeit behandelt. Diese Bestimmung ist ein
Grund, warum für steuerliche Zwecke der Erfolg im Zeitraum zwischen der letzten
Regelbilanz und dem Auflösungsbeschluss nicht gesondert ermittelt werden muss.
Würde nämlich ein allfälliger Liquidationsgewinn mit einem begünstigten Steuersatz
besteuert, dann müsste jenes Ergebnis aus dem gesamten Liquidationserfolg
herausgerechnet werden, das im Zeitraum zwischen der letzten Regelbilanz und
dem Auflösungsbeschluss erzielt worden ist.

Mehr-Weniger-Rechnung. Nachdem also die prinzipiellen Grundlagen für die **1038**
Gewinnermittlung beizubehalten sind, bedeutet dies auch, dass noch allfällige
Hinzu- und Abrechnungen in der Mehr-Weniger-Rechnung zu berücksichtigen sind.
Üblicherweise werden diese Anpassungen in der Mehr-Weniger-Rechnung aus
dem Erfolg des Zeitraumes zwischen der letzten Regelbilanz und dem Auflösungsbeschluss herrühren. Im Zuge der Ermittlung des Liquidationserfolges wird es in
den meisten Fällen nur zur Hinzurechnung aus der nicht abzugsfähigen Körperschaftsteuer kommen.

Rz. 1039 – 1040 frei.

XVI. Die Umgründung einer GmbH – ein erster Überblick

Inhaltsverzeichnis   Rz.
1. Grundlagen 1041
2. Verschmelzung (Art. I UmgrStG) 1049
3. Umwandlung (Artikel II)... 1051
4. Spaltung (Artikel VI) 1056
    4.1. Grundlagen... 1056
    4.2. Handelsspaltung... 1058
    4.3. Steuerspaltung 1063

1. Grundlagen

1041 **Einleitung.** Die Gesellschaftsform ist das *wirtschaftliche Kleid,* das ein von mehreren Personen geführtes Unternehmen trägt. Dieses Kleid kann im Laufe des unternehmerischen Bestandes zu groß oder zu klein, zu aufwendig oder zu schlicht werden. Eine Umgründung dient dazu, dieses *wirtschaftliche Kleid* wiederum der aktuellen Unternehmenssituation anzupassen.

1042 **Begriff.** Umgründungen sind Änderungen bestehender Unternehmensformen im Allgemeinen und einer GmbH im Besonderen, wobei das Vermögen nicht entgeltlich, sondern auf gesellschaftsrechtlicher Grundlage übertragen wird. Für die *Hingabe* dieses für eine Umgründung maßgeblichen Vermögens erhalten die bisherigen Eigentümer – also die Gesellschafter im Verhältnis ihrer Beteiligung – entsprechende gesellschaftsrechtliche Gegenleistungen.

1043 Der **Zweck** einer Umgründung ist die liquidationslose Übertragung von unternehmerischem Vermögen einer bestehenden Rechtsform (GmbH) auf ein anderes Rechtsgebilde *(weg von der GmbH).*

1044 **Rechtsgrundlage** für Umgründungen im Zusammenhang mit der Zielgruppe dieses Buches ist das Umgründungssteuergesetz; dieses regelt in sechs verschiedenen Artikeln die einzelnen Anwendungsformen einer Umgründung.

1045 **Steuerliche Buchwertfortführung.** Obwohl die Vermögenshingabe durch die Gesellschafter der GmbH einerseits und der Erhalt von (gesellschaftsrechtlichen) Gegenleistungen andererseits einen Tausch- bzw. Veräußerungsvorgang darstellen würde, der außerhalb des Umgründungssteuerrechts zur Gewinnrealisierung führt, gilt für Umgründungen im Sinne des Umgründungssteuergesetzes die zwingende Fortführung der steuerlichen Buchwerte.

Werden im Fall einer bestehenden GmbH Anteile an Betrieben mit anderen Betrieben verschmolzen, in andere Betriebe umgewandelt oder von bestehenden Betrieben abgespalten, so sind die rechtsnachfolgenden Unternehmer verpflichtet, die übernommenen Aktiva und Passiva mit den bisherigen steuerlichen Buchwerten fortzuführen.

1046 **Wahlrecht des Rechtsnachfolgers.** In der Handelsbilanz des übernehmenden (fortführenden) Rechtsnachfolgers besteht ein Wahlrecht zwischen der Buchwertfortführung und einer Aufwertung auf die tatsächlichen Verkehrswerte zum Zeitpunkt der Umgründung. Ein solcher Aufwertungsgewinn ist nicht steuerpflichtig, die daraus folgenden höheren Abschreibungen sind steuerlich nicht abzugsfähig.

1047 **Rechtsnachfolge.** Der übernehmende (fortführende) Betrieb gilt als steuerrechtlicher Gesamtrechtsnachfolger und übernimmt daher nicht nur alle Aktiva und Passiva, sondern auch alle nicht in der Bilanz angeführten Rechte und Pflichten des übernommenen Betriebes.

Rückwirkung. Umgründungen können in ertragsteuerrechtlicher Hinsicht bis zu **1048** neun Monate rückwirkend vorgenommen werden. Wird der Umgründungsstichtag zum 31.12. gewählt, so ist die rückwirkende Umgründung bis zum 30.09. des Folgejahres möglich. Bis zur Eintragung der Umgründung in das Firmenbuch bzw. bis zur Meldung beim Finanzamt muss im Gegensatz zur ertragsteuerlichen Behandlung die bisher bestehende GmbH ihre Umsätze noch selbst versteuern und auch eine Jahresumsatzsteuererklärung abgeben.

Übersicht: Ausgewählte Grundsätze des Umgründungssteuergesetzes

- Maßgeblichkeit des Handelsrechts: die steuerlichen Folgen der Umgründung treten ein, wenn die Umgründung in handelsrechtlicher Hinsicht zulässig ist
- Buchwertansatz und Buchwertfortführung: Das Betriebsvermögen ist mit dem Wert anzusetzen, der sich nach den steuerrechtlichen Vorschriften über die Gewinnermittlung ergibt.
- Steuerneutralität von Buchgewinnen und Buchverlusten
- Objektbezogener Übergang des Verlustabzuges: Der Verlustabzug steht grundsätzlich nur dem Steuerpflichtigen zu, der den Verlust erwirtschaftet hat. Eine Ausnahme besteht nur bei Betriebsübertragungen durch Gesamtrechtsnachfolge.

2. Verschmelzung (Art. I UmgrStG)

Begriff. Bei einer Verschmelzung (verschiedentlich auch als *Fusion* bezeichnet) **1049** vereinigen sich mindestens zwei Kapitalgesellschaften in einer Rechtspersönlichkeit. Zulässig ist im konkreten Fall die Verschmelzung von zwei Gesellschaften mit beschränkter Haftung (§ 96 GmbHG) oder einer GmbH mit einer Aktiengesellschaft (§ 236 AktG). Die übernehmende Gesellschaft übernimmt in handels- und steuerrechtlicher Gesamtrechtsnachfolge sowohl alle Aktiva und Passiva als auch alle Rechte und Pflichten. Die übertragende GmbH endet durch die Verschmelzung mit ihrem letzten Wirtschaftsjahr, geht sohin in rechtlicher und wirtschaftlicher Hinsicht *unter* und wird demnach im Firmenbuch gelöscht.

Verschmelzung (Art. I UmgrStG)

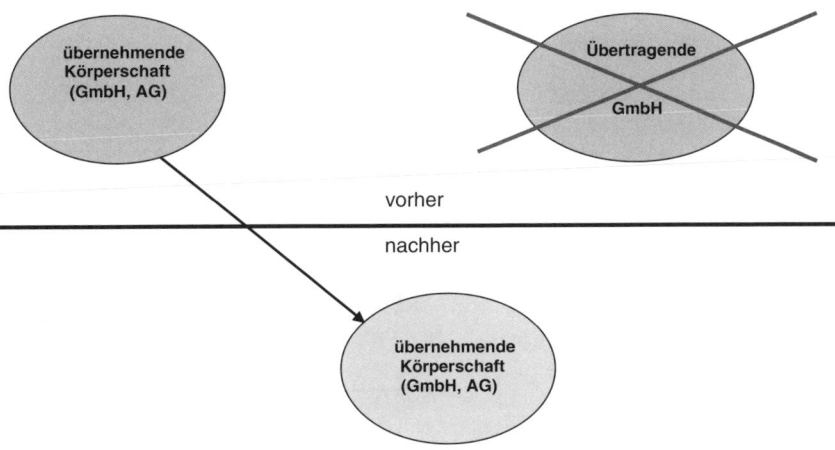

1050

Bei diesem o. a. dargestellten Vermögensübergang durch Gesamtrechtsnachfolge (§ 219 AktG) sind zwei Verschmelzungsformen denkbar:

- Verschmelzung zur **Aufnahme**: Die übernehmende Gesellschaft besteht bereits.
- Verschmelzung zur **Neugründung**: Die übernehmende Gesellschaft wird im Zuge des Umgründungsvorganges neu errichtet.

Bei Verschmelzung von Kapitalgesellschaften ist eine handelsrechtliche Aufwertung grundsätzlich möglich. Diese Maßnahme führt zu einer Erhöhung der Eigenmittel.

3. Umwandlung (Artikel II)

1051

Begriff. Bei einer Umwandlung wird eine bestehende GmbH auf einen Nachfolgerechtsträger übertragen. Die übertragende GmbH erlischt mit der Eintragung der Umwandlung in das Firmenbuch.

1052

Anwendungsvoraussetzungen. Das UmgrStG (§ 7 UmgrStG) ist auf Umwandlungen anzuwenden, wenn ein Betrieb übertragen wird und die stillen Reserven beim Nachfolgerechtsträger weiter steuerhängig bleiben. Wird ausnahmsweise kein Betrieb übertragen, ist das UmgrStG auch dann anzuwenden, wenn es sich um eine verschmelzende Umwandlung auf eine buchführungspflichtige Körperschaft oder eine *EU-Gesellschaft* handelt.

1053

Bei einer **errichtenden Umwandlung** geht das Vermögen der GmbH auf eine offene Gesellschaft, KG, GmbH & Co KG oder EWIV über, die im Zuge der Umwandlung von den Gesellschaftern der GmbH gegründet wird. An der umgewandelten GmbH mit bis zu 10 v. H. beteiligten Minderheitsgesellschaftern kommt kein Anspruch auf Beteiligung am übernehmenden Nachfolgerechtsträger zu. Diesen Minderheitsgesellschaftern gebührt jedoch eine Abfindung in Höhe des anteiligen Vermögens der GmbH.

Übersicht: errichtende Umwandlung

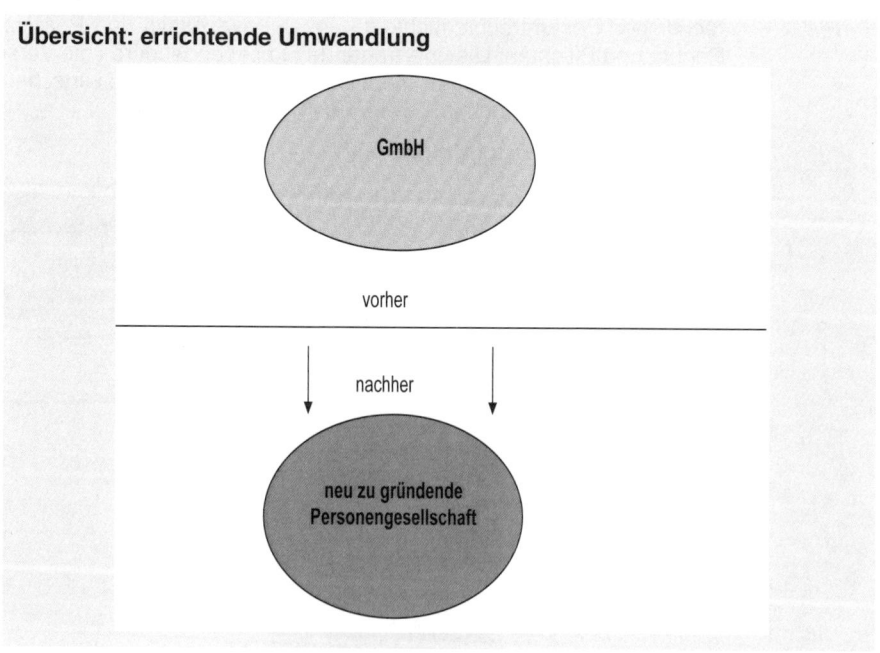

Bei einer **verschmelzenden Umwandlung** geht das Vermögen einer bereits **1054** bestehenden GmbH auf ihren Hauptgesellschafter über, der zumindest zu 90 v. H. an der umwandelnden GmbH beteiligt sein muss. Als Hauptgesellschafter kommt sowohl eine natürliche Person, eine Personengesellschaft als auch – in eher seltenen Fällen – eine Kapitalgesellschaft (GmbH) in Frage.

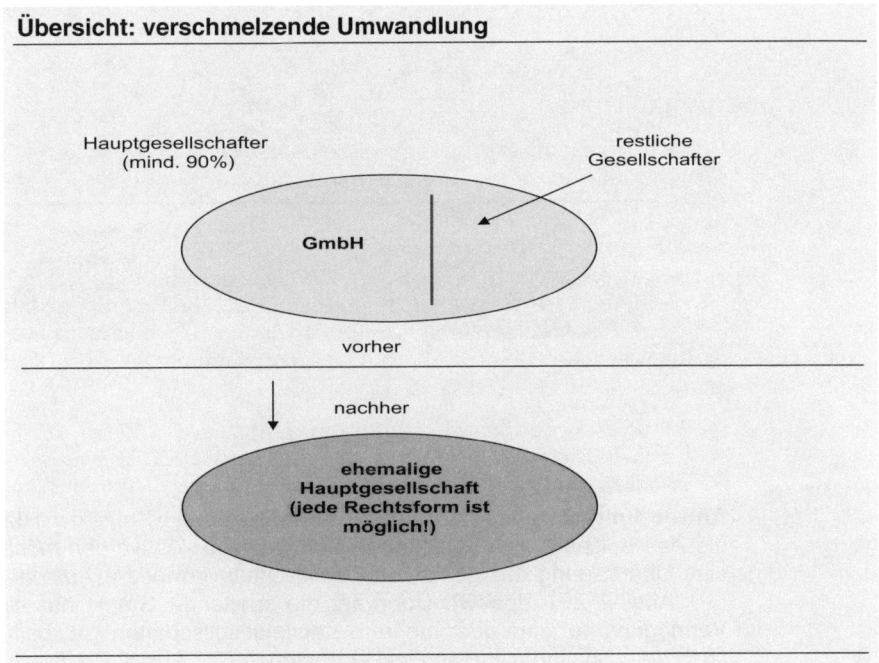

Übersicht: verschmelzende Umwandlung

Minderheitsgesellschafter haben für ihr (freiwilliges oder unfreiwilliges) Ausschei- **1055** den einen Abfindungsanspruch gegenüber dem Hauptgesellschafter als Gegenleistung für den Untergang ihrer Gesellschaftsrechte. Dieser Abfindungsanspruch stellt in steuerlicher Hinsicht eine Anteilsveräußerung dar.

Eine Steuerpflicht besteht für den Minderheitsgesellschafter dann, wenn er

- die Beteiligung im Betriebsvermögen gehalten hat;

- in den letzten fünf Jahren zu mindestens 1 % beteiligt war (§ 31 EStG);

- innerhalb der einjährigen Spekulationsfrist des § 30 EStG ausscheidet.

4. Spaltung (Artikel VI)

4.1. Grundlagen

1056
Zweck. Bei einer Spaltung wird eine bestehende GmbH ganz oder teilweise auf eine andere Kapitalgesellschaft aufgeteilt.

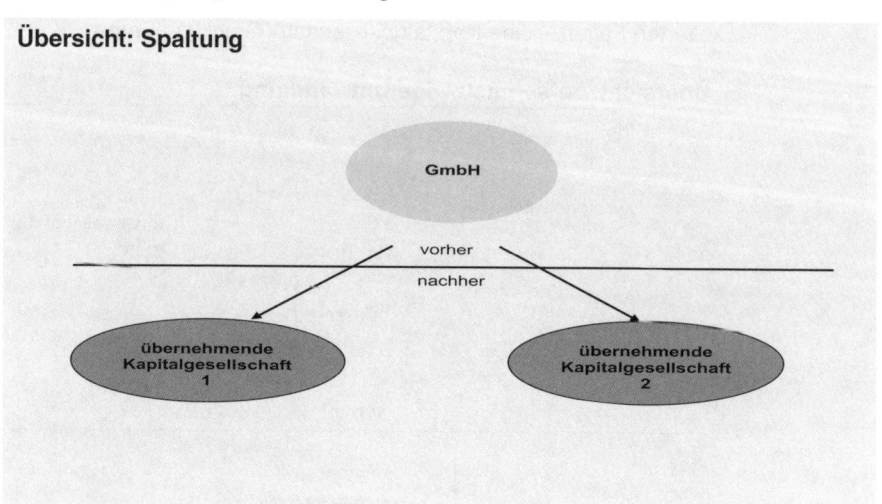

Übersicht: Spaltung

1057
Anwendungsvoraussetzungen. Wenn man also – im Kontext mit der Bezeichnung dieses Kapitels – eine bestehende GmbH *wieder los werden möchte*, kommt nur eine Übertragung des gesamten Gesellschaftsvermögen (*Aufspaltung*), in Frage (§ 1 Abs. 2 Z 1 SpaltG). Überträgt die spaltende GmbH nur einen Teil ihres Vermögens auf eine oder mehrere Kapitalgesellschaften (*Abspaltung*), bleibt sie nach dem Spaltungsvorgang weiter bestehen (§ 1 Abs. 2 Z 2 SpaltG). Sie werden also ihre bestehende GmbH *nicht wieder los,* die Gesellschaft ist jedoch durch die Teilübertragung ihres Vermögens *ärmer* geworden.

4.2. Handelsspaltung

1058
Begriff. Eine Spaltung liegt vor, wenn eine Körperschaft – im konkreten Fall also eine GmbH – Vermögen auf eine oder mehrere Kapitalgesellschaften überträgt und die Gesellschafter der spaltenden GmbH als Gegenleistung neue Anteile an der übernehmenden Körperschaft erhalten. Die Übertragung von Vermögen erfolgt im Wege der Gesamtrechtsnachfolge.

1059
Bei der **Aufspaltung** überträgt die spaltende GmbH ihr gesamtes Vermögen auf zwei oder mehrere Kapitalgesellschaften und wird gleichzeitig ohne Abwicklung beendet. Bei der **Spaltung zur Aufnahme** wird das Vermögen der spaltenden GmbH auf eine (oder mehrere) bereits bestehende Kapitalgesellschaft(en) übertragen (§ 17 Z 5 SpaltG). Bei der **Spaltung zur Neugründung** wird das Vermögen der übertragenden GmbH auf eine (oder mehrere) im Zuge der Spaltung neu gegründete Kapitalgesellschaft(en) übertragen.

1060
Auswirkungen auf die Gesellschafter. Bei einer verhältniswahrenden Spaltung erfolgt eine Beteiligung an der Nachfolgekörperschaft im selben Ausmaß. Bei einer

nicht verhältniswahrenden Spaltung erfolgt die Beteiligung in einem unterschiedlichen Umfang.

- **Beispiel einer verhältniswahrenden Spaltung:**
    - Gesellschafter geben Anteile der aufspaltenden GmbH auf.
    - Gegenleistung: Erhalt von Anteilen an der aufnehmenden Kapitalgesellschaft oder den neu gegründeten Gesellschaften.
    - Es kommt zu keiner Realisierung stiller Reserven. Eine Tauschbesteuerung unterbleibt (§ 36 Abs. 1 UmgrStG).
    - Prinzip der Buchwertfortführung: Die Buchwerte der aufgegebenen Anteile werden auf die neuen Anteile an der übernehmenden Kapitalgesellschaft übertragen (§ 36 Abs. 2 Z 1 UmgrStG).

Bilanzen. Bei der spaltenden GmbH ist in handelsrechtlicher Hinsicht in jedem Fall **1061** eine Schlussbilanz sowie eine Spaltungsbilanz aufzustellen (§ 2 Abs. 1 Z 12 SpaltG). Die Erstellung einer Zwischenbilanz ist fakultativ. Für steuerliche Zwecke ist eine Schlussbilanz sowie eine Übertragungsbilanz erforderlich (§ 33 Abs. 6 UmgrStG). Bei der Nachfolgegesellschaft ist bei einer Spaltung zur Neugründung eine Eröffnungsbilanz und im Falle der Spaltung zur Aufnahme eine Übernahmebilanz aufzustellen.

Besteuerungsgrundlagen. Bei einer Handelsspaltung ist § 32 UmgrStG anzuwen- **1062** den; es erfolgt keine Einschränkung der Besteuerung stiller Reserven und des Firmenwertes beim Rechtsnachfolger. Die aufspaltende GmbH unterliegt der Liquidationsbesteuerung (§ 20 Abs. 1 Z 1 i.V.m. § 19 KStG). Bei den Gesellschaftern besteht Einkommensteuerpflicht gem. §§ 30 und 31 Abs. 1 EStG.

4.3. Steuerspaltung

Begriff. Eine Steuerspaltung i.S.d. § 38a Abs. 1 UmgrStG liegt vor, wenn eine **1063** spaltende GmbH auf eine oder mehrere andere übernehmende Körperschaften aufgrund eines Spaltungsvertrages Vermögen auf eine bestimmte Art und Weise auf- oder abspaltet.

Stichwortverzeichnis

Abberufung durch Gesellschafterbeschluss 479

Abberufungsklage 492

Abberufungsschutz 476

Abfertigung 620

Abholgroßmarkt 288

Abkürzung des Rechtsformzusatzes 264

Abschlussprüfung 633

Abstimmung im Aufsichtsrat 694

Abtretung des Geschäftsanteiles 237

Abtretungsanbot 53

Abweichende Gewinnverteilung 248

Abweichendes Geschäftsjahr 248

Abwicklungs-Anfangsvermögen 1033

Abwicklungs-Endvermögen 1032, 1034

Agio 143

Akademie 288

Akademische Grade 288

Aktienfonds 288

Aktivtausch 113

„All-In-Klausel" 620

Alternative Streitbeilegungsformen 47

Altersangaben 288

American Bar 288

Amtlich 288

Amtsbeendigung des Geschäftsführers 570

Amtsbezeichnung 288

Amtsniederlegung des Geschäftsführers 495

Amtswegige Löschung 973

Amtswegiger Auftrag zur Mängelbehebung 975

Anbietungspflicht, -recht 248, 338

Änderung
–, der Gesellschaftsdauer 960
–, des Gesellschaftsvertrages 234, 248, 265, 659, 964
–, des Rechtsformzusatzes 265
–, im Stande der Gesellschafter 273, 932
–, vor Eintragung in das Firmenbuch 234

Anfechtungsklage 484

Angemessenheit der Verzinsung 884

Angemessenheitsgebot 869

Angemessenheitsprüfung 399, 873, 890, 895

Anleihefonds 288

Anmeldegewerbe 575

Anmeldung
–, der Gesellschaft 153
–, zum Firmenbuch 552

Anrechnung
–, auf die Stammeinlage 197
–, von Vordienstzeiten 620

Anspruch auf Prozesskostenersatz 1019

Anstalt 288

Anstellung des Geschäftsführers 448

Anwendungsbereich des Betriebspensionsgesetzes 623

Anzahl
–, der Aufsichtsratssitzungen 693
–, der Geschäftsführer 55

Arbeitsgesellschafter 53

Arthandlungsvollmacht 711

Aufdeckung von stillen Reserven 784

Aufforderung zur Einberufung einer Generalversammlung 416

Aufgaben des Aufsichtsrates 642

Aufgabenbereiche der Geschäftsführer 516

Aufgriffsrecht 56, 348
–, gemeinsame Rechtsausübung 336

Aufgriffsrechte bei einem Kontrollwechsel 331

Aufklärungspflicht des Geschäftsführers 521

Auflösung 129
–, der Gesellschaft 951, 503
–, durch Satzungsregelung 958
–, durch Verwaltungsbehörde 128
–, durch Zeitablauf 959
–, einer Vorgründungsgesellschaft 83
–, im Gründungsjahr 1036

Auflösungsgründe 952

Auflösungsreife GmbH 132

Auflösungszeitpunkt 961

Aufrechnung von Stammeinlagen 167

Aufsichtsbehördliche Genehmigung 226

Aufsichtsrat 248, 631
–, Anzahl 646
–, Arbeitnehmervertreter 668
–, Ausschüsse 687
–, Beiziehung eines Sachverständigen 691
–, Beschränkung der Aufsichtsratsmandate 648
–, Einberufung einer Generalversammlung 672
–, erster Aufsichtsrat 654, 670
–, gerichtliche Bestellung 661
–, Geschäftsordnung 679
–, Konzern 669
–, Protokolle 686
–, Unternehmenskrise 671, 685
–, Vorsitzender 680
–, Wettbewerbsverbot 676
–, Zustimmungspflichtige Geschäfte 673

Aufsichtsratsauschuss 687

Aufsichtsratsmitglied 646
  –, gerichtliche Bestellung 652
  –, Unvereinbarkeit 651
  –, vorzeitige Abberufung 655
  –, Wahl durch die Generalversammlung 656
Aufsichtsratsvorsitzender 680
  –, organisatorische Aufgaben 683
Aufspaltung 1059
Aufstellung des Jahresabschlusses 820
Auftrag 712
Auskunftsverpflichtung der Geschäftsführer 248
Ausländerbeschäftigungsgesetz 629
Ausländischer Notar 204
Ausnahmen von der Aufsichtsratspflicht 636
Ausscheiden
  –, eines Geschäftsführers 529, 751
  –, eines Gesellschafters 274
Ausschließlichkeit der Förderung 76
Ausschluss
  –, des Bucheinsichtsrechts 248
  –, vom Stimmrecht 328, 392, 397, 502
Ausschlussähnliche Verpflichtung 248
Ausschüttungssperre 988
Außenhaftung 109
Außerordentliche Kündigung
  –, einer GmbH 346
Ausstehende Einlage 161
Ausübung des Stimmrechts 390
Auswahlkriterien der Rechtsformwahl 22

Bankbestätigung 216
Bareinlage 150, 248
Bargründung 151, 159, 160
  –, Verwendungsabsprachen 165
  –, vorübergehende Mittelzufuhr 166
Bautreuhand 288
Beendigung
  –, der Gesellschaft 135
  –, der Nachtragsliquidation 1026
  –, der Organstellung 505
  –, des Anstellungsvertrages 503
Befristung der Bestellungsdauer 248
Beglaubigung 210
Begriff
  –, Anbietungsrechte 338
  –, Auflösung 130, 951, 952
  –, Beendigung 955
  –, Betriebsstätte 297
  –, Call-Option 341
  –, Differenzhaftung 186
  –, Domino-Effekt 816

–, dringender Fall 467
–, dynamische Überschuldung 774
–, echter Dienstvertrag 593
–, Einkünfte aus sonstiger selbstständiger Tätigkeit 597
–, Entlastung 499
–, Fantasiefirma 285
–, Fortbestehensprognose 788
–, Fusion 1049
–, Gemeinnützigkeit 70
–, gemischte Firma 284
–, gemischte Sacheinlage 196
–, gemischte Vertretung 729
–, Gesellschaftsvertrag 241
–, GmbH 1
–, Handelnder 92
–, Kündigungsrecht 345
–, Liquidation 954
–, Liquidationsgewinn 1031
–, Mediation 352
–, Mietverkaufsrecht 339
–, negative Minderheitsrechte 373
–, Offenlegung 818
–, positiver Verkehrswert 195
–, Put-Option 342
–, Sachgründung 168
–, Sachübernahme 197
–, Spaltung 1058
–, Stammeinlagen 152
–, statische Überschuldung 773
–, Steuerspaltung 1063
–, Überschuldung 772
–, Umgründung 1042
–, Umwandlung 1051
–, Unique Selling Proposition 31
–, Unterbilanzhaftung 99
–, Unterkapitalisierung 144
–, unwirksamer Beschluss 403
–, Unzumutbarkeit 582
–, verdeckte Ausschüttung 861
–, verdeckte Sacheinlage 181
–, verdeckte Sachgründung 181
–, Verlust des halben Stammkapitals 387
–, Vermögen 194
–, Verschmelzung 1049
–, Vinkulierung 320
–, Vorgesellschaft 86
–, Vorgründungsgesellschaft 79
–, wesentliche Beteiligung 596
–, wichtiger Grund 488
–, Zahlungsstockung 768
–, Zahlungsunfähigkeit 764

–, Zweigniederlassung 295
–, zweistufige Überschuldungsprüfungs-
    methode 777
Begutachtungsverfahren 280
Behinderung des Geschäftsführers 465
Behördliche Genehmigung 224
Beiziehung eines Sachverständigen 248, 691
Bekanntmachungen 248
Beobachtungszeitraum 795
Berechnung 900
–, der Pensionsrückstellung 900
–, des Übernahmspreises 248
Berechnungsmodus bei erfolgsbezogenen
    Entgeltbestandteilen 620
Berufsbezeichnungen 288
Bescheinigung des Vermögens 1022
Beschlüsse des Aufsichtsrats 686
Beschlussfähigkeit 385
Beschlussfähigkeit des Aufsichtsrats 248
Beschlussgegenstand 400
Beschränkung
–, der Abberufung 248
–, der Geschäftsführung 248
–, der Geschäftsführungsbefugnis 546
–, der Prokura 733
Besondere Vollmacht 711
Bestellung der Liquidatoren 994
Bestellung eines Geschäftsführers
–, in der Satzung 458
Bestellung eines Nachtragsliquidators 1021
Bestellung eines Notgeschäftsführers 460
Bestellung zum Geschäftsführer 446
–, Firmenbuchanmeldung 453
Besteuerung
–, der Auflösung 1036
–, der Geschäftsführerbezüge 592
–, des Geschäftsführers 591
Beteiligungsfondsgesellschaft 288
Beteiligungsverhältnisse 38
Betriebsstätte 297
Betriebsvereinbarung 629
Beurteilung eines Fremdvergleichs 868
Beurteilungskriterien
–, einer Zahlungsunfähigkeit 765
Bevollmächtigung 391, 712
Beweislastumkehr 807
Beweiswürdigung 868
Bewertung des Vermögensstatus 784
Bucheinsichts- und Informationsrecht 248
Buchstabenkombination 286

Call-Option 341

Checkliste für die Rechtsformwahl 25
Come along clause 339

Dachfonds 288
Darlehen 248
Darlehen der Gesellschaft 116
Darlehensgewährung 881
Dauer der Gesellschaft 248
Dienstnehmerhaftpflichtgesetz 620, 629
Differenzhaftung 99, 186
Dirimierungsrecht 684
Domino-Effekt 816
Doppelbesteuerung 851
Drittelparität 633, 662
Dynamische Überschuldung 774

Echter Dienstvertrag 593, 605
Eigenkapital 143
–, ersetzende Gesellschafterdarlehen 785
–, ersetzende Gesellschafterleistungen 143
Eigenkapitalzufuhr 797
Einberufung einer Generalversammlung 380,
    672
Einberufungsrecht 248
Einbringung
–, einer Liegenschaft 175
–, eines Betriebes 191
–, eines Unternehmens 151, 177, 191
Einforderung ausstehender Stammeinlagen
    248
Einlage von Wirtschaftsgütern 843
Einlagenrückgewähr 146
Einpersonen-Gesellschaft 65
–, Selbstkontrahieren 540
Einräumung eines Entsendungsrechtes 248
Einrichtung eines Schiedsgerichtes 364
Einstimmigkeitserfordernis 235
Einzelhandlungsvollmacht 711
Einzelprokura 711, 722
Einzelrechtsnachfolge 177
Entgegennahme von Erklärungen 528
Entgeltfortzahlung 629
Enthaftung des ausscheidenden Gesellschaf-
    ters 248
Entlastung 499
–, der Geschäftsführer 400
–, eines Liquidators 1010
–, Stimmverbot 502
Entlastungsbeschluss 501
Entscheidungsfindung im Aufsichtsrat 694
Entsendung
–, des Geschäftsführers 620

–, von Belegschaftsvertretern 662
Entsendungsrecht 248, 329
Erbfolge 248, 343
Erdienbarkeit der Pensionszusage 902
Erfolgsfaktoren
  –, für eine Konfliktvermeidung 426
Erklärung
  –, betreffend Gewerbeausschließungs-
    gründe 457
  –, nach § 10 Abs. 3 GmbHG 215
  –, über die Geschäftsführerbestellung 456
Erlöschen der Prokura 735
Ermächtigung 712
  –, zum Selbstkontrahieren 535
Eröffnungsbilanz 112
Errichtende Umwandlung 1053
Ersatz von Geldstrafen 580
Ersatzansprüche 233
Ersatzpflicht 229
Erstreckung des Veranlagungszeitraums 1028
Erteilung der Prokura 711, 716
EWIV 331

Fabrik 288
Fachhochschule 288
Fakultativer Aufsichtsrat 638
Familiengesellschaft 63
Familienstamm 53
Fehlerhafte Beschlüsse 403
Festlegung des Mediationsprozesses 359
Feststellung
  –, der Überschuldung 780
  –, des Jahresabschlusses 823
Filialprokura 711, 724
  –, Umfang der Vertretungsmacht 728
Financial Engineering 288
Financial service 288
Finanzdienstleistung 288
Finanzgeschäft 288
Finanzhilfe 799
Finanzholding(gesellschaft) 288
Finanzierung einer GmbH 143
Finanzierungsberatung 288
Finanzierungsvermittlung 288
Finanzinstitut 288
Finanzvermittlung 288
Firma 248, 249
  –, Begutachtungsverfahren 280
  –, Beurteilung der Unterscheidbarkeit einer
    Firma 259, 257
  –, Firmenausschließlichkeit 258
  –, Firmenzusätze 288

–, Grundsatz der Firmenunterscheidbarkeit
  258
–, Namensänderung 275
–, Namensfirma 250
–, Örtlicher Geltungsbereich 262
–, unlauterer Namensgebrauch 271
–, Unternehmenserwerb 276
–, Verwendung von Zahlen 287
–, Voraussetzung der Schutzwürdigkeit 272
–, Wettbewerbsrecht 270
–, Zweigniederlassung 299
Firmenausschließlichkeit 256, 258
Firmenbeständigkeit 253
Firmenbuch
  –, Antragsteller 213
Firmenbuchanmeldung 482, 552, 828, 962
  –, eines Prokuristen 717
  –, Sachverhaltsdarstellung 211
Firmenbuchantrag 497
Firmenbucheintragung 239
Firmenfortführung 273
Firmenwortlaut 221
Firmenzusatz 104
Forderungsverzicht 800, 845
Fortbestehensprognose 783, 788
  –, Konkursantragspflicht 813
Fortführung der Namensfirma 250
Freier Dienstnehmer 604, 605
Fremdgeschäftsführung 66, 477, 491
  –, Einpersonen-Gesellschaft 66
Fremdkapital 143, 797
Fremdsprachige Zusätze 288
Fremdüblichkeit der Darlehensgewährung 118
Fremdvergleich 117, 866, 876, 883
Fruchtgenuss 314
Fusion 982

Gebäudereinigung 288
geborene Liquidatoren 992
Gegenstand 826
  –, der Offenlegung 826
  –, des Unternehmens 248, 304
Geldflüsse an Gesellschafter 522
Geldinstitut 288
gemeiner Wert 1035
Gemeinnützige Leistungen der Gesellschaft 72
Gemeinnütziger Unternehmensgegenstand
  68, 71
Gemeinnützigkeit 69, 288
Gemischte
  –, Einlage 150, 248

–, Firma 284
–, Gründung 151, 159
–, Vertretung 530, 729, 730
Genehmigungspflichtige Gewerbe 576
Generalhandlungsvollmacht 711
Generalversammlung
–, Einberufungsrecht 248
–, Entlastungsbeschluss 501
–, formloser Beschluss 378
–, Teilnahmerecht 379
Geographische Zusätze 288
Gerichtliche Bestellung von Aufsichtsratsmit-
gliedern 661
Gerichtsgebühren 227
Gerichtsstand 248, 369, 368
Gesamtprokura 711 723
Gesamtschuldner 91
Gesamtvertretung 527
Geschäftsanteil 155
Geschäftsführer
–, Abberufung durch gerichtliche Entschei-
dung 490
–, Abgabenhaftung 566
–, Absicherungsstrategien 559
–, Amtsbeendigung 570, 495
–, Angemessenheit der Vergütung 886
–, Ansprüche 595
–, Anzahl 55
–, arbeitsrechtliche Qualifikation 590
–, Aufgabenbereiche 516, 547
–, Aufklärungspflicht 521
–, Bestellung 462
–, deliktische Haftung 565
–, gesetzliche Pflichten 518
–, gewöhnlicher Aufenthalt 464
–, Haftung 556, 585, 560
–, Haftungsbescheid 573
–, Haftungsvermeidung 587, 157
–, Informationspflicht 521, 555
–, Karenzierung 620
–, Musterzeichnung 220
–, nachvertragliches Wettbewerbsverbot 626
–, Nachweis der Bestellung 219
–, Nebentätigkeit 620
–, Notgeschäftsführer 461
–, Pensionsrückstellung 621
–, Pflichtendelegation 519
–, Ressortverantwortlichkeit 571
–, Rücktritt 494
–, Selbstkontrahieren 533
–, Sorgfaltsmaßstab 761, 557
–, sozialversicherungsrechtliche Behand-
lung 605

–, steuerliche Pflichten 554
–, Unternehmerwagnis 601
–, unzweckmäßige Weisungen 425
–, Vertretung 524, 465
–, Vertretungsmangel 463
Geschäftsführervertrag 620
Geschäftsführung 544
Geschäftsjahr 248
Geschäftsordnung 248, 547
Geschäftszweig 214, 311
Gesellschaft
–, Sitz 289
Gesellschaft bürgerlichen Rechts 14
Gesellschafter 34
–, Entsendungsrecht in den Aufsichtsrat
658
–, Vermeidung unerwünschter Folgen 111
Gesellschafterbeschluss 248
–, über die Bestellung des Geschäftsführers
451
Gesellschafterdarlehen 248, 116
Gesellschafter-Geschäftsführer 46
Gesellschafterstreit 45
Gesellschafterwechsel 236
Gesellschaftsvertrag 202 f., 558
–, Änderung 234
–, Gestaltungsfreiheit 247
Gesellschaftszweck 13
Gewerberecht 307
Gewerberechtlicher Geschäftsführer 455
–, Ausscheiden 588
–, Haftung 574, 585
–, Haftungsvermeidung 586
Gewinnausschüttung 859, 924
Gewinnermittlung 841
Gewinnlosigkeit 77
Gewinnverwendung 248, 822, 923
Gläubigerschutz 520, 988
Gleichbehandlung 430
GmbH
–, Anwendungsmerkmale 5
–, Auflösung 123, 951
–, ausgewählte Buchungsfälle 739
–, Außenverhältnis 107
–, außerordentliche Kündigung 346
–, Beendigung 135
–, Begriff 1
–, Bevollmächtigung bei der Gründung 205
– –, durch Verwaltungsbehörde 128
–, Einpersonen-Gesellschaft 65
–, Eröffnungsbilanz 112

–, Finanzierung 143
–, Formen 61 ff
–, Gemeinnützigkeit 69
–, Geschäftszweig 214
–, Gesellschafterpflichten 6
–, Gesellschafterrechte 6
–, Gesellschaftsvertrag 241
–, Gesellschaftszweck 13
–, Gewinnverwendung 248, 823, 922
–, Größenklassen 827
–, Gründung durch einen Gesellschafter 49
–, Innenverhältnis 11
–, Konkurs 127
–, Lebensphasen 78
–, Liquidation 134, 850, 963
–, Löschung 135
–, Mitgliedschaft 6
–, nicht abzugsfähige Aufwendungen 852
–, personalistische Struktur 62
–, Rechtsfähigkeit 2
–, steuerliche Behandlung 841
–, Steuerpflicht 851
–, Trennungsprinzip 7, 115
–, Umwandlung in eine Aktiengesellschaft 126
–, unbeschränkte Steuerpflicht 851
–, verdeckte Ausschüttung 854
–, Vollbeendigung 124
–, Vorgründungsgesellschaft 79
–, werbendes Stadium 78, 107
–, wirtschaftliche Bedeutung 4
–, wirtschaftliche Krise 761
GmbH & Co KG 928
Größenklassen 827
Großhandel 288
Großlager 288
Großmarkt 288
Grundlagen der Mediationstechnik 354
Grundsatz
    –, der Firmeneinheit 255
    –, der Firmenwahrheit 252
Gründungshaftung 228
Gründungskosten 248

Haftung
    –, bei fehlender Firmenbucheintragung 106
    –, der Gesellschafter 84, 110
    –, des Geschäftsführers 556, 565
    –, der Liquidatoren 1009
    –, des gewerberechtlichen Geschäftsfüh-
      rers 574
    –, für die Höhe der Sacheinlage 180
    –, gegenüber Behörden 564, 574

    –, gegenüber Dritten 562
    –, gegenüber Gesellschaftern 561
    –, gegenüber der Gesellschaft 560
    –, gegenüber Gesellschaftsgläubigern 562
    –, Vorgesellschaft 90
Haftung bei Anmeldung
    –, Personenkreis 230
Haftungsausschluss 579
Haftungsbescheid 573
Haftungsfreistellung 337
    –, im Innenverhältnis 620
Haftungsgrundsätze der Vor-GmbH 90
Haftungsübernahme 100
Haftungsumfang 96, 23, 578
Haftungsvoraussetzungen
    –, Vor-GmbH 93
Handelndenhaftung 91, 93
Handelsspaltung 1058
Handlungsvollmacht 711
Herrschaftsrechte
    –, eines Gesellschafters 6
Höhe
    –, der Geschäftsführervergütung 875
    –, der Pensionsrückstellung 624

Immobiliarklausel 732
Incentive Tours 288
Indirekte Stellvertretung 712
Industrie 288
Informationserzwingung 411, 418
Informationspflicht des Geschäftsführers 521,
    555
Informationsverlangen 411
Informationsverweigerung 413
Inhaltsmangel 407
Innenhaftung 189
Innerbetriebliche Sanierungsmaßnahmen 798
In-sich-Geschäft 538
Insolvenz der Gesellschaft 504
Insolvenzantragspflicht 814
Insolvenz-Entgelt-Sicherung 629
Insolvenzprophylaxe 520
Institut 251, 288
Interessengefährdung 534, 536
Invest, Investmentfonds-(Gesellschaft) 288
Investmentanteilscheine 288
Investmentzertifikate 288
Irreführungseignung 283

Jahresabschluss 549, 645, 1003
    –, positive Fortbestehensprognose 811

–, Feststellungsdatum 823
–, Bestätigungsvermerk 830
–, Folgen der Nichtoffenlegung 834
–, Zwangsstrafe 835
Jännerliste 637

Kaduzierung des Geschäftsanteiles 400
Kalenderjahr 248
Kammergutachten 221
Kapitalanlagefonds 288
Kapitalanlagegesellschaft 288
Kapitalerhaltung 520
Kapitalertragsteuer 857, 938
Kapitalistische GmbH 64
Kapitalsicherung 520
Kapitalverkehrsteuer 201
Kautionsschutzgesetz 629
Kennzeichnungseignung 267, 277
Kleine GmbH 829
Klinik 288
Kolleg 288
Kollektivvertretung 530, 532
Kommanditgesellschaft 14, 331, 346
Kompensationsverbot 248
Komplementär-GmbH 67, 934
Konkurs 127
Konsumgroßmarkt 288
Kontrollwechsel 331
–, Aufgriffsrecht 331
Konventionalstrafe 626
Koppelungsklausel 620
Körperschaftsteuer 925
Kreditbüro 288
Kreditgenossenschaft 288
Kreditinstitut 288
Kreditunternehmer 288

Kündigung
–, aus wichtigem Grund 510
–, des Anstellungsvertrages 503, 508
–, durch einen Gesellschafter 968
–, eines Gesellschafter-Geschäftsführers 514
Kündigungsrecht 248, 350

Lager 288
Leistungsstörung 868
Leistungsvergütung 934, 941
Liquidation 78, 134, 850
Liquidationseröffnungsbilanz 1001
Liquidationsgewinn 10311, 1037
Liquidationsschlussbilanz 1034
Liquidationszusatz 980

Liquidator
–, Musterzeichnung 220
Löschung der Gesellschaft 78, 135, 1014

Magazin 288
Mängel der Geschäftsführung 644
Manuduktionspflicht 975
Markt 288
Masseverwalter 504
Mediationsklausel 362
Mediationsverfahren 248, 352
Mediator 353
Mehrheitsbeteiligung 430
Mehrheitserfordernisse 393
Mehrheitsverhältnisse 966
Mehrstimmrecht 248
Mehr-Weniger-Rechnung 1038
Meister, Meisterbetrieb 288
Merkmale
–, einer Vorgesellschaft 86
–, eines Mediationsverfahrens 356
Methoden der Angemessenheitsprüfung 888
Minderheitsgesellschafts-Geschäftsführer 434
Mindestanwesenheitsquorum 248
Mindestinhalt des Gesellschaftsvertrages 246
Mindestkapital 142
Mindestkörperschaftsteuer 926
Missbrauch der Vertretungsmacht 541
Miteigentumsfonds 288
Mitgliedschaftsrechte
–, eines Gesellschafters 6
Mittelgroße GmbH 831
Mitunternehmeranteil 14
Mitverkaufsrecht 248, 339
Mitwirkungsklage 493
Musterzeichnung des Geschäftsführers 220, 454, 1024
Mutterschutz 629

Nachgründungsgeschäfte 248
Nachschüsse 143
Nachteile eines Schiedsgerichtes 367
Nachtragsliquidation 78, 1020
Nachtragsliquidator
–, gerichtliche Bestellung 1023
Nachvertragliches Wettbewerbsverbot 626
Nachweis der Geschäftsführerbestellung 219, 450
Nachzahlungsverbot 882
Namensänderung 275
Nebenleistungsverpflichtung 248
Nebentätigkeit 620

Negative Minderheitsrechte 373
Negatives Eigenkapital 784
Neuer Selbstständiger 605
Nichtigkeit eines Aufsichtsratsbeschlusses 695
Niederschrift 409
Nominierungsrecht 248
Notariatsakt 203
Notgeschäftsführer 461
–, Amtsbeendigung 471
Notliquidatoren 996, 999

Obligationenfonds 288
obligatorische Satzungsbestandteile 249
Obligatorischer Aufsichtsrat 632
Offene Gesellschaft 14, 331, 346
Offenlegung des Jahresabschlusses 817
Offenlegungsfrist 824
Organe der Gesellschaft 248
Ortsangaben 288
Ortsbezeichnung 282

Pattstellung 42
Pensionsalter 900
Pensionsgesellschaften 899
Pensionsinvestmentfonds 288
Pensionskasse 620
Pensionsrückstellung 621
Pensionszusage 621, 887, 898
–, Bemessungsgrundlage 901
Personalistische GmbH 62
Personenfirma 260, 266
–, Irreführungseignung einer Firma 268
–, Kennzeichnungseignung 267
–, Voraussetzungen 266
Personengesellschaft 26, 36, 331
Pflichten des Geschäftsführers 518
Pflichtendelegation 519
Planungsrechnung 796
Politische Gemeinde 290
Pool 288
Positiver Verkehrswert 195
Präambel 245
Privateinlage 842
Privatentnahme 842
Privatuniversität 288
Prognosezeitraum 793
Prokura 711
–, Beschränkungen 733
–, Firmenbuchanmeldung 717
–, Immobiliarklausel 732
–, Umfang 731
–, Widerruf durch die Geschäftsführung 735

Prokurist
–, Musterzeichnung 220, 720
Promotionswirkung 223
Protokoll 409, 686
Put-Option 342
qualifizierte Mehrheit 248, 265

Quartalsberichte der Geschäftsführer 248

Rangrücktrittserklärung 800
Rechnungslegung 248, 549
Rechtsfähigkeit
–, einer GmbH 2
–, einer Vorgesellschaft 89
Rechtsfolgen
–, der Sitzwahl 293
–, einer Abberufung 478
–, einer Kündigung 347
–, einer Zweigniederlassung 301
–, von Weisungen 581
Rechtsform
–, als Unterscheidungskriterium 260
–, Vorgründungsgesellschaft 82
Rechtsformalternativen 35
Rechtsformwechsel 37
Rechtsformzusatz 264
Rechtsgeschäft von Todes wegen 318
Rechtsnachfolge 1047
Rechtswirksamkeit der Vertretungsmacht 526
Regelung des Selbstkontrahierens 248
Rentenfonds 288
Ressortverteilung 547
Revision, Revisionstreuhandgesellschaft 288
Richterliches Mäßigungsrecht 626
Rücktritt des Geschäftsführers 494, 497
Rückwirkung 1048
Rückzahlung von Stammeinlagen 111

Sacheinlagefähige Wirtschaftsgüter 176
Sacheinlagen 150, 218, 248
Sacheinlagenvereinbarung 173
Sachfirma 277
Sachgründung 151
Sachübernahme 197, 248
Salvatorische Klausel 248
Sanierungsmaßnahmen durch Gläubiger 797
Satzungsänderung 967
Scheinbeschlüsse 404
Schiedsgericht 248, 363
Schiedsgerichtsklausel 364
Schriftformerfordernis 248
Schuldübernahme 100

–, mit Gläubigerzustimmung 101
Selbstkontrahieren 533, 538
–, Einpersonengesellschaft 540
Seminar 288
Sicherstellung der Gesellschaftsgläubiger
 1005
Sicherungs- und Garantiefunktion 91, 187
Sitz der Gesellschaft 248, 289
Sitzverlegung in das Ausland 303
Sonder- und Vetorechte 248
Sonderrecht auf Geschäftsführung 40, 248,
 459, 476
Sonderrechte einzelner Gesellschafter 248
Sozietät 288
Spaltung
 –, zur Aufnahme 1059
 –, zur Neugründung 1059
Spezialvollmacht 206
Sponsionsurkunde 223
Stammeinlage 49, 248
 –, freie Verfügbarkeit 217
 –, Rückzahlung 111
 –, Volleinzahlung 154
 –, vorausgeplante Rückzahlung 217
Stammkapital 141, 143
 –, Sicherstellung der Aufbringung 174
 –, Verwendung 148
Standesbezeichnung 223
Statische Überschuldung 773
Steuerliche Buchwertfortführung 1045
Steuerrechtliche Behandlung 8
Stiftung 288
Stille Beteiligungen 248
Stimmbindungsvertrag 402, 476
Stimmengleichheit 684
Stimmrecht in eigener Sache 481
Stimmrechtsausschluss 328, 392, 397, 502
Stimmverbot 328, 397, 502
 –, eines Gesellschafters 400
Strategische Planung 643
Streitbeilegung 248, 351
Stundung 800
Subsidiärhaftung 566
Supermarkt 288
Suspendierung eines Anstellungsvertrages
 448
Syndikat 288
Syndikatsvereinbarung 402
Syndikatsvertrag 402, 476

Tagesordnung 381
Täuschungseignung 254

Täuschungsfähigkeit einer Firma 251
Teilnichtigkeit 248
Teilrechtsfähigkeit 89
Teilung von Geschäftsanteilen 248, 317
Titel 223
Trennungsprinzip 7, 9, 115, 421, 849, 860, 879

Übergang von Rechtsverhältnissen 85
Überschuldung 770, 784 f., 792
Überschuldungsprüfung
 –, Eigenkapital ersetzende Gesellschafter-
 darlehen 785
Überschuldungsrechnung 792
Überschuldungsstatus 784
Übertragende Umwandlung 982
Übertragung
 –, des Geschäftsführeramtes 445, 460
 –, des Mitgliedschaftsrechtes 312
 –, von Geschäftsanteilen 248
 – –, Abstimmung 324
Überwachung der Geschäftsführung 642, 644
Umfang
 –, der Notgeschäftsführung 472
 –, der Prokura 731
 –, der Vertretungsmacht 525, 730
 –, des Bevollmächtigungsverhältnisses 719
Umgründung 125
Umwandlung in eine AG 126
Unangemessenheit der Leistung 12, 857
Unbedenklichkeitsbescheinigung 222
Unechte Vorgesellschaft 105
Unerlaubte Gewerbeausübung 577
Unique Selling Proposition 31
University 288
Unterbilanzhaftung 99
Unterkapitalisierung 144
Unternehmenserwerb 276
Unternehmensfortführung 158
Unternehmensgegenstand 143, 278, 305
 –, Verwechslungsgefahr 261
Unternehmenskonzept 796
Unternehmenskrise 685
Unternehmensreorganisation 812
Unternehmerwagnis 601
Unterscheidungskraft einer Firma 256, 281
Unterscheidungskriterien bei Sachfirmen 260
Unzulässige
 –, Verwendung des Stammkapitals 149
 –, Zahlung an Gesellschafter 522
Unzulässiger Gegenstand von Sacheinlagen
 178
Urlaub 620

Veranlagungszeitraum 1028
Veräußerung des Unternehmens 984
Verband 288
Verbot der Einlagenrückgewähr 349
Verbrauchermarkt 288
Verbuchung der Geschäftsführerbezüge 739
Verbund 288
Verdeckte
   –, Ausschüttung 119, 54
   –, Einlage 843
   –, Einlagenrückgewähr 74
   –, Gewinnausschüttung 858, 874
   –, Sacheinlage 181
Vereinbarung
   –, einer Ausschlussklausel 248
   –, einer Gewinnbeteiligung 620
   –, einer Vorzugsdividende 248
   –, eines Schiedsgutachtens 248
   –, von Erfolgsgarantien 248
   –, von Nachschüssen 248
   –, von Pensionsleistungen 476
Vereinfachte Anmeldung 553
Vererbungsbeschränkung 248
Verjährungsfrist 190
Verlängerung der Einberufungsfrist 248
Verlust des halben Stammkapitals 387
Vermögen 194
Vermögensaufteilung 988
Vermögensbeeinträchtigung 583
Vermögenslose GmbH 976
Vermögenspflichten
   –, eines Gesellschafters 6
Vermögensrechte
   –, eines Gesellschafters 6
Vermögensübergang 103
Vermögensverteilung 989
Vermögenszuwendung 844
Veröffentlichung 1015
Verpfändung 315
Verrechenbarkeit der Körperschaftssteuer 927
Verrechnung der Einlagenschuld 185
Verrechnungskonto 121
Verschmelzende Umwandlung 1054
Verschmelzung zur Aufnahme 1050
Verschmelzung zur Neugründung 1050
Verschwiegenheitspflicht 248
Verstaatlichung 982
Versteigerungsähnliches Bietverfahren 48, 248
Vertagung einer Generalversammlung 384
Verteilung des Gesellschaftsvermögens 1008
Verteilung des Reingewinnes 518
Vertretung der Gesellschafter 523

Vertretung von Aufsichtsratsmitgliedern 248
Vertretungsbefugnis 527, 995
Verwaltungsstrafrechtliche Haftung 578
Verweigerung der Entlastung 1011
Verwendung des Stammkapitals 148
Verwendung von Zahlen 287
Vinkulierung 320
   –, von Geschäftsanteilen 248
Vollbeendigung
   –, einer GmbH 124
Volleinzahlung der Stammeinlagen 154
Vollmachtsverhältnisse 711
Vorabausschüttung 114
Vorausgeplante Rückzahlungen einer Stamm-
   einlage 217
Vorausgewinne, Bezugsrechte 248
Voraussetzung für die Schuldbefreiung 162
Voraussetzungen
   –, für das Selbstkontrahieren 534
   –, für die Anfechtung von Generalversamm-
     lungsbeschlüssen 407
   –, für die Ausübung eines Kündigungsrech-
     tes 350
   –, für die Eintragung im Firmenbuch 238
   –, für die Firmenbuchanmeldung 212
   –, für die Fortsetzung der GmbH 987
   –, für eine Anfechtung 406
   –, für eine Bevollmächtigung 207
   –, für eine steuerliche Pensionsrückstellung
     622
Vorbelastungshaftung 99
Vorgesellschaft 78, 86
Vorgründungsgesellschaft 78, 79
   –, Voraussetzungen 81
Vorkaufsrecht
   –, Gruppenweise Einräumung 333
   –, Gemeinsame Rechtsausübung 336
Vorschlagsrecht 248
Vorsitz 386
Vorteile
   –, des Schiedsgerichtsverfahrens 366
   –, einer Mediation 361
   –, eines Schiedsgerichtes 365
Vorübergehende Mittelzufuhr 166
Vorvertrag 80

Wahl des Aufsichtsratsvorsitzenden 248
Wahlrecht des Rechtsnachfolgers 1046
Weisungen der Generalversammlung 425
Weisungsbeschlüsse 424
Weisungsbindung 604, 607, 609
Weisungsfreistellung von Geschäftsführern 248

Weisungsrecht des Aufsichtsrats 248
Weiterbeschäftigung als Arbeitnehmer 476
Wertpapierfonds 288
Wertpapierinstitut 288
Wertung von Leistungsbeziehungen 871
Wertzuständigkeit 370
Wesensmerkmale des Dienstvertrages 594
Wettbewerbsverbot 625, 675
–, für Gesellschafter 248
Widerspruch zu Geschäftsführungsmaßnah-
men 548
Wiederkehrende Leistungen 248
Willenserklärung für die GmbH 527
win-win-solution 48
Wirksamkeit der Abberufung 485
Wirkung
–, der Firmenbucheintragung 985
–, der Löschung 1016
–, der verdeckten Ausschüttung 903
Wirtschaftliche Bedeutung
–, einer GmbH 4

Zahlungsstockung 768
Zahlungsunfähigkeit 762, 764
Zeichnung der Prokura 720
Zeitraum-Zahlungsunfähigkeit 766

Ziele eines Mediationsverfahrens 355
Zufluss der Gewinnanteile 939
Zurechnung von Forderungen 192
Zuschüsse 143
Zusendung des Jahresabschlusses 518
Zuständigkeit der Generalversammlung 374
Zustimmung
–, der Gesellschaft 323
–, zum Selbstkontrahieren 538
–, zur Übertragung von Geschäftsanteilen
322
Zustimmungsbedürftige Geschäfte 248
Zustimmungspflicht der Minderheitsgesell-
schafter 432
Zustimmungspflichtige Geschäfte 248, 375,
422, 673
Zuwendung von Vermögensvorteilen 866
Zweck der Vorgesellschaft 88
Zweckmäßigkeit eines Schiedsgerichtes 365
Zweigniederlassung 263, 294
–, Auflassung 300
–, Errichtung 300
–, Firma 299
Zweistufige Überschuldungsprüfung 775, 777
Zwischenbilanz 248

Verzeichnis der auf der CD enthaltenen Muster

1. Gesellschaftsgründung
   1.1. Neugründung einer personalistisch strukturierten GmbH
      1.1.1. Gründungssatzung
      1.1.2. Firmenbucheingabe samt Beilagen
      1.1.3. Gewerbeanmeldung und Geschäftsführeranzeige
      1.1.4. Beantragung einer Steuer-Nr.
   Sonstiges
      1.2.1. Erklärung über die Errichtung einer Gesellschaft mit beschränkter Haftung
   1.3. Gesellschaftsvertrag einer Familiengesellschaft mit Bindung der Geschäftsanteile an die Familie
   1.4. Vollmacht zur Gesellschaftsgründung

2. Neufassung bestehender Gesellschaftsverträge
   2.1. Muster einer effektiven Kapitalerhöhung und Neufassung des Gesellschaftsvertrages
   2.2. Gesellschaftsvertrag einer kapitalistisch strukturierten GmbH mit Aufsichtsrat

3. Änderungen im Stande der Gesellschafter
   3.1. Abtretungsvertrag
   3.2. Firmenbucheingabe: Anmeldung von Änderungen im Stande der Gesellschafter
   3.3. Abtretungsanbot
   3.2. Unternehmenskaufvertrag

4. Geschäftsführung
   Geschäftsführeranzeige
   4.1. Bestellung eines Geschäftsführers
      4.1.1. Generalversammlungsbeschluss
      4.1.2. Firmenbucheingabe: Antrag auf Eintragung eines Geschäftsführers
      4.1.3. Bestellung zum gewerberechtlichen Geschäftsführer
   4.2. Abberufung eines Geschäftsführers
      4.2.1. Generalversammlungsbeschluss
      4.2.2. Firmenbucheingabe: Antrag auf Löschung eines Geschäftsführers
   4.3. Geschäftsführerverträge
   4.3.1. Fremdgeschäftsführer
      4.3.2. Beteiligung an der Gesellschaft bis 25 % ohne Weisungsbindung
      4.3.3. Beteiligung an der Gesellschaft von 25,01 % bis 49,99 % mit den Merkmalen eines Dienstverhältnisses
      4.3.4. Beteiligung an der Gesellschaft von 25,01 % bis 49,99 % ohne Weisungsbindung
      4.3.5. Beteiligungsquote von mindestens 50 %
   4.4. Geschäftsordnung für die Geschäftsführung

5. Aufsichtsrat

   5.1. Geschäftsordnung für den Aufsichtsrat

6. Umgründungen

   6.1. Verschmelzung (Art. I)

      6.1.1. Verschmelzung einer GmbH durch Aufnahme einer anderen GmbH mit Stammkapitalerhöhung

      6.1.2. Verschmelzung von zwei Gesellschaften mit beschränkter Haftung durch Neugründung

      6.1.3. Verschmelzung einer GmbH auf eine Aktiengesellschaft durch Aufnahme

      6.1.4. Generalversammlungsprotokolle

         6.1.4.1. Übertragende Gesellschaft

         6.1.4.2. Übernehmende Gesellschaft

      6.1.5. Verschmelzungsbericht

      6.1.6. Firmenbucheingaben

         6.1.6.1. Antrag auf Eintragung der übernehmenden Gesellschaft

         6.1.6.2. Antrag auf Eintragung der übertragenden Gesellschaft

   6.2. Einbringung (Art. III)

      6.2.1. Einbringung eines Einzelunternehmens in eine bestehende GmbH ohne Erhöhung des Stammkapitals

      6.2.2. Einbringung von Mitunternehmeranteilen

      6.2.3. Firmenbucheingabe

   6.3. Spaltung

      6.3.1. Spaltungsplan

      6.3.2. Verhältniswahrende Abspaltung eines Teilbetriebes von einer GmbH zur Neugründung einer GmbH